Die Rechtsstellung des Einzelnen in Öffentlichkeitsbeteiligung und Rechtsschutz

Schriften zum Deutschen und Internationalen Bau-, Umwelt- und Energierecht

Herausgegeben von Axel Wirth

Band 23

PETER LANG

Manuel Stückemann

Die Rechtsstellung des Einzelnen in Öffentlichkeitsbeteiligung und Rechtsschutz

Rechtsschutzkonzentration und materielle Präklusion im Planungs- und Zulassungsverfahren nach dem NABEG

PETER LANG

Bibliografische Information der Deutschen Nationalbibliothek
Die Deutsche Nationalbibliothek verzeichnet diese Publikation in der Deutschen Nationalbibliografie; detaillierte bibliografische Daten sind im Internet über http://dnb.d-nb.de abrufbar.

Zugl.: Köln, Univ., Diss., 2020.

D 38

ISBN 978-3-631-84374-1 (Print)
E-ISBN 978-3-631-84712-1 (E-PDF)
E-ISBN 978-3-631-84713-8 (EPUB)
E-ISBN 978-3-631-84714-5 (MOBI)
DOI 10.3726/b18031

Peter Lang – Berlin · Bern · Bruxelles · New York · Oxford · Warszawa · Wien

Diese Publikation wurde begutachtet.

www.peterlang.com

Vorwort

Die vorliegende Arbeit lag der Rechtswissenschaftlichen Fakultät der Universität zu Köln im Wintersemester 2018/2019 vor und wurde im Sommersemester 2020 als Dissertation angenommen.

Rechtsprechung und Literatur wurden bis zum 07. März 2019 berücksichtigt. Die mit dem „Gesetz zur Beschleunigung des Energieleitungsausbaus" vom 13. Mai 2019 beschlossenen Änderungen wurden nach Einreichung der Arbeit aufgenommen.

An erster Stelle gilt mein besonders herzlicher Dank Frau Prof. Dr. Daniela Winkler für die unterstützende Betreuung und Förderung der Dissertation. Herrn Prof. Dr. Dr. h.c. Stefan Muckel danke ich für die rasche Erstellung des Zweitgutachtens.

Diese Arbeit entstand vorwiegend während meiner Tätigkeit als wissenschaftlicher Mitarbeiter am Institut für Öffentliches Recht und Verwaltungslehre sowie an der Professur für Öffentliches Recht der Universität zu Köln. Mein Dank gilt dem Team des Instituts bzw. der Professur für eine interessante und lehrreiche Zeit.

Meiner Familie danke ich für ihren Rückhalt und Zuspruch. Mein besonderer Dank gilt Marina, auf deren Unterstützung ich stets zählen konnte.

Wiehl, im August 2020
Manuel Stückemann

Inhaltsverzeichnis

Abkürzungsverzeichnis

a.A.	andere Ansicht
AbfG	Gesetz über die Beseitigung von Abfällen (Abfallbeseitigungsgesetz)
ABl.	Amtsblatt
Abs.	Absatz
AEUV	Vertrag über die Arbeitsweise der Europäischen Union
a.F.	alte Fassung
Alt.	Alternative
AnwBl	Anwaltsblatt (Zeitschrift)
AöR	Archiv des öffentlichen Rechts (Zeitschrift)
Art.	Artikel
AVR	Archiv des Völkerrechts (Zeitschrift)
BauGB	Baugesetzbuch
BauR	Zeitschrift für das gesamte öffentliche und private Baurecht
BBPlG	Gesetz über den Bundesbedarfsplan (Bundesbedarfsplangesetz)
Bd.	Band
BGBl.	Bundesgesetzblatt
BImSchG	Gesetz zum Schutz vor schädlichen Umwelteinwirkungen durch Luftverunreinigungen, Geräusche, Erschütterungen und ähnliche Vorgänge (Bundes-Immissionsschutzgesetz)
BNatSchG	Gesetz über Naturschutz und Landschaftspflege (Bundesnaturschutzgesetz)
BR-Drs.	Bundesratsdrucksache
BT-Drs.	Bundestagsdrucksache
BVerfG	Bundesverfassungsgericht
BVerfGE	Entscheidungen des Bundesverfassungsgerichts
BVerwG	Bundesverwaltungsgericht
BVerwGE	Entscheidungen des Bundesverwaltungsgerichts
bzw.	beziehungsweise
dena	Deutsche Energie-Agentur
ders.	derselbe
d.h.	das heißt
dies.	dieselbe
DÖV	Die öffentliche Verwaltung (Zeitschrift)
DVBl.	Deutsches Verwaltungsblatt (Zeitschrift)

endg.	endgültig
EnLAG	Gesetz zum Ausbau von Energieleitungen (Energieleitungsausbaugesetz)
EnWG	Gesetz über die Elektrizitäts- und Gasversorgung (Energiewirtschaftsgesetz)
EnWZ	Zeitschrift für das gesamte Recht der Energiewirtschaft
EU	Europäische Union
EuGH	Gerichtshof der Europäischen Union
EuR	Europarecht (Zeitschrift)
EurUP	Europäisches Umwelt- und Planungsrecht (Zeitschrift)
EUV	Vertrag über die Europäische Union
EuZW	Zeitschrift für europäisches Wirtschaftsrecht
f.	diese und die folgende Seite
ff.	diese und die folgenden Seiten
Fn.	Fußnote
FStrG	Bundesfernstraßengesetz
GewArch	Gewerbearchiv (Zeitschrift)
GG	Grundgesetz
ggf.	gegebenenfalls
GV. NRW.	Gesetz- und Verordnungsblatt Nordrhein-Westfalen
Hrsg.	Herausgeber
I+E	Zeitschrift für Immissionsschutzrecht und Emissionshandel
i.S.d.	im Sinne des/der
i.V.m.	in Verbindung mit
JZ	Juristenzeitung
Kap.	Kapitel
km	Kilometer
KommJur	Kommunaljurist (Zeitschrift)
KrWG	Gesetz zur Förderung der Kreislaufwirtschaft und Sicherung der umweltverträglichen Bewirtschaftung von Abfällen (Kreislaufwirtschaftsgesetz)
kV	Kilovolt
lit.	Buchstabe
LKV	Landes- und Kommunalverwaltung (Zeitschrift)
LuftVG	Luftverkehrsgesetz
m	Meter
m.w.N.	mit weiteren Nachweisen
NABEG	Netzausbaubeschleunigungsgesetz Übertragungsnetz
NJW	Neue Juristische Wochenschrift (Zeitschrift)

Nr.	Nummer
NuR	Natur und Recht (Zeitschrift)
NVwZ	Neue Zeitschrift für Verwaltungsrecht
NVwZ-RR	Neue Zeitschrift für Verwaltungsrecht – Rechtsprechungsreport
NZBau	Neue Zeitschrift für Baurecht und Vergaberecht
OVG	Oberverwaltungsgericht
PCI	Projects of Common Interest
RdE	Recht der Energiewirtschaft (Zeitschrift)
ROG	Raumordnungsgesetz
RoV	Raumordnungsverordnung
Rn.	Randnummer
Rs.	Rechtssache
S.	Seite (n)/Satz (Sätze)
sog.	sogenannte(r)
StandAG	Gesetz zur Suche und Auswahl eines Standortes für ein Endlager für hochradioaktive Abfälle (Standortauswahlgesetz)
SUP	Strategische Umweltprüfung
TEN	Transeuropäische Netze
TEN-E VO	Verordnung (EU) Nr. 347/2013 des Europäischen Parlaments und des Rates vom 17.04.2013 zu Leitlinien für die transeuropäische Energieinfrastruktur und zur Aufhebung der Entscheidung Nr. 1364/2006/EG und zur Änderung der Verordnungen (EG) Nr. 713/2009, (EG) Nr. 714/2009 und (EG) Nr. 715/2009
u.a.	unter anderem/und andere (r/s)
UmwRG	Gesetz über die ergänzenden Vorschriften zu Rechtsbehelfen in Umweltangelegenheiten nach der EG-Richtlinie 2003/35/EG (Umwelt-Rechtsbehelfsgesetz)
UPR	Umwelt- und Planungsrecht (Zeitschrift)
Urt.	Urteil
UVP	Umweltverträglichkeitsprüfung
UVPG	Gesetz über die Umweltverträglichkeitsprüfung
v.	von/vom
v.a.	vor allem
VerwArch	Verwaltungsarchiv (Zeitschrift)
VG	Verwaltungsgericht
VGH	Verwaltungsgerichtshof (Bayern, Baden-Württemberg und Hessen verwenden weiter diese bisherige Bezeichnung, § 184 VwGO)
VGI	Vorhaben von gemeinsamem Interesse

Vgl.	Vergleiche
VVDStRL	Veröffentlichungen der Vereinigung der Deutschen Staatsrechtslehrer
VwGO	Verwaltungsgerichtsordnung
VwVfG	Verwaltungsverfahrensgesetz
WaStrG	Bundeswasserstraßengesetz
WF	Wertermittlungsforum (Zeitschrift)
WHG	Gesetz zur Ordnung des Wasserhaushalts (Wasserhaushaltsgesetz)
z.B.	zum Beispiel
ZfBR	Zeitschrift für deutsches und internationales Bau- und Vergaberecht
ZNER	Zeitschrift für Neues Energierecht
ZUR	Zeitschrift für Umweltrecht

Erster Teil. Einleitung

Nach der Erdbeben- und Tsunamikatastrophe von Fukushima beschloss die Bundesregierung im Zuge der sogenannten Energiewende ein umfangreiches Gesetzespaket. Mit ihm wurde insbesondere der Betrieb der Kernkraftwerke verkürzt[1], ein neuer Rechtsrahmen für die Förderung der Stromerzeugung aus erneuerbaren Energien erlassen[2] und durch das Gesetz zur Neuregelung energiewirtschaftsrechtlicher Vorschriften[3] sowie das Gesetz über Maßnahmen zur Beschleunigung des Netzausbaus Elektrizitätsnetze[4] das Planungs- und Genehmigungsverfahren für den Übertragungsnetzausbau grundlegend erneuert.[5] Das energiepolitische Ziel der Bundesregierung ist es, die deutsche Energieversorgung auf Grundlage regenerativer Energien zu gewährleisten. Gegenüber 1990 sollen danach die Treibhausgasemissionen bis 2050 um 80 bis 95% reduziert werden und der Anteil der Stromerzeugung aus erneuerbaren Energien am Bruttostromverbrauch bis 2050 80% betragen.[6]

Um eine zuverlässige, wirtschaftliche und umweltverträgliche Energieversorgung sicherzustellen, ist ein grundlegender Um- und Ausbau der Energieinfrastruktur erforderlich. Insbesondere die Höchstspannungsebene, also die Spannungsebene 220 kV und 380 kV, ist hiervon betroffen.[7] Ein Grund hierfür

---

1 Dreizehntes Gesetz zur Änderung des Atomgesetzes vom 31. Juli 2011, BGBl. I, S. 1704.

2 Gesetz zur Neuregelung des Rechtsrahmens für die Förderung der Stromerzeugung aus erneuerbaren Energien vom 28. Juli 2011, BGBl. I, S. 1634.

3 Gesetz vom 26. Juli 2011, BGBl. I, S. 1554.

4 Gesetz vom 28. Juli 2011, BGBl. I, S. 1690.

5 *Moench/Ruttloff*, NVwZ 2011, S. 1040; *Stracke*, Öffentlichkeitsbeteiligung im Übertragungsnetzausbau, 2017, S. 19 f.

6 *Bundesregierung*, Energiekonzept für eine umweltschonende, zuverlässige und bezahlbare Energieversorgung vom 28. September 2010, S. 4 f., abrufbar unter: https://www.bundesregierung.de/ContentArchiv/DE/Archiv17/_Anlagen/2012/02/energiekonzept-final.pdf?__blob=publicationFile&v=5 (02.02.2019).

7 In Deutschland lassen sich grundsätzlich vier Netzebenen unterscheiden: die Höchstspannungsebene von 220 bzw. 380 kV für den überregionalen und grenzüberschreitenden Transport von Elektrizität, die Hochspannungsebene mit 110 kV für den regionalen Transport im ländlichen Bereich über Strecken von 50-100 km sowie in Ballungsgebieten zwischen 10 und 20 km, die Mittelspannungsebene mit einer Spannung von 10 oder 20 kV zur Überbrückung kurzer Entfernungen oder zum unmittelbaren Anschluss größerer Abnehmer oder Einspeiser sowie die Niederspannungsebene von 50-1000 Volt für Wechelstrom und von 75-1500 Volt für Gleichstrom, der überwiegend

liegt in dem bisherigen Bestand des Elektrizitätsnetzes, das vor allem durch historisch gewachsene Erzeugungs- und Verbrauchsstrukturen geprägt ist. Die Stromerzeugung auf Grundlage fossiler Energieträger sowie der Kernenergie liegt nah an den Verbrauchszentren, während zukünftig die Stromerzeugung auf See und in den Küstenregionen deutlich zunehmen wird. Insbesondere muss der Strom von den im Norden liegenden Windparks zu den vor allem im Süden und Westen liegenden Verbrauchszentren transportiert werden. Zudem wird es einen Zuwachs von dezentralen Erzeugungsanlagen wie Photovoltaik und Biomasse geben, die den Strom in das Netz einspeisen.[8] Ein weiteres Problem besteht darin, dass Stromerzeugung aus regenerativen Energien stark fluktuiert. Dies macht Speichermöglichkeiten notwendig, um Strom in starken bzw. schwachen Wind- und Sonnenperioden speichern oder abrufen zu können. Hierzu müssen Pumpspeicherkraftwerke erschlossen, Strom aus Biomasse erzeugt und neue Speichertechniken zur Marktreife entwickelt werden, wozu es ebenfalls einer neuen Netzinfrastruktur bedarf.[9] Zudem sind weitere Transportkapazitäten für den Stromhandel erforderlich, der sich aus der geografischen Lage Deutschlands in der Mitte Europas und der daraus hervorgehende Rolle als Strom-Transitland im europäischen Verbundnetz ergibt. Der Netzausbau in Deutschland dient folglich auch der Erhaltung der Systemstabilität in den angrenzenden Staaten.[10]

Aufgrund des in der dena-Netzstudie I festgestellten Netzausbaubedarfs wurden durch das Infrastrukturbeschleunigungsgesetz[11] im Jahr 2006 Regelungen geschaffen, die zu einer zügigeren Projektrealisierung beitragen sollten. Um eine weitere Beschleunigung des Planungs- und Genehmigungsverfahrens für vordringliche Stromleitungsvorhaben zu erreichen, wurde im Jahr 2009 das

---

von Privat- und Gewerbekunden genutzt wird, *Theobald*, in: Schneider/Theobald, Recht der Energiewirtschaft, 2013, § 1 Rn. 8 ff.; *Stracke*, Öffentlichkeitsbeteiligung im Übertragungsnetzausbau, 2017, S. 27 f.

8 *Bundesregierung*, Energiekonzept für eine umweltschonende, zuverlässige und bezahlbare Energieversorgung vom 28. September 2010, S. 21, abrufbar unter: https://www.bundesregierung.de/ContentArchiv/DE/Archiv17/_Anlagen/2012/02/energiekonzept-final.pdf?__blob=publicationFile&v=5 (02.02.2019).

9 *Bundesregierung*, Energiekonzept für eine umweltschonende, zuverlässige und bezahlbare Energieversorgung vom 28. September 2010, S. 26, abrufbar unter: https://www.bundesregierung.de/ContentArchiv/DE/Archiv17/_Anlagen/2012/02/energiekonzept-final.pdf?__blob=publicationFile&v=5 (02.02.2019).

10 *Appel*, UPR 2011, S. 406 (407).

11 Gesetz zur Beschleunigung von Planungsverfahren für Infrastrukturvorhaben vom 9. Dezember 2006, BGBl. I, S. 2833.

Energieleitungsausbaugesetz (EnLAG)[12] beschlossen. Für die 22 (vormals 24) in dem als Anlage zum EnLAG erlassenen Bedarfsplan aufgeführten Projekte sind die energiewirtschaftliche Notwendigkeit und der vordringliche Bedarf gesetzlich festgeschrieben, vgl. § 1 Abs. 2 S. 1, 2 EnLAG.

Trotz dieser Regelungen nahm die Durchführung der Planungs- und Genehmigungsverfahren für Stromleitungen weiterhin viel Zeit in Anspruch. Der erhoffte Beschleunigungseffekt trat nicht ein. Aus diesem Grund entschloss sich der Gesetzgeber im Sommer 2011, zur Umsetzung des in der dena-Netzstudie II festgestellten zusätzlichen Ausbaubedarfs von 3600 km bis 2020[13] unter anderem das Energiewirtschaftsgesetz (EnWG)[14] zu ändern und das Netzausbaubeschleunigungsgesetz Übertragungsnetz (NABEG)[15] zu erlassen.[16] Damit existieren neue Planungs- und Genehmigungsvorschriften für länderübergreifende und grenzüberschreitende Übertragungsnetze. Das NABEG zielt gemäß § 1 S. 1 NABEG auf eine Beschleunigung des Ausbaus der länderübergreifenden und grenzüberschreitenden Höchstspannungsleitungen ab. Nachdem in der Vergangenheit eine Beschleunigung durch Verkürzung von Beteiligungsrechten erreicht werden sollte, verfolgt der Gesetzgeber dieses Ziel im Rahmen des Planungsrechts nach dem NABEG mittels einer deutlichen Ausweitung der Öffentlichkeitsbeteiligung auf jeder Planungsstufe.[17] Sein Ziel ist es, eine möglichst umfassende Transparenz gegenüber der betroffenen Öffentlichkeit herzustellen, um größere Akzeptanz für den Leitungsausbau zu erreichen und dadurch das Netzausbauverfahren zu beschleunigen.[18] Eine erweiterte Partizipation und Beteiligung der Öffentlichkeit und eine gleichzeitige Beschleunigung der Verfahren sind nach der Gesetzesbegründung zum NABEG kein Widerspruch.[19]

Die vorliegende Arbeit greift die Ausgestaltung der Öffentlichkeitsbeteiligung und des Rechtsschutzes innerhalb des Planungs- und Genehmigungsregimes

---

12 Gesetz zur Beschleunigung des Ausbaus der Höchstspannungsnetze vom 21. August 2009, BGBl. I, S. 2870.

13 *Deutsche Energie-Agentur*, Integration erneuerbarer Energien in die deutsche Stromversorgung im Zeitraum 2015 – 2020 mit Ausblick auf 2025, S. 13, abrufbar unter: https://www.dena.de/fileadmin/user_upload/Download/Dokumente/Studien___Umfragen/Endbericht_dena-Netzstudie_II.PDF (02.02.2019).

14 Gesetz vom 07. Juli 2005, BGBl. I, S. 1970, 3621.

15 Gesetz vom 28. Juli 2011, BGBl. I, S. 1690.

16 BT-Drs. 17/6073, S. 18 f.

17 *Hermes*, EnWZ 2013, S. 395 (398).

18 BT-Drs. 17/6072, S. 2 und BT-Drs. 17/6073, S. 18 f., 25, 28.

19 BT-Drs. 17/6073, S. 2.

für länderübergreifende und grenzüberschreitende Übertragungsnetze aus Sicht des einzelnen Bürgers auf und fokussiert sich auf das Modell konzentrierten Rechtsschutzes und die materielle Präklusion im Planfeststellungsverfahren des NABEG. Gegenstand der Untersuchung ist, welche Rechte dem Einzelnen im Verfahren der Öffentlichkeitsbeteiligung zukommen und welche Rechtsschutzmöglichkeiten er hat. Weiter soll der Frage nachgegangen werden, welche Beschränkungen sich aufgrund der Rechtsschutzkonzentration und der materiellen Präklusion für die Rechtsstellung des Einzelnen ergeben und wo die Grenzen der Einschränkbarkeit liegen.

Vorbereitend sind einige, beide Untersuchungskomplexe betreffende Grundlagen herauszuarbeiten. Ausgangspunkt soll ein Überblick über das Planungs- und Genehmigungsverfahren für die Errichtung und Änderung von länderübergreifenden und grenzüberschreitenden Höchstspannungsleitungen sein (Zweiter Teil.A.). Zudem sind einige grundlegende Überlegungen zum Verhältnis zwischen nationalem und EU-Recht (Zweiter Teil.B.I.), zur Kompetenzverteilung hinsichtlich der Durchführung von Unionsrecht (Zweiter Teil.B.II.), zu den unionsrechtlichen Geboten effektiven Rechtsschutzes (Zweiter Teil.B.III.) und zum Verfahrensverständnis (Zweiter Teil.B.IV.) anzustellen. Der folgende Abschnitt widmet sich der Darstellung der Funktionen der Öffentlichkeitsbeteiligung (Zweiter Teil.C.). Des Weiteren muss sich die Ausgestaltung des nationalen Planungs- und Genehmigungsrechts an den Vorgaben der TEN-E VO[20] messen lassen. Die Verordnung enthält umfangreiche Vorgaben insbesondere in Bezug auf das Genehmigungsverfahren, die in den Mitgliedstaaten unmittelbare Wirkung entfalten und daher auf ihre Auswirkungen im nationalen Recht hin zu untersuchen sind (Zweiter Teil.D.).

Die Netzausbauplanung nach dem EnWG und dem NABEG ist durch ein gestuftes Planungsverfahren bestehend aus einer Bedarfsplanung, einer Bundesfachplanung und der Planfeststellung als eigentliche Zulassungsentscheidung gekennzeichnet. Der Rechtsschutz ist auf die letzte Planungsstufe konzentriert, was zu dem Ziel eines beschleunigten Netzausbaus beitragen soll.[21] Diese

---

20 Verordnung (EU) Nr. 347/2013 des Europäischen Parlaments und des Rates vom 17.04.2013 zu Leitlinien für die transeuropäische Energieinfrastruktur und zur Aufhebung der Entscheidung Nr. 1364/2006/EG und zur Änderung der Verordnungen (EG) Nr. 713/2009, (EG) Nr. 714/2009 und (EG) Nr. 715/2009, ABlEU Nr. L 115 vom 25.04.2013, S. 39.

21 *Kluth*, Rechtsschutz im Kontext der Energieinfrastrukturentwicklung, in: Schlacke/Schubert, Energie-Infrastrukturrecht, 2015, S. 119 (122).

gesetzgeberische Entscheidung kommt in § 15 Abs. 3 S. 2 NABEG zum Ausdruck, wonach die Bundesfachplanungsentscheidung nur im Rahmen des Rechtsbehelfsverfahrens gegen die Zulassungsentscheidung überprüft werden kann. Angeordnet wird also lediglich ein inzidenter Rechtsschutz gegen die Bundesfachplanungsentscheidung im Rahmen eines Rechtsbehelfsverfahrens gegen die abschließende Planfeststellungsentscheidung.

Während der Gesetzgeber bei der Ausgestaltung des Planungsrechts nach dem NABEG in Form erheblich ausgeweiterter Beteiligungsrechte neue Wege geht, hält er beim gerichtlichen Rechtsschutz also an dem das deutsche Infrastrukturrecht prägenden Modell der Rechtsschutzkonzentration fest.[22] Demgegenüber hat das Bundesverfassungsgericht die Anforderungen an die Garantie effektiven Rechtsschutzes gegen Eigentumsverletzungen im Bergrecht verschärft und Grundstückseigentümern phasenspezifischen Rechtsschutz gegen den der Enteignung vorgelagerten Rahmenbetriebsplan eröffnet.[23] Hinzu tritt der zunehmende Einfluss des Unionsrechts auf die mitgliedstaatlichen Rechtsordnungen, der insbesondere in einer Europäisierung des Rechtsschutzes zum Ausdruck kommt. Das Umweltrecht der Europäischen Union zielt auf eine Effektuierung des Umweltschutzes. Ein wesentlicher Impuls geht von der auch von der Europäischen Union und Deutschland ratifizierten Aarhus-Konvention aus, die zur Verbesserung des Umweltschutzes die Rechte Einzelner und von Umweltverbänden stärkt. Darüber hinaus vermittelt der Europäische Gerichtshof dem Einzelnen im Vergleich zum deutschen Verwaltungsrecht großzügiger individuelle Rechte auf Einhaltung umweltrechtlicher Vorgaben durch Richtlinien.[24] Trotz der schon seit längerem geführten Diskussion um phasenspezifischen und konzentrierten Rechtsschutz[25] kann aufgrund unionsrechtlicher und nationaler Impulse also nicht lediglich davon die Rede sein, dass mit Aufgreifen dieses Themas alter Wein in neue Schläuche gegossen wird[26]; sie geben Anlass, das auf konzentrierten Rechtsschutz ausgerichtete Modell des NABEG aus Sicht des Individualklägers zu untersuchen (Dritter Teil.).

---

22 *Franke/Wabnitz*, ZUR 2017, S. 462.

23 BVerfG, Urteil vom 17.12.2013 – 1 BvR 3139, 3386/08 –, BVerfGE 134, 242.

24 *Scherer/Heselhaus*, in: Dauses/Ludwigs, EU-Wirtschaftsrecht, Kap. O (2010) Rn. 307 ff.

25 Vgl. aus dem Bereich der Flughafenplanung z.B. *Schmidt-Aßmann*, DVBl. 1981, S. 334 ff.; *Bäumler*, DÖV 1981, S. 43 ff.; zur Abfallentsorgungs- bzw. -wirtschaftsplanung *Ibler*, DVBl. 1989, S. 639 ff.; zur Trassenentscheidung in Form der Linienbestimmung für Fernstraßen *Steinberg*, NVwZ 1983, S. 209 ff.

26 *Erbguth*, ZUR 2017, S. 449 (450).

Zudem hat der Europäische Gerichtshof in einer Entscheidung vom 15.10.2015 die in § 73 Abs. 4 S. 3 VwVfG geregelte materielle Präklusion und damit ein traditionelles Rechtsinstitut des deutschen Verwaltungsrechts für unionsrechtswidrig erklärt.[27] Dies betrifft auch das Planfeststellungsverfahren nach dem NABEG. Betroffene müssen ihre Einwendungen im Verwaltungsverfahren innerhalb einer bestimmten Frist vorbringen. Die materielle Präklusion führt zu einem Ausschluss von nicht oder nicht rechtzeitig vorgetragenen Einwendungen im gerichtlichen Verfahren und damit zu einer Verkürzung des Rechtsschutzes. Die unionsrechtliche Zulässigkeit dieses Rechtsinstituts soll anhand der soeben skizzierten Einwirkungen des Unionsrechts, insbesondere am Maßstab des unionsrechtlichen Effektivitätsgrundsatzes sowie der von Aarhus-Konvention und UVP-Richtlinie aufgestellten Anforderungen untersucht werden. Vor diesem Hintergrund gilt es zudem, das Urteil des Europäischen Gerichtshofs und seine Auswirkungen auf das nationale Recht sowie die Ausgestaltung der Beteiligungsrechte des Planfeststellungsverfahrens nach dem NABEG zu analysieren (Vierter Teil.).

Abschließend werden die Ergebnisse der Arbeit formuliert (Fünfter Teil.).

---

27 EuGH, Urteil vom 15.10.2015, Kommission/Deutschland, C-137/14, EU:C:2015:683, Rn. 75 ff.

Zweiter Teil. Grundlagen

A. Überblick über das Planungs- und Zulassungsverfahren nach EnWG und NABEG

Das Planungs- und Genehmigungsrecht für Hoch- und Höchstspannungsleitungen der Übertragungsnetze in Deutschland gliedert sich mit der Bedarfsplanung und der Trassenplanung in zwei Teile. Die Bedarfsplanung entscheidet über die volkswirtschaftliche und technische Erforderlichkeit von Energieleitungen. Sie wurde durch das EnLAG eingeführt und mit der Novellierung des EnWG im Jahr 2011 in den §§ 12a-12e EnWG erweitert. In diesem Stadium der Planung werden noch keine Trassenverläufe, sondern lediglich Anfangs- und Endpunkt der Vorhaben festgelegt. Die anschließende Trassenplanung betrifft die Realisierbarkeit der konkreten Vorhaben, wobei die durch sie betroffenen Belange der Umwelt und der Öffentlichkeit berücksichtigt werden.[28]

Im Hinblick auf die Rechtsgrundlagen für die Planung der Stromleitungsnetze existieren mit dem Verwaltungsverfahrensgesetz[29] (VwVfG), dem EnWG, dem NABEG und dem EnLAG verschiedene Vorschriften nebeneinander. Es gilt der Grundsatz des Vorrangs des speziellen vor dem allgemeinen Gesetz: Das EnWG ist Spezialgesetz gegenüber dem VwVfG, das NABEG hinsichtlich neuer Vorhaben aus dem Bundesbedarfsplan gegenüber dem EnWG und das EnLAG mit seinem Bedarfsplan für 22 Höchstspannungsleitungen gegenüber dem EnWG und dem NABEG.[30]

Hieraus folgt, dass für die Trassenplanung der 22 Leitungen des EnLAG ein Raumordnungsverfahren gemäß § 15 ROG i.V.m. § 1 Nr. 14 RoV und ein Planfeststellungsverfahren gemäß §§ 43 ff. EnWG i.V.m. §§ 72 ff. VwVfG erfolgt, für das jeweils die Landesbehörden zuständig sind. Die energiewirtschaftliche Notwendigkeit und der vordringliche Bedarf werden gemäß § 1 Abs. 2 EnLAG gesetzlich verbindlich festgestellt.

---

28 *Schmitz/Uibeleisen*, Netzausbau, 2016, Rn. 21 ff.

29 Verwaltungsverfahrensgesetz in der Fassung der Bekanntmachung vom 23. Januar 2003 (BGBl. I S. 102), das zuletzt durch Art. 11 Abs. 2 des Gesetzes vom 18. Juli 2017 (BGBl. I S. 2745) geändert worden ist.

30 *Steinbach/Franke,* in: Steinbach/Franke, Kommentar zum Netzausbau, 2017, Einleitung Rn. 9.

Das NABEG gilt gemäß § 2 Abs. 1 NABEG für die im Bundesbedarfsplangesetz als länderübergreifend und grenzüberschreitend gekennzeichneten Höchstspannungsleitungen. Die Vorschriften des NABEG gelten nach § 2 Abs. 3 NABEG zudem für den Neubau von Hochspannungsleitungen mit einer Nennspannungsleitung von mindestens 110 kV sowie für Bahnstromfernleitungen, sofern diese Leitungen zusammen mit einer vom NABEG erfassten Höchstspannungsleitung auf einem Mehrfachgestänge geführt werden können. Nicht vom Anwendungsbereich erfasst sind die in der Anlage des EnLAG genannten Vorhaben gemäß § 2 Abs. 4 NABEG. Für die in § 2 Abs. 1 und 3 NABEG genannten Leitungen führt das NABEG auf der Ebene der Trassenplanung ein neues, eigenständiges Planungssystem ein[31]: Die Bundesnetzagentur führt zunächst eine Bundesfachplanung gemäß §§ 4 ff. NABEG zur Festlegung eines Trassenkorridors durch. Diese löst gemäß § 28 NABEG das Raumordnungsverfahren nach § 15 ROG i.V.m. § 1 Nr. 14 RoV ab. Im Anschluss an die Bundesfachplanung erfolgt in einem besonderen Planfeststellungsverfahren nach den §§ 18 ff. NABEG die konkrete Vorhabenzulassung.

Für alle anderen Hochspannungsleitungen mit einer Nennspannung von 110 kV oder mehr und den Leitungen des Bundesbedarfsplans, die nicht als länderübergreifende und grenzüberschreitende Leitungen gekennzeichnet sind, bleibt es bei der Zuständigkeit der Länder.[32] Für die Trassenplanung ist ein Raumordnungsverfahren gemäß § 15 ROG i.V.m. § 1 Nr. 14 RoV durchzuführen, dem sich die Zulassung nach Durchführung eines Planfeststellungsverfahrens gemäß §§ 43 ff. EnWG anschließt.

Der folgende Abschnitt verschafft einen Überblick über das neue Planungs- und Genehmigungsverfahren für die Errichtung und Änderung von länderübergreifenden und grenzüberschreitenden Höchstspannungsleitungen nach dem EnWG und dem NABEG bestehend aus Bedarfsplanung, Bundesfachplanung und Planfeststellung, wobei sich die Darstellung auf die Vorschriften über die Öffentlichkeitsbeteiligung und die Rechtsschutzmöglichkeiten privater Dritter fokussiert.

---

31 *Schmitz/Uibeleisen*, Netzausbau, 2016, Rn. 27.

32 *Steinbach/Franke*, in: Steinbach/Franke, Kommentar zum Netzausbau, 2017, Einleitung Rn. 10.

I. Bundesbedarfsplanung

1. Inhalt und Verfahren

Die Planungsstufen der Bundesbedarfsplanung bilden der Szenariorahmen, der Netzentwicklungsplan und der abschließende Bundesbedarfsplan.

a) Szenariorahmen

Zunächst erarbeiten die Betreiber von Übertragungsnetzen[33] mit Regelzonenverantwortung gemäß § 12a Abs. 1 S. 1 EnWG alle zwei Jahre einen gemeinsamen Szenariorahmen.[34] Dieser umfasst nach § 12a Abs. 1 S. 2 und 3 EnWG mindestens drei Entwicklungspfade (Szenarien), die für die nächsten mindestens zehn bis höchstens zwanzig Jahre die Bandbreite der wahrscheinlichen Entwicklungen der Stromnetze unter Berücksichtigung der energiepolitischen Ziele der Bundesregierung abdecken sollen.[35] Ein Szenario ist wahrscheinlich, wenn eine hinreichend hohe Realisierungswahrscheinlichkeit prognostiziert wird. Die mit der Prognose verbundenen Unsicherheiten sollen durch die Erstellung mehrerer Szenarien abgemildert werden.[36] Die Übertragungsnetzbetreiber mit

---

33 Der Begriff der Übertragungsnetzbetreiber im Sinne des EnWG ist in § 3 Nr. 10 EnWG definiert. Es handelt sich danach um natürliche oder juristische Personen oder rechtlich unselbständige Organisationseinheiten eines Energieversorgungsunternehmens, die die Aufgabe der Übertragung von Elektrizität wahrnehmen und die verantwortlich sind für den Betrieb, die Wartung sowie erforderlichenfalls den Ausbau des Übertragungsnetzes in einem bestimmten Gebiet und gegebenenfalls der Verbindungsleitungen zu anderen Netzen. Übertragungsnetzbetreiber in Deutschland sind 50 Hertz Transmission GmbH, Amprion GmbH, TenneT TSO GmbH und Transnet BW GmbH, *Heimann*, in: Steinbach/Franke, Kommentar zum Netzausbau, 2017, § 12a EnWG Rn. 13.

34 Nachdem zunächst ein einjähriger Turnus für die Erarbeitung und Vorlage von Szenariorahmen und Netzentwicklungsplan sowie ein dreijähriger Turnus für die Vorlage des Bundesbedarfsplans durch die Bundesregierung galt, wurde dieser Turnus in einen zwei- bzw. vierjährigen Turnus geändert, vgl. Art. 2 des Ersten Gesetzes zur Änderung des Energieverbrauchskennzeichnungsgesetzes und zur Änderung weiterer Bestimmungen des Energiewirtschaftsrechts vom 10. Dezember 2015 (BGBl. I S. 2194). Durch den Turnuswechsel sollen zeitliche Überschneidungen bei der Erstellung des Netzentwicklungsplans und der Erarbeitung des Szenariorahmens für den darauffolgenden Netzentwicklungsplan vermieden sowie die Nachvollziehbarkeit auf jeder Stufe der Netzplanung gestärkt und damit die Akzeptanz für den Netzausbau in Deutschland erhöht werden, BT-Drs. 18/6383, S. 12.

35 *Schink/Versteyl*, in: Schink/Versteyl/Dippel, NABEG, 2016, Einleitung Rn. 45.

36 *Schmitz/Uibeleisen*, Netzausbau, 2016, Rn. 105.

Regelzonenverantwortung legen dem Szenariorahmen gemäß § 12a Abs. 1 S. 4 EnWG angemessene Annahmen für die jeweiligen Szenarien zu Erzeugung, Versorgung, Verbrauch von Strom sowie dessen Austausch mit anderen Ländern sowie zur Spitzenkappung nach § 11 Abs. 2 EnWG zu Grunde und berücksichtigen geplante Investitionsvorhaben der europäischen Netzinfrastruktur. Die Heranziehung unrealistischer Kriterien soll auf diese Weise ausgeschlossen und die Bindung an die Gemeinwohlzwecke gemäß § 1 EnWG sichergestellt werden.[37]

Gemäß § 12a Abs. 2 S. 1 EnWG legen die Übertragungsnetzbetreiber mit Regelzonenverantwortung der Bundesnetzagentur als Regulierungsbehörde spätestens bis zum 10. Januar eines jeden geraden Kalenderjahres den von ihnen erarbeiteten Entwurf des Szenariorahmens vor. § 12a Abs. 2 S. 2 EnWG sieht bereits zu diesem frühen Zeitpunkt eine Öffentlichkeitsbeteiligung vor. Sowohl die Vorlagepflicht bis zum 10. Januar als auch die Öffentlichkeitsbeteiligung in diesem frühen Stadium sollen zu einer besseren Nachvollziehbarkeit und Transparenz des Netzausbaus beitragen und somit die Akzeptanz der Planungen erhöhen.[38] Zum Zwecke der Öffentlichkeitsbeteiligung macht die Bundesnetzagentur den Entwurf des Szenariorahmens auf ihrer Internetseite öffentlich bekannt und gibt der Öffentlichkeit, einschließlich tatsächlicher und potenzieller Netznutzer, den nachgelagerten Netzbetreibern, sowie den Trägern öffentlicher Belange Gelegenheit zur Äußerung. Schließlich genehmigt die Bundesnetzagentur nach § 12a Abs. 3 EnWG den Szenariorahmen unter Berücksichtigung der Ergebnisse der Öffentlichkeitsbeteiligung.

b) Netzentwicklungsplan

Der genehmigte Szenariorahmen bildet die Grundlage für einen gemeinsamen nationalen Netzentwicklungsplan nach § 12b EnWG, der die zweite Stufe der Bundesbedarfsplanung darstellt. Die Übertragungsnetzbetreiber mit Regelzonenverantwortung fassen darin gemäß § 12b Abs. 1 S. 2 EnWG alle wirksamen Maßnahmen zur bedarfsgerechten Optimierung, Verstärkung und zum Ausbau des Stromnetzes zusammen, die spätestens zum Ende des Betrachtungszeitraums im Sinne des § 12a Abs. 1 S. 2 EnWG für einen sicheren und zuverlässigen Netzbetrieb erforderlich sind. § 12b Abs. 1 S. 3 EnWG konkretisiert den Inhalt des Netzentwicklungsplans. Es findet eine erneute Öffentlichkeitsbeteiligung jedoch nach § 12b Abs. 3 EnWG durch die Übertragungsnetzbetreiber mit Regelzonenverantwortung selbst unter Einbeziehung von tatsächlichen oder potenziellen

---

37 *Schink/Versteyl*, in: Schink/Versteyl/Dippel, NABEG, 2016, Einleitung Rn. 45.

38 BT-Drs. 18/6383, S. 16; *Schmitz/Uibeleisen*, Netzausbau, 2016, Rn. 107.

Netznutzern, nachgelagerten Netzbetreibern, Trägern öffentlicher Belange sowie den Energieaufsichtsbehörden der Länder statt. Hierzu veröffentlichen die Übertragungsnetzbetreiber mit Regelzonenverantwortung spätestens bis zum 10. Dezember eines jeden geraden Kalenderjahres den Entwurf des Netzentwicklungsplans vor Vorlage bei der Bundesnetzagentur auf ihren Internetseiten und geben Gelegenheit zur Äußerung. Der konsultierte und überarbeitete Entwurf des Netzentwicklungsplans ist der Bundesnetzagentur gemäß § 12b Abs. 5 EnWG unverzüglich nach Fertigstellung, jedoch spätestens zehn Monate nach Genehmigung des Szenariorahmens, zur Bestätigung vorzulegen. Beizufügen ist eine zusammenfassende Erklärung über die Art und Weise, wie die Ergebnisse der verschiedenen Beteiligungen in dem Netzentwicklungsplan berücksichtigt wurden und aus welchen Gründen der Netzentwicklungsplan nach Abwägung mit den geprüften, in Betracht kommenden anderweitigen Planungsmöglichkeiten gewählt wurde. Die Übertragungsnetzbetreiber mit Regelzonenverantwortung müssen demnach nicht auf jede einzelne Stellungnahme eingehen.[39]

Die Vorlage des Entwurfs des Netzentwicklungsplans bei der Bundesnetzagentur markiert den Beginn des behördlichen Teils des Verfahrens.[40] Sie prüft nach § 12c Abs. 1 S. 1 EnWG die Übereinstimmung des Netzentwicklungsplans mit den Anforderungen gemäß § 12b Abs. 1, 2 und 4 EnWG. Zum Prüfprogramm gehört demnach unter anderem, ob der Netzentwicklungsplan auf Grundlage des genehmigten Szenariorahmens entwickelt wurde (§ 12b Abs. 1 EnWG), er alle erforderlichen Maßnahmen enthält (§ 12b Abs. 2 EnWG) sowie eine Begründung für die Entscheidung zugunsten einer von mehreren geprüften Planungsmöglichkeiten bietet und ob die Anforderungen an die Berücksichtigung der Öffentlichkeitsbeteiligung eingehalten wurden (§ 12b Abs. 4 EnWG). Die Betreiber von Übertragungsnetzen mit Regelzonenverantwortung sind gemäß § 12c Abs. 1 S. 3 EnWG verpflichtet, der Bundesnetzagentur auf Verlangen die für ihre Prüfungen erforderlichen Informationen zur Verfügung zu stellen. Diese kann von den Übertragungsnetzbetreibern mit Regelzonenverantwortung zudem Änderungen verlangen. In diesem Fall sind sie nach § 12c Abs. 5 EnWG verpflichtet, der Bundesnetzagentur den geänderten Netzentwicklungsplan unverzüglich, also ohne schuldhaftes Zögern, vorzulegen.[41]

---

39 *Heimann*, in: Steinbach/Franke, Kommentar zum Netzausbau, 2017, § 12b Rn. 43.

40 *Schmitz/Uibeleisen*, Netzausbau, 2016, Rn. 126.

41 *Heimann*, in: Steinbach/Franke, Kommentar zum Netzausbau, 2017, § 12c EnWG Rn. 10.

Gemäß § 12c Abs. 2 S. 1 EnWG erstellt die Bundesnetzagentur frühzeitig während des Verfahrens zur Erstellung des Netzentwicklungsplans einen Umweltbericht, der als Bestandteil der Strategischen Umweltprüfung den Anforderungen von § 40 UVPG genügen muss. Er dient der Vorbereitung eines Bedarfsplans nach § 12e EnWG und ist daher nur erforderlich, wenn der Netzentwicklungsplan als Entwurf für einen Bundesbedarfsplan der Bundesregierung übermittelt werden soll. Dies geschieht mindestens alle vier Jahre oder bei wesentlichen Änderungen des Netzentwicklungsplans. Soll der Netzentwicklungsplan hingegen nicht in den Bundesbedarfsplan münden, muss auch kein Umweltbericht erstellt werden.[42]

Die Bundesnetzagentur führt gemäß § 12c Abs. 3 S. 1 EnWG eine dritte Behörden- und Öffentlichkeitsbeteiligung durch. Sie hat den Entwurf des Netzentwicklungsplans und gegebenenfalls den Umweltbericht zum Gegenstand. Die Unterlagen sind für eine Frist von sechs Wochen am Sitz der Bundesnetzagentur auszulegen und darüber hinaus auf ihrer Internetseite öffentlich bekannt zu machen. Nach Ende der Auslegung hat die betroffene Öffentlichkeit einen Monat lang Gelegenheit zur Äußerung.

Die Prüfung des gegebenenfalls durch die Übertragungsnetzbetreiber mit Regelzonenverantwortung geänderten Netzentwicklungsplans wird mit der Bestätigung durch die Bundesnetzagentur gemäß § 12c Abs. 4 S. 1 EnWG abgeschlossen. Die Bestätigung soll unter Berücksichtigung des Ergebnisses der Behörden- und Öffentlichkeitsbeteiligung spätestens bis zum 31. Dezember eines jeden ungeraden Kalenderjahres, beginnend mit dem Jahr 2017, erfolgen.

c) Bundesbedarfsplanung

Der bestätigte Netzentwicklungsplan bildet seinerseits die Grundlage für die in § 12e EnWG geregelte Bundesbedarfsplanung. Nach § 12e Abs. 1 S. 1 EnWG übermittelt die Bundesnetzagentur den Netzentwicklungsplan als Entwurf für die Bundesbedarfsplanung mindestens alle vier Jahre der Bundesregierung. Länderübergreifende und grenzüberschreitende Höchstspannungsleitungen sind bei der Erstellung des Entwurfs gemäß § 12e Abs. 2 S. 1 EnWG durch die Bundesnetzagentur besonders zu kennzeichnen. Der Bundesbedarfsplan wiederum wird dem Gesetzgeber mindestens alle vier Jahre als Gesetzentwurf zum Zwecke des Erlasses eines Bundesbedarfsplangesetzes (BBPlG) vorgelegt.

---

42 *Schmitz/Uibeleisen*, Netzausbau, 2016, Rn. 128; *Heimann*, in: Steinbach/Franke, Kommentar zum Netzausbau, 2017, § 12c EnWG Rn. 14.

Eine rechtliche Wirkung des Bundesbedarfsplangesetzes ist, dass auf die als länderübergreifend und grenzüberschreitend gekennzeichneten Trassen die Regelungen der Bundesfachplanung gemäß §§ 4 ff. NABEG sowie der Planfeststellung nach §§ 18 ff. NABEG Anwendung finden. Mit Erlass des Bundesbedarfsplangesetzes wird für die darin enthaltenen Vorhaben gemäß § 12e Abs. 4 EnWG außerdem die energiewirtschaftliche Notwendigkeit und der vordringliche Bedarf sowohl für die Netzbetreiber als auch für die das Verfahren der nachfolgenden Planfeststellung nach §§ 43 ff. EnWG bzw. §§ 18 ff. NABEG führenden Behörden rechtlich verbindlich festgestellt.[43]

Der aktuelle Bundesbedarfsplan wurde mit dem am 31.12.2015 in Kraft getretenen Gesetz zur Änderung von Bestimmungen des Rechts des Energieleitungsausbaus vom 21.12.2015[44] erlassen. In dieser Fassung stellt das Bundesbedarfsplangesetz die energiewirtschaftliche Notwendigkeit und den vordringlichen Bedarf für 43 Vorhaben fest.[45] 16 der in der Anlage zu § 1 Abs. 1 BBPlG genannten 43 Vorhaben sind mit „A1" als länderübergreifende oder mit „A2" als grenzüberschreitende Höchstspannungsleitungen gekennzeichnet und fallen somit unter die Bundesfachplanung nach §§ 4 ff. NABEG, für die die Bundesnetzagentur zuständig ist. Daran knüpft sich für diese Vorhaben das Planfeststellungsverfahren nach §§ 18 ff. NABEG an.

Mit dem Gesetz zur Änderung von Bestimmungen des Rechts des Energieleitungsausbaus hat der Gesetzgeber einen Systemwechsel bei der Planung von Gleichstromvorhaben vollzogen.[46] Der bis dahin geltende Grundsatz des Vorrangs des Freileitungsausbaus wird für die Leitungen zur Höchstspannungs-Gleichstrom-Übertragung nunmehr durch den Vorrang der Erdverkabelung abgelöst. Gemäß § 2 Abs. 5 BBPlG sind die im Bundesbedarfsplan mit „E" gekennzeichneten Vorhaben zur Höchstspannungs-Gleichstrom-Übertragung nach Maßgabe des § 3 als Erdkabel zu errichten und zu betreiben oder zu ändern. Das NABEG ist in Bezug auf die Übertragungsform als Erdkabel oder Freileitung zunächst grundsätzlich technologieoffen. Der Anwendungsbereich nach § 2 Abs. 1 NABEG, der von länderübergreifenden oder grenzüberschreitenden

---

43 *Moench/Ruttloff*, NVwZ 2011, S. 1040 (1042); *Hermes*, EnWZ 2013, S. 395 (397).

44 BGBl. I, S. 2490.

45 Insgesamt werden 47 Vorhaben gezählt, jedoch enthält der aktuelle Bundesbedarfsplan vier Leerstellen für Vorhaben aus der vorherigen Fassung, *Schmitz/Uibeleisen*, Netzausbau, 2016, Rn. 142.

46 *Schirmer*, DVBl. 2016, S. 285 (290); *Jornitz/Förster*, NVwZ 2016, S. 801 sprechen von „Paradigmenwechsel".

„Höchstspannungsleitungen" und nicht nur von „Höchstspannungsfreileitungen" spricht, ist sowohl für oberirdisch geführte Leitungen mit einer Nennspannung von 220 kV bzw. 380 kV als auch für unterirdisch verlaufende Höchstspannungsleitungen eröffnet. Voraussetzung ist allerdings, dass die Erdkabelleitungen im BBPlG entsprechend gekennzeichnet sind.[47] Hiervon erfasst sind fast alle großen Nord-Süd-Trassen auf Gleichstromebene, die dem Energietransport von den Erzeugungszentren im Norden zu den Verbrauchszentren in Süddeutschland dienen.[48] § 3 Abs. 1 BBPlG nimmt die Verweisung aus § 2 Abs. 5 BBPlG auf und normiert den grundsätzlichen Vorrang der Erdverkabelung für die mit „E" gekennzeichneten Projekte. Ausnahmsweise kann die Leitung unter den Voraussetzungen von § 3 Abs. 2, 3 BBPlG als Freileitung errichtet, betrieben oder geändert werden. Diese Ausnahmetatbestände erfassen Aspekte des Naturschutzes, die Nutzung von Bestandstrassen sowie den Freileitungswunsch von Gebietskörperschaften. Sie greifen gemäß § 3 Abs. 4 BBPlG nicht, wenn die Leitung einen Abstand von 400 m bzw. 200 m zur Wohnbebauung unterschreitet.

2. *Rechtsschutz Dritter*

Hinsichtlich des Rechtsschutzes Dritter gegen die Genehmigung des Szenariorahmens ist zunächst festzustellen, dass Rechtsschutzmöglichkeiten anders als in § 12c Abs. 4 S. 2 EnWG nicht gesetzlich ausgeschlossen sind. Die Zulässigkeitsvoraussetzungen für eine gerichtliche Beschwerde richtet sich nach den §§ 75 ff. EnWG. Insbesondere die Beschwerdebefugnis unterliegt in energiewirtschaftsrechtlichen Beschwerdeverfahren weniger strengen Voraussetzungen als die Klagebefugnis in verwaltungsgerichtlichen Klageverfahren.[49] Dennoch erscheint aufgrund des hohen Abstraktionsgrades des Szenariorahmens eine

---

47 *Schmitz/Uibeleisen*, Netzausbau, 2016, Rn. 43 f.

48 *Schirmer*, DVBl. 2016, S. 285 (291). Dies sind namentlich die Höchstspannungsleitungen Emden Ost-Osterath, Brunsbüttel-Großgartach, Wilster-Bergrheinfeld/West und Wolmirstedt-Isar, Vorhaben Nr. 1, 3-5 der Anlage zu § 1 Abs. 1 BBPlG. Ausgenommen ist die Höchstspannungsleitung Osterath-Philippsburg (Vorhaben Nr. 2), da für dieses Vorhaben das Bundesfachplanungsverfahren schon weit fortgeschritten ist, überwiegend bestehende Masten bzw. bestehende Trassen genutzt und zügig Erfahrungen mit einer in Deutschland erstmals erprobten Hybridtechnologie auf dieser Trasse gemacht werden sollen, BT-Drs. 18/6909, S. 45.

49 Vgl. im Einzelnen *Bourwieg*, in: Britz/Hellermann/Hermes, EnWG, 2015, § 12a Rn. 49 f.; *Heimann*, in: Steinbach/Franke, Kommentar zum Netzausbau, 2017, § 12a EnWG Rn. 45.

unmittelbare Auswirkung auf konkrete Rechtspositionen Dritter kaum möglich, so dass eine Beschwerdebefugnis regelmäßig ausscheiden wird.[50]

Bei der Frage des Rechtsschutzes hat der Gesetzgeber auf Ebene der Netzentwicklungsplanung Rechtsschutzmöglichkeiten Dritter gemäß § 12c Abs. 4 S. 2 EnWG ausdrücklich ausgeschlossen. Sie können die Bestätigung des Netzentwicklungsplans demnach nicht selbständig anfechten und genießen keinen unmittelbaren Rechtsschutz. Der Netzentwicklungsplan stellt eine grobe Planungsebene dar, auf der noch keine konkreten Betroffenheiten Dritter erkennbar sind.[51]

Bei der Bundesbedarfsplanung nach § 12e EnWG wird die Bedarfsfeststellung durch Legislativakt entschieden. Dies hat zur Folge, dass Dritten im Vergleich zu einer ausschließlich durch die Exekutive vollzogenen Planung ein bloß eingeschränkter Rechtsschutz eröffnet wird.[52] Da die Bundesbedarfsplanung als förmliches Parlamentsgesetz erlassen wird, kann direkter Rechtsschutz im Wege einer Individualverfassungsbeschwerde nach Art. 93 Abs. 1 Nr. 4a GG erlangt werden. Eine Verfassungsbeschwerde gegen ein Bundesbedarfsplangesetz erscheint unter dem Gesichtspunkt der Beschwerdebefugnis problematisch, da es aufgrund weiterer erforderlicher Vollzugsakte in der Regel an der unmittelbaren Betroffenheit fehlen wird.[53] Für Dritte ist nach der gesetzlichen Konzeption des gestuften Planungsverfahrens für Übertragungsnetze allein der abschließende Planfeststellungsbeschluss angreifbar. Eine inzidente Kontrolle des Bundesbedarfsplangesetzes ist im Rahmen dieser Klage gegen die Zulassungsentscheidung im

---

50 *Bourwieg*, in: Britz/Hellermann/Hermes, EnWG, 2015, § 12a Rn. 51; *Heimann*, in: Steinbach/Franke, Kommentar zum Netzausbau, 2017, § 12a EnWG Rn. 45. So auch *Kober*, in: Danner/Theobald, Energierecht, § 12a EnWG (2014) Rn. 25; *Schmitz/Uibeleisen*, Netzausbau, 2016, Rn. 114.

51 *Appel*, UPR 2011, S. 406 (412); *Posser*, in: Kment, EnWG, 2015, § 12c Rn. 49; *Heimann*, in: Steinbach/Franke, Kommentar zum Netzausbau, 2017, § 12c EnWG Rn. 55. § 12c Abs. 4 S. 2 EnWG schließt ausdrücklich nur den Rechtsschutz Dritter aus, nennt jedoch nicht betroffene Betreiber von Übertragungsnetzen. Ihnen steht unmittelbarer Rechtsschutz gegen die Bestätigung des Netzentwicklungsplans offen. Der Netzentwicklungsplan entfaltet ihnen gegenüber unmittelbare Rechtswirkungen, da ihnen zum Beispiel gemäß § 65 Abs. 2a EnWG konkrete Investitionspflichten auferlegt werden, *Appel*, UPR 2011, S. 406 (412); *Callies/Dross*, JZ 2012, S. 1002 (1006); *Schmitz/Uibeleisen*, Netzausbau, 2016, Rn. 136.

52 *Appel*, UPR 2011, S. 406 (413); *Posser*, in: Kment, EnWG, 2015, § 12e Rn. 38; *Ludwig*, ZUR 2017, S. 67 (68).

53 *Appel*, UPR 2011, S. 406 (413); *Ludwig*, ZUR 2017, S. 67 (68).

Wege einer konkreten Normenkontrolle gemäß Art. 100 Abs. 1 GG möglich. Hält das zuständige Bundesverwaltungsgericht das Bundesbedarfsplangesetz für verfassungswidrig, muss es das Verfahren aussetzen und eine Entscheidung des Bundesverfassungsgerichts einholen.[54] Dem Gesetzgeber wird im Rahmen der gesetzlichen Bedarfsplanung jedoch ein weiter Gestaltungs- und Prognosespielraum eingeräumt, der erst überschritten ist, wenn eine Bedarfsfeststellung evident unsachlich ist und an gravierenden Fehlern leidet.[55] Die Verfassungswidrigkeit eines Bedarfsplangesetzes ergibt sich also nur unter engen Voraussetzungen, so dass die Erfolgsaussichten beider Verfahren eher gering sind.[56]

II. Bundesfachplanung

Im Anwendungsbereich des NABEG gemäß § 2 Abs. 1, 3 NABEG führt die Bundesnetzagentur eine Bundesfachplanung gemäß §§ 4 ff. NABEG durch. Ihre Zuständigkeit für das Verfahren der Bundesfachplanung ergibt sich aus § 31 Abs. 1 NABEG.

1. Inhalt und Verfahren

Das Prüfprogramm der Bundesnetzagentur folgt aus § 5 Abs. 1 NABEG: Aufbauend auf dem Bundesbedarfsplan legt sie auf dieser ersten Stufe der vorhabenbezogenen Fachplanung raumverträgliche Trassenkorridore von in der Regel 500 m bis höchstens 1000 m Breite fest.[57] Diese bilden den Rahmen für die abschließende Zulassungsentscheidung. Auf diese Weise verknüpft die Bundesfachplanung die normative Bedarfsplanung, in der noch keine Trassenverläufe festgelegt werden, mit dem Planfeststellungsverfahren.[58] Gemäß § 5 Abs. 1 S. 2 NABEG prüft die Bundesnetzagentur, ob der Verwirklichung des Vorhabens in einem Trassenkorridor überwiegende öffentliche oder private Belange entgegenstehen. Zum Zwecke der Festlegung der Trassenkorridore prüft sie insbesondere

---

54 *Schmidt*, ZUR 2012, S. 210 (213); *Callies/Dross*, ZUR 2013, S. 76 (80); *Posser*, in: Kment, EnWG, 2015, § 12e Rn. 40; *Ludwig*, ZUR 2017, S. 67 (68).

55 BVerfG, Beschluss vom 17.07.1996 – 2 BvF 2/93 –, BVerfGE 95, 1 (23); Beschluss vom 08.06.1998 – 1 BvR 650/97 u.a. –, NVwZ 1998, S. 1060 (1061); BVerwG, Urteil vom 18.07.2013 – 7 A 4/12 –, BVerwGE 147, 184 (193 Rn. 36); Urteil vom 21.01.2016 – 4 A 5/14 –, BVerwGE 154, 73 (90 Rn. 52).

56 *Appel*, UPR 2011, S. 406 (413); *Heimann*, in: Steinbach/Franke, Kommentar zum Netzausbau, 2017, § 12e EnWG Rn. 32.

57 BT-Drs. 17/6073, S. 19 und 23.

58 *Schmitz/Uibeleisen*, Netzausbau, 2016, Rn. 422.

gemäß § 5 Abs. 2 S. 1 NABEG die Übereinstimmung mit den Erfordernissen der Raumordnung und die Abstimmung mit anderen raumbedeutsamen Planungen und Maßnahmen. Weiterer Gegenstand der Prüfung sind gemäß § 5 Abs. 4 S. 1 NABEG auch etwaige ernsthaft in Betracht kommende Alternativen von Trassenkorridoren. Zudem ist gemäß § 5 Abs. 7 NABEG grundsätzlich eine Strategische Umweltprüfung durchzuführen.[59]

Das Verfahren der Bundesfachplanung richtet sich nach den §§ 6-14 NABEG. Es wird durch den Antrag des Vorhabenträgers eingeleitet, § 6 S. 1 NABEG.[60] Unverzüglich nach Antragseinreichung führt die Bundesnetzagentur gemäß § 7 Abs. 1, 2 NABEG eine Antragskonferenz durch, zu der die Vorhabenträger, die betroffenen Träger öffentlicher Belange sowie Vereinigungen im Sinne des § 3 Nr. 8 NABEG geladen werden. Sie ist gemäß § 7 Abs. 2 S. 3, 1. Halbsatz NABEG öffentlich. Daher ist grundsätzlich jedermann zur Teilnahme berechtigt, ohne eine individuelle Betroffenheit darlegen zu müssen.[61] Der Vorhabenträger hat auf Grundlage der Ergebnisse der Antragskonferenz in einer festgesetzten Frist die für die raumordnerische Beurteilung und die Strategische Umweltprüfung der Trassenkorridore erforderlichen Unterlagen vorzulegen, § 8 NABEG.

Es folgt eine Behörden- und Öffentlichkeitsbeteiligung, in der innerhalb der von § 9 Abs. 2 bzw. Abs. 6 NABEG vorgegebenen Fristen Gelegenheit zur Stellungnahme eingeräumt wird. Mit den Vorschriften über die Öffentlichkeitsbeteiligung gemäß § 9 Abs. 3-6 NABEG sollen die Anforderungen der SUP-Richtlinie[62] umgesetzt werden.[63]

§ 9 Abs. 3 S. 1 NABEG sieht vor, dass die Bundesnetzagentur die Unterlagen innerhalb von zwei Wochen nach Versand der Bestätigung der Vollständigkeit der Unterlagen auslegt. Die Auslegung erfolgt für die Dauer von einem Monat am Sitz der Bundesnetzagentur und an mindestens einem weiteren geeigneten

---

59 Zu den Einzelheiten des Prüfprogramms nach § 5 NABEG vgl. Dritter Teil.B.I.1.b).

60 Gemäß § 3 Nr. 9 NABEG ist Vorhabenträger der für die Durchführung einer Maßnahme im nach § 12c Abs. 4 S. 1 EnWG bestätigten Netzentwicklungsplan aufgeführte oder nach § 12c Abs. 8 EnWG bestimmte verantwortliche Betreiber von Übertragungsnetzen.

61 *Durinke*, in: de Witt/Scheuten, NABEG, 2013, § 7 Rn. 13. Zu der Frage, ob der Öffentlichkeit im Rahmen der Antragskonferenz ein Beteiligungsrecht zusteht vgl. die Ausführungen unter Zweiter Teil.D.IV.3.a) und Vierter Teil.H.I.

62 Richtlinie 2001/42/EG des Europäischen Parlaments und des Rates vom 27. Juni 2001 über die Prüfung der Umweltauswirkungen bestimmter Pläne und Programme, ABlEG Nr. L 197 vom 21.07.2001, S. 30.

63 BT-Drs. 17/6073, S. 25.

Auslegungsort in für die vom Trassenkorridor Betroffenen zumutbarer Nähe. Darüber hinaus sind die Unterlagen gemäß § 9 Abs. 4 S. 1 NABEG spätestens mit der Auslegung im Internet zu veröffentlichen. Auch hierauf ist auf der Internetseite und den örtlichen Tageszeitungen hinzuweisen.

Im Hinblick auf Einwendungen Privater gegen die Bundesfachplanung regelt § 9 Abs. 6 S. 1 NABEG, dass sich jede Person innerhalb von einem Monat nach Ablauf der Veröffentlichungsfrist des § 9 Abs. 3 S. 1 NABEG schriftlich, elektronisch oder zur Niederschrift bei einer Auslegungsstelle zu den beabsichtigten Trassenkorridoren äußern kann. Anders als es nach § 22 Abs. 6 NABEG im Planfeststellungsverfahren gefordert wird, muss für diese Jedermann-Einwendung die Berührung eigener Belange nicht geltend gemacht werden können.[64] Gemäß § 9 Abs. 6 S. 2 i.V.m. Abs. 2 S. 3 NABEG werden nach Fristablauf eingehende Stellungnahmen nicht mehr berücksichtigt, es sei denn, die vorgebrachten Belange sind für die Rechtmäßigkeit der Bundesfachplanung von Bedeutung. Durch diese Einschränkung wird die Präklusionswirkung, insbesondere im Vergleich zu § 73 Abs. 4 S. 3 VwVfG, abgeschwächt.[65] Stellt die Bundesnetzagentur abwägungserhebliche Belange nicht in den Abwägungsvorgang ein, kann dies zu einem Abwägungsfehler führen und somit die Rechtmäßigkeit der Bundesfachplanungsentscheidung beeinflussen.[66] Zu beachten ist außerdem § 9 Abs. 6 S. 3, 2. Halbsatz NABEG, wonach die Verfolgung von Rechten im nachfolgenden Zulassungsverfahren unberührt bleibt. Insoweit handelt es sich um eine formelle Präklusionsregel, die sich nur auf den Verfahrensabschnitt der Bundesfachplanung bezieht.[67] Einwendungen, die die Bundesfachplanung betreffen und nicht bereits im Rahmen der Öffentlichkeitsbeteiligung nach § 9 Abs. 6 S. 1 NABEG vorgebracht wurden, können somit ohne Einschränkung auch in dem nachfolgenden Planfeststellungsverfahren für das konkrete Vorhaben erhoben werden.[68] Gemäß § 9 Abs. 6 S. 3, 1. Halbsatz NABEG werden durch die Einbeziehung der Öffentlichkeit keine Rechtsansprüche begründet. Die Vorschrift trägt der Anordnung in § 15 Abs. 3 NABEG Rechnung, wonach die Entscheidung

---

64 *Posser/Schulze*, in: Posser/Faßbender, Praxishandbuch Netzplanung, 2013, Kap. 13 Rn. 204.

65 *Schmitz/Uibeleisen*, Netzausbau, 2016, Rn. 468.

66 *Versteyl*, in: Schink/Versteyl/Dippel, NABEG, 2016, § 9 Rn. 55.

67 *Posser/Schulze*, in: Posser/Faßbender, Praxishandbuch Netzplanung, 2013, Kap. 13 Rn. 204 f.; *Versteyl*, in: Schink/Versteyl/Dippel, NABEG, 2016, § 9 Rn. 99.

68 *Wiesendahl*, in: de Witt/Scheuten, NABEG, 2013, § 22 Rn. 59; *Durinke*, in: Danner/Theobald, Energierecht, § 9 NABEG (2017) Rn. 15.

über die Bundesfachplanung keine unmittelbare Außenwirkung hat.[69] Sie soll klarstellen, dass aufgrund der Beteiligungsmöglichkeit nach § 9 NABEG kein Recht begründet wird, die Bundesfachplanungsentscheidung unmittelbar gerichtlich anzugreifen.[70]

Im Anschluss an die Behörden- und Öffentlichkeitsbeteiligung findet gemäß § 10 Abs. 1 NABEG ein Erörterungstermin statt. Die nicht präkludierten Einwendungen werden zwischen der Bundesnetzagentur, dem Vorhabenträger, den Trägern öffentlicher Belange und den Einwendern mündlich erörtert. Die Bundesfachplanung ist innerhalb von sechs Monaten nach Vorliegen der vollständigen Unterlagen abzuschließen. Die verfahrensabschließende Entscheidung der Bundesnetzagentur enthält den nach § 12 Abs. 2 NABEG vorgegebenen Inhalt und ist gemäß § 13 NABEG den Beteiligten zu übermitteln.

§ 15 NABEG bestimmt, welche Rechts- und Bindungswirkung die Bundesfachplanung gegenüber anderen das Vorhaben betreffenden Planungen und Zulassungen entfaltet und wie die Entscheidung nach § 12 NABEG gerichtlich angreifbar ist. Die Entscheidung über die Bundesfachplanung ist gemäß § 15 Abs. 1 S. 1 NABEG für das nachfolgende Planfeststellungsverfahren nach §§ 18 ff. NABEG verbindlich. Der Inhalt der Bundesfachplanung, insbesondere der Trassenkorridor, die Feststellung der Raumverträglichkeit und die Alternativenprüfung, soll also in den nachfolgenden Verfahren nicht mehr in Frage gestellt werden können.[71] Diese Festlegung beschränkt das Planungsermessen für das Planfeststellungsverfahren. Neben den allgemeinen Ermessensbindungen aus dem Erfordernis der Planrechtfertigung, den gesetzlichen Planungsleitsätzen sowie dem Abwägungsgebot ergibt sich aus § 15 Abs. 1 S. 1 NABEG i.V.m. der jeweiligen Bundesfachplanungsentscheidung eine strenge Ermessensbindung für Planfeststellungen.[72]

2. *Rechtsschutz Dritter*

Nach der gesetzlichen Konzeption soll die Entscheidung der Bundesfachplanung gemäß § 15 Abs. 3 S. 1 NABEG nur verwaltungsinternen Charakter haben und nicht den Planfeststellungsbeschluss oder die Plangenehmigung ersetzen. § 15 Abs. 3 S. 2 NABEG regelt im Hinblick auf den Rechtsschutz gegen die

---

69 *Riese/Nebel*, in: Steinbach/Franke, Kommentar zum Netzausbau, 2017, § 9 NABEG Rn. 70.

70 *Durinke*, in: de Witt/Scheuten, NABEG, 2013, § 9 Rn. 49.

71 *Appel*, UPR 2011, S. 406 (409).

72 *Appel*, ER 2012, S. 3 (5); *Moench/Ruttloff*, NVwZ 2014, S. 897 (898).

Bundesfachplanungsentscheidung der Bundesnetzagentur nach § 12 NABEG, dass sie trotz ihrer Verbindlichkeit für die nachfolgende Planfeststellung nicht selbständig angefochten werden kann. Sie soll nur im Rahmen von Rechtsbehelfen gegen die abschließende Zulassungsentscheidung im Wege einer Inzidentkontrolle überprüft werden können.[73] Diese Regelung schließt für den Netzausbau den phasenspezifischen Rechtsschutz zugunsten des konzentrierten Rechtsschutzes aus. Die Bundesfachplanung soll erst durch den Planfeststellungsbeschluss Außenwirkung erlangen. Nach dieser Konzeption ist nur dieser Gegenstand von Rechtsmitteln Dritter.[74]

Gemäß § 6 BBPlG i.V.m. § 50 Abs. 1 Nr. 6 VwGO entscheidet das Bundesverwaltungsgericht über sämtliche Streitigkeiten, die Planfeststellungsverfahren und Plangenehmigungsverfahren für Vorhaben betreffen, die in dem Bundesbedarfsplangesetz bezeichnet sind. Der Anwendungsbereich des NABEG ist gemäß § 2 Abs. 1 NABEG für die im Bundesbedarfsplangesetz als länderübergreifend und grenzüberschreitend gekennzeichneten Höchstspannungsleitungen eröffnet, so dass das Bundesverwaltungsgericht auch für Klagen gegen Planfeststellungsbeschlüsse nach § 24 NABEG zuständig ist. Daraus ergibt sich zugleich seine erst- und letztinstanzliche Zuständigkeit für die inzidente Prüfung der Bundesfachplanung gemäß § 15 Abs. 3 S. 2 NABEG.[75]

Der Verweis in § 15 Abs. 3 S. 3 NABEG auf § 75 Abs. 1a VwVfG stellt klar, dass der Grundsatz der Planerhaltung für die Bundesfachplanung entsprechend gilt und damit auch für die Inzidentkontrolle zu beachten ist.[76] § 75 Abs. 1a VwVfG modifiziert die Folgen von erheblichen Abwägungsmängeln sowie von Verletzungen von Verfahrens- und Formverstößen. Mängel der Bundesfachplanung sollen nur dann zur Rechtswidrigkeit und damit zur Aufhebung des nachfolgenden Planfeststellungsbeschlusses führen, wenn die Bundesfachplanungsentscheidung nicht mit den Mitteln der Planerhaltung aufrechterhalten werden kann.[77]

---

73 *Franzius*, Aktuelle Probleme des Umweltrechtsschutzes, in: Franzius u.a., Festschrift für Kloepfer, 2013, S. 377 (394); *Hermes*, EnWZ 2013, S. 395 (398).

74 *de Witt*, in: de Witt/Scheuten, NABEG, 2013, § 15 Rn. 60 f.; *Sangenstedt*, in: Steinbach/Franke, Kommentar zum Netzausbau, 2017, § 15 NABEG Rn. 66.

75 *Sangenstedt*, in: Steinbach/Franke, Kommentar zum Netzausbau, 2017, § 15 NABEG Rn. 75.

76 *de Witt*, in: de Witt/Scheuten, NABEG, 2013, § 15 Rn. 62.

77 *Dippel*, in: Schink/Versteyl/Dippel, NABEG, 2016, § 15 Rn. 57 f.; *Sangenstedt*, in: Steinbach/Franke, Kommentar zum Netzausbau, 2017, § 15 NABEG Rn. 77.

III. Planfeststellung

Schließlich erfolgt in einem besonderen Planfeststellungsverfahren nach den §§ 18 ff. NABEG die konkrete Zulassungsentscheidung zur Genehmigung eines Leitungsbauvorhabens. Die Bundesregierung hat von der Verordnungsermächtigung in § 2 Abs. 2 NABEG durch Erlass der Planfeststellungszuweisungsverordnung (PlfZV) vom 23. Juli 2013[78] Gebrauch gemacht. Somit liegt auch die Zuständigkeit für das Planfeststellungsverfahren nach Abschnitt 3 des NABEG gemäß § 1 PlfZV bei der Bundesnetzagentur. Sie führt die Bundesfachplanung und die Planfeststellung „aus einer Hand" durch. Auf diese Weise sollen Doppelprüfungen vermieden sowie eine verlässliche und koordinierte Verwaltungspraxis gewährleistet werden.[79]

1. *Inhalt und Verfahren*

Gemäß § 18 Abs. 1 NABEG bedürfen die Errichtung und der Betrieb sowie die Änderung von Leitungen im Sinne von § 2 Abs. 1 NABEG der Planfeststellung durch die zuständige Behörde. Auf Antrag des Vorhabenträgers kann das Planfeststellungsverfahren die für den Betrieb von Energieleitungen notwendigen Anlagen wie Umspannanlagen und Netzverknüpfungspunkte mitumfassen. Bei der Planfeststellung sind gemäß § 18 Abs. 4 S. 1 NABEG die von dem Vorhaben berührten öffentlichen und privaten Belange im Rahmen der Abwägung zu berücksichtigen. Die Vorschrift normiert somit ausdrücklich das rechtsstaatliche Gebot gerechter Abwägung, an das die Planfeststellungsbehörde gebunden ist.

Gemäß § 18 Abs. 5 NABEG i.V.m. § 43 Abs. 4 EnWG gelten die allgemeinen Vorschriften der §§ 43 ff. EnWG sowie ergänzend §§ 72 ff. VwVfG, soweit die §§ 18 ff. NABEG keine abweichenden Regelungen enthalten. Die genannten Vorschriften des NABEG sind im Verhältnis zu den allgemeinen Regelungen der energierechtlichen Planfeststellung nach §§ 43 ff. EnWG lex specialis und ergänzen diese um besondere Beschleunigungs- und Öffentlichkeitsbeteiligungsvorschriften. Sie sollen der Verfahrenstransparenz und der Akzeptanz der getroffenen Entscheidungen dienen.[80]

---

78 BGBl. I, S. 2582.

79 *Schmitz/Uibeleisen*, Netzausbau, 2016, Rn. 412; *Schink/Versteyl*, in: Schink/Versteyl/Dippel, NABEG, 2016, Einleitung Rn. 56.

80 *Schmitz/Uibeleisen*, Netzausbau, 2016, Rn. 541; *Schink/Versteyl*, in: Schink/Versteyl/Dippel, NABEG, 2016, Einleitung Rn. 57.

Darüber hinaus ist für die nach § 18 Abs. 1 NABEG planfeststellungspflichtigen Vorhaben im Sinne von § 2 Abs. 1 NABEG regelmäßig eine Umweltverträglichkeitsprüfung durchzuführen.[81] Die UVP-Pflicht für die Errichtung und den Betrieb einer Hochspannungsleitung im Sinne des EnWG richtet sich nach § 1 Abs. 1 Nr. 1 i.V.m. Anlage 1 Nr. 19.1 und 19.11 UVPG. Hierzu zählen auch die Höchstspannungsleitungen im Sinne des NABEG.[82] So bestimmt Anlage 1 Nr. 19.11 UVPG, dass die Errichtung und der Betrieb eines Erdkabels nach § 2 Abs. 5 BBPlG zwingend UVP-pflichtig sind. Für Hochspannungsfreileitungen ist zwischen einer verpflichtenden Durchführung der Umweltverträglichkeitsprüfung für Hochspannungsfreileitungen mit einer Länge von mehr als 15 km und mit einer Nennspannung von 220 kV oder mehr (Nr. 19.1.1), der allgemeinen Vorprüfung des Einzelfalls für Hochspannungsfreileitungen mit einer Länge von 5 bis 15 km und mit einer Nennspannung von 110 kV oder mehr (Nr. 19.1.2 und 19.1.3) sowie der standortbezogenen Vorprüfung des Einzelfalls für Hochspannungsfreileitungen mit einer Länge von weniger als 5 km und einer Nennspannung von 110 kV oder mehr (Nr. 19.1.4) zu unterscheiden. Aufgrund der vorgegebenen Schwellenwerte besteht jedoch auch für die Errichtung und den Betrieb einer Freileitung in der Regel eine UVP-Pflicht, da Höchstspannungsleitungen nach der Definition des § 2 Abs. 1 NABEG Leitungen mit einer Spannung von 220 kV oder mehr sind. Auch den Längen-Schwellenwert von 15 km oder mehr werden die dem NABEG unterfallenden Höchstspannungsleitungen mit länderübergreifender oder grenzüberschreitender Bedeutung erreichen. Maßgeblich ist nicht die Länge eines einzelnen Leitungsabschnitts, sondern die Gesamtlänge einer Leitung. Vor diesem Hintergrund ist in der Regel zwingend eine Umweltverträglichkeitsprüfung durchzuführen.[83]

Die Planfeststellung beginnt gemäß § 19 S. 1 NABEG mit dem Antrag des Vorhabenträgers. Zum obligatorischen Inhalt dieses Antrags gehört nach § 19 S. 4 NABEG unter anderem der beabsichtigte Trassenverlauf, mögliche Alternativen der konkreten Trassenführung und eine Erläuterung der Alternativenauswahl. Unverzüglich nach Einreichung des Antrags führt die Bundesnetzagentur als Planfeststellungsbehörde nach § 20 Abs. 1 NABEG eine Antragskonferenz mit dem Vorhabenträger sowie den betroffenen Trägern öffentlicher Belange und Vereinigungen durch. Sie ist gemäß § 20 Abs. 2 S. 3 NABEG öffentlich, so dass jedermann anwesend sein kann. Diese frühzeitige Antragskonferenz

---

81 *Kümper*, in: Schink/Versteyl/Dippel, NABEG, 2016, § 18 Rn. 21.

82 *Keienburg*, in: Danner/Theobald, Energierecht, § 18 NABEG (2017) Rn. 9.

83 *Keienburg*, in: Danner/Theobald, Energierecht, § 18 NABEG (2017) Rn. 10.

soll zur Verfahrenstransparenz, Akzeptanz und Befriedigung beitragen.[84] Die Bundesnetzagentur legt auf Grund der Ergebnisse der Antragskonferenz einen Untersuchungsrahmen für die Planfeststellung fest und bestimmt den Inhalt der erforderlichen Unterlagen, § 20 Abs. 3 NABEG. Der Vorhabenträger reicht die entsprechend der Festlegungen der Bundesnetzagentur fertiggestellten Planunterlagen gemäß § 21 Abs. 1 NABEG bei der Bundesnetzagentur ein, die diese gemäß § 21 Abs. 5 NABEG innerhalb eines Monats auf ihre formelle Vollständigkeit sowie Plausibilität hin zu überprüfen hat.

Nach Vorlage der vollständigen Unterlagen beginnt die Bundesnetzagentur ein Anhörungsverfahren nach § 22 NABEG, in dem sie die Träger öffentlicher Belange, die von dem beantragten Vorhaben berührt sind, die Umweltvereinigungen und die Öffentlichkeit beteiligt. Das Anhörungsverfahren dient dem Schutz der Betroffenen durch Gewährung rechtlichen Gehörs und der Sammlung des Abwägungsmaterials.[85] § 22 NABEG orientiert sich an den Vorschriften über die Behörden- und Öffentlichkeitsbeteiligung nach § 43a EnWG und § 73 VwVfG, enthält jedoch einige Modifikationen und stellt insoweit eine spezialgesetzliche Regelung dar. Ziel ist es, die behördliche Entscheidungsfindung transparenter zu gestalten und die Akzeptanz der Verwaltungsentscheidung zu steigern. Die gesteigerte Akzeptanz soll zur Beschleunigung des Verfahrens beitragen.[86]

§ 22 Abs. 3-7 NABEG regelt die Öffentlichkeitsbeteiligung. Mit diesen Vorschriften sollen ausweislich der Gesetzesbegründung die Vorgaben der Öffentlichkeitsbeteiligungsrichtlinie[87] umgesetzt werden.[88] Die Planfeststellungsbehörde legt innerhalb von zwei Wochen nach Vorlage der vollständigen Unterlagen diese für die Dauer von einem Monat gemäß § 43a Nr. 1 EnWG aus. § 22 Abs. 4 NABEG sieht vor, dass der Plan entsprechend den Vorgaben

---

84 *Moench/Ruttloff*, NVwZ 2011, S. 1040 (1044).

85 *Wiesendahl*, in: de Witt/Scheuten, NABEG, 2013, § 22 Rn. 3; *Nebel/Riese*, in: Steinbach/Franke, Kommentar zum Netzausbau, 2017, § 22 NABEG Rn. 10.

86 *Missling*, in Danner/Theobald, Energierecht, § 43a EnWG (2016) Rn. 1; *Wiesendahl*, in: de Witt/Scheuten, NABEG, 2013, § 22 Rn. 3; *Nebel/Riese*, in: Steinbach/Franke, Kommentar zum Netzausbau, 2017, § 22 NABEG Rn. 13.

87 Richtlinie 2003/35/EG des Europäischen Parlaments und des Rates vom 26.05.2003 über die Beteiligung der Öffentlichkeit bei der Ausarbeitung bestimmter umweltbezogener Pläne und Programme und zur Änderung der Richtlinie 85/337/EWG und 96/61/EG des Rates in Bezug auf die Öffentlichkeitsbeteiligung und den Zugang zu Gerichten, ABlEU Nr. L 156 vom 25.06.2003, S. 17.

88 BT-Drs. 17/6073, S. 29.

bezüglich der Medien für die Bekanntmachung, den Zeitpunkt der Bekanntmachung und den Inhalt der Bekanntmachung im Internet veröffentlicht wird, spätestens mit der Auslegung für die Dauer von einem Monat.

Gemäß § 22 Abs. 6 S. 1 NABEG kann jede Person, deren Belange durch das Vorhaben berührt werden, innerhalb von einem Monat nach Ablauf der Auslegungsfrist des § 22 Abs. 3 S. 1 NABEG schriftlich oder elektronisch bei der Planfeststellungsbehörde oder zur Niederschrift bei einer Auslegungsstelle Einwendungen gegen den Plan erheben. Dies gilt gemäß § 22 Abs. 6 S. 2 NABEG entsprechend für Vereinigungen im Sinne des § 3 Nr. 8 NABEG, die insoweit nicht den Trägern öffentlicher Belange, sondern der Öffentlichkeit gleichgestellt werden. Die Vorschrift regelt selbst nicht ausdrücklich die Folgen fehlenden oder verspäteten Vorbringens. Gemäß § 18 Abs. 5 NABEG i.V.m. § 43a EnWG findet jedoch auch für das Planfeststellungsverfahren des NABEG die Präklusionsregelung des § 73 Abs. 4 S. 3 VwVfG Anwendung. Danach sind mit Ablauf der Einwendungsfrist alle Einwendungen ausgeschlossen, die nicht auf besonderen privatrechtlichen Titeln beruhen. Einwendungen, die im Verwaltungsverfahren nicht oder verspätet vorgebracht wurden, sind im weiteren Verwaltungsverfahren und auch in späteren gerichtlichen Verfahren ausgeschlossen, sog. materielle Präklusion. Demnach treffen potenzielle Kläger also Obliegenheiten zur Rechtsschutzwahrung, die in Präklusionsvorschriften ihre Grundlage haben.[89] Der Europäische Gerichtshof hat in einer Entscheidung vom 15.10.2015 § 73 Abs. 4 S. 3 VwVfG für unionsrechtswidrig erklärt, soweit es sich um UVP-pflichtige Vorhaben handelt und sich die Präklusionswirkung auch auf das Gerichtsverfahren bezieht. Für diese Vorhaben gilt die materielle Präklusion nicht mehr, so dass Einwendungen grundsätzlich auch nach Ablauf der Einwendungsfrist im gerichtlichen Verfahren geltend gemacht werden können.[90]

§ 22 Abs. 7 S. 1 NABEG schreibt grundsätzlich die Durchführung eines Erörterungstermins vor. Für die Einzelheiten gilt § 10 NABEG entsprechend. Anhörungsverfahren und Erörterungstermin können nach § 22 Abs. 8 NABEG unterbleiben, wenn die Voraussetzungen des § 25 NABEG oder des § 24 Abs. 5 NABEG vorliegen. Danach dürfen keine erheblichen Umweltbeeinträchtigungen vorliegen und somit keine Umweltverträglichkeitsprüfung geboten sein,

89 *Posser/Schulze*, in: Posser/Faßbender, Praxishandbuch Netzplanung, 2013, Kap. 13 Rn. 203; *Pielow*, in: Säcker, Energierecht, Band 1, 2014, § 43a EnWG Rn. 35.

90 Zum Urteil des Europäischen Gerichtshofs vom 15.10.2015 und seiner Reichweite vgl. Vierter Teil.E.

andere öffentliche Belange nicht berührt sein und Rechte anderer nicht beeinträchtigt werden.

Schließlich wird der Plan gemäß § 24 Abs. 1 NABEG von der Planfeststellungsbehörde durch Planfeststellungsbeschluss festgestellt.

2. Rechtsschutz Dritter

Für Klagen gegen Planfeststellungsbeschlüsse nach dem NABEG ist das Bundesverwaltungsgericht gemäß § 6 BBPlG i.V.m. § 50 Abs. 1 Nr. 6 VwGO im ersten und letzten Rechtszug zuständig. Der Planfeststellungsbeschluss bzw. die Plangenehmigung stellt für Drittbetroffene einen belastenden Verwaltungsakt dar, der nach allgemeinen Grundsätzen binnen eines Monats nach Bekanntgabe mit einer Anfechtungsklage angegriffen werden kann, vgl. §§ 42 Abs. 1 Alt. 1, 68 Abs. 1 S. 2 Alt. 1, 74 Abs. 1 S. 2 VwGO. Das behördliche Vorverfahren entfällt gemäß §§ 74 Abs. 1 S. 2, 70 und 74 Abs. 6 S. 3 VwVfG. Die Anfechtungsklage hat gemäß § 18 Abs. 5 NABEG i.V.m. § 43e Abs. 1 S. 1 EnWG kraft Gesetzes gemäß § 80 Abs. 2 S. 1 Nr. 3 VwGO keine aufschiebende Wirkung. Nach § 43e Abs. 1 S. 2 und 3 EnWG kann ein Antrag auf Anordnung der aufschiebenden Wirkung der Anfechtungsklage gegen einen Planfeststellungsbeschluss oder eine Plangenehmigung nach § 80 Abs. 5 S. 1 VwGO nur innerhalb eines Monats nach der Zustellung des Planfeststellungsbeschlusses oder der Plangenehmigung gestellt und begründet werden. Darauf ist in der Rechtsbehelfsbelehrung hinzuweisen. § 58 VwGO gilt entsprechend.

Im Rahmen des Rechtsbehelfsverfahrens prüft das Gericht vor allem, ob das Vorhaben vernünftigerweise geboten ist (Planrechtfertigung), die einschlägigen Planungsleitsätze beachtet sind und nicht gegen das Abwägungsgebot verstoßen wurde.[91] Der im Abwägungsgebot zum Ausdruck kommende planerische Gestaltungsspielraum ist bei der Planfeststellung nach §§ 18 ff. NABEG durch die Bindungswirkung von Entscheidungen auf vorgelagerten Planungsstufen begrenzt: Das Planungserfordernis, also die energiewirtschaftliche Notwendigkeit und der vordringliche Bedarf, ist durch den Bundesbedarfsplan nach § 12e EnWG gesetzlich festgelegt und für die Planfeststellung verbindlich. Zudem ist die Planfeststellungsbehörde gemäß § 15 Abs. 1 S. 1 NABEG an den in der Bundesfachplanung festgelegten Trassenkorridor gebunden.[92]

---

91 *Appel*, UPR 2011, S. 406 (414).

92 *Grigoleit/Weisensee*, UPR 2011, S. 401 (405); *Appel*, UPR 2011, S. 406 (414).

IV. Zusammenfassung

Das Planungs- und Genehmigungsverfahren für die Errichtung und Änderung von länderübergreifenden und grenzüberschreitenden Höchstspannungsleitungen nach dem EnWG und dem NABEG besteht aus einer bundesweiten Bedarfsplanung, einer neu eingeführten Bundesfachplanung und der Planfeststellung als eigentliche Zulassungsentscheidung. Es ist durch eine Stufung der Entscheidungsprozesse und eine Entscheidung für eine Konzentration des Rechtsschutzes auf die letzte Stufe der Projektzulassung, der Planfeststellung, gekennzeichnet.[93]

Alle Planungsstufen sind von einer umfassenden und frühzeitigen Öffentlichkeitsbeteiligung geprägt. Bereits auf Ebene der Bundesbedarfsplanung, ausgehend von der Erarbeitung des Szenariorahmens, über den Netzentwicklungsplan bis hin zum Bundesbedarfsplan, sind die jeweils maßgeblichen Unterlagen der Öffentlichkeit zugänglich zu machen und ist der Öffentlichkeit Gelegenheit zur Äußerung zu geben. Zudem sieht das NABEG für die Bundesfachplanung und für das Planfeststellungsverfahren vor Einreichung der Antragsunterlagen und nach Antragstellung jeweils ein zweistufiges Beteiligungsverfahren vor.[94] Gesetzgeberisches Ziel ist es, eine größere Akzeptanz für den Leitungsausbau zu erreichen, die auch zur Verfahrensbeschleunigung beitragen soll.[95]

B. Europarechtliche Grundlagen

I. Der Grundsatz vom Anwendungsvorrang des Unionsrechts

1. Herleitung

Im Fall der Kollision von mitgliedstaatlichem Recht und Unionsrecht in Bezug auf denselben Sachverhalt stellt sich die Frage nach der Rangordnung beider Rechtsordnungen. Der Europäische Gerichtshof geht in ständiger Rechtsprechung von einem absoluten Vorrang des Unionsrechts vor dem mitgliedstaatlichen Recht aus, unabhängig von dem Rang der mitgliedstaatlichen Vorschrift.[96] Der Grundsatz des Anwendungsvorrangs des Unionsrechts ist nicht ausdrücklich

---

93 *Hermes*, EnWZ 2013, S. 395 (398).

94 *Moench/Ruttloff*, NVwZ 2011, S. 1040 (1045).

95 BT-Drs. 17/6072, S. 2 und BT-Drs. 17/6073, S. 18 f., 25, 28.

96 EuGH, Urteil vom 15.07.1964, Costa/ENEL, C-6/64, EU:C:1964:66, S. 1269 f.; Urteil vom 17.12.1970, Internationale Handelsgesellschft, C-11/70, EU:C:1970:114, Rn. 3; Urteil vom 09.03.1978, Simmenthal II, C-106/77, EU:C:1978:49, Rn. 17/18; Urteil vom 19.06.1990, Factortame u.a., C-213/89, EU:C:1990:257, Rn. 18 ff.

in den Grundlagenverträgen geregelt. Eine ursprünglich vorgesehene Bestimmung wurde bewusst nicht in den Vertrag von Lissabon übernommen, so dass der Anwendungsvorrang (nur) in der in der Schlussakte formulierten Erklärung zum Vorrang[97] zum Ausdruck kommt.[98] Der Europäische Gerichtshof leitet das Gebot des Anwendungsvorrangs aus der in Art. 4 Abs. 3 EUV verankerten Pflicht zur loyalen Zusammenarbeit ab und begründet es aus dem Wortlaut und Geist des Vertrags. Der eigenständige und autonome Charakter sowie die Funktionsfähigkeit des Unionsrechts, insbesondere seine einheitliche und gleichmäßige Anwendung, erforderten diesen Vorrang.[99] Abgesehen von im Einzelnen bestehenden verfassungsrechtlichen Vorbehalten ist der Grundsatz vom Anwendungsvorrang des Unionsrechts in den Mitgliedstaaten und auch in der Rechtsprechung des Bundesverfassungsgerichts allgemein anerkannt.[100]

2. Voraussetzungen des Anwendungsvorrangs

Für den Anwendungsvorrang des Unionsrechts müssen bestimmte Voraussetzungen erfüllt sein. Zunächst muss die entsprechende Vorschrift des Unionsrechts wirksam, d.h. unter Beachtung der Kompetenzverteilung der Union und der Mitgliedstaaten, der Verfahrensvorschriften und der materiellen Anforderungen des Primärrechts, zustande gekommen sein.[101] Des Weiteren stellt sich die Frage des Anwendungsvorrangs nur, wenn die Vorschrift innerstaatlich unmittelbar gilt und deswegen von den mitgliedstaatlichen Stellen angewendet und von den Bürgern beachtet werden soll und kann.[102] Art. 288 Abs. 2 AEUV sieht dies für Verordnungen ausdrücklich vor. Schließlich muss die Anwendung des nationalen Rechts tatsächlich im Widerspruch zur Anwendung der

---

97 Erklärung Nr. 17 zur Schlussakte der Regierungskonferenz zum Vertrag von Lissabon, ABlEU 2010/C 83, S. 344.

98 *Streinz*, in: Streinz, EUV/AEUV, 2012, Art. 4 EUV Rn. 35; *Geiger*, in: Geiger/Khan/Kotzur, EUV/AEUV, 2017, Art. 4 EUV Rn. 21.

99 EuGH, Urteil vom 15.07.1964, Costa/ENEL, C-6/64, EU:C:1964:66, S. 1269 f.

100 BVerfG, Beschluss vom 09.06.1971 – 2 BvR 225/69 –, BVerfGE 31, 145 (173 f.); Beschluss vom 22.10.1986 – 2 BvR 197/83 –, BVerfGE 73, 339 (375); Beschluss vom 08.04.1987 – 2 BvR 687/85 –, BVerfGE 75, 223 (244); Urteil vom 28.01.1992 – 1 BvR 1025/82, 1 BvL 16/83 und 10/91 –, BVerfGE 85, 191 (204); *Streinz*, in: Streinz, EUV/AEUV, 2012, Art. 4 EUV Rn. 36. Zu den Grenzen des Anwendungsvorrangs *Jarass/Beljin*, NVwZ 2004, S. 1 (2) und *Geiger*, in: Geiger/Khan/Kotzur, EUV/AEUV, 2017, Art. 4 EUV Rn. 27 ff. m.w.N.

101 *Jarass*, DVBl. 1995, S. 954 (958); *Jarass/Beljin*, NVwZ 2004, S. 1 (2).

102 *Niedobitek*, VerwArch 92 (2001), S. 58 (67).

europarechtlichen Norm stehen. Das Unionsrecht darf keine Vorbehalte mit Abweichungsmöglichkeiten zugunsten der Mitgliedstaaten enthalten, die eine Kollision ausschließen würden.[103]

3. *Wirkungen des Anwendungsvorrangs*

Nach dem Grundsatz des Anwendungsvorrangs wird entgegenstehendes nationales Recht durch Unionsrecht verdrängt und der Erlass von dem Unionsrecht widersprechenden neuen nationalen Rechts gehindert. Der Vorrang des später erlassenen Rechts, also der lex posterior-Grundsatz, und die lex specialis-Regel gelten nicht. Das nationale Recht tritt auch dann zurück, wenn es spezieller ist.[104] Die politische Gestaltungsfreiheit der Mitgliedstaaten wird somit begrenzt. Darüber hinaus dürfen mitgliedstaatliche Gerichte und Verwaltungsbehörden entgegenstehendes nationales Recht von sich aus ohne weiteres nicht anwenden und haben nicht nur eine Verwerfungskompetenz, sondern auch eine unionsrechtlich begründete Verwerfungspflicht.[105] Die mitgliedstaatliche Norm ist insoweit nicht anzuwenden, als sie im Widerspruch zum Unionsrecht steht. Im Übrigen gilt sie weiter und findet auf Sachverhalte ohne Bezug zum Unionsrecht Anwendung.[106]

4. *Kollisionskategorien*

Die Frage des Anwendungsvorrangs des Unionsrechts stellt sich dann, wenn mitgliedstaatliches und europäisches Recht in Konflikt geraten, das nationale Recht also im Widerspruch zum Unionsrecht steht.[107] Es werden zwei Kategorien von Kollisionen unterschieden.

Eine *direkte* Kollision liegt vor, wenn mitgliedstaatliche und europarechtliche Vorschriften denselben Sachverhalt regeln, aber unterschiedliche Rechtsfolgen anordnen, so dass die gleichzeitige Anwendung beider Normen logisch nicht möglich ist.[108] Eine solche Normenkollision liegt etwa dann vor, wenn das

---

103 *Jarass/Beljin*, NVwZ 2004, S. 1 (3); *Kment*, Nationale Unbeachtlichkeits-, Heilungs- und Präklusionsvorschriften, 2005, S. 11.

104 *Jarass*, DVBl. 1995, S. 954 (958); *Jarass/Beljin*, NVwZ 2004, S. 1 (2); *Kment*, Nationale Unbeachtlichkeits-, Heilungs- und Präklusionsvorschriften, 2005, S. 7.

105 *Streinz*, in: Streinz, EUV/AEUV, 2012, Art. 4 EUV Rn. 39.

106 *Jarass/Beljin*, NVwZ 2004, S. 1 (4).

107 *Jarass/Beljin*, NVwZ 2004, S. 1 (3); *Kment*, Nationale Unbeachtlichkeits-, Heilungs- und Präklusionsvorschriften, 2005, S. 13 ff.

108 *Jarass*, DVBl. 1995, S. 954 (959); *Niedobitek*, VerwArch 92 (2001), S. 58 (73).

Unionsrecht ein Recht verleiht, während die mitgliedstaatliche Rechtsordnung dasselbe Recht ausschließt.[109]

Darüber hinaus hat der Europäische Gerichtshof den Grundsatz des Anwendungsvorrangs auch auf die Fälle ausgedehnt, in denen die Anwendung des nationalen Rechts die Wirksamkeit des Unionsrechts beeinträchtigt.[110] Hier spricht man von einer *indirekten* Kollision.[111] Dieser Konflikt betrifft das Verhältnis zwischen unionsrechtlicher Rechtsgewährung und mitgliedstaatlicher Rechtsrealisierung. Er tritt beispielsweise auf, wenn das Unionsrecht den Mitgliedstaaten Pflichten auferlegt, ohne festzulegen, wie diese im Einzelnen durchzuführen sind. Die europarechtlichen Vorschriften bedürfen zu ihrer Verwirklichung in diesem Fall der näheren Ausgestaltung durch die nationale Rechtsordnung, so dass die tatsächliche Wirksamkeit des Unionsrechts von den materiellen Regelungen des nationalen Rechts sowie der Ausgestaltung des nationalen Verwaltungsverfahrensrechts abhängig ist.[112] Die Wirksamkeit des Unionsrechts wird beispielsweise beeinträchtigt, wenn die Durchführung einer unionsrechtlichen Norm durch nationale verfahrens- oder prozessrechtliche Regelungen behindert wird. Ein solcher Fall einer indirekten Kollision zwischen nationalem Recht und Unionsrecht kommt auch bei materiellen Präklusionsnormen in Betracht, da diese unionsrechtlich begründete Einwendungen ausschließen.[113]

Grenzen des Ausgestaltungsspielraums der Mitgliedstaaten bilden die unionsrechtlich entwickelten und somit vorrangig zu beachtenden Schranken des Effektivitäts- und Äquivalenzgrundsatzes. Liegt eine indirekte Kollision vor, weil mitgliedstaatliche Vorschriften die praktische Wirksamkeit europarechtlicher Vorschriften beeinträchtigen und im Widerspruch zum Effektivitäts- und Äquivalenzgrundsatz stehen, sind diese Normen unanwendbar.[114] Die durch das Unionsrecht verliehene Rechtsposition muss hierfür nicht immer durchsetzbar sein, die nationale (Verfahrens-)Vorschrift darf diese jedoch nicht vereiteln. Es muss eine realistische Chance zur Rechtsverwirklichung der verliehenen Rechtsposition bestehen.[115]

---

109 *Niedobitek*, VerwArch 92 (2001), S. 58 (74).

110 EuGH, Urteil vom 06.05.1982, Fromme/BALM, C- 54/81, EU:C:1982:142, Rn. 6.

111 *Jarass*, DVBl. 1995, S. 954 (959); *Jarass/Beljin*, NVwZ 2004, S. 1 (4); *Kment*, Nationale Unbeachtlichkeits-, Heilungs- und Präklusionsvorschriften, 2005, S. 14.

112 *Jarass*, DVBl. 1995, S. 954 (959); *Niedobitek*, VerwArch 92 (2001), S. 58 (74).

113 *Jarass/Beljin*, NVwZ 2004, S. 1 (4); *Stüer/Rieder*, EurUP 2004, S. 139 (142 f.).

114 *Jarass*, DVBl. 1995, S. 954 (959); *Niedobitek*, VerwArch 92 (2001), S. 58 (75 f.).

115 *Niedobitek*, VerwArch 92 (2001), S. 58 (76); *Kment*, Nationale Unbeachtlichkeits-, Heilungs- und Präklusionsvorschriften, 2005, S. 16.

II. Der Grundsatz der mitgliedstaatlichen Verfahrensautonomie

1. Primärrechtliche Grundlagen

Der Vollzug des Unionsrechts kann im Einzelfall durch die Europäische Union oder durch die Mitgliedstaaten erfolgen. Vollziehen Unionsorgane selbst Unionsrecht, spricht man vom „direkten Vollzug", erfolgt der Vollzug durch die Mitgliedstaaten, bezeichnet man dies als „indirekten Vollzug" des Unionsrechts. Während der direkte Vollzug auf einige wenige Sachbereiche wie das Wettbewerbsrecht (s. insb. Art. 105 AEUV) oder die Beihilfenaufsicht (Art. 108 AEUV) begrenzt ist, obliegt die verwaltungsmäßige Vollziehung des Unionsrechts überwiegend den Mitgliedstaaten.[116]

In der Rechtsprechung des Europäischen Gerichtshofs ist in ständiger Rechtsprechung anerkannt, dass der indirekte, also der mitgliedstaatliche Vollzug des Unionsrechts den Regelfall darstellt. Die durch das Unionsrecht gewährten Rechte müssten vor den innerstaatlichen Gerichten nach den Verfahrensregeln des innerstaatlichen Rechts verfolgt werden.[117]

Nunmehr existiert mit dem durch den Vertrag von Lissabon eingeführten Art. 291 Abs. 1 AEUV eine ausdrückliche vertragstextliche Grundlage für die Regelzuständigkeit der Mitgliedstaaten. In ihr kommt der Grundsatz der „mitgliedstaatlichen Verfahrensautonomie" zum Ausdruck.[118] Danach ergreifen die Mitgliedstaaten alle zur Durchführung der verbindlichen Rechtsakte der Union erforderlichen Maßnahmen nach innerstaatlichem Recht. Die Vorschrift spricht ausdrücklich nur von der Durchführung durch die Mitgliedstaaten, jedoch werden sämtliche Träger öffentlicher Gewalt in den Mitgliedstaaten verpflichtet und somit Maßnahmen der Exekutive, der Gerichte und der Legislative erfasst.[119] Die Verfahrensautonomie gewährleistet den Mitgliedstaaten die Hoheit über die Ausgestaltung des Verwaltungsverfahrens, die Verwaltungshoheit und die Rechtsschutzorganisation bei der Durchführung des Unionsrechts.[120]

---

116 *Streinz*, in: Streinz, EUV/AEUV, 2012, Art. 4 EUV Rn. 51 f.; *Geiger*, in: Geiger/Khan/Kotzur, EUV/AEUV, 2017, Art. 4 EUV Rn. 37.

117 EuGH, Urteil vom 16.12.1976, Rewe, C-33/76, EU:C:1976:188, Rn. 5; Urteil vom 16.12.1976, Comet, C-45/76, EU:C:1976:191, Rn. 11/18.

118 *Saurer*, Der Einzelne im europäischen Verwaltungsrecht, 2014, S. 310.

119 *Gellermann*, in: Streinz, EUV/AEUV, 2012, Art. 291 AEUV Rn. 5; *Vedder*, in: Vedder/Heintschel von Heinegg, Europäisches Unionsrecht, Handkommentar, 2018, Art. 291 AEUV Rn. 4.

120 *Saurer*, Der Einzelne im europäischen Verwaltungsrecht, 2014, S. 310.

Schon in der allgemeinen Loyalitätspflicht des Art. 4 Abs. 3 UAbs. 2 EUV (früher Art. 10 S. 1 EGV) kommt diese Rechtslage zum Ausdruck, welche durch Art. 291 AEUV für die Durchführung des sekundären Unionsrechts primärrechtlich konkretisiert wird. Die Vorschrift bezieht sich auf die in Art. 288 AEUV genannten Rechtsakte, außer den Empfehlungen und Stellungnahmen, die nicht rechtsverbindlich sind.[121] Der Begriff der „Durchführung" wird weit verstanden und schließt den Vollzug des Unionsrechts durch die Exekutive ein.[122] Soweit das Unionsrecht hierfür keine gemeinsamen Vorschriften enthält, sind für die mitgliedstaatlichen Behörden bei der Durchführung des Unionsrechts die formellen und materiellen Regelungen des nationalen Verwaltungsrechts maßgeblich.[123]

Art. 291 Abs. 1 AEUV unterstützend zielt Art. 197 AEUV auf die Verbesserung der verwaltungsmäßigen Fähigkeiten der Mitgliedstaaten zur Durchführung und Anwendung des Unionsrechts.[124] Gemäß Art. 197 Abs. 1 AEUV ist die für das ordnungsgemäße Funktionieren der Union entscheidende effektive Durchführung des Unionsrechts durch die Mitgliedstaaten als Frage von gemeinsamem Interesse anzusehen. Aus der systematischen Stellung der Vorschrift unter dem Titel „Verwaltungszusammenarbeit" und dem Wortlaut des Abs. 2 ergibt sich, dass sie sich nur auf den Vollzug des Unionsrechts durch Verwaltungsbehörden der Mitgliedstaaten bezieht.[125] Der Begriff der Effektivität erfasst die einheitliche, rechtlich fehlerfreie und die zeitlich rasche sowie sachlich sorgfältige Durchführung des Unionsrechts in den Mitgliedstaaten.[126]

---

121 *Gellermann*, in: Streinz, EUV/AEUV, 2012, Art. 291 AEUV Rn. 4; *Vedder*, in: Vedder/Heintschel von Heinegg, Europäisches Unionsrecht, Handkommentar, 2018, Art. 291 AEUV Rn. 3.

122 *Ohler*, in: Streinz, EUV/AEUV, 2012, Art. 197 AEUV Rn. 4; *Ruffert*, in: Callies/Ruffert, EUV/AEUV, 2016, Art. 291 AEUV Rn. 1.

123 *Gellermann*, in: Streinz, EUV/AEUV, 2012, Art. 291 AEUV Rn. 8; *Vedder*, in: Vedder/Heintschel von Heinegg, Europäisches Unionsrecht, Handkommentar, 2018, Art. 291 AEUV Rn. 3.

124 *Vedder*, in: Vedder/Heintschel von Heinegg, Europäisches Unionsrecht, Handkommentar, 2018, Art. 197 AEUV Rn. 2.

125 *Ohler*, in: Streinz, EUV/AEUV, 2012, Art. 197 AEUV Rn. 4; *Vedder*, in: Vedder/Heintschel von Heinegg, Europäisches Unionsrecht, Handkommentar, 2018, Art. 197 AEUV Rn. 3.

126 *Ohler*, in: Streinz, EUV/AEUV, 2012, Art. 197 AEUV Rn. 2.

2. *Grenzen des mitgliedstaatlichen Vollzugs*

Die Gestaltungshoheit über den mitgliedstaatlichen Vollzug liegt zunächst bei den Mitgliedstaaten. Auch wenn der unionsrechtliche Grundsatz der mitgliedstaatlichen „Verfahrensautonomie" begrifflich eine Ausschließlichkeit der Anwendung nationalen Rechts oder zumindest einen weitgehenden Gestaltungsspielraum bei der Verfahrens- und Rechtsschutzgestaltung nahe legt, unterliegt die mitgliedstaatliche Regelzuständigkeit einer zweifachen unionsrechtlichen Begrenzungen. Die Verfahrensautonomie steht zum einen unter dem Vorbehalt nicht vorhandener oder nicht entgegenstehender ausdrücklicher unionsrechtlicher Verfahrensregelungen, findet zum anderen ihre Grenzen in primärrechtlichen Grundsätzen und Grundrechten.[127] Besondere Bedeutung kommt insbesondere dem Effektivitäts- und Äquivalenzgebot zu.[128] Das Äquivalenzprinzip besagt, dass nationale Bestimmungen bei einem europarechtlichen Bezug nicht ungünstiger ausgestaltet sein oder ungünstiger angewandt werden dürfen als bei rein innerstaatlichen Sachverhalten. Verfahren mit Unionsrechtsbezug dürfen also nicht ungünstiger ausgestaltet sein, als Verfahren, die allein nach innerstaatlichem Recht zu beurteilen sind. Nach dem Grundsatz der Effektivität dürfen die im nationalen Recht vorgesehenen Bestimmungen die Ausübung der durch das Unionsrecht verliehenen Rechte nicht praktisch unmöglich machen oder übermäßig erschweren.[129]

Diese Prinzipien stellen einen richterrechtlich ausgeformten Grundsatz dar, der aus dem Prinzip der Unionstreue gemäß Art. 4 EUV abgeleitet wird.[130] Art. 4 UAbs. 2 und 3 EUV statuiert eine Loyalitätspflicht der Mitgliedstaaten gegenüber der Union und verpflichtet die Mitgliedstaaten zur ordnungsgemäßen Anwendung des Unionsrechts. Die beiden Prinzipien steuern und begrenzen als zwei ungeschriebene primärrechtliche Regelungen die Anwendung des nationalen Verwaltungsrechts, um die Einheitlichkeit und Funktionsfähigkeit des Unionsrechts sicherzustellen. Die durch die beiden Gebote gesetzten Grenzen gelten

---

127 *Schlacke*, Überindividueller Rechtsschutz, 2008, S. 252 f.; *Saurer*, Der Einzelne im europäischen Verwaltungsrecht, 2014, S. 312.

128 EuGH, Urteil vom 15.09.1998, Edis, C-231/96, EU:C:1998:401, Rn. 19 und 34 ff.; Urteil vom 09.02.1999, Dilexport, C-343/96, EU:C:1999:59, Rn. 25 ff.

129 EuGH, Urteil vom 16.12.1976, Rewe, C-33/76, EU:C:1976:188, Rn. 5; Urteil vom 16.12.1976, Comet, C-45/76, EU:C:1976:191, Rn. 11/18; Urteil vom 21.09.1983, Deutsche Milchkontor, C-205 bis 215/82, EU:C:1983:233, Rn. 19, 22 f.; ausführlich *Kment*, Nationale Unbeachtlichkeits-, Heilungs- und Präklusionsvorschriften, 2005, S. 48 ff.

130 *Saurer*, Der Einzelne im europäischen Verwaltungsrecht, 2014, S. 312 f.

allgemein bei der mitgliedstaatlichen Durchführung des Unionsrechts mithilfe nationalen Rechts. Sie entfalten unmittelbare Wirkung und erfassen das Verwaltungsverfahrensrecht, das materielle Verwaltungsrecht und das Verwaltungsprozessrecht.[131] Im Bereich des Verwaltungsvollzugs müssen die staatlichen Behörden alle Maßnahmen ergreifen, um den vollständigen und korrekten Vollzug des Unionsrechts sicherzustellen.[132] Verstößt eine nationale Bestimmung gegen einen der beiden Grundsätze, liegt eine (indirekte) Kollision vor, die den Vorrang des Unionsrechts auslöst.[133]

Diese Prinzipien werden von Art. 197 Abs. 1 AEUV aufgegriffen, indem die Vorschrift die effektive Durchführung des Unionsrechts durch die Mitgliedstaaten zu einer Angelegenheit von gemeinsamem Interesse erklärt.[134] Die Mitgliedstaaten sind demnach beim Vollzug des Unionsrechts durch nationales Recht nicht völlig frei, sondern haben das gemeinsame Interesse der Union und der Mitgliedstaaten an einer „effektiven" Durchführung des Unionsrechts zu berücksichtigen. Darunter fällt die Pflicht der mitgliedstaatlichen Gerichte zur Gewährung effektiven Rechtsschutzes und der Verwaltung, jede Beeinträchtigung der Wirksamkeit des Unionsrechts zu vermeiden. Dies umfasst alle Verwaltungsstellen auf nationaler, regionaler und lokaler Ebene sowie die Selbstverwaltungsträger.[135] In diesem Sinne überformt und modifiziert das Unionsrecht das mitgliedstaatliche Verwaltungsrecht im Vollzug von Unionsrecht, wodurch eine Vielzahl von Rechtsinstituten wie unter anderem auch Präklusionsvorschriften betroffen sind.[136]

Dadurch wird jedoch keine neue Unionszuständigkeit der verwaltungsmäßigen Durchführung des Unionsrechts begründet; dies bleibt Sache der Mitgliedstaaten.[137] Sekundärrechtliche Eingriffe in die Durchführungskompetenz und

---

131 *Streinz*, in: Streinz, EUV/AEUV, 2012, Art. 4 EUV Rn. 34; *Vedder*, in: Vedder/Heintschel von Heinegg, Europäisches Unionsrecht, Handkommentar, 2018, Art. 291 AEUV Rn. 9.

132 *Gellermann*, in: Streinz, EUV/AEUV, 2012, Art. 291 AEUV Rn. 8.

133 *Jarass/Beljin*, NVwZ 2004, S. 1 (10).

134 *Ruffert*, in: Callies/Ruffert, EUV/AEUV, 2016, Art. 197 AEUV Rn. 14.

135 *Jarass/Beljin*, NVwZ 2004, S. 1 (9); *Kotzur*, in: Geiger/Khan/Kotzur, EUV/AEUV, 2017, Art. 197 AEUV Rn. 2; *Vedder*, in: Vedder/Heintschel von Heinegg, Europäisches Unionsrecht, Handkommentar, 2018, Art. 197 AEUV Rn. 7.

136 *Ruffert*, in: Callies/Ruffert, EUV/AEUV, 2016, Art. 197 AEUV Rn. 14 f.; *Kotzur*, in: Geiger/Khan/Kotzur, EUV/AEUV, 2017, Art. 197 AEUV Rn. 3.

137 *Vedder*, in: Vedder/Heintschel von Heinegg, Europäisches Unionsrecht, Handkommentar, 2018, Art. 197 AEUV Rn. 7. *Ohler*, in: Streinz, EUV/AEUV, 2012, Art. 197

damit in die Verfahrensautonomie der Mitgliedstaaten bedürfen einer hinreichenden Kompetenzgrundlage außerhalb des Art. 197 AEUV unter Berücksichtigung des Subsidiaritätsgrundsatzes gemäß Art. 5 Abs. 3 EUV.[138]

III. Gebote effektiven Rechtsschutzes des Unionsrechts

Aus der Rechtsprechung des Europäischen Gerichtshofs ergeben sich in Bezug auf die Gewährung effektiven Rechtsschutzes allgemeine Anforderungen, die sowohl in Bezug auf Präklusionsvorschriften als auch mit Blick auf den Streit zwischen konzentriertem und phasenspezifischem Rechtsschutz zu beachten sein werden. Es ergeben sich zwei, im dogmatischen Ansatz verschiedene ungeschriebene Gebote effektiven Rechtsschutzes.[139]

1. Der allgemeine Rechtsgrundsatz effektiven Rechtsschutzes

Zum einen hat der Gerichtshof aus den gemeinsamen Verfassungstraditionen der Mitgliedstaaten sowie Art. 6 und 13 EMRK den Grundsatz effektiven Rechtsschutzes unionsrechtlich begründeter Rechte hergeleitet.[140] Als Grundrecht des Unionsrechts enthält es die Befugnis, seine Rechte vor Gericht und in einem wirksamen Gerichtsverfahren geltend zu machen.[141]

Das Unionsrecht vermittelt jedem, der durch eine mitgliedstaatliche Maßnahme zur Ausführung von Unionsrecht belastet wird, einen Anspruch auf die Gewährung effektiven Rechtsschutzes durch ein zuständiges Gericht. Es obliegt den Mitgliedstaaten, eine effektive richterliche Kontrolle der Einhaltung der einschlägigen Bestimmungen des Unionsrechts und des innerstaatlichen Rechts sicherzustellen, das der Verwirklichung der in einer Richtlinie vorgesehenen Rechte dient.[142] Es ist somit Sache der Mitgliedstaaten, ein System

---

AEUV Rn. 6 sieht Art. 197 AEUV auch als Bestätigung der primärrechtlichen Verfahrensautonomie der Mitgliedstaaten an.

138 *Ohler*, in: Streinz, EUV/AEUV, 2012, Art. 197 AEUV Rn. 3.

139 *Götz*, DVBl. 2002, S. 1 (1 ff.); *Dörr*, Der europäisierte Rechtsschutzauftrag, 2003, S. 41 ff.

140 EuGH, Urteil vom 15.05.1986, Johnston, C-222/84, EU:C:1986:206, Rn. 18; Urteil vom 15.10.1987, Heylens, C-222/86, EU:C:1987:442, Rn. 14; Urteil vom 03.12.1992, Oleificio Borelli, C-97/91, EU:C:1992:491, Rn. 14; Urteil vom 22.09.1998, Coote, C-185/97, EU:C:1998:424, Rn. 21.

141 *Dörr*, Der europäisierte Rechtsschutzauftrag, 2003, S. 45.

142 EuGH, Urteil vom 15.05.1986, Johnston, C-222/84, EU:C:1986:206, Rn. 19; Urteil vom 22.09.1998, Coote, C-185/97, EU:C:1998:424, Rn. 22.

von Rechtsbehelfen und Verfahren bereitzustellen, mit dem die Einhaltung des Rechts auf effektiven gerichtlichen Rechtsschutz gewährleistet werden kann.[143]

Nachdem dieser allgemeine Rechtsgrundsatz zunächst aufgrund eines sekundärrechtlich explizit geregelten Klagerechts angewandt wurde[144], kam er in der Folgezeit in der Rechtsprechung des Europäischen Gerichtshofs auch dann zur Anwendung, wenn ausdrückliche primär- oder sekundärrechtliche Rechtsschutzbestimmungen fehlten.[145]

2. Der Grundsatz der Effektivität bei der mitgliedstaatlichen Durchführung von Unionsrecht

Neben dem allgemeinen Rechtsgrundsatz effektiven Rechtsschutzes als Grundrecht formuliert der Europäische Gerichtshof mithilfe des Effektivitätsgrundsatzes eine weitere unionsrechtliche Forderung nach einem effektiven Rechtsschutz vor nationalen Gerichten.[146] Dieser wurde urspünglich aus dem Grundsatz der inhärenten Zuständigkeit („implied power“) und dem Gedanken des „effet utile“ entwickelt. Beide Prinzipien gehen vom Grundgedanken aus, dem europäischen Recht in den nationalen Rechtsordnungen zur effektiven Durchsetzung zu verhelfen und wurden zunächst nur im Zusammenhang mit Fragen der Vertragskompetenz der Europäischen Gemeinschaft angewandt. In der Folge diente der Effektivitätsgrundsatz neben dem Äquivalenzgrundsatz gestützt auf Art. 4 EUV zunehmend als Begrenzung der mitgliedstaatlichen Verfahrensautonomie beim nationalen Rechtsvollzug europäischer Vorgaben.[147]

---

143 EuGH, Urteil vom 25.07.2002, Pequeños Agricultores, C-50/00, EU:C:2002:462, Rn. 41.

144 In der Rechtssache Johnston sah Art. 6 der streitgegenständlichen Richtlinie 76/207/EWG vor, dass jeder, der sich wegen Nichtanwendung des Grundsatzes der Gleichbehandlung für beschwert hält, „seine Rechte gerichtlich geltend machen kann". Bereits in dieser Entscheidung sieht der Europäische Gerichtshof diese Rechtsschutzbestimmung als Ausdruck eines allgemeinen Rechtsgrundsatzes an, EuGH, Urteil vom 15.05.1986, Johnston, C-222/84, EU:C:1986:206, Rn. 17 f.

145 EuGH, Urteil vom 15.10.1987, Heylens, C-222/86, EU:C:1987:442, Rn. 14; Urteil vom 03.12.1992, Oleificio Borelli, C-97/91, EU:C:1992:491, Rn. 14. Auf diese Entwicklung weisen *Ruffert*, Subjektive Rechte, 1996, S. 179 und *Schwerdtfeger*, Der deutsche Verwaltungsrechtsschutz, 2010, S. 143, hin.

146 *Dörr*, Der europäisierte Rechtsschutzauftrag, 2003, S. 48.

147 *Götz*, DVBl. 2002, S. 1 (3); *Kment*, Nationale Unbeachtlichkeits-, Heilungs- und Präklusionsvorschriften, 2005, S. 44 f.

Aus der allgemeinen Pflicht zum effektiven Vollzug des Unionsrechts erwächst konkret die Pflicht der Gewährung effektiven Rechtsschutzes der aus dem Unionsrecht abgeleiteten individuellen Rechtspositionen. Anders als das Grundrecht auf effektiven Rechtsschutz begründet der Grundsatz der Effektivität selbst kein subjektives Recht, sondern stellt zunächst eine an die Mitgliedstaaten adressierte objektivrechtliche Verpflichtung dar. Sie bindet zum einen den nationalen Normgeber bei der Umsetzung von Richtlinienrecht und betrifft zum anderen auch die nationalen Behörden und Gerichte bei der innerstaatlichen Anwendung des Unionsrechts.[148] Begründet das Unionsrecht Rechte des Einzelnen, muss der Begünstigte durch das nationale Recht in die Lage versetzt werden, von allen seinen Rechten Kenntnis zu erlangen und sie gegebenenfalls vor den nationalen Gerichten geltend zu machen.[149] Als Folge der objektivrechtlichen Verpflichtung der Mitgliedstaaten entsteht somit eine subjektive Berechtigung.[150]

Nationale Verfahrensregeln und Fristen dürfen europarechtlich begründete Rechte, zu deren Schutz die innerstaatlichen Behörden und Gerichte verpflichtet sind, nicht praktisch unmöglich machen.[151] Der Grundsatz wurde durch den Europäischen Gerichtshof in der Folgezeit dahingehend erweitert, dass nationale Bestimmungen die Rechtsverfolgung auch nicht übermäßig erschweren dürfen.[152] Bei der Anwendung des Effektivitätsgrundsatzes sind für den Gerichtshof demnach zum einen faktische Aspekte entscheidend. Er stellt darauf ab, ob die nationale Regelung die Verwirklichung des Unionsrechts tatsächlich oder praktisch unmöglich macht. Es muss sichergestellt sein, dass das europäische Recht faktisch Wirkung entfaltet und nicht nur ausnahmsweise Anwendung findet.[153] Der Gerichtshof misst dabei insbesondere der Zielsetzung der europäischen

---

148 *Dörr*, Der europäisierte Rechtsschutzauftrag, 2003, S. 48 f.; *Schwerdtfeger*, Der deutsche Verwaltungsrechtsschutz, 2010, S. 144 f.

149 EuGH, Urteil vom 28.02.1991, Kommission/Deutschland, C-131/88, EU:C:1991:87, Rn. 6; Urteil vom 30.05.1991, Kommission/Deutschland, C-361/88, EU:C:1991:224, Rn. 15; Urteil vom 30.05.1991, Kommission/Deutschland, C-59/89, EU:C:1991:225, Rn. 18; Urteil vom 17.10.1991, Kommission/Deutschland, C-58/89, EU:C:1991:391, Rn. 13.

150 *Schwerdtfeger*, Der deutsche Verwaltungsrechtsschutz, 2010, S. 146.

151 EuGH, Urteil vom 16.12.1976, Rewe, C-33/76, EU:C:1976:188, Rn. 5; Urteil vom 16.12.1976, Comet, C-45/76, EU:C:1976:191, Rn. 11/18.

152 EuGH, Urteil vom 14.12.1995, Peterbroeck, C-312/93, EU:C:1995:437, Rn. 12; *Jarass/Beljin*, NVwZ 2004, S. 1 (10).

153 *Jarass/Beljin*, NVwZ 2004, S. 1 (10); *Kment*, Nationale Unbeachtlichkeits-, Heilungs- und Präklusionsvorschriften, 2005, S. 47.

Vorgabe Bedeutung zu.[154] Außerdem sind bei der Beurteilung der Effektivität rechtliche Gesichtspunkte wie der Grundsatz der Rechtssicherheit, die dem nationalen Rechtsschutzsystem zugrunde liegen, zu berücksichtigen. Diese können begrenzend wirken bis hin zu einem Ausschluss des Unionsrechts.[155] Vor dem Hintergrund der primärrechtlich geregelten Kompetenzverteilung zwischen Europäischer Union und Mitgliedstaaten ist schließlich auch bei Eingriffen in die Verfahrensautonomie der Mitgliedstaaten unter Anwendung des Effektivitätsgrundsatzes Zurückhaltung geboten.[156]

Der allgemeine Rechtsgrundsatz effektiven Rechtsschutzes als Unionsgrundrecht und der Grundsatz der Effektivität des Rechtsschutzes überschneiden sich inhaltlich.[157] Eine präzise Abgrenzung zu den jeweiligen Anforderungen lässt sich der Rechtsprechung des Gerichtshofs nicht entnehmen.[158]

IV. Der Stellenwert des Verwaltungsverfahrens nach deutschem und europäischem Verständnis

Als Grundlage für die weitere Untersuchung soll der Stellenwert des Verwaltungsverfahrens und insbesondere der Öffentlichkeitsbeteiligung in der gebotenen Kürze dargestellt werden. Auf diese grundlegenden Ausführungen wird bei der Frage der Ausgestaltung des Rechtsschutzes und der Präklusionsvorschriften zurück zu kommen sein.

1. Die dienende Funktion des Verwaltungsverfahrens

Traditionelles Leitbild des deutschen Verwaltungsrechts ist das der „dienenden Funktion" der Verfahrensrechte. Mit ihm wird zum Teil eine Abwertung des Verwaltungsverfahrensrechts gegenüber dem materiellen Recht verbunden.[159]

154 EuGH, Urteil vom 12.12.2002, Universale-Bau, C-470/99, EU:C:2002:746, Rn. 73; *Kment*, Nationale Unbeachtlichkeits-, Heilungs- und Präklusionsvorschriften, 2005, S. 47.

155 *Jarass/Beljin*, NVwZ 2004, S. 1 (10); *Kment*, Nationale Unbeachtlichkeits-, Heilungs- und Präklusionsvorschriften, 2005, S. 48.

156 *Rott*, EuZW 2003, S. 5 (8 f.).

157 *Götz*, DVBl. 2002, S. 1.

158 *Dörr*, Der europäisierte Rechtsschutzauftrag, 2003, S. 50. Zum Teil werden die Rechtsschutzgebote gemeinsam unter dem Aspekt effektiven gerichtlichen Rechtsschutzes behandelt, vgl. *Ruffert*, Subjektive Rechte, 1996, S. 176 ff.; *Schlacke*, Überindividueller Rechtsschutz, 2008, S. 90.

159 Aus diesem Grund verleihen nach BVerwG, Urteil vom 29.04.1993 – 7 A 2.92 –, BVerwGE 92, 258 (261) Verfahrensbeteiligungsrechte, denen keine materiellen Rechte

Im Vordergrund steht nicht die auf ein gerechtes Ergebnis abzielende Durchführung eines fairen Verfahrens, sondern die Ermittlung und Durchsetzung des „objektiv" von vornherein rechtmäßigen Ergebnisses.[160] Die Formel von der dienenden Funktion führt in diesem Sinn zu einem Nachrang des Verfahrensrechts. Durch das weniger handlungs- und stärker kontrollorientierte Richtigkeitsverständnis von Entscheidungen wird kein besonderer Anreiz gegeben, das Verfahren ernst zu nehmen.[161]

Nachdem in den 70er-Jahren der Grundrechtsschutz durch Verfahren in den Mittelpunkt gerückt wurde, kam es in der Folgezeit wieder zu einer Relativierung der Bedeutung des Verwaltungsverfahrens. Normtextlich kommt die Geringschätzung des Verfahrensgedankens insbesondere in den Heilungs- und Unbeachtlichkeitsvorschriften der §§ 45, 46 VwVfG zum Ausdruck, die der Gesetzgeber Mitte der 90er-Jahre in Form der sogenannten Beschleunigungsgesetzgebung[162] zu Lasten von Beteiligungs- und Klagerechten noch erweiterte.[163] Die Komplexität des Verfahrens wurde als Investitionshindernis gesehen und die Verfahrensbeschleunigung sollte der Sicherung des Wirtschaftsstandorts Deutschland dienen.[164] Nach § 46 VwVfG kann die Aufhebung eines Verwaltungsaktes nicht allein deshalb beansprucht werden, weil er unter Verletzung von Vorschriften über das Verfahren, zustande gekommen ist, wenn offensichtlich ist, dass die Verletzung die Entscheidung in der Sache nicht beeinflusst hat. Erforderlich für einen erfolgreichen Aufhebungsanspruch ist folglich ein Kausalzusammenhang zwischen Verfahrensfehler und Entscheidungsergebnis.[165]

---

entsprechen, keine klagbare Rechtsposition. Zurückhaltender zu diesem Begriffsverständnis BVerfG, Beschluss vom 20.02.2002 – 1 BvL 19 u.a. –, BVerfGE 105, 48 (60 f.).

160 *Hufen*, JuS 1999, S. 313 (314). Zu der rechtsgeschichtlichen Entwicklung dieses Verständnisses von der dienenden Funktion des Verfahrens *Quabeck*, Dienende Funktion, 2010, S. 18 ff. sowie *Kim*, EurUP 2017, S. 233 (235).

161 *Schmidt-Aßmann*, NVwZ 2007, S. 40 (41).

162 Gesetz zur Beschleunigung von Genehmigungsverfahren (Genehmigungsverfahrensbeschleunigungsgesetz – GenBeschlG) vom 12. September 1996, BGBl. I, S. 1354.

163 *Gurlit*, VVDStRL 70 (2011), S. 227 (238); *Greim*, Rechtsschutz bei Verfahrensfehlern, 2013, S. 25.

164 *Hufen*, JuS 1999, S. 313 (314); *Kahl*, VerwArch 95 (2004), S. 1 (4 ff.).

165 Keine Anwendung findet § 46 VwVfG auf absolute Verfahrensrechte. Hierunter werden solche Verfahrensvorschriften verstanden, die dem Einzelnen eine selbständig durchsetzbare Rechtsposition vermitteln, so dass bei ihrer Verletzung eine Klage unabhängig von der materiell-rechtlichen Rechtmäßigkeit der Sachentscheidung Erfolg haben kann, vgl. Dritter Teil.B.II. Diese Einschränkung zeigt, dass Verfahrensvorschriften grundsätzlich subjektive Rechte vermitteln können, da es anderenfalls

Die Beschränkung des Verfahrens auf eine gegenüber der materiellen Sachentscheidung dienenden Funktion wird zudem in dem grundsätzlichen Ausschluss der isolierten Anfechtung von Verfahrensfehlern gemäß § 44a VwGO deutlich.[166] Kennzeichnend für dieses Verständnis ist auch, dass Individualrechtsschutz nicht allein aufgrund einer Verletzung von Verfahrensvorschriften gewährt wird.[167]

Die Vorstellung von der dienenden Funktion des Verfahrens kommt auch im Verhältnis von behördlichem und gerichtlichem Verfahren zum Ausdruck. Dem eher schwach ausgestalteten Verwaltungsverfahren entspricht eine im europäischen Vergleich stark ausgeprägte gerichtliche Inhaltskontrolle, so dass den Gerichten die Letztentscheidungskompetenz zukommt.[168] Das behördliche Verfahren und der gerichtliche Prozess stellen demnach ein Kontinuum dar. Elemente des Verwaltungsverfahrens wie der Amtsermittlungsgrundsatz nach § 24 VwVfG, die Anhörung nach § 28 VwVfG und das Akteneinsichtsrecht nach § 29 VwVfG dienen dem Individualrechtsschutz und bereiten die spätere Entscheidung vor, werden aber letztlich durch die gerichtlichen Verfahrensbeiträge und die gerichtliche Entscheidung überholt. Der Verwaltungsprozess setzt demnach das Verwaltungsverfahren fort, so dass der Rechtsschutz des Einzelnen von der Behörde auf den Richter übergeht.[169] Nach diesem Verständnis des gerichtlichen Verfahrens findet nicht nur eine Kontrolle der Verwaltung statt, sondern die richterliche Entscheidungsmacht ersetzt die behördliche Entscheidung sogar in gewisser Weise.[170]

Aus diesem Grund wäre es denkbar, Defizite im Bereich des Verfahrensrechts durch eine Zusammenschau von Verfahrensrecht und materiellem Recht zu überwinden, indem man die intensivere materielle Kontrolle mitberücksichtigt. Nach dem Effektivitätsgebot betont der Europäische Gerichtshof letztlich nur, dass die Verwirklichung des Unionsrechts nicht praktisch unmöglich gemacht werden darf. Dieses Ziel könnte auch dadurch erreicht werden, dass

---

einer solchen Ausnahme nicht bedurft hätte, *Held*, NVwZ 2012, S. 461 (463); *Lippert*, ZUR 2013, S. 203 (204).

166 *Greim*, Rechtsschutz bei Verfahrensfehlern, 2013, S. 25; *Saurer*, Der Einzelne im europäischen Verwaltungsrecht, 2014, S. 320; *Siegel*, ZUR 2017, S. 451 (452).

167 *Schlacke*, UPR Sonderheft 2016, S. 478 (479).

168 *Dolde*, NVwZ 2006, S. 857 (858); *Fehling*, VVDStRL 70 (2011), S. 278 (304); *Greim*, Rechtsschutz bei Verfahrensfehlern, 2013, S. 25 f.

169 *Saurer*, Der Einzelne im europäischen Verwaltungsrecht, 2014, S. 320 f.

170 *Kment*, Nationale Unbeachtlichkeits-, Heilungs- und Präklusionsvorschriften, 2005, S. 36.

das materielle Recht dem europarechtlichen Verfahrensrecht zur Durchsetzung verhilft, wenn dies nicht durch das nationale Verwaltungsverfahrensrecht geschieht.[171]

Es ist somit zunächst festzuhalten: Der traditionelle Begriff der dienenden Funktion des Verwaltungsverfahrens geht vom Vorrang des materiellen Rechts aus, das die Rechtsbeziehung zwischen Verwaltung und Bürger inhaltlich regelt[172], und ist ergebnisbezogen; maßgeblich ist, dass richtige inhaltliche Ergebnis zu erreichen.[173] Demgegenüber tritt die Durchführung eines fairen Verfahrens in den Hintergrund.

2. *Stärkung des Verfahrensgedankens durch Europarecht*

Das traditionelle Leitbild der „dienenden Funktion" des Verwaltungsverfahrens steht in einem Spannungsverhältnis zum europäischen Verständnis des Verwaltungsverfahrens, das den „Eigenwert des Verfahrens" in den Mittelpunkt stellt. Das Unionsrecht setzt auf die Richtigkeit durch Verfahren. Konzeptionell sind danach das Verwaltungsverfahren und der Verwaltungsprozess voneinander abzugrenzen und nicht als Kontinuum zu verstehen.[174] Aufgrund des Eigenwerts des Verfahrens können Defizite im Verfahrensrecht nicht durch die verwaltungsgerichtliche Kontrolle ausgeglichen werden. Dies gilt insbesondere dort, wo das Unionsrecht vor allem verfahrensrechtliche Vorgaben macht.[175] Nicht das richtige Ergebnis, sondern das faire Verfahren steht im Blickpunkt. Nach europäischem Verständnis wird durch das Verfahren nicht festgestellt, was rechtens ist, sondern durch das Verfahren wird eine Entscheidung rechtens gegenüber dem Bürger. Das richtige und gerechte Ergebnis ist also abhängig von der Einhaltung der Verfahrensvorgaben.[176] Anders als nach dem traditionellen deutschen Modell soll nur eine maßvolle gerichtliche Kontrolle stattfinden, die aber nicht an die Stelle des Verwaltungsverfahrens tritt, sondern dieses lediglich überprüft. Auf diese Weise erlangt die Funktion des Verfahrens als Garant für ein sachgerechtes Ergebnis einen höheren Stellenwert.[177] Das unterschiedliche

---

171 *Wahl*, DVBl. 2003, S. 1285 (1287); vgl. auch *Kment*, EuR 2006, S. 201 (210).

172 *Pünder*, in: Ehlers/Pünder, Allgemeines Verwaltungsrecht, 2016, § 13 Rn. 1.

173 *Hufen*, JuS 1999, S. 313 (314); *Wahl*, DVBl. 2003, S. 1285 (1287).

174 *Saurer*, Der Einzelne im europäischen Verwaltungsrecht, 2014, S. 322 f.

175 *Wahl*, DVBl. 2003, S. 1285 (1287).

176 *Kment*, Nationale Unbeachtlichkeits-, Heilungs- und Präklusionsvorschriften, 2005, S. 3; *ders.*, EuR 2006, S. 201 (210).

177 *Kment*, Nationale Unbeachtlichkeits-, Heilungs- und Präklusionsvorschriften, 2005, S. 37.

Verfahrensverständnis wirkt begrenzend.[178] Das traditionelle deutsche Leitbild ist insoweit dysfunktional und der Stellenwert des Verwaltungsverfahrens, insbesondere der der Regelungen über die Öffentlichkeitsbeteiligung, muss überdacht werden.[179]

Eine Aufwertung des Verfahrensgedankens und Stärkung des Verwaltungsrechts lässt sich zumindest sektoral auch im deutschen Verwaltungsrecht verzeichnen. So gehen entsprechende europarechtliche Impulse im Bereich des Umweltrechts und damit verbundene Anpassungen des nationalen Rechts auf die Aarhus-Konvention sowie die SUP- und UVP-Richtlinie zurück.[180] Ursache für die stärkere verfahrensrechtliche Ausgestaltung des Europarechts ist, dass der europäische Gesetzgeber weniger konkrete materiell-rechtliche Vorgaben erlässt, sondern sich darauf konzentriert, das Verfahren zu strukturieren.[181] Konzeptioneller Ansatz ist der der informierten Öffentlichkeit.[182] Durch Information, Beteiligung und Zugang zu Gericht sollen die betroffenen Bürger für die Durchsetzung des Rechts mobilisiert werden und insbesondere zu einem besseren Vollzug umweltrechtlicher Vorschriften beitragen. Dementsprechend sieht die Aarhus-Konvention für die Vertragsparteien verpflichtend drei Säulen vor, die dieses Ziel gewährleisten sollen, nämlich das Recht auf Zugang zu Informationen (Art. 4, 5 Aarhus-Konvention), die Öffentlichkeitsbeteiligung an Entscheidungsverfahren (Art. 6, 7, 8 Aarhus-Konvention) und das Recht auf Zugang zu Gerichten in Umweltangelegenheiten (Art. 9 Aarhus-Konvention).[183]

Demnach lässt sich insbesondere mit Blick auf europarechtliche Einwirkungen in das deutsche Verwaltungsrecht die Vorstellung der nur dienenden Funktion des Verwaltungsverfahrens auch nach nationalem Verständnis nicht mehr als allgemeine Verfahrensrechtslehre aufrechterhalten.[184] Der Eigenwert

---

178 *Kment*, EuR 2006, S. 201 (210).

179 *Wahl*, DVBl. 2003, S. 1285 (1287); *Lippert*, ZUR 2013, S. 203 (209); *Schlacke*, UPR Sonderheft 2016, S. 478 (479).

180 *Fehling*, VVDStRL 70 (2011), S. 278 (317); *Gärditz*, EurUP 2015, S. 196 (197). Ausführlich vgl. Dritter Teil.A.IV. und Vierter Teil.B.

181 *Lippert*, ZUR 2013, S. 203 (205).

182 *Schmidt-Aßmann*, Das allgemeine Verwaltungsrecht als Ordnungsidee, 2004, 6. Kap. Rn. 145 f.; *Dolde*, NVwZ 2006, S. 857 (859).

183 *Schmidt-Aßmann*, Das allgemeine Verwaltungsrecht als Ordnungsidee, 2004, 6. Kap. Rn. 145 f.; *Dolde*, NVwZ 2006, S. 857 (859 f.); *Greim*, Rechtsschutz bei Verfahrensfehlern, 2013, S. 30 f.

184 *Quabeck*, Dienende Funktion, 2010, S. 15 ff.; *Schmidt-Aßmann*, in: Hoffmann-Riem/Schmidt-Aßmann/Voßkuhle, Grundlagen des Verwaltungsrechts Band II, 2012, § 27 Rn. 65.

des Verwaltungsverfahrens wird in seiner Funktion als „Verwirklichungsmodus des Verwaltungsrechts"[185] deutlich. Das Verwaltungsverfahren dient dem materiellen Recht, indem es zur Herbeiführung sachrichtiger Entscheidungen beiträgt.[186] Damit ist kein Nachrang des Verwaltungsverfahrens gegenüber dem materiellen Recht im Sinne einer Geringwertigkeit oder gar Bedeutungslosigkeit verbunden.[187] Vielmehr liegt diesem Ansatz ein positives Verständnis der dienenden Funktion des Verwaltungsverfahrens zugrunde, nämlich das der Richtigkeitsgewähr durch Verfahren. Danach ist ein ordnungsgemäßes Verfahren Voraussetzung einer gerechten und sachlich vertretbaren Entscheidung. Das Verfahren kann durch sorgfältige Ermittlung des zu subsumierenden Sachverhalts die richtige Anwendung des materiellen Rechts verstärken und somit die Rationalität des Ergebnisses erhöhen.[188]

Die Geringschätzung des Verfahrensgedankens, wonach das Verfahren gegenüber der materiellen Sachentscheidung auf eine dienende Funktion reduziert wird, ist jedenfalls bereichsspezifisch überholt.[189] Dies zeigt sich insbesondere im Umwelt- und Planungsrecht, wo der Verwaltung Entscheidungsspielräume eingeräumt werden, die es sachgerecht auszufüllen gilt.[190] Planungsentscheidungen beruhen auf komplexen Sachverhalten, die erst noch hergestellt werden müssen. Das Verwaltungsverfahren strukturiert das Arbeitsprogramm, reduziert die Komplexität und ermöglicht die Konstruktion des entscheidungsrelevanten Sachverhalts. Hierin liegt die spezifische Eigenleistung des Verfahrens.[191] Insoweit hat sich der unionsrechtliche geprägte Ansatz bereits durchgesetzt, so dass auf dieser abstrakt-funktionalen Ebene keine Unterschiede zwischen Unionsrecht und nationalem Recht bestehen.[192]

---

185 *Wahl*, VVDStRL 41 (1983), S. 151 (153).

186 *Gurlit*, VVDStRL 70 (2011), S. 227 (238); *Fehling*, VVDStRL 70 (2011), S. 278 (284 f.); *Schmidt-Aßmann*, in: Hoffmann-Riem/Schmidt-Aßmann/Voßkuhle, Grundlagen des Verwaltungsrechts Band II, 2012, § 27 Rn. 65.

187 *Fehling*, VVDStRL 70 (2011), S. 278 (286).

188 *Quabeck*, Dienende Funktion, 2010, S. 11 f.

189 Nach *Siegel*, ZUR 2017, S. 451 (452) sind die die Relevanz von Verfahrensverstößen beschränkenden Vorschriften folglich eng auszulegen.

190 *Fehling*, VVDStRL 70 (2011), S. 278 (284); *Schmidt-Aßmann*, in: Hoffmann-Riem/Schmidt-Aßmann/Voßkuhle, Grundlagen des Verwaltungsrechts Band II, 2012, § 27 Rn. 65.

191 *Stelkens*, DVBl. 2010, S. 1078 (1079); *Gurlit*, VVDStRL 70 (2011), S. 227 (238); *Gärditz*, EurUP 2015, S. 196 (197); *Lee*, EurUP 2017, S. 62 (64).

192 *Lippert*, ZUR 2013, S. 203 (206); *Gärditz*, EurUP 2015, S. 196 (197).

3. *Der funktionelle Zusammenhang zwischen Verwaltungsverfahren und gerichtlichem Verfahren*

Das Verwaltungsverfahren und das gerichtliche Verfahren erfüllen im Ausgangspunkt unterschiedliche Funktionen.[193] Das Verwaltungsverfahren dient zunächst der Hervorbringung sachrichtiger Entscheidungen durch Informationsbeschaffung und -verarbeitung. Zudem hat das Verwaltungsverfahren die Aufgabe, dem Betroffenen Rechtsschutz zu gewähren. Schließlich trägt das Verwaltungsverfahren in gesetzlich schwach determinierten Verwaltungsbereichen zur demokratischen Teilhabe von Verwaltungsentscheidungen bei. Hier gewinnt die Akzeptanzfunktion des Verwaltungsverfahrens an Bedeutung.[194] Der Verwaltungsprozess zielt bestimmungsgemäß auf die Gewährung von Rechtsschutz ab. Daneben dient das gerichtliche Verfahren der Kontrolle der Exekutive, der richterrechtlichen Fortbildung des Verwaltungsrechts, insbesondere vor dem Hintergrund des technischen, sozialen und ökonomischen Wandels, sowie der Herstellung von Rechtsfrieden und der Wahrung der Prozessökonomie.[195] Beide Verfahren erfüllen also jeweils unersetzbare Funktionen, so dass das Verwaltungsverfahren keine Vorwegnahme eines Gerichtsverfahrens ist.[196] So scheint dies auch das Bundesverwaltungsgericht zu verstehen, wenn es das dem gerichtlichen Verfahren vorgelagerte Einwendungsverfahren als vorgezogenen Rechtsschutz bezeichnet, das den gerichtlichen Rechtsschutz nicht ersetzt, sondern nur ergänzt.[197] Auch der Europäische Gerichtshof geht von einer grundsätzlichen Trennung von Verwaltungsverfahren und gerichtlichem Verfahren aus.[198]

Dennoch stehen Verwaltungs- und Gerichtsverfahren in einer Wechselbeziehung, die insbesondere in der jeweiligen Rechtsschutzfunktion zum Ausdruck

---

193 *Siegel*, ZUR 2017, S. 451.

194 *Gurlit*, VVDStRL 70 (2011), S. 227 (238 ff.); *Schneider*, Strukturen und Typen von Verwaltungsverfahren, in: Hoffmann-Riem/Schmidt-Aßmann/Voßkuhle, Grundlagen des Verwaltungsrechts Band II, 2012, § 28 Rn. 1 ff.; *Pünder*, in: Ehlers/Pünder, Allgemeines Verwaltungsrecht, 2016, § 13 Rn. 12 ff.

195 *Würtenberger*, Verwaltungsprozessrecht, 2011, § 1 Rn. 2 ff.

196 *Siegel*, ZUR 2017, S. 451; *Schmitz*, in: Stelkens/Bonk/Sachs, VwVfG, 2018, § 9 Rn. 70.

197 BVerwG, Urteil vom 14.04.2010 – 9 A 5.08 –, BVerwGE 136, 291 (315 f. Rn. 107); Urteil vom 14.07.2011 – 9 A 14.10 –, NVwZ 2012, S. 180 (183 Rn. 23); Urteil vom 14.07.2011 – 9 A 12.10 –, NuR 2011, S. 866 (868 Rn. 25); Urteil vom 29.09.2011 – 7 C 21.09 –, NuR 2012, S. 119 (121 Rn. 32).

198 EuGH, Urteil vom 15.10.2009, Djurgarden, C-263/08, EU:C:2009:631, Rn. 39.

kommt.[199] Der Gedanke von der Richtigkeitsgewähr durch Verfahren steht in einem engen Zusammenhang mit der rechtswahrenden Funktion des Verwaltungsverfahrens, die ihm gegenüber dem gerichtlichen Rechtsschutz eine eigenständige Bedeutung verleiht.[200] Die Handlungsperspektive der Behörde als Erstentscheider ex ante unterscheidet sich qualitativ von der gerichtlichen Kontrollperspektive ex post. Zu Beginn des Verwaltungsverfahrens ist die tatsächliche Lage noch offen, der Sachverhalt erst im Entstehen begriffen.[201] Die behördliche Entscheidungsbefugnis geht über den gerichtlichen Kontrollauftrag hinaus, da ein weiterer Personenkreis und nicht nur subjektive Rechte, sondern auch wirtschaftliche und sonstige Belange berücksichtigt werden.[202] Damit zielt das Verwaltungsverfahren auf eine über die bloße Rechtmäßigkeit hinausgehende Richtigkeit, die ihm gegenüber dem gerichtlichen Verfahren einen Eigenwert verleiht.[203]

Das Verwaltungsverfahrensrecht als Bestandteil des gesamten Verwaltungsrechts darf nicht isoliert betrachtet werden. Es besteht ein systematischer Zusammenhang mit dem Verwaltungsprozessrecht, also ein Ergänzungs- und Komplementärverhältnis zwischen dem Verfahrensrecht und dem materiellen Recht.[204] Dort, wo die Steuerungskraft materiell-rechtlicher Vorschriften zurückgenommen ist und die gerichtliche Kontrolldichte eingeschränkt wird, erfüllt das Verfahren eine kompensatorische Legitimationsleistung.[205] Dies gilt insbesondere für komplexe Infrastrukturvorhaben wie Hochspannungsleitungen, die die Durchführung eines Planfeststellungsverfahrens erfordern und durch gerichtlich nur begrenzt überprüfbare Abwägungsentscheidungen

199 *Schmidt-Aßmann*, in: Hoffmann-Riem/Schmidt-Aßmann/Voßkuhle, Grundlagen des Verwaltungsrechts Band II, 2012, § 27 Rn. 67; *Siegel*, ZUR 2017, S. 451.

200 *Wahl*, VVDStRL 41 (1983), S. 151 (160) unterscheidet daher terminologisch bewusst zwischen „Rechtswahrung“ und dem „gerichtlichen Rechtsschutz“ oder „Gerichtsschutz“; S. auch *Gurlit*, VVDStRL 70 (2011), S. 227 (240); *Fehling*, VVDStRL 70 (2011), S. 278 (307).

201 *Wahl*, VVDStRL 41 (1983), S. 151 (160 f.); *Greim*, Rechtsschutz bei Verfahrensfehlern, 2013, S. 27.

202 *Wahl*, VVDStRL 41 (1983), S. 151 (160); *Gurlit*, VVDStRL 70 (2011), S. 227 (240); *Greim*, Rechtsschutz bei Verfahrensfehlern, 2013, S. 27.

203 *Hoffmann-Riem*, Eigenständigkeit der Verwaltung, in: Hoffmann-Riem/Schmidt-Aßmann/Voßkuhle, Grundlagen des Verwaltungsrechts Band II, 2012, § 10 Rn. 101; *Fehling*, VVDStRL 70 (2011), S. 278 (285 f.); *Siegel*, ZUR 2017, S. 451.

204 *Wahl*, DVBl. 2003, S. 1285 (1286 f.); *Stelkens*, DVBl. 2010, S. 1078.

205 *Lee*, EurUP 2017, S. 62 (64); *Kim*, EurUP 2017, S. 233 (236 f.).

gekennzeichnet sind.[206] Normative Lücken und Entscheidungsspielräume, die die sachlich-inhaltliche Legitimation schwächen, gilt es auszufüllen. Das Verwaltungsverfahren tritt ergänzend hinzu, indem es bereits auf konkreter Entscheidungsebene einen grundsätzlichen Konfliktausgleich ermöglicht.[207] In diesem Sinn stellt das Verwaltungsverfahren Betroffenen einen vorgezogenen Rechtsschutz zur Verfügung und erfüllt damit eine Kompensationsfunktion hinsichtlich des gerichtlichen Verfahrens.[208] Die Bedeutung des Verwaltungsverfahrensrechts als (partieller) Ausgleich einer eingeschränkten Inhaltskontrolle ist auch im Unionsrecht anerkannt.[209]

Die Herbeiführung sachrichtiger Entscheidungen wird vor allem durch die Einhaltung der verfahrensrechtlichen Bestimmungen sichergestellt. Dies bedeutet gleichzeitig eine Abkehr von einer umfassenden gerichtlichen Kontrolle. Eine gleichzeitige Maximierung beider Ziele ist aufgrund von Beschleunigungsinteressen sowie begrenzter Ressourcen mit Blick auf die Funktionsfähigkeit von Verwaltungen und Gerichten nicht möglich. Vielmehr ist beides in einen angemessenen Ausgleich zu bringen.[210] Das gerichtliche Verfahren darf nicht so ausgestaltet sein, dass das Verwaltungsverfahren seine Bedeutung als selbständiges Verfahren verliert. Bei einer zu hohen gerichtlichen Kontrollintensität besteht die Gefahr, dass die Behörden ihre Verfahrensverantwortung nicht hinreichend wahrnehmen und die Wirksamkeit des Verwaltungsverfahrens beeinträchtigt wird.[211]

C. Funktionen der Öffentlichkeitsbeteiligung

Besondere Bedeutung in der Diskussion um den Stellenwert des Verwaltungsverfahrens nimmt die Frage um die Öffentlichkeitsbeteiligung ein. Neue Impulse hat diese Diskussion insbesondere im Zusammenhang mit dem Bahnhofsprojekt „Stuttgart 21“ erhalten. Als Funktionen, die der Öffentlichkeitsbeteiligung zugewiesen werden, werden insbesondere die Aspekte Information von Behörde

206 *Siegel*, ZUR 2017, S. 451 (453 f.).

207 *Fehling*, VVDStRL 70 (2011), S. 278 (284); *Lippert*, ZUR 2013, S. 203 (206); *Gärditz*, EurUP 2015, S. 196 (202); *Lee*, EurUP 2017, S. 62 (64).

208 *Lippert*, ZUR 2013, S. 203 (209).

209 EuGH, Urteil vom 21.11.1991, TU München, C-269/90, EU:C:1991:438, Rn. 14.

210 *Wahl*, DVBl. 2003, S. 1285 (1288); *Dolde*, NVwZ 2006, S. 857 (862); *Fehling*, VVDStRL 70 (2011), S. 278 (304); *Gärditz*, EurUP 2015, S. 196 (202); *Lee*, EurUP 2017, S. 62 (69).

211 *Schmidt-Aßmann*, in: Hoffmann-Riem/Schmidt-Aßmann/Voßkuhle, Grundlagen des Verwaltungsrechts Band II, 2012, § 27 Rn. 68; *Lee*, EurUP 2017, S. 62 (68).

und Bürger, Rechtsschutz, demokratische Teilhabe und Schaffung von Akzeptanz für die Behördenentscheidung diskutiert.[212]

I. Informationsgenerierung

Eine wesentliche Aufgabe des Verwaltungsverfahrensrechts ist es, Vorgänge der behördlichen Informationsgewinnung und -verarbeitung zu ordnen, so dass die Behörde auf rationale Weise handeln und entscheiden kann.[213] Von der Vorbereitung und dem Beginn des Verwaltungshandelns bis zur Entscheidung bestimmt es Weg und Form der Willensbildung der Verwaltung.[214] Das Verfahrensergebnis darf dabei von der Behörde nicht schon zu Beginn des Verfahrens festgelegt sein, sondern muss durch die Behörde noch gestaltbar sein, wobei auch den Betroffenen durch Ausübung ihrer Beteiligungsrechte eine Einflussmöglichkeit zuerkannt wird.[215]

Die Öffentlichkeitsbeteiligung erhält vor diesem Hintergrund aus rechtsstaatlichen Erwägungen Bedeutung: Die Verwaltung ist als Teil der vollziehenden Gewalt gemäß Art. 1 Abs. 3 GG und Art. 20 Abs. 3 GG an Grundrechte sowie an Recht und Gesetz gebunden.[216] Dies erfordert eine Aufklärung des Sachverhalts durch die Behörde. Sie ist von Amts wegen verpflichtet, den der Entscheidung zugrunde liegenden Sachverhalt mit sämtlichen relevanten Tatsachen und abwägungserheblichen Belangen vollständig und wahrheitsgemäß zu ermitteln. Mithilfe der Beteiligung der betroffenen Öffentlichkeit soll die behördliche Information und Sachaufklärung gefördert und somit die Entscheidungsgrundlage verbessert werden.[217] Die von der Planung Betroffenen können ihr Wissen über konkrete örtliche Gegebenheiten und Rechtsverhältnisse und die sich daraus ergebenden lokalen und situationsabhängigen Auswirkungen eines Vorhabens an die Behörde weitergeben.[218]

---

212 *Fisahn*, Demokratie und Öffentlichkeitsbeteiligung, 2002, S. 1 und 209 ff.; *Appel*, NVwZ 2012, S. 1361 (1362); *Stracke*, Öffentlichkeitsbeteiligung im Übertragungsnetzausbau, 2017, S. 128 ff.

213 *Schmidt-Aßmann*, in: Hoffmann-Riem/Schmidt-Aßmann/Voßkuhle, Grundlagen des Verwaltungsrechts Band II, 2012, § 27 Rn. 1.

214 *Pünder*, in: Ehlers/Pünder, Allgemeines Verwaltungsrecht, 2016, § 13 Rn. 1.

215 *Stelkens*, DVBl. 2010, S. 1078 (1079).

216 *Schmitt Glaeser*, VVDStRL 31 (1973), S. 179 (243 ff.).

217 *Steinberg/Wickel/Müller*, Fachplanung, 2012, § 2 Rn. 107; *Mann*, VVDStRL 72 (2013), S. 544 (559); *Seibert-Fohr*, VerwArch 104 (2013), S. 311 (314); *Durinke/Durinke*, KommJur 2016, S. 241 (242 f.).

218 *Gärditz*, GewArch 2011, S. 273 (276); *Mann*, VVDStRL 72 (2013), S. 544 (559).

Über diesen wissensbasierten Informationstransfer hinaus erhält die Öffentlichkeit die Möglichkeit, eigene Bewertungen relevanter Tatsachen und daraus zu ziehende Schlussfolgerungen einzubringen.[219] In der Begründung des dem deutschen Gesetzgeber 1980 vorgelegten UVP-Richtlinien-Entwurfs wird hervorgehoben, dass die im Wesentlichen subjektiv empfundenen Auswirkungen wie zum Beispiel Sichthindernisse oder Lärmbelästigung sich kaum mit zuverlässigen technischen Methoden objektiv ermitteln ließen. Die zuverlässigste Bewertungsmethode bestehe darin, der betroffenen Öffentlichkeit die Möglichkeit einzuräumen, ihre Meinung über die zu erwartenden Auswirkungen zu äußern.[220] Auch insoweit trägt die Öffentlichkeitsbeteiligung zur Informationsgewinnung durch die Behörde bei.[221]

Insgesamt leistet die Öffentlichkeitsbeteiligung also einen notwendigen Beitrag zur Sachrichtigkeit der Behördenentscheidung. Dies wird bei planerischen Entscheidungen, die durch eine Abwägung öffentlicher und privater Belange gekennzeichnet, also materiell-rechtlich nur bedingt bestimmt sind, besonders deutlich.[222] Die Öffentlichkeitsbeteiligung zielt darauf ab, das Abwägungsmaterial möglichst weitgehend für die Planungsentscheidung aufzubereiten und die Behörde auf diese Weise in der Entscheidungsfindung zu unterstützen.[223] Sie kann die Sachentscheidung auf einer möglichst vollständigen und richtigen Erkenntnisgrundlage unter Berücksichtigung aller relevanten Gesichtspunkte treffen.[224] Dies kann insbesondere in Massenverfahren

---

219 *Gärditz*, GewArch 2011, S. 273 (276).

220 BR-Drs. 413/80, S. 13 f. Nach dem 27. Erwägungsgrund der Richtlinie 2010/75/EU des Europäischen Parlaments und des Rates vom 24. November 2010 über Industrieemissionen (integrierte Vermeidung und Verminderung der Umweltverschmutzung) ist eine effektive Beteiligung der Öffentlichkeit an der Entscheidungsfindung notwendig, damit die Öffentlichkeit Meinungen und Bedenken äußern kann, die für die Entscheidung von Belang sein können, ABlEU Nr. L 334, S. 20.

221 *Fisahn*, Demokratie und Öffentlichkeitsbeteiligung, 2002, S. 196; *Steinberg/Wickel/Müller*, Fachplanung, 2012, § 2 Rn. 107; *Stracke*, Öffentlichkeitsbeteiligung im Übertragungsnetzausbau, 2017, S. 130.

222 *Appel*, NVwZ 2012, S. 1361 (1362); *Gurlit*, JZ 2012, S. 833 (834); *Steinberg*, Die Bürgerbeteiligung bei Infrastrukturvorhaben, in: Ewer u.a., Festschrift für Koch, 2014, S. 253 (256 f.).

223 BVerwG, Urteil vom 12.12.1996 – 4 C 29.94 –, BVerwGE 102, 331 (340).

224 *Appel*, NVwZ 2012, S. 1361 (1362); *Fraenkel-Haeberle*, DÖV 2016, S. 548 (552); *Durinke/Durinke*, KommJur 2016, S. 241 (242 f.); *Stracke*, Öffentlichkeitsbeteiligung im Übertragungsnetzausbau, 2017, S. 131.

durch die Amtsermittlungspflicht nicht in gleich wirksamer Weise gewährleistet werden.[225]

Daneben dient die Öffentlichkeitsbeteiligung auch der Information der Öffentlichkeit und des Vorhabenträgers.[226] Der Informationsfluss in Richtung der Betroffenen beginnt mit der Bekanntgabe des Vorhabens und reicht über die Auslegung der Planunterlagen bis hin zum Recht zur Stellungnahme und unter Umständen der Durchführung eines Erörterungstermins.[227] Insbesondere muss sich der Betroffene anhand der ausgelegten Planunterlagen über das Vorhaben und dessen Auswirkungen auf seine Rechte und Interessen unterrichten können. Die Auslegung soll ihn veranlassen zu prüfen, ob seine Belange von der Planung berührt werden und ob er deshalb im anschließenden Anhörungsverfahren zur Wahrung seiner Rechte Einwendungen erheben will (sog. Anstoßfunktion).[228] Auf diese Weise können Betroffene mögliche Auswirkungen des Vorhabens erkennen und Erfolgsaussichten einer etwaigen Klage besser beurteilen. Auch der Vorhabenträger kann den Widerstand gegen das Vorhaben abschätzen und wird sich der dagegen vorgetragenen Argumente bewusst.[229]

Durch die Information der Öffentlichkeit über künftige Vorhaben wird zudem die Transparenz des Verwaltungshandelns erhöht. Die Verwaltung unterliegt auf diese Weise einer öffentlichen Kontrolle. Die Öffentlichkeit kann die behördliche Entscheidungsfindung nachvollziehen und wird in die Lage versetzt zu prüfen, ob die abwägungserheblichen Belange in den Entscheidungsprozess eingestellt worden sind.[230] Auch die Aarhus-Konvention verfolgt das Ziel, Transparenz von Entscheidungsverfahren zu fördern und in allen Bereichen der öffentlichen Verwaltung zu schaffen.[231] Ebenso soll nach dem europäischen Energieinfrastrukturrecht eine frühe und umfassende Öffentlichkeitsbeteiligung zu einer erhöhten Transparenz führen.[232]

---

225 BVerwG, Beschluss vom 17.06.2011 – 7 B 79/10 –, BeckRS 2011, 52575 Rn. 20; *Gurlit*, JZ 2012, S. 833 (834).

226 *Guckelberger*, DÖV 2006, S. 97 (100); *Gurlit*, JZ 2012, S. 833 (834).

227 *Durinke/Durinke*, KommJur 2016, S. 241 (243).

228 BVerwG, Urteil vom 27.10.2000 – 4 A 18.99 –, BVerwGE 112, 140 (144 f.); Urteil vom 14.11.2002 – 4 A 15/02 –, NVwZ 2003, S. 485 f.; Beschluss vom 19.05.2005 – 4 VR 2000/05 –, NVwZ 2005, S. 940. Vgl. auch Vierter Teil.H.III.

229 *Guckelberger*, DÖV 2006, S. 97 (100).

230 *Fisahn*, Demokratie und Öffentlichkeitsbeteiligung, 2002, S. 211; *Guckelberger*, DÖV 2006, S. 97 (100); *Appel*, NVwZ 2012, S. 1361 (1362); *Knauff*, DÖV 2012, S. 1 (2 f.).

231 Präambel, 10. und 11. Erwägungsgrund Aarhus-Konvention.

232 Präambel, 30. Erwägungsgrund TEN-E VO und Art. 9 TEN-E VO.

II. Rechtsschutz

Die Funktionsbeschreibung der Öffentlichkeitsbeteiligung allein als Instrument, um das Informationsinteresse der Behörde zu befriedigen, wurde als zu einseitig kritisiert.[233] Ihre Hauptfunktion wurde zunehmend im wirksamen Rechtsschutz gesehen, da es auch dem Interesse der betroffenen Nachbarn diene, sich möglichst frühzeitig gegen eine für sie möglicherweise nachteilige Anlage zur Wehr zu setzen.[234] Dieser Ansicht schloss sich das Bundesverfassungsgericht in der Mülheim-Kärlich-Entscheidung an und arbeitete die Funktion des vorgelagerten Rechtsschutzes als weiteren Aspekt des Beteiligungsverfahrens heraus. Betroffene sollen nicht darauf verwiesen werden, erst die abschließende Zulassungsentscheidung gerichtlich angreifen zu können. Beteiligungsvorschriften ermöglichen eine Vorverlagerung des Rechtsschutzes, indem bereits im behördlichen Verfahren Einwendungen gegen das Vorhaben erhoben werden können.[235] Effektiver Grundrechtsschutz der von einem Vorhaben Betroffenen ist demnach auch durch die verfahrensrechtliche Gestaltung zu bewirken.[236]

Vor diesem Hintergrund kommt der Öffentlichkeitsbeteiligung eine Individualrechtsfunktion zu, indem sie einen präventiven vorhabenbezogenen Grundrechtsschutz gewährleisten soll.[237] Zwar handelt es sich bei den Einwendungen nicht um förmliche Rechtsbehelfe[238], dennoch erhalten Betroffene die Möglichkeit, frühzeitig substanziell Einfluss auf das Verfahren und den Inhalt der Planungsentscheidung zu nehmen.[239] Auf diese Weise können Rechtsbeeinträchtigungen von vornherein vermieden und Rechtsschutzverfahren durch die Öffentlichkeitsbeteiligung entlastet werden.[240] Dadurch wird die Wirksamkeit des Rechtsschutzes für den möglicherweise in seinen Rechten Betroffenen

---

233 *Blümel*, Masseneinwendungen im Verwaltungsverfahren, in: Schneider/Götz, Festschrift für Weber, 1974, S. 539 (558 ff.).

234 *Redeker*, Zur Ausgleichsfunktion von Teilhaberechten zwischen Freiheit und Bindung, in: Bachof/Heigl/Redeker, Festgabe zum 25-jährigen Bestehen des BVerwG, 1978, S. 511 (520).

235 BVerfG, Beschluss vom 20.12.1979 – 1 BvR 385/77 –, BVerfGE 53, 30 (60).

236 BVerfG, Beschluss vom 20.12.1979 – 1 BvR 385/77 –, BVerfGE 53, 30 (65).

237 *Appel*, NVwZ 2012, S. 1361 (1362); *Mann*, VVDStRL 72 (2013), S. 544 (560).

238 *Neumann/Külpmann*, in: Stelkens/Bonk/Sachs, VwVfG, 2018, § 73 Rn. 68.

239 BVerwG, Urteil vom 17.07.1980 – 7 C 101.78 –, BVerwGE 60, 297 (304 und 306); Urteil vom 05.12.1986 – 4 C 13.85 –, BVerwGE 75, 214 (226); Urteil vom 24.05.1996 – 4 A 38.95 –, NVwZ 1997, S. 489 (490); Urteil vom 30.01.2008 – 9 A 27/06 –, NVwZ 2008, S. 678 (679 Rn. 29).

240 *von Danwitz*, NVwZ 2004, S. 272 (274); *Lippert*, ZUR 2013, S. 203 (208).

verstärkt. Kommt er der ihm obliegenden Mitwirkungslast nach, veranlasst er die Behörde gerade seine individuelle konkrete Rechtsposition zu erörtern und zu prüfen.[241] Die Einwendungsbefugnis, an der die Präklusion anknüpft, kommt somit einem vorgezogenen Rechtsschutz gleich.[242] Zugleich dient die Möglichkeit, im Rahmen der Öffentlichkeitsbeteiligung eigene Belange vorzutragen, einer ausgewogenen Interessenabwägung. Planungsentscheidungen sind durch ein mehrpoliges Interessengeflecht gekennzeichnet. Die Öffentlichkeitsbeteiligung übernimmt eine Ausgleichsfunktion, indem sie ein gewisses Gegengewicht zur Position der Vorhabenträger schafft und somit einer einseitigen Einflussnahme auf die Abwägungsentscheidung entgegenwirkt.[243]

Da der Gedanke des vorgelagerten Rechtsschutzes grundrechtlich verwurzelt ist, wird die Rechtsschutzfunktion auf die Betroffenenbeteiligung beschränkt. Die Beteiligung der allgemeinen Öffentlichkeit erweitert den Rechtskreis des Bürgers, berührt aber nicht die Rechtsschutzfunktion der Beteiligung.[244]

III. Demokratie

Eine demokratische Funktion der Öffentlichkeitsbeteiligung ist im Ausgangspunkt allgemein in der Möglichkeit zu sehen, sich an einem Planungs- und Zulassungsverfahren zu beteiligen. Mitwirkungs- und Einflussnahmemöglichkeiten tragen zur demokratischen Teilhabe und zur Transparenz und Nachvollziehbarkeit des Verwaltungshandelns bei.[245]

Darüber hinaus wird diskutiert, ob der Öffentlichkeitsbeteiligung eine echte Legitimationsfunktion hinsichtlich der Verwaltungsentscheidung zukommt.[246] Im verfassungsrechtlichen Sinn geht es dabei nicht um Fragen der Zustimmung oder Akzeptanz staatlicher Entscheidungen, sondern um die Rechtfertigung staatlicher Herrschaft durch Öffentlichkeitsbeteiligung.[247] Die Idee einer

---

241 BVerfG, Beschluss vom 08.07.1982 – 2 BvR 1187/80 –, BVerfGE 61, 82 (115).

242 BVerfG, Beschluss vom 08.07.1982 – 2 BvR 1187/80 –, BVerfGE 61, 82 (115 f.); BVerwG, Urteil vom 29.09.2011 – 7 C 12.09 –, NuR 2012, S. 119 (121 Rn. 32).

243 *Appel*, NVwZ 2012, S. 1361 (1362); *Seibert-Fohr*, VerwArch 104 (2013), S. 311 (325).

244 *Durinke/Durinke*, KommJur 2016, S. 241 (243); *Stracke*, Öffentlichkeitsbeteiligung im Übertragungsnetzausbau, 2017, S. 134.

245 *Appel*, NVwZ 2012, S. 1361 (1362); *Gurlit*, JZ 2012, S. 833 (834 f.); *Dolde*, NVwZ 2013, S. 769 (770); *Stracke*, Öffentlichkeitsbeteiligung im Übertragungsnetzausbau, 2017, S. 137.

246 *Fisahn*, Demokratie und Öffentlichkeitsbeteiligung, 2002, S. 335 ff.; *Ekardt/Schenderlein*, NVwZ 2008, S. 1059 (1063); *Knauff*, DÖV 2012, S. 1 (2).

247 *Fisahn*, Demokratie und Öffentlichkeitsbeteiligung, 2002, S. 237.

demokratischen Legitimation von Verwaltungsentscheidungen durch Partizipation steht also in einem engen Zusammenhang mit dem verfassungsrechtlichen Demokratieprinzip und ist vor diesem Hintergrund zu beurteilen.[248] Demokratische Legitimation im Sinne von Art. 20 Abs. 2 GG setzt voraus, dass die Staatsgewalt als Legitimationsobjekt von dem Volk als Legitimationssubjekt legitimiert wird.[249] Anders als bei der Beteiligung der kommunalen Öffentlichkeit im Rahmen der Bauleitplanung, ist die Öffentlichkeitsbeteiligung im Rahmen der Fachplanung unter anderem des Netzausbaus enger ausgelegt. Während die kommunale Bauleitplanung potentiell die Interessen aller in der Gemeinde Ansässigen betreffen kann und dementsprechend das kommunale Wahlvolk insgesamt einbezogen wird, beschränkt sich die Öffentlichkeitsbeteiligung des Fachplanungsrechts auf einen engeren Kreis Betroffener.[250] Diese Gruppe ist kein (Teil-)Volk im Sinne des Demokratieprinzips und insoweit kein taugliches Legitimationssubjekt.[251] Aufgrund der von der betroffenen Öffentlichkeit vertretenen partikularen Interessen fehlt es an einer erforderlichen breiten Legitimationsgrundlage.[252]

Der Öffentlichkeitsbeteiligung kann jedoch eine unterstützende Funktion für die sachlich-inhaltliche Legitimation insbesondere im Bereich der planenden Verwaltung zugesprochen werden. Eine Rückbindung der exekutivischen Staatsgewalt an den Volkswillen erfordert eine inhaltliche „Vorprägung des der Verwaltung eröffneten Entscheidungsprogramms durch den parlamentarischen Gesetzgeber."[253] Planungs- und Planfeststellungsrecht sind hingegen materiellrechtlich nur schwach vorgezeichnet. Entsprechende Steuerungsverluste des Gesetzes können durch die Beteiligung der Bürger zumindest abgemildert werden.[254] Die mit ihr verbundenen Einflussnahmemöglichkeiten Dritter tragen zur

---

248 *Stracke*, Öffentlichkeitsbeteiligung im Übertragungsnetzausbau, 2017, S. 139.

249 *Gärditz*, GewArch 2011, S. 273 (275).

250 *Seibert-Fohr*, VerwArch 104 (2013), S. 311 (317 f.); *Stracke*, Öffentlichkeitsbeteiligung im Übertragungsnetzausbau, 2017, S. 140.

251 *Schmidt-Aßmann*, Das allgemeine Verwaltungsrecht als Ordnungsidee, 2004, 2. Kap. Rn. 106; *Gärditz*, GewArch 2011, S. 273 (275); *Mann*, VVDStRL 72 (2013), S. 544 (562 f.).

252 *Seibert-Fohr*, VerwArch 104 (2013), S. 311 (320); *Dolde*, NVwZ 2013, S. 769 (770).

253 *Mann*, VVDStRL 72 (2013), S. 544 (564 f.).

254 *Schneider*, Strukturen und Typen von Verwaltungsverfahren, in: Hoffmann-Riem/Schmidt-Aßmann/Voßkuhle, Grundlagen des Verwaltungsrechts Band II, 2012, § 28 Rn. 71; *Rossen-Stadtfeld*, Beteiligung, Partizipation und Öffentlichkeit, in: Hoffmann-Riem/Schmidt-Aßmann/Voßkuhle, Grundlagen des Verwaltungsrechts Band II, 2012, § 29 Rn. 70; *Steinberg/Wickel/Müller*, Fachplanung, 2012, § 2 Rn. 107; *Haug/Schadtle*,

Konkretisierung des vom Parlament geschaffenen offenen Entscheidungsprogramms bei und können auf diese Weise die sachlich-inhaltliche demokratische Legitimation von Verwaltungsentscheidungen unterstützen.[255]

Die Öffentlichkeitsbeteiligung als Mittel zur demokratischen Legitimation von Verwaltungshandeln ist vor diesem Hintergrund abzulehnen.[256] Die Verwaltung ist als eigenständige staatliche Gewalt durch die Verfassung und die Gesetze einschließlich der Haushaltsgesetze und durch Wahlen hinreichend demokratisch legitimiert. Ausschließlich ihr obliegt die Planungs- oder Zulassungsentscheidung.[257] Im Sinne eines traditionellen Verständnisses des Demokratieprinzips ist die Öffentlichkeitsbeteiligung nicht mit einem Recht auf Mitentscheidung zu verwechseln.[258] Ihre demokratische Funktion beschränkt sich auf eine Stärkung der sachlich-inhaltlichen demokratischen Legitimation.

IV. Akzeptanz

Eine weitere mit der Öffentlichkeitsbeteiligung bezweckte Funktion ist es, die Akzeptanz der Bevölkerung für die Verwaltungsentscheidung zu erhöhen. Durch das Verfahren soll der Bürger in den Planungs- und Entscheidungsprozess integriert (Integrationsfunktion) und so eine Grundlage für eine breitere Zustimmung für das Vorhaben selbst geschaffen werden (Akzeptanzsicherungsfunktion).[259] Die Beteiligung der Öffentlichkeit im Sinne der Integrationsfunktion kann einen wichtigen Beitrag zur Förderung verfahrensbezogener Akzeptanz darstellen. Sie eröffnet die Möglichkeit, durch Einwendungen Einfluss auf die Verwaltungsentscheidung zu nehmen und kann somit vertrauensbildend wirken.[260] Damit

---

NVwZ 2014, S. 271 (273); *Steinberg*, Die Bürgerbeteiligung bei Infrastrukturvorhaben, in: Ewer u.a., Festschrift für Koch, 2014, S. 253 (256 f.). Vgl. auch bereits Zweiter Teil.B.IV.

255 *Schmidt-Aßmann*, Das allgemeine Verwaltungsrecht als Ordnungsidee, 2004, 2. Kap. Rn. 111; *Gurlit*, JZ 2012, S. 833 (835); *dies.*, VVDStRL 70 (2011), S. 227 (242); *Mann*, VVDStRL 72 (2013), S. 544 (564 ff.).

256 *von Danwitz*, NVwZ 2004, S. 272 (274); *Gurlit*, JZ 2012, S. 833 (835).

257 *Mann*, VVDStRL 72 (2013), S. 544 (561 ff.); *Dolde*, NVwZ 2013, S. 769 (770); *Steinberg*, Die Bürgerbeteiligung bei Infrastrukturvorhaben, in: Ewer u.a., Festschrift für Koch, 2014, S. 253 (256).

258 *Dolde*, NVwZ 2013, S. 769 (770); *Stracke*, Öffentlichkeitsbeteiligung im Übertragungsnetzausbau, 2017, S. 143.

259 *Appel*, NVwZ 2012, S. 1361 (1362); *Stracke*, Öffentlichkeitsbeteiligung im Übertragungsnetzausbau, 2017, S. 144 ff.

260 *Peters*, DVBl. 2015, S. 808 (813); *Stracke*, Öffentlichkeitsbeteiligung im Übertragungsnetzausbau, 2017, S. 144 f.

die Öffentlichkeitsbeteiligung diese akzeptanzfördernde Wirkung entfalten kann, muss sie frühzeitig einsetzen und das Verfahren transparent und ergebnisoffen ausgestaltet sein. Auf diese Weise kann vermieden werden, dass sich Bürger als bloßes Objekt staatlichen Handelns fühlen.[261] Über die Integrationsfunktion hinaus wird den Öffentlichkeitsbeteiligungsvorschriften zum Teil eine bessere verfahrensmäßige Billigung des Ergebnisses des Verwaltungsverfahrens zugesprochen. Die durch das Verfahren bewirkte Akzeptanz betrifft im Sinne der Akzeptanzsicherungsfunktion demnach das konkrete Planungsergebnis, im Übertragungsnetzausbau also das konkrete Leitungsprojekt.[262] Aufgrund der Einbeziehung in das Verwaltungsverfahren könne Akzeptanz auch bei denjenigen Bürgern gesichert werden, die durch eine für sie nachteilige Entscheidung betroffen sind.[263]

Bis zur Energiewende spielte der Aspekt der Akzeptanzsteigerung durch Öffentlichkeitsbeteiligung in den gesetzgeberischen Überlegungen keine Rolle. Dies änderte sich im Jahr 2011 mit dem Gesetz zur Neuregelung energiewirtschaftsrechtlicher Vorschriften.[264] Durch die Regeln zur Öffentlichkeitsbeteiligung soll ausweislich der Gesetzesbegründung eine möglichst umfassende Transparenz gegenüber der betroffenen Öffentlichkeit hergestellt werden mit dem Ziel, größere Akzeptanz für den Leitungsausbau zu erreichen.[265] Auch das NABEG verfolgt das Anliegen, die Akzeptanz der Bevölkerung in Bezug auf den Energienetzausbau durch eine erweiterte Partizipation der Öffentlichkeit zu erhöhen.[266] Ausweislich der Gesetzesbegründung sollen die umfassenden Partizipationsmöglichkeiten sowohl der Bundesfachplanung als auch des Planfeststellungsverfahrens eine höhere Akzeptanz hinsichtlich des Ergebnisses des Planungsprozesses schaffen und den Blick für die Erfordernisse des lokalen und globalen Umweltschutzes öffnen.[267]

Akzeptanz mag einen Beitrag zur Rationalität staatlicher Entscheidungen leisten und daher ein sinnvolles Verfahrensziel sein.[268] Dennoch stellt Akzeptanz aus staatsrechtlicher Sicht „kein[en] unmittelbar relevante[n]

---

261 *Seibert-Fohr*, VerwArch 104 (2013), S. 311 (321 f.); *Stracke*, Öffentlichkeitsbeteiligung im Übertragungsnetzausbau, 2017, S. 145.

262 *Stracke*, Öffentlichkeitsbeteiligung im Übertragungsnetzausbau, 2017, S. 145.

263 *Lippert*, ZUR 2013, S. 203 (206).

264 *Stracke*, Öffentlichkeitsbeteiligung im Übertragungsnetzausbau, 2017, S. 167.

265 BT-Drs. 17/6072, S. 2.

266 *Schmitz/Jornitz*, NVwZ 2012, S. 332 (336).

267 BT-Drs. 17/6073, S. 19.

268 *Gärditz*, GewArch 2011, S. 273 (275); *Mann*, VVDStRL 72 (2013), S. 544 (569).

Legitimationsbeitrag“[269] staatlichen Handelns dar.[270] Verwaltungsentscheidungen sind gerade gegenüber den durch sie in ihren Rechten Betroffenen zu legitimieren. Die mit der Öffentlichkeitsbeteiligung verbundene Hoffnung auf Entscheidungsakzeptanz ist von ihnen nicht zu erwarten.[271] Maßgebliche verfassungsrechtliche Grenze der Akzeptanzschaffung ist die Bindung der Verwaltung an Recht und Gesetz gemäß Art. 20 Abs. 3 GG.[272] Erweiterungen des Planungs- und Zulassungsverfahrens um zusätzliche Beteiligungsmöglichkeiten zum Zwecke der Akzeptanzsteigerung dürfen dem Hauptziel des Verwaltungsverfahrens, recht- und zweckmäßige Entscheidungen in angemessener Zeit herbeizuführen, nicht zuwiderlaufen.[273] Dort, wo Projektgegner ein Verfahren nicht als offenen Prozess zur Herstellung des Gemeinwohls, sondern als Mittel zur Verhinderung eines von vornherein abgelehnten Projekts begreifen, stößt die Akzeptanzsicherungsfunktion an ihre Grenzen. Gleiches gilt, wenn Werthaltungen vorgetragen werden, die im Rahmen der Sachentscheidung nicht berücksichtigt werden können.[274]

Der Aspekt der Akzeptanz steht in engem Zusammenhang mit einem Paradigmenwechsel des nationalen Gesetzgebers im Hinblick auf das Anliegen der Verfahrensbeschleunigung. Lange Zeit wurde versucht, dieses Ziel durch eine Beschneidung der Öffentlichkeitsbeteiligung zu erreichen. Nunmehr erhofft man sich durch eine Ausweitung der Beteiligungsmöglichkeiten eine Akzeptanzförderung und damit verbunden eine Vermeidung von Protesten und Klagen.[275] Das Beschleunigungspotenzial wird höchst unterschiedlich bewertet. So wird zum Teil eine mit der Öffentlichkeitsbeteiligung verbundene Verfahrensbeschleunigung zumindest nicht ausgeschlossen, da Konflikte frühzeitig erkannt und gegebenenfalls auch bereinigt werden können, so dass nachträgliche Plan- oder Projektänderungen vermieden und das Risiko gerichtlicher

---

269 *Gärditz*, GewArch 2011, S. 273 (275).

270 Für *Schmidt-Aßmann*, Das allgemeine Verwaltungsrecht als Ordnungsidee, 2004, 2. Kap. Rn. 102 zählt Akzeptanz lediglich zur ideellen Schicht des Demokratieprinzips und des Rechtsstaatsprinzips.

271 *Gurlit*, JZ 2012, S. 833 (835). Zweifelnd auch *Haug/Zeccola*, ZUR 2018, S. 75 (78), die vor einer Überschätzungsgefahr warnen.

272 *Gurlit*, VVDStRL 70 (2011), S. 227 (244); *Knauff*, DÖV 2012, S. 1 (3); *Stracke*, Öffentlichkeitsbeteiligung im Übertragungsnetzausbau, 2017, S. 147.

273 *Dolde*, NVwZ 2013, S. 769 (770).

274 *Gärditz*, GewArch 2011, S. 273 (277); *Gurlit*, JZ 2012, S. 833 (835).

275 *Schadtle*, ZNER 2013, S. 126 (128); *Stracke*, Öffentlichkeitsbeteiligung im Übertragungsnetzausbau, 2017, S. 148 ff. und 168 ff.

Auseinandersetzungen reduziert werden kann.[276] Nach wie vor zahlreiche Stimmen verbinden mit der Erweiterung von Beteiligungsmöglichkeiten zwangsläufig eine höhere Dauer des Planungsverfahrens.[277] Zeitverzögerungen sind demnach vor allem auf die Abarbeitung der materiell-rechtlichen Vorgaben des Fachplanungsrechts zurückzuführen. Das Potenzial einer Verfahrensstraffung durch eine umfassendere Öffentlichkeitsbeteiligung ist daher nur als gering einzustufen.[278] Die Erwartung, mit einer Erweiterung der Beteiligungsmöglichkeiten zugleich eine Verfahrensbeschleunigung zu erreichen, wird als unrealistisch eingestuft.[279] Wenn auch durch ein Mehr an Öffentlichkeitsbeteiligung eine Akzeptanzsteigerung erzielt werden kann, dürfen die Erwartungen an eine damit verbundene Beschleunigung nicht zu hoch gesteckt werden. Dies gilt insbesondere, wenn Belange der letztendlich Betroffenen im Rahmen der Abwägung überwunden werden und sich die Beteiligung nicht im Planungsergebnis widerspiegelt.[280]

D. Vorgaben des europäischen Energieinfrastrukturrechts

I. Einleitung

Die EU-Kommission forciert für die Schaffung eines europäischen Energiebinnenmarktes durch neue rechtliche Vorgaben den Aufbau einer europäischen Energieinfrastruktur. Ähnlich wie das deutsche Energieleitungsausbaurecht ist auch auf europarechtlicher Ebene die Ausgestaltung des Genehmigungsverfahrens für den Netzausbau vom Gedanken der Beschleunigung geprägt.[281] Im Folgenden soll analysiert werden, wie das Planungs- und Beteiligungsverfahren des europäischen Energieinfrastrukturrechts vor diesem Hintergrund ausgestaltet ist und ob sich Rückschlüsse auf das nationale Planungsregime ziehen lassen.

---

276 *Fisahn*, Demokratie und Öffentlichkeitsbeteiligung, 2002, S. 212; *Guckelberger*, DÖV 2006, S. 97 (101); *Stracke*, Öffentlichkeitsbeteiligung im Übertragungsnetzausbau, 2017, S. 150 f.

277 *Knauff*, DÖV 2012, S. 1 (7); ähnlich *Gärditz*, GewArch 2011, S. 273 (276).

278 *Durner*, DVBl. 2011, S. 853 (858 f.); *Appel*, UPR 2011, S. 406 (415).

279 *Dolde*, NVwZ 2013, S. 769 (771).

280 Zurückhaltend daher auch *Steinberg/Wickel/Müller*, Fachplanung, 2012, § 2 Rn. 108.

281 Vorschlag für eine Verordnung des Europäischen Parlaments und des Rates zu Leitlinien für die transeuropäische Energieinfrastruktur und zur Aufhebung der Entscheidung Nr. 1364/2006/EG vom 19.10.2011, KOM(2011) 658, endg., S. 9.

Rechtsgrundlage für die Verwirklichung eines europäischen Energiebinnenmarktes ist die TEN-E VO[282], die gemäß Art. 288 Abs. 2 S. 2 AEUV unmittelbare Wirkung in allen Mitgliedstaaten entfaltet. Das Genehmigungsverfahren für Vorhaben von gemeinsamem Interesse (VGI bzw. Projects of Common Interest – PCI) soll gestrafft und die öffentliche Akzeptanz durch eine Beteiligung der Öffentlichkeit an der Durchführung solcher Projekte verbessert werden[283], vgl. Art. 1 Abs. 2 lit. b) TEN-E VO.

Die TEN-E VO löst die zuvor geltende Entscheidung Nr. 1364/2006/EG zur Festlegung von Leitlinien für die transeuropäischen Energienetze[284] ab, die nur schwache Impulse für die Planung und Durchführung transeuropäischer Energieinfrastrukturvorhaben setzte.[285] Eine Evaluierung zeigte, dass sie zwar einen positiven Beitrag zu ausgewählten Vorhaben leistete, indem sie diese politisch sichtbar machte, es ihr jedoch an Vision, Fokussierung und Flexibilität fehlte, um die festgestellten Infrastrukturlücken zu schließen.[286] Nunmehr formuliert die TEN-E VO Vorgaben für die Ermittlung von Vorhaben von gemeinsamem Interesse (Kapitel II), die Ausgestaltung der mitgliedstaatlichen Genehmigungsverfahren (Kapitel III), die Regulierung (Kapitel IV) und die Finanzierung (Kapitel V).

II. Regelungen der TEN-E VO im Überblick

1. Anwendungsbereich

Nach der Begriffsbestimmung des Art. 2 Nr. 1 TEN-E VO gilt als Energieinfrastruktur im Sinne der Verordnung jede materielle Ausrüstung oder Anlage aus den Bereichen Strom, Gas, Erdöl und Kohlendioxid, die sich in der Union

---

282 Verordnung (EU) Nr. 347/2013 des Europäischen Parlaments und des Rates vom 17.04.2013 zu Leitlinien für die transeuropäische Energieinfrastruktur und zur Aufhebung der Entscheidung Nr. 1364/2006/EG und zur Änderung der Verordnungen (EG) Nr. 713/2009, (EG) Nr. 714/2009 und (EG) Nr. 715/2009, ABlEU Nr. L 115 vom 25.04.2013, S. 39.

283 KOM(2011) 658, endg., S. 3.

284 Entscheidung Nr. 1364/2006/EG des Europäischen Parlaments und des Rates vom 06.09.2006 zur Festlegung von Leitlinien für die transeuropäischen Energienetze und zur Aufhebung der Entscheidung 96/391/EG und der Entscheidung Nr. 1229/2003/EG, ABlEU Nr. L 262 vom 22.09.2006, S. 1.

285 *Guckelberger*, Einwirkungen des Unionsrechts auf das nationale Energie-Infrastrukturrecht, in: Schlacke/Schubert, Energie-Infrastrukturrecht, 2015, S. 31 (36).

286 Präambel, 6. Erwägungsgrund TEN-E VO.

befindet oder die Union mit einem Drittland verbindet. Vom Anwendungsbereich der TEN-E VO sind gemäß Art. 1 i.V.m. Anhang II Nr. 1 TEN-E VO unter anderem auch Hochspannungsfreileitungen bereits ab 220 kV, sogenannte Stromautobahnen, erfasst. Der Anwendungsbereich des NABEG ist gemäß § 2 Abs. 1 NABEG nur für die im Bundesbedarfsplangesetz als länderübergreifend und grenzüberschreitend gekennzeichneten Höchstspannungsleitungen eröffnet und damit enger als der der TEN-E VO.[287]

2. *Ermittlung von Vorhaben von gemeinsamem Interesse*

Das Bedarfsermittlungsverfahren zur Festlegung von Vorhaben von gemeinsamem Interesse ist in Art. 3-6 TEN-E VO geregelt. Verfahrensrechtlich werden nach Art. 3 Abs. 1 S. 1 TEN-E VO zwölf regionale Gruppen festgelegt, die jeweils eine regionale Vorschlagsliste an VGI erstellt. Bei Stromvorhaben setzt sich jede Gruppe nach Anhang III Nr. 1 TEN-E VO aus Vertretern der Mitgliedstaaten, der nationalen Regulierungsbehörden, der Übertragungsnetzbetreiber, der Kommission, der Agentur für die Zusammenarbeit der Energieregulierungsbehörden (ACER) und des europäischen Übertragungsnetzbetreiberverbandes (ENTSO-E) zusammen. Entscheidungsbefugt ist in jeder Gruppe jedoch nur das sogenannte Entscheidungsgremium, das aus den Vertretern der Mitgliedstaaten und der Kommission besteht, Art. 3 Abs. 1 S. 3, Abs. 3 TEN-E VO. Die Gruppe hat sich bei der Erstellung der regionalen Listen an das im Anhang II Nr. 2 TEN-E VO beschriebene Verfahren zu halten. Auf Grundlage dieser regionalen Listen erarbeitet die Kommission alle zwei Jahre eine Unionsliste der VGI, die die TEN-E VO in Form eines Anhangs ergänzt.

Materielle Kriterien für die Anerkennung eines Projekts als VGI enthält Art. 4 TEN-E VO. Danach sind drei Anforderungen zu erfüllen. Zunächst muss das Vorhaben für mindestens einen bzw. eines der in Anhang I TEN-E VO genannten vorrangigen Energieinfrastrukturkorridore und -gebiete erforderlich sein, Art. 4 Abs. 1 lit. a) TEN-E VO. Von den in Anhang I Nr. 1 TEN-E VO genannten vier vorrangigen Stromkorridoren ist Deutschland von allen betroffen. Weiter muss gemäß Art. 4 Abs. 1 lit. b) TEN-E VO der potenzielle Gesamtnutzen des Vorhabens langfristig seine Kosten übersteigen. Die Bewertung erfolgt für den Bereich der Stromübertragung anhand der in Art. 4 Abs. 2 lit. a) TEN-E VO festgelegten Kriterien der Marktintegration, Nachhaltigkeit und Versorgungssicherheit. Zu

---

287 *Giesberts/Tiedge*, NVwZ 2013, S. 836 (839); *Dietrich/Steinbach*, DVBl. 2014, S. 488 (490).

mindestens einem dieser Kriterien muss das Vorhaben beitragen. Schließlich muss das Vorhaben eine grenzüberschreitende Bedeutung im Sinne von Art. 4 Abs. 1 lit. c) TEN-E VO aufweisen. Dies ist der Fall, wenn es die Grenze mindestens zweier Mitgliedstaaten oder eines Mitgliedstaats und eines Staats des Europäischen Wirtschaftsraums direkt quert oder zwar nur im Hoheitsgebiet eines Mitgliedstaats liegt, aber erhebliche grenzüberschreitende Auswirkungen im Sinne von Anhang IV Nr. 1 TEN-E VO aufweist.

3. Ausgestaltung des Genehmigungs- und Öffentlichkeitsbeteiligungsverfahrens

Kapitel III der TEN-E VO enthält in den Art. 7-10 genehmigungsrechtliche Vorgaben, die einen Eingriff in die mitgliedstaatliche Organisations- und Verfahrensautonomie darstellen.[288]

a) Die Vorrangstellung von Vorhaben von gemeinsamem Interesse

Mit der Aufnahme in die Unionsliste sind bestimmte Rechtsfolgen für das sich anschließende Genehmigungsverfahren verbunden[289]: Gemäß Art. 7 Abs. 1 TEN-E VO wird die energiepolitische Erforderlichkeit der VGI für Entscheidungen im Rahmen der Genehmigungsverfahren verbindlich festgestellt. Soweit dies im nationalen Recht vorgesehen ist, erhalten diese Vorhaben nach Art. 7 Abs. 3 TEN-E VO in den Genehmigungs- und Raumordnungsverfahren den national höchstmöglichen Status. Aufgrund des Anwendungsvorrangs der TEN-E VO gegenüber dem nationalen Recht kommt es zu einer Überlagerung der nationalen Bedarfsfeststellung durch die unionsrechtliche Bedarfsermittlung. Die Planrechtfertigung der VGI wird unionsrechtlich vorweggenommen, die VGI sind also im sich an die Bedarfsplanung anschließenden Genehmigungsverfahren als planungsrechtlich gerechtfertigt anzusehen, auch wenn sie im nationalen Bedarfsplan wie dem Bundesbedarfsplangesetz nicht berücksichtigt werden oder wieder gestrichen wurden.[290]

---

288 *Vogt/Maaß*, RdE 2013, S. 151 (154); zur (umstrittenen) Frage des Vorliegens einer ausreichenden Kompetenzgrundlage für diesen Eingriff vgl. unten III.1.

289 *Vogt/Maaß*, RdE 2013, S. 151 (154); *Erbguth/Schubert*, EurUP 2014, S. 70 (71 f.).

290 *Vogt/Maaß*, RdE 2013, S. 151 (154); *Leidinger*, DVBl. 2015, S. 400 (402 f.).

b) Das „One-Stop-Shop-Prinzip"

In organisationsrechtlicher Hinsicht etabliert Art. 8 Abs. 1 TEN-E VO das One-Stop-Shop-Prinzip. Danach benennt jeder Mitgliedstaat eine zuständige nationale Behörde für die Erleichterung und Koordinierung des Genehmigungsverfahrens für ein VGI. Art. 8 Abs. 2 und 3 TEN-E VO eröffnet den Mitgliedstaaten insoweit Gestaltungsspielräume. Unter den Voraussetzungen von Art. 8 Abs. 2 TEN-E VO kann die Verantwortung auf eine andere Behörde übertragen bzw. von dieser wahrgenommen werden. In Bezug auf die organisationsrechtliche Ausgestaltung lässt Art. 8 Abs. 3 TEN-E VO den Mitgliedstaaten die Wahl zwischen drei Modellen:

Das integrierte Schema sieht nach Art. 8 Abs. 3 lit. a) TEN-E VO eine umfassende Entscheidung von der zuständigen Behörde als einzige rechtsverbindliche Entscheidung, die aus dem formalen Genehmigungsverfahren resultiert, vor. Andere von dem Vorhaben betroffene Behörden können Stellungnahmen in das Verfahren einbringen, die von der zuständigen Behörde zu berücksichtigen sind.

Daneben besteht die Möglichkeit des Verfahrens nach dem koordinierten Schema des Art. 8 Abs. 3 lit. b) TEN-E VO. Danach umfasst die Entscheidung mehrere rechtsverbindliche Einzelentscheidungen der betroffenen Behörden, die von der zuständigen Behörde koordiniert werden. Ihr wird das Recht eingeräumt, eine angemessene Frist für die einzelnen Entscheidungen zu setzen und bei unbegründeter Fristüberschreitung die Einzelentscheidung anstelle der betroffenen Behörde zu treffen.

Im Rahmen des Kooperationsschemas gemäß Art. 8 Abs. 3 lit. c) TEN-E VO wird die umfassende Entscheidung von der zuständigen Behörde lediglich koordiniert. Danach kann sie insbesondere eine angemessene Frist für die Einzelentscheidungen setzen und deren Einhaltung durch die betroffenen Behörden überwachen. Das Recht der Ersatzvornahme wie beim koordinierten Schema steht ihr im Fall der Fristüberschreitung hier jedoch nicht zu.[291]

c) Die Öffentlichkeitsbeteiligung

Die die Verfahrenstransparenz und Öffentlichkeitsbeteiligung betreffenden Regelungen enthält Art. 9 i.V.m. Anhang VI TEN-E VO. Diese Vorgaben beziehen sich auf das Genehmigungsverfahren nach Art. 10 TEN-E VO. Ziel der TEN-E VO ist es, die Öffentlichkeitsbeteiligung und die öffentliche Akzeptanz zu verbessern und auf diese Weise Widerstände in der Bevölkerung gegen den

291 *Schadtle*, ZNER 2013, S. 126 (129); *Erbguth/Schubert*, EurUP 2014, S. 70 (73).

Netzausbau zu verringern.[292] In den Genehmigungsverfahren sollen „höchstmögliche Standards in Bezug auf Transparenz und Öffentlichkeitsbeteiligung" geschaffen werden.[293]

Gemäß Art. 9 Abs. 2 TEN-E VO haben alle am Genehmigungsverfahren beteiligten Parteien die in Anhang VI Nr. 3 aufgeführten Grundsätze für die Öffentlichkeitsbeteiligung zu beachten. Dies gilt unbeschadet etwaiger Anforderungen der Aarhus-Konvention sowie des einschlägigen Unionsrechts. Um das Ziel einer stärkeren Beteiligung der Öffentlichkeit zu erreichen, sind nach Anhang VI Nr. 3 lit. a) TEN-E VO die von einem VGI „betroffenen Kreise, darunter relevante nationale, regionale und lokale Behörden, Grundbesitzer und Bürger, die in der Nähe des Vorhabens leben, die Öffentlichkeit und deren Verbände, Organisationen oder Gruppen" zunächst umfassend zu informieren, um sie daraufhin frühzeitig auf offene und transparente Weise zu einem Zeitpunkt anzuhören, zu dem etwaige Bedenken der Öffentlichkeit noch berücksichtigt werden können. Der Kreis der zu informierenden und zu beteiligenden Öffentlichkeit ist somit sehr weit gefasst.

In Bezug auf die weiterzugebenden Informationen schreibt Art. 9 Abs. 1 TEN-E VO die Veröffentlichung eines Verfahrenshandbuchs für das Genehmigungsverfahren durch die Mitgliedstaaten vor, das bestimmte Mindestinhalte nach Anhang VI Nr. 1 aufweisen muss.[294] Hierzu gehören unter anderem die einschlägigen Rechtsvorschriften, auf denen die Entscheidungen und Stellungnahmen für VGI beruhen, Namen und Kontaktdaten der zuständigen Behörden, Informationen über Vorgaben hinsichtlich der einzureichenden Unterlagen und Einzelheiten über das Verfahren der Öffentlichkeitsbeteiligung. Gemäß Art. 9 Abs. 1 S. 4 TEN-E VO kommt dem Verfahrenshandbuch keine Rechtsverbindlichkeit zu.

Hinsichtlich der frühzeitigen Konsultation der Öffentlichkeit ist gemäß Art. 9 Abs. 4 TEN-E VO noch vor der Einreichung der endgültigen und vollständigen Antragsunterlagen durch den Vorhabenträger oder die zuständige Behörde mindestens eine Anhörung der Öffentlichkeit durchzuführen, die dazu beitragen soll, den am besten geeigneten Standort oder die am besten geeignete Trasse und

---

292 KOM(2011) 658, endg., S. 3.

293 Präambel, 30. Erwägungsgrund TEN-E VO; *Heselhaus*, Frühe Öffentlichkeitsbeteiligung und Energiewende, in: Ewer u.a., Festschrift für Koch, 2014, S. 297 (306).

294 Das „PCI-Verfahrenshandbuch" ist auf der Homepage der Bundesnetzagentur abrufbar unter: https://www.netzausbau.de/SharedDocs/Downloads/DE/Publikationen/PCI-Verfahrenshandbuch.pdf?__blob=publicationFile (02.02.2019).

die in den Antragsunterlagen zu behandelnden relevanten Themen festzustellen. Anhörungen, die gemäß Art. 6 Abs. 2 UVP-Richtlinie zu einem späteren Zeitpunkt vorgesehen sind, bleiben hiervon ausdrücklich unberührt. Art. 9 Abs. 4 S. 4 i.V.m. Anhang VI Nr. 5 TEN-E VO regelt weitere Mindestvorgaben, die bei dieser ersten Anhörung zu beachten sind. Hierzu gehört eine klar und knapp zu haltende, vor Beginn der Anhörung zu veröffentlichende Informationsbroschüre, die unter anderem Angaben zu möglichen Trassenalternativen und voraussichtlichen Auswirkungen des Vorhabens enthält. Die Ergebnisse der frühen Öffentlichkeitsbeteiligung sind bei der umfassenden Entscheidung gebührend zu berücksichtigen, Art. 9 Abs. 4 S. 7 TEN-E VO.

Darüber hinaus statuiert Art. 9 Abs. 4-7 TEN-E VO Informations- und Berichtspflichten, zum Teil auch gegenüber Nachbarmitgliedstaaten. So ist gemäß Art. 9 Abs. 7 TEN-E VO eine regelmäßig zu aktualisierende Website einzurichten, auf der die in Anhang VI Nr. 6 TEN-E VO genannten Mindestinhalte bereitgestellt werden müssen. Es müssen unter anderem die Informationsbroschüre, eine nichttechnische, regelmäßig aktualisierte Zusammenfassung über den aktuellen Stand des Vorhabens, klare Angaben über die geplante Anhörung der Öffentlichkeit hinsichtlich der Termine, der Örtlichkeiten und vorgesehener Themen sowie Kontaktdaten zur Übermittlung von Einwänden während der Anhörung der Öffentlichkeit zur Verfügung gestellt werden.

Gemäß Art. 9 Abs. 2 i.V.m. Anhang VI Nr. 3 lit. c) TEN-E VO sind Kommentare und Einwände nur vom Beginn der Anhörung der Öffentlichkeit bis zum Ablauf der Frist zulässig. Damit wird eine Präklusion im Verwaltungsverfahren statuiert, ohne dass die TEN-E VO selbst eine konkrete Frist angibt. Weder in Anhang VI Nr. 3 lit. c) noch in Art 9 TEN-E VO wird die Frist näher bestimmt. Hintergrund ist das vom EU-Verordnungsgeber verfolgte „Ziel einer Mindestangleichung nationaler Verwaltungsverfahren“[295] für Energieinfrastrukturprojekte. Die konkrete Ausgestaltung des Genehmigungsverfahrens wird den mitgliedstaatlichen Rechtssystemen überlassen. Insoweit ist die Regelung also ausfüllungsbedürftig und durch die Anwendung nationaler Ausschlussfristen zu konkretisieren, die ihrerseits wiederum den Vorgaben der Aarhus-Konvention sowie des maßgeblichen Unionsrechts, insbesondere der UVP-Richtlinie, entsprechen müssen.[296]

---

295 KOM(2011) 658, endg., S. 8.

296 *Vogt/Maaß*, RdE 2013, S. 151 (157); *Fest/Operhalsky*, NVwZ 2014, S. 1190 (1192); vgl. auch Präambel, 31. Erwägungsgrund TEN-E VO.

d) Durchführung des Genehmigungsverfahrens

Das „eigentliche" Genehmigungsverfahren der TEN-E VO ist in zwei Abschnitte unterteilt: Es sieht gemäß Art. 10 Abs. 1 TEN-E VO zunächst einen Vorantragsabschnitt vor und einen sich anschließenden formalen Genehmigungsabschnitt. Der erste Abschnitt soll einen Zeitraum von höchstens zwei Jahren, der zweite von maximal einem Jahr und sechs Monaten umfassen. Weiter regelt Art. 10 Abs. 3 TEN-E VO, dass die Festlegung des Trassenverlaufs auch außerhalb des soeben dargestellten Genehmigungsabschnitts in einem gesonderten Verfahren innerhalb einer Frist von sechs Monaten erfolgen kann.

aa) Festlegung des Trassenverlaufs

Das in Art. 10 Abs. 3 TEN-E VO vorgesehene gesonderte Verfahren zur Trassenfestlegung entspricht systematisch der Bundesfachplanung bzw. dem Raumordnungsverfahren des nationalen Rechts.[297] Aus dieser Vorschrift wird deutlich, dass der Unionsgesetzgeber grundsätzlich von einer Festlegung des Trassenkorridors im Rahmen des Genehmigungsverfahrens ausging. Soweit Mitgliedstaaten wie bei der Bundesfachplanung hierfür ein gesondertes, vorgelagertes Verfahren vorsehen, wollte er diese nationale Besonderheit jedoch mit Art. 10 Abs. 3 TEN-E VO berücksichtigen.[298] Danach wird dem Vorhabenträger hinsichtlich der Entscheidung über den Trassenverlauf eine gesonderte Frist von sechs Monaten ab Einreichung der endgültigen und vollständigen Unterlagen gewährt.

bb) Das Vorantragsverfahren

Das Vorantragsverfahren umfasst nach Art. 10 Abs. 1 lit. a) TEN-E VO den Zeitraum zwischen dem Beginn des Genehmigungsverfahrens und der Annahme der eingereichten Antragsunterlagen.

Das Genehmigungsverfahren wird durch den Vorhabenträger durch schriftliche Mitteilung des Vorhabens zusammen mit einer Vorhabenbeschreibung gegenüber der zuständigen Behörde eröffnet. Die TEN-E VO nennt zwar den genauen Zeitpunkt der frühen Anhörung der Öffentlichkeit gemäß Art. 9 Abs. 4 TEN-E VO nicht ausdrücklich, Sinn und Zweck der Vorschrift sowie die

---

297 *Leidinger*, DVBl. 2015, S. 400 (404).

298 *Guckelberger*, Einwirkungen des Unionsrechts auf das nationale Energie-Infrastrukturrecht, in: Schlacke/Schubert, Energie-Infrastrukturrecht, 2015, S. 31 (51).

Zielsetzung der TEN-E VO sprechen aber dafür, diese bereits vor Einleitung des Genehmigungsverfahrens durchzuführen.[299]

Spätestens drei Monate nach Erhalt der Mitteilung wird das Vorhaben von der zuständigen Behörde angenommen oder durch eine zu begründende Entscheidung der zuständigen Behörde abgelehnt. Im Fall der Bestätigung markiert das Datum der Unterschrift formal den Beginn des Genehmigungsverfahrens.

Art. 10 Abs. 4 TEN-E VO differenziert die Vorgaben für das Vorantragsverfahren weiter aus: Nach dem Beginn des Vorantragsverfahrens mit Bestätigung der Mitteilung legt die zuständige Behörde den Umfang des Materials und den Detailgrad der Informationen als Teil der vom Vorhabenträger einzureichenden Antragsunterlagen fest, Art. 10 Abs. 4 lit. a) TEN-E VO. Grundlage für die Festlegung ist eine Checkliste, die gemäß Art. 9 Abs. 1 i.V.m. Anhang VI Nr. 1 lit. e) TEN-E VO als Bestandteil des Verfahrenshandbuchs veröffentlicht wird. Weiter erstellt die zuständige Behörde einen detaillierten Plan für das Genehmigungsverfahren, Art. 10 Abs. 4 lit. b) TEN-E VO. Dieser Plan muss die in Anhang VI Nr. 2 TEN-E VO enthaltenen Mindestangaben enthalten, insbesondere die einzuholenden Entscheidungen und Stellungnahmen, die voraussichtlich betroffenen Behörden und Kreise und die voraussichtlich betroffene Öffentlichkeit sowie die einzelnen Phasen des Verfahrens und ihre Dauer.

Gemäß Art. 9 Abs. 3 i.V.m. Anhang VI Nr. 4 TEN-E VO erstellt der Vorhabenträger innerhalb von drei Monaten nach Beginn des Vorantragsabschnitts ein Konzept für die Öffentlichkeitsbeteiligung. Dieses muss bestimmte Mindestinformationen unter anderem über die angesprochenen betroffenen Kreisen, die geplanten Maßnahmen und den zeitlichen Rahmen enthalten. Wiederum innerhalb von drei Monaten genehmigt die zuständige Behörde unter Berücksichtigung der bereits vor Verfahrensbeginn erfolgten frühen Öffentlichkeitsbeteiligung das Konzept oder verlangt Änderungen.

Nach Art. 10 Abs. 5 TEN-E VO trägt der Vorhabenträger Sorge für die Vollständigkeit und angemessene Qualität der Antragsunterlagen und holt hierzu so früh wie möglich während des Vorantragsabschnitts die Stellungnahme der zuständigen Behörde ein. Nachdem ggf. fehlende Informationen auf Ersuchen der zuständigen Behörde übermittelt wurden, akzeptiert sie den Antrag schriftlich zur Prüfung, vgl. Art. 10 Abs. 4 lit. c) TEN-E VO.

299 *Vogt/Maaß*, RdE 2013, S. 151 (155).

cc) Das formale Genehmigungsverfahren

Das sich daran anschließende formale Genehmigungsverfahren erstreckt sich gemäß Art. 10 Abs. 1 lit. b) TEN-E VO auf den Zeitraum ab dem Datum der Annahme der eingereichten Antragsunterlagen bis zum Erlass einer umfassenden Entscheidung. Die Vorgaben der TEN-E VO für diesen Abschnitt sind im Vergleich zum Vorantragsverfahren weniger detailliert und daher durch mitgliedstaatliche Verfahrensvorschriften zu ergänzen.[300]

Grundsätzlich haben Vorhabenträger und alle betroffenen Behörden gemäß Art. 7 Abs. 2 TEN-E VO sicher zu stellen, dass Antragsunterlagen so zügig bearbeitet werden, wie es rechtlich möglich ist. Auch im Rahmen des formalen Genehmigungsverfahrens haben alle beteiligten Parteien die gemäß Art. 9 Abs. 2 i.V.m. Anhang VI Nr. 3 TEN-E VO aufgeführten Grundsätze zu beachten. Die insoweit erforderliche Ausgestaltung durch mitgliedstaatliches Verfahrensrecht steht unter dem ausdrücklichen Vorbehalt etwaiger Anforderungen der Aarhus-Konvention sowie des einschlägigen Unionsrechts.[301]

Das formale Genehmigungsverfahren endet mit einer umfassenden Entscheidung der zuständigen Behörde nach einem der in Art. 8 Abs. 3 TEN-E VO geregelten Schemata.

dd) Zulässige Verfahrensgesamtdauer

Der Vorantragsabschnitt soll gemäß Art. 10 Abs. 1 TEN-E VO zwei Jahre, der formale Genehmigungsabschnitt eineinhalb Jahre dauern. Hinzu kommt eine Frist von sechs Monaten für das gesonderte Verfahren nach Art. 10 Abs. 3 S. 1 TEN-E VO, also die Bundesfachplanung.

Grundsätzlich sieht Art. 10 Abs. 2 TEN-E VO in Bezug auf die beiden Verfahrensabschnitte des Vorantragsverfahrens und des formalen Genehmigungsverfahrens eine im Einzelfall bestehende Verlängerungsoption von höchstens neun Monaten vor. Existiert jedoch wie in Deutschland mit der Bundesfachplanung ein gesondertes Verfahren für die Trassenfestlegung, so reduziert sich diese mögliche Fristverlängerung gemäß Art. 10 Abs. 3 S. 2 TEN-E VO auf sechs Monate einschließlich dieses gesonderten Verfahrens. Der Wortlaut dieser Vorschrift spricht dafür, dass die Möglichkeit der Fristverlängerung mit der Durchführung des Verfahrensabschnitts der Bundesfachplanung ausgeschöpft wird.

---

300 *Vogt/Maaß*, RdE 2013, S. 151 (156).
301 *Vogt/Maaß*, RdE 2013, S. 151 (157).

Hieraus ergibt sich eine längstmögliche Verfahrensgesamtdauer für das Verfahren der Trassenfestlegung und des Genehmigungsverfahrens von vier Jahren.[302]

4. *Regulatorische Vorgaben und finanzielle Unterstützung*

Auch außerhalb des Planungs- und Genehmigungsverfahrens enthält die TEN-E VO Regelungen, die dem Ziel eines beschleunigten Netzausbaus dienen sollen.[303] Eine Privilegierung von VGI kommt zum einen durch besondere regulierungsrechtliche Bestimmungen (Art. 11 ff.) und zum anderen durch Regelungen zur finanziellen Förderung (Art. 14 ff.) zum Ausdruck.

III. Verhältnis von europarechtlichen und nationalen Regelungen über die Öffentlichkeitsbeteiligung und den Rechtsschutz

1. *Wirksamkeit der TEN-E VO*

Wie gezeigt, enthält die TEN-E VO genehmigungsrechtliche Vorgaben, die einen Eingriff in die mitgliedstaatliche Organisations- und Verfahrensautonomie darstellen.[304] Sekundärrechtliche Eingriffe in die Durchführungskompetenz und damit in die Autonomie der Mitgliedstaaten bedürfen einer hinreichenden Kompetenzgrundlage unter Berücksichtigung der Kompetenzausübungsschranken, insbesondere des Subsidiaritäts- und des Verhältnismäßigkeitsprinzips gemäß Art. 5 Abs. 3, 4 EUV.[305]

a) *Kompetenzgrundlage der TEN-E VO*

Nach der Präambel der TEN-E VO ist diese „insbesondere“ auf Art. 172 AEUV gestützt. Die Begründung zum Vorschlag für die TEN-E VO benennt die Rechtsgrundlage in Form der Art. 172 i.V.m. 171 Abs. 1 AEUV noch genauer.[306] Die Art. 170 ff. AEUV regeln die Kompetenzen der Europäischen Union für transeuropäische Netze. Ob sie als Kompetenzgrundlage für die TEN-E VO ausreichen,

---

302 *Linßen/Aubel*, DVBl. 2013, S. 965 (970); *Guckelberger*, Einwirkungen des Unionsrechts auf das nationale Energie-Infrastrukturrecht, in: Schlacke/Schubert, Energie-Infrastrukturrecht, 2015, S. 31 (51); a.A. *Leidinger*, DVBl. 2015, S. 400 (405 f.), der von einer Gesamtverfahrensdauer von viereinhalb Jahren ausgeht.

303 *Dietrich/Steinbach*, DVBl. 2014, S. 488 (494 f.).

304 *Vogt/Maaß*, RdE 2013, S. 151 (154); *Leidinger*, DVBl. 2015, S. 400 (401).

305 *Ohler*, in: Streinz, EUV/AEUV, 2012, Art. 197 AEUV Rn. 3.

306 KOM(2011) 658, endg., S. 9; vgl. auch *Erbguth/Schubert*, EurUP 2014, S. 70 (73).

wird zum Teil in Zweifel gezogen und zur Begründung einer Regelungsbefugnis der Union Art. 194 AEUV zumindest ergänzend herangezogen.[307]

aa) Art. 170 f. AEUV als Kompetenzgrundlage

Gemäß Art. 170 Abs. 1 AEUV trägt die Union zum Auf- und Ausbau transeuropäischer Netze in den Bereichen der Verkehrs-, Telekommunikations- und Energieinfrastruktur bei. Art. 171 AEUV nimmt Bezug auf die in Art. 170 AEUV genannten Ziele und zählt die Maßnahmen zu deren Erreichung abschließend auf.[308] So stellt die Union unter anderem eine Reihe von Leitlinien auf, in denen die Ziele, die Prioritäten und die Grundzüge der im Bereich der transeuropäischen Netze in Betracht gezogenen Aktionen erfasst werden, Art. 171 Abs. 1 S. 1, 1. Spiegelstrich AEUV. Gemäß Art. 172 Abs. 1 AEUV werden die Leitlinien und die übrigen Maßnahmen nach Artikel 171 Abs. 1 AEUV vom Europäischen Parlament und vom Rat festgelegt.

Nach zum Teil vertretener Auffassung werden Wortlaut und Systematik angeführt, um die Spezialität von Art. 170-172 AEUV für den Auf- und Ausbau einer Netzinfrastruktur mit grenzüberschreitender Wirkung zu begründen. In diesem Bereich statuierten sie eine inhaltlich umfassende Kompetenz und seien spezieller als Art. 194 AEUV.[309] So enthalte Art. 172 Abs. 2 AEUV einen spezifischen Zustimmungsvorbehalt, nach dem die Festlegung von Energietrassen, die das Hoheitsgebiet eines Mitgliedstaats betreffen, der Billigung des betroffenen Mitgliedstaats bedarf.[310] Auch wenn Art. 194 AEUV in Bezug auf den Sachbereich enger formuliert sei, weil er sich nur auf den Energiesektor und nicht auch auf Verkehr und Telekommunikation beziehe, seien die detaillierten, alle Netze umfassenden Regelungen der Art. 170 ff. AEUV im XVI. Titel lex specialis zu den allgemeineren Regelungen des Art. 194 AEUV. Dieser definiere die Ziele der Energiepolitik nur abstrakt.[311] Soweit man den Erlass einer Verordnung auf Grundlage von Art. 171 Abs. 1 S. 1, 2. Spiegelstrich AEUV, nämlich als „Aktion" zur Gewährleistung der Interoperabilität der Netze im Sinne der Vorschrift,

---

307 *Erbguth/Schubert*, EurUP 2014, S. 70 (73 ff.).

308 *Erbguth/Schubert*, EurUP 2014, S. 70 (74); *Callies*, in: Callies/Ruffert, EUV/AEUV, 2016, Art. 171 AEUV Rn. 1.

309 *Schäfer/Schröder*, in: Streinz, EUV/AEUV, 2012, Art. 170 AEUV Rn. 8 f.; *Heselhaus*, EurUP 2013, S. 137 (145); *Leidinger*, DVBl. 2015, S. 400 (401).

310 *Heselhaus*, Frühe Öffentlichkeitsbeteiligung und Energiewende, in: Ewer u.a., Festschrift für Koch, 2014, S. 297 (304).

311 *Leidinger*, DVBl. 2015, S. 400 (401).

bejahe[312], könne für den Bereich der TEN auch insoweit von einer Spezialität gegenüber Art. 194 AEUV ausgegangen werden. Art. 171 AEUV sei hinsichtlich der Maßnahmenziele enger formuliert als Art. 194 AEUV, da Interoperabilität, also die technische Verbundfähigkeit der Netze im Sinne von Art. 171 Abs. 1 S. 1, 2. Spiegelstrich AEUV, begrifflich einen Unterfall der Interkonnektion darstelle.[313]

Die TEN-E VO sei auch ihrem Inhalt nach von dieser Kompetenzgrundlage noch gedeckt. Neben konkreten Bestimmungen der TEN-E VO existierten (genehmigungsrechtliche) Regelungen, die aus sich heraus nicht vollzugsfähig seien und durch mitgliedstaatliche Vorschriften ausgefüllt werden müssten. Die TEN-E VO sei prinzipiell nach wie vor auf ein dezentrales System der Planung und Genehmigung von Energieinfrastrukturvorhaben durch die Mitgliedstaaten ausgerichtet. Auch wenn diese Vorschriften an die Grenzen des nach Art. 170 ff. AEUV vorgegeben Rahmens gingen[314], könnten sie noch als „Beitrag" der Union zum Auf- und Ausbau transeuropäischer Netze im Bereich der Energieinfrastruktur im Sinne von Art. 170 Abs. 1 AEUV angesehen werden. Auch wenn es sprachlich zwar eher fern liege, so könne doch nicht ausgeschlossen werden, dass der Begriff der „Grundzüge" gemäß Art. 171 Abs. 1 S. 1, 1. Spiegelstrich AEUV auch den Erlass von Verordnungen erfasse. Dogmatisch enthalte das Unionsrecht keine gefestigten Regeln, wo genau die Grenzen dieses unbestimmten Begriffs verlaufen. Den Unionsorganen stehe hinsichtlich der inhaltlichen Bestimmungen ein weites Ermessen zu.[315] Im Ergebnis stellten die Art. 170 ff. AEUV eine noch ausreichende Kompetenzgrundlage für die TEN-E VO dar, die einen Eingriff in die mitgliedstaatliche Verfahrensautonomie rechtfertige.

Aus Art. 170 Abs. 1 AEUV („Beitrag leisten") ergibt sich, dass der Europäischen Union keine selbständige Infrastrukturpolitik auf Grundlage der Art. 170 ff. AEUV eröffnet ist, sondern dass sie nur begleitend und unterstützend zur

---

312 So *Nettesheim*, Transeuropäische Energieinfrastruktur und EU-Binnenmarkt – Die Neuregelung der TEN-E, in: Giegerich, Herausforderungen und Perspektiven der EU, 2012, S. 77 (100), der auf den untechnischen Begriff der „Aktion" verweist. Außerdem *Heselhaus*, EurUP 2013, S. 137 (145), der unter dem Gesichtspunkt des effet utile für eine weite Auslegung des Begriffs plädiert.

313 *Schäfer/Schröder*, in: Streinz, EUV/AEUV, 2012, Art. 171 AEUV Rn. 31.

314 *Dietrich/Steinbach*, DVBl. 2014, S. 488 (493).

315 *Nettesheim*, Transeuropäische Energieinfrastruktur und EU-Binnenmarkt – Die Neuregelung der TEN-E, in: Giegerich, Herausforderungen und Perspektiven der EU, 2012, S. 77 (98); *Giesberts/Tiedge*, NVwZ 2013, S. 836 (840) m.w.N.; *Leidinger*, DVBl. 2015, S. 400 (402).

Steuerung mitgliedstaatlicher Politik tätig werden darf. Schon nach dem Wortlaut liegt die primäre Zuständigkeit für Planung, Bau und Betrieb der Infrastrukturnetze bei den Mitgliedstaaten.[316] So mögen zwar die Regelungen zur Bestimmung des Vorrangstatus für VGI noch kompetenzrechtlich unbedenklich sein. Insbesondere vor dem Hintergrund der zum Teil detailscharfen Zuständigkeits- und Verfahrensvorgaben sprechen jedoch gute Gründe dafür, dass diese Vorschriften des Kapitels III der TEN-E VO nicht mehr als „Grundzüge“ im Sinne des Art. 171 Abs. 1 S. 1, 1. Spiegelstrich AEUV verstanden und somit nicht durch Art. 170 ff. AEUV gerechtfertigt werden können.[317] Die durch die Vorschriften über die Verwaltungsorganisation sowie die Öffentlichkeitsbeteiligung und das Genehmigungsverfahren mit präzisen Fristvorgaben in Art. 8-10 TEN-E VO bewirkten unionsrechtlichen Einwirkungen auf das mitgliedstaatliche Zulassungsverfahren gehen über das hinaus, was noch als bloßer „Beitrag“ der Union im Sinne eines „Orientierungsrahmens“ mit begleitender und unterstützender Wirkung verstanden werden kann.[318] Auch die Europäische Kommission wies in dem Impact-Assessment zum Verordnungsentwurf neben Art. 170 f. AEUV auf Art. 194 Abs. 2 AEUV als Kompetenzgrundlage zur Förderung der für die Interkonnektion der Energienetze notwendigen Maßnahmen hin.[319] Systematisch mag der nur in Art. 172 Abs. 2 AEUV enthaltene Billigungsvorbehalt der von den Planungen betroffenen Mitgliedstaaten dafür sprechen, die TEN auf die Kompetenzgrundlage des Titel XVI zu stützen. Es ist aber denkbar, dass bei dem gegenüber Art. 172 Abs. 2 AEUV zeitlich später eingefügten Art. 194 AEUV bewusst auf einen Zustimmungsvorbehalt verzichtet wurde, da der mit ihm bezweckte Schutz der Territorialhoheit mit der Zustimmung der Mitgliedstaaten zur Vertragsänderung erreicht wurde.[320] Zudem erscheint es sachgerechter, für die Frage der richtigen Kompetenzgrundlage vom Regelungsgehalt des Art. 194

---

316 *Nettesheim*, Transeuropäische Energieinfrastruktur und EU-Binnenmarkt – Die Neuregelung der TEN-E, in: Giegerich, Herausforderungen und Perspektiven der EU, 2012, S. 77 (98); *Erbguth/Schubert*, EurUP 2014, S. 70 (73 f.); *Leidinger*, DVBl. 2015, S. 400 (401); *Calliess*, in: Calliess/Ruffert, EUV/AEUV, 2016, Art. 170 AEUV Rn. 3.

317 *Vogt/Maaß*, RdE 2013, S. 151 (159); *Erbguth/Schubert*, EurUP 2014, S. 70 (74 f.).

318 *Erbguth/Schubert*, EurUP 2014, S. 70 (75); *Guckelberger*, Einwirkungen des Unionsrechts auf das nationale Energie-Infrastrukturrecht, in: Schlacke/Schubert, Energie-Infrastrukturrecht, 2015, S. 31 (57).

319 SEC(2011) 1233 final, S. 22 f.; *Geber*, Die Netzanbindung von Offshore-Anlagen im europäischen Supergrid, 2014, S. 82.

320 *Geber*, Die Netzanbindung von Offshore-Anlagen im europäischen Supergrid, 2014, S. 79 f.

AEUV auszugehen, um einen Zirkelschluss zu vermeiden. Beschäftigt man sich im Rahmen der kompetenzrechtlichen Prüfung mit der Frage der Umgehung der Billigungspflicht der Mitgliedstaaten, hat man diese bereits zugunsten der Art. 170 ff. AEUV beantwortet.[321]

bb) Art. 194 AEUV als (ergänzende) Kompetenzgrundlage

Art. 194 AEUV enthält einen eigenständigen Kompetenztitel für die Energiepolitik der Union. Als Kompetenzgrundlage, auf die die Regelungsbefugnis zum Erlass genehmigungsrechtlicher Vorgaben gestützt werden kann, kommt Art. 194 Abs. 2 i.V.m. Abs. 1 lit. d) AEUV in Betracht, wonach das Europäische Parlament und der Rat Maßnahmen zur Verwirklichung des Ziels der Förderung der Interkonnektion der Energienetze als eines der energiepolitischen Ziele der Union erlassen.

Der weite Begriff der Energiepolitik erfasst die gesamte Wertschöpfungskette einschließlich des Transports und erfasst sämtliche Formen der Energie.[322] Das Ziel der Interkonnektion der Energienetze hat eine flankierende Funktion. Es bildet eine physische Grundlage der anderen in Art. 194 AEUV genannten Ziele und ist faktische Voraussetzung für solidarisches Handeln im Energiebereich.[323] Während Interoperabilität gemäß Art. 170 Abs. 2 S. 1 AEUV auf die technische Kompatibilität abzielt und der Schaffung der technischen Voraussetzungen für das störungsfreie Ineinandergreifen der Netze dient, erfasst Interkonnektion Aspekte des physischen Zusammenwachsens bisher isolierter Netze.[324] Zwar kann man die Interkonnektion als Oberbegriff der Interoperabilität verstehen, woraus man aber nicht auf ein Spezialitätsverhältnis des Art. 171 AEUV zu Art. 194 AEUV schließen kann. Art. 194 AEUV ist insoweit spezieller als die alle Netze umfassende Interoperabilität des XVI. Titels als er nur zur Interkonnektion von Energienetzen ermächtigt.[325]

Angesichts der weiten und offenen Formulierung des Kompetenztitels sind auch Maßnahmen zur Schaffung der Rahmenbedingungen wie beispielsweise Vorgaben für die Durchführung mitgliedstaatlicher Genehmigungsverfahrens

---

321 *Geber*, Die Netzanbindung von Offshore-Anlagen im europäischen Supergrid, 2014, S. 80.

322 *Erbguth/Schubert*, EurUP 2014, S. 70 (75).

323 *Calliess*, in: Calliess/Ruffert, EUV/AEUV, 2016, Art. 194 AEUV Rn. 16.

324 Ausführlich *Geber*, Die Netzanbindung von Offshore-Anlagen im europäischen Supergrid, 2014, S. 77 f.

325 *Calliess*, in: Calliess/Ruffert, EUV/AEUV, 2016, Art. 171 AEUV Rn. 14.

für diese Zielsetzung durch Art. 194 Abs. 2 i.V.m. Abs. 1 lit. d) AEUV gedeckt.[326] Im Sinne einer effektiven Verknüpfung einzelner mitgliedstaatlicher Energienetze sollte die Interkonnektion der Energienetze über die Errichtung individueller Leitungen hinaus auf die Schaffung einer überlagernden integrierten Netzinfrastruktur bezogen werden. Eine wie bei Titel XVI AEUV bestehende Beschränkung auf Grundzüge der Planung geht aus dem Wortlaut nicht hervor.[327] Diese Kompetenznorm geht in ihrer Reichweite über Art. 170 ff. AEUV hinaus und erweitert die Zuständigkeit der Union auch in den Bereich planerischer Maßnahmen hinein, so dass auch organisations- und genehmigungsrechtliche Vorgaben wie die der Art. 8 ff. TEN-E VO auf dieser Grundlage gerechtfertigt sind.[328]

cc) Konsequenz für die Bestimmung der Rechtsgrundlage

Treffen mehrere Kompetenzgrundlagen aufeinander, richtet sich nach der Rechtsprechung des Europäischen Gerichtshofs die Wahl der Rechtsgrundlage für einen Unionsrechtsakt nach objektiven und gerichtlich nachprüfbaren Umständen, zu denen das Ziel und der Inhalt des Rechtsaktes gehören.[329] Weist ein Rechtsakt mehrere Zielsetzungen auf oder enthält er mehrere Komponenten, so ist für die einschlägige Kompetenzgrundlage maßgeblich auf die hauptsächliche oder vorherrschende Zielsetzung oder Komponente abzustellen und der gesamte Rechtsakt auf die hierfür einschlägige Rechtsgrundlage zu stützen.[330] Rechtsakte hingegen, die mehrere gleichrangige, untrennbar miteinander verbundene Zielsetzungen oder Komponenten umfassen, ohne dass die eine gegenüber der anderen von untergeordneter Bedeutung ist, sind ausnahmsweise auf die verschiedenen einschlägigen Rechtsgrundlagen zu stützen, sofern die in den Kompetenznormen vorgesehenen Gesetzgebungsverfahren miteinander übereinstimmen.[331]

Vorliegend stellen die einzelnen Kapitel der TEN-E VO von der Festlegung der VGI über die genehmigungsrechtlichen Vorgaben und den

---

326 *Erbguth/Schubert*, EurUP 2014, S. 70 (75 f.) m.w.N.

327 *Geber*, Die Netzanbindung von Offshore-Anlagen im europäischen Supergrid, 2014, S. 79 f.

328 *Geber*, Die Netzanbindung von Offshore-Anlagen im europäischen Supergrid, 2014, S. 81; *Calliess*, in: Calliess/Ruffert, EUV/AEUV, 2016, Art. 194 AEUV Rn. 17.

329 EuGH, Urteil vom 06.09.2012, Parlament/Rat, C-490/10, EU:C:2012:525, Rn. 44.

330 EuGH, Urteil vom 06.09.2012, Parlament/Rat, C-490/10, EU:C:2012:525, Rn. 45.

331 EuGH, Urteil vom 06.09.2012, Parlament/Rat, C-490/10, EU:C:2012:525, Rn. 46 f.

regulierungsrechtlichen Teil bis hin zur finanziellen Förderung gleichberechtigt nebeneinander stehende Regelungsbereiche dar. Insbesondere die genehmigungsrechtliche Komponente ist angesichts ihres Umfangs nicht von geringerem Gewicht, sondern als „den übrigen Komponenten des Regelwerks ebenbürtig anzusehen."[332] In verfahrensrechtlicher Hinsicht sehen sowohl Art. 172 Abs. 1 AEUV als auch Art. 194 Abs. 2 S. 1, 2 AEUV ein ordentliches Gesetzgebungsverfahren unter Anhörung des Wirtschafts- und Sozialausschusses und des Ausschusses der Regionen vor. Soweit Art. 172 Abs. 2 AEUV in Abweichung von Art. 194 AEUV einen Zustimmungsvorbehalt der in ihrem Hoheitsgebiet betroffenen Mitgliedstaaten vorsieht, bezieht sich dieser nur auf einen Teil der VGI. Liegt die Zustimmung der betroffenen Mitgliedstaaten vor, sind die beiden Verfahrensweisen miteinander kompatibel. Eine fehlende Zustimmung bezieht sich nur auf das jeweilige VGI, während andere VGI, die den jeweiligen Mitgliedstaat nicht betreffen, dennoch beschlossen werden können. Im Übrigen kann das im Vergleich zum Rechtsetzungsverfahren in einem gesonderten Absatz geregelte Billigungserfordernis auch als materielle Voraussetzung zur Festlegung einzelner VGI verstanden werden.[333]

Im Ergebnis hätte der genehmigungsrechtliche Teil der TEN-E VO auf Grundlage von Art. 194 Abs. 2 i.V.m. Abs. 1 lit. d) AEUV ergehen müssen, so dass der in Teilen kompetenzwidrige Erlass der TEN-E VO grundsätzlich zu ihrer teilweisen Nichtigkeit führt.[334] Aufgrund der damit verbundenen Rechtsunsicherheit und Erschwernis, eine gemeinsame europäische Energiepolitik zu realisieren, wäre es jedoch denkbar, dass der Europäische Gerichtshof die Wirkungen der TEN-E VO gemäß Art. 264 Abs. 2 AEUV aufrecht erhält und diese als fortgeltend zu betrachten sind.[335] Dennoch sollte die TEN-E VO

---

332 *Erbguth/Schubert*, EurUP 2014, S. 70 (76).

333 *Guckelberger*, Einwirkungen des Unionsrechts auf das nationale Energie-Infrastrukturrecht, in: Schlacke/Schubert, Energie-Infrastrukturrecht, 2015, S. 31 (61).

334 So auch *Erbguth/Schubert*, EurUP 2014, S. 70 (76); *Geber*, Die Netzanbindung von Offshore-Anlagen im europäischen Supergrid, 2014, S. 83; *Guckelberger*, Einwirkungen des Unionsrechts auf das nationale Energie-Infrastrukturrecht, in: Schlacke/Schubert, Energie-Infrastrukturrecht, 2015, S. 31 (61).

335 *Geber*, Die Netzanbindung von Offshore-Anlagen im europäischen Supergrid, 2014, S. 83; *Guckelberger*, Einwirkungen des Unionsrechts auf das nationale Energie-Infrastrukturrecht, in: Schlacke/Schubert, Energie-Infrastrukturrecht, 2015, S. 31 (61); vgl. auch EuGH, Urteil vom 06.09.2012, Parlament/Rat, C-490/10, EU:C:2012:525, Rn. 88 ff. *Giesberts/Tiedge*, NVwZ 2013, S. 836 (840) halten es unter anderem aufgrund der hohen Bedeutung des Netzausbaus für wahrscheinlich, dass der Europäische

aufgehoben und auf Grundlage beider Kompetenznormen erneut erlassen werden.[336]

b) Kompetenzausübungsschranken

Soweit eine Kompetenzgrundlage für ein Tätigwerden der Union dem Grunde nach bejaht werden kann, sind außerdem die primärrechtlichen Schranken der Kompetenzausübung zu beachten.[337] Art. 5 EUV enthält im Grundsatz der Subsidiarität (Abs. 3) und der Verhältnismäßigkeit (Abs. 4) zwei Schranken hinsichtlich Art und Umfang zulässiger Kompetenzausübung, Art. 5 Abs. 1 S. 2 EUV.

aa) Subsidiaritätsgrundsatz

Das Subsidiaritätsprinzip betrifft die Frage, ob die Union im konkreten Fall aufgrund der ihr zugewiesenen Kompetenz überhaupt tätig werden darf. Im Energiebereich, in dem die Union nicht über eine ausschließliche, sondern gemäß Art. 4 Abs. 2 lit. h), i) AEUV über eine geteilte Zuständigkeit verfügt, setzt Art. 5 Abs. 3 EUV für ein Tätigwerden der Union voraus, dass die Ziele der in Betracht gezogenen Maßnahmen auf Ebene der Mitgliedstaaten nicht ausreichend verwirklicht werden können, sondern wegen ihres Umfangs oder ihrer Wirkungen auf Unionsebene besser zu verwirklichen sind. Es ist also kumulativ zum zu prüfenden Negativkriterium des „nicht ausreichen" das Kriterium des „besser" (Positivkriterium) zu untersuchen.[338] Der Europäische Gerichtshof legt hier keine strengen Maßstäbe an, sondern verlässt sich auf die Annahmen der EU-Organe.[339]

Die Kommission nimmt in der Begründung ihres Kommissionsvorschlags zu dem Aspekt der Subsidiarität Stellung.[340] Sie weist zutreffend darauf hin, dass Regelungen in den einzelnen Mitgliedstaaten nicht geeignet seien und nationalen Verwaltungen die Zuständigkeit fehle, um die Energietransportinfrastruktur

---

Gerichtshof sich bei der Bejahung eines Verstoßes gegen Art. 171 AEUV äußerst zurückhaltend verhalten wird.

336 *Erbguth/Schubert*, EurUP 2014, S. 70 (76); *Guckelberger*, Einwirkungen des Unionsrechts auf das nationale Energie-Infrastrukturrecht, in: Schlacke/Schubert, Energie-Infrastrukturrecht, 2015, S. 31 (61).

337 *Erbguth/Schubert*, EurUP 2014, S. 70 (76).

338 *Streinz*, in: Streinz, EUV/AEUV, 2012, Art. 5 EUV Rn. 25; *Calliess*, in: Calliess/Ruffert, EUV/AEUV, 2016, Art. 5 EUV Rn. 30.

339 *Geber*, Die Netzanbindung von Offshore-Anlagen im europäischen Supergrid, 2014, S. 83 m.w.N.

340 KOM(2011) 658, endg., S. 9.

in ihrer transeuropäischen Auswirkung als Ganzes zu bewältigen und die Entwicklung eines gemeinsamen Energienetzes voranzutreiben.[341] Die Kommission greift insofern das in Art. 5 Abs. 3 EUV formulierte Negativkriterium auf, nach dem auf die Frage der Überforderung der Mitgliedstaaten abzustellen ist. Auch die TEN-E VO verweist darauf, dass das Ziel der Verordnung, nämlich die Entwicklung und die Interoperabilität transeuropäischer Energienetze und die Anbindung an solche Netze, auf Ebene der Mitgliedstaaten nicht ausreichend verwirklicht werden kann und daher besser auf Unionsebene zu verwirklichen ist.[342]

Bei der Prüfung des Positivkriteriums ist insbesondere auf Art, Größe und Schwere des zu lösenden Problems abzustellen. Aufgrund des Wortlauts „besser“ wird zudem das Erfordernis eines wertenden Vergleichs abgeleitet.[343] Angesichts des Umfangs der zu bewältigenden Aufgabe der Verknüpfung der überwiegend national strukturierten Übertragungsnetze und des Ziels des beschleunigten Ausbaus der Energieinfrastruktur in Europa, der zeitlich und inhaltlich zwischen Mitgliedstaaten abgestimmt sein muss, steht eine diese Aufgabe steuernde Maßnahme in Form der TEN-E VO durch die Europäische Union nicht im Widerspruch zum Grundsatz der Subsidiarität.[344] Im Rahmen des erforderlichen wertenden Vergleichs zwischen zusätzlichem Integrationsgewinn und mitgliedstaatlichem Kompetenzverlust[345] ist zu berücksichtigen, dass die Verordnung nicht zu einer strukturellen Kompetenzverschiebung führt und es bei dem dezentralen System der Planung und Genehmigung durch die Mitgliedstaaten bleibt.[346] Auf der anderen Seite steht die europäische Integration in engem Zusammenhang mit der Energiepolitik. Der Aus- und Umbau der europäischen Energieinfrastruktur ist erforderlich, um die europäische Wirtschaft

341 Zustimmend auch *Geber*, Die Netzanbindung von Offshore-Anlagen im europäischen Supergrid, 2014, S. 84; *Guckelberger*, Einwirkungen des Unionsrechts auf das nationale Energie-Infrastrukturrecht, in: Schlacke/Schubert, Energie-Infrastrukturrecht, 2015, S. 31 (62).

342 Präambel, 43. Erwägungsgrund TEN-E VO.

343 *Calliess*, in: Calliess/Ruffert, EUV/AEUV, 2016, Art. 5 EUV Rn. 41.

344 *Nettesheim*, Transeuropäische Energieinfrastruktur und EU-Binnenmarkt – Die Neuregelung der TEN-E, in: Giegerich, Herausforderungen und Perspektiven der EU, 2012, S. 77 (101); *Heselhaus*, EurUP 2013, S. 137 (145).

345 *Calliess*, in: Calliess/Ruffert, EUV/AEUV, 2016, Art. 5 EUV Rn. 41.

346 *Nettesheim*, Transeuropäische Energieinfrastruktur und EU-Binnenmarkt – Die Neuregelung der TEN-E, in: Giegerich, Herausforderungen und Perspektiven der EU, 2012, S. 77 (101); *Giesberts/Tiedge*, NVwZ 2013, S. 836 (840).

im internationalen Vergleich wettbewerbsfähig zu machen, Versorgungssicherheit und Nachhaltigkeit auf der Grundlage erneuerbarer Energien zu gewährleisten und in Teilen national ausgerichtete und bestehende oligopolistische Strukturen zu überwinden.[347] Soweit Regelungen der TEN-E VO das nationale Zulassungsverfahren betreffen, ist zu berücksichtigen, dass sich an den Grenzen der jeweiligen Genehmigungsverfahren beispielsweise aufgrund unterschiedlicher Genehmigungszeitpunkte Friktionen ergeben können, die durch ein einheitliches unionsrechtliches Verfahren besser vermieden werden können.[348] Auch die TEN-E VO nimmt im Erwägungsgrund 32 Bezug auf das Subsidiaritätsprinzip. Diesem soll gebührend Rechnung getragen werden, indem die nationalen Zuständigkeiten und Verfahren im Zusammenhang mit dem Bau neuer Infrastrukturen so weit wie möglich berücksichtigt werden sollen.[349] Vor diesem Hintergrund ist die TEN-E VO mit dem Subsidiaritätsprinzip vereinbar.

bb) Verhältnismäßigkeitsgrundsatz

Der Verhältnismäßigkeitsgrundsatz nach Art. 5 Abs. 4 EUV stellt neben dem Subsidiaritätsgrundsatz eine weitere Kompetenzausübungsschranke der Union zugunsten der Mitgliedstaaten dar. Er zielt auf Art, Umfang und Intensität einer Unionsmaßnahme ab, betrifft also die Frage des „Wie" eines Tätigwerdens.[350] Art. 5 Abs. 4 EUV normiert ausdrücklich, dass die Maßnahmen der Union inhaltlich wie formal nicht über das zur Erreichung der Ziele der Verträge erforderliche Maß hinausgehen.

In formaler Hinsicht, also in Bezug auf die Wahl der Handlungsform, ist das bei gleicher Eignung zur Zielerreichung jeweils mildeste Mittel zu wählen, so dass im Rahmen verbindlicher Maßnahmen unter anderem Richtlinien gegenüber Verordnungen vorrangig einzusetzen sind.[351] Unter diesem Gesichtspunkt

---

347 *Nettesheim*, Transeuropäische Energieinfrastruktur und EU-Binnenmarkt – Die Neuregelung der TEN-E, in: Giegerich, Herausforderungen und Perspektiven der EU, 2012, S. 77 (78); *Schadtle*, ZNER 2013, S. 126.

348 *Geber*, Die Netzanbindung von Offshore-Anlagen im europäischen Supergrid, 2014, S. 84; *Guckelberger*, Einwirkungen des Unionsrechts auf das nationale Energie-Infrastrukturrecht, in: Schlacke/Schubert, Energie-Infrastrukturrecht, 2015, S. 31 (62).

349 *Guckelberger*, Einwirkungen des Unionsrechts auf das nationale Energie-Infrastrukturrecht, in: Schlacke/Schubert, Energie-Infrastrukturrecht, 2015, S. 31 (62).

350 *Streinz*, in: Streinz, EUV/AEUV, 2012, Art. 5 EUV Rn. 41; *Calliess*, in: Calliess/Ruffert, EUV/AEUV, 2016, Art. 5 EUV Rn. 43.

351 *Erbguth/Schubert*, EurUP 2014, S. 70 (77); *Calliess*, in: Calliess/Ruffert, EUV/AEUV, 2016, Art. 5 EUV Rn. 46, 53.

wird die Geeignetheit des gewählten Instruments der Verordnung in der Begründung der Kommission zum Vorschlag der TEN-E VO nachvollziehbar bejaht. Eine unmittelbar geltende und in allen Teilen verbindliche Norm, die nicht nur für Mitgliedstaaten, sondern auch für Vorhabenträger gilt, sei notwendig, um die rechtzeitige Umsetzung der Energieinfrastrukturprioritäten bis 2020 sicherzustellen.[352] Dieses Ziel könnte durch den Erlass einer Richtlinie nicht in gleich effektiver Weise erreicht werden, da es insbesondere hinsichtlich der der Kommission eingeräumten Rechte nicht nur um die Koordinierung und Harmonisierung nationaler Verfahren geht.[353] Hinsichtlich der Verhältnismäßigkeit der TEN-E VO ist weiter zu berücksichtigen, dass sie eine sogenannte „hinkende Verordnung" darstellt, die der Ausgestaltung durch nationale Regelungen bedarf. Die Wahl eines anderen Rechtsinstruments, etwa in Form einer Richtlinie, hätte kaum weniger einschneidende Wirkung in das nationale Genehmigungsrecht als die gewählte Verordnung.[354] Auch hinsichtlich der Handlungsformenwahl steht dem Unionsgesetzgeber ein weites Ermessen zu.[355]

Darüber hinaus ist bei der inhaltlichen Ausgestaltung der Rechtsakte der Union den den Mitgliedstaaten eingeräumten Regelungsspielräumen Rechnung zu tragen. In Bezug auf die materiellen Wirkungen des Rechtsaktes begründet Art. 5 Abs. 4 EUV als Ausfluss des Verhältnismäßigkeitsgrundsatzes ausdrücklich ein „Prinzip des schonendsten Ausgleichs" zwischen den Bedürfnissen der Wirtschafts- und Politikintegration einerseits und den Erfordernissen der Wahrung nationaler Identität andererseits.[356] In Bezug auf die Regelungsdichte und -intensität wurde bereits festgestellt, dass zahlreiche Vorgaben der TEN-E VO den Mitgliedstaaten einen Ausgestaltungsspielraum lassen. Die überwiegend prozeduralen genehmigungsrechtlichen Vorgaben belassen die grundlegenden Entscheidungsstrukturen bei den Mitgliedstaaten. Soweit Anforderungen konkret definiert werden, gehen diese nicht über die Vorgaben hinaus, die den Mitgliedstaaten bereits im Rahmen der Aarhus-Konvention und der UVP-Richtlinie gemacht werden. Weniger strenge Vorgaben wären nicht in gleicher Weise geeignet, das von der Europäischen Union verfolgte Ziel einer möglichst schnellen

352 KOM(2011) 658, endg., S. 9; vgl. auch *Giesberts/Tiedge*, NVwZ 2013, S. 836 (840).

353 *Nettesheim*, Transeuropäische Energieinfrastruktur und EU-Binnenmarkt – Die Neuregelung der TEN-E, in: Giegerich, Herausforderungen und Perspektiven der EU, 2012, S. 77 (100).

354 *Erbguth/Schubert*, EurUP 2014, S. 70 (77).

355 *Giesberts/Tiedge*, NVwZ 2013, S. 836 (840).

356 *Erbguth/Schubert*, EurUP 2014, S. 70 (77); *Calliess*, in: Calliess/Ruffert, EUV/AEUV, 2016, Art. 5 EUV Rn. 54.

Verwirklichung von VGI zu erreichen.[357] Eine Abwägung zwischen der mitgliedstaatlichen Verfahrensautonomie und dem Ziel eines raschen Ausbaus ergibt, dass der mit den Regelungen der TEN-E VO verbundene Eingriff nicht außer Verhältnis zu dem Beitrag steht, den die TEN-E VO zur Verwirklichung des Binnenmarktes gemäß Art. 26 AEUV und der Förderung des wirtschaftlichen, sozialen und territorialen Zusammenhalts innerhalb der Europäischen Union im Sinne von Art. 174 AEUV leistet.[358]

2. Relevanz für das deutsche Planungs- und Genehmigungsregime

Aufgrund ihrer Rechtsform als Verordnung nimmt die TEN-E VO unmittelbar Einfluss auf die Gestaltungsfreiheit des nationalen Gesetzgebers. Die verfahrensrechtlichen Vorgaben der TEN-E VO sind gemäß Art. 288 Abs. 2 AEUV in allen ihren Teilen verbindlich und gelten unmittelbar in jedem Mitgliedstaat, ohne dass noch ein Umsetzungsakt erforderlich ist. Aus dem Grundsatz vom Anwendungsvorrang ergibt sich, dass entgegenstehendes nationales Recht nicht mehr angewendet werden darf. Der nationale Gesetzgeber darf keine den Verordnungsregelungen widersprechenden Bestimmungen erlassen. Darüber hinaus sind von diesen Regelungen abweichende nationale Vorschriften abzuändern oder aufzuheben.[359]

Für den Bereich der VGI schafft die TEN-E VO somit ein verbindliches sonderrechtliches Genehmigungsregime.[360] Da einige der Verfahrensvorschriften aus sich heraus nicht vollzugsfähig sind, bedürfen sie der Konkretisierung durch mitgliedstaatliche Regelungen.[361] Der nationale Gesetzgeber hat sich dabei an völker- und unionsrechtliche Vorgaben zu halten. Insoweit sind insbesondere die Aarhus-Konvention und die UVP-Richtlinie zu berücksichtigen.

---

357 *Erbguth/Schubert*, EurUP 2014, S. 70 (77 f.); *Geber*, Die Netzanbindung von Offshore-Anlagen im europäischen Supergrid, 2014, S. 85.

358 *Nettesheim*, Transeuropäische Energieinfrastruktur und EU-Binnenmarkt – Die Neuregelung der TEN-E, in: Giegerich, Herausforderungen und Perspektiven der EU, 2012, S. 77 (84 f.); Präambel, 17. Erwägungsgrund TEN-E VO.

359 *Erbguth/Schubert*, EurUP 2014, S. 70 (79); *Leidinger*, DVBl. 2015, S. 400 (402).

360 *Erbguth/Schubert*, EurUP 2014, S. 70 (79).

361 *Schadtle*, ZNER 2013, S. 126 (130).

IV. Einordnung des unionsrechtlichen Planungs- und Genehmigungsregimes in das deutsche Energieleitungsausbaurecht und Anpassungsbedarf

1. Die Festlegung von VGI

Die unionsrechtlich in den Art. 3 ff. TEN-E VO geregelte Fachplanung entspricht auf nationaler Ebene der Bundesbedarfsplanung nach den §§ 12a ff. EnWG, insbesondere in Bezug auf die in Art. 7 TEN-E VO bzw. § 12e Abs. 4 EnWG angeordneten Rechtsfolgen. Dieser Teil des Verwaltungsverfahrens zielt darauf ab, die energiepolitische Erforderlichkeit nach Art. 7 Abs. 1 TEN-E VO bzw. die energiewirtschaftliche Notwendigkeit gemäß § 12e Abs. 4 S. 1 EnWG zu begründen.[362] Die Bedarfsermittlung ist folglich nach beiden Genehmigungsregimen der Festlegung von Trassenverläufen vorgelagert.

Gemäß Art. 3 Abs. 6 S. 1 und 2 TEN-E VO werden VGI zu einem festen Bestandteil der nationalen Infrastrukturpläne und erhalten innerhalb dieser Pläne die höchstmögliche Priorität. Unter den nationalen Infrastrukturplänen sind der auf der Grundlage des genehmigten Szenariorahmens entwickelte Netzentwicklungsplan nach §§ 12b, 12c EnWG und der darauf aufbauende Bundesbedarfsplan nach § 12e EnWG zu verstehen.[363] Art. 7 Abs. 3 TEN-E VO verlangt, dass die VGI den national höchstmöglichen Status erhalten, sofern ein solcher Status im nationalen Recht vorgesehen ist. Dies ist im deutschen Recht für Vorhaben, die durch Aufnahme in die gesetzlichen Bedarfspläne unter das Regelungsregime des NABEG fallen, der Fall.[364] Folglich ist bei der Zulassungsentscheidung über das jeweilige VGI im nachfolgenden Planfeststellungsverfahren von ihrer energiewirtschaftlichen Notwendigkeit im Sinne von § 12 Abs. 4 S. 2 EnWG verbindlich auszugehen. Diese Vorhaben sind also ohne Prüfung im Einzelfall als planungsrechtlich gerechtfertigt anzusehen.[365]

Der Anwendungsbereich des NABEG ist gemäß § 2 Abs. 1 NABEG für die im Bundesbedarfsplangesetz als länderübergreifend und grenzüberschreitend gekennzeichneten Höchstspannungsleitungen eröffnet und damit enger als der der TEN-E VO. Soweit für VGI der Anwendungsbereich des NABEG nicht

---

362 *Vogt/Maaß*, RdE 2013, S. 151 (154); *Erbguth/Schubert*, EurUP 2014, S. 70 (82).

363 *Giesberts/Tiedge*, NVwZ 2013, S. 836 (839).

364 *Giesberts/Tiedge*, NVwZ 2013, S. 836 (839); *Erbguth/Schubert*, EurUP 2014, S. 70 (83).

365 *Erbguth/Schubert*, EurUP 2014, S. 70 (80); *Guckelberger*, Einwirkungen des Unionsrechts auf das nationale Energie-Infrastrukturrecht, in: Schlacke/Schubert, Energie-Infrastrukturrecht, 2015, S. 31 (47).

eröffnet ist und sie formal keinen national höchstmöglichen Status erhalten, ist dieser zu erweitern, so dass auch für sie die Privilegierung der Bundesfachplanung und des Planfeststellungsverfahrens gelten.[366]

2. *Die Verfahrensorganisation*

Entsprechend dem in Art. 8 TEN-E VO verankerten „One-Stop-Shop-Prinzip", also dem Grundsatz einer „einzigen Anlaufstelle" für Genehmigungsverfahren von VGI[367], ist auf Bundesebene die Bundesnetzagentur als national zuständige Behörde benannt worden. § 1 der Planfeststellungszuweisungsverordnung (PlfZV)[368] weist ihr die Zuständigkeit für die im Bundesbedarfsplangesetz mit „A1" als länderübergreifend und mit „A2" als grenzüberschreitend gekennzeichneten Höchstspannungsfreileitungen zu.[369]

Von den drei nach der TEN-E VO vorgesehenen Organisationsmodellen entspricht das des NABEG an sich dem integrierten Verfahren nach Art. 8 Abs. 3 S. 2 lit. a) TEN-E VO.[370] § 18 NABEG sieht für länderübergreifende und grenzüberschreitende Höchstspannungsleitungen, die im Bundesbedarfsplangesetz nach § 12 Abs. 4 S. 1 EnWG als solche gekennzeichnet sind, eine Planfeststellung vor; die Bundesnetzagentur kann das Planfeststellungsverfahren gemäß § 24 NABEG durch Beschluss als umfassende Entscheidung im Sinne von Art. 8 Abs. 3 TEN-E VO abschließen.[371] Dem Planfeststellungsbeschluss kommt nach nationalem Recht eine formelle Konzentrationswirkung zu (vgl. § 75 VwVfG), so dass andere behördliche Entscheidungen neben der Planfeststellung nicht erforderlich sind.[372]

Das Bundesministerium für Wirtschaft und Energie hingegen geht in seiner „Bekanntmachung über die zuständige Behörde nach Artikel 8 Absatz 1 der

---

366 *Giesberts/Tiedge*, NVwZ 2013, S. 836 (839); *Erbguth/Schubert*, EurUP 2014, S. 70 (83).

367 *Linßen/Aubel*, DVBl. 2013, S. 965 (966) unter Bezugnahme des 23. Erwägungsgrundes TEN-E VO.

368 Verordnung über die Zuweisung der Planfeststellung für länderübergreifende und grenzüberschreitende Höchstspannungsfreileitungen auf die Bundesnetzagentur (Planfeststellungszuweisungsverordnung – PlfZV), vom 23.07.2013, BGBl. I, S. 2582.

369 Für Vorhaben ohne entsprechende Kennzeichnung im Anhang zum Bundesbedarfsplangesetz sind die Länder gemäß § 1 PlfZV i.V.m. §§ 31 Abs. 2, 2 Abs. 2 NABEG für die Planfeststellung zuständig, *Leidinger*, DVBl. 2015, S. 400 (403, dort Fn. 29).

370 *Fest/Operhalsky*, NVwZ 2014, S. 1190 (1194); *Guckelberger*, DVBl. 2014, S. 805 (808).

371 *Giesberts/Tiedge*, NVwZ 2013, S. 836 (839); *Dietrich/Steinbach*, DVBl. 2014, S. 488 (491).

372 *Linßen/Aubel*, DVBl. 2013, S. 965 (967).

Verordnung (EU) Nr. 347/2013" vom 22. Mai 2014 davon aus, dass die Bundesnetzagentur die Koordination der Genehmigungsverfahren für VGI gemäß Art. 8 Abs. 3 S. 2 lit. c) TEN-E VO übernimmt,[373] legt also das Kooperationsschema zugrunde.[374] Hintergrund ist, dass in Deutschland kein einheitliches Zulassungsregime für VGI existiert, die Bundesnetzagentur also nicht bei allen VGI die abschließende Entscheidung trifft. So sind beispielsweise für die Zulassung von Hochspannungsfreileitungen mit einer Nennspannung von 110 kV oder mehr gemäß § 43 Abs. 1 S. 1 Nr. 1 EnWG die Landesbehörden zuständig.

Da nach dem Wortlaut von Art. 8 Abs. 3 S. 2 TEN-E VO die umfassende Entscheidung nach einem der drei Schemata zu treffen ist und die Mitgliedstaaten gemäß Art. 8 Abs. 3 UAbs. 3 S. 1 TEN-E VO eines der drei Schemata zur Erleichterung und Koordinierung der Verfahren wählen müssen, kam eine Zuständigkeit der Bundesnetzagentur für den einen Fall nach dem integrierten und für den anderen Fall nach dem Kooperationsschema nicht in Betracht.[375] Nach dem Kooperationsschema gemäß Art. 8 Abs. 3 S. 2 lit. c) TEN-E VO wird die umfassende Entscheidung von der zuständigen Behörde koordiniert. Eine Koordination von mehreren behördlichen Einzelentscheidungen erscheint in Fällen, in denen die Bundesnetzagentur selbst über die Planfeststellung entscheidet, nicht erforderlich. Hiervon ist jedoch ausdrücklich nur bei dem koordinierten Schema gemäß Art. 8 Abs. 3 S. 2 lit. b) TEN-E VO die Rede. Nach der im Vergleich dazu weiter gefassten Erläuterung des Kooperationsschemas muss sich die umfassende Entscheidung nicht zwingend aus mehreren verbindlichen Einzelentscheidungen zusammensetzen. Legt man dieses Verständnis zugrunde, können von dem Kooperationsmodell auch Fälle erfasst werden, in denen die Bundesnetzagentur selbst umfassend entscheidet. Sie hat in diesem Fall die Aufgabe, sich und andere im Verfahren zu beteiligende Stellen zu koordinieren.[376]

---

373 BGBl. I, S. 576.

374 *Guckelberger*, Einwirkungen des Unionsrechts auf das nationale Energie-Infrastrukturrecht, in: Schlacke/Schubert, Energie-Infrastrukturrecht, 2015, S. 31 (49); *Leidinger*, DVBl. 2015, S. 400 (404, dort Fn. 31).

375 *Guckelberger*, Einwirkungen des Unionsrechts auf das nationale Energie-Infrastrukturrecht, in: Schlacke/Schubert, Energie-Infrastrukturrecht, 2015, S. 31 (50); a.A. *Leidinger*, DVBl. 2015, S. 400 (404), der entgegen dem Wortlaut aufgrund der Entstehungsgeschichte sowie des Sinn und Zwecks von Art. 8 TEN-E VO zu dem Ergebnis kommt, dass Kooperationsschema und integriertes Schema ohne Verstoß gegen die TEN-E VO nebeneinander angewendet werden können.

376 *Guckelberger*, Einwirkungen des Unionsrechts auf das nationale Energie-Infrastrukturrecht, in: Schlacke/Schubert, Energie-Infrastrukturrecht, 2015, S. 31 (50).

3. *Die Öffentlichkeitsbeteiligung*

a) *Die (frühe) Öffentlichkeitsbeteiligung in der Bundesfachplanung und Planfeststellung des NABEG*

Die in Art. 9 Abs. 4 TEN-E VO vorgesehene Anhörung der Öffentlichkeit noch vor der Einreichung der endgültigen und vollständigen Antragsunterlagen wird durch das NABEG (nur) grundsätzlich erfüllt. Diese frühzeitige Öffentlichkeitsbeteiligung soll gemäß Art. 9 Abs. 4 S. 2 TEN-E VO insbesondere dazu dienen, den am besten geeigneten Standort oder die am besten geeignete Trasse festzustellen. Konsequenterweise beziehen sich die Vorgaben nicht nur auf das Planfeststellungsverfahren, sondern auch auf die Bundesfachplanung.[377]

Auf der Ebene der Bundesfachplanung schreibt § 7 Abs. 1 S. 1 NABEG eine Antragskonferenz vor, die von der Bundesnetzagentur unverzüglich nach Einreichung des Antrags durchzuführen ist. In ihr sind Gegenstand und Umfang der für die Trassenkorridore vorzunehmenden Bundesfachplanung zu erörtern. Die Antragskonferenz tritt an die Stelle des Scoping-Termins gemäß § 39 Abs. 4 S. 2 UVPG, geht jedoch über Gegenstand, Umfang und Methoden der Strategischen Umweltprüfung hinaus und bezieht sich auch auf Fragen der Raumordnung.[378] Zudem können bereits in diesem frühzeitigen Verfahrensstadium zu Tage tretende widerstreitende öffentliche und private Belange in die Antragskonferenz einfließen.[379] Hierzu werden gemäß § 7 Abs. 2 S. 1 NABEG der Vorhabenträger, die betroffenen Träger öffentlicher Belange sowie die gemäß § 3 Nr. 8 NABEG i.V.m. § 3 UmwRG anerkannten Umweltvereinigungen geladen. Zudem ist die Antragskonferenz gemäß § 7 Abs. 2 S. 3 NABEG öffentlich, so dass jedermann zur Teilnahme berechtigt ist. Damit ist die Antragskonferenz ausweislich der Gesetzesbegründung „ein entscheidender Baustein, um die bestehenden Beteiligungsrechte bei Großvorhaben durch vertrauensbildende und Akzeptanz steigernde Maßnahmen fortzuentwickeln."[380] Nach dieser Konsultation legt die Bundesnetzagentur gemäß § 7 Abs. 4 NABEG aufgrund der Ergebnisse der Antragskonferenz einen Untersuchungsrahmen für die Bundesfachplanung fest und bestimmt den erforderlichen Inhalt der durch den Vorhabenträger einzureichenden Unterlagen. Daraufhin erfolgt gemäß § 9 NABEG eine Behörden- und

377 *Stracke*, Öffentlichkeitsbeteiligung im Übertragungsnetzausbau, 2017, S. 350 f.
378 *Durinke*, in: de Witt/Scheuten, NABEG, 2013, § 7 Rn. 1.
379 BT-Drs. 17/6073, S. 25.
380 BT-Drs. 17/6073, S. 25.

Öffentlichkeitsbeteiligung, der sich grundsätzlich ein Erörterungstermin nach § 10 NABEG anschließt.

Eine parallele Regelung zur Antragskonferenz nach § 7 NABEG enthält § 20 Abs. 1 S. 2, Abs. 3 NABEG für die Antragskonferenz mit dem Vorhabenträger, den betroffenen Trägern öffentlicher Belange und Vereinigungen im Planfeststellungsverfahren. Danach wird die Planfeststellungsbehörde verpflichtet, eine Antragskonferenz durchzuführen, in der öffentlich der Gegenstand, Umfang und Methoden der UVP sowie sonstige für die Planfeststellung erhebliche Fragen erörtert werden. Auf dieser Grundlage legt die Planfeststellungsbehörde einen Untersuchungsrahmen für die Planfeststellung fest und bestimmt den Inhalt der nach § 21 NABEG einzureichenden Unterlagen. Auch die Antragskonferenz nach § 20 NABEG ersetzt das Scoping gemäß § 15 UVPG und geht in einem Planfeststellungsverfahren im Sinne des § 18 NABEG weiter. Im Unterschied zum Scoping erstreckt sich die Antragskonferenz auf alle für das Planfeststellungsverfahren erheblichen Fragen und ist nicht nur auf solche der Umweltverträglichkeitsprüfung beschränkt. Zudem ist sie verpflichtend durchzuführen.[381] Nach Vorlage der vollständigen Unterlagen beteiligt die Planfeststellungsbehörde im Rahmen des Anhörungsverfahrens gemäß § 22 NABEG die Träger öffentlicher Belange und die Umweltvereinigungen. Außerdem veranlasst sie für die Dauer von einem Monat zum Zwecke der Öffentlichkeitsbeteiligung die Auslegung der Unterlagen und veröffentlicht diese im Internet.

Es findet also nach dem NABEG sowohl auf Ebene der Bundesfachplanung als auch der Planfeststellung eine zweistufige Antragstellung statt. Für die Antragskonferenz sind jeweils zunächst Antragsunterlagen vorzulegen, die eine Erörterung ermöglichen. Nach Festlegung des Untersuchungsrahmens wird der Plan vom Antragsteller vervollständigt.[382] Es wird zunächst ein Antrag eingereicht, der zwar das Vorhaben beschreibt, ausgeschiedene Alternativen benennt und die Gründe für die Wahl des Trassenkorridors darlegt, jedoch wesentliche Fragen noch offen lässt. Auf dieser Grundlage kann eine frühe Öffentlichkeitsbeteiligung durchgeführt werden, die es ihr ermöglicht, auf die endgültige Antragstellung noch Einfluss zu nehmen.[383] Die in §§ 9 und 22 NABEG eingeräumte Beteiligungsmöglichkeit erfüllt die Vorgabe einer frühzeitigen Öffentlichkeitsbeteiligung vor Antragstellung nicht, da sie erst nach Vorlage der vollständigen

381 *Guckelberger*, VerwArch 103 (2012), S. 31 (60); *Wiesendahl*, in: de Witt/Scheuten, NABEG, 2013, § 20 Rn. 2.

382 *Schink*, EurUP 2015, S. 148 (157).

383 *Schink*, EurUP 2015, S. 148 (157).

Unterlagen durch den Vorhabenträger durchgeführt wird. Sinn und Zweck des Gebots einer frühzeitigen Öffentlichkeitsbeteiligung, der Öffentlichkeit eine reale Chance zu geben, auf die bevorstehende Entscheidung Einfluss zu nehmen, kann dann nicht mehr erreicht werden.[384] Die Öffentlichkeitsbeteiligung nach Antragstellung erfolgt dann zu einem Zeitpunkt, zu dem nicht mehr alle Optionen offen stehen, da bereits wesentliche Vorfestlegungen für die Zulassung erfolgt sind. Vor Bekanntmachung der Antragsunterlagen hat regelmäßig bereits informeller Kontakt zwischen Behörde und Antragsteller hinsichtlich einzureichender Unterlagen und Zulassungsvoraussetzungen stattgefunden. Hat sich die Behörde also schon vor Beginn des Beteiligungsverfahrens eine Meinung zum Vorhaben gebildet, insbesondere faktisch auf eine Alternative festgelegt, muss sie sich erst wieder von ihrer Präferenz lösen.[385] Das „Sich-Befreien" von faktischen Vorfestlegungen und Einschätzungen, damit alle Optionen wieder offen sind, mag für die Behörde zwar auch im fortgeschrittenen Verfahrensstadium möglich sein, die Einflussnahmemöglichkeit der Öffentlichkeit nimmt jedoch ab und verliert an Effektivität. Die Behörde wird von ihr entwickelte Lösungen nicht ohne weiteres wieder aufgeben.[386]

Konzeptionell scheint die Ausgestaltung der Antragskonferenz zunächst überzeugend. Die für die Antragskonferenz einzureichenden Unterlagen und die in der Antragskonferenz zu erörternden Fragen versetzen die Öffentlichkeit in die Lage, auf die endgültige Antragstellung noch Einfluss zu nehmen.[387] Welche Rechte der Öffentlichkeit im Rahmen der Antragskonferenz zukommen, ist jedoch umstritten. Zum Teil wird aus der Systematik von § 20 NABEG gefolgert, dass der Öffentlichkeit im Rahmen der Antragskonferenz lediglich ein Anwesenheitsrecht eingeräumt werden soll und kein Beteiligungsrecht. Gemäß § 20 Abs. 1 S. 1 NABEG führe die Planfeststellungsbehörde eine Antragskonferenz mit dem Vorhabenträger, den betroffenen Trägern öffentlicher Belange und Vereinigungen durch. Im Umkehrschluss dazu bedeute dies, dass nur die genannten Beteiligten Beiträge im Rahmen der Erörterung leisten könnten. Im Gegensatz dazu sehe § 20 Abs. 2 S. 3 NABEG lediglich vor, dass die Antragskonferenz öffentlich ist, die Öffentlichkeit also zugegen sein darf. Eine Öffentlichkeits*beteiligung*

384 *Fisahn*, ZUR 2004, S. 136 (138 f.); *Schenderlein*, Rechtsschutz und Partizipation im Umweltrecht, 2013, S. 253.

385 *Fisahn*, ZUR 2004, S. 136 (138 f.); *Schink*, EurUP 2014, S. 112 (117).

386 *Fisahn*, ZUR 2004, S. 136 (139); *Schenderlein*, Rechtsschutz und Partizipation im Umweltrecht, 2013, S. 254.

387 *Schink*, EurUP 2015, S. 148 (157).

sei demnach nicht vorgesehen.[388] Eine parallele Regelung enthält § 7 Abs. 2 S. 3 NABEG. Daher wird auch im Rahmen der Bundesfachplanung vertreten, dass grundsätzlich jedermann zur Teilnahme an der Antragskonferenz berechtigt sei, der Öffentlichkeit jedoch kein Rede- oder Antragsrecht zustehe. Beide Vorschriften seien in ihrer Regelungsstruktur vergleichbar. Insoweit sei nicht erkennbar, dass auf der Ebene der Bundesfachplanung der Kreis der Beteiligungsberechtigten weiter sein solle, auch wenn § 7 NABEG anders als § 20 Abs. 1 S. 1 NABEG nicht explizit regele, dass die Antragskonferenz nur mit dem Vorhabenträger, den betroffenen Trägern öffentlicher Belange und den Vereinigungen durchzuführen ist.[389]

Schon die Gesetzesbegründung, die von einer „Einbeziehung der breiten Öffentlichkeit"[390] spricht, lässt hingegen auf eine aktive Rolle der Öffentlichkeit schließen. Durch Beteiligungsrechte der Öffentlichkeit können zudem private Belange entsprechend der Gesetzesbegründung schon im Rahmen der Antragskonferenz ermittelt werden.[391] Eine aktive Teilnahmemöglichkeit erscheint darüber hinaus im Hinblick auf die mit der Einbeziehung der Öffentlichkeit vom Gesetzgeber verfolgte Akzeptanzsteigerung erforderlich. Ein bloßes Anwesenheitsrecht ist auch mit der von Art. 9 Abs. 4 TEN-E VO geforderten Anhörung der Öffentlichkeit noch vor der Einreichung der endgültigen und vollständigen Antragsunterlagen unvereinbar. Die durch Art. 9 Abs. 4 i.V.m. Anhang VI TEN-E VO geschaffenen Vorgaben gehen weiter und sind detaillierter gestaltet als in §§ 7, 20 NABEG. Sie schreiben ausdrücklich vor, die Öffentlichkeit im Rahmen der frühen Konsultation einzubeziehen und diese nicht auf den Vorhabenträger, die betroffenen Träger öffentlicher Belange und Vereinigungen zu beschränken. Ein Rückgriff auf die in § 25 Abs. 3 VwVfG geregelte frühe Öffentlichkeitsbeteiligung scheidet aus, da die spezielleren Regelungen des NABEG vorgehen. Im Übrigen ist auch diese Regelung aufgrund der fehlenden Verpflichtung zur Durchführung unionsrechtlich defizitär ausgestaltet. Die unmittelbar geltenden Bestimmungen der TEN-E VO sind insoweit ergänzend anzuwenden.[392]

---

388 *Moench/Ruttloff*, NVwZ 2011, S. 1040 (1042); *Wiesendahl*, in: de Witt/Scheuten, NABEG, 2013, § 20 Rn. 30.

389 *Durinke*, in: de Witt/Scheuten, NABEG, 2013, § 7 Rn. 13.

390 BT-Drs. 17/6073, S. 25 und 28.

391 *Schadtle*, ZNER 2013, S. 126 (128).

392 *Vogt/Maaß*, RdE 2013, S. 151 (158); *Leidinger*, DVBl. 2015, S. 400 (405); so im Ergebnis auch *Dietrich/Steinbach*, DVBl. 2014, S. 488 (492).

b) Exkurs: Frühe Öffentlichkeitsbeteiligung gemäß § 25 Abs. 3 VwVfG

Mit dem Gesetz zur Verbesserung der Öffentlichkeitsbeteiligung und Vereinheitlichung von Planfeststellungsverfahren (PlVereinhG)[393] wurde § 25 VwVfG um einen dritten Absatz ergänzt. Danach soll die Behörde bei Vorhaben, die nicht nur unwesentliche Auswirkungen auf die Belange einer größeren Zahl von Dritten haben können, auf eine frühe Öffentlichkeitsbeteiligung durch den Vorhabenträger hinwirken. Diese soll dazu dienen, dass vor allem Großprojekte schneller realisiert werden können und zugleich die Bürgerbeteiligung gestärkt wird. Die Stärkung der Öffentlichkeitsbeteiligung soll für mehr Transparenz und Akzeptanz bei Großvorhaben sorgen und auf diese Weise Konflikte schon in dieser frühen Phase bereinigt oder gar vermieden werden.[394] Daher soll das Vorhaben schon vor Antragstellung, also zu einem Zeitpunkt, zu dem das Vorhaben noch nicht endgültig durchgeplant ist, einer frühen Öffentlichkeitsbeteiligung unterzogen werden, so dass der Öffentlichkeit Gelegenheit gegeben wird, auf die Gestaltung des Projekts Einfluss zu nehmen.[395]

Im Anwendungsbereich des NABEG ist die Regelung über die frühe Öffentlichkeitsbeteiligung nach § 25 Abs. 3 VwVfG subsidiär und kommt gemäß § 25 Abs. 3 S. 5 VwVfG nicht zur Anwendung. Danach gilt § 25 Abs. 3 S. 1 VwVfG nicht, soweit die betroffene Öffentlichkeit bereits nach anderen Rechtsvorschriften vor der Antragstellung zu beteiligen ist. Dies ist nach der hier vertretenen Auffassung, nach der der Öffentlichkeit im Rahmen der Antragskonferenz eine aktive Teilnahmemöglichkeit einzuräumen ist, der Fall.[396]

---

393 Gesetz vom 31. Mai 2013, BGBl. I, S. 1388.

394 BT-Drs. 17/9666, S. 14 f.

395 *Schink*, in: Knack/Henneke, VwVfG, 2014, § 25 Rn. 123; *Ramsauer*, in: Kopp/Ramsauer, VwVfG, 2018, § 25 Rn. 28 f.

396 Soweit man entsprechende Beteiligungsrechte im Rahmen der öffentlichen Antragskonferenz ablehnt, kann in den gesetzlichen Beteiligungsmöglichkeiten der §§ 12a ff. EnWG im Zusammenwirken mit den Beteiligungsrechten der Öffentlichkeit im Rahmen der Bundesfachplanung gemäß §§ 9 f. NABEG jedoch speziellere Regelungen im Sinne des § 25 Abs. 3 S. 5 VwVfG gesehen werden. Diese werden zeitlich deutlich vor der Antragstellung eines planfeststellungsbedürftigen Netzausbauvorhabens gewährt, *Wiesendahl*, EnWZ 2013, S. 291 (293 f.); *Schink*, EurUP 2015, 148 (156). Die Frage, ob von den dem Planfeststellungsverfahren vorgelagerten Planungsebenen wie der Bundesfachplanung selbst mehr als nur unwesentliche Auswirkungen auf die Belange einer größeren Zahl von Dritten im Sinne von § 25 Abs. 3 S. 1 VwVfG ausgehen, wird überwiegend verneint, *Wiesendahl*, EnWZ 2013, S. 291 (293); vgl. auch *Schwab*, UPR 2014, S. 281 (282) in Bezug auf Raumordnungspläne. Nach *Hertel/Munding*, NJW 2013, S. 2150 (2152) muss es sich um mindestens hunderte potenziell Betroffene

Außerhalb des Anwendungsbereichs des NABEG richtet sich das Planfeststellungsverfahren der Landesbehörden nach §§ 43 ff. EnWG i.V.m. §§ 73 ff. VwVfG. Dieses sieht nur eine Anhörung gemäß § 43a EnWG i.V.m. § 73 VwVfG vor, enthält jedoch keine spezielle Regelung hinsichtlich einer frühen Öffentlichkeitsbeteiligung im Sinne von Art. 9 Abs. 4 TEN-E VO, die dem Anhörungsverfahren zeitlich vorausgeht. Insoweit findet § 25 Abs. 3 VwVfG[397] i.V.m. Anhang VI TEN-E VO Anwendung.[398]

Im Gegensatz zu der verpflichtend durchzuführenden Antragskonferenz der Bundesfachplanung und der Planfeststellung nach §§ 7 Abs. 1 S. 1 und 20 Abs. 1 S. 1 NABEG ist die frühe Öffentlichkeitsbeteiligung gemäß § 25 Abs. 3 VwVfG nur fakultativ und weder für den Vorhabenträger noch für die Behörde verpflichtend.[399] Letztere wird lediglich verpflichtet, auf die Durchführung der frühen Öffentlichkeitsbeteiligung hinzuwirken.[400] Die Behörde ist somit auf die freiwillige Mitwirkung des Vorhabenträgers angewiesen. Ein Verstoß gegen diese Pflicht hat für die Rechtmäßigkeit des späteren Verwaltungsverfahrens keine Auswirkungen. Gleiches gilt für den Fall, dass trotz entsprechender Hinwirkung durch die Behörde der Vorhabenträger die Durchführung der frühzeitigen Öffentlichkeitsbeteiligung unterlässt.[401]. Vor dem Hintergrund der dargestellten Ziele ist der Regelungsgehalt der Vorschrift unzureichend. Weder Zeitpunkt noch Form, insbesondere die Unterrichtung der betroffenen Öffentlichkeit, sind festgelegt. Der Regelungsgehalt geht somit nicht über eine Normierung eines Orientierungsrahmens möglicher wesentlicher Bestandteile einer vom Vorhabenträger selbst zu gestaltenden frühen Öffentlichkeitsbeteiligung

---

handeln, *Schink*, in: Knack/Henneke, VwVfG, 2014, § 25 Rn. 130 geht in Anlehnung an die für Massenverfahren des allgemeinen Verfahrensrechts geltende Schwelle von 50 Betroffenen aus.

397 Fehlt eine Regelung oder Verweisung in den Landes-VwVfG, so dass § 25 Abs. 3 VwVfG nicht anwendbar ist, gilt Art. 9 Abs. 4 i.V.m. Anhang VI TEN-E VO zumindest ergänzend, *Leidinger*, DVBl. 2015, S. 400 (405, dort Fn. 45). In Nordrhein-Westfalen wurde die bundesgesetzliche Regelung durch das Gesetz zur Modernisierung des Verwaltungsverfahrensgesetzes und zur Anpassung weiterer Rechtsvorschriften vom 20. Mai 2014 (GV. NRW. 2014 Nr. 14, S. 289-300) inhaltsgleich umgesetzt.

398 *Leidinger*, DVBl. 2015, S. 400 (405, dort Fn. 45).

399 *Schink*, EurUP 2015, S. 148 (156); *Peters*, DVBl. 2015, S. 808 (814).

400 Ausführlich zur Wahrnehmung der behördlichen Hinwirkungspflicht *Schwab*, UPR 2014, S. 281 (283 ff.)

401 *Ramsauer*, in: Kopp/Ramsauer, VwVfG, 2018, § 25 Rn. 42.

hinaus.[402] Für eine effektive frühe Öffentlichkeitsbeteiligung wäre eine verpflichtende Regelung erforderlich[403], die dann auch europarechtlichen Vorgaben gerecht werden würde.

4. Das Verfahren zur Festlegung des Trassenverlaufs

Das in Art. 10 Abs. 3 TEN-E VO vorgesehene Verfahren zur Festlegung des Verlaufs einer Trasse oder eines Standorts korrespondiert mit der Bundesfachplanung (bzw. dem Raumordnungsverfahren) des nationalen Rechts.[404] Art. 10 Abs. 3 TEN-E VO geht von der Möglichkeit aus, im mitgliedstaatlichen Recht die Entscheidung über die Festlegung des Verlaufs einer Trasse oder eines Standorts dem Verfahren zum Erlass einer umfassenden Entscheidung vorzulagern. Die in Art. 10 Abs. 3 TEN-E VO geregelte Festlegung eines Trassenverlaufs ist eine nach der Systematik des NABEG vorgelagerte Verfahrensstufe, die nicht zum Genehmigungsverfahren gemäß Art. 10 Abs. 1 TEN-E VO gehört, das mit einer „umfassenden Entscheidung" im Sinne einer Genehmigung zur Realisierung des konkreten Vorhabens abgeschlossen wird. Dies entspricht der Bundesfachplanung, durch die der Verlauf des Trassenkorridors festgelegt wird und die der Planfeststellung vorausgeht.[405] Die sechsmonatige Frist zur Festlegung von Trassenkorridoren gemäß Art. 10 Abs. 3 TEN-E VO findet sich im Rahmen der nationalen Bundesfachplanung in § 12 Abs. 1 NABEG. Danach ist die Bundesfachplanung innerhalb von sechs Monaten nach Vorliegen der vollständigen Unterlagen bei der Bundesnetzagentur abzuschließen. Bezugspunkt für den Beginn des Fristlaufs gemäß § 12 NABEG, also die Vorlage der vollständigen Unterlagen, bildet § 8 NABEG.[406]

---

402 *Wiesendahl*, EnWZ 2013, S. 291 (292); *Schwab*, UPR 2014, S. 281; vgl. auch BT-Drs. 17/9666, S. 14.

403 *Schink*, EurUP 2015, S. 148 (157 f.); *Peters*, DVBl. 2015, S. 808 (814).

404 *Linßen/Aubel*, DVBl. 2013, S. 965 (968 f.); *Leidinger*, DVBl. 2015, S. 400 (404). Anders noch der Entwurf zur TEN-E VO, nach dem ein Zwischenschritt wie die nach nationalem Recht vorgesehene Bundesfachplanung nach §§ 4 ff. NABEG als Grundlage für die Planfeststellung nicht vorgesehen war, sondern das Genehmigungsverfahren unmittelbar an die Bedarfsermittlung anschloss, vgl. *Vogt/Maaß*, RdE 2013, S. 151 (154).

405 *Linßen/Aubel*, DVBl. 2013, S. 965 (966); *Erbguth/Schubert*, EurUP 2014, S. 70 (82); *Leidinger*, DVBl. 2015, S. 400 (404); a.A. *Schadtle*, ZNER 2013, S. 128 (131), der in dem Vorantragsverfahren nach Art. 10 Abs. 1 lit. a) TEN-E VO die unionsrechtliche Parallele zur Bundesfachplanung sieht.

406 *Linßen/Aubel*, DVBl. 2013, S. 965 (968 f.).

Es wurde bereits dargestellt, dass die TEN-E VO für die Bundesfachplanung und Planfeststellung konkrete zeitliche Vorgaben vorsieht. Bei Addition der vorgesehenen Entscheidungsfristen von sechs Monaten für die Trassenfestlegung und dreieinhalb Jahren für das Genehmigungsverfahren ergibt sich eine zulässige maximale Verfahrensgesamtdauer von vier Jahren. Für den Zeitraum zwischen der Festlegung des Trassenverlaufs, also dem Abschluss der Bundesfachplanung, und dem Beginn des „Genehmigungsverfahrens" bzw. Planfeststellungsverfahrens sieht die TEN-E VO hingegen keine Frist vor. Zum Teil wird dieser Umstand als für die Praxis bedeutsam angesehen, da Verzögerungen innerhalb dieses Zeitfensters nicht auf die Fristen der TEN-E VO angerechnet würden und auf diese Weise die vorgegeben straffen Fristen eingehalten werden könnten.[407] Gegen diese Rechtsauffassung spricht, dass es sich bei Art. 10 Abs. 3 TEN-E VO um eine Ausnahmevorschrift handelt, mit der der Unionsgesetzgeber die Verfahrensautonomie der Mitgliedstaaten berücksichtigen wollte. Zudem würde es Sinn und Zweck der TEN-E VO, nämlich nationale Genehmigungsverfahren zu beschleunigen und zu vereinheitlichen, widersprechen, wenn der zwischen dem Abschluss der Bundesfachplanung und dem Beginn des Planfeststellungsverfahrens liegende Zeitraum von Mitgliedstaaten zeitlich beliebig überschritten werden könnte.[408] Dies würde auf eine Ungleichbehandlung von Mitgliedstaaten, die kein gesondertes Verfahren zur Trassenfestlegung vorsehen, und solchen, die sich wie Deutschland für ein vorgelagertes Trassenfestlegungsverfahren entschieden haben, führen. Um eine zu große Verzögerung durch die in der TEN-E VO nicht geregelte „Frist-Lücke" zu vermeiden, hat die Bundesnetzagentur gemäß § 12 Abs. 2 S. 4 NABEG nach Abschluss der Bundesfachplanung den Vorhabenträger durch Bescheid aufzufordern, innerhalb einer zu bestimmenden angemessenen Frist den erforderlichen Antrag auf Planfeststellung zu stellen.[409]

---

407 *Linßen/Aubel*, DVBl. 2013, S. 965 (968 f.); vgl. auch *Dietrich/Steinbach*, DVBl. 2014, S. 488 (492).

408 *Guckelberger*, Einwirkungen des Unionsrechts auf das nationale Energie-Infrastrukturrecht, in: Schlacke/Schubert, Energie-Infrastrukturrecht, 2015, S. 31 (52); *Leidinger*, DVBl. 2015, S. 400 (406).

409 *Dietrich/Steinbach*, DVBl. 2014, S. 488 (492). § 12 Abs. 2 S. 4 NABEG wurde mit dem Gesetz zur Beschleunigung des Energieleitungsausbaus vom 13. Mai 2019, BGBl. I, S. 706, geändert. Nach § 12 Abs. 2 S. 4 NABEG a.F. war die Bundesnetzagentur „berechtigt", eine Frist für den Antrag auf Planfeststellung zu setzen. Der Gesetzgeber will mit der Änderung gewährleisten, dass nach Abschluss der Bundesfachplanung stets eine Frist für den Antrag auf Planfeststellung gesetzt wird. Hierdurch soll eine zügige Abfolge der verschiedenen Verfahrensschritte gewährleistet werden, BT-Drs. 19/7375, S. 75. *Guckelberger*, Einwirkungen des Unionsrechts auf das nationale

5. Das Genehmigungsverfahren

Das „Genehmigungsverfahren" im Sinne von Art. 10 Abs. 1 TEN-E VO hat seine Parallele in dem Planfeststellungsverfahren gemäß §§ 18-28 NABEG[410]:

Das Vorantragsverfahren nach Art. 10 Abs. 1 lit. a) TEN-E VO findet in der Antragstellung gemäß § 19 NABEG und der anschließenden Antragskonferenz gemäß § 20 NABEG seine vergleichbare nationale Regelung. Der Antrag des Vorhabenträgers gemäß § 19 S. 1 NABEG ist zwar schon auf die Planfeststellung einer konkreten Trasse gerichtet, weist jedoch noch nicht alle für die Durchführung des weiteren Verfahrens erforderlichen Unterlagen auf und ist somit noch nicht vollständig. Dieser Antrag entspricht der in Art. 10 Abs. 1 lit. a) S. 3 TEN-E VO geregelten Vorhabenbeschreibung des Vorhabenträgers, denn er enthält nach § 19 S. 4 Nr. 1 und 2 NABEG unter anderem einen Vorschlag für den beabsichtigten Trassenverlauf und Alternativenvorschläge für diesen.[411] Die Antragsunterlagen stellen die Grundlage für die Antragskonferenz dar, die gemäß § 20 NABEG von der Genehmigungsbehörde unverzüglich durchzuführen ist. Deren Ergebnisse bilden wiederum die Basis dafür, den Untersuchungsrahmen für die Planfeststellung und den erforderlichen Inhalt der nach § 21 NABEG einzureichenden Unterlagen festzulegen. Diese Festlegung im Sinne von § 20 Abs. 3 NABEG stellt die Bestätigung der Vorhabenbeschreibung gemäß Art. 10 Abs. 1 lit. a) TEN-E VO und somit den Beginn der zweijährigen Frist dar.[412]

Der „formale Genehmigungsabschnitt" im Sinne von Art. 10 Abs. 1 lit. b) TEN-E VO findet seine Entsprechung in den §§ 21 ff. NABEG. Der Vorhabenträger reicht die vollständigen Unterlagen nach § 21 Abs. 1 NABEG bei der Planfeststellungsbehörde ein. Das Datum der schriftlichen Eingangsbestätigung der vollständigen Unterlagen des Vorhabenträgers gemäß § 21 Abs. 5 S. 4 NABEG

Energie-Infrastrukturrecht, in: Schlacke/Schubert, Energie-Infrastrukturrecht, 2015, S. 31 (52 f.), nahm bereits mit Blick auf § 12 Abs. 2 S. 3 NABEG a.F. bei zunehmendem zeitlichen Abstand zur abgeschlossenen Bundesfachplanung kraft Unionsrechts eine Ermessensreduzierung auf Null an. Weitergehend *Leidinger*, DVBl. 2015, S. 400 (406), der von einer von der TEN-E VO vorgegebenen zulässigen Verfahrensgesamtdauer von viereinhalb Jahren als Maximalfrist unter Einbeziehung der zwischen Abschluss der Bundesfachplanung und Beginn der Planfeststellungsverfahren liegenden Phase ausgeht.

410 Für Verfahren nach dem EnLAG gelten die planfeststellungsrechtlichen Vorschriften der §§ 43 ff. EnWG, *Linßen/Aubel*, DVBl. 2013, S. 965 (966, dort Fn. 19); *Erbguth/Schubert*, EurUP 2014, S. 70 (82).

411 *Linßen/Aubel*, DVBl. 2013, S. 965 (969); *Leidinger*, DVBl. 2015, S. 400 (405).

412 *Linßen/Aubel*, DVBl. 2013, S. 965 (969).

entspricht der Annahme der vervollständigten Antragsunterlagen gemäß Art. 10 Abs. 1 lit. b) TEN-E VO und markiert den Beginn der Frist von eineinhalb Jahren für den zweiten Teilabschnitt des Planfeststellungsverfahrens.[413] Dieser mündet schließlich in die „umfassende Entscheidung", die nach dem nationalen Zulassungsregime in der Planfeststellung als verfahrensabschließende Zulassungsentscheidung zu sehen ist.[414]

V. Zusammenfassung und Bewertung

Die TEN-E VO sieht eine Reihe von Maßnahmen zur Beschleunigung des Netzausbaus vor, die sich auf verschiedene Regelungsbereiche erstrecken.[415] Neben regulatorischen Vorgaben und besonderen Finanzierungsmöglichkeiten betreffen diese Maßnahmen insbesondere das Planungs- und Genehmigungsverfahren. In diesem Rahmen setzt der Verordnungsgeber als Instrument für die beschleunigte Umsetzung der Vorhaben neben dem Gebot des „One-Stop-Shop" umfassende Fristenregelungen in Bezug auf die Länge einzelner Verfahrensabschnitte ein. Die Befristung der Gesamtdauer des Planungs- und Genehmigungsverfahrens stellt ein Novum für das deutsche Planfeststellungsrecht zur Erreichung des Ziels der Verfahrensbeschleunigung dar. Nur für das immissionsschutzrechtliche Genehmigungsverfahren war bislang eine Höchstdauer von sieben bzw. im vereinfachten Verfahren von drei Monaten vorgesehen.[416] Kennzeichnend für das europäische Energieinfrastrukturrecht ist zudem eine frühe und umfassende Öffentlichkeitsbeteiligung. Eine erhöhte Transparenz soll zu einer verbesserten öffentlichen Akzeptanz führen und auf diese Weise zu einer Beschleunigung des Netzausbaus beitragen. Besonders begrüßenswert ist die Pflicht zur Veröffentlichung eines Verfahrenshandbuchs.[417] Die Betroffenen erhalten Gelegenheit, sich über das Vorhaben frühzeitig und umfassend zu informieren. Dies bietet eine transparente Grundlage, um sich der mit dem Vorhaben verbundenen Beeinträchtigungen bewusst zu werden und einem „Partizipationsdilemma"[418], also

---

413 *Linßen/Aubel*, DVBl. 2013, S. 965 (970); *Leidinger*, DVBl. 2015, S. 400 (405).

414 *Erbguth/Schubert*, EurUP 2014, S. 70 (82); *Leidinger*, DVBl. 2015, S. 400 (405).

415 Vgl. zu den einzelnen Maßnahmen der TEN-E VO für eine zügige Realisierung von VGI die Aufzählung bei *Dietrich/Steinbach*, DVBl. 2014, S. 488 (489).

416 *Giesberts/Tiedge*, NVwZ 2013, S. 836 (838); *Fest/Operhalsky*, NVwZ 2014, S. 1190 (1192); *Guckelberger*, DVBl. 2014, S. 805 (809).

417 *Heselhaus*, Frühe Öffentlichkeitsbeteiligung und Energiewende, in: Ewer u.a., Festschrift für Koch, 2014, S. 297 (311 f.).

418 *Heselhaus*, Frühe Öffentlichkeitsbeteiligung und Energiewende, in: Ewer u.a., Festschrift für Koch, 2014, S. 297 (303).

der mit voranschreitender Planung zunehmenden Bereitschaft zur Partizipation auf der einen und dem abnehmenden Spielraum für planerische Änderungen auf der anderen Seite, entgegen zu wirken. Bemerkenswert ist die von der TEN-E VO in Erwägungsgrund Nr. 32 getroffene Aussage, wonach die in Art. 10 Abs. 2 S. 1 TEN-E VO geregelte Entscheidungsfrist zu einer effizienteren Festlegung und Handhabung der Verfahren in keinem Fall zu Abstrichen bei den hohen Standards für den Umweltschutz und die Beteiligung der Öffentlichkeit führen sollte.[419] Die TEN-E VO räumt dem Umweltschutz und der Öffentlichkeitsbeteiligung gegenüber der Verfahrensbeschleunigung demnach einen höheren Stellenwert ein. Im Vergleich zum NABEG enthalten die Vorgaben der TEN-E VO nochmals erhöhte Anforderungen an die Öffentlichkeitsbeteiligung, die, ohne dass eine gesetzliche Änderung erforderlich ist, aufgrund der unmittelbaren Wirkung der TEN-E VO ergänzend anzuwenden sind.[420]

Das europäische Energieinfrastrukturrecht sieht in Art. 9 Abs. 2 i.V.m. Anhang VI Nr. 3 lit. c) TEN-E VO, wonach Kommentare und Einwände nur vom Beginn der Anhörung der Öffentlichkeit bis zum Ablauf der Frist zulässig sind, auch die Regelung einer Ausschlussfrist für Einwendungen vor. Diese wird nicht näher konkretisiert, so dass mitgliedstaatliche Regelungen ergänzend anzuwenden sind.[421]

Fraglich ist außerdem, wie diese Frist in ihrer Wirkung zu bewerten ist. Die Vorschrift gibt zumindest eine auf das Verwaltungsverfahren bezogene formelle Präklusion vor. Gegen eine Verpflichtung der Mitgliedstaaten zur Regelung einer materiellen Präklusion durch die Europäische Union selbst spricht, dass dies einen weitgehenden Eingriff in den Grundsatz der Verfahrensautonomie der Mitgliedstaaten darstellen würde, der einer deutlicheren Formulierung bedurft hätte und wegen des Subsidiaritätsgrundsatzes kompetenzrechtliche Bedenken aufwerfen würde.[422] Darüber hinaus ist die Regelung des Art. 9 Abs. 2 TEN-E VO zu beachten. Sie spricht wie auch Anhang VI Nr. 3 von der Befolgung der dort aufgeführten „Grundsätze", was auf einen Gestaltungsspielraum der Mitgliedstaaten hindeutet. Die Regelung einer Ausschlussfrist auch in Form einer

419 *Guckelberger*, DVBl. 2014, S. 805 (809). Eine vergleichbare Aussage enthält der 36. Erwägungsgrund der UVP-Richtlinie 2014/52/EU.

420 *Dietrich/Steinbach*, DVBl. 2014, S. 488 (492); *Leidinger*, DVBl. 2015, S. 400 (405).

421 *Vogt/Maaß*, RdE 2013, S. 151 (155); *Fest/Operhalsky*, NVwZ 2014, S. 1190 (1192); vgl. auch bereits die Ausführungen unter Zweiter Teil.D.II.3.c).

422 *Heselhaus*, Frühe Öffentlichkeitsbeteiligung und Energiewende, in: Ewer u.a., Festschrift für Koch, 2014, S. 297 (307).

materiellen Präklusion ist danach grundsätzlich nicht ausgeschlossen.[423] Einen Rückschluss auf die konkret zulässige Ausgestaltung der Frist ermöglicht die TEN-E VO nicht.

Daneben sieht Art. 9 Abs. 2 TEN-E VO aber auch in diesem Zusammenhang ausdrücklich die Anforderungen der Aarhus-Konvention und des einschlägigen Unionsrechts, zu dem auch die Vorgaben der UVP-Richtlinie gehören, für sich als maßgeblich an. Aus der Konzeption der TEN-E VO wird zudem deutlich, dass die Ausschlusswirkung einer Präklusion mit einer frühen und umfassenden Öffentlichkeitsbeteiligung einhergehen muss, die es den Einwendern ermöglicht, sich entsprechend früh und umfassend zu informieren, und ihnen ausreichend Zeit einräumt, ihre Einwendungen zu formulieren.

423 So auch *Heselhaus*, Frühe Öffentlichkeitsbeteiligung und Energiewende, in: Ewer u.a., Festschrift für Koch, 2014, S. 297 (311); offen gelassen von *Vogt/Maaß*, RdE 2013, S. 151 (155).

Dritter Teil. Die Zulässigkeit der Rechtsschutzkonzentration im Rahmen des Planungs- und Zulassungsverfahrens nach dem NABEG

A. Grundlagen

I. Einleitung

Die Diskussion um phasenspezifischen und konzentrierten Rechtsschutz wird auch in anderen Bereichen des Fachplanungsrechts zum Teil schon langandauernd geführt.[424] Aktueller Gegenstand dieses Diskurses ist das Planungs- und Genehmigungsverfahren für die Errichtung und Änderung des länder- und grenzüberschreitenden Höchstspannungsnetzes nach dem NABEG. Der Gesetzgeber hat sich bei der Ausgestaltung für ein gestuftes Planungsverfahren bestehend aus einer bundesweiten Bedarfsplanung, einer Bundesfachplanung und der Planfeststellung als eigentliche Zulassungsentscheidung entschieden, wobei der Rechtsschutz auf die letzte Planungsstufe konzentriert ist, was zu dem Ziel eines beschleunigten Netzausbaus beitragen soll. Diese gesetzgeberische Entscheidung kommt in § 15 Abs. 3 S. 2 NABEG zum Ausdruck, wonach die Bundesfachplanungsentscheidung nach § 12 NABEG nur im Rahmen des Rechtsbehelfsverfahrens gegen die Zulassungsentscheidung für die jeweilige Ausbaumaßnahme überprüft werden kann. Angeordnet wird also lediglich ein inzidenter Rechtsschutz gegen die Bundesfachplanungsentscheidung im Rahmen eines Rechtsbehelfsverfahrens gegen die abschließende Planfeststellungsentscheidung. Die Zulässigkeit der in § 15 Abs. 3 S. 2 NABEG geregelten Rechtsschutzverlagerung soll aus Sicht der von der Bundesfachplanung betroffenen privaten Dritten im Folgenden untersucht werden.

Da im weiteren Verlauf dieser Arbeit die Rechtsnatur und die Rechtswirkungen der Bundesfachplanungsentscheidung untersucht werden sollen, sind

424 Vgl. aus dem Bereich der Flughafenplanung zum Beispiel *Schmidt-Aßmann*, DVBl. 1981, S. 334 ff.; *Bäumler*, DÖV 1981, S. 43 ff.; zur Abfallentsorgungs- bzw. -wirtschaftsplanung *Ibler*, DVBl. 1989, S. 639 ff.; zur Trassenentscheidung in Form der Linienbestimmung für Fernstraßen *Steinberg*, NVwZ 1983, S. 209 ff.

zunächst vorbereitend die Begriffe der Planung und des Plans näher zu betrachten sowie einige die Planung betreffende verwaltungsrechtsdogmatische Überlegungen anzustellen (A.II.). Die Ausgestaltung des Rechtsschutzes muss sowohl den verfassungsrechtlichen Anforderungen der Garantie effektiven Rechtsschutzes (A.III.) als auch unionsrechtlichen Vorgaben gerecht werden. Insoweit werden die die höherstufige Planungsebene betreffenden Vorschriften der Aarhus-Konvention sowie der SUP-Richtlinie dargestellt und analysiert (A.IV.).

Zentrale Voraussetzung für die Eröffnung des Rechtsschutzes ist die mögliche Beeinträchtigung subjektiv-öffentlicher Rechte durch die Bundesfachplanungsentscheidung (B.). In Betracht kommt zum einen die Beeinträchtigung eines materiellen subjektiven Rechts (B.I.). Darüber hinaus ist zu untersuchen, inwieweit die Verletzung von in der Bundesfachplanung geregelten Verfahrensvorschriften ein Klagerecht des Einzelnen begründen kann (B.II.). Abschließend gilt es näher zu prüfen, aus welchen Gründen die Geltendmachung der auf Ebene der Bundesfachplanung bestehenden subjektiv-öffentlichen Rechte im Wege prinzipalen Rechtsschutzes geboten erscheint (C.).

II. Grundlagen der Planung

1. Der Begriff der Planung und des Plans

Eine Legaldefinition der Planung gibt es nicht. Auch in der Lehre wird angesichts der Vielfalt der Pläne von einem abschließenden, allgemein anerkannten Rechtsbegriff der Planung Abstand genommen.[425] Dennoch soll eine erste Annäherung im Wege einer Begriffsumschreibung unternommen werden.

Planung wird umschrieben als „die systematische Vorbereitung und Festlegung rationalen Verhaltens, um unter gegebenen Umständen ein Ziel auf bestmögliche Weise zu erreichen.“[426] Es gilt, mehrere verschiedene, auch widerstreitende Interessen zu koordinieren und auszugleichen. Die Planung ist durch ein „vorausschauendes Setzen von Zielen und gedankliches Vorwegnehmen der zu ihrer Verwirklichung nötigen Verhaltensweisen“[427] gekennzeichnet. Dies erfordert ein gewisses Maß an Autonomie hinsichtlich der Zielsetzung und der Wahl der Mittel.[428] Die Planung stellt sich also als ein mehrstufiger Prozess dar,

---

425 *Köck*, in: Hoffmann-Riem/Schmidt-Aßmann/Voßkuhle, Grundlagen des Verwaltungsrechts Band II, 2012, § 37 Rn. 18; *Korte*, in: Wolff/Bachof/Stober/Kluth, Verwaltungsrecht I, 2017, § 56 Rn. 4.

426 *Korte*, in: Wolff/Bachof/Stober/Kluth, Verwaltungsrecht I, 2017, § 56 Rn. 2.

427 *Korte*, in: Wolff/Bachof/Stober/Kluth, Verwaltungsrecht I, 2017, § 56 Rn. 2.

428 *Maurer/Waldhoff*, Allgemeines Verwaltungsrecht, 2017, § 16 Rn. 14.

der gegenwärtige Lagen erfasst, zukünftige Entwicklungen prognostiziert sowie Ziel- und Interessenkonflikte gestaltet.[429] Die Planung zielt auf den Erlass eines Plans ab. Der Plan ist also das Produkt dieser Tätigkeit, der die im Planungsverfahren getroffene Abwägungsentscheidung rechtsverbindlich macht.[430]

2. *Systematisierung der planenden Verwaltung*

Die Aufgabenwahrnehmung der öffentlichen Verwaltung erfolgt durch verschiedenartige Verwaltungshandlungen, an denen sich die verfahrensrechtliche und prozessuale Rechtsdurchsetzung orientiert.[431] Die Modalitäten der Gewährung des Rechtsschutzes für den Planbetroffenen hängen von der Rechtsform des Plans ab, da Sachentscheidungsvoraussetzungen wie Rechtsweg und Klageart an die Rechtsform anknüpfen.[432]

Die zum Teil synonym verwendeten Begriffe Handlungsform und Rechtsform sind nicht gleichzusetzen. Im Verhältnis von Rechts- und Handlungsform ist letztere als Oberbegriff zu verstehen. Von einer Rechtsform kann erst dann ausgegangen werden, wenn die Handlungsform durch die Rechtsordnung in Bezug auf Verfahrensweise, Funktion und Rechtsschutz näher bestimmt ist und somit bestimmte Rechtmäßigkeitsanforderungen und Rechtsfolgen per se feststehen.[433] Der Lehre von den Rechtsformen des Verwaltungshandelns werden verschiedene Funktionen zugeschrieben. Die Vielfalt des Verwaltungshandelns gilt es zu ordnen und zu systematisieren. Aufgabe des Verwaltungsrechts ist es, dem der Exekutive zurechenbaren Verhalten rechtsstaatliche Konturen zu geben.[434] Indem die Rechtsordnung einzelne Elemente des Verwaltungshandelns typisiert

---

429 *Hoppe/Beckmann/Kauch*, Umweltrecht, 2000, § 7 Rn. 3; *Weghake*, Planungs- und Zulassungsverfahren, 2015, S. 160.

430 *Hoppe/Beckmann/Kauch*, Umweltrecht, 2000, § 7 Rn. 3; *Maurer/Waldhoff*, Allgemeines Verwaltungsrecht, 2017, § 16 Rn. 14. Zur weiteren Differenzierung zwischen indikativen, influenzierenden und imperativen Plänen vgl. *Korte*, in: Wolff/Bachof/Stober/Kluth, Verwaltungsrecht I, 2017, § 56 Rn. 11 ff.; *Maurer/Waldhoff*, Allgemeines Verwaltungsrecht, 2017, § 16 Rn. 15 ff.

431 *Stober/Korte*, in: Wolff/Bachof/Stober/Kluth, Verwaltungsrecht I, 2017, § 44 Rn. 12.

432 *Hoppe/Beckmann/Kauch*, Umweltrecht, 2000, § 7 Rn. 5; *Eding*, Bundesfachplanung, 2016, S. 228.

433 *Pauly*, Grundlagen einer Handlungsformenlehre im Verwaltungsrecht, in: Becker-Schwarze u.a., Wandel der Handlungsformen im Öffentlichen Recht, 1991, S. 25 (32 ff.); *Schuppert*, Verwaltungswissenschaft, 2000, S. 142; *Eding*, Bundesfachplanung, 2016, S. 228 f.

434 *Schuppert*, Verwaltungswissenschaft, 2000, S. 145.

und besonderen Rechtsanforderungen unterwirft, erfüllt die Rechtsformenlehre eine Speicherfunktion.[435] Daraus werden weitere Funktionen der Rechtsformenlehre abgeleitet: Die Zuordnung einer Verwaltungstätigkeit zu einer Rechtsform des Verwaltungshandelns schafft die Möglichkeit, auf bestimmte Rechtsregeln und Rechtsfolgen zu schließen und erfüllt somit eine Entlastungsfunktion für die Rechtsanwendung.[436] Dadurch, dass Verwaltungstätigkeit typisiert und einem Rechtsregime unterworfen wird, wirkt die Rechtsform rationalisierend. Es müssen nicht in jedem Einzelfall zur Beurteilung der Verwaltungstätigkeit Grundsatzfragen neu aufgeworfen werden. Die Verwaltung wird entlastet und Verwaltungshandeln wird für den Adressaten vorhersehbar. Die Systembildung dient somit auch der Rechtssicherheit.[437]

Der Unterschied zwischen Handlungsform und Rechtsform lässt sich am Beispiel der planenden Tätigkeit der Verwaltung veranschaulichen. Es wurden durch Rechtsprechung und Lehre spezifische Wesensmerkmale der Planung herausgearbeitet, die die Annahme des Plans als eigene Handlungsform rechtfertigen. Diese eigenständigen dogmatischen Strukturen sind in der besonderen Programmierung planungsrechtlicher Normen, in der durch das Abwägungsgebot begrenzten planerischen Gestaltungsfreiheit, in einer differenzierten Abwägungsfehlerlehre und in der Frage der Plangewährleistung zu sehen.[438] Der Plan als Handlungsform stellt jedoch noch keine eigenständige Rechtsform des Verwaltungshandelns dar. Mit dem Begriff des Plans wird ein typisiertes Verwaltungshandeln beschrieben, für das kein spezielles Rechtsregime bestimmt ist. Dem Plan fehlt ein eigenes rechtliches Profil, um von einer eigenständigen Rechtsform sprechen zu können.[439] Der Plan kann jedoch in tradierten Rechtsformen, zum Beispiel als Rechtssatz in Form eines formellen Gesetzes, einer

---

435 *Schmidt-Aßmann*, DVBl. 1989, S. 533.

436 *Ossenbühl*, JuS 1979, S. 681 (685); *Hoffmann-Riem*, Rechtsformen, Handlungsformen, Bewirkungsformen, in: Hoffmann-Riem/Schmidt-Aßmann/Voßkuhle, Grundlagen des Verwaltungsrechts Band II, 2012, § 33 Rn. 3.

437 *Ossenbühl*, JuS 1979, S. 681 (681 f.); *Pauly*, Grundlagen einer Handlungsformenlehre im Verwaltungsrecht, in: Becker-Schwarze u.a., Wandel der Handlungsformen im Öffentlichen Recht, 1991, S. 25 (35 f.); *Stober/Korte*, in: Wolff/Bachof/Stober/Kluth, Verwaltungsrecht I, 2017, § 44 Rn. 13 f.

438 *Schuppert*, Verwaltungswissenschaft, 2000, S. 143 f.; *Köck*, in: Hoffmann-Riem/Schmidt-Aßmann/Voß-kuhle, Grundlagen des Verwaltungsrechts Band II, 2012, § 37 Rn. 18, 31; *Eding*, Bundesfachplanung, 2016, S. 229.

439 *Ossenbühl*, JuS 1979, S. 681 (685); *Schuppert*, Verwaltungswissenschaft, 2000, S. 141 f.

Rechtsverordnung oder einer Satzung, als Verwaltungsakt sowie als Verwaltungsvorschrift oder Einzelweisung ohne Außenwirkung auftreten.[440]

Soweit der Gesetzgeber die Rechtsform einer Verwaltungsentscheidung nicht ausdrücklich vorgibt, ist zunächst die Rechtsnatur des jeweiligen Plans mithilfe materieller Kriterien zu bestimmen.[441] Daraufhin ist zu untersuchen, ob eine Zuordnung zu einer Rechtsform erfolgen kann.[442] Für die Untersuchung der Rechtsnatur ist zunächst zu prüfen, ob der Plan in Abgrenzung zu nichtregelndem Verwaltungshandeln einen Regelungsgehalt aufweist. Ist dies der Fall, muss zwischen Regelungen als bloßem Verwaltungsinternum und solchen mit Außenwirkung differenziert werden. Bei Plänen, denen Außenverbindlichkeit zukommt, ist schließlich anhand des Kriteriums eines generell-abstrakten oder individuell-konkreten Regelungsgehalts zwischen Rechtsnorm und Einzelakt zu unterscheiden.[443]

3. Prüfungsmaßstab

Wie jedes Verwaltungshandeln unterliegt auch die planende Behörde verfassungsrechtlichen und einfach-gesetzlichen Bindungen. Diese Kontrollmaßstäbe finden jedoch in dem dem Planungsträger eingeräumten planerischen Gestaltungsspielraum[444] ihre planungsspezifische Ausprägung.[445]

---

440 *Schuppert*, Verwaltungswissenschaft, 2000, S. 141; *Durner*, Konflikte räumlicher Planungen, 2005, S. 403; *Maurer/Waldhoff*, Allgemeines Verwaltungsrecht, 2017, § 16 Rn. 18. So wird der Bebauungsplan gemäß § 10 Abs. 1 BauGB als Satzung erlassen. Demgegenüber werden der Planfeststellungsbeschluss und die Plangenehmigung gemäß §§ 74, 75 VwVfG als anfechtbare Verwaltungsakte qualifiziert.

441 *Breuer*, Die hoheitliche raumgestaltende Planung, 1968, S. 44 f.; *Hoppe*, Planung und Pläne in der verwaltungsgerichtlichen Kontrolle, in: Erichsen/Hoppe/von Mutius, Festschrift für Menger, 1985, S. 747 (757). Zur Rechtsnatur der Bundesfachplanung siehe Dritter Teil.B.I.2.c).

442 *Eding*, Bundesfachplanung, 2016, S. 232. Zur Rechtsform der Bundesfachplanung siehe Dritter Teil.B.I.2.d).

443 *Köck*, in: Hoffmann-Riem/Schmidt-Aßmann/Voßkuhle, Grundlagen des Verwaltungsrechts Band II, 2012, § 37 Rn. 35 ff.; *Eding*, Bundesfachplanung, 2016, S. 232.

444 Die Rechtsprechung verwendet sinngleich auch den Begriff des Planungsermessens, BVerwG, Urteil vom 12.12.1969 – IV C 105.66 –, BVerwGE 34, 301 (304); Urteil vom 14.02.1975 – IV C 21.74 –, BVerwGE 48, 56 (59); *Hoppe/Schlarmann/Buchner/Deutsch*, Rechtsschutz bei der Planung von Verkehrsanlagen und anderen Infrastrukturvorhaben, 2011, § 19 Rn. 754.

445 *Hoppe*, Planung und Pläne in der verwaltungsgerichtlichen Kontrolle, in: Erichsen/Hoppe/von Mutius, Festschrift für Menger, 1985, S. 747 (774).

Es werden unterschiedliche Begründungsansätze für das Vorliegen einer durch das Abwägungsgebot begrenzten planerischen Gestaltungsfreiheit diskutiert.[446] Eine in der Literatur überwiegend vertretene Auffassung stellt auf die besondere Normstruktur planungsrechtlicher Vorschriften ab, durch die der Verwaltung die Befugnis zur Planung übertragen wird. Der strukturelle Unterschied zu sonstigen Normen des Verwaltungsrechts liegt darin, dass viele Normen des Planungsrechts nicht konditional programmiert sind, also nicht im Sinne eines Wenn-Dann-Schemas an das Vorliegen eines Tatbestandes eine bestimmte Rechtsfolge anknüpfen. Planungsnormen setzen Ziele und regeln die Mittel, um diese Ziele zu erreichen. Sie sind folglich final strukturiert. Dies eröffnet die Möglichkeit einer größeren Anzahl zulässiger Entscheidungen und führt zu planungsspezifischen materiell-rechtlichen Kontrollmaßstäben, die sich in der gerichtlichen Kontrolldichte niederschlagen. Zur Erreichung des gesetzlich vorgegeben Ziels verfügt die planende Verwaltung über einen weiten Spielraum und kann eigenständig über Auswahl und Kombination der Mittel entscheiden.[447] Nach ständiger Rechtsprechung des Bundesverwaltungsgerichts gewährt die der Behörde eingeräumte Befugnis zur Planung die planerische Gestaltungsfreiheit auch dann, wenn das Gesetz der Behörde oder dem Planungsträger diese nicht ausdrücklich einräumt. Dies ergebe sich aus der Erkenntnis, dass die Befugnis zur Planung „einen mehr oder weniger ausgedehnten Spielraum an Gestaltungsfreiheit einschließt und einschließen muß, weil Planung ohne Gestaltungsfreiheit ein Widerspruch in sich wäre."[448] Dieser für die Bauleitplanung entwickelte Ansatz wurde von der Rechtsprechung mit einigen, den Besonderheiten der

446 Ausführlich *Durner*, Konflikte räumlicher Planungen, 2005, S. 315 ff.; *Hoppe/Schlarmann/Buch-ner/Deutsch*, Rechtsschutz bei der Planung von Verkehrsanlagen und anderen Infrastrukturvorhaben, 2011, § 19 Rn. 768 ff.

447 *Ossenbühl*, Gutachten B für den 50. DJT, in: Ständige Deputation des DJT, Verhandlungen des fünfzigsten Deutschen Juristentages, Bd. I, 1974, S. B 184 f.; *Hoppe*, Planung und Pläne in der verwaltungsgerichtlichen Kontrolle, in: Erichsen/Hoppe/von Mutius, Festschrift für Menger, 1985, S. 747 (774 f.); *Maurer/Waldhoff*, Allgemeines Verwaltungsrecht, 2017, § 7 Rn. 63; *Kluth*, in: Wolff/Bachof/Stober/Kluth, Verwaltungsrecht I, 2017, § 31 Rn. 71. Kritisch zu diesem Begründungsansatz *Durner*, Konflikte räumlicher Planungen, 2005, S. 318 f.

448 BVerwG, Urteil vom 12.12.1969 – IV C 105.66 –, BVerwGE 34, 301 (304); Urteil vom 07.07.1978 – 4 C 79.76 –, BVerwGE 56, 110 (116); *Hoppe/Beckmann/Kauch*, Umweltrecht, 2000, § 7 Rn. 7.

jeweiligen Planung Rechnung tragenden Modifikationen auf andere Fachplanungen ausgeweitet.[449]

Die Anerkennung planerischer Gestaltungsfreiheit bedeutet allerdings nicht, dass der Planungsträger keinen rechtlichen Bindungen unterliegt. Verfassungsrechtliche Bindungen der Planung ergeben sich insbesondere aus dem Rechtsstaatsprinzip und den Grundrechten. Rechtsprechung und Lehre haben die Anforderungen hinsichtlich der Erforderlichkeit und den Vorgang der Planung sowie in Bezug auf die Planungsentscheidung näher konkretisiert.[450] Im Rahmen der Planungsentscheidung muss die Behörde grundsätzlich prüfen, ob das Vorhaben vernünftigerweise geboten (Planrechtfertigung) und aufgrund eines gesetzlichen Verbots unter Berücksichtigung von Ausnahme- und Befreiungstatbeständen ausgeschlossen ist (zwingende Planungsleitsätze). Zudem muss sie als materiellen Kern der planerischen Entscheidungsfindung eine Abwägung nach den Anforderungen des Abwägungsgebots vornehmen.[451]

4. *Insbesondere: Das Gebot der Abwägung*

Das Gebot der Abwägung beruht auf dem aus dem Rechtsstaatsprinzip abgeleiteten Grundsatz der Verhältnismäßigkeit und den betroffenen Grundrechten, hat somit Verfassungsrang.[452] Bei der Planung trifft eine Vielzahl unterschiedlicher Interessen aufeinander, die gegeneinander und untereinander gerecht abzuwägen sind. Im Rahmen der Abwägung hat ein schonender Ausgleich der kollidierenden Belange wie der durch Art. 12 GG und Art. 2 Abs. 1 GG geschützten unternehmerischen Planung und der durch Art. 14 GG geschützten Eigentumsinteressen der Planbetroffenen untereinander zu erfolgen.[453] Die auch in § 5 Abs. 1 S. 2 NABEG geregelten Begriffe des privaten und öffentlichen Belangs sind weit zu fassen. Private Belange sind daher nicht auf das verfassungsrechtliche

---

449 BVerwG, Urteil vom 14.02.1975 – IV C 21.74 –, BVerwGE 48, 56 (59); Urteil vom 10.02.1978 – 4 C 25.75 –, BVerwGE 55, 220 (226); Urteil vom 07.07.1978 – 4 C 79.76 –, BVerwGE 56, 110 (116); *Durner*, Konflikte räumlicher Planungen, 2005, S. 276; *Eding*, Bundesfachplanung, 2016, S. 148 f.

450 *Köck*, in: Hoffmann-Riem/Schmidt-Aßmann/Voßkuhle, Grundlagen des Verwaltungsrechts Band II, 2012, § 37 Rn. 94 f.

451 *Schlacke*, Rechtsschutz von Umweltverbänden gegen die Bundesfachplanung, in: Kment, Festschrift für Jarass, 2015, S. 379 (392).

452 *Durner*, Konflikte räumlicher Planungen, 2005, S. 301; *Weghake*, Planungs- und Zulassungsverfahren, 2015, S. 109 f.

453 *Eding*, Bundesfachplanung, 2016, S. 144.

Geschützte beschränkt und gehen über subjektive öffentliche Rechte hinaus. Abwägungserheblich sind alle Interessen, die nicht objektiv geringwertig oder nicht schutzwürdig sind. So werden nicht nur das Eigentum und die aus dem Eigentum fließenden Rechte erfasst, sondern auch das wirtschaftliche Interesse an einer bestimmten vorteilhaften Wohn- oder Verkehrslage.[454] Zu den öffentlichen Belangen einschließlich der Umweltverträglichkeit zählen alle öffentlichen Interessen, die sich auf Art und Intensität der Bodennutzung innerhalb des Planungsraums auswirken.[455] Soweit der Gesetzgeber bestimmten Belangen kein besonderes Gewicht verleiht und dadurch auf den Abwägungsprozess einwirkt, ist bei der Abwägung grundsätzlich von einer abstrakten Gleichrangigkeit der Belange auszugehen. Ein Rangverhältnis, das bestimmten Belangen unabhängig von der konkreten Planungssituation ein Gewichtungsvorrang einräumt, besteht also nicht.[456] Die Pflicht zur Abwägung ist zum Teil im Recht der Bauleitplanung, dem Recht der Raumordnung und im Fachplanungsrecht, so zum Beispiel in § 1 Abs. 7 BauGB, § 17 S. 2 FStrG, § 8 Abs. 1 S. 2 LuftVG und § 18 Abs. 4 S. 1 NABEG, auch gesetzlich geregelt.[457]

Das Bundesverwaltungsgericht hat in einer Leitentscheidung vom 12.12.1969 in Bezug auf die Bauleitplanung Kriterien entwickelt, die sich als Schranke der planerischen Gestaltungsfreiheit auf den Abwägungsvorgang und das Abwägungsergebnis erstrecken. Danach muss eine Abwägung überhaupt stattfinden, in die alle Belange eingestellt werden, die nach Lage der Dinge eingestellt werden müssen. Zudem darf die Bedeutung der betroffenen öffentlichen und privaten Belange nicht verkannt werden und der Ausgleich zwischen ihnen muss in einer Weise vorgenommen werden, der zur objektiven Gewichtigkeit der jeweiligen

454 *Wahl*, NVwZ 1990, S. 426 (437); *Hoppe/Schlarmann/Buchner/Deutsch*, Rechtsschutz bei der Planung von Verkehrsanlagen und anderen Infrastrukturvorhaben, 2011, § 19 Rn. 835 f.

455 *Hoppe/Schlarmann/Buchner/Deutsch*, Rechtsschutz bei der Planung von Verkehrsanlagen und anderen Infrastrukturvorhaben, 2011, § 19 Rn. 836; *Weghake*, Planungs- und Zulassungsverfahren, 2015, S. 108.

456 BVerwG, Beschluss vom 10.10.1988 – 7 B 37/88 –, NVwZ 1989, S. 154 (155); Urteil vom 07.03.1997 – 4 C 10.96 –, BVerwGE 104, 144 (148 f.); *Wahl*, NVwZ 1990, S. 426 (437); *Eding*, Bundesfachplanung, 2016, S. 159.

457 *Durner*, Konflikte räumlicher Planungen, 2005, S. 274 f.; *Hoppe/Schlarmann/Buchner/Deutsch*, Rechtsschutz bei der Planung von Verkehrsanlagen und anderen Infrastrukturvorhaben, 2011, § 19 Rn. 771.

Belange in einem angemessenen Verhältnis steht.[458] Das Bundesverwaltungsgericht versteht das Abwägungsgebot als Grundsatz rechtsstaatlicher Planung und hat es – korrespondierend zur planerischen Gestaltungsfreiheit – unabhängig von einer ausdrücklichen gesetzlichen Regelung auf fast alle Bereiche des Fachplanungsrechts übertragen.[459]

Die Abwägung als Entscheidungsmethode folgt einer bestimmten Struktur; es sind 4 Schritte zu vollziehen. In der ersten Phase werden die abwägungsrelevanten Belange ermittelt und in einer zweiten Phase in die Abwägung eingestellt. In einem dritten Schritt erfolgt die Gewichtung der einzelnen in die Abwägung eingestellten Belange. Diese drei Phasen bereiten als Vorgang der Informationsgewinnung und -verarbeitung die eigentliche Planungsentscheidung als letzte Phase vor.[460] Es werden also vier Fehlerkategorien, Abwägungsausfall, -defizit, -fehleinschätzung und -disproportionalität, unterschieden.[461] Innerhalb dieses Rahmens wird das Abwägungsgebot nicht verletzt, wenn die Planungsbehörde zwischen verschiedenen kollidierenden Belangen einen bevorzugt und einen anderen notwendigerweise zurückstellt. Diese Gewichtung ist vielmehr Kern der planerischen Gestaltungsfreiheit, die der verwaltungsgerichtlichen Kontrolle entzogen ist. Die Kontrolle durch die Verwaltungsgerichte ist im Rahmen des Abwägungsgebots auf die Frage beschränkt, ob die Behörde die abwägungserheblichen Gesichtspunkte rechtlich und tatsächlich zutreffend bestimmt hat und ob sie – auf der Grundlage des derart zutreffend ermittelten Abwägungsmaterials – die Grenzen der Gewichtung eingehalten hat.[462]

---

458 BVerwG, Urteil vom 12.12.1969 – IV C 105.66 –, BVerwGE 34, 301 (309); Urteil vom 14.02.1975 – IV C 21.74 –, BVerwGE 48, 56 (63 f.); Urteil vom 03.05.2011 – 7 A 9/09 –, NVwZ 2012, S. 47 (49).

459 BVerwG, Urteil vom 10.02.1978 – 4 C 25.75 –, BVerwGE 55, 220 (227); Urteil vom 07.07.1978 – 4 C 79.76 –, BVerwGE 56, 110 (122 f.); Urteil vom 28.06.2000 – 11 C 13.99 –, BVerwGE 111, 276 (280 ff.); Urteil vom 20.04.2005 – 4 C 18.03 –, BVerwGE 123, 261 (267); *Durner*, Konflikte räumlicher Planungen, 2005, S. 276 f.

460 Ausführlich *Hoppe/Schlarmann/Buchner/Deutsch*, Rechtsschutz bei der Planung von Verkehrsanlagen und anderen Infrastrukturvorhaben, 2011, § 19 Rn. 878 ff. und 894 ff.

461 *Wahl*, NVwZ 1990, S. 426 (436).

462 BVerwG, Urteil vom 12.12.1969 – IV C 105.66 –, BVerwGE 34, 301 (309); Urteil vom 14.02.1975 – IV C 21.74 –, BVerwGE 48, 56 (64); Urteil vom 21.03.1996 – 4 C 19.94 –, BVerwGE 100, 370 (383 f.); *Appel*, in: Säcker, Energierecht, 2014, § 5 NABEG Rn. 72 f.; *Weghake*, Planungs- und Zulassungsverfahren, 2015, S. 110 f.

5. Das subjektiv-öffentliche Recht auf gerechte Abwägung

Das Abwägungsgebot in seiner fachplanerischen Ausprägung räumt unter anderem dem von einer Planung betroffenen Privaten ein subjektives öffentliches Recht auf eine gerechte Abwägung ein. In Bezug auf die drittschützende, die Klagebefugnis begründende Wirkung des Abwägungsgebots sind zwei Fragen zu unterscheiden.

Das Recht auf gerechte Abwägung erfasst nicht nur subjektive Rechte, sondern auch Belange unterhalb dieser Ebene.[463] Es stellt sich daher die Frage, welche Betroffenen die Verletzung des Abwägungsgebots geltend machen können.[464] Zunächst erkannte das Bundesverwaltungsgericht nur Grundstückseigentümer und die in eigentumsähnlicher Weise an einem Grundstück dinglich Berechtigte wie den Nießbraucher oder den Erbbauberechtigten als Träger des subjektiven Rechts auf gerechte Abwägung an. Aus der Grundstücksbezogenheit einer Planung folge, dass bei einem Nutzungskonflikt benachbarte Grundstücke durch ihre Eigentümer repräsentiert würden. Bloß obligatorisch Berechtigte wie Mieter oder Pächter, die ihre Rechte nur aufgrund obligatorischer Verträge von den Eigentümern ableiteten, aber auch Familienangehörige, denen selbst kein Eigentumsrecht zusteht, schieden hingegen aus.[465] Inzwischen hat das Bundesverwaltungsgericht für das Fernstraßenrecht und die Bauleitplanung das Repräsentationsmodell jedoch aufgegeben und das Recht auf gerechte Abwägung auch auf den bloß obligatorisch Berechtigten des Grundstücks, das in Anspruch genommen werden soll, erstreckt.[466] Aufgrund der vergleichbaren Problematik in anderen Bereichen des Fachplanungsrechts ist auch dort die Klagebefugnis über den Grundstückseigentümer hinaus auch für sonstige in einem relevanten Belang Betroffene anzuerkennen.

---

463 BVerwG, Urteil vom 26.07.1989 – 4 C 35.88 –, BVerwGE 82, 246 (249 ff.); Urteil vom 27.11.1996 – 11 A 100/95 –, NVwZ 1997, S. 994 (995); *Schütz*, NVwZ 1999, S. 929 (930). Kritisch *Wahl/Schütz*, in: Schoch/Schneider/Bier, VwGO, § 42 (Grundwerk) Rn. 257.

464 *Steinberg/Wickel/Müller*, Fachplanung, 2012, § 6 Rn. 73.

465 BVerwG, Urteil vom 04.03.1983 – 4 C 74/80 –, NVwZ 1983, S. 672 (672 f.); Urteil vom 11.05.1989 – 4 C 1.88 –, BVerwGE 82, 61 (74 f.); Beschluss vom 26.07.1990 – 4 B 235/89 –, NVwZ 1991, S. 566 (567).

466 BVerwG, Urteil vom 01.09.1997 – 4 A 36.96 –, BVerwGE 105, 178 (180 ff.); Urteil vom 05.11.1999 – 4 CN 3.99 –, BVerwGE 110, 36 (38 f.); *Schütz*, NVwZ 1999, S. 929 (931 f.); *Gassner*, DVBl. 2011, S. 214 (215); *Berkemann*, ZUR 2016, S. 323 (330).

Bei der Frage, in welchem Umfang Abwägungsfehler geltend gemacht werden können, differenziert die Rechtsprechung zwischen den von der enteignungsrechtlichen Vorwirkung eines Planfeststellungsbeschlusses Betroffenen und nur mittelbar – etwa durch Lärm oder Abgase – Betroffenen.[467] Zunächst bezog sie den Abwägungsanspruch seinem Gegenstand nach immer nur auf die rechtlich geschützten eigenen Belange des Betroffenen.[468] Dies wurde in Bezug auf diejenigen, deren Grundstücke für das Vorhaben im Wege der Enteignung in Anspruch genommen wurden, kritisiert. Art. 14 Abs. 3 GG stelle auf das Wohl der Allgemeinheit ab. Soweit für die Realisierung eines Vorhabens eine Eigentumsentziehung erforderlich sei, habe der Betroffene mit Blick auf die Eigentumsgewährleistung des Art. 14 Abs. 1, 3 GG ein umfassendes subjektives Recht darauf, nicht objektiv rechtswidrig enteignet zu werden. Er könne daher eine gerechte Abwägung aller berührten schutzwürdigen Belange, auch öffentlicher Belange fordern.[469] Für Enteignungsbetroffene erkannte die Rechtsprechung daraufhin an, dass diese eine Verletzung des Abwägungsgebots auch mit der Begründung geltend machen können, dass öffentliche Belange wie etwa des Landschafts- oder Naturschutzes nicht hinreichend beachtet worden seien.[470] Ihnen gleichgestellt werden Eigentümer, deren Grund und Boden durch das Vorhaben schwer und unerträglich betroffen wird.[471] Derjenige, dessen Eigentum für das geplante Vorhaben in Anspruch genommen werden soll oder in vergleichbarer Weise schwer und unerträglich betroffen ist, ist also nicht auf die Rüge der unzureichenden Abwägung seiner eigenen Belange beschränkt, sondern kann jeden Abwägungsfehler, mithin auch Fehler in Bezug auf die Abwägung der Belange anderer oder auch öffentliche Belange wie zum Beispiel solche

467 *Steinberg/Wickel/Müller*, Fachplanung, 2012, § 6 Rn. 76 f.; *Happ*, in: Eyermann, VwGO, 2019, § 42 Rn. 107.

468 BVerwG, Urteil vom 14.02.1975 – IV C 21.74 –, BVerwGE 48, 56 (66); Urteil vom 07.07.1978 – 4 C 79.76 –, BVerwGE 56, 110 (123).

469 *Blümel*, DVBl. 1975, S. 695 (705, 707); *Schwabe*, NJW 1976, S. 159; *Weyreuther*, DÖV 1977, S. 419 (425).

470 BVerwG, Urteil vom 18.03.1983 – 4 C 80.79 –, BVerwGE 67, 74 ff.; Urteil vom 21.03.1986 – 4 C 48.82 –, BVerwGE 74, 109 (110 f.); Urteil vom 19.05.1998 – 4 C 11.96 –, NVwZ 1999, S. 528 (530 f.); Beschluss vom 24.05.2012 – 7 VR 4.12 –, ZUR 2012, S. 499 (500).

471 BVerwG, Urteil vom 14.12.1979 – 4 C 10.77 –, BVerwGE 59, 253 (261, 267); Urteil vom 23.01.1981 – 4 C 4.78 –, BVerwGE 61, 295 (303); *Schechinger*, DVBl. 1991, S. 1182 (1185); *Wahl/Schütz*, in: Schoch/Schneider/Bier, VwGO, § 42 (Grundwerk) Rn. 254.

des Natur- und Landschaftsschutzes oder des Vogelschutzes geltend machen.[472] Sonstige, nur mittelbar Planbetroffene sollen demgegenüber nur einen Anspruch auf gerechte Abwägung ihrer rechtlich geschützten eigenen Belange mit den diesen widerstreitenden privaten und für das Vorhaben streitenden öffentlichen Belangen haben.[473] Sie haben danach keinen umfassenden Abwägungsanspruch.

Rechtsschutzeinschränkend kann der Betroffene keine Rechtsfehler geltend machen, die für die Eigentumsinanspruchnahme nicht erheblich, insbesondere nicht kausal sind. Ein Abwägungsmangel ist nach der Rechtsprechung etwa unbeachtlich, wenn der als verletzt geltend gemachte öffentliche Belang nur von örtlicher Bedeutung ist und auch seine fehlerfreie Beachtung nicht zu einer Veränderung der Planung im Bereich des betroffenen Grundstücks führen würde. Der Betroffene hat keinen Anspruch auf Aufhebung des Planfeststellungsbeschlusses, wenn die Planung lediglich an Mängeln leidet, die auf die Sachentscheidung keinerlei Einfluss genommen haben.[474]

III. Grundfragen des Rechtsschutzes gegen höherstufige Planungsebenen

1. Verletzung eines subjektiv-öffentlichen Rechts

Der deutsche Verwaltungsrechtsschutz ist durch eine Ausrichtung auf den Schutz subjektiv-öffentlicher Rechte gekennzeichnet. Diese Systementscheidung für den Individualrechtsschutz durchdringt und prägt das gesamte verwaltungsgerichtliche Rechtsschutzsystem.[475]

---

472 *Gassner*, DVBl. 2011, S. 214 (214 f.); *Steinberg/Wickel/Müller*, Fachplanung, 2012, § 6 Rn. 77; *Happ*, in: Eyermann, VwGO, 2019, § 42 Rn. 107.

473 BVerwG, Urteil vom 29.01.1991 – 4 C 51.89 –, BVerwGE 87, 332 (342); Urteil vom 08.07.1998 – 11 A 30.97 –, NVwZ 1999, S. 70 (71); Urteil vom 20.04.2005 – 4 C 18.03 –, BVerwGE 123, 261 (267); Beschluss vom 16.01.2007 – 9 B 14/06 –, NVwZ 2007, S. 462 (464). Kritisch *Schechinger*, DVBl. 1991, S. 1182 (1186); *Wahl/Schütz*, in: Schoch/Schneider/Bier, VwGO, § 42 (Grundwerk) Rn. 256.

474 BVerwG, Urteil vom 18.03.1983 – 4 C 80.79 –, BVerwGE 67, 74 (77); Beschluss vom 05.10.1990 – 4 B 249/89 –, NVwZ-RR 1991, S. 118 (127); Urteil vom 21.03.1996 – 4 C 19.94 –, BVerwGE 100, 370 (382); Urteil vom 12.08.2009 – 9 A 64.07 –, BVerwGE 134, 308 (310 Rn. 24); Urteil vom 24.11.2010 – 9 A 13.09 –, BVerwGE 138, 226 (228 Rn. 23); Beschluss vom 24.05.2012 – 7 VR 4.12 –, ZUR 2012, S. 499 (500). Kritisch *Gassner*, DVBl. 2011, S. 214 (215 f.).

475 *Franzius*, UPR 2016, S. 281; *Held*, DVBl. 2016, S. 12 (13). Die Systementscheidung, das Prozessrecht nach dem Modell der Verletztenklage auszugestalten, wird häufig als ein Sonderweg in Europa bezeichnet. Die Gegenüberstellung des Verletztenklagesystems

Verfassungsrechtlich gewährleistet Art. 19 Abs. 4 S. 1 GG dem Bürger die Eröffnung des Rechtswegs, wenn er durch die öffentliche Gewalt in eigenen Rechten verletzt wird. Die Rechtsweggarantie des Art. 19 Abs. 4 S. 1 GG gilt also nur, wenn der Betroffene eine Verletzung eigener Rechte geltend machen kann. Subjektive Rechte im Sinne des Art. 19 Abs. 4 S. 1 GG können sich aus Grundrechten und einfachgesetzlichen sowie europarechtlichen Vorschriften sowohl materiell- als auch verfahrensrechtlicher Art ergeben, nicht aber aus Art. 19 Abs. 4 GG selbst. Die Vorschrift setzt den Bestand subjektiver Rechte voraus und begründet sie nicht. Die Reichweite der Rechtsweggarantie hängt von anderweitigen normativen Festlegungen subjektiver Rechte ab.[476]

Einfachgesetzlich kommt das auf subjektiven Rechtsschutz zielende System der Verletztenklage insbesondere in der den Zugang zum Rechtsschutz einschränkenden Klagebefugnis gemäß § 42 Abs. 2 VwGO sowie in dem den Umfang der gerichtlichen Prüfung regelnden § 113 Abs. 1 S. 1 und Abs. 5 S. 1 VwGO zum Ausdruck.[477] Gemäß § 42 Abs. 2, 2. Halbsatz VwGO ist die Anfechtungs- und Verpflichtungsklage zulässig, wenn der Kläger geltend macht, durch den Verwaltungsakt oder seine Ablehnung oder Unterlassung in seinen Rechten verletzt zu sein. Nur ausnahmsweise erlaubt § 42 Abs. 2, 1. Halbsatz VwGO die Erhebung einer Klage unabhängig von einer Verletzung in eigenen Rechten durch entsprechende gesetzliche Ausnahmetatbestände. Soweit sich das Vorliegen eines subjektiv-öffentlichen Rechts nicht schon eindeutig aus dem Tatbestand ergibt, ist nach traditionellem deutschem Verständnis im Sinne der Schutznormtheorie darauf abzustellen, ob eine Norm nicht nur den Interessen der Allgemeinheit, sondern zumindest auch den Interessen des Einzelnen zu dienen bestimmt ist.[478] Aus einer objektiv-rechtlichen Bestimmung des öffentlichen Rechts ergibt sich also ein subjektiv-öffentliches Recht, wenn sie eine Person objektiv begünstigt,

---

in Deutschland und Österreich sowie des objektiven Kontrollsystems in Frankreich ist zumindest überzeichnet. Auch in Frankreich ist eine Tendenz hin zur Versubjektivierung des objektiven Modells erkennbar, *Franzius*, UPR 2016, S. 281 (283) m.w.N.

476 BVerfG, Beschluss vom 08.07.1982 – 2 BvR 1187/80 –, BVerfGE 61, 82 (110); *Schmidt-Aßmann*, in: Maunz/Dürig, GG, Art. 19 Abs. 4 (2014) Rn. 143; *Sachs*, in: Sachs, GG, 2018, Art. 19 Rn. 127 f.

477 *Held*, DVBl. 2016, S. 12 (13); *Sachs*, in: Sachs, GG, 2018, Art. 19 Rn. 133, dort Fn. 470.

478 BVerfG, Beschluss vom 17.12.1969 – 2 BvR 23/65 –, BVerfGE 27, 297 (307); Beschluss vom 23.05.2006 – 1 BvR 2530/04 –, BVerfGE 116, 1 (11 f.); BVerwG, Urteil vom 17.06.1993 – 3 C 3.89 –, BVerwGE 92, 313 (317); Urteil vom 24.09.1998 – 4 CN 2.98 –, BVerwGE 107, 215 (220); Urteil vom 28.06.2000 – 11 C 13.99 –, BVerwGE 111, 276 (280).

die individuelle Begünstigung zumindest auch bezweckt und auf die Durchsetzbarkeit der Rechtsfolge für die gezielt begünstigte Person gerichtet ist.[479] Das Vorliegen eines subjektiv-öffentlichen Rechts ist demnach durch Auslegung zu ermitteln und folglich entwicklungsoffen, auch in Bezug auf europarechtlich begründete subjektiv-rechtliche Positionen.[480] Darüber hinaus ist nach § 113 Abs. 1 S. 1 VwGO eine Anfechtungsklage begründet, soweit der Verwaltungsakt rechtswidrig und der Kläger dadurch in seinen Rechten verletzt ist. Die Rechtswidrigkeit muss sich demnach aus einem Verstoß gegen eine zumindest auch den Kläger schützende Rechtsnorm ergeben. Das Vorliegen der Klagebefugnis führt also nicht dazu, dass der Kläger einen Anspruch auf umfassende Rechtmäßigkeitsprüfung hat und das Gericht alle in Betracht kommenden Rechtsfehler überprüfen darf. Diese Verbindung zwischen objektiver Rechtswidrigkeit und subjektiver Rechtsverletzung macht die Besonderheit des deutschen Systems des Verwaltungsrechtsschutzes aus und hebt es vom unionsrechtlichen Rechtsschutzmodell sowie den Modellen anderer Mitgliedstaaten ab.[481]

Die grundsätzliche Systementscheidung zugunsten einer individuellen Verletztenklage hat auch der Europäische Gerichtshof ausdrücklich anerkannt.[482] In seiner Entscheidung vom 15.10.2015 macht er deutlich, dass die UVP-Richtlinie 2011/92/EU und die IE-Richtlinie 2010/75/EU den Mitgliedstaaten nicht nur die Möglichkeit einräumen, die Zulässigkeit von Rechtsbehelfen Einzelner von dem Erfordernis einer Verletzung eines subjektiven Rechts abhängig zu machen, sondern auch für die Aufhebung einer Verwaltungsentscheidung durch das zuständige Gericht im Rahmen der Begründetheit die Verletzung eines subjektiven Rechts auf Seiten des Klägers vorauszusetzen.[483] Der Europäische Gerichtshof schont also insoweit auch für den spezifischen Bereich des Umweltrechts die mitgliedstaatliche Prozess- und Verfahrensautonomie[484] und widerspricht

479 *Sachs*, in: Sachs, GG, 2018, Art. 19 Rn. 129.

480 *Grünewald*, NVwZ 2009, S. 1520 (1522 f.); *Schmidt-Aßmann*, in: Maunz/Dürig, GG, Art. 19 Abs. 4 (2014) Rn. 128.

481 *Skouris*, DVBl. 2016, S. 937 (940 f.).

482 EuGH, Urteil vom 12.05.2011, Trianel, C-115/09, EU:C:2011:289, Rn. 45, 55; Urteil vom 07.11.2013, Altrip, C-72/12, EU:C:2013:712, Rn. 50; Urteil vom 16.04.2015, Gruber, C-570/13, EU:C:2015:231, Rn. 38 ff.; Urteil vom 15.10.2015, Kommission/Deutschland, C-137/14, EU:C:2015:683, Rn. 28 ff.

483 EuGH, Urteil vom 15.10.2015, Kommission/Deutschland, C-137/14, EU:C:2015:683, Rn. 32.

484 *Skouris*, DVBl. 2016, S. 937 (942 f.); *Durner*, Präklusion in Deutschland nach dem Urteil des EuGH in der Rs. C-137/14, in: Hebeler u.a., Planungsrecht im Umbruch: Europäische Herausforderungen, 2017, S. 125 (132 f.).

damit den Schlussanträgen des Generalanwalts Wathelet, der die durch § 113 Abs. 1 VwGO vorgegebene Beschränkung der gerichtlichen Überprüfung von Entscheidungen beanstandet hatte.[485]

Vor diesem Hintergrund wird zu untersuchen sein, inwieweit sich auf Ebene der Bundesfachplanung klagbare subjektiv-öffentliche Rechte des Einzelnen ergeben können. Erforderlich ist eine erkennbare rechtliche Betroffenheit auf Ebene der höherstufigen Planung. Eine bereits auf vorgelagerter Planungsebene feststellbare faktische Betroffenheit, wie zum Beispiel der aufgrund einer Planungsentscheidung eintretende Wertverlust eines privaten Grundstücks, reicht zur Begründung einer Rechtsbetroffenheit nicht aus.[486]

2. Mehrstufige Planung und Art. 19 Abs. 4 GG

Wie bereits eingangs dargestellt[487] hat sich der Gesetzgeber bei der Ausgestaltung des neuen Planungs- und Genehmigungsverfahren für die Errichtung und Änderung von länderübergreifenden und grenzüberschreitenden Höchstspannungsleitungen für eine Stufung der Entscheidungsprozesse und eine Konzentration des Rechtsschutzes auf die letzte Stufe der Projektzulassung, der Planfeststellung, entschieden.[488]

Im Rahmen mehrstufiger Planungen gehen dem Planfeststellungsbeschluss und anderen fachplanerischen Zulassungsentscheidungen höherstufige Planungen voran, in denen bereits wesentliche Vorentscheidungen über die Errichtung und den Betrieb der konkreten Anlage getroffen werden. Die Zulassungsentscheidung ist also keine punktuelle Entscheidung des Verwaltungsträgers, sondern das Produkt eines mehrstufigen Verwaltungsverfahrens.[489] Sinn einer solchen Verfahrensstufung ist es, durch immer konkretere und räumlich schärfere Festlegungen die mit dem Netzausbau verbundenen Probleme stufenweise abzuarbeiten und den Verfahrens- und Streitstoff auf nachfolgender Stufe zu beschränken.[490] Der Verfahrens- und Streitstoff kann ebenenspezifisch

---

485 Schlussanträge des Generalanwalts Melchior Wathelet vom 21. Mai 2015 (1), Kommission/Deutschland, C-137/14, EU:C:2015:344, Rn. 56 ff.

486 *Steinberg/Wickel/Müller*, Fachplanung, 2012, § 7 Rn. 22; *Beier*, DÖV 2015, S. 309 (312 f.).

487 Vgl. Zweiter Teil.A.

488 *Hermes*, EnWZ 2013, S. 395 (398); *Knappe*, DVBl. 2016, S. 276 (277).

489 *Steinberg/Wickel/Müller*, Fachplanung, 2012, § 7 Rn. 1.

490 *Wahl*, DÖV 1975, S. 373 (375); *Durner*, Konflikte räumlicher Planungen, 2005, S. 68 f.

abgeschichtet, die Komplexität räumlicher Planungen schrittweise reduziert und die Planungsträger auf den nachfolgenden Planungsstufen entlastet werden.[491]

Auch am Maßstab von Art. 19 Abs. 4 S. 1 GG räumt das Bundesverfassungsgericht dem Gesetzgeber bei der Gestaltung des Verwaltungsverfahrens einen weiten Spielraum ein.[492] Die Garantie effektiven Rechtsschutzes steht einer Aufspaltung behördlicher Entscheidungsfindung in mehrere Verfahrensstufen, insbesondere für komplexe Sachverhalte, die zu einer verbindlichen Abschichtung für nachfolgende Entscheidungsebenen führen, nicht entgegen. Eine solche Verfahrensstufung könne den individuellen Rechtsschutz mit Rücksicht auf seine Frühzeitigkeit sowie die Reduktion komplexer Streitstoffe fördern.[493] Der Gesetzgeber darf jedoch keine Verfahrensgestaltung wählen, die darauf angelegt ist, effektiven gerichtlichen Rechtsschutz unzumutbar zu erschweren oder faktisch unmöglich zu machen.[494] Das Bundesverfassungsgericht formuliert im Hinblick auf die Vereinbarkeit von Verfahrensstufungen in Form bindender Vorentscheidungen mit der Garantie effektiven Rechtsschutzes nach Art. 19 Abs. 4 S. 1 GG drei Vorgaben:[495] Die Bindung einer Behörde an vorangegangene Feststellungen oder Entscheidungen einer anderen Behörde muss sich hinreichend klar aus dem Gesetz ergeben, gegen die mit Bindungswirkung ausgestattete Teil- oder Vorentscheidung ihrerseits steht effektiver Rechtsschutz zur Verfügung und die Aufspaltung des Rechtsschutzes mit einer etwaigen Anfechtungslast gegenüber der Vorentscheidung für den Bürger ist deutlich erkennbar und nicht mit unzumutbaren Risiken und Lasten verbunden.[496]

Hinsichtlich der Ausgestaltung des Rechtsschutzes des Bürgers stehen dem Gesetzgeber im Rahmen eines mehrstufigen Planungsverfahrens grundsätzlich zwei Rechtsschutzkonzepte zur Verfügung. Es besteht zum einen die Möglichkeit, den Rechtsschutz auf die letzte Stufe des Planungsprozesses zu konzentrieren.

---

491 BVerwG, Urteil vom 20.12.1988 – 7 NB 2.88 –, BVerwGE 81, 128 (135 f.); Urteil vom 10.04.1997 – 4 C 5.96 –, BVerwGE 104, 236 (252); Urteil vom 16.03.2006 – 4 A 1075.04 –, BVerwGE 125, 116 (137 f. Rn. 72); *Schmidt-Aßmann*, DVBl. 1981, S. 334 (337); *Steinberg/Wickel/Müller*, Fachplanung, 2012, § 7 Rn. 4.

492 BVerfG, Urteil vom 24.04.1985 – 2 BvF 2, 3, 4/83 und 2/84 –, BVerfGE 69, 1 (53); Urteil vom 17.12.2013 – 1 BvR 3139, 3386/08 –, BVerfGE 134, 242 (299 f. Rn. 192).

493 BVerfG, Beschluss vom 31.05.2011 – 1 BvR 857/07 –, BVerfGE 129, 1 (32); Urteil vom 17.12.2013 – 1 BvR 3139, 3386/08 –, BVerfGE 134, 242 (299 f. Rn. 192 f.).

494 BVerfG, Beschluss vom 08.07.1982 – 2 BvR 1187/80 –, BVerfGE 61, 82 (110); Urteil vom 17.12.2013 – 1 BvR 3139, 3386/08 –, BVerfGE 134, 242 (299 f. Rn. 191 f.).

495 *Schmidt*, ZUR 2012, S. 210 (214).

496 BVerfG, Beschluss vom 31.05.2011 – 1 BvR 857/07 –, BVerfGE 129, 1 (32 f.).

Vorgelagerte Planungsentscheidungen werden in diesem Fall im Rahmen dieses Rechtsbehelfsverfahrens inzident überprüft. Zum anderen kann der Gesetzgeber dem Bürger aber auch phasenspezifischen Rechtsschutz gewähren, so dass Zwischenentscheidungen, die eine Planungsebene abschließen, prinzipaliter angegriffen werden können.[497]

In beiden Modellen kommt das bereits dargelegte unterschiedliche Verständnis vom Zweck eines Verwaltungsverfahrens zum Ausdruck.[498] Das Konzept eines konzentrierten Rechtsschutzes verfolgt entsprechend der Idee von der dienenden Funktion des Verwaltungsverfahrens das Ziel, eine materiell richtige Entscheidung hervorzubringen. Demgegenüber stellt ein phasenspezifischer Rechtsschutz die Bedeutung des Verfahrens in den Mittelpunkt und misst ihm eine eigenständige Bedeutung zu, da es zur Herbeiführung sachrichtiger Entscheidungen beiträgt.[499]

Die Ausgestaltung des Rechtsschutzes nach dem NABEG ist ein Beispiel für das durch konzentrierten Rechtsschutz geprägte Infrastrukturrecht in Deutschland. Dieses Rechtsschutzmodell erfährt bislang nur vereinzelt Durchbrechungen.[500] So hat das Bundesverwaltungsgericht im Bereich der Planung von Abfallbeseitigungsanlagen Rechtsschutzmöglichkeiten Dritter bereits gegen der konkreten Zulassungsentscheidung vorgelagerte Abfallbeseitigungspläne eröffnet, wenn die darin für verbindlich erklärten Festlegungen sachlich und räumlich hinreichend konkret sind.[501] Im Raumordnungsrecht lässt es die direkte Anfechtung von Zielen der Raumordnung mit der Wirkung des § 35 Abs. 3 S. 2, 1. Halbsatz BauGB durch Private zu.[502] Schließlich hat sich der Gesetzgeber im mehrphasig ausgestalteten Standortauswahlverfahren nach dem StandAG für die Endlagerung radioaktiver Abfälle für einen phasenspezifischen Rechtsschutz entschieden. Das StandAG gliedert das Verfahren der Suche und Auswahl eines Standortes für die Endlagerung hochradioaktiver Abfälle nach §§ 13 ff. StandAG in acht Phasen.[503] Hieran schließt sich das Genehmigungsverfahren für die Errichtung, den Betrieb und die Stilllegung des Endlagers nach § 9b Abs. 1a AtG an. Die Standortentscheidung ist gemäß § 20 Abs. 3 StandAG Grundlage für die

---

497 *Beier*, DÖV 2015, S. 309 (310).

498 Vgl. Zweiter Teil.B.IV.

499 *Schlacke*, ZUR 2017, S. 456.

500 *Schlacke*, ZUR 2017, S. 456.

501 BVerwG, Beschluss vom 20.12.1988 – 7 BN 2.88 –, BVerwGE 81, 128 (130 ff.). Vgl. ausführlich Dritter Teil.B.I.1.c)bb) und Dritter Teil.B.I.2.c)bb).

502 BVerwG, Urteil vom 16.04.2015 – 4 CN 6.14 –, BVerwGE 152, 49 (52 ff. Rn. 8 ff.).

503 *Rehbinder*, EurUP 2018, S. 61 (62 f.).

Genehmigungsentscheidung und entfaltet ihr gegenüber Bindungswirkung. Das StandAG eröffnet im Such- und Auswahlverfahren gemäß §§ 17 Abs. 3 S. 3 und 19 Abs. 2 S. 6 StandAG Rechtsschutzmöglichkeiten bereits gegen den behördlichen Freistellungsbescheid, der jeweils der Empfehlung von Standorten für die untertägige Erkundung und der Empfehlung des Standorts für das nukleare Endlager vorausgeht. Die behördlichen Vorentscheidungen können daraufhin kontrolliert werden, ob das bisherige Standortauswahlverfahren nach den Regelungen des StandAG durchgeführt wurde.[504] Somit ist das gesamte Standortauswahlverfahren bis hin zur Standortentscheidung einer verwaltungsgerichtlichen Kontrollmöglichkeit zugänglich.[505]

Wird in einem mehrstufigen System der Planung der Rechtsschutz auf die letzte Stufe konzentriert, besteht die Gefahr, dass dieser aufgrund vollendeter Tatsachen nicht mehr rechtzeitig zur Geltung kommt und scheitert. Hierauf weist das Bundesverfassungsgericht hin[506] und erkennt damit die rechtliche Bedeutung faktischer Vorwirkungen in einem abgestuften System der Planung an.[507] Auf diesen Gesichtspunkt wird noch näher einzugehen sein.

3. *Anforderungen von Art. 19 Abs. 4 GG an den konzentrierten Rechtsschutz vor dem Hintergrund des Garzweiler-Urteils des Bundesverfassungsgerichts*

Die Diskussion um die verfassungsrechtliche Zulässigkeit des konzentrierten Rechtsschutzes im Sinne des Art. 19 Abs. 4 GG erhält durch das Garzweiler-Urteil des Bundesverfassungsgerichts[508] einen neuen Impuls. Die Entscheidung betrifft zwei Verfassungsbeschwerden im Zusammenhang mit dem Braunkohletagebau in Garzweiler, für dessen Betrieb die Grundstücke der Beschwerdeführer enteignet wurden. Planung und Zulassung eines Bergbaubetriebes erstrecken sich über ein mehrstufiges Verfahren. Die erste Verfassungsbeschwerde richtete sich erfolglos gegen die behördliche Zulassung eines Rahmenbetriebsplans nach § 52 Abs. 2 Nr. 1, 2a BBergG als Grundlage für den Abbau von Braunkohle, die zweite erfolgreich gegen die Grundabtretung nach §§ 77, 79 BBergG, also

504 *Schlacke*, ZUR 2017, S. 456 (461); *Haug/Zeccola*, ZUR 2018, S. 75 (83); *Rehbinder*, EurUP 2018, S. 61 (64).

505 BT-Drs. 18/11398, S. 64.

506 BVerfG, Beschluss vom 01.08.1980 – 2 BvR 1366/79 –, DVBl. 1981, S. 374.

507 *Schmidt-Aßmann*, DVBl. 1981, S. 334 (335).

508 BVerfG, Urteil vom 17.12.2013 – 1 BvR 3139, 3386/08 –, BVerfGE 134, 242.

die bergrechtliche Enteignung zur Verwirklichung des Rahmenbetriebsplans.[509] Während der Rahmenbetriebsplan, der keine enteignungsrechtliche Vorwirkung entfaltet[510], nach ursprünglich gefestigter Rechtsprechung des Bundesverwaltungsgerichts den Beschwerdeführer nicht in seinen Rechten verletzen konnte und somit nicht anfechtbar war, stellte der Grundabtretungsbeschluss für den Enteignungsbetroffenen den ersten angreifbaren Hoheitsakt dar. Inzident konnten die vorgelagerten Planungsentscheidungen wie der Rahmenbetriebsplan überprüft werden.[511] Das Bundesverwaltungsgericht hat in dem Urteil, gegen das sich die erste Verfassungsbeschwerde erfolglos wendete, seine Rechtsprechung geändert und dem vom Tagebau betroffenen Grundstückseigentümer ein Klagerecht bereits gegen die Zulassung des Rahmenbetriebsplans eingeräumt.[512] Diese enthalte mit Blick auf § 48 Abs. 2 S. 1 BBergG die Feststellung, die beabsichtigte Gewinnung von Braunkohle könne nicht aus überwiegenden öffentlichen Interessen, also auch nicht unter Berücksichtigung des Eigentumsschutzes, beschränkt oder untersagt werden. Mit dieser Feststellung belaste sie den Grundstückseigentümer und stelle deshalb eine auch ihm gegenüber wirksame rechtliche Regelung dar, weshalb sie von ihm angefochten werden könne.[513] In der vom Bundesverfassungsgericht zu entscheidenden zweiten Verfassungsbeschwerde begannen die Planungen für den Tagebau im Jahr 1987, die Rahmenbetriebszulassung wurde im Jahr 1997 abgeschlossen und der Grundabtretungsbeschluss, gegen den für den Beschwerdeführer erstmalig Rechtsschutz offen stand, wurde 2005 erlassen.[514] Die zwischenzeitliche Rechtsprechungsänderung, nach der der Enteignungsbetroffene bereits die Zulassung des Rahmenbetriebsplans angreifen kann, änderte für den zweiten Beschwerdeführer nichts, da sie ihm gegenüber erst nach rechtskräftigem Abschluss des Verfahrens über die Zulassung des Rahmenbetriebsplans erfolgte.[515]

---

509 Ausführlich zu dem bergrechtlichen Hintergrund und dem Verfahrensgang des Garzweiler-Urteils *Lege*, WF 2014, S. 1 ff.; *Kühne*, NVwZ 2014, S. 321 ff.

510 BVerfG, Urteil vom 17.12.2013 – 1 BvR 3139, 3386/08 –, BVerfGE 134, 242 (332 Rn. 272).

511 BVerwG, Urteil vom 14.12.1990 – 7 C 18/90 –, NVwZ 1991, S. 992 ff.

512 BVerwG, Urteil vom 29.06.2006 – 7 C 11.05 –, BVerwGE 126, 205 (208 Rn. 16). Vgl. auch *Lege*, WF 2014, S. 1.

513 BVerwG, Urteil vom 29.06.2006 – 7 C 11.05 –, BVerwGE 126, 205 (211 f. Rn. 23).

514 BVerfG, Urteil vom 17.12.2013 – 1 BvR 3139, 3386/08 –, BVerfGE 134, 242 (312 f. Rn. 224).

515 BVerfG, Urteil vom 17.12.2013 – 1 BvR 3139, 3386/08 –, BVerfGE 134, 242 (311 f. Rn. 222). Vgl. auch *Kukk*, Rechtschutz gegen raumgreifende Großvorhaben insbesondere der „Energiewende" nach „Garzweiler II", in: Quaas/Deutsches Anwaltsinstitut

Im Unterschied zum Planungs- und Zulassungsverfahren nach dem NABEG hatte das der Garzweiler-II-Entscheidung zugrunde liegende Verfahren keine echte Verfahrensstufung in Form einer bindenden Vorentscheidung zum Gegenstand. Streitgegenstand der Garzweiler-II-Entscheidung war eine Konzentration des Rechtsschutzes auf den abschließenden Hoheitsakt im Rahmen eines mehrstufigen Verwaltungsverfahrens nach dem BBergG, bei dem die aufeinander aufbauenden Einzelakte trichterförmig konkretisiert und in ihrer Regelungsschärfe verdichtet werden. Dennoch nimmt das Bundesverfassungsgericht auf die bereits entwickelten verfassungsrechtlichen Kriterien für die Zulässigkeit echter Verfahrensstufungen Bezug.[516] Hinsichtlich der Konzentration des Rechtsschutzes auf die letzte Verfahrensstufe wiederholt es zunächst das grundsätzlich bestehende Gestaltungsermessen des Gesetzgebers.[517] Wähle dieser eine Verfahrensgestaltung, die den Betroffenen Rechtsschutz erst gegen den ein Verfahren abschließenden Hoheitsakt eröffnet, sei dies auch in komplexen Verfahren nicht von vornherein verfassungsrechtlichen Bedenken ausgesetzt, zumal Betroffene dadurch in diesen Fällen von einer vorherigen Anfechtungslast befreit seien.[518] In seinen weiteren Ausführungen formuliert das Bundesverfassungsgericht die vom Gesetzgeber einzuhaltenden Voraussetzungen, die die Ausgestaltung und den gerichtlichen Rechtsschutz erfassen, und entwickelt die Anforderungen an die Garantie effektiven Rechtsschutzes weiter[519]:

Mit Art. 19 Abs. 4 S. 1 GG sei es nicht vereinbar, wenn eine Kontrolle des angegriffenen Hoheitsakts zwar rechtlich vorgesehen ist, insbesondere unter Berücksichtigung der Dauer und Komplexität der Verwaltungsverfahren aber realistischerweise nicht zu erwarten sei. Dies sei der Fall, wenn „Rechtsschutz erst zu einem Zeitpunkt eröffnet wird, zu dem im Hinblick auf Vorfestlegungen oder den weitgehenden tatsächlichen Vollzug des zugrunde liegenden Vorhabens eine grundsätzlich ergebnisoffene Überprüfung aller Enteignungsvoraussetzungen

---

e.V., Rechtsprobleme der Energiewende, 2015, S. 83 (83 f.); *Beier*, DÖV 2015, S. 309 (310 f.).

516 *Moench/Ruttloff*, NVwZ 2014, S. 897 (898 f.); *Dippel*, in: Schink/Versteyl/Dippel, NABEG, 2016, § 15 Rn. 49.

517 BVerfG, Urteil vom 17.12.2013 – 1 BvR 3139, 3386/08 –, BVerfGE 134, 242 (299 f. Rn. 192 f.).

518 BVerfG, Urteil vom 17.12.2013 – 1 BvR 3139, 3386/08 –, BVerfGE 134, 242 (300 Rn. 194).

519 *Dippel/Homburg*, I+E 2014, S. 248 (255); *Kluth*, Rechtsschutz im Kontext der Energieinfrastrukturentwicklung, in: Schlacke/Schubert, Energie-Infrastrukturrecht, 2015, S. 119 (125).

nicht mehr erwartet werden kann. In gleicher Weise defizitär ist der Rechtsschutz, wenn zu diesem Zeitpunkt selbst bei Erfolg des Begehrens die Verletzung des Eigentums regelmäßig nicht mehr verhindert werden und auch nicht rückgängig gemacht werden kann."[520]

Zum Teil wird in der Literatur auch vor dem Hintergrund des Garzweiler-Urteils die Konzentration des Rechtsschutzes im Rahmen des gestuften Netzausbaus auf die letzte Stufe der Planfeststellung als mit Art. 19 Abs. 4 GG vereinbar angesehen. So wird die Übertragbarkeit der Feststellungen des Bundesverfassungsgerichts auf das NABEG-Verfahren bereits grundsätzlich in Frage gestellt. Man stellt insoweit auf die zeitliche Dauer des Planungsverfahrens als entscheidendes Merkmal für die Beurteilung effektiven Rechtsschutzes ab. Das Bundesverfassungsgericht sehe effektiven Rechtsschutz lediglich bei einer extrem langen Verfahrensdauer als nicht mehr gegeben, da dem Rechtssuchenden in diesem Fall jegliche Erfolgsaussichten genommen werde und eine ergebnisoffene Prüfung der Eigentumsentziehung realistisch nicht mehr zu erwarten sei. Die der Entscheidung zugrunde liegenden Gegebenheiten des Bergrechts unterschieden sich von denen im Anwendungsbereich des NABEG, in dem von einer deutlich kürzeren Verfahrensdauer auszugehen sei und daher eine derartige Verkürzung des Rechtsschutzes nicht bestehe.[521]

Zuzugeben ist, dass die Zeiträume der Planung, insbesondere der Zeitraum vom Abschluss der Bundesfachplanung bis zum Erlass des Planfeststellungsbeschlusses kürzer sein dürften als beim bergrechtlichen Verfahren.[522] Die vom Gericht verwendete Formulierung „jedenfalls in komplexen Großverfahren" eröffnet jedoch die Möglichkeit, seine Anforderungen in Bezug auf den effektiven Rechtsschutz als grundsätzlich dogmatische Feststellungen zu verstehen und auch auf weniger groß dimensionierte Planungsprozesse zu übertragen.[523] Auch die Formulierung im vierten Leitsatz der Entscheidung, in der das Bundesverfassungsgericht den maßgeblichen verfassungsrechtlichen Maßstab für effektiven Rechtsschutz gegen höherrangige Planungsentscheidungen herausarbeitet, spricht dafür, dass diese Vorgaben auch auf andere Sachbereiche wie das Planungsrecht für den Netzausbau anwendbar sind.[524] Demnach werde der

520 BVerfG, Urteil vom 17.12.2013 – 1 BvR 3139, 3386/08 –, BVerfGE 134, 242 (301 Rn. 194).

521 *Weghake*, Planungs- und Zulassungsverfahren, 2015, S. 191 f.

522 So auch *Leidinger*, DVBl. 2014, S. 683 (690); *Knappe*, DVBl. 2016, S. 276 (283).

523 *Beier*, DÖV 2015, S. 309 (311).

524 *Lege*, WF 2014, S. 1 (5 f.); *Kluth*, Rechtsschutz im Kontext der Energieinfrastrukturentwicklung, in: Schlacke/Schubert, Energie-Infrastrukturrecht, 2015, S. 119 (126);

Garantie effektiven Rechtsschutzes gegen Verletzungen der Eigentumsgarantie nur genügt, wenn „Rechtsschutz gegen einen Eigentumsentzug so rechtzeitig eröffnet wird, dass im Hinblick auf Vorfestlegungen oder den tatsächlichen Vollzug des die Enteignung erfordernden Vorhabens eine grundsätzlich ergebnisoffene Prüfung aller Enteignungsvoraussetzungen realistisch erwartet werden kann.“[525]

Soweit gegen eine Vergleichbarkeit der Garzweiler-II-Entscheidung mit dem Netzausbauverfahren vorgebracht wird, dass bei der im Rahmen der Bundesfachplanung vorzunehmenden Grobtrassierung noch nicht endgültig absehbar sei, welche Rechte im Einzelnen verletzt sein könnten[526], handelt es sich um einen grundsätzlichen Einwand gegen einen phasenspezifischen Rechtsschutz, den es noch näher zu untersuchen gilt.

Eine allgemeingültige Antwort auf die Frage, wie Rechtsschutz im Planungsverfahren von Großprojekten auszugestalten ist, kann das Bundesverfassungsgericht – was angesichts der unterschiedlichen Komplexität von Entscheidungsverfahren nicht verwundert – nicht geben. Es schließt die Möglichkeit der Konzentration des Rechtsschutzes auf die letzte Planungsstufe nicht grundsätzlich aus, setzt aber einer entsprechenden Verfahrens- und Rechtsschutzgestaltung bei komplexen, langwierigen Verwaltungsverfahren deutliche Grenzen.[527] Somit stellt sich vor dem Hintergrund der Garzweiler-II-Entscheidung durchaus die Frage, ob die Ausgestaltung des Rechtsschutzes nach

---

Kukk, Rechtschutz gegen raumgreifende Großvorhaben insbesondere der „Energiewende“ nach „Garzweiler II“, in: Quaas/Deutsches Anwaltsinstitut e.V., Rechtsprobleme der Energiewende, 2015, S. 83 ff. In diese Richtung auch *Kühne*, NVwZ 2014, S. 321 (321 f.), der in dem Urteil einen „wichtigen Beitrag [...] zur schärferen Konturierung der Effektivitätskomponente der Rechtsschutzgarantie gemäß Art. 19 Abs. 4 GG bei zeitlich und verfahrensrechtlich gestuften großen Industrievorhaben, die mit substanziellen Eingriffen in die Grundrechtssphäre von Bürgern verbunden sind“, sieht.

525 BVerfG, Urteil vom 17.12.2013 – 1 BvR 3139/08, 1 BvR 3386/08 –, BVerfGE 134, 242 Leitsatz 4.

526 *Weghake*, Planungs- und Zulassungsverfahren, 2015, S. 186 f. und 192 f.; *Knappe*, DVBl. 2016, S. 276 (283).

527 *Masing*, EurUP 2016, S. 343 (349). *Dippel/Homburg*, I+E 2014, S. 248 (255) sowie *Dippel*, in: Schink/Versteyl/Dippel, NABEG, 2016, § 15 Rn. 50 wollen eine Übertragung der Urteilsfeststellungen auf das NABEG-Verfahren vom jeweiligen Einzelfall abhängig machen. Entscheidend sei, dass das konkrete NABEG-Verfahren in seiner Komplexität mit dem dem Garzweiler-Urteil zugrunde liegenden bergrechtlichen Verfahren vergleichbar sei.

dem NABEG den vom Bundesverfassungsgericht formulierten Anforderungen gerecht wird.[528] Zunächst bleibt festzuhalten, dass das Urteil des Bundesverfassungsgerichts verallgemeinerungsfähige Aussagen trifft, die Anlass geben, das Rechtsschutzkonzept des NABEG zu hinterfragen.

IV. Völker- und unionsrechtliche Vorgaben

Völkerrechtliche Bestimmungen der Aarhus-Konvention sowie Vorschriften der SUP-Richtlinie haben eine zentrale Bedeutung für die Ausgestaltung des Rechtsschutzes auf vorgelagerter Planungsebene. Daher sollen zunächst die entsprechenden verfahrensrechtlichen und rechtsschutzbezogenen Vorgaben der Aarhus-Konvention und die der SUP-Richtlinie dargestellt und analysiert werden.

1. Aarhus-Konvention

a) Allgemeines

Am 25.02.1998 wurde ein von einer aufgrund eines Beschlusses der United Nations Economic Commission for Europe gegründeten Arbeitsgruppe erarbeiteter Konventionsentwurf als „Übereinkommen über den Zugang zu Informationen, die Öffentlichkeitsbeteiligung an Entscheidungsverfahren und den Zugang zu Gerichten in Umweltangelegenheiten" (Aarhus-Konvention) angenommen. Das Übereinkommen wurde von Deutschland am 21.12.1998 unterzeichnet und am 15.01.2007 ratifiziert. Die Genehmigung der Konvention erfolgte durch Beschluss des Rates der Europäischen Union am 17.02.2005.[529] Die Aarhus-Konvention berührt sowohl Kompetenzbereiche der Europäischen Union als auch der EU-Mitgliedstaaten und stellt daher ein sogenanntes gemischtes Abkommen dar.[530]

---

528 Zweifelnd *Durner*, Öffentlichkeitbeteiligung und demokratische Legitimation im Energie-Infrastrukturrecht, in: Schlacke/Schubert, Energie-Infrastrukturrecht, 2015, S. 87 (95 f.); *ders.*, Planfeststellung und Energienetzplanung im System des NABEG, in: Quaas/Deutsches Anwaltsinstitut e.V., Rechtsprobleme der Energiewende, 2015, S. 57 (63).

529 Beschluss 2005/370/EG des Rates vom 17. Februar 2005 über den Abschluss des Übereinkommens über den Zugang zu Informationen, die Öffentlichkeitsbeteiligung an Entscheidungsverfahren und den Zugang zu Gerichten in Umweltangelegenheiten im Namen der Europäischen Gemeinschaft, ABlEU Nr. L 124 vom 17.05.2005, S. 1.

530 *Schenderlein*, Rechtsschutz und Partizipation im Umweltrecht, 2013, S. 125 f.; *Sauer*, ZUR 2014, S. 195.

b) Rang und Rechtswirkung der Aarhus-Konvention

Die Ratifikationsurkunde wurde am 15.01.2007 beim Generalsekretär der Vereinten Nationen hinterlegt.[531] Somit trat die Aarhus-Konvention gemäß ihrem Art. 20 Abs. 3 für Deutschland am 15.04.2007 in Kraft. Nach Rechtsprechung des Europäischen Gerichtshofs werden von der Europäischen Union geschlossene völkerrechtliche Abkommen „integrierender Bestandteil der Unionsrechtsordnung".[532] Wortlaut und Systematik des AEUV sprechen für einen Vorrang der Regelungen abgeschlossener völkerrechtlicher Abkommen vor den Bestimmungen des Sekundärrechts der Europäischen Union aus Art. 288 AEUV.[533] Gemäß Art. 216 Abs. 2 AEUV binden die von der Europäischen Union geschlossenen Übereinkünfte die Organe der Union und die Mitgliedstaaten. Art. 216 Abs. 2 AEUV ordnet also eine Bindungswirkung der völkerrechtlichen Verträge an und muss somit als die determinierende Norm höherrangig sein als das durch sie determinierte Recht.[534] Sekundärrechtliche und nationale Bestimmungen sind nach Möglichkeit so auszulegen, dass sie mit völkerrechtlichen EU-Abkommen vereinbar sind.[535] Aus Art. 218 Abs. 11 S. 2 AEUV, wonach ein mit den Verträgen nicht zu vereinbarendes völkerrechtliches Abkommen nicht in Kraft treten kann, folgt, dass sich die Vorrangklausel nur auf das Sekundärrecht und nicht auf das Primärrecht bezieht.[536]

Deutschland ist als Vertragspartei zwingend zur Umsetzung der Vorgaben der Aarhus-Konvention verpflichtet. Damit den Bestimmungen der Aarhus-Konvention unmittelbare Wirkung zukommt, sie also ohne Umsetzungsakt direkt in der Rechtsordnung eines Vertragsstaates gelten, müssen mehrere Voraussetzungen vorliegen[537]: Die Europäische Union muss an den Völkerrechtssatz gebunden sein, Art und Struktur des völkerrechtlichen Vertrags dürfen dem

531 Bekanntmachung vom 08.08.2007, BGBl. 2007 II, S. 1392.

532 EuGH, Urteil vom 30.04.1974, Haegeman, C-181/73, EU:C:1974:41, Rn. 2/6; Urteil vom 10.01.2006, IATA und ELFAA, C-344/04, EU:C:2006:10, Rn. 36; *Lorenzmeier*, ZJS Online 2012, S. 322 (324).

533 EuGH, Urteil vom 10.09.1996, Kommission/Deutschland, C-61/94, EU:C:1996:313, Rn. 52.

534 *Lachmayer/von Förster*, in: von der Groeben/Schwarze/Hatje, Europäisches Unionsrecht, 2015, Art. 216 AEUV Rn. 24.

535 *Mögele*, in: Streinz, EUV/AEUV, 2012, Art. 216 Rn. 52.

536 *Lorenzmeier*, ZJS Online 2012, S. 322 (325); *Peters*, EurUP 2014, S. 185 f.; zur umstrittenen Frage, welchen Status völkerrechtliche Übereinkünfte innerhalb der Unionsrechtsordnung einnehmen, *Lorenzmeier*, ZJS Online 2012, S. 322 (325 f.).

537 *Lorenzmeier*, ZJS Online 2012, S. 322 (324 f.).

nicht entgegenstehen und seine Bestimmungen müssen inhaltlich als unbedingt und hinreichend genau erscheinen[538] und nicht von einem weiteren Umsetzungsakt abhängen[539].

c) *Grundsätze für die Auslegung völkerrechtlicher Verträge*

Um die Vereinbarkeit deutscher Rechtsschutzbestimmungen mit der Aarhus-Konvention und den gegebenenfalls durch sie begründeten Änderungsbedarf zu ermitteln, bedarf es der Auslegung dieser Bestimmung. Regeln für die Auslegung völkerrechtlicher Verträge enthalten die Art. 31 ff. der Wiener Vertragsrechtskonvention (WVK).[540] Nach der Grundregel des Art. 31 Abs. 1 WVK erfolgt die Auslegung nach Treu und Glauben, wobei von dem Text der entsprechenden Regelung in seiner gewöhnlichen Bedeutung unter Berücksichtigung des systematischen Zusammenhangs sowie von Ziel und Zweck des Vertrags auszugehen ist. Ausgangspunkt der Vertragsauslegung ist somit der Wortlaut. Dabei ist auf den gewöhnlichen Gebrauch, den üblichen Wortsinn der gebrauchten Worte abzustellen.[541] Der Auslegung nach dem Wortlaut kommt kein Vorrang gegenüber der systematischen und teleologischen Auslegung zu.[542] Soweit bei der Auslegung auf den Regelungszusammenhang abgestellt wird, sind gemäß Art. 31 Abs. 2 WVK neben dem Vertragswortlaut insbesondere Präambel und etwaige Anlagen eines Vertrages von Bedeutung. Die Auslegungsgrundsätze verfolgen mithin einen objektiven und nicht einen subjektiven, auf den Parteiwillen abstellenden Ansatz. Für die Auslegung ist der durch den Vertragsschluss verobjektivierte Wille der Vertragspartner maßgeblich.[543]

d) *Aufbau und Leitbild der Aarhus-Konvention im Überblick*

Die Aarhus-Konvention enthält auf den Umweltbereich beschränkte Grundsätze für das Staat-Bürger-Verhältnis und setzt sich im Wesentlichen aus drei Regelungsbereichen zusammen, die als Drei-Säulen- bzw. Drei-Pfeiler-Modell

---

538 EuGH, Urteil vom 10.01.2006, IATA und ELFAA, C-344/04, EU:C:2006:10, Rn. 39.

539 EuGH, Urteil vom 12.04.2005, Simutenkov, C-265/03, EU:C:2005:213, Rn. 21.

540 *Schwerdtfeger*, Der deutsche Verwaltungsrechtsschutz, 2010, S. 112 ff.

541 *Graf Vitzthum*, in: Graf Vitzthum/Proelß, Völkerrecht, 2016, 1. Abschnitt Rn. 123; *Herdegen*, Völkerrecht, 2017, § 15 Rn. 28; *Schwerdtfeger*, Der deutsche Verwaltungsrechtsschutz, 2010, S. 113 m.w.N.

542 *Heintschel von Heinegg*, in: Ipsen, Völkerrecht, 2014, § 12 Rn. 12.

543 *Hobe*, Völkerrecht, 2014, S. 202; *Graf Vitzthum*, in: Graf Vitzthum/Proelß, Völkerrecht, 2016, 1. Abschnitt Rn. 123.

dargestellt werden:[544] Sie regelt in Art. 4 und 5 Aarhus-Konvention den Zugang der Öffentlichkeit zu Informationen (1. Säule), in Art. 6-8 Aarhus-Konvention die Beteiligung der Öffentlichkeit an umweltbezogenen Zulassungsverfahren (2. Säule) und in Art. 9 Aarhus-Konvention den Zugang zu Rechtsschutzverfahren in Umweltangelegenheiten (3. Säule). Diese drei Säulen stehen gleichwertig nebeneinander.[545]

Zu den der Öffentlichkeitsbeteiligung zugeschriebenen Funktionen gehört, dass die behördliche Information und Sachaufklärung gefördert und ein Beitrag zur Sachrichtigkeit der Behördenentscheidung geleistet wird. Ausweislich ihrer Erwägungsgründe misst auch die Aarhus-Konvention der Öffentlichkeitsbeteiligung in diesem Zusammenhang Bedeutung zu und sieht die „Notwendigkeit, daß Behörden über genaue, umfassende und aktuelle Informationen über die Umwelt verfügen", damit eine vollständige „Einbeziehung umweltbezogener Überlegungen in staatliche Entscheidungsverfahren" erfolgen kann.[546] Indem die Aarhus-Konvention die Öffentlichkeit mit prozeduralen Rechten ausstattet, weist es dem Verfahren eine kompensatorische Legitimationswirkung zu. Dies kommt auch im 9. Erwägungsgrund zum Ausdruck, wonach neben einem verbesserten Zugang zu Informationen insbesondere eine verbesserte Öffentlichkeitsbeteiligung die Qualität und die Umsetzung von Entscheidungen verbessern soll.[547]

Gemäß dem aus den Erwägungsgründen hervorgehenden Ziel der Aarhus-Konvention eines erhöhten Umwelt- und Gesundheitsschutzes sollen Informations- und Beteiligungsrechte sowie Rechtsschutzmöglichkeiten der Öffentlichkeit gestärkt werden.[548] Das Übereinkommen folgt „der Erkenntnis, daß ein angemessener Schutz der Umwelt für das menschliche Wohlbefinden und die Ausübung grundlegender Menschenrechte, einschließlich des Rechts auf Leben, unabdingbar ist".[549] Jeder Mensch habe zudem das Recht, „in einer seiner Gesundheit und seinem Wohlbefinden zuträglichen Umwelt zu leben".[550]

544 *Schlacke*, Überindividueller Rechtsschutz, 2008, S. 235 ff.

545 Vgl. Präambel, 8. Erwägungsgrund Aarhus-Konvention. So auch *Zeissler/Schmitz*, UPR 2016, S. 1 (4). *Lee*, EurUP 2017, S. 62 (68) sieht in Gerichtszugang, Gerichtskontrolle und Verwaltungsverfahren drei gleichwertige Zielrichtungen der Aarhus-Konvention.

546 Präambel, 16. Erwägungsgrund Aarhus-Konvention.

547 *Lee*, EurUP 2017, S. 62 (65).

548 *Schlacke*, Überindividueller Rechtsschutz, 2008, S. 233 f.; vgl. auch Präambel, 8. und 9. Erwägungsgrund Aarhus-Konvention.

549 Präambel, 6. Erwägungsgrund Aarhus-Konvention.

550 Präambel, 7. Erwägungsgrund Aarhus-Konvention.

Zur Wahrnehmung dieses Rechts müssen die Bürger „Zugang zu Informationen, ein Recht auf Beteiligung an Entscheidungsverfahren und Zugang zu Gerichten in Umweltangelegenheiten haben".[551] Aus den Erwägungsgründen wird deutlich, dass die Konvention einen rechtsstaatlichen Ansatz in den Mittelpunkt der Betrachtung stellt, indem sie zwischen Umweltschutz und individuellen Menschenrechten eine Beziehung herstellt.[552] Die Aarhus-Konvention erfüllt somit im Hinblick auf das Recht auf ein Leben in einer gesunden Umwelt auch die Funktion vorgelagerten Rechtsschutzes.[553] Durch Informationszugang, Öffentlichkeitsbeteiligung und Zugang zu Gerichten sollen Transparenz[554], Akzeptanz sowie Verwaltungs- und Vollzugskontrolle umweltbezogener Entscheidungsverfahren geschaffen und verbessert werden.[555]

Konzeptionell unterscheidet sich die Aarhus-Konvention vom auch dem Grundgesetz zugrunde liegenden Demokratieverständnis. Der Unionsbürger soll als weitere Kontrollinstanz mobilisiert und neben dem Staat als Sachwalter von Gemeinwohlbelangen treten. Die demokratische Legitimation staatlichen Handelns erfolgt nicht mehr allein durch Wahlen, sondern basiert zudem auf Information, Partizipation und gerichtlicher Kontrolle. Die Konvention verfolgt damit ein Modell partizipativer Demokratie.[556]

e) Einzelne Aussagen der Aarhus-Konvention

aa) Die (betroffene) Öffentlichkeit als Adressat der prozeduralen Rechte

Die Aarhus-Konvention wendet sich mit ihren prozeduralen Rechten je nach Regelungsgegenstand an unterschiedliche Adressaten. Beteiligungsberechtigt ist entweder die „Öffentlichkeit" oder die „betroffene Öffentlichkeit", wobei letztere insbesondere im Bereich der 2. und 3. Säule relevant wird.

Nach der Legaldefinition in Art. 2 Nr. 4 Aarhus-Konvention bedeutet „Öffentlichkeit" im Sinne des Übereinkommens eine oder mehrere natürliche oder juristische Personen und, in Übereinstimmung mit den innerstaatlichen Rechtsvorschriften oder der innerstaatlichen Praxis, deren Vereinigungen,

---

551 Präambel, 8. Erwägungsgrund Aarhus-Konvention.

552 *Fisahn*, ZUR 2004, S. 136 (137).

553 *Schwerdtfeger*, Der deutsche Verwaltungsrechtsschutz, 2010, S. 26.

554 Vgl. auch Präambel, 10. und 11. Erwägungsgrund Aarhus-Konvention.

555 *Schlacke*, Überindividueller Rechtsschutz, 2008, S. 233 f.

556 *Fisahn*, Demokratie und Öffentlichkeitsbeteiligung, 2002, S. 335 ff.; *Schlacke*, Überindividueller Rechtsschutz, 2008, S. 234 f.; *Schwerdtfeger*, Der deutsche Verwaltungsrechtsschutz, 2010, S. 25 f. Vgl. auch Präambel, 21. Erwägungsgrund Aarhus-Konvention.

Organisationen oder Gruppen. In Bezug auf natürliche und juristische Personen ergeben sich also keine Einschränkungen. Für Vereinigungen, Organisationen und Gruppen von natürlichen oder juristischen Personen wird begrenzend auf die Übereinstimmung mit den innerstaatlichen Rechtsvorschriften oder der innerstaatlichen Praxis hingewiesen. Bürgerinitiativen, die nicht ein Mindestmaß an innerer Organisation und Dauerhaftigkeit aufweisen, werden daher in Deutschland vom Öffentlichkeitsbegriff ausgeschlossen.[557] Im Übrigen ist der Begriff nicht näher qualifiziert, der Adressatenkreis somit weit gefasst und auf eine gesellschaftsweite Einbeziehung von Bürgern gerichtet.[558]

Art. 2 Nr. 5 Aarhus-Konvention definiert „betroffene Öffentlichkeit" als die von umweltbezogenen Entscheidungsverfahren betroffene oder wahrscheinlich betroffene Öffentlichkeit und die Öffentlichkeit, die ein Interesse daran hat. Gegenüber der allgemeinen Öffentlichkeit wird der Kreis der Beteiligungsberechtigten auf solche mit einer spezifischen Betroffenheit eingegrenzt.

Ausreichend dürfte eine Betroffenheit in jeglicher Art von Interesse sein. Nicht erforderlich ist die Geltendmachung eines subjektiv-öffentlichen Rechts.[559] Um eine Abgrenzung zur allgemeinen Öffentlichkeit zu ermöglichen, reicht eine bloße Bekundung eines Interesses jedoch nicht aus. Voraussetzung ist ein objektivierbares, also aus konkreten Umständen ableitbares Interesse.[560] Nichtstaatlichen Organisationen, die sich für den Umweltschutz einsetzen und alle nach innerstaatlichem Recht geltenden Voraussetzungen erfüllen, wird gemäß Art. 2 Nr. 5, 2. Halbsatz Aarhus-Konvention eine Betroffenheit zuerkannt. Diesen Nichtregierungsorganisationen wird also kraft dieser vertragsrechtlichen Fiktion das für die betroffene Öffentlichkeit maßgebliche Interesse unterstellt, ohne eine individuelle Betroffenheit geltend machen zu müssen. Die Vertragsstaaten können im Rahmen der Vorgaben der Konvention bestimmte Anforderungen an die Verbände für die Anerkennung aufstellen.[561]

Die Aarhus-Konvention unterscheidet folglich zwischen einer Popularbeteiligung, bei der jedermann ein Einwendungsrecht zusteht, und einer

---

557 *Hendler/Wu*, DVBl. 2014, S. 78 (79 f.).

558 *Schlacke*, Überindividueller Rechtsschutz, 2008, S. 237; *Schenderlein*, Rechtsschutz und Partizipation im Umweltrecht, 2013, S. 132.

559 *Wiesinger*, Innovation im Verwaltungsrecht, 2013, S. 53; *Schenderlein*, Rechtsschutz und Partizipation im Umweltrecht, 2013, S. 133.

560 *Hendler/Wu*, DVBl. 2014, S. 78 (80).

561 *Schlacke*, Überindividueller Rechtsschutz, 2008, S. 237; *Wiesinger*, Innovation im Verwaltungsrecht, 2013, S. 53.

Interessenbeteiligung, die nur denjenigen ein Einwendungsrecht zugesteht, deren Belange durch das Vorhaben berührt sind.[562]

bb) Art. 7 Aarhus-Konvention

(1) Anwendungsbereich

Der Begriff der umweltbezogenen Pläne, Programme und Politiken wird in Art. 7 Aarhus-Konvention nicht definiert. Es ist davon auszugehen, dass der Vorschrift ein eigenständiger Anwendungsbereich zukommen soll, so dass in systematischer Hinsicht von konkreten Entscheidungen gemäß Art. 6 Aarhus-Konvention und exekutivischen Vorschriften sowie anderen allgemein anwendbaren rechtsverbindlichen normativen Instrumenten im Sinne von Art. 8 Aarhus-Konvention abzugrenzen ist. Von Art. 7 Aarhus-Konvention werden somit Planungsinstrumente erfasst, die der konkreten Zulassungsentscheidung vorgelagert sind.[563]

(2) Verfahrensrechtliche Vorgaben

Auch für Art. 7 Aarhus-Konvention als Grundlage der SUP-Richtlinie ist die Einbeziehung der Öffentlichkeit eine ihrer Kernaussagen.[564] Die Vorschrift sieht nach Art. 6 Aarhus-Konvention als zweite Form der Öffentlichkeitsbeteiligung die Beteiligung bei der Erstellung umweltbezogener Pläne, Programme und Politiken vor. Sie enthält in Bezug auf umweltbezogene Pläne und Programme einerseits und umweltbezogene Politiken andererseits zwei voneinander zu unterscheidende Fallgestaltungen.[565]

Bei der Vorbereitung umweltbezogener Pläne und Programme haben die Vertragsparteien nach Art. 7 S. 1 Aarhus-Konvention eine Öffentlichkeitsbeteiligung verpflichtend durchzuführen. Diese hat in einem transparenten und fairen Rahmen stattzufinden, nachdem ihr zuvor die erforderlichen Informationen

---

562 *Wiesinger*, Innovation im Verwaltungsrecht, 2013, S. 53 f.; *Schenderlein*, Rechtsschutz und Partizipation im Umweltrecht, 2013, S. 132 f.

563 *Schenderlein*, Rechtsschutz und Partizipation im Umweltrecht, 2013, S. 143. *Scheyli*, AVR 38 (2000), S. 217 (239) und *Wiesinger*, Innovation im Verwaltungsrecht, 2013, S. 56 sprechen den von Art. 7 Aarhus-Konvention erfassten Planungsinstrumenten regelmäßig eine verbindliche Außenwirkung ab und sehen darin lediglich ein Verwaltungsinternum. Zu der Rechtswirkung der Bundesfachplanungsentscheidung vgl. Dritter Teil.B.I.2.c)aa).

564 *Grünewald*, NVwZ 2009, S. 1520 (1524).

565 *Scheyli*, AVR 38 (2000), S. 217 (239).

zur Verfügung gestellt worden sind. Darüber hinaus sind gemäß Art. 7 S. 2 Aarhus-Konvention die Vorgaben von Art. 6 Abs. 3, 4 und 8 zu berücksichtigen. Die Vorgaben für die Öffentlichkeitsbeteiligung werden durch Art. 6 Abs. 3 Aarhus-Konvention somit dahingehend konkretisiert, dass für die verschiedenen Verfahrensphasen angemessene Zeiträume eingeräumt werden, um der Öffentlichkeit ausreichend Zeit zur effektiven Vorbereitung und Beteiligung während des umweltbezogenen Entscheidungsverfahrens zu geben. Aufgrund des Verweises auf Art. 6 Abs. 4 Aarhus-Konvention ergibt sich für die Vertragsparteien auch bei der konkreten Projektzulassung vorgelagerten Entscheidungen die Pflicht, das Frühzeitigkeitsgebot zu beachten. Um eine effektive Öffentlichkeitsbeteiligung zu ermöglichen, muss sie zu einem Zeitpunkt stattfinden, zu dem alle Optionen noch offen sind. Das Ergebnis der Öffentlichkeitsbeteiligung muss schließlich bei der Entscheidung gemäß Art. 6 Abs. 8 Aarhus-Konvention angemessen berücksichtigt werden. Art. 7 Aarhus-Konvention überträgt die für Projekte entwickelten Vorgaben für die Öffentlichkeitsbeteiligung also in weiten Teilen auf umweltbezogene Pläne und Programme.[566]

In Bezug auf die Vorbereitung umweltbezogener Politiken regelt Art. 7 S. 4 Aarhus-Konvention hingegen keine Rechtspflicht.[567] Jede Vertragspartei hat sich im angemessenen Umfang lediglich darum zu „bemühen", Möglichkeiten für eine Öffentlichkeitsbeteiligung zu schaffen.

cc) Art. 9 Aarhus-Konvention

(1) Überblick

Die den Zugang zu Gerichten in Umweltangelegenheiten betreffenden Vorschriften fallen unter die dritte Säule der Aarhus-Konvention. Art. 9 Aarhus-Konvention stellt eine zentrale Norm für die Gestaltung des Rechtsschutzes dar.[568] Die ersten beiden Absätze des Art. 9 Aarhus-Konvention nehmen Bezug auf die erste und zweite Säule der Konvention. Art. 9 Abs. 1 Aarhus-Konvention

---

566 *Fisahn*, ZUR 2004, S. 136 (140); *Schenderlein*, Rechtsschutz und Partizipation im Umweltrecht, 2013, S. 142 f. Zurückhaltender *Scheyli*, AVR 38 (2000), S. 217 (240) und *Wiesinger*, Innovation im Verwaltungsrecht, 2013, S. 56, die die rechtliche Tragweite von Art. 7 Aarhus-Konvention als eher gering ansehen, so dass nur eine irgendwie geartete Beteiligung der Öffentlichkeit stattfinden müsse.

567 *Scheyli*, AVR 38 (2000), S. 217 (240); *Wiesinger*, Innovation im Verwaltungsrecht, 2013, S. 56.

568 *Schenderlein*, Rechtsschutz und Partizipation im Umweltrecht, 2013, S. 149; *Guckelberger/Geber*, EurUP 2014, S. 167 (171).

verhilft den in Art. 4 Aarhus-Konvention statuierten Informationsrechten zur effektiven gerichtlichen Durchsetzung und soll hier nicht näher betrachtet werden. Art. 9 Abs. 2 Aarhus-Konvention regelt den Rechtsschutz hinsichtlich der zweiten Säule, also den Bereich der Öffentlichkeitsbeteiligung. Zusätzlich zu dem Überprüfungsverfahren nach Abs. 2 enthält Art. 9 Abs. 3 Aarhus-Konvention Vorgaben für den verwaltungsbehördlichen oder gerichtlichen Rechtsschutz bei Verletzungen sonstiger umweltbezogener innerstaatlicher Bestimmungen. Für die Vereinbarkeit der im NABEG vorgesehenen Rechtsschutzkonzentration mit der Aarhus-Konvention ist insbesondere auf diese Vorschriften einzugehen. Zwischen beiden Absätzen ist zu differenzieren, da sie eine unterschiedliche Zielrichtung haben: Abs. 2 steht im Zusammenhang mit Entscheidungen in einem Verfahren mit Öffentlichkeitsbeteiligung und gewährt insbesondere Rechtsschutz in Bezug auf Beteiligungsrechte im Sinne des Art. 6 Aarhus-Konvention. Abs. 3 betrifft die Verletzung sonstiger umweltbezogener innerstaatlicher Vorschriften oder Unterlassungen durch Privatpersonen oder durch Behörden.[569] Art. 9 Abs. 4 Aarhus-Konvention stellt weitere allgemeine Prinzipien des Rechtsschutzes auf. Danach müssen die in den vorangegangenen Absätzen genannten Überprüfungsverfahren einen angemessenen und effektiven Rechtsschutz bieten und fair, gerecht, zügig und nicht übermäßig teuer sein. Des Weiteren muss die Öffentlichkeit gemäß Art. 9 Abs. 5 Aarhus-Konvention über den Zugang zu verwaltungsbehördlichen und gerichtlichen Überprüfungsverfahren informiert werden, um so die Effektivität des von Art. 9 Aarhus-Konvention gewährleisteten Rechtsschutzes zu fördern.

(2) Art. 9 Abs. 2 Aarhus-Konvention

Art. 9 Abs. 2 UAbs. 1 Aarhus-Konvention bezieht die gerichtliche Durchsetzbarkeit auf die materiell-rechtliche und verfahrensmäßige Rechtmäßigkeit von Entscheidungen, Handlungen oder Unterlassungen, für die Art. 6 Aarhus-Konvention und – sofern dies nach innerstaatlichem Recht vorgesehen ist – sonstige einschlägige Bestimmungen des Übereinkommens gelten.

Der Zugang zu Gerichten bei der Öffentlichkeitsbeteiligung an Plänen, Programmen und Politiken ist nach Art. 9 Abs. 2 Aarhus-Konvention jedoch nicht ausdrücklich erforderlich. Zwingend schreibt Art. 9 Abs. 2 Aarhus-Konvention Überprüfungsverfahren nur in Bezug auf Art. 6 Aarhus-Konvention vor und spart planungsrechtliche Instrumente im Sinne von Art. 7 Aarhus-Konvention

569 *Schlacke*, Überindividueller Rechtsschutz, 2008, S. 240 f.; *Schenderlein*, Rechtsschutz und Partizipation im Umweltrecht, 2013, S. 151.

aus.[570] Da gemäß Art. 7 S. 2 Aarhus-Konvention die in Art. 6 Abs. 3, 4 und 8 vorgeschriebenen Beteiligungsrechte auch auf Planungsebene zu berücksichtigen sind, wäre es denkbar, dass zumindest insoweit auch die Vorgaben von Art. 9 Abs. 2 Aarhus-Konvention Anwendung finden. Gegen eine solche Auslegung spricht jedoch der Wortlaut von Art. 9 Abs. 2 UAbs. 1 letzter Halbsatz Aarhus-Konvention, der auch Pläne, Programme und Politiken im Sinne von Art. 7 Aarhus-Konvention erfasst.[571] Die Vorschrift schränkt die Einklagbarkeit dahingehend ein, dass dies nach dem jeweiligen innerstaatlichen Recht vorgesehen sein muss. Den Vertragsparteien steht es somit frei, entsprechende Rügemöglichkeiten zu schaffen. Wenn sie sich dafür entscheiden, haben sie sich an die Vorgaben von Art. 9 Abs. 2 Aarhus-Konvention zu halten.[572] In Bezug auf die Angreifbarkeit der Bundesfachplanungsentscheidung sieht das NABEG eine solche Rügemöglichkeit jedoch gerade nicht vor, so dass der Vorbehalt von Art. 9 Abs. 2 UAbs. 1 letzter Halbsatz Aarhus-Konvention nicht erfüllt ist.

(3) Art. 9 Abs. 3 Aarhus-Konvention

Gemäß Art. 9 Abs. 3 Aarhus-Konvention hat jede Vertragspartei über den nach Art. 9 Abs. 1 und Abs. 2 zu gewährleistenden Rechtsschutz hinaus Rechtsschutzmöglichkeiten bei Verstößen von Privatpersonen und Behörden gegen das Umweltrecht der Vertragsstaaten sicherzustellen. Art. 9 Abs. 3 Aarhus-Konvention geht sowohl hinsichtlich des Klagegegenstandes als auch in Bezug auf die Klageöffentlichkeit weit über den Regelungsgegenstand des Art. 9 Abs. 2 Aarhus-Konvention hinaus. Das Klagerecht aus Art. 9 Abs. 3 Aarhus-Konvention beschränkt sich nicht auf das unionsrechtlich vorgegebene Umweltrecht, sondern erfasst das gesamte nationale Umweltrecht. Zudem gewährt Art. 9 Abs. 3 Aarhus-Konvention nicht nur der „betroffenen Öffentlichkeit“, sondern „Mitgliedern der Öffentlichkeit“ ein Klagerecht, so dass jedermann klagebefugt ist. Die Vorschrift begrenzt die Klageöffentlichkeit somit nicht auf privilegierte

570 *Schwerdtfeger*, Der deutsche Verwaltungsrechtsschutz, 2010, S. 198 f., die die zurückhaltende Rechtsprechung des Europäischen Gerichtshofs aus den 1990er-Jahren in Bezug auf die Anerkennung klagbarer Rechte im Zusammenhang mit Planungsinstrumenten als möglichen Grund für den fehlenden Verweis anführt.

571 *Schwerdtfeger*, Der deutsche Verwaltungsrechtsschutz, 2010, S. 198; *Schenderlein*, Rechtsschutz und Partizipation im Umweltrecht, 2013, S. 151.

572 *Scheyli*, AVR 38 (2000), S. 217 (245); *Schwerdtfeger*, Der deutsche Verwaltungsrechtsschutz , 2010, S. 198; *Schenderlein*, Rechtsschutz und Partizipation im Umweltrecht, 2013, S. 151.

Vereinigungen.[573] Mitgliedern der Öffentlichkeit steht der nach Art. 9 Abs. 3 Aarhus-Konvention zu gewährende Zugang zum Rechtsschutz jedoch nur zu, wenn und soweit sie die im nationalen Recht existierenden Zugangskriterien erfüllen.[574] Fraglich ist, ob die Festlegung der Kriterien für die Überprüfung von Verletzung des innerstaatlichen Umweltrechts den Vertragsparteien überlassen ist oder ob der innerstaatliche Gestaltungsspielraum begrenzt ist.[575]

Für einen umfassenden Umsetzungsspielraum der Europäischen Union und der Mitgliedstaaten spricht der Wortlaut des Art. 9 Abs. 3 Aarhus-Konvention, der den Vertragsparteien ohne ausdrückliche Einschränkungen einen Ausgestaltungsvorbehalt zugunsten des innerstaatlichen Rechts einräumt und insbesondere keine Vorgaben für den gerichtlichen Kontrollumfang und -maßstab enthält. Aus dem Wortlaut („Zusätzlich und unbeschadet der in den Absätzen 1 und 2 genannten Überprüfungsverfahren [...].") ergibt sich weiter, dass Art. 9 Abs. 3 Aarhus-Konvention auch nicht Auffangtatbestand des Art. 9 Abs. 2 und an dessen Vorgaben gebunden ist.[576] Die konkrete Ausgestaltung der prozessualen Anforderungen an den Zugang ist somit den Vertragsparteien überlassen.[577] Gegen eine durch Art. 9 Abs. 3 Aarhus-Konvention gewährte generelle Klagbarkeit beispielsweise in Form einer Umweltpopularklage spricht die Systematik von Art. 9 Aarhus-Konvention. Ein solch weites Verständnis würde Art. 9 Abs. 2 Aarhus-Konvention mit seinen Bestimmungen über Klagerechte für die betroffene Öffentlichkeit überflüssig machen.[578] Art. 9 Abs. 3 Aarhus-Konvention fordert demnach, dass überhaupt ein Überprüfungsverfahren in Umweltangelegenheiten zur Verfügung gestellt wird, dessen konkrete Ausgestaltung den Vertragsparteien überlassen bleibt, die dabei jedoch die in der Präambel und Art. 1 Aarhus-Konvention zum Ausdruck kommenden Grundsätze zu beachten haben.[579]

In einem Urteil vom 08.03.2011 zum Schutz des Braunbären in der Slowakei[580] nahm der Europäische Gerichtshof Stellung zu der Wirkung des Art. 9

573 *Berkemann*, DVBl. 2011, S. 1253 (1255); *Schink*, DÖV 2012, S. 622 (624); *Gärditz*, NVwZ 2014, S. 1 (5).

574 *Wiesinger*, Innovation im Verwaltungsrecht, 2013, S. 61.

575 *Schlacke*, Überindividueller Rechtsschutz, 2008, S. 244 f.

576 *Schlacke*, Überindividueller Rechtsschutz, 2008, S. 245; *Schwerdtfeger*, Der deutsche Verwaltungsrechtsschutz, 2010, S. 30; *Ekardt*, NVwZ 2014, S. 393 (396).

577 *Scheyli*, AVR 38 (2000), S. 217 (246); *von Danwitz*, NVwZ 2004, S. 272 (276).

578 *Gärditz*, NVwZ 2014, S. 1 (5); *ders.*, EurUP 2015, S. 196 (210).

579 *Pernice-Warnke*, EuR 2008, S. 410 (418); *Wiesinger*, Innovation im Verwaltungsrecht, 2013, S. 61.

580 EuGH, Urteil vom 08.03.2011, Lesoochranárske, C-240/09, EU:C:2011:125.

Abs. 3 Aarhus-Konvention. Er verneint eine unmittelbare Anwendbarkeit der Vorschrift, da seine Bestimmungen keine klare und präzise Verpflichtung enthielten und die Durchführung und die Wirkungen dieser Vorschrift vom Erlass eines weiteren Rechtsakts abhingen.[581] Auch sei es mangels einer einschlägigen Regelung der Union Sache der innerstaatlichen Rechtsordnung der einzelnen Mitgliedstaaten, die Verfahrensmodalitäten für Klagen zu regeln, die den Schutz der dem Einzelnen aus dem Unionsrecht, hier der Habitatrichtlinie, erwachsenden Rechte gewährleisten sollen, wobei die Mitgliedstaaten für den wirksamen Schutz dieser Rechte in jedem Einzelfall verantwortlich sind.[582] Vor dem Hintergrund des Effektivitätsgrundsatzes leitet er jedoch aus Art. 9 Abs. 3 Aarhus-Konvention eine unionsrechtliche Pflicht zur Eröffnung gerichtlichen Rechtsschutzes ab: Das vorlegende Gericht müsse das Verfahrensrecht in Bezug auf die Voraussetzungen, die für die Einleitung eines verwaltungsbehördlichen oder gerichtlichen Überprüfungsverfahrens vorliegen müssen, so weit wie möglich im Einklang sowohl mit den Zielen von Art. 9 Abs. 3 Aarhus-Konvention als auch mit dem Ziel eines effektiven gerichtlichen Rechtsschutzes für die durch das Unionsrecht verliehenen Rechte auslegen, um es einer Umweltschutzvereinigung zu ermöglichen, eine Entscheidung, die am Ende eines Verwaltungsverfahrens ergangen ist, das möglicherweise im Widerspruch zum Umweltrecht der Union steht, gerichtlich anzufechten.[583] Zum Teil wird aus der Entscheidung eine Pflicht der Mitgliedstaaten abgeleitet, aufgrund von Art. 9 Abs. 3 Aarhus-Konvention in Verbindung mit dem materiellen Unionsumweltrecht einer nach innerstaatlichen Kriterien näher zu bestimmenden Öffentlichkeit Zugang zu Gerichten zu eröffnen.[584] Der Europäische Gerichtshof misst Art. 9 Abs. 3 Aarhus-Konvention auslegungsleitende Bedeutung zu. Sowohl das innerstaatliche Verfahrensrecht als auch das maßgebliche Unionsrecht sollen demzufolge nach Möglichkeit in Übereinstimmung mit den Zielen von Art. 9 Abs. 3 Aarhus-Konvention ausgelegt werden.[585] Vor dem Hintergrund der von Art. 9 Abs. 3 Aarhus-Konvention erfassten Klageöffentlichkeit würde dies nicht nur auf eine Erweiterung der Verbands-, sondern auch der Individualklage hindeuten.[586]

---

581 EuGH, Urteil vom 08.03.2011, Lesoochranárske, C-240/09, EU:C:2011:125, Rn. 45. Vgl. auch bereits Dritter Teil.A.IV.1.b).

582 EuGH, Urteil vom 08.03.2011, Lesoochranárske, C-240/09, EU:C:2011:125, Rn. 47.

583 EuGH, Urteil vom 08.03.2011, Lesoochranárske, C-240/09, EU:C:2011:125, Leitsatz und Rn. 50.

584 *Schlacke*, NVwZ 2014, S. 11 (12).

585 *Kokott/Sobotta*, DVBl. 2014, S. 132 (135); *Ziekow*, NuR 2014, S. 229 (233).

586 *Ekardt*, NVwZ 2015, S. 772 (774). So wohl auch *Schlacke*, NVwZ 2014, S. 11 (12).

Die vom Europäischen Gerichtshof formulierten Vorgaben für die Auslegung des nationalen Verfahrensrechts erscheinen im Hinblick auf die Zuständigkeitsverteilung des Unionsrechts problematisch.[587] Im europäischen Recht wurde zur Umsetzung von Art. 9 Abs. 3 Aarhus-Konvention die Verordnung 1367/2006[588] erlassen. Sie richtet sich jedoch nur an die Organe der Europäischen Union. Eine an die Mitgliedstaaten adressierte Umsetzungsrichtlinie existiert nicht. Der von der Kommission vorgelegte Vorschlag für eine entsprechende Richtlinie[589] konnte sich nicht durchsetzen.[590] Der Europäische Gerichtshof instrumentalisiert das nicht unmittelbar anwendbare Völkerrecht und fordert eine Auslegung des nationalen Rechts im Lichte des Art. 9 Abs. 3 Aarhus-Konvention, obwohl es mangels sekundärrechtlichen Umsetzungsaktes unionsrechtlich nicht berührt ist.[591] Aus dem Grundsatz der begrenzten Einzelermächtigung nach Art. 5 Abs. 1, 2 EUV folgt, dass eine Kompetenz der Europäischen Union nur soweit besteht, wie sie ihr von den Mitgliedstaaten übertragen wurde. Dies gilt auch für sogenannte gemischte völkerrechtliche Verträge, die von der Europäischen Union mit Wirkung für die Mitgliedstaaten abgeschlossen werden, deren Rechtspflichten jedoch von ihr selbst nicht umgesetzt worden sind. Da es hinsichtlich des Art. 9 Abs. 3 Aarhus-Konvention bislang an einer Umsetzung in das Unionsrecht fehlt, fällt nach den Regeln über die geteilte Kompetenz im Umweltrecht die Umsetzung des Art. 9 Abs. 3 Aarhus-Konvention derzeit noch in die alleinige Zuständigkeit der Mitgliedstaaten.[592] Eine vom Europäischen Gerichtshof angenommene Effektuierungspflicht auf Grundlage der Unionstreue nach Art. 4 Abs. 3 EUV setzt gerade eine im vorliegenden Fall fehlende unionsrechtliche Regelung voraus.[593]

---

587 Zweifelnd auch *Pernice-Warnke*, DÖV 2017, S. 846 (851).

588 Verordnung (EG) Nr. 1367/2006 des Europäischen Parlaments und des Rates vom 6. September 2006 über die Anwendung der Bestimmungen des Übereinkommens von Århus über den Zugang zu Informationen, die Öffentlichkeitsbeteiligung an Entscheidungsverfahren und den Zugang zu Gerichten in Umweltangelegenheiten auf Organe und Einrichtungen der Gemeinschaft

589 Vorschlag für eine Richtlinie des Europäischen Parlaments und des Europäischen Rates über den Zugang zu Gerichten in Umweltangelegenheiten KOM(2003) 624 endgültig.

590 *Pernice-Warnke*, DÖV 2017, S. 846 (850).

591 *Gärditz*, EurUP 2015, S. 196 (209). Kritisch in Bezug auf die Urteilsbegründung des Gerichtshofs auch *Berkemann*, DVBl. 2011, S. 1253 (1256 f.).

592 *Wegener*, ZUR 2011, S. 363 (366); *Schink*, DÖV 2012, S. 622 (625).

593 *Gärditz*, NVwZ 2014, S. 1 (5).

Der verpflichtende Aussagegehalt von Art. 9 Abs. 3 Aarhus-Konvention erhält aufgrund des umfassenden Vorbehalts eine erhebliche Schwächung, so dass keine konkreten Umsetzungspflichten abgeleitet werden können.[594] In Bezug auf Individualklagen scheidet eine unmittelbare Anwendbarkeit des Art. 9 Abs. 3 Aarhus-Konvention aus.[595]

Mit dem Gesetz zur Anpassung des Umwelt-Rechtsbehelfsgesetzes und anderer Vorschriften an europa- und völkerrechtliche Vorgaben[596] erfährt der sachliche Anwendungsbereich des UmwRG Erweiterungen, die Art. 9 Abs. 3 Aarhus-Konvention geschuldet sind.[597] Mit der Novellierung reagiert der Gesetzgeber auf den Beschluss V/9h der 5. Vertragsstaatenkonferenz vom 2. Juli 2014 zur UN ECE Aarhus-Konvention, in dem Deutschland aufgefordert wird, unter anderem Verstößen gegen Art. 9 Abs. 3 Aarhus-Konvention abzuhelfen.[598] Anpassungsbedarf wurde in Bezug auf den sachlichen Anwendungsbereich des UmwRG festgestellt[599], der nunmehr in § 1 Abs. 1 S. 1 Nr. 4 bis 6 UmwRG ergänzt wird. Erfasst werden gemäß § 1 Abs. 1 S. 1 Nr. 4 UmwRG Entscheidungen über die Annahme von Plänen und Programmen im Sinne von § 2 Abs. 7 UVPG und im Sinne der entsprechenden landesrechtlichen Vorschriften, für die nach Anlage 5 des UVPG eine Pflicht zur Durchführung einer Strategischen Umweltprüfung bestehen kann. Nach § 35 Abs. 1 Nr. 1 i.V.m. Anlage 5 Nr. 1.11 UVPG gehören Bundesfachplanungen nach den §§ 4 und 5 NABEG zu den Plänen und Programmen gemäß § 2 Abs. 7 UVPG, für die eine Pflicht zur Durchführung einer Strategischen Umweltprüfung besteht. Der erweiterte Anwendungsbereich des UmwRG und die damit verbundenen Klagemöglichkeiten beziehen sich jedoch nur auf Verbände. Der Gesetzgeber geht davon aus, dass die Einführung einer Verbandsklage zur vollständigen Umsetzung des

---

594 *Schwerdtfeger*, Der deutsche Verwaltungsrechtsschutz, 2010, S. 34; *Schenderlein*, Rechtsschutz und Partizipation im Umweltrecht, 2013, S. 151.

595 *Gärditz*, NVwZ 2014, S. 1 (5).

596 Gesetz zur Anpassung des Umwelt-Rechtsbehelfsgesetzes und anderer Vorschriften an europa- und völkerrechtliche Vorgaben vom 29. Mai 2017, BGBl. I, S. 1298.

597 *Schlacke*, NVwZ 2017, S. 905 (907).

598 Decision V/9h on compliance by Germany, adopted by the Meeting of Parties to the Convention on Access to Information, Public Participation in Decision-making and Access to Justice in Environmental Matters at its fifth session, abrufbar unter: https://www.unece.org/fileadmin/DAM/env/pp/mop5/Documents/Post_session_docs/Decision_excerpts_in_English/Decision_V_9h_on_compliance_by_Germany.pdf (02.02.2019).

599 BT-Drs. 18/9526, S. 1 und 31 f.

Art. 9 Abs. 3 Aarhus-Konvention ausreicht, so dass bewusst keine Klagemöglichkeiten Einzelner vorgesehen sind.[600]

Auch soweit es die Verbandsklagemöglichkeiten betrifft, hat die Erweiterung des Anwendungsbereichs keinen Einfluss auf die Rechtsschutzkonzentration des NABEG. Vom Anwendungsbereich des UmwRG ausgenommen sind nach § 1 Abs. 1 S. 1 Nr. 4, letzter Halbsatz UmwRG Pläne und Programme, über deren Annahme durch formelles Gesetz entschieden wird. Somit fallen Bundesbedarfspläne gemäß § 12e EnWG nicht in den Anwendungsbereich des UmwRG.[601] Zudem bleibt nach § 1 Abs. 1 S. 3 Nr. 3 UmwRG unter anderem die Vorschrift des § 15 Abs. 3 S. 2 NABEG unberührt. Die fachgesetzlichen Einschränkungen von Klagemöglichkeiten sollen demnach weiterhin fortgelten.

2. *SUP-Richtlinie*

a) *Ausgangslage*

Mit der im Jahr 2001 erlassenen SUP-Richtlinie wurde eine Lücke im vorsorgeorientierten Umweltrecht geschlossen.[602] Bis zu diesem Zeitpunkt existierte auf Unionsebene die UVP-Richtlinie, die nur eine auf die Vorhabenzulassung bezogene Umweltverträglichkeitsprüfung vorsah. Diese sollte durch eine Prüfung der Umweltauswirkungen bestimmter Pläne und Programme ergänzt werden. Hintergrund war die Erkenntnis, dass die Umweltverträglichkeitsprüfung am Ende eines gestuften Entscheidungsprozesses oft zu spät kam, da wesentliche Vorentscheidungen insbesondere zur Standortwahl und Alternativenprüfung bereits auf vorgelagerter Planungsebene getroffen wurden. Daher sollte eine entsprechende Prüfung auch für Pläne und Programme durchgeführt werden.[603]

---

600 BT-Drs. 18/9526, S. 32 f.

601 *Schlacke*, NVwZ 2017, S. 905 (907 f.); *Heß/Brigola*, NuR 2017, S. 729 (730, dort Fn. 24). Dieser Ausschluss ist völkerrechtskonform. Art. 9 Abs. 3 Aarhus-Konvention schreibt ein Überprüfungsverfahren für von „Behörden" vorgenommene Handlungen und begangene Unterlassungen vor. Nach der Definition des Art. 2 Nr. 2 Aarhus-Konvention sind Gremien oder Einrichtungen, die in gesetzgebender Eigenschaft handeln, ausdrücklich vom Behördenbegriff ausgenommen, *Schlacke*, in: Gärditz, VwGO, 2018, § 1 UmwRG Rn. 46, dort Fn. 74.

602 Ausführlich zur Entstehungsgeschichte *Uebbing*, Umweltprüfung bei Raumordnungsplänen, 2004, S. 13 ff.

603 *Schink*, NVwZ 2005, S. 615; *Hendler*, NVwZ 2005, S. 977 (977 f.); *Grünewald*, Die Betonung des Verfahrensgedankens, 2009, S. 202.

b) Einzelne Aussagen der SUP-Richtlinie

aa) Adressaten der SUP-Richtlinie und sachlicher Anwendungsbereich

Obwohl die SUP-Richtlinie insbesondere innerhalb von Art. 6 eine Differenzierung zwischen Öffentlichkeit und betroffener Öffentlichkeit vorsieht, beschränkt sie sich in Art. 2 lit. d) SUP-Richtlinie auf die Bestimmung des Öffentlichkeitsbegriffs. Dieser wurde der Aarhus-Konvention angepasst.[604] Die (allgemeine) „Öffentlichkeit" wird danach definiert als eine oder mehrere natürliche oder juristische Personen und, in Übereinstimmung mit den innerstaatlichen Rechtsvorschriften oder der innerstaatlichen Praxis, deren Vereinigungen, Organisationen oder Gruppen. Im Übrigen überlässt sie die Bestimmung der betroffenen Öffentlichkeit den Mitgliedstaaten, verwendet jedoch vereinzelt Formulierungen von Art. 2 Nr. 5 Aarhus-Konvention, die die mitgliedstaatliche Bestimmungsbefugnis beschränken.[605]

Art. 2 lit. a) SUP-Richtlinie konkretisiert das auch von Art. 7 Aarhus-Konvention verwendete Begriffspaar „Pläne und Programme" und beschränkt sie auf solche, die von einer Behörde auf nationaler, regionaler oder lokaler Ebene ausgearbeitet und/oder angenommen oder im Wege eines Gesetzgebungsverfahrens ausgearbeitet werden. Diese einschränkende Begriffsbestimmung sowie Art. 3 Abs. 2-4 SUP-Richtlinie, wonach eine Umweltprüfung von Plänen und Programmen grundsätzlich erforderlich ist, durch die der Rahmen für die künftige Genehmigung gesetzt wird, verdeutlichen, dass Pläne und Programme nur der konkreten Zulassungsentscheidung vorgelagerte Entscheidungen erfassen.[606] Aus dem Erfordernis der Rahmensetzung gemäß Art. 3 Abs. 2 lit. a) SUP-Richtlinie wird abgeleitet, dass es sich bei den Festsetzungen der Pläne oder Programme um einen rechtlich verbindlichen Rahmen für die künftige Projektgenehmigung handeln muss. Diese Voraussetzung ist nicht erst dann erfüllt, wenn der Rahmen von der Behörde als strikt bindende Vorgabe zu beachten ist, sondern bereits dann, wenn sie ihn als abwägungsrelevante Vorgabe zu berücksichtigen hat. Bereits dadurch, dass die SUP-Richtlinie abwägungsrelevante Vorgaben für die von ihr erfassten Pläne und Programme setzt, nimmt sie Einfluss auf die Genehmigung UVP-pflichtiger Projekte.[607]

---

604 *Uebbing*, Umweltprüfung bei Raumordnungsplänen, 2004, S. 17.

605 *Hendler/Wu*, DVBl. 2014, S. 78 (80).

606 *Schenderlein*, Rechtsschutz und Partizipation im Umweltrecht, 2013, S. 143 f.

607 *Hendler*, NuR 2003, S. 2 (8 f.); *Uebbing*, Umweltprüfung bei Raumordnungsplänen, 2004, S. 63 ff.; *Schink*, NVwZ 2005, S. 615 (618).

Gemäß Art. 3 Abs. 2 lit. a) SUP-Richtlinie wird unter anderem der Bereich Energie erfasst. Eine Strategische Umweltprüfung ist daher gemäß Art. 3 Abs. 2 lit. a) SUP-Richtlinie i.V.m. Anhang I Nr. 20 UVP-Richtlinie bei Plänen und Programmen durchzuführen, durch die der Rahmen für die künftige Genehmigung von Hochspannungsfreileitungen für eine Stromstärke von 220 kV oder mehr und mit einer Länge von mehr als 15 km gesetzt wird. Die Bundesfachplanung stellt einen Plan in Sinne dieser Regelung dar.[608] Vor diesem Hintergrund fällt die das Planfeststellungsverfahren vorbereitende Bundesfachplanung nach §§ 4 ff. NABEG in den Geltungsbereich der SUP-Richtlinie.

bb) Verfahren der Öffentlichkeitsbeteiligung

(1) Information der Öffentlichkeit

Die SUP-Richtlinie verzichtet im Vergleich zur UVP-Richtlinie auf die ausdrückliche Normierung einer Regelung, die allgemeine Öffentlichkeit über eine bevorstehende behördliche Entscheidung zu einer Planung zu informieren. Nach Art. 6 Abs. 1 SUP-Richtlinie sind ihr jedoch bestimmte Unterlagen zugänglich zu machen. Damit impliziert die Vorschrift, dass die allgemeine Öffentlichkeit darüber zu informieren ist, wann und wo ihr die Unterlagen zugänglich gemacht werden.[609]

(2) Zugänglichmachung von Unterlagen

Eine wiederum ausdrückliche Regelung enthält Art. 6 Abs. 1 SUP-Richtlinie in Bezug auf den der Öffentlichkeit zugänglich zu machenden Entwurf des Plans oder Programms und des Umweltberichts. Im Unterschied zu Art. 6 Abs. 3 UVP-Richtlinie wird die Zugänglichmachung der Unterlagen nicht auf die betroffene Öffentlichkeit beschränkt.[610] Art. 6 Abs. 1 SUP-Richtlinie regelt somit eine Informations- bzw. Unterrichtungspflicht, die sich auf die allgemeine Öffentlichkeit im Sinne von Art. 2 lit. d) SUP-Richtlinie bezieht.

(3) Frühzeitige Öffentlichkeitsbeteiligung und Möglichkeit der Stellungnahme

Neben den Behörden muss auch der Öffentlichkeit gemäß Art. 6 Abs. 2 SUP-Richtlinie innerhalb ausreichend bemessener Fristen frühzeitig und effektiv

---

608 *Appel*, in: Säcker, Energierecht, 2014, § 5 NABEG Rn. 131.

609 *Hendler/Wu*, DVBl. 2014, S. 78 (80 f.).

610 *Hendler/Wu*, DVBl. 2014, S. 78 (81).

Gelegenheit gegeben werden, vor der Annahme des Plans oder Programms oder seiner Einbringung in das Gesetzgebungsverfahren zum Entwurf des Plans oder des Programms und zu dem begleitenden Umweltbericht Stellung zu nehmen. Der Informationspflicht folgt also eine Konsultationspflicht. Der Kreis derjenigen, denen Gelegenheit zur Stellungnahme einzuräumen ist, kann gemäß Art. 6 Abs. 4 SUP-Richtlinie von den Mitgliedstaaten bestimmt werden. Art. 6 Abs. 4 SUP-Richtlinie stellt insoweit eine Mindestanforderung auf, als der Begriff der Öffentlichkeit im Sinne des Art. 6 Abs. 2 SUP-Richtlinie die vom Entscheidungsprozess der Richtlinie Betroffenen oder voraussichtlich Betroffenen oder die daran Interessierten einschließt.[611] Während der Planentwurf und der Umweltbericht nach Art. 6 Abs. 1 SUP-Richtlinie der allgemeinen Öffentlichkeit zugänglich zu machen sind, reduziert sich der Kreis der zu beteiligenden Personen im Laufe des Verfahrens.[612] Für die Öffentlichkeitsbeteiligung bei umweltbezogenen Plänen eröffnet Art. 7 Aarhus-Konvention zugunsten der Vertragsstaaten einen größeren Gestaltungsspielraum als Art. 6 Aarhus-Konvention für die Öffentlichkeitsbeteiligung bei Vorhabengenehmigungen. Nach Art. 7 S. 3 Aarhus-Konvention ermittelt die zuständige Behörde die Öffentlichkeit, die sich beteiligen kann, unter Berücksichtigung der Ziele der Konvention. Die Begrenzung der Möglichkeit zur Abgabe von Stellungnahmen auf die betroffene Öffentlichkeit durch Art. 6 Abs. 2, 4 SUP-Richtlinie begegnet vor diesem Hintergrund keinen Bedenken.[613]

(4) Verfahrensabschließende Bestimmungen

Entsprechend der Vorgaben von Art. 7 S. 2 Aarhus-Konvention sind nach Art. 8 SUP-Richtlinie der erstellte Umweltbericht und die Ergebnisse der Öffentlichkeitsbeteiligung von der Behörde bei der Entscheidungsfindung, also bei der Ausarbeitung und vor der Annahme des Plans, zu berücksichtigen.

Gemäß Art. 9 Abs. 1 SUP-Richtlinie sind der allgemeinen Öffentlichkeit sowohl die getroffene Planungsentscheidung als auch weitere Angaben bekannt zu geben und zugänglich zu machen.

---

611 *Töllner*, Anwendungsbereich und Umsetzung der Plan-UVP-Richtlinie, 2004, S. 68 f.

612 Ähnlich wie die UVP-Richtlinie verfolgt die SUP-Richtlinie somit ein sog. „trichterförmiges" Modell der Öffentlichkeitsbeteiligung, *Uebbing*, Umweltprüfung bei Raumordnungsplänen, 2004, S. 191; *Töllner*, Anwendungsbereich und Umsetzung der Plan-UVP-Richtlinie, 2004, S. 68 f.

613 *Hendler/Wu*, DVBl. 2014, S. 78 (81).

cc) Rechtsschutz

Schon bei der Analyse der Rechtsschutzbestimmungen in Art. 9 Abs. 2 Aarhus-Konvention wurde herausgearbeitet, dass der Zugang zu Gerichten bei der Öffentlichkeitsbeteiligung an Plänen, Programmen und Politiken nach der Konzeption der Aarhus-Konvention nicht zwingend erforderlich ist. Im Hinblick auf "Pläne und Programme" ist ein solcher Zugang auch nach der SUP-Richtlinie nicht vorgesehen. Die Rechtsschutzbestimmungen der Aarhus-Konvention hinsichtlich der Öffentlichkeitsbeteiligung beziehen sich somit nur auf die umweltrelevanten Einzelprojekte. Dementsprechend fehlt auch in der SUP-Richtlinie eine spezielle, den Rechtsschutz im Rahmen von Plänen und Programmen betreffende Regelung.

3. Zusammenfassung

Im Unterschied zur UVP-Richtlinie nimmt die SUP-Richtlinie nicht ausdrücklich Bezug auf die Aarhus-Konvention. Dennoch zeigt ein systematischer Vergleich mit der Öffentlichkeitsbeteiligungsrichtlinie, dass die SUP-Richtlinie auf Vorgaben der Aarhus-Konvention beruht. Insbesondere die Vorschriften über die Verfahrensbeteiligung der Öffentlichkeit gehen auf sie zurück.[614]

Bereits in ihrer Begründung zu dem Vorschlag für eine Öffentlichkeitsbeteiligungsrichtlinie hebt die Kommission die Bedeutung einer effektiven Beteiligung der Öffentlichkeit an umweltbezogenen Entscheidungsverfahren hervor. Vor dem Hintergrund der von der Europäischen Union und den Mitgliedstaaten unterzeichneten und ratifizierten Aarhus-Konvention sollten „die einschlägigen Bestimmungen des Gemeinschaftsrechts korrekt mit den Bestimmungen des Übereinkommens in Einklang gebracht werden."[615] In Bezug auf Art. 7 des Übereinkommens sei es erforderlich, eine Öffentlichkeitsbeteiligung bei der Ausarbeitung und Überarbeitung bestimmter Pläne und Programme vorzusehen, die im Rahmen mehrerer geltender Richtlinien vorgeschrieben sind. So enthielten der Vorschlag für eine Richtlinie über die Prüfung der Umweltauswirkungen bestimmter Pläne und Programme ("SUVP-Vorschlag") und die Richtlinie des Europäischen Parlaments und des Rates zur Schaffung eines Ordnungsrahmens für Maßnahmen der Gemeinschaft im Bereich der Wasserpolitik ("Wasserrahmenrichtlinie") bereits Bestimmungen, die mit Art. 7 in Einklang

---

614 *Kment*, Nationale Unbeachtlichkeits-, Heilungs- und Präklusionsvorschriften, 2005, S. 104; *Grünewald*, Die Betonung des Verfahrensgedankens, 2009, S. 217.

615 KOM(2000) 839 endgültig, S. 2.

stünden und zahlreiche Pläne und Programme erfassten. Für andere Pläne und Programme, die einen eindeutigen Umweltbezug haben, sei es erforderlich, Vorschriften für die Öffentlichkeitsbeteiligung vorzusehen.[616] Zur Angleichung der einschlägigen Bestimmungen des Unionsrechts an die Bestimmungen der Aarhus-Konvention wurde die Öffentlichkeitsbeteiligungsrichtlinie erlassen. Auch sie nimmt in ihren Erwägungsgründen den Gedanken der Harmonisierung des Unionsrechts auf Grundlage der Aarhus-Konvention auf.[617] Die SUP-Richtlinie wird gemäß Art. 2 Abs. 5 Öffentlichkeitsbeteiligungsrichtlinie vom Geltungsbereich der Öffentlichkeitsbeteiligungsrichtlinie ausdrücklich ausgenommen, da ihre Bestimmungen bereits mit Art. 7 Aarhus-Konvention in Einklang stehen.[618]

Vor diesem Hintergrund verwundert es nicht, dass die Ausgestaltung der Öffentlichkeitsbeteiligung nach der SUP-Richtlinie im Vergleich zu der der UVP-Richtlinie deutliche Parallelen aufweist. Hervorgehend aus der Verpflichtung von Art. 7 Aarhus-Konvention wird durch Art. 6 SUP-Richtlinie schon die Aufstellung von Plänen einer Pflicht zur Öffentlichkeitsbeteiligung unterworfen. Sie soll zu einer transparenteren Entscheidungsfindung und zur Vollständigkeit und Zuverlässigkeit der für die Prüfung bereitgestellten Informationen beitragen.[619] Nicht nur bei der Durchführung einzelner Projekte, sondern auch im Rahmen einer großflächigen Planung ist eine Öffentlichkeitsbeteiligung durchzuführen. Unter dem Gesichtspunkt einer effektiven Öffentlichkeitsbeteiligung ist dies bedeutsam, weil häufig bereits in den großräumig wirkenden Plänen, die der Realisierung von Einzelprojekten vorangehen, Grundzüge der Einzelvorhaben gelegt werden. Die Öffentlichkeit erst auf der nächsten Ebene im Rahmen der Aufstellung der einzelnen Vorhaben zu beteiligen, käme zu spät.[620] Die zeitlichen Vorgaben für die Verfahrensdurchführung machen deutlich, dass auch auf Planungsebene eine möglichst effektive Einflussnahmemöglichkeit von außen

---

616 KOM(2000) 839 endgültig, S. 5.

617 Präambel, 5. und 10. Erwägungsgrund Öffentlichkeitsbeteiligungsrichtlinie. Im 10. Erwägungsgrund heißt es weiter: „Andere einschlägige Rechtsvorschriften der Gemeinschaft enthalten bereits Bestimmungen über die Beteiligung der Öffentlichkeit bei der Ausarbeitung von Plänen und Programmen, und in Zukunft werden Anforderungen hinsichtlich der Beteiligung der Öffentlichkeit im Einklang mit dem Århus-Übereinkommen von Anfang an in die einschlägigen Rechtsvorschriften einbezogen.“

618 *Töllner*, Anwendungsbereich und Umsetzung der Plan-UVP-Richtlinie, 2004, S. 70 f.; *Wiesinger*, Innovation im Verwaltungsrecht, 2013, S. 124.

619 Präambel, 15. Erwägungsgrund SUP-Richtlinie.

620 *Wiesinger*, Innovation im Verwaltungsrecht, 2013, S. 128 f.

auf das Verwaltungsverfahren gewährleistet werden soll, um die Informationsgrundlage für die Entscheidung zu erweitern und den Entscheidungsprozess zu bereichern.[621]

B. Subjektiv-öffentliche Rechte im Rahmen der Bundesfachplanung

I. Das subjektive Recht auf gerechte Abwägung

1. Inhalt und Verfahren der Bundesfachplanung

a) Begriffsbestimmung

Zweck der Bundesfachplanung ist es gemäß § 4 NABEG, Trassenkorridore zu bestimmen, die die Grundlage für das anschließende Planfeststellungsverfahren sind. Nach der Legaldefinition des § 3 Nr. 7 NABEG sind Trassenkorridore im Sinne des NABEG die als Entscheidung der Bundesfachplanung auszuweisenden Gebietsstreifen, innerhalb derer die Trasse einer Stromleitung verläuft und für die die Raumverträglichkeit festgestellt werden soll oder festgestellt ist. Nach der Gesetzesbegründung soll der Gebietsstreifen eine Breite von 500 m bis höchstens 1000 m aufweisen.[622]

Den Begriff der Trasse definiert § 3 Nr. 6 NABEG als die von einem Leitungsvorhaben in Anspruch genommene oder in ihrer sonstigen Nutzbarkeit beschränkte Fläche. In Abgrenzung zu dem Begriff des Trassenkorridors ergibt sich bereits aus dem Wortlaut des § 3 Nr. 7 NABEG, dass der Begriff der Trasse enger zu fassen ist als der Begriff des Trassenkorridors. Die Trasse verläuft als konkreter, parzellenscharfer Verlauf des jeweiligen Leitungsbauwerks innerhalb des Gebietsstreifens. Sie erfasst über die von der Stromleitung überbauten und überspannten Flächen hinaus auch die parallel zu der Stromleitung verlaufenden Schutzstreifen.[623] Den von § 3 Nr. 7 NABEG verwendeten Begriff der Stromleitung definiert das Gesetz nicht weiter. Hierzu gehört unter anderem die gesamte bauliche Anlage aus Fundamenten, Sockeln, Masten und stromführenden Leiterseilen.[624] Die Entscheidung der genauen Gestaltung der Höchstspannungsleitung selbst erfolgt erst durch den Planfeststellungsbeschluss.[625]

---

621 *Kment*, Nationale Unbeachtlichkeits-, Heilungs- und Präklusionsvorschriften, 2005, S. 105.

622 BT-Drs. 17/6073, S. 19 und 23.

623 *Weghake*, Planungs- und Zulassungsverfahren, 2015, S. 104 f.

624 *Weghake*, Planungs- und Zulassungsverfahren, 2015, S. 105.

625 *Eding*, Bundesfachplanung, 2016, S. 128.

b) Prüfprogramm

Die Bundesfachplanung wird gemäß § 12 NABEG durch die Entscheidung der Bundesnetzagentur über den Antrag des Vorhabenträgers abgeschlossen. Den Inhalt gibt § 12 Abs. 2 S. 1 NABEG vor, wonach die Bundesfachplanungsentscheidung im Wesentlichen den Verlauf eines raumverträglichen Trassenkorridors sowie die an den Landesgrenzen gelegenen Länderübergangspunkte (Nr. 1), eine Bewertung sowie eine zusammenfassende Erklärung der Umweltauswirkungen des Trassenkorridors (Nr. 2), bei Vorhaben im Sinne von § 2 Abs. 5 BBPlG, für die der grundsätzliche Vorrang der Erdverkabelung gilt, eine Kennzeichnung, inwieweit sich der Trassenkorridor für die Errichtung und den Betrieb eines Erdkabels eignet, (Nr. 3) sowie das Ergebnis der Prüfung von alternativen Trassenkorridoren (Nr. 4) enthalten muss.

Die materiellen Anforderungen an die Bundesfachplanung regelt jedoch § 5 Abs. 1 NABEG, der die zentrale Norm für die sachliche Prüfung der Bundesfachplanungsentscheidung darstellt. Diese Vorschrift bestimmt Inhalt und Umfang der Prüfung zur Bestimmung von Trassenkorridoren.[626] Gemäß § 5 Abs. 1 S. 2 NABEG prüft die Bundesnetzagentur, ob der Verwirklichung des Vorhabens in einem Trassenkorridor überwiegende öffentliche oder private Belange entgegenstehen. Des Weiteren prüft sie die Übereinstimmung mit den Erfordernissen der Raumordnung und die Abstimmung mit anderen raumbedeutsamen Planungen und Maßnahmen (§ 5 Abs. 2 S. 1 NABEG). Zudem sind nach § 5 Abs. 4 S. 1 NABEG auch etwaige ernsthaft in Betracht kommende Alternativen von Trassenkorridoren Gegenstand der Prüfung. Ein weiterer wesentlicher Bestandteil der Bundesfachplanung ist die gemäß § 5 Abs. 7 NABEG grundsätzlich durchzuführende Strategische Umweltprüfung.

Die Festlegung der Trassenkorridore durch die Bundesnetzagentur erfolgt durch eine Abwägungsentscheidung. In Abgrenzung zur nachvollziehenden Abwägung[627] handelt es sich bei der Bundesfachplanungsentscheidung nach ganz überwiegender Auffassung um eine umfassende planerische (gestaltende)

---

626 *Weghake*, Planungs- und Zulassungsverfahren, 2015, S. 105; *Eding*, Bundesfachplanung, 2016, S. 131.

627 Bei der nachvollziehenden Abwägung geht es um das Auffinden vorgegebener gesetzlicher Wertentscheidungen, die für den Einzelfall konkretisiert werden (zum Beispiel § 15 Abs. 5 BNatSchG). Sie unterliegt einer vollinhaltlich überprüfbaren gerichtlichen Kontrolle, *Köck*, in: Hoffmann-Riem/Schmidt-Aßmann/Voßkuhle, Grundlagen des Verwaltungsrechts Band II, 2012, § 37 Rn. 105; *Weghake*, Planungs- und Zulassungsverfahren, 2015, S. 106.

Abwägung, bei der im Sinne des rechtsstaatlichen Abwägungsgebots alle für die Entscheidungsfindung relevanten Belange eingestellt und gegeneinander abgewogen werden. Nur eine bereits auf Ebene der Bundesfachplanung stattfindende umfassende Abwägung aller trassenrelevanten Belange kann die in § 15 Abs. 1 S. 1 NABEG angeordnete Verbindlichkeit der Bundesfachplanungsentscheidung für das nachfolgende Planfeststellungsverfahren verfassungsrechtlich rechtfertigen.[628] Aufgrund der Bindungswirkung wird mit der im Rahmen der Bundesfachplanung abschließenden räumlichen Festlegung des Trassenkorridors ein Teil der an sich in der Planfeststellung nach § 18 Abs. 4 S. 1 NABEG vorzunehmenden Abwägung vorweggenommen. Daher muss bereits die Bundesfachplanungsentscheidung den Anforderungen des Abwägungsgebots genügen.[629] Der Bundesnetzagentur ist ein planerischer Gestaltungsspielraum eingeräumt, für den die Abwägungsfehlerlehre und damit einhergehend eine eingeschränkte gerichtliche Kontrolldichte gilt.[630]

Die Festlegung des Trassenkorridors entfaltet noch keine enteignungsrechtliche Vorwirkung.[631] Diese kommt gemäß § 18 Abs. 5 NABEG i.V.m. § 45 EnWG erst dem Planfeststellungsbeschluss bzw. der Plangenehmigung[632] zu, der bzw. die die Enteignung zur Verwirklichung des Vorhabens dem Grunde nach für zulässig erklärt. Die Enteignungsbehörde ist an den festgestellten oder genehmigten Plan gebunden. Im nachfolgenden Enteignungsverfahren wird nur noch über den konkret-individuellen Entzug der Eigentumsposition zur Verwirklichung des Vorhabens und die Festsetzung der Enteignungsentschädigungshöhe entschieden.[633]

---

628 *Durner*, DVBl. 2011, S. 853 (856); *ders.*, DVBl. 2013, S. 1564 (1568); *Dippel/Homburg*, I+E 2014, S. 248 (250). A.A. *Leidinger*, DVBl. 2014, S. 683 (690), der von einer nachvollziehenden Abwägung ausgeht.

629 *Eding*, Bundesfachplanung, 2016, S. 156.

630 *de Witt*, in: de Witt/Scheuten, NABEG, 2013, § 5 Rn. 9 ff.; *Weghake*, Planungs- und Zulassungsverfahren, 2015, S. 106 ff.; *Kment*, NVwZ 2015, S. 616 (621).

631 *de Witt*, in: de Witt/Scheuten, NABEG, 2013, § 12 Rn. 37; *Appel*, in: Säcker, Energierecht, 2014, § 5 NABEG Rn. 45.

632 Vgl. zu den verfassungsrechtlichen Bedenken in Bezug auf die enteignungsrechtliche Vorwirkung der Plangenehmigung *Hermes*, in: Britz/Hellermann/Hermes, EnWG, 2015, § 45 Rn. 24 ff.

633 *Kment*, in: Kment, EnWG, 2015, § 45 Rn. 10; *Nebel/Riese*, in: Steinbach/Franke, Kommentar zum Netzausbau, 2017, § 18 NABEG Rn. 168.

aa) Abwägung öffentlicher und privater Belange

Nach § 5 Abs. 1 S. 2 NABEG hat die Bundesnetzagentur bereits auf Ebene der Bundesfachplanung umfassend alle vom Vorhaben betroffenen öffentlichen und privaten Belange zu ermitteln und abzuwägen. Dies geht über das Raumordnungsverfahren hinaus, in dem gemäß § 15 ROG grundsätzlich nur die Auswirkungen auf raumbedeutsame Belange zu prüfen sind.

Wie bereits im Grundlagenteil dargestellt, ist der Begriff der Belange auch im Rahmen von § 5 Abs. 1 S. 2 NABEG weit zu verstehen. Viele öffentliche und private Belange werden regelmäßig bereits im Rahmen der Prüfung der Raumverträglichkeit nach § 5 Abs. 2 S. 1 NABEG und der nach § 5 Abs. 7 NABEG durchzuführenden Strategischen Umweltprüfung behandelt.[634] So sind die Ergebnisse der Strategischen Umweltprüfung in der Abwägungsentscheidung der Bundesfachplanung als öffentliche Belange zu berücksichtigen.[635] Zu den von der Bundesnetzagentur in der Abwägung zu berücksichtigenden öffentlichen Belangen können auch gemeindliche Belange wegen möglicher Auswirkungen auf das kommunale Selbstverwaltungsrecht und Beeinträchtigungen des Landschaftsbildes gehören. Ein weiterer in den Abwägungsprozess einzustellender Aspekt ist die Nutzung bereits vorhandener Infrastruktur (sog. Bündelungsgebot). Diese wirkt sich in dem betroffenen Gebiet als Vorbelastung schutzmindernd aus. Eine Bündelung ist denkbar in oder neben einer bestehenden Trasse oder mit anderen Infrastrukturen, selbst wenn sich diese bloß in Planung befinden.[636] Als in die Abwägung einzustellende private Belange kommen das Eigentum sowie Belange des Wohnens und – insbesondere unter dem Aspekt der Auswirkungen elektromagnetischer Felder – der menschlichen Gesundheit in Betracht.[637] Daneben können mögliche Beeinträchtigungen der Gewerbeausübung von Betrieben zu den betroffenen privaten Belangen gehören.[638]

Besondere Bedeutung für die Abwägungsentscheidung kommt der Privilegierungsregelung des § 1 S. 3 NABEG zu. Danach ist die Realisierung der Stromleitungen, die in den Geltungsbereich des NABEG fallen, aus Gründen

---

634 *Appel*, in: Säcker, Energierecht, 2014, § 5 NABEG Rn. 65 ff.

635 *de Witt*, in: de Witt/Scheuten, NABEG, 2013, § 5 Rn. 41; *Appel*, in: Säcker, Energierecht, 2014, § 5 NABEG Rn. 70.

636 *Appel*, in: Säcker, Energierecht, 2014, § 5 NABEG Rn. 56 ff.; *Kment*, NVwZ 2015, S. 616 (621).

637 *Durner*, DVBl. 2013, S. 1564 (1571); *de Witt*, in: de Witt/Scheuten, NABEG, 2013, § 5 Rn. 8; *Appel*, in: Säcker, Energierecht, 2014, § 5 NABEG Rn. 68.

638 *Appel*, in: Säcker, Energierecht, 2014, § 5 NABEG Rn. 69.

eines überragenden öffentlichen Interesses und im Interesse der öffentlichen Sicherheit erforderlich. Vorhaben, die unter das NABEG fallen, besitzen also gegenüber betroffenen öffentlichen oder privaten Belangen eine erhöhte Durchsetzungskraft. Damit sind sie der Pflicht zur Abwägung zwar nicht entzogen, entgegenstehende Belange können sich jedoch nur durchsetzen, wenn sie ein derart großes Gewicht aufweisen, das die überragend wichtigen Interessen am Ausbau der Energieleitungen übertrifft.[639]

bb) Raumverträglichkeitsprüfung

§ 5 Abs. 2 S. 1 NABEG konkretisiert das in § 5 Abs. 1 S. 2 NABEG geregelte Abwägungsgebot. Danach prüft die Bundesnetzagentur insbesondere die Übereinstimmung mit den Erfordernissen der Raumordnung im Sinne von § 3 Abs. 1 Nr. 1 ROG und die Abstimmung mit anderen raumbedeutsamen Planungen und Maßnahmen im Sinne von § 3 Abs. 1 Nr. 6 ROG.

Entscheidender Prüfungsmaßstab sind vor allem die Erfordernisse der Raumordnung.[640] Hierunter sind nach der Legaldefinition des § 3 Abs. 1 Nr. 1 ROG Ziele der Raumordnung, Grundsätze der Raumordnung und sonstige Erfordernisse der Raumordnung zu verstehen. So können Raumordnungspläne der Länder gemäß § 8 Abs. 5 S. 1 Nr. 3 lit. b) ROG Festlegungen zu Energieleitungstrassen in Form eines Zieles der Raumordnung enthalten, die mit in der Bundesfachplanung bestimmten Trassenkorridoren kollidieren können.[641]

Es besteht Uneinigkeit darüber, ob die raumordnerischen Festlegungen der Länder für die Bundesfachplanung Bindungswirkung entfalten. Eine solche Bindung käme Zielen der Raumordnung zu, die nach § 4 Abs. 1 S. 1 Nr. 1 ROG von öffentlichen Stellen bei raumbedeutsamen Planungen zu beachten sind. Ziele der Raumordnung sind gemäß § 3 Abs. 1 Nr. 2 ROG verbindliche Vorgaben in Form von räumlich und sachlich bestimmten oder bestimmbaren, vom Träger der Raumordnung abschließend abgewogenen (§ 7 Abs. 2) textlichen oder zeichnerischen Festlegungen in Raumordnungsplänen zur Entwicklung, Ordnung und Sicherung des Raums. Wie schon aus der Begriffsdefinition hervorgeht, begründet die Beachtenspflicht eine strikte Verbindlichkeit der Ziele. Sie

639 *Appel*, in: Säcker, Energierecht, 2014, § 5 NABEG Rn. 72 f.; *Kment*, NVwZ 2015, S. 616 (622). Zu der Frage, ob es sich bei § 1 S. 3 NABEG um ein planerisches Optimierungsgebot bzw. eine Abwägungsdirektive handelt, *Weghake*, Planungs- und Zulassungsverfahren, 2015, S. 112 ff.; *Eding*, Bundesfachplanung, 2016, S. 159 ff.

640 *Appel*, in: Säcker, Energierecht, 2014, § 5 NABEG Rn. 76.

641 *Kümper*, NVwZ 2014, S. 1409.

stellen verbindliche Vorgaben dar, die nicht durch Abwägung überwunden werden können.[642]

Zum Teil wird die Bundesfachplanung jedoch nicht als Planung einer öffentlichen Stelle im Sinne von § 4 Abs. 1 S. 1 Nr. 1 ROG, sondern als sonstige Entscheidungen öffentlicher Stellen über die Zulässigkeit raumbedeutsamer Planungen und Maßnahmen von Personen des Privatrechts im Sinne des § 4 Abs. 2 ROG qualifiziert. Träger der Bundesfachplanung sind nach dieser Ansicht die privaten Übertragungsnetzbetreiber und nicht die Bundesnetzagentur. In diesem Fall richtete sich die Bindungswirkung der Raumordnungsziele gemäß § 4 Abs. 2 ROG nach dem Fachrecht. Da das NABEG keine Beachtenspflichten enthält, hätten die raumordnerischen Festlegungen der Länder nur die Qualität von Grundsätzen der Raumordnung und wären im Rahmen der planerischen Abwägung lediglich zu berücksichtigen, könnten also auch weggewogen werden.[643]

Gegen diese Einordnung sprechen weitreichende Rechte, die der Bundesnetzagentur gegenüber den Vorhabenträgern zukommt. Wenn auch die Bundesfachplanung durch Antrag des Übertragungsnetzbetreibers eingeleitet wird, so kann doch die Bundesnetzagentur die in § 6 S. 2 NABEG geregelte gesetzliche Frist von 18 Monaten, innerhalb derer spätestens ein Antrag auf Bundesfachplanung durch den Vorhabenträger gestellt werden muss, gemäß § 34 NABEG mittels Festsetzung eines Zwangsgeldes durchsetzen. Ihr ist außerdem ein erheblicher Gestaltungsspielraum eingeräumt, da sie gemäß § 7 Abs. 3 S. 4 NABEG nicht an den Antrag des Vorhabenträgers gebunden ist, sondern letztverantwortlich die Entscheidung über den Verlauf des raumverträglichen Trassenkorridors nach § 12 Abs. 2 NABEG trifft. Sie hat daher weitreichende Einflussmöglichkeit auf das Verfahren, den Gegenstand und somit auf das Ergebnis der Bundesfachplanung. Auch die Bindungswirkung dieser Entscheidung gemäß § 15 Abs. 1 S. 1 NABEG für die nachfolgende Planfeststellung spricht für die Bundesfachplanung als Planung einer öffentlichen Stelle im Sinne von § 4 Abs. 1 S. 1 Nr. 1 ROG.[644]

---

642 *Koch*, Energie-Infrastrukturrecht zwischen Raumordnung und Fachplanung, in: Schlacke/Schubert, Energie-Infrastrukturrecht, 2015, S. 65 (70); *Kümper*, NVwZ 2014, S. 1409.

643 So *de Witt*, in: de Witt/Scheuten, NABEG, 2013, § 5 Rn. 22; *Appel*, NVwZ 2013, S. 457 (459); *Riese/Nebel*, in: Steinbach/Franke, Kommentar zum Netzausbau, 2017, § 5 NABEG Rn. 81 f.; *Sangenstedt/Salm*, in: Steinbach/Franke, Kommentar zum Netzausbau, 2017, § 7 NABEG Rn. 53.

644 *Koch*, Energie-Infrastrukturrecht zwischen Raumordnung und Fachplanung, in: Schlacke/Schubert, Energie-Infrastrukturrecht, 2015, S. 65 (73); *Kümper*, NVwZ 2014, S. 1409 (1410); *Kment*, NVwZ 2015, S. 616 (619); *Schlacke*, NVwZ 2015, S. 626 (629).

Mithin können bereits bestehende, verbindlich wirkende landesplanerische Ziele der Raumordnung von der Bundesnetzagentur nicht im Wege der Abwägung überwunden werden. Auch der nach § 15 Abs. 1 S. 2 NABEG geltende Vorrang der Bundesfachplanung vor Landesfachplanungen widerspricht dem nicht. Bereits die systematische Stellung der Vorschrift im Bereich der Rechtsfolgen und nicht im Regelungskontext der in § 5 NABEG normierten Voraussetzungen sowie die Gesetzesmaterialien[645] sprechen dafür, dass er sich nur auf der Bundesfachplanung widersprechende Festlegungen in späteren und nicht auf solchen in bereits bestehenden Raumordnungsplänen bezieht.[646] Mit dem Gesetz zur Beschleunigung des Energieleitungsausbaus vom 13. Mai 2019[647] hat der Gesetzgeber § 15 Abs. 1 S. 2 NABEG ergänzt und nunmehr ausdrücklich geregelt, dass Bundesfachplanungen grundsätzlich Vorrang vor nachfolgenden Landesplanungen und Bauleitplanungen haben.[648] Die Zielbindung kann entfallen, wenn die Bundesnetzagentur ihr unter den Voraussetzungen von § 5 ROG widerspricht. Dies ist gemäß § 5 Abs. 3 ROG auch nachträglich möglich. Außerdem ist ein Zielabweichungsverfahren nach § 6 Abs. 2 ROG denkbar.[649]

cc) Alternativenprüfung

Eine Pflicht zur Prüfung alternativer Trassen ergibt sich bereits aus dem Abwägungsgebot und ist ausdrücklich in § 5 Abs. 4 S. 1 NABEG geregelt. Bei der

---

645 BT-Drs. 17/6073, S. 27.

646 Ausführlich *Koch*, Energie-Infrastrukturrecht zwischen Raumordnung und Fachplanung, in: Schlacke/Schubert, Energie-Infrastrukturrecht, 2015, S. 65 (78 ff.); *Kümper*, NVwZ 2014, S. 1409 (1411 ff.). So auch *Sellner/Fellenberg*, NVwZ 2011, S. 1025 (1031); *Kment*, NVwZ 2015, S. 616 (620); *Schlacke*, NVwZ 2015, S. 626 (629). A.A. *de Witt*, in: de Witt/Scheuten, NABEG, 2013, § 5 Rn. 23; *Appel*, NVwZ 2013, S. 457 (460 f.); *Riese/Nebel*, in: Steinbach/Franke, Kommentar zum Netzausbau, 2017, § 5 NABEG Rn. 82; *Sangenstedt*, in: Steinbach/Franke, Kommentar zum Netzausbau, 2017, § 15 NABEG Rn. 37 ff.

647 BGBl. I, S. 706.

648 Mit der Ergänzung wird geregelt, dass die Bindungswirkung der Bundesfachplanung für die Planfeststellungsverfahren nach den §§ 18 ff. NABEG grundsätzlich nicht durch solche Landesplanungen und Bauleitplanungen beeinträchtigt werden kann, die nach der Bundesfachplanungsentscheidung nach § 12 NABEG erfolgen, BT-Drs. 19/7375, S. 75.

649 Ausführlich zu den Konfliktlösungsmechanismen im Kollisionsfall *Koch*, Energie-Infrastrukturrecht zwischen Raumordnung und Fachplanung, in: Schlacke/Schubert, Energie-Infrastrukturrecht, 2015, S. 65 (74 ff.). S. auch *Kümper*, NVwZ 2014, S. 1409 (1411); *Kment*, NVwZ 2015, S. 616 (620); *Schlacke*, NVwZ 2015, S. 626 (629 f.).

Prüfung der ernsthaft in Betracht kommenden Alternativen ist die Bundesnetzagentur als Planungsbehörde nicht verpflichtet, die Variantenentscheidung bis zuletzt offen zu halten und alle von ihr zu einem bestimmten Zeitpunkt erwogenen Alternativen gleichermaßen detailliert und umfassend zu untersuchen. Trassenalternativen, die auf Grundlage einer Grobanalyse als weniger geeignet erscheinen, kann sie schon in einem frühen Verfahrensstadium ausscheiden.[650] Die dann noch ernsthaft in Betracht kommenden Trassenvarianten hat sie im weiteren Planungsverfahren detaillierter zu untersuchen und in ihre Überlegungen ebenso einzubeziehen wie die von ihr favorisierte Trasse.[651] Für die Untersuchungstiefe der Prüfpflicht ist insbesondere der Grad der Beeinträchtigung öffentlicher und privater Belange maßgeblich. Sie ist somit situationsabhängig.[652] Verfährt sie in dieser Weise, so handelt sie bei der Auswahl zwischen mehreren Trassenvarianten nicht schon deswegen abwägungsfehlerhaft, wenn sich herausstellt, dass die von ihr verworfene Lösung ebenfalls mit guten Gründen vertretbar gewesen wäre, sondern erst, wenn sich ihr diese Lösung als die vorzugswürdige hätte aufdrängen müssen.[653]

Eine Pflicht zur Prüfung der sog. „Null-Variante" im Rahmen der Alternativenprüfung besteht nicht.[654] Danach wäre zu prüfen, ob in der Abwägung unüberwindliche Belange dazu nötigen, von der Stromleitung insgesamt Abstand zu nehmen.[655] Wenn für das Vorhaben jedoch zwingende Gründe des überwiegenden öffentlichen Interesses streiten, stellt sich nicht mehr die Frage, ob auf das Vorhaben insgesamt verzichtet werden kann.[656] Dies ist im Energieleitungsausbaurecht nach § 1 S. 3 NABEG der Fall. Danach ist die Realisierung der Stromtrassen aus Gründen eines überragenden öffentlichen Interesses und im Interesse der öffentlichen Sicherheit erforderlich.

---

650 BVerwG, Urteil vom 25.01.1996 – 4 C 5.95 –, BVerwGE 100, 238 (249 f.).

651 BVerwG, Beschluss vom 24.04.2009 – 9 B 10/09 –, NVwZ 2009, S. 986 (987).

652 BVerwG, Urteil vom 14.11.2002 – 4 A 15.02 –, BVerwGE 117, 149 (160); *Kment*, NVwZ 2015, S. 616 (622).

653 BVerwG, Urteil vom 26.02.1999 – 4 A 47/96 –, NVwZ 2000, S. 600; *de Witt*, in: de Witt/Scheuten, NABEG, 2013, § 5 Rn. 28.

654 *Appel*, in: Säcker, Energierecht, 2014, § 5 NABEG Rn. 125; *Kment*, NVwZ 2015, S. 616 (622 f.).

655 BVerwG, Urteil vom 10.04.1997 – 4 C 5.96 –, BVerwGE 104, 236 (250).

656 BVerwG, Urteil vom 17.01.2007 – 9 A 20.05 –, BVerwGE 128, 1 (66).

dd) Strategische Umweltprüfung

Im Rahmen der Bundesfachplanung ist regelmäßig eine Strategische Umweltprüfung[657] gemäß § 5 Abs. 7 NABEG i.V.m. Anlage 5 Nr. 1.11 UVPG durchzuführen. Lediglich unter den Voraussetzungen der § 11 NABEG i.V.m. § 37 S. 1 UVPG ist eine Ausnahme und eine Durchführung der Bundesfachplanung im vereinfachten Verfahren möglich.[658] Für die Durchführung der Strategischen Umweltprüfung sind die Mindestanforderungen der §§ 38-46 UVPG zu beachten. Darüber hinaus sind die die Vorgaben des UVPG ergänzenden Regelungen der §§ 6 ff. NABEG zu prüfen, die als spezialgesetzliche Regelungen gemäß § 38 UVPG Vorrang haben.[659]

Die Einführung der Strategischen Umweltprüfung[660] dient der Umsetzung der unionsrechtlichen Vorgaben der SUP-Richtlinie. Diese Neuregelung über die bereits bestehenden Vorgaben der Umweltverträglichkeitsprüfung hinaus beruhte auf der Erkenntnis, dass letztere häufig zu spät, nämlich erst im Zusammenhang mit der konkreten Zulassungsentscheidung erfolgt. Diese steht am Ende eines in der Regel mehrphasigen oder gestuften Entscheidungsprozesses, wird also zu einem Zeitpunkt durchgeführt, in dem relevante Vorentscheidungen zur Realisierung des Vorhabens, zum Beispiel in Bezug auf den Trassenverlauf, bereits getroffen wurden.[661] Mit der durch die SUP-Richtlinie eingeführten Pflicht zur Umweltverträglichkeitsprüfung, insbesondere auch hinsichtlich Standort- und Trassenalternativen, bereits auf vorgelagerter Planungs- und Programmebene sollen voraussichtliche Umweltbeeinträchtigungen frühzeitig erkannt, bewertet und auch auf ihre materiell-rechtliche Zulässigkeit geprüft werden.[662]

Im Rahmen der Strategischen Umweltprüfung auf Ebene der Bundesfachplanung sind die raumbedeutsamen Auswirkungen auf die in § 2 Abs. 1 UVPG geregelten Schutzgüter zu ermitteln, zu beschreiben und zu bewerten.[663] Die

---

657 Zum Teil wird auch der Begriff der „Plan-UVP" verwendet.

658 *Appel*, in: Säcker, Energierecht, 2014, § 5 NABEG Rn. 132; *Kment*, NVwZ 2015, S. 616 (618).

659 *de Witt*, in: de Witt/Scheuten, NABEG, 2013, § 5 Rn. 37; *Schink*, in: Schink/Reidt/Mitschang, UVPG/UmwRG, 2018, § 38 UVPG Rn. 1.

660 Neben den §§ 33 ff. UVPG existieren zum Teil auch fachgesetzliche Regelungen zur Strategischen Umweltprüfung in § 9 ROG oder § 2 Abs. 4 BauGB, *Appel*, in: Säcker, Energierecht, 2014, § 5 NABEG Rn. 130.

661 *Schink*, NVwZ 2005, S. 615; *Hendler*, NVwZ 2005, S. 977.

662 *Schink*, NVwZ 2005, S. 615 (616); *Hendler*, NVwZ 2005, S. 977.

663 *Sellner/Fellenberg*, NVwZ 2011, S. 1025 (1031); *Weghake*, Planungs- und Zulassungsverfahren, 2015, S. 93 f.

Strategische Umweltprüfung hat im Wesentlichen folgende verfahrensrechtliche Schritte zu vollziehen: Zunächst legt die zuständige Behörde nach § 39 UVPG den Untersuchungsrahmen der Strategischen Umweltprüfung einschließlich des Umfangs und des Detaillierungsgrads der in den Umweltbericht nach § 40 UVPG aufzunehmenden Angaben fest. Die zuständige Behörde erstellt gemäß § 40 UVPG einen Umweltbericht, in dem die voraussichtlichen erheblichen Umweltauswirkungen der Durchführung des Plans oder Programms sowie vernünftiger Alternativen ermittelt, beschrieben und bewertet werden. § 40 UVPG setzt Art. 5 Abs. 1 i.V.m. Anhang I SUP-Richtlinie um.[664] Nach den §§ 41, 42 UVPG ist eine Behörden- und Öffentlichkeitsbeteiligung durchzuführen, wobei für das Verfahren der Bundesfachplanung im Hinblick auf die nationale Behörden- und Öffentlichkeitsbeteiligung die in § 9 NABEG vorrangig geltenden Spezialregelungen zu beachten sind.[665] Im Anschluss daran überprüft die Bundesnetzagentur nach § 43 Abs. 1 UVPG die Darstellungen und Bewertungen des Umweltberichts unter Berücksichtigung der ihr übermittelten Stellungnahmen und Äußerungen. Das Ergebnis dieser Überprüfung ist nach § 43 Abs. 2 UVPG im Verfahren zur Aufstellung oder Änderung des Plans oder Programms zu berücksichtigen. Insoweit werden die Vorgaben von Art. 8 SUP-Richtlinie umgesetzt. Die Bundesnetzagentur muss somit das Ergebnis der Strategischen Umweltprüfung als öffentlichen Belang in die umfassende planerische Abwägung einstellen. Das Überprüfungsergebnis hat keinen Gewichtungsvorrang gegenüber konkurrierenden Belangen, kann also im Wege der Abwägung zugunsten höherrangiger Interessen zurückgestellt werden.[666]

Die von der SUP-Richtlinie vorgesehene Umweltprüfung stellt wie die Umweltverträglichkeitsprüfung der UVP-Richtlinie zunächst ein verfahrensbezogenes Instrument ohne unmittelbare materiell-rechtliche Wirkung dar. Auf Grundlage eines standardisierten Verfahrens sollen mögliche Umweltauswirkungen dargestellt und bewertet werden, ohne die materiell-rechtlichen Zulassungsvoraussetzungen zu verändern.[667] Diese Erkenntnisse sollen in den Entscheidungsprozess einfließen. Die Strategische Umweltprüfung zielt darauf ab, Umweltaspekten in der planerischen Abwägungsentscheidung möglichst

---

664 *Schink*, in: Schink/Reidt/Mitschang, UVPG/UmwRG, 2018, § 40 UVPG Rn. 4.

665 *Appel*, in: Säcker, Energierecht, 2014, § 5 NABEG Rn. 144 f.

666 *Hendler*, NVwZ 2005, S. 977 (983); *de Witt*, in: de Witt/Scheuten, NABEG, 2013, § 12 Rn. 40 f.; *Appel*, in: Säcker, Energierecht, 2014, § 5 NABEG Rn. 151.

667 *Schink*, NVwZ 2005, S. 615 (616); *Appel*, in: Säcker, Energierecht, 2014, § 5 NABEG Rn. 129.

umfassend Geltung zu verschaffen. Auf diese Weise erhält die Umweltverträglichkeitsprüfung sowie die Umweltprüfung materielle Bedeutung und wirkt auch inhaltlich auf das Zulassungsrecht ein.[668]

ee) Naturschutzrechtliche Vorgaben für den Gebiets- und Artenschutz

Über die allgemeine Umweltverträglichkeitsprüfung hinaus können der Festlegung von Trassenverläufen auf Ebene der Bundesfachplanung besondere natur- und artenschutzrechtliche Vorgaben als Hindernisse entgegenstehen. So kommt insbesondere eine Prüfung der Verträglichkeit mit Natura 2000-Gebieten und speziellen artenschutzrechtlichen Anforderungen in Betracht. Diese naturschutzrechtlichen Vorgaben für den Gebiets- und Artenschutz stellen besonders gewichtige öffentliche Belange dar.[669] Sie sind zwingend zu berücksichtigen und können – vorbehaltlich einer Ausnahmeerteilung – auch nicht durch Abwägung überwunden werden.[670]

Prüfungsgegenstand der Bundesfachplanung ist somit gemäß § 34 BNatSchG auch eine mögliche Beeinträchtigung von Natura 2000-Gebieten durch Ausweisung von Trassenkorridoren. Zwar stellt die Bundesfachplanung noch nicht die konkrete Zulassung einer Höchstspannungsleitung dar und fällt somit nicht unter den Projektbegriff des § 34 BNatSchG. Gemäß § 15 Abs. 1 NABEG ist die Bundesfachplanung für die nachfolgende Planfeststellung jedoch bindend, so dass sie gemäß § 36 S. 1 Nr. 2 BNatSchG eine zu beachtende Planung darstellt und somit eine Natura 2000-Verträglichkeitsprüfung nach § 34 BNatSchG auch für sie durchzuführen ist.[671] Führt diese zu dem Ergebnis, dass die Festlegung eines Trassenkorridors ein Natura 2000-Gebiet erheblich beeinträchtigt, so ist sie gemäß § 36 S. 1 Nr. 2 i.V.m. § 34 Abs. 2 BNatSchG unzulässig, soweit nicht unter den Voraussetzungen nach § 34 Abs. 3-5 BNatSchG eine Ausnahme erteilt werden kann.

Eine weitere Hürde für die Bundesfachplanung können die besonderen artenschutzrechtlichen Vorschriften bilden, die als überwiegender öffentlicher Belang

668 *Schink*, NVwZ 2005, S. 615 (616); *Scheidler*, NVwZ 2005, S. 863 (864).

669 *Sangenstedt/Salm*, in: Steinbach/Franke, Kommentar zum Netzausbau, 2017, § 7 NABEG Rn. 65.

670 *Schlacke*, NVwZ 2015, S. 626 (630).

671 *Wahlhäuser*, UPR 2013, S. 427 (429); *Dippel/Hamborg*, I+E 2014, S. 248 (249); *Schlacke*, Rechtsschutz von Umweltverbänden gegen die Bundesfachplanung, in: Kment, Festschrift für Jarass, 2015, S. 379 (392); *Sangenstedt/Salm*, in: Steinbach/Franke, Kommentar zum Netzausbau, 2017, § 7 NABEG Rn. 91.

im Rahmen der Abwägung konkurrierenden Belangen in der Regel vorgehen.[672] Konflikte können insbesondere mit den in § 44 Abs. 1 BNatSchG normierten Zugriffsverboten entstehen. Bereits auf Bundesfachplanungsebene ist auch in diesem Zusammenhang zu gewährleisten, dass nur solche Korridore geplant werden, innerhalb derer zumindest eine artenschutzverträgliche Trasse zulässig ist.[673] Ergibt eine artenschutzrechtliche Vorprüfung, dass durch Festlegung eines Trassenkorridors artenschutzrechtliche Verbote verwirklicht werden könnten, ist eine umfassende artenschutzrechtliche Prüfung erforderlich. Diese bezieht eine Prüfung über die Erteilung von Ausnahmen gemäß § 45 Abs. 7 BNatSchG oder Befreiungen gemäß § 67 BNatSchG zumindest auf Ebene der Planfeststellung ein.[674]

c) *Rechtliche Betroffenheit*

Der in der Bundesfachplanung festgelegte Trassenkorridor wird also als raumverträglich, umweltverträglich und ohne überwiegende entgegenstehende öffentliche oder private Belange beurteilt. Diese Abwägungsbelange sind auch in der Planfeststellung zu berücksichtigen.[675] Es stellt sich die Frage, welchen Umfang und welche Tiefe das Prüfprogramm der Bundesfachplanung im Verhältnis zu dem der Planfeststellung aufweisen muss. Der Detailgrad der Planung eines Trassenkorridors kann sich auf die Rechtsschutzmöglichkeiten auswirken.[676] Ausweislich der Begründung des Regierungsentwurfs sollen die Trassenkorridore eine Breite von 500 m bis höchstens 1000 m aufweisen, die bei bestehenden Konfliktlagen verändert werden können.[677] Nach der Vorstellung des Gesetzgebers handelt es sich demnach um eine grobe Festlegung, die erst in der anschließenden Planfeststellung in eine parzellenscharfe Trasse überführt wird.[678] Gegen einen phasenspezifischen Rechtsschutz, mithin die Angreifbarkeit der Entscheidung über die Bundesfachplanung wegen der Verletzung materieller Rechte wird insoweit angeführt, dass sich der Umfang der individuellen Betroffenheit auf dieser Ebene aufgrund der großen Trassenbreite regelmäßig

672 *Sangensted/Salm*, in: Steinbach/Franke, Kommentar zum Netzausbau, 2017, § 7 NABEG Rn. 96.

673 *Schlacke*, NVwZ 2015, S. 626 (631); *Sangenstedt/Salm*, in: Steinbach/Franke, Kommentar zum Netzausbau, 2017, § 7 NABEG Rn. 96.

674 *Wahlhäuser*, UPR 2013, S. 427 (429 f.); *Schlacke*, NVwZ 2015, S. 626 (631).

675 *de Witt*, in: de Witt/Scheuten, NABEG, 2013, § 5 Rn. 12.

676 *Dippel/Hamborg*, I+E 2014, S. 248 (250).

677 BT-Drs. 17/6073, S. 19 und 23.

678 *Dippel/Hamborg*, I+E 2014, S. 248 (250).

nicht abschließend beurteilen lasse.[679] Dennoch können räumliche Gegebenheiten dazu führen, dass nur ein schmaler Trassenkorridor festgelegt werden kann, so dass eine detaillierte Prüfung erforderlich wird und eine rechtliche Betroffenheit bereits auf Ebene der Bundesfachplanung erkennbar ist.[680] Denn aus der Gesetzesbegründung geht auch hervor, dass der Trassenkorridor so gewählt werden soll, dass Vorhabenträger, private Betroffene und Länder bereits frühzeitig ein hohes Maß an Planungssicherheit erreichen.[681] Diese möglichst große Planungssicherheit weist auf eine weitgehende Konkretisierung und somit auf eine potenziell frühzeitige Rechtsverletzung bereits auf Ebene der Bundesfachplanung hin.[682] In welcher Tiefe die materiellen Vorgaben für das Prüfprogramm der Bundesfachplanung untersucht werden, kann nicht allgemein festgelegt werden, sondern ist von den Besonderheiten des Einzelfalls, insbesondere von den örtlichen Gegebenheiten innerhalb des Korridors abhängig.[683] Dennoch bestehen gesetzliche Vorgaben, die den Prüfungsumfang und die Prüfungstiefe in gewisser Weise determinieren.

aa) Prüfungstiefe

(1) Strikte Bindungswirkung der Bundesfachplanungsentscheidung

Die Entscheidung der Bundesnetzagentur über die Bundesfachplanung nach § 12 NABEG ist für die nachfolgende Ebene der Planfeststellung gemäß § 15 Abs. 1 S. 1 NABEG bindend. Insoweit unterscheidet sich die Bundesfachplanung von dem Ergebnis des Raumordnungsverfahrens, das lediglich den Charakter einer gutachterlichen Empfehlung hat und für das nachfolgende

---

679 *Sellner/Fellenberg*, NVwZ 2011, S. 1025 (1031); *Appel*, UPR 2011, S. 406 (413); *ders.*, ER 2012, S. 3 (6 f.); *Erbguth*, DVBl. 2012, S. 325 (328); *Geber*, Die Netzanbindung von Offshore-Anlagen im europäischen Supergrid, 2014, S. 246; *Weghake*, Planungs- und Zulassungsverfahren, 2015, S. 187 f. So im Grundsatz auch *Kment*, NVwZ 2015, S. 616 (625), der jedoch auch Ausnahmen bei großen Besitztümern oder räumlichen Verengungen erkennt.

680 *Dippel/Hamborg*, I+E 2014, S. 248 (252).

681 BT-Drs. 17/6073, S. 19.

682 *Ewer*, Rechtsschutz bei mehrstufigen Planungs- und Zulassungsverfahren am Beispiel der Energiewende, in: Kloepfer, Rechtsschutz im Umweltrecht, 2014, S. 61 (70), der jedoch im Ergebnis zur verfassungsrechtlichen Zulässigkeit von § 15 Abs. 3 S. 2 NABEG kommt, weil der Rechtsschutz auf der folgenden Stufe der Planfeststellung gewährt werde.

683 *Dippel/Hamborg*, I+E 2014, S. 248 (251 f.); *Kment*, NVwZ 2015, S. 616 (618).

Planfeststellungsverfahren nach §§ 43 ff. EnWG keine strikte Bindungswirkung auslöst.[684] Die Verbindlichkeit der Festlegung des Trassenkorridors hat zur Folge, dass die Trasse der Stromleitung zwingend innerhalb des im Verfahren der Bundesfachplanung festgelegten Korridors verlaufen muss. Die Genehmigung einer Stromleitung durch die Planfeststellungsbehörde außerhalb des Gebietsstreifens ist somit ausgeschlossen.[685]

Gegen eine absolute Verbindlichkeit der Bundesfachplanungsentscheidung werden zum Teil Bedenken erhoben und eine lediglich eingeschränkte Bindungswirkung befürwortet. Argumentiert wird mit dem verfassungsrechtlichen Abwägungsgebot, das es der Planfeststellungsbehörde bei der Verkehrswegeplanung erlaube, die Rechtmäßigkeit der Linienbestimmung zu überprüfen.[686] Daher solle auch die Planfeststellungsbehörde den nach § 12 NABEG festgelegten Trassenkorridor modifizieren können, wenn entgegenstehende überwiegende Belange dies in der planfeststellungsrechtlichen Abwägungsentscheidung erforderten.[687] Zur Begründung wird zudem eine Passage der Begründung des Regierungsentwurfs herangezogen, wonach die Trassenkorridore eine Breite von 500 m bis höchstens 1000 m aufweisen sollen, die bei bestehenden Konfliktlagen verändert werden können.[688]

Eine von dieser Auffassung eingeräumte Abweichungsbefugnis der Planfeststellungsbehörde ist jedoch mit der gesetzlichen Konzeption des NABEG nicht vereinbar.[689] Eine nachträgliche Korrektur der Ergebnisse der Bundesfachplanung durch die Planfeststellungsbehörde würde dem Sinn der Bundesfachplanung widersprechen. Durch gestufte Verfahren sollen die mit einem komplexen Großvorhaben verbundenen Probleme schrittweise bewältigt und die Entscheidungen auf jeder Stufe weiter konkretisiert werden. Dieser Verfahrensstufung und dem damit verfolgten Abschichtungseffekt würde es zuwiderlaufen, wenn die Ergebnisse der Bundesfachplanung durch die Planfeststellungsbehörde

---

684 *Franke*, Beschleunigung der Planungs- und Zulassungsverfahren beim Ausbau der Übertragungsnetze, in: Klees/Gent, Festschrift für Salje, 2013, S. 121 (133 f.); *Sangenstedt*, in: Steinbach/Franke, Kommentar zum Netzausbau, 2017, § 15 NABEG Rn. 15.

685 *Sangenstedt*, in: Steinbach/Franke, Kommentar zum Netzausbau, 2017, § 15 NABEG Rn. 13.

686 *Wagner*, DVBl. 2011, S. 1453 (1458).

687 *Moench/Ruttloff*, NVwZ 2011, S. 1040 (1043).

688 *Appel*, UPR 2011, S. 406 (409) mit Verweis auf BT-Drs. 17/6073, S. 19.

689 *Durner*, NuR 2012, S. 369 (373).

erneut in Frage gestellt werden könnten.[690] Zudem ist es dem Gesetzgeber nicht verwehrt, das Abwägungsgebot zu modifizieren und so auszugestalten, dass die Entscheidung über die Grobtrassierung abschließend auf vorgelagerten Planungsebenen getroffen wird und von der Planfeststellungsbehörde anschließend nicht mehr korrigiert werden kann. Die einzelnen Abwägungsschritte sind jedoch so auszugestalten, dass kein Abwägungsdefizit entsteht, mithin alle relevanten Belange berücksichtigt werden. Diese Voraussetzung wird im Verhältnis der Bundesfachplanung zur Planfeststellung eingehalten, da es sich bei der Bundesfachplanungsentscheidung um eine umfassende Abwägung handelt, bei der nach § 5 Abs. 1 S. 2, Abs. 2 S. 1, Abs. 4 S. 1 und Abs. 7 NABEG alle für die Entscheidungsfindung relevanten Belange eingestellt und gegeneinander abgewogen werden.[691] Schließlich geht auch der Hinweis auf die Formulierung der Begründung des Regierungsentwurfs fehl. Gemeint ist nicht eine Änderungsbefugnis der Planfeststellungsbehörde in Bezug auf den in der Bundesfachplanung festgelegten Verlauf des Trassenkorridors, sondern die Auswahl der Breite des Korridorraums vor der Entscheidung über die Bundesfachplanung.[692] Demnach entfaltet die Bundesfachplanungsentscheidung nach § 15 Abs. 1 S. 1 NABEG eine strikte Bindungswirkung.

Vor diesem Hintergrund spricht für eine erhöhte Prüfungstiefe bereits auf Ebene der Bundesfachplanung, dass andernfalls die Gefahr eines „Planungstorsos" besteht. Fehler bei der Grobtrassierung können auf die Planfeststellung durchschlagen, sich auch über den gesamten Planungsprozess hinaus in Gerichtsverfahren auswirken und haben auch bei der Planung von Stromleitungen schon zur Aufhebung von Planfeststellungsbeschlüssen geführt.[693] Ursache hierfür sind fortschreitende Erkenntnisse, insbesondere Ergebnisse kleinräumiger Ermittlungen, die auf die getroffene Standortentscheidung zurückwirken und diese wieder in Frage stellen.[694] Dies stellt nicht nur eine rein rechtspolitische, sondern unter dem Rechtsgedanken des § 1 Abs. 3 S. 1 BauGB auch eine rechtliche Fragestellung dar. Erweist sich die Bundesfachplanung aufgrund von unüberwindbaren rechtlichen oder tatsächlichen Hindernissen auf Ebene der

---

690 So nunmehr *Appel*, ER 2012, S. 3 (5); *Sangenstedt*, in: Steinbach/Franke, Kommentar zum Netzausbau, 2017, § 15 Rn. 20.

691 *Appel*, ER 2012, S. 3 (6); *Hermes*, EnWZ 2013, S. 395 (398); *Sangenstedt*, in: Steinbach/Franke, Kommentar zum Netzausbau, 2017, § 15 Rn. 19.

692 *Sangenstedt*, in: Steinbach/Franke, Kommentar zum Netzausbau, 2017, § 15 Rn. 18.

693 *Appel*, ER 2012, S. 3 (6); *Durner*, DVBl. 2011, S. 853 (860); *ders.*, DVBl. 2013, S. 1564 (1572) jeweils m.w.N.; *Dippel/Hamborg*, I+E 2014, S. 248 (255).

694 *Durner*, DVBl. 2011, S. 853 (860); *ders.*, DVBl. 2013, S. 1564 (1572).

Planfeststellung als nicht vollzugsfähig, ist die Erforderlichkeit der Bundesfachplanung in Frage gestellt.[695] Dem aus der Kombination aus absoluter Verbindlichkeit der Bundesfachplanungsentscheidung und fehlender Korrekturmöglichkeit im Planfeststellungsverfahren resultierenden Planungsrisiko sollte durch eine größere Prüfungstiefe in der Bundesfachplanung entgegengewirkt werden.[696] Ist die Durchführung der Bundesfachplanung dennoch fehlerhaft, muss der Fehler durch ein Wiederaufgreifen des Bundesfachplanungsverfahrens behoben werden. Die Bundesnetzagentur hat dann ein Planergänzungs- oder Planänderungsverfahren durchzuführen.[697] § 15 Abs. 3 S. 3 NABEG verweist hierzu auf § 75 Abs. 1a VwVfG. Hieran ändert auch die mit dem Gesetz zur Änderung von Bestimmungen des Rechts des Energieleitungsausbaus vom 21.12.2015 zusätzlich eingeführte Möglichkeit zur Durchführung eines vereinfachten Verfahrens nichts. Nach § 11 Abs. 1 S. 1 Nr. 1 NABEG kommt dies in Betracht, soweit nach § 37 S. 1 UVPG eine Strategische Umweltprüfung nicht erforderlich ist und die Ausbaumaßnahme verwirklicht werden kann, wenn der hierfür durch die Bundesfachplanung bestimmte Trassenkorridor nur geringfügig geändert wird. Dies mag zwar in den in § 11 NABEG geregelten Ausnahmefällen zu einer gewissen Flexibilisierung der Vorhabenverwirklichung beitragen[698], die Vorschrift eröffnet jedoch keine Abweichungs- oder Ergänzungsmöglichkeit. Stehen der Realisierung der Leitung in dem verbindlichen Trassenkorridor unüberwindbare tatsächliche und/oder rechtliche Hindernisse entgegen, muss die Bundesfachplanung auch in diesem Fall wiederaufgegriffen und – wenn auch unter den genannten Voraussetzungen im vereinfachten Verfahren – erneut durchgeführt werden.[699] Das Planfeststellungsverfahren und das Bundesfachplanungsverfahren zur Änderung eines Trassenkorridors können parallel durchgeführt werden. Insgesamt verstärkt dies den Eindruck, dass der Gesetzgeber das Risiko der gerichtlichen Beanstandung des Planfeststellungsbeschlusses aufgrund von Fehlern bei der Grobtrassierung in Kauf nimmt.[700]

---

695 *Kment*, NVwZ 2015, S. 616 (618 f.). Vgl. auch *Wahlhäuser*, UPR 2013, S. 427 (429 f.).

696 *Schlacke*, NVwZ 2015, S. 626 (631); *Sangenstedt*, in: Steinbach/Franke, Kommentar zum Netzausbau, 2017, § 15 Rn. 22.

697 *Durner*, NuR 2012, S. 369 (373); *ders.*, DVBl. 2013, S. 1564 (1571); *Sangenstedt*, in: Steinbach/Franke, Kommentar zum Netzausbau, 2017, § 15 Rn. 23.

698 *Fest/Nebel*, NVwZ 2016, S. 177 (178).

699 *Schirmer*, DVBl. 2016, S. 285 (293).

700 So schon *Durner*, NuR 2012, S. 369 (373); *ders.*, DVBl. 2013, S. 1564 (1572); *Franke*, Beschleunigung der Planungs- und Zulassungsverfahren beim Ausbau der Übertragungsnetze, in: Klees/Gent, Festschrift für Salje, 2013, S. 121 (136).

(2) Strategische Umweltprüfung

Im Zusammenhang mit der bei der Korridorplanung durchzuführenden Strategischen Umweltprüfung sehen § 23 NABEG und § 39 Abs. 3 UVPG eine Abschichtung zwischen den Prüfinhalten der Strategischen Umweltprüfung der Bundesfachplanung und der Umweltverträglichkeitsprüfung der nachfolgenden Planfeststellung vor.[701] Gemäß § 39 Abs. 3 S. 1 UVPG soll bei Plänen und Programmen, die Bestandteil eines mehrstufigen Planungs- und Zulassungsprozesses sind, zur Vermeidung von Mehrfachprüfungen bei der Festlegung des Untersuchungsrahmens bestimmt werden, auf welcher der Stufen dieses Prozesses bestimmte Umweltauswirkungen schwerpunktmäßig geprüft werden sollen. Nach § 39 Abs. 3 S. 3 UVPG soll sich die Umweltprüfung bei der nachfolgenden Zulassung von Vorhaben, für die der Plan oder das Programm einen Rahmen setzt, auf zusätzliche oder andere erhebliche Umweltauswirkungen sowie auf erforderliche Aktualisierungen und Vertiefungen beschränken. Dieser Gedanke kommt auch in § 23 NABEG zum Ausdruck, wonach die Prüfung der Umweltverträglichkeit nach den Bestimmungen des Gesetzes über die Umweltverträglichkeitsprüfung auf Grund der in der Bundesfachplanung bereits durchgeführten Strategischen Umweltprüfung auf zusätzliche oder andere erhebliche Umweltauswirkungen der beantragten Stromleitung beschränkt werden kann. Die Vorschrift verdeutlicht die enge Verzahnung zwischen Bundesfachplanung und Planfeststellungsverfahren, welches durch die Bundesfachplanung entlastet werden soll. Auf diese Weise sollen unnötige Doppelprüfungen vermieden werden.[702] Eine zu umfangreiche Prüfung im Rahmen der Bundesfachplanung würde der gesetzlich vorgesehenen Verfahrensstruktur, die eine ebenenspezifische Abschichtung des Prüfungsumfangs vorsieht, widersprechen. Daher beschränkt sich die Prüfung des naturschutzrechtlichen Gebiets- und Artenschutzes auf vorgelagerten Ebenen typischerweise auf offensichtlich entgegenstehende Belange.[703]

Es ist jedoch zu beachten, dass sich Umfang und Detaillierungsgrad der Strategischen Umweltprüfung nach den Anforderungen des Fachrechts

---

701 *Sangenstedt/Karrenstein*, in: Steinbach/Franke, Kommentar zum Netzausbau, 2017, § 23 NABEG Rn. 13 spricht sich dafür aus, den Abschichtungsgedanken auch auf andere Prüfinhalte des Planfeststellungsverfahrens wie zum Beispiel die Prüfung privater Belange zu übertragen.

702 BT-Drs. 17/6073, S. 30; *Wiesendahl*, in: de Witt/Scheuten, NABEG, 2013, § 23 Rn. 2; *Kment*, in: Hoppe/Beckmann/Kment, UVPG, 2018, § 39 Rn. 35.

703 *Dippel/Hamborg*, I+E 2014, S. 248 (251); *Schlacke*, NVwZ 2015, S. 626 (631).

bestimmen.[704] Da die Entscheidung über die Festlegung des Trassenkorridors in der Bundesfachplanung und die aufgrund der FFH-Verträglichkeitsprüfung zu beachtenden Planungsleitsätze für die abschließende Planungsebene gemäß § 15 Abs. 1 S. 1 NABEG verbindlich sind, dürfte eine bloße Grobprüfung nicht ausreichen.[705] Insbesondere die nach §§ 34, 36 BNatSchG durchzuführende FFH-Verträglichkeitsprüfung macht eine detailliertere Prüfung der örtlichen Gegebenheiten und konkreten Beeinträchtigungen erforderlich, da beim Artenschutz ein stärkerer Individualbezug existiert, und setzt der Abschichtung des Prüfungsaufwandes Grenzen.[706] Es muss bereits auf Ebene der Bundesfachplanung sichergestellt sein, dass diese einen Korridor ausweist, der bei der späteren Planfeststellung zumindest eine rechtmäßige Trassenfestlegung im Korridor ermöglicht.[707] Erforderlich ist daher die Orientierung an einer Referenzleitung, um die Realisierbarkeit der Stromtrasse einschätzen und eine „Planfeststellungsfestigkeit" herstellen zu können.[708] Zu Recht wird auf die Gefahr hingewiesen, dass die Bundesfachplanung mit Detailprüfungen überfrachtet wird, was dem Beschleunigungsgedanken des NABEG widerspricht. Auf der anderen Seite machen die materiellen Vorgaben des Gebiets- und Artenschutzes eine vertiefte Prüfung bereits auf dieser Ebene erforderlich. Zudem ermöglicht dieses Vorgehen eine weitreichende Abschichtung zur Planfeststellung, so dass auf der letzten Planungsstufe Verzögerungen wieder ausgeglichen werden können.[709]

(3) Erdverkabelung

Im Zusammenhang mit dem durch das Gesetz zur Änderung von Bestimmungen des Rechts des Energieleitungsausbaus vom 21.12.2015 eingeführten Vorrang von Erdkabeln für Leitungen zur Höchstspannungs-Gleichstrom-Übertragung[710] erfolgte auch eine verfahrensrechtliche Änderung. Für die im Bundesbedarfsplan mit „E" gekennzeichneten Vorhaben prüft die Bundesnetzagentur bei der Durchführung der Bundesfachplanung gemäß § 5 Abs. 5 NABEG insbesondere, inwieweit zwischen dem Anfangs- und dem Endpunkt des Vorhabens ein

---

704 *Schlacke*, NVwZ 2015, S. 626 (632); *Kment*, in: Hoppe/Beckmann/Kment, UVPG, 2018, § 39 Rn. 13.
705 *Schlacke*, NVwZ 2015, S. 626 (631).
706 *Mitschang*, UPR 2015, S. 1 (6); *Kment*, NVwZ 2015, S. 616 (620).
707 *Dippel/Hamborg*, I+E 2014, S. 248 (252); *Schlacke*, NVwZ 2015, S. 626 (631).
708 *de Witt*, in: de Witt/Scheuten, NABEG, 2013, § 5 Rn. 13; *Kment*, NVwZ 2015, S. 616 (620 f.).
709 *Schlacke*, NVwZ 2015, S. 626 (633).
710 Vgl. hierzu bereits Zweiter Teil.A.I.1.c).

möglichst geradliniger Verlauf eines Trassenkorridors zur späteren Errichtung und zum Betrieb eines Erdkabels erreicht werden kann. Damit hat der Gesetzgeber einen neuen Planungsgrundsatz für die Festlegung von Trassenkorridoren von Höchstspannungs-Gleichstrom-Übertragungsleitungen eingeführt.[711] Mit einem möglichst an der „Luftlinie“ orientierten, geradlinigen Verlauf des Trassenkorridors zwischen Anfangs- und Endpunkt wird in räumlicher Hinsicht ein Idealmaßstab gesetzlich festgelegt, der den bis dahin anhand einer Planungsellipse orientierten Planungsraum verkleinert. Die Zahl der Betroffenen soll somit reduziert werden und der Netzausbau volkswirtschaftlich effizient erfolgen.[712] Mit der Durchführung der Bundesfachplanung nach Maßgabe des Geradlinigkeitsgebots verringert sich auch die Zahl der zu untersuchenden Planungsvarianten. Alternative Trassenkorridore sind insbesondere anhand dieses Maßstabs zu ermitteln und zu bewerten. Damit dürfte sich der Aufwand der Suche nach einem Trassenkorridor auch bei der hier favorisierten erhöhten Ermittlungstiefe in einem angemessenen Rahmen halten.[713]

bb) „Jedenfalls-Betroffene“

Obwohl im Bereich der Freileitung nach der gesetzlichen Konzeption durch die Bundesfachplanung zunächst nur eine Grobtrassierung erfolgen soll, innerhalb derer der genaue Verlauf des Vorhabens noch nicht feststeht, kann die aus den genannten Gründen erforderliche erhöhte Prüfungstiefe zur Erkennbarkeit rechtlicher Betroffenheit privater Dritter führen. Insbesondere aufgrund der Planung von Erdkabeln am Maßstab des Geradlinigkeitsgebots, das zu deutlich schmaleren Trassenkorridoren führt, kann eine individuelle Betroffenheit bereits in diesem Stadium der Planung nicht allgemein ausgeschlossen werden.[714] Zudem bestimmt § 8 S. 6 NABEG hinsichtlich der vom Vorhabenträger einzureichenden Unterlagen, dass diesen eine Erläuterung beizufügen ist, die so ausführlich sein muss, dass Dritte abschätzen können, ob und in welchem Umfang sie von den raumbedeutsamen Auswirkungen des Vorhabens betroffen sein können. Darüber hinaus schränken Zwangspunkte die rechtlich zulässige Variationsbreite nicht selten erheblich ein.[715] Bei entsprechenden Konfliktlagen

---

711 *Schirmer*, DVBl. 2016, S. 285 (291); *Jornitz/Förster*, NVwZ 2016, S. 801 (805).

712 BT-Drs. 18/6909, S. 40.

713 *Schirmer*, DVBl. 2016, S. 285 (292); *Jornitz/Förster*, NVwZ 2016, S. 801 (805).

714 *Franzius*, ZNER 2016, S. 447 (450).

715 *Steinberg*, NVwZ 1983, S. 209 (210); *Steinberg/Wickel/Müller*, Fachplanung, 2012, § 7 Rn. 117.

kann der Trassenkorridor verändert[716] und auch ein engerer Korridor gewählt werden, so dass eine rechtliche Betroffenheit bereits auf Ebene der Bundesfachplanung feststehen kann.

Auch in der Rechtsprechung des Bundesverwaltungsgerichts ist die Möglichkeit einer rechtlichen Betroffenheit des Bürgers bereits auf vorgelagerter Planungsstufe anerkannt.[717] In dem konkreten Fall wendete sich der Antragsteller mit dem Normenkontrollverfahren nach § 47 VwGO gegen die Festlegung eines Standortes in einem für verbindlich erklärten Abfallentsorgungsplan im Sinne des § 6 AbfG[718]. Die Aufstellung eines Abfallentsorgungsplans erfolgte gemäß § 6 Abs. 1 S. 1 AbfG unter überörtlichen Gesichtspunkten und stellte im Rahmen der Planung von Abfallbeseitigungsanlagen die erste Stufe in dem zweistufig ausgestalteten Planungskonzept des damals noch geltenden Abfallbeseitigungsgesetzes dar. Auf diese Weise erfolgte eine vorbereitende Grobplanung, mit der neben weiteren möglichen Vorgaben gemäß § 6 Abs. 1 S. 2 AbfG insbesondere geeignete Standorte für die Abfallbeseitigungsanlagen festgelegt wurden. In einem zweiten Schritt wurde der auf diese Weise gezogene Rahmen durch die Planfeststellung der einzelnen Anlage ausgefüllt und konkretisiert. Eine rechtliche Verknüpfung beider Planungsstufen erfolgte durch die Sperrvorschrift des § 8 Abs. 3 S. 1 AbfG: Soweit Abfallbeseitigungspläne gemäß § 6 Abs. 1 S. 6 AbfG für verbindlich erklärt wurden, wurden ihnen Rechtswirkungen zugesprochen, da sie die nachfolgende Zulassungsentscheidung unmittelbar beeinflussen. Nur solche Pläne durften gemäß § 8 Abs. 3 S. 1 AbfG planfestgestellt oder genehmigt werden, die den für verbindlich erklärten Feststellungen eines Abfallbeseitigungsplanes nicht zuwiderliefen.[719] Im Zusammenhang mit der

---

716 BT-Drs. 17/6073, S. 19 und 23.

717 BVerwG, Beschluss vom 20.12.1988 – 7 BN 2.88 –, BVerwGE 81, 128.

718 Für den zu beurteilenden Sachverhalt war von den Vorschriften des Gesetzes über die Beseitigung von Abfällen (Abfallbeseitigungsgesetz – AbfG) in der Fassung der Bekanntmachung vom 5. Januar 1977 (BGBl. I S. 41, 288), zuletzt geändert durch das am 1. Mai 1986 in Kraft getretene Erste Gesetz zur Bereinigung des Verwaltungsverfahrensrechts vom 18. Februar 1986 (BGBl. I S. 265) auszugehen.

719 BVerwG, Beschluss vom 20.12.1988 – 7 BN 2.88 –, BVerwGE 81, 128 (133). Nach aktueller Rechtslage kann der Plangeber gemäß § 30 Abs. 4 KrWG bestimmte Inhalte von Abfallwirtschaftsplänen für verbindlich erklären. Aus § 36 Abs. 1 Nr. 5 KrWG folgt, dass die Planfeststellungsbehörde von den für verbindlich erklärten Festlegungen nicht abweichen darf, der für verbindlich erklärte Abfallwirtschaftsplan also insoweit Sperrwirkung entfaltet, *Franßen*, in: Fluck u.a., Kreislaufwirtschafts-, Abfall- und Bodenschutzrecht, § 30 KrWG (2013) Rn. 426; *Kleve*, in: Schink/Versteyl, KrWG, 2016, § 30 Rn. 43 ff.

Antragsbefugnis stellte das Gericht fest, dass ein Grundstückseigentümer durch einen rechtssatzmäßig für verbindlich erklärten Abfallbeseitigungsplan einen Nachteil im Sinne von § 47 Abs. 2 S. 1 VwGO a.F. erleiden könne, wenn der Plan den Standort einer Abfallbeseitigungsanlage konkret festlegt und zu erwarten sei, dass von der Anlage schädliche Umwelteinwirkungen auf sein benachbartes Grundstück ausgehen würden. Ein solcher die Antragsbefugnis vermittelnder Nachteil komme allerdings nur dann in Betracht, wenn die Festlegungen des Planes zu dem Standort, möglicherweise zusammen mit weiteren verbindlichen Festlegungen, sachlich und räumlich so konkretisiert seien, dass sich bereits auf dieser Planstufe ein negatives Betroffensein in rechtlich geschützten Interessen für den Fall der Verwirklichung des Vorhabens absehen lasse.[720]

Auch bereits auf Ebene der Bundesfachplanung sind Konstellationen denkbar, in denen insbesondere Grundstückseigentümer durch geplante Trassenkorridore hinreichend konkret betroffen sind. So kann sich nicht selten aufgrund der Topographie nur ein schmaler Trassenkorridor als rechtlich zulässig erweisen, so dass bestimmte Grundstückseigentümer zwangsläufig betroffen sind. Denkbar sind auch große landwirtschaftlich genutzte Grundstücke oder Waldgrundstücke, über die die Trasse jedenfalls verlaufen wird.[721] Insbesondere in den neuen Bundesländern sind aus historischen Gründen solche großflächigen Eigentumsstrukturen häufig anzutreffen.[722] Dies gilt umso mehr, als im Unterschied zum Fernstraßenrecht beim Netzausbau die Planfeststellung aufgrund der strikten Bindungswirkung nicht von der durch die Bundesfachplanung festgelegten Trasse abweichen darf. Zwar ist auch die Bestimmung der Linienführung nach § 16 FStrG für die Planfeststellungsbehörde grundsätzlich verbindlich. Jedoch sind im Planfeststellungsverfahren Abweichungen innerhalb weniger hundert Meter zulässig, wenn keine besonderen Verhältnisse vorliegen, die auf eine strikte Bindung oder eine weitgehende Einschränkung der planerischen Gestaltungsfreiheit hinweisen.[723] Darüber hinausgehende Abweichungen, die die Entscheidung nach § 16 FStrG grundsätzlich in Frage stellen, sind dagegen nur mit Zustimmung des Bundesverkehrsministers zulässig.[724] Des Weiteren

720 BVerwG, Beschluss vom 20.12.1988 – 7 BN 2.88 –, BVerwGE 81, 128 (130 ff.).

721 *Steinberg*, NVwZ 1983, S. 209 (210); *Moench/Ruttloff*, NVwZ 2011, S. 1040 (1043); *dies.*, NVwZ 2014, S. 897 (900 f.); *Beier*, DÖV 2015, S. 309 (312).

722 *Kluth*, Rechtsschutz im Kontext der Energieinfrastrukturentwicklung, in: Schlacke/Schubert, Energie-Infrastrukturrecht, 2015, S. 119 (124, dort Fn. 23).

723 BVerwG, Beschluss vom 17.02.1969 – IV B 223.68 –, DÖV 1969, S. 724; *Ibler*, DVBl. 1989, S. 76 (86); *Steinberg/Wickel/Müller*, Fachplanung, 2012, § 7 Rn. 117.

724 *Ronellenfitsch*, in: Marschall, FStrG, 2012, § 16 Rn. 7 und 63.

ergeben sich bei linienförmigen Vorhaben mit Fertigstellung eines Abschnitts Zwangspunkte für die folgenden Abschnitte.[725] Der Verlauf des Trassenkorridors auf einem Teilstück hat zwangsläufig Auswirkungen auf den vor- und nachgelagerten Trassenverlauf.[726]

Die fehlende rechtliche Betroffenheit privater Dritter durch die Bundesfachplanungsentscheidung lässt sich vor diesem Hintergrund in dieser Pauschalität nicht aufrechterhalten. In den genannten Konstellationen kann bereits auf dieser höherstufigen Planungsebene zumindest eine rechtliche Betroffenheit von Grundstückseigentümern feststehen. Die von § 15 Abs. 3 S. 2 NABEG angeordnete Ausschlusswirkung in Bezug auf Klagerechte privater Dritter unmittelbar gegen die Bundesfachplanungsentscheidung muss daher in ihrer Absolutheit angezweifelt werden.[727]

Zum Teil wird eine rechtliche Betroffenheit auf höherstufiger Planungsebene abgelehnt, da die betroffenen Interessen privater Dritter auf dieser Planungsstufe regelmäßig nicht individualisiert, sondern nur in aggregierter Form in die Abwägung eingestellt würden.[728] Die Interessen einzelner Grundstückseigentümer und Mieter von Wohnbezirken würden nur als städtebauliche Interessen, die von Landwirten und Gewerbetreibenden als Interessen der Landwirtschaft und Wirtschaft relevant. Die Wahrnehmung solcher gebündelten Interessen könne den Trägern öffentlicher Belange überlassen werden.[729] Ähnlich konstatiert das Bundesverwaltungsgericht zur Anfechtbarkeit einer Linienführungsbestimmung nach § 16 FStrG, dass sich die betroffenen Interessen bei diesem Planungsstand nicht hinreichend individualisieren und nicht wahrhaft gegen andere Interessen abwägen ließen. Möglich sei auf dieser Planungsebene lediglich die Beurteilung des durch das Planvorhaben ausgelösten generellen Interessenkonflikts.[730] Maßgeblich, ob der Einzelne von einer Zwischenentscheidung betroffen ist, sei nicht nur die räumliche Konkretheit der Inanspruchnahme, sondern auf

---

725 *Blümel*, Raumplanung, in: Doehring, Festgabe für Forsthoff, 1967, S. 133 (148 f.); *Degenhart*, AöR 103 (1978), S. 163 (171).

726 *Moench/Ruttloff*, NVwZ 2014, S. 897 (899 f.); *Baumann/Brigola*, DVBl. 2017, S. 1385 (1387).

727 *Dippel/Homburg*, I+E 2014, S. 248 (254 f.).

728 *Wahl*, DÖV 1975, S. 373 (378 f.); *Schmidt-Aßmann*, DVBl. 1981, S. 334 (339); *Knappe*, DVBl. 2016, S. 276 (284).

729 *Wahl*, DÖV 1975, S. 373 (378 f.); *Schmidt-Aßmann*, DVBl. 1981, S. 334 (339), der jedoch auch Grenzen solcher kommunalen Klagemöglichkeiten einräumt. Kritisch auch *Blümel*, DVBl. 1975, S. 695 (705).

730 BVerwG, Urteil vom 26.06.1981 – 4 C 5.78 –, BVerwGE 62, 342 (349).

welcher Stufe seine Interessen und Rechte individualisiert in der Entscheidung zu berücksichtigen seien.[731] Demnach hat der private Dritte keinen Anspruch auf gerichtliche Überprüfung der Abwägung genereller Interessen. Die Eröffnung des Rechtsschutzes gegenüber höherstufigen Zwischenentscheidungen soll von der Individualisierung der abzuwägenden Belange abhängen.[732]

Anknüpfungspunkt für diese Auffassung ist die ursprünglich von der Rechtsprechung vertretene Ansicht, das Recht auf gerechte Abwägung beziehe sich lediglich auf die eigenen Belange des Betroffenen.[733] Führt man sich die dogmatische Herleitung des Abwägungsgebots vor Augen, vermag dies jedoch nicht zu überzeugen. Ein wesentliches Merkmal der Planung ist die Gestaltung von Interessengeflechten. Diese hat insbesondere Auswirkung auf das Privateigentum.[734] Die im Plan vorgesehene Beschränkung der Nutzungsmöglichkeiten des Grundeigentums trifft die Planbetroffenen nicht gleich, sondern ungleich. Die eigentliche Problematik in der Beziehung zwischen Planung und Privateigentum liegt also in der durch die Planung bewirkten ungleichen Eigentumsbelastung.[735] Raumplanung ist daher gegen den Gleichheitssatz zu rechtfertigen. Der planerische Rechtfertigungsgrund ist in der „Folgerichtigkeit räumlich geometrischer Ordnung“ zu sehen.[736] Hieraus erwächst das Gebot der gerechten Abwägung: Planungsentscheidungen, die ungleich treffen, müssen folgerichtig und abgewogen sein. Im Unterschied zur Ermessensausübung geht es bei der Abwägung nicht nur um eine bloße Gegenüberstellung privater und öffentlicher Interessen und der Entscheidung für eine der beiden Seiten.[737] Es erfolgt eine Gesamtbetrachtung, mit der eine Isolierung einzelner Belange nicht vereinbar ist. Private und öffentliche Belange sind nicht strikt voneinander getrennt und abgeschichtet.[738]

Durch die Planung wird eine Vielzahl von Interessen betroffen, die von der Planungsbehörde zueinander in Beziehung gesetzt werden. Innerhalb dieses Beziehungsgeflechts sind einzelne Relationen abhängig von der Gesamtheit

---

731 *Wahl*, DÖV 1975, S. 373 (378 f.).

732 *Salis*, Gestufte Verwaltungsverfahren, 1991, S. 261 f.

733 *Salis*, Gestufte Verwaltungsverfahren, 1991, S. 262.

734 *Weyreuther*, DÖV 1977, S. 419 (422 f.); *Durner*, Konflikte räumlicher Planungen, 2005, S. 303 f.

735 *Imboden*, VVDStRL 18, S. 113 (118 f.); *Durner*, Konflikte räumlicher Planungen, 2005, S. 304.

736 *Imboden*, VVDStRL 18, S. 113 (124); *Weyreuther*, DÖV 1977, S. 419 (422).

737 *Weyreuther*, DÖV 1977, S. 419 (422).

738 *Ladeur*, UPR 1984, S. 1 (6); *Steinberg*, UPR 1984, S. 350 (358).

der anderen Relationen. Der individuelle Belang wird somit nicht isoliert mit den übrigen abgewogen.[739] Das Beziehungsgeflecht kann bei der Kontrolle des Abwägungsergebnisses nicht in das Schema punktueller Ausgleichsbeziehung einzelner Belange zurückübersetzt werden.[740] Das Eigentum „wird in einen Regelungszusammenhang hineingezogen und in diesem Regelungszusammenhang umgestaltet."[741] Durch die Einbettung in ein Interessengeflecht kommt es zur Öffnung des Eigentumsschutzes. Im Rahmen der Abwägung können die offenen Eigentumspositionen überwunden werden.[742] Der durch die Planung in seinen Belangen Betroffene erhält stattdessen einen Anspruch auf Abgewogenheit der Planungsentscheidung.[743]

Die Beschränkung auf eigene Belange ist auf eine schutznormorientierte Betrachtungsweise zurückzuführen, die der Komplexität administrativer Planungen nicht gerecht wird.[744] Die Betroffenheit in eigenen Belangen ist zwar Voraussetzung dafür, dass der private Dritte die Beachtung des Abwägungsgebots für sich in Anspruch nehmen kann. Das subjektive Recht auf gerechte Abwägung bezieht sich dann aber auf die Abgewogenheit der ihn in seinem Belang betreffenden Entscheidung.[745] Vor diesem Hintergrund reicht es aus, wenn die nachteilig betroffenen privaten Belange im Rahmen der Planungsentscheidung in ihrer Gesamtheit berücksichtigt werden.[746] Genau genommen bleiben die Belange des Drittbetroffenen individuell und werden bei der Planungsentscheidung lediglich zusammengefasst. Auf die Individualisierung der klägerischen Belange kommt es für die stufenspezifische Eröffnung des Rechtsschutzes nicht an. Der in seinen Belangen Betroffene hat ein subjektives Recht auf Abwägung genereller Interessen, soweit diese auch seine individuellen Interessen aggregieren.[747]

---

739 *Ramsauer*, DÖV 1981, S. 37 (41); *Salis*, Gestufte Verwaltungsverfahren, 1991, S. 266.

740 *Ladeur*, UPR 1984, S. 1 (5).

741 *Weyreuther*, DÖV 1977, S. 419 (422).

742 *Weyreuther*, DÖV 1977, S. 419 (424).

743 *Salis*, Gestufte Verwaltungsverfahren, 1991, S. 266.

744 *Ladeur*, UPR 1984, S. 1 (6).

745 *Salis*, Gestufte Verwaltungsverfahren, 1991, S. 266.

746 BVerfG, Urteil vom 17.12.2013 – 1 BvR 3139, 3386/08 –, BVerfGE 134, 242 (298 f. Rn. 188); *Beier*, DÖV 2015, S. 309 (313 f.); *Masing*, EurUP 2016, S. 343 (348).

747 *Salis*, Gestufte Verwaltungsverfahren, 1991, S. 275; *Halama*, Durchsetzung und Abwehr von Zielen der Raumordnung und Landesplanung auf der Gemeindeebene, in: Berkemann u.a., Festschrift für Schlichter, 1995, S. 201 (221).

2. *Rechtsnatur und Rechtsform der Bundesfachplanung*

a) *Gestaltungsspielraum des Gesetzgebers und Grenzen bei der Formenwahl*

Wie bereits beschrieben, gibt es Fälle, in denen der Gesetzgeber die Rechtsform eines Plans ausdrücklich bestimmt. Ihm wird bei der Wahl der Rechtsform ein weitreichender Gestaltungsspielraum eingeräumt, der seine Grenzen insbesondere in den verfassungsrechtlichen Grundsätzen des Formenmissbrauchs und der Systemgerechtigkeit findet.[748]

Für die Eröffnung des Rechtsschutzes nach Art. 19 Abs. 4 GG ist die Rechtsform des Hoheitsaktes ohne Bedeutung.[749] Die Rechtsschutzgarantie des Art. 19 Abs. 4 GG knüpft an eine mögliche Verletzung subjektiver Rechtspositionen an.[750] Über das „Ob" des gerichtlichen Rechtsschutzes kann der Gesetzgeber mit der Wahl einer bestimmten Rechtsform nicht disponieren. Somit begrenzt auch die Rechtsschutzgarantie die Formenwahlfreiheit des einfachen Gesetzgebers; die Mindestvoraussetzungen von Art. 19 Abs. 4 GG stehen nicht zu seiner Disposition.[751] Soweit der Gesetzgeber der Bundesfachplanungsentscheidung in § 15 Abs. 3 S. 1 NABEG eine Außenwirkung abspricht, kann er die sich aus anderen Rechtsvorschriften des Gesetzes ergebenden Rechtswirkungen nicht gegenstandslos machen und somit über die Rechtsschutzgewährung entscheiden. Maßgeblich für die Bestimmung der Rechtsnatur sind materielle Kriterien.[752]

Dennoch hängen die Modalitäten der Gewährung von Rechtsschutz im deutschen Verwaltungsrecht von der Qualifizierung der Rechtsform des

---

748 Ausführlich *Kment*, Rechtsschutz, 2002, S. 20 ff.; *Durner*, Konflikte räumlicher Planungen, 2005, S. 407 ff. Eine Formenwahlfreiheit grundsätzlich ablehnend *von Mutius*, Rechtsnorm und Verwaltungsakt, in: Menger, Festschrift für Wolff, 1973, S. 167 (177 ff.).

749 *Ossenbühl*, Gutachten B für den 50. DJT, in: Ständige Deputation des DJT, Verhandlungen des fünfzigsten Deutschen Juristentages, Bd. I, 1974, S. B 180.

750 BVerwG, Urteil vom 22.05.1980 - 2 C 30.78 -, BVerwGE 60, 144 (148 f.); Urteil vom 20.05.1987 - 7 C 83.84 -, BVerwGE 77, 268 (274 f.); Urteil vom 24.11.2011 - 7 C 12.10 -, BVerwGE 141, 196 (201 f. Rn. 30); *von Mutius*, Rechtsnorm und Verwaltungsakt, in: Menger, Festschrift für Wolff, 1973, S. 167 (181).

751 *von Mutius*, Rechtsnorm und Verwaltungsakt, in: Menger, Festschrift für Wolff, 1973, S. 167 (181 f.); *Kment*, Rechtsschutz, 2002, S. 21.

752 Vgl. bereits Dritter Teil.A.II.2. Siehe auch *Eding*, Bundesfachplanung, 2016, S. 273 f. A.A. *Durner*, Konflikte räumlicher Planungen, 2005, S. 467 ff., der mit Blick auf die Eröffnung des Rechtsschutz entscheidend auf die vom Gesetzgeber gewählte Rechtsform abstellt.

Verwaltungshandelns ab, da die Verwaltungsgerichtsordnung hinsichtlich der Rechtsschutzform an formelle Kriterien anknüpft. Insoweit kann der Gesetzgeber über das „Wie“ des gerichtlichen Rechtsschutzes entscheiden.[753]

b) Diskussion um die Rechtsform der Bundesfachplanung in der Literatur

Das NABEG enthält hinsichtlich der Rechtsform der Bundesfachplanung keine ausdrückliche Regelung. Sie weist Elemente verschiedener verwaltungsrechtlicher Handlungsformen auf, die bei der Bestimmung ihrer Rechtsform Probleme bereiten. Der Gesetzgeber geht ausweislich der Gesetzesbegründung von einem auf Höchstspannungsleitungen begrenzten, fachplanerischen Verfahren sui generis aus.[754] § 15 Abs. 3 S. 1 und S. 2 NABEG haben danach nur klarstellenden Charakter, da sich die fehlende unmittelbare Außenwirkung bereits daraus ergebe, dass die Bundesfachplanung nur verwaltungsinternen Charakter habe.[755]

Die Literatur versucht, sich über einen Vergleich mit bekannten Instrumenten der Raum- und Fachplanung einer Einordnung der Bundesfachplanungsentscheidung anzunähern. Da sie sowohl fachplanerische als auch raumordnungsrechtliche Elemente aufweist, ist die Einordnung der Entscheidung nach § 12 NABEG umstritten:

§ 5 NABEG enthält Vorgaben zum Inhalt der Bundesfachplanung, die dem Raumordnungsverfahren zumindest angelehnt sind. Gemäß § 5 Abs. 2 S. 1 NABEG prüft die Bundesnetzagentur insbesondere die Übereinstimmung des Trassenkorridors mit den Erfordernissen der Raumordnung und die Abstimmung mit anderen raumbedeutsamen Planungen und Maßnahmen. Gegenstand der Prüfung sind nach § 5 Abs. 4 S. 1 NABEG darüber hinaus auch etwaige ernsthaft in Betracht kommende Alternativen von Trassenkorridoren. Dies entspricht nahezu wortlautgleich der Prüfung des Raumordnungsverfahrens für Höchstspannungsleitungen gemäß § 15 Abs. 1 S. 2, 3 ROG i.V.m. § 1 Nr. 14 RoV, das durch die Bundesfachplanung gemäß § 28 S. 1 NABEG ersetzt wird.[756] Daher wird die Bundesfachplanung zum Teil als Raumordnungsverfahren (des Bundes) qualifiziert.[757]

---

753 *von Mutius*, Rechtsnorm und Verwaltungsakt, in: Menger, Festschrift für Wolff, 1973, S. 167 (181); *Eding*, Bundesfachplanung, 2016, S. 227 f.

754 BT-Drs. 17/6073, S. 19.

755 BT-Drs. 17/6073, S. 27.

756 *Erbguth*, NVwZ 2012, S. 326 (328); *Durner*, DVBl. 2013, S. 1564 (1567).

757 *Moench/Ruttloff*, NVwZ 2011, S. 1040 (1041); *Erbguth*, NVwZ 2012, S. 326 (328); *ders.*, DVBl. 2012, S. 326 ff.

Daneben kommen jedoch auch fachplanerische Aspekte, insbesondere Elemente der Linienführung zum Ausdruck, die gegen einen ausschließlich raumordnungsbezogenen Charakter der Bundesfachplanung sprechen.[758] Nach § 5 Abs. 1 S. 2 NABEG prüft die Bundesnetzagentur, ob der Verwirklichung des Vorhabens in einem Trassenkorridor überwiegende öffentliche oder private Belange entgegenstehen. In dieser Prüfung sind nach § 5 Abs. 4 S. 1 NABEG auch etwaige ernsthaft in Betracht kommende Alternativen von Trassenkorridoren zu berücksichtigen. Der vom NABEG verwendete Begriff „überwiegende“ unter Einbeziehung einer Alternativenprüfung legt nahe, dass eine für Fachplanungsentscheidungen typische umfassende planerische Abwägung geboten ist.[759] Kennzeichnend für eine fachplanerische Abwägung und dem Raumordnungsverfahren fremd ist zudem die erforderliche Planrechtfertigung. Anders als das gemäß § 1 Abs. 1 S. 1 ROG überfachlich ausgerichtete Raumordnungsverfahren ist die Bundesfachplanung fachlich-sektoral auf die Energieversorgung beschränkt.[760] Darüber hinaus entfaltet die Bundesfachplanung gemäß § 15 Abs. 1 S. 1 NABEG Bindungswirkung gegenüber der nachgelagerten Planfeststellung, entspricht also in ihrer Rechtswirkung einem Raumordnungsziel. Ergebnisse der Raumordnung hingegen sind gemäß § 3 Abs. 1 Nr. 4 ROG sonstige Erfordernisse der Raumordnung, die als gutachterliche Stellungnahme nach § 4 ROG im Rahmen der Abwägungsentscheidung lediglich zu berücksichtigen sind.[761] Als eine mit der Bundesfachplanung vergleichbare Planungsform erscheinen die Vorschriften zur Linienbestimmungen im Fernstraßenrecht.[762] § 5 Abs. 1 S. 1 NABEG, wonach die Bundesnetzagentur in der Bundesfachplanung Trassenkorridore von im Bundesbedarfsplan aufgeführten Höchstspannungsleitungen bestimmt, und der in § 15 Abs. 1 S. 2 NABEG geregelte Vorrang der Bundesfachplanung vor nachfolgenden Landesplanungen und Bauleitplanungen finden eine parallele Regelung in § 16 Abs. 1 S. 1 und Abs. 3 S. 3 FStrG.[763] Im Unterschied zu den fernstraßenrechtlichen Linienbestimmungen, die die Planfeststellungsbehörde in der materiellen Abwägung nicht binden und

758 *Appel*, UPR 2011, S. 406 (413); *Schmitz/Jornitz*, NVwZ 2012, S. 332 (334 f.).

759 *Durner*, DVBl. 2013, S. 1564 (1568); *Schlacke*, NVwZ 2015, S. 626 (628 f.).

760 *Appel*, ER 2012, S. 3 (5); *Schlacke*, NVwZ 2015, S. 626 (627 f.).

761 *Durner*, DVBl. 2011 S. 853 (859); *Appel*, ER 2012, S. 3 (5); *Schlacke*, NVwZ 2015, S. 626 (628); *Kümper*, UPR 2016, S. 500 (503).

762 *Sellner/Fellenberger*, NVwZ 2011, S. 1025 (1031); *Appel*, ER 2012, S. 3 (4); *Weghake*, Planungs- und Zulassungsverfahren, 2015, S. 166.

763 *Durner*, DVBl. 2013, S. 1564 (1567 f.).

insoweit als bloßes Angebot zu betrachten sind, entfaltet die Bundesfachplanung jedoch strikte Bindungswirkung.[764]

Die Konsequenzen, die aus dieser Analyse im Hinblick auf die Rechtswirkungen der Bundesfachplanungsentscheidung gezogen werden, fallen unterschiedlich aus. Zum überwiegenden Teil wird mit Blick auf § 15 Abs. 3 S. 1 NABEG eine Außenwirkung der Bundesfachplanungsentscheidung verneint. Sie wird in Übereinstimmung mit der gesetzgeberischen Einschätzung als neuartige Planungsform „sui generis“[765] bzw. „planerische Entscheidung eigener Art ohne außenverbindlichen Regelungscharakter“[766] bezeichnet. *Weghake*, der in dieser Einordnung mit Blick auf die Rechtsschutzmöglichkeiten keinen Erkenntnisgewinn sieht, qualifiziert die Bundesfachplanungsentscheidung als verwaltungsinterne Weisung bzw. Anordnung einer übergeordneten Behörde an eine nachgeordnete Behörde.[767]

Andererseits wird der Bundesfachplanung zum Teil zumindest gegenüber bestimmten Beteiligten eine über den rein internen Verwaltungsbereich hinausgehende Wirkung zugeschrieben. Ausgangspunkt ist der Verbindlichkeitsanspruch und die Rechtswirkungen des Ergebnisses der Bundesfachplanung, das mit einem Raumordnungsziel vergleichbar ist.[768] Hierin wird ein Widerspruch zur Regelung des § 15 Abs. 3 S. 1 NABEG gesehen, da Ziele der Raumordnung nach § 4 Abs. 1 Nr. 3 ROG und § 35 Abs. 3 S. 2 BauGB unmittelbare Rechtswirkungen für Private entfalten und daher anfechtbar sein können.[769] Der Arbeitsentwurf des NABEG sah in seinem § 11 Abs. 7 vor, dass auf die Ergebnisse der Bundesfachplanung die für die Raumordnungsziele geltenden Vorschriften, also insbesondere auch § 4 ROG anwendbar sein sollte.[770] Offenbar um einen Widerspruch zum Ausschluss der Außenwirkung nach § 15 Abs. 3 NABEG zu

764 *Durner*, DVBl. 2013, S. 1564 (1569); *Knappe*, DVBl. 2016, S. 276 (283).

765 *Appel*, UPR 2011, S. 406 (413); *ders.*, ER 2012, S. 3 (5); *Schaller/Henrich*, UPR 2014, S. 361; *Mitschang*, UPR 2015, S. 1 (5). Auch *Schlacke*, NVwZ 2015, S. 626 (628) sieht in der Bundesfachplanung im Ergebnis eine „energierechtliche Fachplanung sui generis“.

766 *Sellner/Fellenberger*, NVwZ 2011, S. 1025 (1031 f.), die jedoch die Betroffenheit von Kommunen in ihrer Planungshoheit aus Art. 28 Abs. 2 GG annehmen.

767 *Weghake*, Planungs- und Zulassungsverfahren, 2015, S. 167 ff.

768 *Kümper*, UPR 2016, S. 500 (503).

769 *Durner*, DVBl. 2011 S. 853 (859); *ders.*, DVBl. 2013, S. 1564 (1570).

770 Arbeitsentwurf vom 20. Mai 2011 für ein Netzausbaubeschleunigungsgesetz (NABEG), S. 11, 29, 39, abrufbar unter: http://www.bi-megamasten.de/110520_Entwurf_NABE-3.pdf (02.02.2019).

beseitigen, habe der Gesetzgeber auf die Übernahme dieser Regelung in das NABEG verzichtet.[771]

Aufgrund der in § 15 Abs. 1 S. 1 NABEG geregelten Bindungswirkung gegenüber der nachgelagerten Planfeststellung und des gemäß § 15 Abs. 1 S. 2 NABEG angeordneten Vorrangs gegenüber der Landesplanung entfalte die Bundesfachplanung Außenwirkung sowohl gegenüber der nachgelagerten Planfeststellung als auch gegenüber der Landesplanung. Sie könne somit auch nicht als bloßes Verwaltungsinternum eingeordnet werden.[772]

Zum Teil wird die Bundesfachplanungsentscheidung jedenfalls gegenüber der Planfeststellungsbehörde und dem Vorhabenträger als Verwaltungsakt qualifiziert. Insbesondere habe die Entscheidung ihnen gegenüber unmittelbare Außenwirkung. Der Ausschluss der unmittelbaren Außenwirkung in § 15 Abs. 3 S. 1 NABEG müsse insoweit einschränkend ausgelegt werden.[773] Im Hinblick auf die Bindung der Planfeststellungsbehörde könne von einer verwaltungsinternen Bindung gesprochen werden, wenn die Bundesnetzagentur auch für die Planfeststellung zuständig werde. Nach der gesetzlichen Regelung in § 31 Abs. 2 NABEG obliege die Planfeststellung jedoch den jeweiligen Landesbehörden, solange keine entsprechende Verordnung ergehe. Die Landesbehörden zählten nicht zum Verwaltungsunterbau der Bundesnetzagentur.[774] Zudem sei die Entscheidung dem Vorhabenträger gegenüber nach § 41 VwVfG bekanntzugeben. Er könne einen Planfeststellungsantrag nur für den in der Bundesfachplanung verbindlich bestimmten Trassenkorridor stellen.[775] Gegenüber Grundstückeigentümern soll die Bundesfachplanung jedoch keine Außenwirkung entfalten, da sie im Trassenkorridor nur potentiell, aber nicht konkret betroffen seien.[776]

771 *Durner*, DVBl. 2013, S. 1564 (1570).

772 *Kment*, NVwZ 2015, S. 616 (618), der im Ergebnis zur Einordnung der Bundesfachplanung als einer materiellen Norm tendiert.

773 *de Witt*, in: de Witt/Scheuten, NABEG, 2013, § 15 Rn. 15 ff.

774 *de Witt*, in: de Witt/Scheuten, NABEG, 2013, § 15 Rn. 16, 52. Aufgrund der inzwischen erlassenen Planfeststellungszuweisungsverordnung ist gemäß § 2 Abs. 2 NABEG i.V.m. § 1 PlfZV die Bundesnetzagentur zugleich Planfeststellungsbehörde. Insoweit dürfte auch *de Witt* nicht mehr von einer unmittelbaren Außenwirkung ausgehen.

775 *de Witt*, in: de Witt/Scheuten, NABEG, 2013, § 15 Rn. 15, 53.

776 *de Witt*, in: de Witt/Scheuten, NABEG, 2013, § 15 Rn. 47.

c) Qualifikation der Rechtsnatur der Bundesfachplanung nach materiellen Kriterien

Es soll nunmehr ein eigener Versuch unternommen werden, die Rechtsnatur der Bundesfachplanungsentscheidung anhand der bereits im Grundlagenteil dargelegten materiellen Kriterien[777] zu bestimmen. Dabei konzentriert sich die Prüfung auf ihre Auswirkungen gegenüber privaten Dritten.

aa) Regelungswirkung

Auf Grundlage der materiellen Kriterien zur Bestimmung der Rechtsnatur soll die Bundesfachplanung zunächst auf ihren Regelungsgehalt hin untersucht werden. Regelungscharakter ist bei solchen Maßnahmen anzunehmen, die nach ihrem Erklärungsgehalt auf die Setzung einer verbindlichen Rechtsfolge gerichtet sind.[778] Besondere Bedeutung für den Regelungscharakter kommt dabei der Ausgestaltung der Bindungswirkung zu, die es näher zu prüfen gilt.[779] Das Bundesverfassungsgericht schreibt dabei auch faktisch bindenden Vorwirkungen planerischer Vorentscheidungen rechtliche Bedeutung zu.[780] Bei der Ermittlung ihres Regelungsgehalts gegenüber dem Bürger seien gegebenenfalls auch die faktischen Zwangsläufigkeiten oder sehr wahrscheinlichen Auswirkungen einer Entscheidung auf den Bürger in Betracht zu ziehen, die sich daraus ergäben, dass Behörden wie Dritte sich in ihrem weiteren Verhalten auf diese Entscheidung rechtlich stützen dürften und faktisch stützen würden.[781]

Betrachtet man die gesetzliche Ausgestaltung des NABEG, so entfaltet die Bundesfachplanungsentscheidung Regelungswirkung gegenüber der Planfeststellungsbehörde. Gemäß § 15 Abs. 1 S. 1 NABEG ist die Bundesfachplanungsentscheidung für die nachfolgende Planfeststellung verbindlich. Die Planfeststellungsbehörde hat die Trasse innerhalb des durch die Bundesfachplanung vorgegebenen Trassenkorridors zu planen. Nach § 2 Abs. 2 NABEG i.V.m. § 1 PlfZV ist die Bundesnetzagentur zwar zugleich Planfeststellungsbehörde, so

777 Vgl. Dritter Teil.A.II.2.

778 BVerwG, Urteil vom 28.10.1970 – VI C 48.68 –, BVerwGE 36, 192 (194); Urteil vom 20.05.1987 – 7 C 83.84 –, BVerwGE 77, 268 (271); *Ruffert*, in: Ehlers/Pünder, Allgemeines Verwaltungsrecht, 2016, § 21 Rn. 24; *Maurer/Waldhoff*, Allgemeines Verwaltungsrecht, 2017, § 9 Rn. 6 ff.

779 *Kment*, Rechtsschutz, 2002, S. 46.

780 *Schmidt-Aßmann*, DVBl. 1981, S. 334 (335); *Salis*, Gestufte Verwaltungsverfahren, 1991, S. 248 f.

781 BVerfG, Beschluss vom 01.08.1980 – 2 BvR 1366/79 –, DVBl. 1981, S. 374 (375).

dass sich diese Wirkung nur innerhalb desselben Verwaltungsträgers, also verwaltungsintern entfaltet. Dennoch handelt es sich hierbei um eine Regelungswirkung.[782] Des Weiteren hat die Entscheidung nach § 12 NABEG gemäß § 15 Abs. 1 S. 2 NABEG grundsätzlich Vorrang vor nachfolgenden Landesplanungen und Bauleitplanungen. Länder und Gemeinden haben die Bundesfachplanung also regelmäßig als verbindliche höherrangige Planung zu beachten. Folglich entfaltet die Bundesfachplanungsentscheidung auch Regelungswirkung gegenüber den Landesplanungsbehörden[783] und den Gemeinden.[784]

Eine häufig anzutreffende Begründung, den betroffenen Privaten auf die Anfechtung der letzten Planungsentscheidung zu verweisen, ist die ihm gegenüber fehlende Verbindlichkeit der vorgelagerten Planungsentscheidung. So wird der Linienbestimmung nach § 16 FStrG[785] und § 13 WaStrG[786] sowie der luftverkehrsrechtlichen Genehmigung nach § 6 LuftVG[787] lediglich der Charakter einer vorbereitenden Grundentscheidung zugesprochen, die rechtliche Verbindlichkeit gegenüber Dritten erst dadurch erlange, dass sie ihren Niederschlag in den Festsetzungen des Planfeststellungsbeschlusses finde. Auch der Bundesfachplanung wird eine Bindungswirkung gegenüber privaten Dritten abgesprochen. Die in § 15 Abs. 1 S. 1 NABEG angeordnete Bindungswirkung der Bundesfachplanung greift lediglich gegenüber der Planfeststellungsbehörde.[788] So scheint es, dass aufgrund der gesetzlichen Regelungen erst durch den Planfeststellungsbeschluss die Rechtswirkungen auf Dritte konzentriert werden. Eine derartige Ausgestaltung wäre nur möglich, wenn der letzte Akt den inhaltlichen Gehalt der bereits ergangenen Zwischenentscheidungen erneut umfassend erarbeitet

782 *Eding*, Bundesfachplanung, 2016, S. 263.

783 *Eding*, Bundesfachplanung, 2016, S. 265.

784 Zur Rechtsverbindlichkeit von Plänen und Programmen im Sinne von Art. 3 Abs. 2 lit. a) SUP-Richtlinie für UVP-pflichtige Projekte vgl. bereits Dritter Teil.A.IV.2.b)aa).

785 BVerwG, Urteil vom 26.06.1981 – 4 C 5.78 –, BVerwGE 62, 342 (344); Urteil vom 12.08.2009 – 9 A 64.07 –, BVerwGE 134, 308 (312 Rn. 26); Urteil vom 14.04.2010 – 9 A 13.08 –, BVerwGE 136, 332 (334 Rn. 19). Zustimmend *Steinberg*, NVwZ 1983, S. 209 (210).

786 BVerwG, Urteil vom 12.07.1985 – 4 C 40.83 –, BVerwGE 72, 15 (17 f.).

787 BVerwG, Urteil vom 11.10.1968 – IV C 55.66 –, DÖV 1969, S. 283 (283 f.); Urteil vom 22.03.1974 – IV C 42.73 –, DÖV 1974, S. 418 (419 f.). Kritisch *Blümel*, DVBl. 1975, S. 695 (704).

788 *Franke*, Beschleunigung der Planungs- und Zulassungsverfahren beim Ausbau der Übertragungsnetze, in: Klees/Gent, Festschrift für Salje, 2013, S. 121 (136, dort Fn. 48); *Knappe*, DVBl. 2016, S. 276 (282).

und somit wiederholen würde. Sinn und Zweck eines mehrstufigen Verfahrens ist jedoch die inhaltliche Abschichtung der Planungsentscheidungen und nicht, den sachlichen Inhalt der vorausgegangenen Stufen im Planfeststellungsbeschluss erneut vollständig zur Disposition zur stellen. In diesem Fall bleibt die rechtliche Ausgestaltung der Entscheidung hinter ihrem Sachgehalt zurück; es kommt zu einer Inkongruenz zwischen dem sachlichen Gehalt der Teilentscheidung und ihrem rechtlichen Gehalt.[789] Dem Gesetzgeber ist es verwehrt, auf der einen Seite relevante Fragen inhaltlich bereits auf vorgezogener Planungsstufe zu entscheiden, auf der anderen Seite die Wirkungen und den inhaltlichen Gehalt in der letzten Stufe zu konzentrieren und damit letztlich über die Betroffenheit von Rechtssubjekten und der Anerkennung subjektiver Rechte zu disponieren.[790]

Untersucht man vor diesem Hintergrund den Regelungsgehalt der Bundesfachplanungsentscheidung in Bezug auf private Dritte, erscheint es zunächst problematisch, dass sie mit der ihr innewohnenden Abwägung nur für die nachfolgende Planfeststellungsbehörde, die Landesplanungsbehörden und die Gemeinden verbindlich ist. Insbesondere entfaltet sie keine enteignungsrechtliche Vorwirkung, so dass die Enteignungsbehörde frei über die Enteignungsvoraussetzungen entscheiden kann.[791] Voraussetzung für die Einleitung eines Enteignungsverfahrens, das nach den Enteignungsgesetzen der Länder durchgeführt wird, ist das Vorhandensein einer mit enteignungsrechtlicher Vorwirkung versehenen Zulassungsentscheidung in Form des Planfeststellungsbeschlusses bzw. der Plangenehmigung. Erst mit ihr steht die Zulässigkeit des Vorhabens mit bindender Wirkung für die Enteignungsbehörde fest.[792]

Bereits während des Planungsprozesses werden jedoch tatsächlich wesentliche Vorfragen mit Wirkung für den privaten Dritten entschieden.[793] Auch das Bundesverwaltungsgericht sieht in der Zulassung des Rahmenbetriebsplans, die ebenso wie die Bundesfachplanung keine enteignungsrechtliche Vorwirkung hat, eine Belastung des Grundstückseigentümers, die deshalb eine auch ihm gegenüber wirksame rechtliche Regelung entfalte und von ihm angefochten werden könne. Die Zulassung des Rahmenbetriebsplans enthalte mit Blick auf § 48 Abs. 2 S. 1 BBergG die Feststellung, dass die beabsichtigte Gewinnung von

789 *Wahl*, DÖV 1975, S. 373 (376); *Blümel*, DVBl. 1975, S. 695 (705).

790 *Henke*, Zur Lehre vom subjektiven öffentlichen Recht, in: Schneider/Götz, Festschrift für Weber, 1974, S. 495 (510 f.); *Wahl*, DÖV 1975, S. 373 (376 f.).

791 *Beier*, DÖV 2015, S. 309 (314).

792 Vgl. bereits Dritter Teil.B.I.1.b). Vgl. auch BT-Drs. 17/6073, S. 30.

793 *Beier*, DÖV 2015, S. 309 (314 f.).

Braunkohle nicht aus überwiegenden öffentlichen Interessen, also auch nicht unter Berücksichtigung des Eigentumsschutzes, zu beschränken oder zu untersagen ist.[794] Eine vergleichbare Rechtswirkung kommt der Bundesfachplanungsentscheidung zu, bei der die Bundesnetzagentur im Unterschied zu § 48 Abs. 2 S. 1 BBergG gemäß § 5 Abs. 1 S. 2 NABEG sogar ausdrücklich zu prüfen hat, ob der Verwirklichung des Vorhabens in einem Trassenkorridor private Belange entgegenstehen. Zum ersten Mal wird das Eigentum dem Vorhaben gegenübergestellt und es bietet sich die Chance, zu diesem frühen Zeitpunkt des Planungsprozesses eine ergebnisoffene Abwägungsentscheidung zu treffen. Die zu einem späteren Zeitpunkt stattfindende Enteignungsentscheidung, bei der das Vorhaben schon vollständig geplant ist, kann das Eigentum nicht in gleicher Weise ergebnisoffen wie die vorgelagerte Planungsentscheidung berücksichtigen.[795] Auch wenn die Bundesfachplanungsentscheidung keine enteignungsrechtliche Vorwirkung entfaltet, ist sie eine verbindliche Entscheidung, die „über die grundsätzliche Zulässigkeit eines Gemeinwohlprojekts (Vorhabens) i.S.d. Art. 14 Abs. 3 Satz 1 GG befindet."[796] Es reicht aus, dass durch die Planungsentscheidung unter Zurückstellung des Eigentums im Rahmen der Abwägung die Realisierung des Vorhabens voranschreitet und insoweit zwar keine enteignungsrechtliche, aber doch eine „rechtliche Vorwirkung"[797] entfaltet.[798] Anders als es § 15 NABEG glauben machen will, bezieht sich die Bundesfachplanungsentscheidung in ihren Wirkungen über die Behörde hinaus auch auf den durch die Planung betroffenen Eigentümer und entfaltet ihm gegenüber Regelungswirkung.

bb) Außenwirkung

Eine Regelung mit Außenwirkung liegt bei hoheitlichen Maßnahmen vor, die Rechte und Pflichten für einen außerhalb des Innenbereichs des Verwaltungsträgers stehenden Träger eigener Rechte begründen, so dass die Rechtsfolgen über den verwaltungsinternen Bereich hinausgehen.[799] Die Angreifbarkeit

---

794 BVerwG, Urteil vom 29.06.2006 – 7 C 11.05 –, BVerwGE 126, 205 (212 Rn. 23).

795 *Beier*, DÖV 2015, S. 309 (314 f.).

796 *Lege*, WF 2014, S. 1 (7).

797 BVerfG, Urteil vom 17.12.2013 – 1 BvR 3139, 3386/08 –, BVerfGE 134, 242 (335 Rn. 278).

798 *Beier*, DÖV 2015, S. 309 (314).

799 *Hoppe*, Planung und Pläne in der verwaltungsgerichtlichen Kontrolle, in: Erichsen/Hoppe/von Mutius, Festschrift für Menger, 1985, S. 747 (757); *Kment*, Rechtsschutz, 2002, S. 62; *Maurer/Waldhoff*, Allgemeines Verwaltungsrecht, 2017, § 3 Rn. 5; *W.-R. Schenke*, in: Kopp/Schenke, VwGO, 2018, Anh. § 42 Rn. 66.

vorgelagerter Planungsentscheidungen durch den Einzelnen wird regelmäßig mit der Begründung abgelehnt, dass ihnen keine Außenwirkung zukommt. Als vorbereitende Verwaltungsentscheidung wird ihnen lediglich eine verwaltungsinterne Bedeutung zugesprochen.[800]

Andererseits hat das Bundesverwaltungsgericht im Bereich der Planung von Abfallbeseitigungsanlagen festgestellt, dass für verbindlich erklärte Festlegungen eines Abfallbeseitigungsplanes Außenwirkung auch gegenüber privaten Dritten haben können.[801] Bei Abfallwirtschaftplänen handelt es sich um vorbereitende, überörtliche Fachpläne, die für ihren Geltungsbereich die zu einer geordneten Abfallbeseitigung notwendigen Maßnahmen großräumig koordinieren und steuern sollen.[802] Werden Feststellungen eines Abfallwirtschaftsplans für verbindlich erklärt, folgt aus § 36 Abs. 1 Nr. 5 KrWG, dass die Planfeststellungsbehörde von diesen Festlegungen nicht abweichen darf. Der für verbindlich erklärte Abfallwirtschaftsplan entfaltet also insoweit Sperrwirkung für abweichende Standorte.[803] Die Planungsbehörde darf keine Erwägungen zu solchen Planalternativen anstellen, die den vorgegebenen Rahmen verlassen. Die Abfallwirtschaftsplanung verfolgt also das Modell einer Verfahrensstufung mit abschichtender Problemlösung.[804] Es zeigt sich eine deutliche Parallele zur Bindungswirkung der Bundesfachplanungsentscheidung gemäß § 15 Abs. 1 S. 1 NABEG für die nachfolgende Planfeststellungsbehörde, die keine Stromleitung außerhalb des durch die Bundesfachplanung vorgegebenen Trassenkorridors genehmigen darf.

Die dem Planungsträger zunächst für die abschließende Stufe der Planfeststellung eingeräumte planerische Gestaltungsfreiheit hat das Bundesverwaltungsgericht auf die vorbereitende abfallrechtliche Planung erstreckt. Dementsprechend sind auch die Schranken der planerischen Gestaltungsfreiheit, insbesondere die Anforderungen des rechtsstaatlichen Abwägungsgebotes, grundsätzlich

800 BVerwG, Urteil vom 22.03.1974 – IV C 42.73 –, DÖV 1974, S. 418 (419 f.); Urteil vom 26.06.1981 – 4 C 5.78 –, BVerwGE 62, 342 (344); Urteil vom 12.07.1985 – 4 C 40.83 –, BVerwGE 72, 15 (17 f.); Urteil vom 12.08.2009 – 9 A 64.07 –, BVerwGE 134, 308 (312 Rn. 26); Urteil vom 14.04.2010 – 9 A 13.08 –, BVerwGE 136, 332 (334 Rn. 19).

801 BVerwG, Beschluss vom 20.12.1988 – 7 BN 2.88 –, BVerwGE 81, 128 (135).

802 BVerwG, Beschluss vom 20.12.1988 – 7 BN 2.88 –, BVerwGE 81, 128 (132); *Kleve*, in: Schink/Versteyl, KrWG, 2016, § 30 Rn. 20.

803 *Franßen*, in: Fluck u.a., Kreislaufwirtschafts-, Abfall- und Bodenschutzrecht, § 30 KrWG (2013) Rn. 349; *Kleve*, in: Schink/Versteyl, KrWG, 2016, § 30 Rn. 43.

804 BVerwG, Beschluss vom 20.12.1988 – 7 BN 2.88 –, BVerwGE 81, 128 (135 f.).

auf diese vorgelagerte Stufe zu übertragen.[805] Das Bundesverwaltungsgericht erkennt bereits auf dieser vorgelagerten Planstufe Belange von Privatpersonen jedenfalls dann als abwägungserheblich an, wenn „die Festlegungen des Planes ein solches Maß an Konkretisierung und Individualisierung erreichen, daß sich bestimmte nachteilige Wirkungen einer vorgesehenen Anlage auf die Umgebung schon jetzt beurteilen lassen."[806] Die für verbindlich erklärten Festlegungen eines Abfallbeseitigungsplanes erhielten durch die Vorschrift des § 8 Abs. 3 S. 1 AbfG eine begrenzte rechtliche Außenwirkung gegenüber einzelnen Planbetroffenen.[807] Aufgrund der schichtweisen Abarbeitung des Problemstoffs finde ein wesentlicher Teil des planerischen Gestaltens, nämlich das Prüfen, Abwägen und Ausscheiden von Planalternativen bereits auf der Ebene der Planaufstellung statt. Dies betreffe auch Varianten wie insbesondere Standortfestlegungen, die Auswirkungen auf geschützte Belange betroffener Dritter haben könnten. Insoweit könne bereits der Abfallbeseitigungsplan und nicht erst die Zulassungsentscheidung nachteilige Wirkungen auf rechtlich geschützte Interessen des Bürgers haben.[808] Die für verbindlich erklärten Planausweisungen entfalten Regelungswirkung auch gegenüber privaten Dritten und haben somit Außenwirkung, obwohl sie von der Verbindlicherklärung des Abfallwirtschaftsplans nicht unmittelbar erfasst werden.[809]

Auch für eine Außenwirkung der Bundesfachplanungsentscheidung gegenüber privaten Dritten spricht die bereits auf dieser Ebene vorzunehmende Abwägung, in die auch private Belange einzustellen sind.[810] Gemäß § 5 Abs. 1 S. 2 NABEG prüft die Bundesnetzagentur, ob der Verwirklichung des Vorhabens in einem Trassenkorridor überwiegende öffentliche oder private Belange entgegenstehen. Sie hat umfassend alle vom Vorhaben betroffenen öffentlichen und privaten Belange zu ermitteln und abzuwägen. Ähnlich wie im Bereich der Abfallwirtschaftsplanung erstreckt sich die Abschichtungswirkung der Bundesfachplanungsentscheidung auch auf die nach § 18 Abs. 4 S. 1 NABEG vorzunehmende Abwägung. Danach sind bei der Planfeststellung die von dem Vorhaben berührten öffentlichen und privaten Belange im Rahmen der Abwägung zu

805 BVerwG, Beschluss vom 20.12.1988 – 7 BN 2.88 –, BVerwGE 81, 128 (132 f.); *Ibler*, DVBl. 1989, S. 639 (640).

806 BVerwG, Beschluss vom 20.12.1988 – 7 BN 2.88 –, BVerwGE 81, 128 (134).

807 BVerwG, Beschluss vom 20.12.1988 – 7 BN 2.88 –, BVerwGE 81, 128 (135).

808 BVerwG, Beschluss vom 20.12.1988 – 7 BN 2.88 –, BVerwGE 81, 128 (136 f.).

809 *Franßen*, in: Fluck u.a., Kreislaufwirtschafts-, Abfall- und Bodenschutzrecht, § 30 KrWG (2013) Rn. 426; *Kleve*, in: Schink/Versteyl, KrWG, 2016, § 30 Rn. 44.

810 *Baumann/Brigola*, DVBl. 2017, S. 1385 (1387).

berücksichtigen. Hierin kommt das fachplanerische Abwägungsgebot zum Ausdruck. Bereits auf Ebene der Bundesfachplanung ist gemäß § 5 Abs. 1 S. 2 NABEG eine umfassende Abwägung vorzunehmen. Da die Entscheidung nach § 12 für die Planfeststellungsverfahren gemäß § 15 Abs. 1 S. 1 NABEG verbindlich ist, bezieht sich die Entscheidung der Planfeststellungsbehörde nur noch auf die übrigen, ihr nicht verbindlich vorgegebenen Entscheidungsinhalte.[811] So können raumordnerische Belange, die bereits umfassend und für das Planfeststellungsverfahren verbindlich in der Bundesfachplanungsentscheidung berücksichtigt wurden, nicht neu und eigenständig in die Abwägung nach § 18 Abs. 4 S. 1 NABEG eingestellt werden.[812] Die nach § 19 S. 4 Nr. 2 NABEG vorgesehene Alternativenprüfung im Planfeststellungsverfahren eröffnet keine vollumfängliche Alternativenuntersuchung, sondern soll sich nur auf punktuelle Alternativen der konkreten Trassenführung beziehen, soweit der Vorhabenträger diese für seinen Antrag in Erwägung gezogen hat.[813] Vor diesem Hintergrund sind in die Abwägung nach § 18 Abs. 4 S. 1 NABEG nur noch solche Belange einzustellen, die nicht bereits Gegenstand der Abwägung im Rahmen der Bundesfachplanungsentscheidung waren und somit Teil der gemäß § 15 Abs. 1 S. 1 NABEG verbindlichen Festlegungen geworden sind.[814]

Der von der Planung betroffene Private hat ein subjektives Recht darauf, dass seine Belange ihrem Gewicht entsprechend in die Abwägungsentscheidung einfließen und abgearbeitet werden. Wird also insbesondere das Eigentum als Belang in die vorzunehmende Abwägung eingestellt, wird ihm ein bestimmtes Gewicht zugesprochen.[815] Es nimmt Einfluss auf die Abwägungsentscheidung der Behörde und somit auf das subjektive Recht des Privaten auf eine gerechte Abwägung. Die Abwägung muss ordnungsgemäß erfolgen, da Abwägungsfehler den Anspruch des privaten Dritten auf fehlerfreie Abwägung beeinträchtigen.[816] Wird das Eigentum nicht oder nicht seinem Gewicht entsprechend in die Abwägung eingestellt, wirkt sich dies auf die Rechtssphäre des Bürgers aus.

Gegen eine Außenwirkung der Bundesfachplanungsentscheidung wird eingewandt, dass keine unmittelbare Steuerung der Nutzung der Beziehung Privater zu Grund und Boden beabsichtigt sei. Für die Annahme einer Außenrechtswirkung

---

811 *Appel*, UPR 2011, S. 406 (414).

812 *Scheuten*, in: de Witt/Scheuten, NABEG, 2013, § 18 Rn. 90.

813 BT-Drs. 17/6073, S. 28; *Appel*, UPR 2011, S. 406 (414).

814 *Weghake*, Planungs- und Zulassungsverfahren, 2015, S. 278.

815 *Beier*, DÖV 2015, S. 309 (313 f.).

816 *Kment*, NVwZ 2004, S. 155 (156).

sei jedoch entscheidend, dass das Abwägungsergebnis auch nach außen transportiert werde, die Entscheidungsebene also einen Geltungsanspruch gegenüber Dritten habe.[817]

Grundsätzlich ist die Zuordnung einer Maßnahme zum Bereich des Außenrechts jedoch nicht zwingend auf die Fälle einer unmittelbaren Außenwirkung begrenzt. Das Erfordernis der Unmittelbarkeit der Außenwirkung ist eine verwaltungsaktbezogene Besonderheit.[818] Nach der Legaldefinition des § 35 S. 1 VwVfG setzt das Vorliegen eines Verwaltungsaktes eine behördliche Maßnahme voraus, die unter anderem auf unmittelbare Rechtswirkung nach außen gerichtet ist. Das Unmittelbarkeitserfordernis beruht also auf einer am punktuellen Eingriff und damit einer anderen Handlungsform als dem Plan orientierten Dogmatik.[819] Die Einordnung einer Maßnahme als Innen- oder Außenrecht steht im Zusammenhang mit der Gewährung von Rechtsschutz. Dieser knüpft an eine mögliche Rechtsverletzung an. Bei einer Maßnahme, die sich ausschließlich im Innenbereich eines Verwaltungsträgers auswirkt, erscheint die Beeinträchtigung des Rechtskreises eines anderen Rechtsträgers kaum denkbar. Das Vorliegen einer Außenwirkung ist somit Grundvoraussetzung für die Eröffnung von Rechtsschutz.[820] Dieser ist jedoch auch gegen mittelbar wirkende Rechtsakte zu gewähren, soweit sie über den Innenbereich eines Verwaltungsträgers hinausgehen und durch sie die Verletzung eines subjektiven Rechts eines anderen Rechtsträgers möglich erscheint.[821] Es wurde bereits ausgeführt, dass die Eröffnung des Rechtsschutzes in diesem Fall nicht zur Disposition des einfachen Gesetzgebers steht. Die gerichtliche Kontrolle auf Rechtsverletzungen zu beschränken, die aufgrund behördlicher Entscheidungen mit unmittelbarer Außenwirkung entstehen, wäre mit der Rechtsschutzgarantie nach Art. 19 Abs. 4 GG unvereinbar.[822] So steht auch § 15 Abs. 3 S. 1, 1. Halbsatz NABEG der Annahme einer Außenwirkung nicht grundsätzlich entgegen. Wenn die Vorschrift der Bundesfachplanung

---

817 *Knappe*, DVBl. 2016, S. 276 (282) unter Bezugnahme auf BVerwG, Urteil vom 20.11.2003 - 4 CN 6.03 -, BVerwGE 119, 217 (222).

818 *Ibler*, DVBl. 1989, S. 639 (642).

819 *Ossenbühl*, Gutachten B für den 50. DJT, in: Ständige Deputation des DJT, Verhandlungen des fünfzigsten Deutschen Juristentages, Bd. I, 1974, S. B 176 f.; *Kment*, Rechtsschutz, 2002, S. 66.

820 Zum Sonderfall der Innenrechtsstreitigkeiten *Kment*, Rechtsschutz, 2002, S. 63 f.

821 *Kment*, Rechtsschutz, 2002, S. 66.

822 *Ibler*, DVBl. 1989, S. 639 (642).

lediglich eine „unmittelbare" Außenwirkung abspricht, wird zumindest eine „mittelbare" Außenwirkung nicht ausgeschlossen.[823]

Speziell in Bezug auf die Wirkung der Abwägung ist zu beachten, dass die Rechtssphäre des privaten Dritten nicht erst dort beginnt, wo ihn die positiv oder negativ ausgefallene Abwägungsentscheidung trifft, sondern bereits in einem früheren Stadium.[824] Nach § 5 Abs. 1 S. 2 NABEG sind von der Bundesnetzagentur umfassend alle vom Vorhaben betroffenen öffentlichen und privaten Belange zu ermitteln und abzuwägen. Private Belange werden also kraft Gesetzes Teil der Abwägungsmasse, nehmen auf den Abwägungsvorgang und auf das Abwägungsergebnis Einfluss. Nicht erforderlich ist es, dass sie für die Planungsentscheidung den alleinigen Ausschlag geben. Es reicht aus, dass sie einer bestimmten Position ein zusätzliches Gewicht verleihen und somit in der Lage sind, das konkrete Abwägungsergebnis in ihrem Sinne zu entscheiden. Bei jedem Abwägungsakt wird die Rechtssphäre des Privaten berührt, so dass jeder Abwägung abwägungserheblicher Belange ihm gegenüber Außenwirkung zukommt. Entweder sein Recht auf gerechte Abwägung wird aufgrund einer ordnungsgemäßen Abwägung seiner privaten Belange gewahrt oder es wird aufgrund einer fehlerhaften Abwägung verletzt.[825]

Vor diesem Hintergrund entfaltet bereits die Bundesfachplanungsentscheidung Außenwirkung gegenüber privaten Dritten.

cc) Rechtssatz oder Einzelakt

Schließlich ist die Bundesfachplanungsentscheidung daraufhin zu untersuchen, ob sie abstrakt-genereller oder konkret-individueller Natur ist. Diese Begriffspaare dienen der Einordnung des Untersuchungsgegenstands entweder als Rechtssatz oder als Einzelakt. Die Einordnung der Bundesfachplanungsentscheidung als abstrakt-generelle Regelung setzt voraus, dass sie eine unbestimmte Zahl von Fällen und eine unbestimmte Zahl von Personen betrifft.[826] In diesem Fall käme Rechtsschutz nach § 47 Abs. 1 Nr. 2 VwGO in Betracht, soweit der Landesgesetzgeber von dieser Möglichkeit Gebrauch gemacht hat. Im Übrigen müssten private Dritte im Wege der allgemeinen Feststellungsklage gemäß § 43 VwGO gegen die Bundesfachplanungsentscheidung vorgehen.

---

823 *Dippel*, in: Schink/Versteyl/Dippel, NABEG, 2016, § 15 Rn. 43.

824 *Kment*, Rechtsschutz, 2002, S. 178; *ders.*, NVwZ 2004, S. 155 (157).

825 *Kment*, Rechtsschutz, 2002, S. 167 und 178 f.; *ders.*, NVwZ 2004, S. 155 (157 f.).

826 *Ruffert*, in: Ehlers/Pünder, Allgemeines Verwaltungsrecht, 2016, § 21 Rn. 33; *Maurer/Waldhoff*, Allgemeines Verwaltungsrecht, 2017, § 9 Rn. 15.

Für eine abstrakte Regelung spricht der rahmenbildende Charakter der Bundesfachplanung, die auf eine weitere Konkretisierung durch die Planfeststellung angelegt ist. So werden Raumordnungspläne einschließlich ihrer Zielfestlegungen als abstrakt-generelle Regelungen eingestuft, da zum Zeitpunkt des Planerlasses die Zahl der unter den Plan fallenden raumbedeutsamen Planungen und Maßnahmen und der angesprochene Adressatenkreis noch unbestimmt sind.[827] Im Gegensatz dazu ist die Entscheidung nach § 12 NABEG nicht Element eines größeren, auf eine noch unbestimmte Vielzahl von Sachverhalten ausgerichteten Planungsgeflechts. Sie bezieht sich auf ein konkretes, durch Anfangs- und Endpunkte bestimmtes Höchstspannungsleitungsvorhaben auf einer bestimmten Fläche. Sie stellt somit bereits eine Einzelentscheidung dar, mit der ein Trassenkorridor als räumliche Vorgabe für die Planfeststellungsbehörde festgelegt wird.[828]

Für die Einordnung der Bundesfachplanungsentscheidung als Einzelakt müsste sie in ihrer Regelungswirkung zudem auf einen bestimmten bzw. bestimmbaren Adressatenkreis gerichtet sein. Der individuelle Charakter der Regelung ist auch dann anzunehmen, wenn sie sich bei ihrem Erlass an einen zumindest bestimmbaren Kreis von Personen richtet.[829] Soweit aufgrund einer entsprechenden räumlichen Konkretisierung eine Betroffenheit durch die Bundesfachplanungsentscheidung erkennbar ist, steht bereits bei deren Erlass der Kreis derjenigen, deren Grundstücke bei Verwirklichung des Vorhabens in Anspruch genommen werden müssen, fest. Dass daneben grundsätzlich eine unbestimmte Vielzahl privater Dritter von der späteren Zulassungsentscheidung betroffen sein kann, schadet der Einordnung als individuelle Entscheidung nicht. Für diese Bestimmung sind maßgeblich diejenigen zu berücksichtigen, die zum Zeitpunkt des Erlasses des zu untersuchenden Hoheitsaktes, hier also der Bundesfachplanungsentscheidung, in ihrer Rechtsstellung effektiv betroffen sind.[830]

---

827 *Breuer*, Die hoheitliche raumgestaltende Planung, 1968, S. 54 f.; *Kment*, Rechtsschutz, 2002, S. 49 ff.; BVerwG, Urteil vom 20.11.2003 – 4 CN 6.03 –, BVerwGE 119, 217 (226 f.).

828 *Eding*, Bundesfachplanung, 2016, S. 271.

829 *Maurer/Waldhoff*, Allgemeines Verwaltungsrecht, 2017, § 9 Rn. 17.

830 *Volkmar*, Allgemeiner Rechtssatz, 1962, S. 50 f.; *Breuer*, Die hoheitliche raumgestaltende Planung, 1968, S. 54 f.

Im Ergebnis ist die Bundesfachplanungsentscheidung aufgrund ihres konkret-individuellen Charakters nicht als Rechtssatz, sondern als Einzelakt zu qualifizieren.

d) Rechtsform der Bundesfachplanung

Nach Maßgabe materieller Kriterien stellt die Bundesfachplanungsentscheidung ihrer Rechtsnatur nach eine konkret-individuelle Regelung mit Außenwirkung gegenüber privaten Dritten dar. Im Hinblick auf die Rechtsform liegt daher eine Qualifizierung als Verwaltungsakt nahe. Gemäß § 35 S. 1 VwVfG ist Verwaltungsakt jede Verfügung, Entscheidung oder andere hoheitliche Maßnahme, die eine Behörde zur Regelung eines Einzelfalls auf dem Gebiet des öffentlichen Rechts trifft und die auf unmittelbare Rechtswirkung nach außen gerichtet ist. Die Bundesnetzagentur legt im Vollzug der öffentlich-rechtlichen Vorschriften des NABEG einen Trassenkorridor fest und trifft damit eine konkret-individuelle Regelung.[831] Diese hat unter den soeben genannten Voraussetzungen auch Außenwirkung gegenüber den durch die Abwägungsentscheidung betroffenen Dritten.

Damit unvereinbar erscheint die Regelung des § 15 Abs. 3 S. 1, 1. Halbsatz NABEG, wonach die Entscheidung nach § 12 keine unmittelbare Außenwirkung hat. Hierin bringt der Gesetzgeber zum Ausdruck, was die Bundesfachplanungsentscheidung jedenfalls nicht sein soll. Es handelt sich nicht um einen Verwaltungsakt im Sinne des § 35 S. 1 VwVfG, da es an dem Merkmal der unmittelbaren Außenwirkung fehlt.[832] In Bezug auf die Rechtsformenwahl genießt der Gesetzgeber einen weitgehenden Gestaltungsspielraum, so dass seine Entscheidung insoweit konstitutiv ist.[833] Dies ändert jedoch nichts an der Einordnung der Bundesfachplanung zum Außenrecht. Diese erfolgt allein nach materiellen Kriterien. In Einklang bringen lässt sich diese Qualifizierung mit dem Willen des Gesetzgebers, wenn man sich das Merkmal der Außenwirkung als Voraussetzung für das Vorliegen eines Verwaltungsaktes genauer vor Augen hält. Im Unterschied zur Abgrenzung von Innen- und Außenrecht ist eine Maßnahme nicht schon Verwaltungsakt, wenn sie Rechtswirkung nach außen entfaltet. Sie muss darüber hinaus auf eine unmittelbare Außenwirkung „gerichtet" sein. In

---

831 *Eding*, Bundesfachplanung, 2016, S. 273.

832 Ungenau *Weghake*, Planungs- und Zulassungsverfahren, 2015, S. 163 f., der der Bundesfachplanungsentscheidung aufgrund § 15 Abs. 3 S. 2 NABEG eine Außenwirkung insgesamt abspricht.

833 *Eding*, Bundesfachplanung, 2016, S. 273.

diesem Merkmal kommt die Finalität der Maßnahme zum Ausdruck. Unabhängig von ihren tatsächlichen Auswirkungen muss sie ihrem objektiven Sinngehalt nach dazu bestimmt sein, unmittelbare Rechtswirkung nach außen zu entfalten.[834] Adressatin der Bundesfachplanungsentscheidung ist die Bundesnetzagentur, die als Planfeststellungsbehörde hieran gebunden ist. Hierauf ist die Rechtswirkung der Entscheidung gerichtet.[835] Die durch die Abwägung nach § 5 Abs. 1 S. 2 NABEG begründete Rechtswirkung gegenüber privaten Dritten ist nicht intendiert und daher nicht im Sinne des § 35 S. 1 VwVfG auf unmittelbare Außenwirkung gerichtet. Dies ist für die Qualifizierung der Bundesfachplanungsentscheidung als Maßnahme des Außenrechts jedoch auch nicht erforderlich. Insoweit stimmt diese Einordnung auch mit der Aussage des § 15 Abs. 3 S. 1, 1. Halbsatz NABEG überein, als die Rechtswirkungen der Bundesfachplanung nicht unmittelbar auf eine Außenwirkung gegenüber privaten Dritten gerichtet sind.

Letztlich kann danach keine klare Zuordnung der Bundesfachplanungsentscheidung zu einer der tradierten Handlungsformen erfolgen. Sie stellt einen einzelfallbezogenen Rechtsakt sui generis mit Außenwirkung dar.[836]

3. *Rechtsschutz*

Wenn man wie nach der hier vertretenen Auffassung der Bundesfachplanungsentscheidung die Qualität eines Verwaltungsaktes abspricht, muss die Anfechtungsklage als statthafte Klageart eines betroffenen privaten Dritten konsequenterweise abgelehnt werden. In Betracht kommt eine allgemeine Feststellungsklage.[837]

Gemäß § 43 Abs. 1, 1. Alt. VwGO kann durch Klage die Feststellung des Bestehens oder Nichtbestehens eines Rechtsverhältnisses begehrt werden. Eine Voraussetzung für die Zulässigkeit der allgemeinen Feststellungsklage ist demnach

---

834 BVerwG, Urteil vom 22.05.1980 – 2 C 30.78 –, BVerwGE 60, 144 (146 f.); Urteil vom 15.02.1989 – 6 A 2.87 –, BVerwGE 81, 258 (260); *Ruffert*, in: Ehlers/Pünder, Allgemeines Verwaltungsrecht, 2016, § 21 Rn. 33; *Stelkens*, in: Stelkens/Bonk/Sachs, VwVfG, 2018, § 35 Rn. 147.

835 *Eding*, Bundesfachplanung, 2016, S. 274.

836 *Eding*, Bundesfachplanung, 2016, S. 275. Auch *Kment*, NVwZ 2015, S. 616 (618) hält eine gewisse „Kompromissbereitschaft" bei der Einordnung der Bundesfachplanungsentscheidung in den Kanon der traditionellen Rechtsformen für erforderlich, tendiert aber zur Einordnung als materielle Norm.

837 *Dippel/Hamborg*, I+E 2014, S. 248 (255).

das Vorliegen eines feststellungsfähigen Rechtsverhältnisses. Unter Rechtsverhältnis im Sinne des § 43 Abs. 1 VwGO versteht man eine sich aus einem konkreten Sachverhalt aufgrund einer öffentlich-rechtlichen Rechtsnorm ergebende rechtliche Beziehung zwischen zwei Rechtssubjekten oder einem Rechtssubjekt und einer Sache.[838] Ein solches Rechtsverhältnis kann in dem durch den Erlass der Bundesfachplanungsentscheidung begründeten Rechtsverhältnis zwischen der Bundesnetzagentur als Planungsbehörde und den Grundstückseigentümern, deren Grundstücke für die Realisierung des Vorhabens in Anspruch genommen werden müssen, gesehen werden.[839]

Darüber hinaus muss das Klagebegehren auf ein bereits hinreichend konkretes Rechtsverhältnis gerichtet sein. Die Feststellungsklage muss sich also durch besondere Umstände auf einen bestimmten, bereits überschaubaren Sachverhalt beziehen. Die Gerichte sollen nicht mit der Klärung abstrakter Rechtsfragen oder eines nur erdachten oder eines solchen Sachverhalts befasst werden, dessen Eintritt noch ungewiss, insbesondere von einer in ihren tatsächlichen und rechtlichen Auswirkungen noch nicht übersehbaren künftigen Entwicklung abhängig ist.[840] An das Vorliegen eines hinreichend bestimmten Sachverhalts sind jedoch keine zu strengen Anforderungen zu stellen.[841] Es reicht aus, wenn sich die Rechtsbeziehung in irgendeiner Weise, also zum Beispiel förmlich durch Verwaltungsakt, durch formloses behördliches Handeln oder durch die Anwendung einer bestimmten Norm des öffentlichen Rechts auf einen bestimmten, bereits übersehbaren Sachverhalt verdichtet hat.[842] Auch wenn mit der Bundesfachplanungsentscheidung die Höchstspannungsleitung noch nicht in allen Details feststeht, stellt sie keinen ungewissen, noch nicht überschaubaren Sachverhalt dar. Sie entfaltet gemäß § 15 Abs. 1 S. 1 NABEG Bindungswirkung für das nachfolgende Planfeststellungsverfahren, so dass die weitere Entwicklung des

---

838 BVerwG, Urteil vom 23.01.1992 – 3 C 50.89 –, BVerwGE 89, 327 (329); Urteil vom 26.01.1996 – 8 C 19.94 –, BVerwGE 100, 262 (264); *W.-R. Schenke*, in: Kopp/Schenke, VwGO, 2018, § 43 Rn. 11.

839 Ähnlich *Ibler*, DVBl. 1989, S. 639 (642) zu entsprechenden Rechtsverhältnissen, die durch Erlass von Abfallentsorgungsplänen geschaffen werden.

840 BVerwG, Urteil vom 08.06.1962 – VII C 78.61 –, BVerwGE 14, 235 (236); Urteil vom 07.05.1987 – 3 C 53.85 –, BVerwGE 77, 207 (211).

841 *W.-R. Schenke*, in: Kopp/Schenke, VwGO, 2018, § 43 Rn. 18.

842 BVerwG, Urteil vom 08.06.1962 – VII C 78.61 –, BVerwGE 14, 235 (236); Urteil vom 07.05.1987 – 3 C 53.85 –, BVerwGE 77, 207 (211); Urteil vom 26.01.1996 – 8 C 19.94 –, BVerwGE 100, 262 (264); *Sodan*, in: Sodan/Ziekow, VwGO, 2014, § 43 Rn. 46; *von Nicolai*, in: Redeker/von Oertzen, VwGO, 2014, § 43 Rn. 7.

Planungsverfahrens bereits vorprogrammiert und damit übersehbar ist. Soweit Grundstücke bereits durch den auf Ebene der Bundesfachplanung festgelegten Trassenkorridor parzellenscharf erfasst werden, ändert sich ihre planungsrechtliche (Eigentums-)Situation. Insoweit betrifft die Bundesfachplanungsentscheidung bereits einen konkreten Sachverhalt. Mit ihrem Erlass entfaltet sie Wirkungen, die von da an gegenwärtig sind, so dass es sich nicht um ein bloß zukünftiges Rechtsverhältnis handelt.[843]

Gemäß § 43 Abs. 2 VwGO kann die Feststellung nicht begehrt werden, soweit der Kläger seine Rechte durch Gestaltungs- oder Leistungsklage verfolgen kann oder hätte verfolgen können. Die allgemeine Feststellungsklage ist somit gegenüber Anfechtungs-, Verpflichtungs- und Leistungsklagen subsidiär. Sinn und Zweck der Subsidiaritätsklausel ist es, dass durch die Erhebung einer allgemeinen Feststellungsklage die besonderen Sachentscheidungsvoraussetzungen von Anfechtungs- und Verpflichtungsklage nicht umgangen und eine doppelte Inanspruchnahme der Gerichte verhindert werden.[844] Eine auf die Aufhebung der Bundesfachplanungsentscheidung gerichtete Anfechtungsklage kommt wie bereits dargelegt nicht in Betracht. Diskutiert wird eine vorbeugende Unterlassungsklage mit dem Ziel, der Beklagten zu untersagen, die vorgelagerte Planungsentscheidung im Planfeststellungsverfahren zugrunde zu legen.[845] Auch diese stünde jedoch nach der ständigen Rechtsprechung des Bundesverwaltungsgerichts der Statthaftigkeit einer gegen einen Hoheitsträger gerichteten allgemeinen Feststellungsklage nicht entgegen, weil in diesem Verhältnis die Gefahr einer Umgehung der für die Anfechtungs- und Verpflichtungsklage geltenden Sonderregeln und eine doppelten Inanspruchnahme gerichtlichen Rechtsschutzes wegen der verfassungsrechtlichen Bindung an Recht und Gesetz nach Art. 20 Abs. 3 GG nicht besteht.[846]

Des Weiteren fordert § 43 Abs. 1 VwGO, dass der Kläger ein berechtigtes Interesse an der baldigen Feststellung haben muss. Es wird also für die Zulässigkeit der allgemeinen Feststellungsklage ein Feststellungsinteresse des Klägers

---

843 *Ibler*, DVBl. 1989, S. 639 (643).

844 *W.-R. Schenke*, in: Kopp/Schenke, VwGO, 2018, § 43 Rn. 26.

845 *Ibler*, DVBl. 1989, S. 639 (644).

846 BVerwG, Urteil vom 27.10.1970 – VI C 8/69 –, BVerwGE 36, 179 (181 f.); Urteil vom 07.05.1987 – 3 C 53/85 –, BVerwGE 77, 207 (211); Urteil vom 22.02.2001 – 5 C 34/00 –, BVerwGE 114, 61 (63); Urteil vom 23.06.2010 – 8 C 20/09 –, BVerwGE 137, 171 (172 f.). So im Ergebnis auch *Ibler*, DVBl. 1989, S. 639 (644). A.A. *Sodan*, in: Sodan/Ziekow, VwGO, 2014, § 43 Rn. 121; *W.-R. Schenke*, in: Kopp/Schenke, VwGO, 2018, § 43 Rn. 28.

verlangt. Im Unterschied zu § 256 ZPO setzt die VwGO nicht ein rechtliches, sondern nur ein berechtigtes Interesse voraus. Hier genügt jedes schutzwürdige Interesse rechtlicher, wirtschaftlicher oder ideeller Art.[847] Ein solches kann sich insbesondere aus der mit der Bundesfachplanungsentscheidung verbundenen Wertminderung des betroffenen klägerischen Grundstücks ergeben.

Enthält die Bundesfachplanungsentscheidung Abwägungsfehler, ist festzustellen, dass ihr Erlass rechtswidrig war.[848]

II. Verfahrensrechte als subjektiv-öffentliche Rechte

Zur potentiellen Herleitung subjektiv-öffentlicher Rechte aus Verfahrensrechten sollen zunächst Entwicklungslinien in der Rechtsprechung dargestellt werden, wobei insbesondere Impulse aus der Rechtsprechung des Europäischen Gerichtshofs analysiert werden. Es ist zu untersuchen, ob sich hieraus allgemeine Grundsätze zur Begründung subjektiver Rechte ableiten lassen, die auf in der Bundesfachplanung vorgesehene Verfahrensrechte übertragen werden können. Als Ausgangspunkt der Überlegungen dienen die in der nationalen Rechtsprechung entwickelten Kriterien zur Angreifbarkeit von Verfahrensrechtsverletzungen.

1. Traditionelles Verständnis der Verfahrensrechte in der nationalen Rechtsprechung

Die eingangs dargelegten Grundsätze[849] zur Ermittlung von subjektiv-öffentlichen Rechten sind für materiell-rechtliche Vorschriften entwickelt worden.[850] Demgegenüber wird Verfahrensvorschriften, die insbesondere der umfassenden Information der Verwaltungsbehörde und somit grundsätzlich lediglich der Ordnung des Verfahrensablaufs dienen sollen, keine drittschützende Wirkung zugesprochen.[851] Nach der Rechtsprechung des Bundesverwaltungsgerichts kann die mögliche Verletzung von Verfahrensvorschriften nur in Ausnahmefällen die Klagebefugnis begründen, wobei grundsätzlich zwei Kategorien zu unterscheiden sind.

---

847 BVerwG, Urteil vom 26.01.1996 – 8 C 19.94 –, BVerwGE 100, 262 (271); *von Nicolai*, in: Redeker/von Oertzen, VwGO, 2014, § 43 Rn. 20.

848 *Ibler*, DVBl. 1989, S. 639 (642 und 644).

849 Vgl. Dritter Teil.A.III.1.

850 *Held*, DVBl. 2016, S. 12 (14).

851 *Schwerdtfeger*, Der deutsche Verwaltungsrechtsschutz, 2010, S. 73.

a) Absolute Verfahrensrechte

Das Bundesverwaltungsgericht bejahte einen subjektiv-rechtlichen Gehalt von Verfahrensvorschriften zunächst nur im Fall absoluter Verfahrensrechte, also unabhängig vom materiellen Recht. Danach können subjektive Verfahrensrechte nur aus solchen Verfahrensregelungen abgeleitet werden, die nicht nur der Ordnung des Verfahrensablaufs, insbesondere einer umfassenden Information der Verwaltungsbehörde dienen, sondern dem Einzelnen um ihrer selbst willen eine eigene, selbständig durchsetzbare Rechtsposition gewähren. Ob einer Verfahrensvorschrift eine solche selbständige subjektive Rechtsposition zukommt, ist durch Auslegung zu ermitteln. Nach ihrer Zielrichtung und ihrem Schutzzweck muss sich ergeben, dass sie mit eigener Schutzfunktion zugunsten Einzelner ausgestattet ist.[852] Absolute Verfahrensrechte zeichnen sich mithin dadurch aus, dass bei ihrer Verletzung eine Klage auch dann Erfolg hat, wenn ihre Einhaltung das Entscheidungsergebnis in der Sache nicht verändert hätte.[853] Unter Berücksichtigung dieses restriktiven Maßstabs hat die Rechtsprechung absolute Verfahrensrechte nur in Ausnahmefällen anerkannt[854]: So sollen Beteiligungsrechte von Gemeinden bei der Durchführung eines luftverkehrsrechtlichen Genehmigungsverfahrens[855], bestimmte enteignungsrechtliche Verfahrensregelungen[856], das Beteiligungsrecht der anerkannten Naturschutzverbände[857] und zum Teil auch das Einvernehmenserfordernis der Gemeinde nach § 36 BauGB drittschützenden Charakter[858] im Sinne absoluter Verfahrensrechte begründen.[859] Der 4.

---

852 BVerwG, Urteil vom 20.10.1972 – IV C 107.67 –, BVerwGE 41, 58 (64 f.); Urteil vom 14.12.1973 - IV C 50.71 –, BVerwGE 44, 235 (239 f.); Urteil vom 22.02.1980 - 4 C 24/77 –, NJW 1981, S. 239 (240).

853 *Siegel*, DÖV 2012, S. 709 (711).

854 *Quabeck*, Dienende Funktion, 2010, S. 54 f.; *Held*, NVwZ 2012, S. 461 (464).

855 BVerwG, Urteil vom 07.07.1978 – 4 C 79.76 –, BVerwGE 56, 110 (137); Urteil vom 16.12.1988 - 4 C 40.86 –, BVerwGE 81, 95 (106).

856 BVerwG, Urteil vom 22.02.1980 – 4 C 24/77 –, NJW 1981, S. 239 (240).

857 BVerwG, Urteil vom 12.11.1997 – 11 A 49.96 –, BVerwGE 105, 348 (353 f.). Aufgrund der Einführung des Verbandsklagerechts gilt die Anerkennung eines absoluten Verfahrensrechts insoweit nur noch sehr eingeschränkt, BVerwG, Urteil vom 31.01.2002 – 4 A 15.01 –, NVwZ 2002, S. 1103 (1105); *Siegel*, DÖV 2012, S. 709 (711).

858 BVerwG, Beschluss vom 05.03.1999 – 4 B 62.98 –, BauR 1999, S. 1281; *Held*, NVwZ 2012, S. 461 (464).

859 Ausführlich zu den von der Rechtsprechung anerkannten Fallgruppen *Greim*, Rechtsschutz bei Verfahrensfehlern, 2013, S. 33 ff.

Senat des Bundesverwaltungsgerichts hat die Rechtsprechung zu den absoluten Verfahrensrechten auch in jüngerer Vergangenheit nicht aufgegeben.[860]

b) *Relative Verfahrensrechte*

Über die absoluten Verfahrensrechte hinaus wird in der neueren Rechtsprechung auch solchen Verfahrensvorschriften drittschützende Wirkung zugesprochen, die der Durchsetzung einer von der Sachentscheidung betroffenen materiellen Rechtsposition dienen, auf die sich das Verfahren bezieht.[861] Subjektive Rechte werden danach nicht unabhängig von der Verletzung einer materiellen Position, sondern nur zusammen mit der Beeinträchtigung eines materiellen Rechts begründet. Die verfahrensrechtlichen Vorschriften gewähren Drittschutz grundsätzlich nicht um ihrer selbst willen, sondern nur im Hinblick auf die bestmögliche Verwirklichung der ihnen zugrundeliegenden materiell-rechtlichen Rechtspositionen.[862]

Das Bundesverwaltungsgericht hat relative Verfahrensrechte aus Beteiligungsrechten des atomrechtlichen Genehmigungsverfahrens[863] und dem förmlichen Genehmigungsverfahren nach § 10 BImSchG[864] abgeleitet. Prozessual wirken sich relative Verfahrensrechte derart aus, dass geringere Anforderungen an die Substantiierungslast in Bezug auf die Behauptung materiell-rechtlicher Betroffenheit gestellt werden.[865] Der Kläger muss darlegen, inwieweit die Verletzung von Verfahrensvorschriften sich auf seine materielle Rechtsposition ausgewirkt haben könnte. Die bloße Rüge der Verletzung drittschützender

---

860 BVerwG, Beschluss vom 15.10.1998 – 4 B 94.98 –, NVwZ 1999, S. 876 (877); *Quabeck*, Dienende Funktion, 2010, S. 54.

861 *Quabeck*, Dienende Funktion, 2010, S. 56.

862 BVerwG, Urteil vom 21.04.1999 – 11 A 50/97 –, NVwZ-RR 1999, S. 725 (726); Beschluss vom 05.03.1999 – 4 A 7.98, 4 AR 3.98 –, NVwZ-RR 1999, S. 556; Urteil vom 24.11.2011 – 9 A 24.10 –, NuR 2013, S. 184; *Held*, DVBl. 2016, S. 12 (14).

863 BVerwG, Urteil vom 22.12.1980 – 7 C 84.78 –, BVerwGE 61, 256 (275); Urteil vom 17.12.1986 – 7 C 29.85 –, BVerwGE 75, 285 (291).

864 BVerwG, Urteil vom 22.10.1982 – 7 C 50.78 –, NJW 1983, S. 1507 (1508); Urteil vom 05.10.1990 – 7 C 55 und 56.89 –, BVerwGE 85, 368 (373 ff.); Urteil vom 05.10.1990 – 7 C 55 und 56/89 –, NVwZ 1991, S. 369 (371).

865 *Quabeck*, Dienende Funktion, 2010, S. 61; *Greim*, Rechtsschutz bei Verfahrensfehlern, 2013, S. 52.

Verfahrensvorschriften reicht für die Darlegung der Klagebefugnis gemäß § 42 Abs. 2 VwGO jedoch nicht aus.[866]

2. *Europäisierung der Klagebefugnis*

a) *Doppelte Vollzugsschwäche des europäischen Umweltrechts und funktionale Subjektivierung des Unionsbürgers*

Zunächst ist auf zwei Strukturprobleme hinzuweisen, die zum einen in einer spezifischen Vollzugsschwäche des Umweltrechts, zum anderen in einem Vollzugsdefizit des Unionsrechts im Allgemeinen begründet sind. Häufig liegt eine Verletzung umweltrechtlicher Vorschriften vor, ohne dass damit eine individuelle Rechtsverletzung korrespondiert.[867] Daneben trägt im Unionsrechts insgesamt ein fehlendes Vollzugsinteresse der Mitgliedstaaten bei der Umsetzung transformationsbedürftigen Richtlinienrechts zum Vollzugsdefizit bei.[868] Die Vollzugskontrolle, insbesondere in Form des Vertragsverletzungsverfahrens, durch die Europäische Kommission ist aufgrund ihrer beschränkten personellen sowie sachlichen Kontrollressourcen und ihrer fehlenden Befugnis zur Durchführung von Vor-Ort-Kontrollen geschwächt.[869] Die Partizipation der Öffentlichkeit und die damit verbundene Begründung individueller Rechtspositionen sollen wesentlich zum Abbau dieses doppelt begründeten Vollzugsdefizits beitragen.[870]

Wie bereits näher erörtert wurde, stellt der indirekte, also der mitgliedstaatliche Vollzug des Unionsrechts den Regelfall dar. In Abwesenheit unionsrechtlicher Regelungen müssen die durch das Unionsrecht gewährten Rechte vor den innerstaatlichen Gerichten nach den Verfahrensregeln des innerstaatlichen Rechts verfolgt werden. Der Europäische Gerichtshof betont die Pflicht der Mitgliedstaaten zur Gewährleistung der im Unionsrecht verankerten Rechte der Bürger, um Vollzugsdefizite zu vermeiden und eine der Wettbewerbsgleichheit dienende einheitliche Durchsetzung zu gewährleisten.[871]

Die Mitgliedstaaten haben Richtlinien so umzusetzen, dass ihre Anwendung in tatsächlicher und rechtlicher Hinsicht vollumfänglich gewährleistet ist. Sie

---

866 BVerwG, Urteil vom 22.10.1982 – 7 C 50.78 –, NJW 1983, S. 1507 (1508); Urteil vom 17.12.1986 – 7 C 29.85 –, BVerwGE 75, 285 (291); Beschluss vom 19.12.2013 – 9 B 44/13 –, NVwZ 2014, S. 365.

867 *Saurer*, EurUP 2016, S. 78.

868 *Ruffert*, Subjektive Rechte, 1996, S. 6 ff.

869 *Saurer*, EurUP 2016, S. 78 (79).

870 *Ruffert*, Subjektive Rechte, 1996, S. 9.

871 *Schlacke*, Überindividueller Rechtsschutz, 2008, S. 89.

sind verpflichtet, diejenige Form der Umsetzung zu wählen, die für die Gewährleistung der praktischen Wirksamkeit der Richtlinien am besten geeignet ist.[872] Der Effektivitätsgrundsatz fordert nicht nur, dass der nationale Gesetzgeber unionsrechtlich begründete subjektive Rechte materiell realisiert, sondern auch einen effektiven Zugang zur verwaltungsgerichtlichen Kontrolle.[873] Die Mitgliedstaaten haben ihr Rechtsschutzsystem so auszugestalten, dass die Einhaltung des unmittelbar wirkenden oder umgesetzten Sekundärrechts durch einen effektiven gerichtlichen Rechtsschutz sichergestellt wird.[874] Der Europäische Gerichtshof bezieht sich auch bei Fehlen einer ausdrücklichen Rechtsschutzbestimmung auf diesen Grundsatz.[875]

Die Unionsbürger sollen als Teil der dezentralen Vollzugskontrolle zur effektiven Durchsetzung europäischen Rechts in den Mitgliedstaaten mobilisiert werden.[876] Der Europäische Gerichtshof hat früh deutlich gemacht, dass die Klagerechte des Einzelnen auch der effektiven Durchsetzung des Unionsrechts dienen, indem die Wachsamkeit der an der Wahrung ihrer Rechte interessierten Einzelnen eine wirksame Kontrolle darstelle, die die durch die Kommission und die Mitgliedstaaten ausgeübte Rechtskontrollen ergänze.[877] Der Einzelne erhält über die individuelle Einklagbarkeit ein „Wächteramt“ im Hinblick auf die Einhaltung des Unionsrechts.[878]

Diese Strukturvorgaben des Unionsrechts können dazu führen, dass das mitgliedstaatliche Recht auch dort zur Anerkennung subjektiver Rechte gezwungen wird, wo sie nach dem Eigenverständnis des nationalen Rechts nicht

---

872 EuGH, Urteil vom 08.04.1976, Royer, C-48/75, EU:C:1976:57, Rn 74/75; *Töllner*, Anwendungsbereich und Umsetzung der Plan-UVP-Richtlinie, 2004, S. 73, *Callies*, NVwZ 2006, S. 1 (3).

873 *Schlacke*, ZUR 2006, S. 360 (362); *Schoch*, in: Hoffmann-Riem/Schmidt-Aßmann/Voßkuhle, Grundlagen des Verwaltungsrechts Band III, 2013, § 50 Rn. 149.

874 *Schlacke*, Überindividueller Rechtsschutz, 2008, S. 90.

875 *Schwerdtfeger*, Der deutsche Verwaltungsrechtsschutz, 2010, S. 143 m.w.N., die zwischen einem allgemeinen Rechtsgrundsatz effektiven Rechtsschutzes als Gemeinschaftsgrundrecht und dem Grundsatz der Effektivität aus Art. 4 Abs. 3 EUV unterscheidet; so wohl auch *Ruffert*, Subjektive Rechte, 1996, S. 176 ff. (179), der die beiden Rechtsschutzgebote einheitlich behandelt.

876 *Masing*, Die Mobilisierung des Bürgers, 1997, S. 36; *Schlacke*, Überindividueller Rechtsschutz, 2008, S. 89.

877 EuGH, Urteil vom 05.02.1963, van Gend & Loos, C-26/62, EU:C:1963:1, S. 1 (26).

878 *Schoch*, in: Hoffmann-Riem/Schmidt-Aßmann/Voßkuhle, Grundlagen des Verwaltungsrechts Band III, 2013, § 50 Rn. 154.

anzuerkennen wären.[879] Maßstab für die Verleihung unionsrechtlich ausgelöster subjektiver Rechte ist das Unionsrecht und nicht ein national determiniertes Verständnis der Schutznormtheorie.[880]

b) Modernisierung der Schutznormtheorie durch das Unionsrecht am Beispiel des Umweltrechts

Im Folgenden soll näher konkretisiert werden, welchen klagbaren Rechtspositionen nach dem Unionsrecht für den von der SUP-Richtlinie erfassten Bereich effektiver Rechtsschutz zu gewähren ist.

aa) Einzelne Entscheidungen des Europäischen Gerichtshofs zur Richtlinienumsetzung im Umweltrecht

Aussagen zur europarechtlich geforderten Begründung klagbarer Rechte können Entscheidungen des Europäischen Gerichtshofs aus den 1990er-Jahren entnommen werden, die er im Hinblick auf die Beseitigung von Vollzugsdefiziten des Unionsrechts trifft. Darin formuliert der Gerichtshof Anforderungen an die Umsetzung von Umweltrichtlinien, die er in den zu entscheidenden Fällen nicht erfüllt sah. In einer Entscheidung zur – inzwischen aufgehobenen – Grundwasserrichtlinie 80/68/EWG[881] enthält sich der Gerichtshof noch weitestgehend einer näheren Begründung. Aus der Schutzrichtung der Richtlinie, einen wirksamen Schutz des Grundwassers der Gemeinschaft sicherzustellen, leitet er allgemein ab, dass die „Vorschriften der Richtlinie [...] also Rechte und Pflichten des einzelnen begründen" sollen.[882] Insbesondere enthielten die in den Art. 7-11 und 13 vorgesehenen Bestimmungen für das Genehmigungsverfahren, um den wirksamen Schutz des Grundwassers zu gewährleisten, genaue und detaillierte Vorschriften, die Rechte und Pflichten des Einzelnen begründen sollten.[883] Aus dem Urteil geht hervor, dass der Europäische Gerichtshof die Durchsetzbarkeit

---

879 *Schoch*, NVwZ 1999, S. 457 (462).

880 *Dörr*, Der europäisierte Rechtsschutzauftrag, 2003, S. 185; *Schlacke*, ZUR 2006, S. 360 (362); *Grünewald*, NVwZ 2009, S. 1520 (1523).

881 Richtlinie 80/68/EWG des Rates vom 17. Dezember 1979 über den Schutz des Grundwassers gegen Verschmutzung durch bestimmte gefährliche Stoffe, ABlEG Nr. L 20 vom 26.01.1980, S. 43.

882 EuGH, Urteil vom 28.02.1991, Kommission/Deutschland, C-131/88, EU:C:1991:87, Rn. 7.

883 EuGH, Urteil vom 28.02.1991, Kommission/Deutschland, C-131/88, EU:C:1991:87, Rn. 61.

von Verfahrensvorschriften durch den Bürger vor nationalen Gerichten stärken will. Er leitet individuelle Rechte aufgrund der genauen und detaillierten Verfahrensbestimmungen ab.[884]

In Entscheidungen zur Luftqualitätsrichtlinie 80/779/EWG[885] und 82/884/EWG[886] stellte der Gerichtshof maßgeblich auf den von der Richtlinie bezweckten Schutz der menschlichen Gesundheit ab. Beide Richtlinien erwähnen den Gesundheitsschutz in der Präambel und im Regelungstext ausdrücklich und setzen diesen mit dem Umweltschutz in direkte Beziehung.[887] Die nach beiden Richtlinien vorgesehene Verpflichtung der Mitgliedstaaten, Grenzwerte festzulegen, sei „insbesondere zum Schutz der menschlichen Gesundheit" bzw. dazu geschaffen worden, „um speziell einen Beitrag zum Schutz des Menschen" vor negativen Umweltauswirkungen zu leisten. Für den Gerichtshof ist dies ausreichend, um ein einklagbares Recht zu begründen. Den Betroffenen müssten „in allen Fällen, in denen die Überschreitung der Grenzwerte die menschliche Gesundheit gefährden könnte, in der Lage sein, sich auf zwingende Vorschriften zu berufen, um ihre Rechte geltend machen zu können."[888]

In der Rechtssache C-58/89 bezieht sich der Europäische Gerichtshof zur Anerkennung einklagbarer Rechte auf den Schutz der Volksgesundheit, den die Trinkwasserrichtlinie 75/440/EWG[889] ausweislich ihres zweiten Erwägungsgrundes schütze. Dies bedeute, dass immer dann, wenn die mangelnde Befolgung der durch die Richtlinie vorgeschriebenen Maßnahmen die Gesundheit von Menschen gefährden könnte, die Betroffenen die Möglichkeit haben müssen, sich auf zwingende Vorschriften zu berufen, um ihre Rechte geltend machen zu können.[890] Einer entsprechenden Argumentation bedient sich der Gerichtshof

884 *Pernice-Warnke*, Effektiver Zugang zu Gericht, 2009, S. 69.

885 Richtlinie 80/779/EWG des Rates vom 15. Juli 1980 über Grenzwerte und Leitwerte der Luftqualität für Schwefeldioxid und Schwebestaub, ABlEG Nr. L 229 vom 30.08.1980, S. 30.

886 Richtlinie 82/884/EWG des Rates vom 3. Dezember 1982 betreffend einen Grenzwert für den Bleigehalt in der Luft, ABlEG Nr. L 378 vom 31.12.1982, S. 15.

887 *Schwerdtfeger*, Der deutsche Verwaltungsrechtsschutz, 2010, S. 151 f. m.w.N.

888 EuGH, Urteil vom 30.05.1991, Kommission/Deutschland, C-361/88, EU:C:1991:224, Rn. 16; nahezu wortlautgleich: EuGH, Urteil vom 30.05.1991, Kommission/Deutschland, C-59/89, EU:C:1991:225, Rn. 19.

889 Richtlinie 75/440/EWG des Rates vom 16. Juni 1975 über die Qualitätsanforderungen an Oberflächenwasser für die Trinkwassergewinnung in den Mitgliedstaaten, ABlEG Nr. L 194 vom 27.07.1975, S. 26.

890 EuGH, Urteil vom 17.10.1991, Kommission/Deutschland, C-58/89, EU:C:1991:391, Rn. 14.

in einem Urteil zur Süßwasserrichtlinie 78/659/EWG[891] und Muschelgewässer-Richtlinie 79/923/EWG[892] unter Bezugnahme auf das von den Richtlinien – nicht ausdrücklich genannte[893] – unter anderem verfolgte Ziel, „die Gesundheit von Menschen zu schützen, indem die Qualität der Gewässer überwacht wird, in denen das Leben von zum menschlichen Verzehr geeigneten Fischen [...] sowie der [...] „von Menschen unmittelbar verzehrbaren" Muscheln und Schnecken erhalten wird oder erhalten werden könnte."[894]

(1) Gemeinsame Kriterien für die Begründung klagbarer Rechte

Der Europäische Gerichtshof stellt methodisch zur Begründung klagbarer Rechte auf den Schutzzweck der Richtlinie ab und ermittelt durch Auslegung, ob personenbezogene Rechtsgüter wie die menschliche Gesundheit geschützt werden.[895] Dieser Schutzzweck kann sich aus dem Wortlaut, der Systematik oder den Begründungserwägungen ergeben, muss also in der Richtlinie nicht ausdrücklich genannt sein.[896] Während er in dem ersten der genannten Urteile den Schutz des Grundwassers und somit pauschal den Umweltschutz heranzieht, stellt er in den darauffolgenden Entscheidungen eine Verbindung zwischen Umwelt- und Gesundheitsschutz her.[897]

Maßgeblich für die Anerkennung klagbarer Rechte ist, dass das Schutzziel, nämlich der Schutz personaler Rechtsgüter, mit einer Gefährdung der menschlichen Gesundheit zum Beispiel durch Überschreitung von Grenzwerten verknüpft wird. Dabei ist es ohne Bedeutung, ob gegen gefahrenabwehr- oder vorsorgeorientierte Bestimmungen verstoßen wird.[898] Ausreichend ist es, wenn das personenbezogene Rechtsgut typisiert als Allgemeininteresse zum Ausdruck

---

891 Richtlinie 78/659/EWG des Rates vom 18. Juli 1978 über die Qualität von Süßwasser, das schütz- oder verbesserungsbedürftig ist, um das Leben von Fischen zu erhalten, ABlEG Nr. L 222 vom 14.08.1978, S. 1.

892 Richtlinie 79/869/EWG des Rates vom 30. Oktober 1979 über die Qualitätsanforderungen an Muschelgewässer, ABlEG Nr. L 281 vom 10.11.1979, S. 47.

893 So zu Recht *Schwerdtfeger*, Der deutsche Verwaltungsrechtsschutz, 2010, S. 153.

894 EuGH, Urteil vom 12.12.1996, Kommission/Deutschland, C-298/95, EU:C:1996:501, Rn. 15 f.

895 EuGH, Urteil vom 30.05.1991, Kommission/Deutschland, C-361/88, EU:C:1991:224, Rn. 16; Urteil vom 30.05.1991, Kommission/Deutschland, C-59/89, EU:C:1991:225, Rn. 19.

896 *Pernice-Warnke*, Effektiver Zugang zu Gericht, 2009, S. 70.

897 *Schwerdtfeger*, Der deutsche Verwaltungsrechtsschutz, 2010, S. 154.

898 *Schoch*, NVwZ 1999, S. 457 (464); *Callies*, NVwZ 2006, S. 1 (3).

kommt, zum Beispiel der bezweckte Schutz der menschlichen Gesundheit mit dem Begriff „Volksgesundheit"[899] zusammengefasst wird.[900] Zur Begründung klagbarer Rechte Einzelner zur Abwehr von Umweltbeeinträchtigungen ist also nach der unionsrechtlichen Konzeption des Europäischen Gerichtshofs maßgeblich, ob die Norm nach ihrem objektiven Regelungsgehalt individualisierte Interessen schützt und somit dem Ausgleich widerstreitender Interessen im mehrpoligen Rechtsverhältnis dient.[901] Ergibt eine an objektiven Kriterien, insbesondere am Schutzzweck unter Berücksichtigung der Erwägungsgründe einer Richtlinie, orientierte Auslegung, dass diese zumindest auch Schutzgütern dient, die die Einräumung individueller Rechte fordern, so erfolgt eine Versubjektivierung der gesetzlichen Regelung.[902] Der Schutz von Allgemeininteressen reicht zur Anerkennung individueller Rechte und damit von Klagerechten aus, soweit gleichzeitig auch der Rechtskreis Einzelner betroffen ist.[903]

(2) Geschützter Personenkreis

Über diese Vorgaben für die Begründung klagbarer Recht hinaus stellt sich die Frage, wer sich auf diese Rechtspositionen berufen kann. Der Europäische Gerichtshof stellt hinsichtlich der Ermittlung des geschützten Personenkreises keine spezifischen Kriterien auf und spricht von „Begünstigten"[904], in nachfolgenden Entscheidungen von „Betroffenen".[905] Maßgeblich ist im Ausgangspunkt eine tatsächliche Betroffenheit des Einzelnen in seinen geschützten Individualinteressen. Die Eingrenzung des geschützten Personenkreises hat aber auch eine normative Basis, denn initiativberechtigt ist nur, wer Träger eines personalen Schutzguts ist und durch Verstoß gegen die einschlägige Rechtsnorm tatsächliche

---

899 EuGH, Urteil vom 17.10.1991, Kommission/Deutschland, C-58/89, EU:C:1991:391, Rn. 14.

900 *Schoch*, in: Hoffmann-Riem/Schmidt-Aßmann/Voßkuhle, Grundlagen des Verwaltungsrechts Band III, 2013, § 50 Rn. 155.

901 *Callies*, NVwZ 2006, S. 1 (3).

902 *Callies*, NVwZ 2006, S. 1 (6).

903 *Couzinet*, DVBl. 2008, S. 754 (761); *Schwerdtfeger*, Der deutsche Verwaltungsrechtsschutz, 2010, S. 156.

904 EuGH, Urteil vom 28.02.1991, Kommission/Deutschland, C-131/88, EU:C:1991:87, Rn. 6.

905 EuGH, Urteil vom 30.05.1991, Kommission/Deutschland, C-361/88, EU:C:1991:224, Rn. 16; Urteil vom 30.05.1991, Kommission/Deutschland, C-59/89, EU:C:1991:225, Rn. 19; Urteil vom 12.12.1996, Kommission/Deutschland, C-298/95, EU:C:1996:501, Rn. 16.

Nachteile in seinen geschützten Individualinteressen erleidet.[906] Insoweit erfolgt eine Abgrenzung zur Allgemeinheit. Eine Jedermann- bzw. Popularklage ist den Entscheidungen somit nicht zu entnehmen.[907]

(3) Zur Bedeutung der unmittelbaren Wirkung von Richtlinien für die Begründung klagbarer Rechte

Diese Kriterien für die Begründung klagbarer Rechte stellt der Europäische Gerichtshof im Zusammenhang mit der (unzureichenden) Umsetzung von Richtlinien auf. Insoweit wird zum Teil vertreten, dass die unmittelbare Wirkung einer Richtlinie Voraussetzung für die unionsrechtliche Pflicht zur Begründung klagbarer Individualrechtspositionen ist, die jeweilige Vorschrift also inhaltlich als unbedingt und hinreichend genau erscheinen muss.

Dagegen spricht, dass nach der dargestellten Rechtsprechung des Europäischen Gerichtshofs maßgeblich auf den Schutzzweck abzustellen ist. Die Richtlinie muss die Verleihung von Rechten an Einzelne bezwecken, nicht aber aus eigener Kraft bewirken.[908] Sowohl vor als auch nach Umsetzung des Unionsrechts setzt der Europäische Gerichtshof den Bürger als Instrument dezentraler Vollzugskontrolle ein und stärkt die Durchsetzbarkeit von Verfahrensrechten.[909] Die Pflicht zur Schaffung klagbarer Rechte besteht somit unabhängig vom Vorliegen der Voraussetzungen der unmittelbaren Wirkung.[910] Entsprechendes kann einer Entscheidung des Europäischen Gerichtshofs zu den Voraussetzungen eines unionsrechtlich begründeten Staatshaftungsanspruchs entnommen werden. Sie betrifft den Fall der nicht ordnungsgemäßen Richtlinienumsetzung, die die Entstehung subjektiver Rechte vereitelt, deren Herstellung im mitgliedstaatlichen Recht die Richtlinie anordnet.[911] Abweichend von den Voraussetzungen für die unmittelbare Wirkung setzt der unionsrechtlich begründete Staatshaftungsanspruch voraus, dass das durch die Richtlinie vorgeschriebene

---

906 *Schoch*, NVwZ 1999, S. 457 (464); *Callies*, NVwZ 2006, S. 1 (3); *Schwerdtfeger*, Der deutsche Verwaltungsrechtsschutz, 2010, S. 160.

907 *Masing*, Die Mobilisierung des Bürgers, 1997, S. 41 f.; *Ruffert*, DVBl. 1998, S. 69 (73); *Pernice-Warnke*, Effektiver Zugang zu Gericht, 2009, S. 69 f.; *Schwerdtfeger*, Der deutsche Verwaltungsrechtsschutz, 2010, S. 160 f.

908 *Kadelbach*, Allgemeines Verwaltungsrecht unter europäischem Einfluß, 1999, S. 172 f.

909 *Pernice-Warnke*, Effektiver Zugang zu Gericht, 2009, S. 82.

910 *Ruffert*, Subjektive Rechte, 1996, S. 272; *Kadelbach*, Allgemeines Verwaltungsrecht unter europäischem Einfluß, 1999, S. 172.

911 *Jarass*, NJW 1994, S. 881 (883); *Ruffert*, Subjektive Rechte, 1996, S. 185.

Ziel die Verleihung von Rechten an Einzelne beinhalten muss.[912] Er ist danach auch dann gegeben, wenn die Voraussetzungen für die unmittelbare Wirkung nicht vorliegen. Wie bei den Umweltrichtlinien orientiert sich der Gerichtshof an der individuellen Schutzrichtung des Richtlinienziels als unionsrechtlichem Konzept für die Rechtsentstehung.[913]

Erforderlich ist jedoch, dass sich auf der Grundlage der jeweiligen Norm der Inhalt des Rechts und die Person des Begünstigten hinreichend genau bestimmen lassen. Das Maß an Genauigkeit, wie es für eine Direktwirkung vorausgesetzt wird, ist also nur in Bezug auf das Recht selbst zu verlangen.[914]

bb) *Urteil des Europäischen Gerichtshofs vom 25.07.2008, Rs. C-237/07 – Janecek*

In den bisher dargestellten Entscheidungen hält sich der Europäische Gerichtshof mit Aussagen zur Begründung subjektiver Rechte im Zusammenhang mit planungsrechtlichen Instrumenten zurück. Dies ändert sich durch das Urteil vom 25.07.2008 in der Rechtssache Janecek, in dem der Gerichtshof einen individuellen Anspruch auf Erstellung eines Aktionsplans bejaht.[915]

Hintergrund des Urteils war ein Vorabentscheidungsersuchen des Bundesverwaltungsgerichts, in dem es unter anderem die Frage vorlegte, ob Art. 7 Abs. 3 der Luftqualitätsrichtlinie 96/62/EG[916] dahin auszulegen sei, dass dem in seiner Gesundheit beeinträchtigten Dritten ein subjektives Recht auf Erstellung eines Aktionsplans [...] eingeräumt wird [...].“[917] Das Bundesverwaltungsgericht neigt in seiner Beschlussvorlage dazu, diese Frage zu verneinen. Die Pflicht zur Aufstellung knüpfe an eine drohende Überschreitung gesundheitsrelevanter Grenzwerte an, die auch dem Schutz der Gesundheit dienten. Das Gericht verneint jedoch aufgrund des lediglich bestehenden mittelbaren Zusammenhangs zwischen der Planung und dem Schutzgut der menschlichen Gesundheit eine drittschützende Wirkung des Aktionsplans im Sinne der Schutznormlehre und lehnt einen Anspruch des Bürgers auf Erlass eines Aktionsplans ab. Durch die im

912 EuGH, Urteil vom 19.11.1991, Francovich u.a., C-6/90 und C-9/90, EU:C:1991:428, Rn. 40; *Jarass*, NJW 1994, S. 881 (883).

913 *Ruffert*, Subjektive Rechte, 1996, S. 185 f.

914 *Kadelbach*, Allgemeines Verwaltungsrecht unter europäischem Einfluß, 1999, S. 172 f.

915 EuGH, Urteil vom 25.07.2008, Janecek, C-237/07, EU:C:2008:447.

916 Richtlinie 96/62/EG des Rates vom 27.September 1996 über die Beurteilung und die Kontrolle der Luftqualität, ABlEG Nr. L 296 vom 21.11.1996, S. 55.

917 BVerwG, Beschluss vom 29.03.2007 – 7 C 9.06 –, BVerwGE 128, 278 (280).

Aktionsplan vorgesehenen Maßnahmen zur Luftverbesserung sei der Schutz vor gesundheitlichen Belastungen ausreichend gewährt.[918] Das Bundesverwaltungsgericht stellt somit ein Rechtsschutzkonzept auf, das zwischen einem Abwehrrecht vor gesundheitlichen Beeinträchtigungen durch planunabhängige, also durch Einzelakt konkretisierte Maßnahmen und einem Anspruch auf Erstellung eines Aktionsplans auf übergelagerter Stufe differenziert.[919]

In seiner Antwort arbeitet der Gerichtshof zunächst die nach dem Wortlaut von Art. 7 Abs. 3 Luftqualitätsrichtlinie bestehende objektive Verpflichtung der Mitgliedstaaten zur Aufstellung eines Aktionsplans heraus. Zur Begründung eines individuellen Anspruchs bezieht er sich auf seine bereits erörterte Rechtsprechung aus den 1990er-Jahren und stellt im bekannten Argumentationsmuster auf das Schutzziel der Richtlinie ab: Die Luftqualitätsrichtlinie bezwecke eine Eindämmung und Reduzierung der Luftverschmutzung und damit den Schutz der öffentlichen Gesundheit. Die Betroffenen müssten in allen Fällen, in denen die Nichtbeachtung der Maßnahmen, die in Richtlinien über die Qualität der Luft und des Trinkwassers zum Zwecke des Schutzes der öffentlichen Gesundheit vorgegeben werden, die Gesundheit von Personen gefährden könnte, in der Lage sein, sich auf die in diesen Richtlinie enthaltenen zwingenden Vorschriften zu berufen.[920] Hieraus folgert der Gerichtshof einen Anspruch auf Erstellung eines Aktionsplans für natürliche oder juristische Personen, die unmittelbar von der Gefahr einer Überschreitung der Grenzwerte oder der Alarmschwellen betroffen seien. Dieser könne auch gerichtlich geltend gemacht werden.[921] Irrelevant sei es, dass diese unmittelbar Betroffenen über andere Handlungsmöglichkeiten verfügten, insbesondere den Erlass konkreter Maßnahmen zur Verringerung der Verschmutzung verlangen könnten, wie es das deutsche Recht vorsehe. Die Luftqualitätsrichtlinie 96/62/EG enthalte keinen Vorbehalt in Bezug auf Maßnahmen, die nach anderen Bestimmungen des nationalen Rechts ergriffen werden können, und sehe außerdem „ein ganz spezielles Planungsinstrument vor, um, wie es im zwölften Erwägungsgrund heißt, die Umwelt „insgesamt" [...] zu schützen."[922] Diesen Ansatz bestätigt der Gerichtshof ausdrücklich in der Rechtssache C-404/13.[923]

---

918 BVerwG, Beschluss vom 29.03.2007 – 7 C 9.06 –, BVerwGE 128, 278 (286 f.).

919 *Quabeck*, Dienende Funktion, 2010, S. 278.

920 EuGH, Urteil vom 25.07.2008, Janecek, C-237/07, EU:C:2008:447, Rn. 37 f.

921 EuGH, Urteil vom 25.07.2008, Janecek, C-237/07, EU:C:2008:447, Rn. 39.

922 EuGH, Urteil vom 25.07.2008, Janecek, C-237/07, EU:C:2008:447, Rn. 40 f.

923 EuGH, Urteil vom 19.11.2014, ClientEarth, C404/13, EU:C:2014:2382, Rn. 50 ff. Vgl. hierzu *Epiney*, EurUP 2017, S. 223 (225).

Im Vergleich mit den zuvor ergangenen Entscheidungen zur Anerkennung subjektiver Rechte werden demnach einige Parallelen deutlich. Der Europäische Gerichtshof nimmt den Rechtsstreit erneut zum Anlass, den Bürger im Sinne einer dezentralen Vollzugskontrolle für eine effektive Durchsetzung des Unionsrechts zu mobilisieren.[924] Ausgehend vom Schutzzweck der Luftqualitätsrichtlinie begründet er ein subjektives Recht auf Erstellung eines Aktionsplans, indem er dieses Schutzziel mit einer möglichen Gefährdung der menschlichen Gesundheit verknüpft. Diese im Zusammenhang mit der ordnungsgemäßen Umsetzung von Umweltrichtlinien entwickelte Herleitung klagbarer Rechte erstreckt er somit auf ein planungsrechtliches Instrument. Dass das zu schützende personale Rechtsgut nur typisiert im Begriff „Schutz der öffentlichen Gesundheit" auftaucht, schadet auch insoweit nicht.[925] In Bezug auf den Kreis der klageberechtigten Personen scheint die Entscheidung durch den Zusatz der „unmittelbar" betroffenen Einzelnen auf eine weitere Eingrenzung der Berechtigten hinzudeuten. Insoweit könnten strengere Anforderungen an die Darlegung der Betroffenheit im nationalen Recht zulässig sein.[926] Ausgangspunkt für die Ermittlung des geschützten Personenkreises ist jedoch auch hier eine tatsächliche Betroffenheit in einem personenbezogenen Rechtsgut.

cc) Klagerechte Einzelner aufgrund der Verletzung von „bloß" dem Umweltschutz dienenden Vorschriften des Unionsrechts

In jüngeren Entscheidungen scheint der Europäische Gerichtshof im Bereich des Umweltrechts weitergehend auch aus der Verletzung solcher Bestimmungen klagbare Rechte Einzelner ableiten zu wollen, die keinen Bezug zu einem personalen Rechtsgut aufweisen, sondern allgemein dem Umweltschutz dienen.

In seinem Urteil in der Rechtssache C-243/15 äußerte er sich unter anderem zu der Frage, ob sich Einzelne auf die Verletzung des Art. 6 Abs. 3 der Fauna-Flora-Habitat-Richtlinie 92/43/EWG[927] berufen und diese gerichtlich geltend machen können. Zwar verfolge die Richtlinie das Ziel, einen günstigen

924 *Murswiek*, JuS 2009, S. 74 (75); *Franzius*, Aktuelle Probleme des Umweltrechtsschutzes, in: Franzius u.a., Festschrift für Kloepfer, 2013, S. 377 (379).

925 *Murswiek*, JuS 2009, S. 74 (75); *Schwerdtfeger*, Der deutsche Verwaltungsrechtsschutz, 2010, S. 180.

926 *Schwerdtfeger*, Der deutsche Verwaltungsrechtsschutz, 2010, S. 179.

927 Richtlinie 92/43/EWG des Rates vom 21. Mai 1992 zur Erhaltung der natürlichen Lebensräume sowie der wildlebenden Tiere und Pflanzen, AblEG Nr. L 206 vom 22.07.1992, S. 7.

Erhaltungszustand der natürlichen Lebensräume und wildlebenden Tier- und Pflanzenarten zu bewahren oder wiederherzustellen und ein hohes Niveau des Umweltschutzes zu gewährleisten.[928] Dennoch wäre es mit der der Richtlinie durch Art. 288 AEUV zuerkannten verbindlichen Wirkung und ihrer praktischen Wirksamkeit unvereinbar, grundsätzlich auszuschließen, dass sich betroffene Personen auf die durch die Richtlinie auferlegte Verpflichtung vor Gericht berufen können, um insbesondere prüfen zu lassen, ob die nationale Behörde, die einen Plan oder ein Projekt genehmigt hat, ihre Verpflichtungen aus Art. 6 Abs. 3 der Richtlinie 92/43/EWG beachtet hat.[929]

In einem weiteren Urteil räumt der Europäische Gerichtshof einer anerkannten Umweltorganisation auf Grundlage von Art. 9 Abs. 3 Aarhus-Konvention eine Klagemöglichkeit zur Durchsetzung des objektiven Umweltrechts ein. Im konkreten Fall machte der Umweltverband einen Verstoß gegen Art. 4 Abs. 1 lit. a) der Wasser-Rahmenrichtlinie 2000/60/EG[930] geltend. Diese Vorschrift verpflichtet die Mitgliedstaaten zum Schutz der Oberflächengewässer und schützt somit nicht Individualinteressen.[931]

Zunächst wiederholt der Europäische Gerichtshof seine bisherige Rechtsprechung, wonach Art. 9 Abs. 3 Aarhus-Konvention im Unionsrecht keine unmittelbare Wirkung habe. In Verbindung mit Art. 47 GRCh verpflichte sie die Mitgliedstaaten aber dazu, einen wirksamen gerichtlichen Schutz der durch das Recht der Union garantierten Rechte, insbesondere der Vorschriften des Umweltrechts, zu gewährleisten.[932] Der Umstand, dass es sich hierbei um im Interesse der Allgemeinheit stehende Vorschriften handelt, stellt für den Gerichtshof eher ein Argument für als gegen die Begründung klagbarer Rechte dar.[933] Umweltorganisationen dürfe durch im innerstaatlichen Recht festgelegte Kriterien insbesondere nicht die Möglichkeit genommen werden, die Beachtung der aus dem Unionsumweltrecht hervorgegangenen Rechtsvorschriften überprüfen zu lassen, zumal solche Rechtsvorschriften in den meisten Fällen auf das allgemeine Interesse und nicht auf den alleinigen Schutz der Rechtsgüter Einzelner gerichtet sind und Aufgabe besagter Umweltorganisationen der Schutz

928 EuGH, Urteil vom 08.11.2016, Lesoochranárske, C-243/15, EU:C:2016:838, Rn. 43.

929 EuGH, Urteil vom 08.11.2016, Lesoochranárske, C-243/15, EU:C:2016:838, Rn. 44.

930 Richtlinie 2000/60/EG des Europäischen Parlaments und des Rates vom 23. Oktober 2000 zur Schaffung eines Ordnungsrahmens für Maßnahmen der Gemeinschaft im Bereich der Wasserpolitik, AblEG Nr. L 327 vom 22.12.2000, S. 1.

931 *Klinger*, NVwZ 2018, S. 231 (232).

932 EuGH, Urteil vom 20.12.2017, Protect, C-664/15, EU:C:2017:987, Rn. 45.

933 *Wegener*, ZUR 2018, S. 217 (221).

des Allgemeininteresses ist.[934] Für den Europäischen Gerichtshof kommt es demnach im Anwendungsbereich von Art. 9 Abs. 3 Aarhus-Konvention nicht mehr auf die Geltendmachung einer subjektiven Rechtsverletzung an.[935] Die Begründung klagbarer Rechte im mitgliedstaatlichen Umweltrecht leitet der Gerichtshof nunmehr aus Art. 9 Abs. 3 Aarhus-Konvention ab. Unter Rückgriff auf Art. 47 GrCh begründet er im Ergebnis doch eine unmittelbare Wirkung von Art. 9 Abs. 3 Aarhus-Konvention.[936]

In Bezug auf die gerichtliche Einklagbarkeit beschränkt sich der Europäische Gerichtshof demnach nicht mehr auf solche Richtlinien, die dem Schutz individualisierbarer Interessen dienen. Sowohl im Zusammenhang mit dem Habitatschutz als auch mit dem wasserrechtlichen Verschlechterungsverbot hält er einen allgemein am Umweltschutz orientierten Schutzzweck der Richtlinie für ausreichend, um Klagerechte Einzelner auszulösen. Auf den Schutz individualbezogener Rechtsgüter kommt es nicht an.[937] Es stellt sich jedoch die Frage, wie weit der Kreis der Klageberechtigten zu ziehen ist. Beide Urteile sind aufgrund der Klage einer Umweltschutzorganisation ergangen. Dennoch kommt grundsätzlich auch eine Übertragung auf die Klagemöglichkeiten von Einzelpersonen in Betracht. So leitet der Europäische Gerichtshof aus der Effektivität des Art. 6 Abs. 3 der Richtlinie 92/43/EWG ab, dass „betroffene Personen" die Verletzung der durch diese Bestimmung auferlegten Verpflichtung gerichtlich geltend machen können müssen[938] und spricht weiter davon, dass die „Bürger" sich vor Gericht auf sie berufen können.[939] Daher wird gefordert, dass sowohl Umweltverbände als auch unmittelbar betroffene Einzelne jeden Verstoß gegen umweltbezogene Vorschriften des Unionsrechts gerichtlich rügen können müssen, unabhängig davon, ob sie dem Schutz des Menschen oder der Natur dienen.[940] Dies hat jedoch nicht zur Folge, dass im Sinne einer Popularklage jeder Einzelne jede Verletzung umweltrechtlicher Vorgaben geltend machen können muss. Der Rechtsprechung des Europäischen Gerichtshofs lässt sich eine solche Verpflichtung nicht entnehmen. Dieser weist selbst auf die Betroffenheit des Einzelnen als eingrenzendes Kriterium hin, so dass der Einzelne durch die Nichteinhaltung

934 EuGH, Urteil vom 20.12.2017, Protect, C-664/15, EU:C:2017:987, Rn. 47.
935 *Klinger*, NVwZ 2018, S. 231 (232).
936 *Wegener*, ZUR 2018, S. 217 (219).
937 *Klinger*, ZUR 2017, S. 90; *Epiney*, EurUP 2017, S. 223 (226).
938 *Epiney*, EurUP 2017, S. 223 (226).
939 EuGH, Urteil vom 08.11.2016, Lesoochranárske, C-243/15, EU:C:2016:838, Rn. 44.
940 *Klinger*, ZUR 2017, S. 90 (91); *Franzius*, NVwZ 2018, S. 219 (221).

der jeweiligen Vorschrift tatsächlich selbst betroffen sein muss. Bei der Konkretisierung der Voraussetzungen der Betroffenheit wird den Mitgliedstaaten ein Gestaltungsspielraum eingeräumt.[941]

Im Ausgangspunkt scheint sich auch am Maßstab der Aarhus-Konvention keine Beschränkung der Klageberechtigung auf Umweltverbände zu ergeben. Während Art. 9 Abs. 2 Aarhus-Konvention unter Einschluss der Umweltverbände von einer „betroffenen Öffentlichkeit" spricht, ist Art. 9 Abs. 3 Aarhus-Konvention weiter gefasst und bezieht sich allgemein auf die „Mitglieder der Öffentlichkeit". Dementsprechend spricht der Europäische Gerichtshof unter Bezugnahme auf seine Entscheidung in der Rechtssache C-243/15 davon, dass „Einzelne oder gegebenenfalls eine ordnungsgemäß gegründete Umweltorganisation"[942] sich vor Gericht auf die durch eine Richtlinie auferlegte Verpflichtung berufen können.[943] Dennoch unterstreicht der Gerichtshof die Bedeutung von Umweltorganisationen bei der Durchsetzung von „nur" im Allgemeininteresse stehenden Umweltvorschriften.[944] Er stellt in diesem Zusammenhang also auf die besondere Funktion anerkannter Umweltverbände ab, die darin besteht, auch solche Umweltvorschriften durchzusetzen, die nicht Individual-, sondern nur Allgemeininteressen schützen.[945] Eine Differenzierung zwischen Einzelpersonen und Umweltverbänden ist in Art. 9 Abs. 2 und 3 Aarhus-Konvention und dem Art. 9 Abs. 2 Aarhus-Konvention umsetzenden Art. 11 Abs. 1 und 3 UVP-Richtlinie selbst angelegt.[946] Für die Klagebefugnis von Individualklägern als Mitgliedern der betroffenen Öffentlichkeit setzen die jeweiligen Rechtsschutzbestimmungen[947] entweder ein ausreichendes Interesse oder die Geltendmachung einer Rechtsverletzung voraus. Im Hinblick auf die Ausgestaltung der Rechtsbehelfe wird es ausdrücklich den Mitgliedstaaten überlassen zu bestimmen, was als ausreichendes Interesse und als Rechtsverletzung gilt.[948] Demgegenüber wird bei Verbänden, die die jeweiligen innerstaatlichen Kriterien

941 *Epiney*, EurUP 2017, S. 223 (227 ff.).

942 EuGH, Urteil vom 20.12.2017, Protect, C-664/15, EU:C:2017:987, Rn. 34.

943 *Wegener*, ZUR 2018, S. 217 (221).

944 EuGH, Urteil vom 20.12.2017, Protect, C-664/15, EU:C:2017:987, Rn. 47.

945 *Klinger*, NVwZ 2018, S. 231 (232).

946 *Skouris*, DVBl. 2016, S. 937 (942); *Guckelberger*, Referat zum 71. DJT, in: Ständige Deputation des DJT, Verhandlungen des 71. DJT, Bd. II/1, 2017, S. N 9 (N 43).

947 Vgl. Art. 9 Abs. 2 UAbs. 1 lit. a) und b) Aarhus-Konvention sowie Art. 11 Abs. 1 lit. a) und b) UVP-Richtlinie.

948 *Skouris*, DVBl. 2016, S. 937 (942). Vgl. Art. 9 Abs. 2 UAbs. 2 S. 1 Aarhus-Konvention sowie Art. 11 Abs. 3 S. 1 UVP-Richtlinie.

erfüllen, ein ausreichendes Interesse bzw. eine Rechtsbetroffenheit fingiert.[949] Während Umweltverbände stets klagen können, darf für die Klagebefugnis anderer Mitglieder der betroffenen Öffentlichkeit ein ausreichendes Interesse oder eine Rechtsverletzung vorausgesetzt werden.[950] Vor diesem Hintergrund ist die Möglichkeit einer unterschiedlichen Behandlung von Individual- und Verbandsklägern systemimmanent.[951] Eine Klagbarkeit jedweden Umweltrechts durch jeden würde der norminternen Systematik und den aufeinander abgestimmten Klagerechten der betroffenen Öffentlichkeit nach Art. 9 Abs. 2 Aarhus-Konvention widersprechen.[952] Soweit der Europäische Gerichtshof die Einklagbarkeit von „bloß" im Interesse des Umweltschutzes stehenden Bestimmung wie etwa naturschutzrechtlichen Vorgaben am Maßstab von Art. 9 Abs. 3 Aarhus-Konvention fordert, ist eine Beschränkung entsprechender Klagerechte auf solche von Umweltschutzorganisationen zulässig. Angesichts des in Art. 9 Abs. 3 Aarhus-Konvention enthaltenen ausdrücklichen Verweises auf die im innerstaatlichen Recht festgelegten Kriterien ist den Mitgliedstaaten ein weiter Gestaltungsspielraum eingeräumt. Die innerstaatlichen Kriterien dürfen jedoch nicht so streng sein, dass es für Umweltorganisationen praktisch unmöglich wird, Handlungen und Unterlassungen im Sinne von Art. 9 Abs. 3 Aarhus-Konvention anzufechten.[953]

c) Verfahrensrechte als subjektiv-öffentliche Rechte im Rahmen der Umweltverträglichkeitsprüfung

Die durch die SUP-Richtlinie eingeräumten Beteiligungsrechte[954] weisen jedenfalls strukturell deutliche Parallelen mit denen der UVP-Richtlinie auf.[955] Vor diesem Hintergrund sollen zunächst die für die UVP-Richtlinie aufgestellten Grundsätze herausgearbeitet werden, um sie auf ihre Übertragbarkeit auf die SUP-Richtlinie zu untersuchen.

---

949 Vgl. Art. 9 Abs. 2 UAbs. 2 S. 2 und 3 Aarhus-Konvention sowie Art. 11 Abs. 3 S. 2 und 3 UVP-Richtlinie.

950 *Guckelberger*, Referat zum 71. DJT, in: Ständige Deputation des DJT, Verhandlungen des 71. DJT, Bd. II/1, 2017, S. N 9 (N 43).

951 *Skouris*, DVBl. 2016, S. 937 (942).

952 *Gärditz*, EurUP 2015, S. 196 (211).

953 EuGH, Urteil vom 20.12.2017, Protect, C-664/15, EU:C:2017:987, Rn. 48.

954 Vgl. Dritter Teil.A.IV.2.b)bb).

955 *Töllner*, Anwendungsbereich und Umsetzung der Plan-UVP-Richtlinie, 2004, S. 71; *Gärditz*, in: Landmann/Rohmer, Umweltrecht, Vorbemerkung zu §§ 14 a bis 14 n UVPG (2011) Rn. 27.

aa) Ablehnende Rechtsprechung des Bundesverwaltungsgerichts

Nach der herrschenden verwaltungsgerichtlichen Rechtsprechung begründen Verfahrensvorschriften – mit Ausnahme der bereits skizzierten bereichsspezifischen absoluten Verfahrensrechte – keine subjektiven Rechte. Lediglich von der enteignungsrechtlichen Vorwirkung eines Planfeststellungsbeschlusses Betroffene können sich auf eine unterlassene bzw. fehlerhafte Umweltverträglichkeitsprüfung berufen.[956] Insbesondere im Zusammenhang mit fehlerhaft durchgeführten bzw. rechtswidrig unterlassenen Umweltverträglichkeitsprüfungen wird eine Klagebefugnis allein aufgrund eines derartig geltend gemachten Verfahrensmangels verneint. Der Umweltverträglichkeitsprüfung kann demnach kein materieller Gehalt entnommen werden, der etwa im Rahmen der planerischen Abwägung berücksichtigt werden müsste. Die UVP-Richtlinie und die zu ihrer Umsetzung ergangenen nationalen Rechtsvorschriften beschränkten sich auf verfahrensrechtliche Anforderungen im Vorfeld der Sachentscheidung, ohne das Umweltrecht materiell anzureichern.[957] Nach ständiger Rechtsprechung des Bundesverwaltungsgerichts hat die Umweltverträglichkeitsprüfung also einen rein verfahrensrechtlichen Charakter. Lediglich in Verbindung mit materiellen Positionen kommt ihr prozessuale Bedeutung zu. Insoweit werden Verletzungen von Verfahrensvorschriften im Rahmen der Umweltverträglichkeitsprüfung als relative Verfahrensrechte qualifiziert.[958]

Diese Auffassung wird auch im Schrifttum, zum Teil unter Hinweis auf den rein verfahrensrechtlichen Charakter der UVP-Richtlinie[959], zum Teil aufgrund des sowohl nach Rechtsprechung des Europäischen Gerichtshofs als auch durch die UVP-Richtlinie eingeräumten Gestaltungsspielraums der Mitgliedstaaten[960], vertreten.

---

956 Zu dem umfassenden Recht auf gerechte Abwägung des enteignungsrechtlich Betroffenen vgl. bereits Dritter Teil.A.II.5.

957 BVerwG, Urteil vom 08.06.1995 – 4 C 4.49 –, BVerwGE 98, 339 (361 f.); Urteil vom 25.01.1996 – 4 C 5.95 –, BVerwGE 100, 238 (243); Urteil vom 10.04.1997 – 4 C 5.96 –, BVerwGE 104, 236 (243 f.); Urteil vom 23.04.1997 – 11 A 7.97 –, BVerwGE 104, 337 (346 f.); Urteil vom 13.12.2007 – 4 C 9.06 –, ZUR 2008, S. 482 (485).

958 *Schlacke*, NVwZ 2014, S. 11 (15); *Held*, DVBl. 2016, S. 12 (19).

959 *Hien*, NVwZ 1997, S. 422 (425).

960 *Lecheler*, NVwZ 2005, S. 1156 (1156 f.).

bb) Rechtsprechung des Europäischen Gerichtshofs

In eine andere Richtung weist das Urteil des Europäischen Gerichtshofs in der Rechtssache Wells[961], in dem er im Zusammenhang mit der Frage der unmittelbaren Wirkung der UVP-Richtlinie 85/337/EWG[962] auch Stellung zur drittschützenden Wirkung von Verfahrensvorschriften im Rahmen einer Umweltverträglichkeitsprüfung nahm. In dem diesem Vorabentscheidungsverfahren zugrunde liegenden Rechtsstreit ging es um die Frage, ob eine bergbaurechtliche Genehmigung ohne zuvor durchgeführte Umweltverträglichkeitsprüfung erteilt werden durfte. Der Gerichtshof stellt fest, dass die Art. 2 Abs. 1, 1 Abs. 2 UVP-Richtlinie die Mitgliedstaaten verpflichten, die erforderlichen Maßnahmen zu treffen, damit vor Erteilung der Genehmigung die Projekte, bei denen mit erheblichen Umweltauswirkungen zu rechnen ist, einer Prüfung in Bezug auf ihre Auswirkungen unterzogen werden müssen. Zwar stehe der Grundsatz der Rechtssicherheit der Begründung von Verpflichtungen für den Einzelnen durch Richtlinien entgegen. Gegenüber dem Einzelnen könnten die Bestimmungen einer Richtlinie nur Rechte begründen. Bloße negative Auswirkungen auf die Rechte Dritter rechtfertigten es jedoch nicht, dem Einzelnen das Recht auf Berufung auf die Bestimmungen einer Richtlinie gegenüber dem betreffenden Mitgliedstaat zu versagen.[963] Mithin könne sich der Einzelne unter Umständen wie denen des Ausgangsverfahrens auf Art. 2 Abs. 1 i.V.m. Art. 1 Abs. 2 und Art. 4 Abs. 2 UVP-Richtlinie berufen.[964] Nach bekanntem Muster weist der Gerichtshof auf den Grundsatz der Verfahrensautonomie der Mitgliedstaaten hin, der durch das Äquivalenz- und Effektivitätsprinzip begrenzt wird. Vor diesem Hintergrund sei es „Sache der zuständigen Behörden eines Mitgliedstaats, im Rahmen ihrer Zuständigkeiten alle erforderlichen allgemeinen oder besonderen Maßnahmen zu treffen, damit die Projekte im Hinblick darauf überprüft werden, ob bei ihnen erhebliche Auswirkungen auf die Umwelt zu besorgen sind, und damit sie bejahendenfalls auf diese Auswirkungen hin untersucht

961 EuGH, Urteil vom 07.01.2004, Wells, C-201/02, EU:C:2004:12.

962 Richtlinie 85/337/EWG des Rates vom 27. Juni 1985 über die Umweltverträglichkeitsprüfung bei bestimmten öffentlichen und privaten Projekten, ABlEG Nr. L 175 vom 05.07.1985, S. 40. Die UVP-Richtlinie 85/337/EWG wurde durch die Richtlinie 2011/92/EU des Europäischen Parlaments und des Rates vom 13. Dezember 2011 über die Umweltverträglichkeitsprüfung bei bestimmten öffentlichen und privaten Projekten, ABlEU Nr. L 26 vom 28.01.2012, S. 1, abgelöst.

963 EuGH, Urteil vom 07.01.2004, Wells, C-201/02, EU:C:2004:12, Rn. 56 f.

964 EuGH, Urteil vom 07.01.2004, Wells, C-201/02, EU:C:2004:12, Rn. 61.

werden […].“ Solche Maßnahmen könnten beispielsweise die Rücknahme oder Aussetzung einer bereits erteilten Genehmigung darstellen, um eine Umweltverträglichkeitsprüfung des in Rede stehenden Projekts im Sinne der UVP-Richtlinie durchzuführen.[965]

Diese Rechtsprechung bestätigte der Gerichtshof in der Rechtssache Leth und Salzburger Flughafen GmbH[966]. Der Einzelne könne sich auf die Pflicht, eine Umweltverträglichkeitsprüfung durchzuführen, berufen. Die UVP-Richtlinie verleihe dem betroffenen Einzelnen ein Recht darauf, dass die zuständigen Stellen die Umweltauswirkungen des fraglichen Projekts bewerten und sie dazu anhören.[967]

cc) Reaktion in Rechtsprechung und Literatur

Die Rechtsprechung des Europäischen Gerichtshofs in der Rechtssache Wells fand in einer Entscheidung des OVG Koblenz Anklang. Am Beispiel der immissionsschutzrechtlichen Genehmigung für Windkraftanlagen bejahte es den drittschützenden Charakter der Vorschriften über die Öffentlichkeitsbeteiligung, die aus Gründen der Umsetzung der Umweltverträglichkeitsprüfungsbestimmungen durchgeführt werden müsste. Diese Vorschriften stellten selbständige Verfahrenspositionen dar, die auch gerichtlich selbständig durchsetzbar seien.[968]

Diese Entscheidung führte in der obergerichtlichen Rechtsprechung zu geteilten Reaktionen. Ein anderer Senat desselben Gerichts rückte von dieser Auffassung ausdrücklich ab.[969] Auch das Bundesverwaltungsgericht verneint eine Klagebefugnis allein aufgrund Verstoßes gegen die Pflicht zur Durchführung einer Umweltverträglichkeitsprüfung, unabhängig von der Betroffenheit in eigenen Rechten. Der Kläger könne nicht geltend machen, Verstöße gegen formell-rechtliche Bestimmungen verletzten ihn in seinen Rechten. Die Einhaltung formell-rechtlicher Vorschriften sei regelmäßig kein Selbstzweck, sondern diene der besseren Durchsetzung von materiellen Rechten und Belangen. Daher könnten Form- und Verfahrensvorschriften subjektive Rechte, die Grundlage

965 EuGH, Urteil vom 07.01.2004, Wells, C-201/02, EU:C:2004:12, Rn. 65.

966 EuGH, Urteil vom 21.03.2013, Salzburger Flughafen GmbH, C-244/12, EU:C:2013:203, Rn. 46.

967 EuGH, Urteil vom 14.03.2013, Leth, C-420/11, EU:C:2013:166, Rn. 32.

968 OVG Koblenz, Beschluss vom 25.01.2005 – 7 E 12117/04 –, NVwZ 2005, S. 1208 (1210 f.).

969 OVG Koblenz, Urteil vom 29.10.2008 – 1 A 11330/07 –, DVBl. 2009, S. 390 (393 f.); diesem Urteil zustimmend VGH Mannheim, Beschluss vom 08.03.2011 – 10 S 161/09 –, NVwZ-RR 2011, S. 355.

einer Klagebefugnis sind, grundsätzlich nicht selbständig, sondern nur unter der Voraussetzung begründen, dass sich der behauptete Verstoß auf eine materiellrechtliche Position des Klägers ausgewirkt haben könnte. Nichts anderes gelte für den Fall einer unterbliebenen Umweltverträglichkeitsprüfung; auch mit dieser Rüge mache er keinen Rechtsverstoß geltend, auf den er sich ausnahmsweise unabhängig von der Betroffenheit in eigenen materiellen Rechten berufen könnte.[970]

dd) Absolute Verfahrensrechte für Individualkläger aus § 4 Abs. 1 und 3 UmwRG

Uneinheitlich bewertet wird auch die Frage, ob § 4 UmwRG selbständig durchsetzbare, mithin absolute Verfahrensrechte begründet, die Individualklägern ein subjektives Recht im Sinne von § 42 Abs. 2 VwGO vermitteln. Nach § 4 Abs. 1 S. 1 UmwRG kann die Aufhebung einer Behördenentscheidung verlangt werden, wenn eine erforderliche Umweltverträglichkeitsprüfung oder erforderliche Vorprüfung nicht erfolgt ist, eine erforderliche Öffentlichkeitsbeteiligung im Sinne von § 18 UVPG oder im Sinne von § 10 BImSchG unterblieben oder ein anderer schwerer Verfahrensfehler mit Auswirkungen auf die Beteiligungsmöglichkeiten der Öffentlichkeit vorliegt. Gemäß § 4 Abs. 3 UmwRG gilt diese Vorschrift nicht nur für Vereinigungen, sondern auch für Rechtsbehelfe von Beteiligten nach § 61 Nr. 1 und 2 VwGO, also auch für natürliche und juristische Personen.

Das Bundesverwaltungsgericht versteht die Vorschrift als einen auf die Sachprüfung beschränkten absoluten Aufhebungsanspruch, die von der Kausalitätsprüfung nach § 46 VwVfG und vom Rechtswidrigkeitszusammenhang nach § 113 Abs. 1 S. 1 VwGO befreit, die jedoch die Klagebefugnis nicht begründet. Die in § 4 UmwRG genannten Fehler führten abweichend von § 113 Abs. 1 S. 1 VwGO und § 46 VwVfG zur Begründetheit der Klage, ohne dass es darauf ankomme, ob die verletzten Verfahrensvorschriften des UVP-Rechts der Gewährleistung eines materiellen subjektiven Rechts dienten und ob dieser Fehler die Sachentscheidung beeinflusst haben könnte. Nach Auffassung des Gerichts lässt § 4 UmwRG den individualrechtsbezogenen Ansatz von § 42 Abs. 2 VwGO unberührt und weitet – vergleichbar mit § 47 VwGO – durch Verzicht auf die sonst geltende

---

970 BVerwG, Urteil vom 20.12.2011 – 9 A 30/10 –, NVwZ 2012, S. 573 (574 f.). In einer älteren Entscheidung hat der vierte Senat des Bundesverwaltungsgerichts die Frage, inwieweit den Vorschriften des Unionsrechts und des nationalen Rechts drittschützende Wirkung zukommt, offengelassen, BVerwG, Urteil vom 20.08.2008 – 4 C 11.07 –, BVerwGE 131, 352 (354).

Einschränkung der Rechtsfolgen von Verfahrensfehlern nur den gerichtlichen Umfang der Begründetheitsprüfung gegenüber der Prüfung der Klagebefugnis aus.[971] Zulässigkeits- und Begründetheitsprüfung werden also entkoppelt, so dass der Umfang des Aufhebungsanspruchs über den Umfang klagbarer Rechte im Sinne von § 42 Abs. 2 VwGO hinausgeht. Für die Bejahung der Klagebefugnis muss der Kläger weiterhin die mögliche Verletzung in materiellen Rechten geltend machen.[972]

Ein Teil der Oberverwaltungsgerichte schloss sich der Auffassung des Bundesverwaltungsgerichts an.[973] Nach Auffassung des OVG Magdeburg und des OVG Münster hingegen begründet § 4 Abs. 1 i.V.m. 3 UmwRG ein absolutes Verfahrensrecht, dessen Verletzung auch die Klagebefugnis einer Individualklage gemäß § 42 Abs. 2 VwGO begründet.[974]

In einem Urteil vom 25.02.2015 weicht das OVG Münster ausdrücklich von der Rechtsprechung des Bundesverwaltungsgerichts ab.[975] Das Gericht begründet eine Klagebefugnis bei einer fehlerhaften Durchführung der UVP-Vorprüfung auch unabhängig von einer Betroffenheit in eigenen materiellen Rechten. UVP-Richtlinie und Art. 9 Abs. 2 der Aarhus-Konvention verlangten eine Auslegung des nationalen Rechts, die die durch die Richtlinie verliehenen Verfahrensrechte als individualschützend anerkennt und ihre prozessuale Durchsetzbarkeit gewährleistet. Im Lichte dieser Regelungen seien der betroffenen Öffentlichkeit hinsichtlich der Verletzung von Verfahrenserfordernissen der Umweltverträglichkeitsprüfung einschließlich der in § 4 Abs. 1 UmwRG bezeichneten Verfahrensregelungen Rügerechte zuzuerkennen. Der geforderte weite und effektive Zugang zu einer gerichtlichen Überprüfung von Zulassungsentscheidungen UVP-pflichtiger Vorhaben werde allein durch die Erweiterung

971 BVerwG, Urteil vom 20.12.2011 – 9 A 30.10 –, NVwZ 2012, S. 573 (574 f.); Urteil vom 02.10.2013 – 9 A 23.12 –, NVwZ 2014, S. 367 (369); Urteil vom 17.12.2013 – 4 A 1.13 –, BVerwGE 148, 353 (364); Urteil vom 20.01.2016 – 6 A 2.14 –, LKV 2016, S. 180 (183).

972 *Held*, DVBl. 2016, S. 12 (18).

973 OVG Lüneburg, Urteil vom 08.05.2012 – 12 KS 5/10 –, NVwZ-RR 2012, S. 836 (837 f.); VGH Mannheim, Urteil vom 11.04.2014 – 5 S 534/13 –, NVwZ-RR 2014, S. 634 (638 f.).

974 OVG Magdeburg, Beschluss vom 17.09.2008 – 2 M 146/08 –, NVwZ 2009, S. 340 (341 f.); OVG Münster, Beschluss vom 23.07.2014 – 8 B 356/14 –, ZUR 2014, S. 613 (614 ff.).

975 OVG Münster, Urteil vom 25.02.2015 – 8 A 959/10 –, ZUR 2015, S. 492 (493). Ihm folgend VG Aachen, Beschluss vom 20.01.2016 – 3 K 2445/12 –, BeckRS 2016, 42680.

des Prüfprogramms des § 113 VwGO auf das Vorliegen – objektiv-rechtlich verstandener – UVP-Verfahrensfehler nicht hinreichend gewährleistet.[976] Mit Verweis auf die Rechtsprechung des Europäischen Gerichtshofs in Sachen Wells und Leth führt das Oberverwaltungsgericht weiter aus, dass ein weiter und effektiver Zugang zu Gerichten voraussetze, dass die Verfahrensfehler der Umweltverträglichkeitsprüfung auch selbständig gerügt werden können. Das Gericht erkennt zwar auch, dass es grundsätzlich Sache der innerstaatlichen Rechtsordnung sei, die Verfahrensmodalitäten für Klagen zu regeln, die den Schutz der „dem Einzelnen" aus dem Unionsrecht erwachsenden Rechte gewährleisten sollen. Die Richtlinie diene unter anderem zur Festlegung von Verfahrensgarantien, die insbesondere eine bessere Information und eine Beteiligung der Öffentlichkeit im Rahmen der Umweltverträglichkeitsprüfung öffentlicher und privater Projekte mit unter Umständen erheblichen Umweltauswirkungen ermöglichen sollen, so dass der Überprüfung der Einhaltung der Verfahrensregeln in diesem Bereich besondere Bedeutung zukomme. Die betroffene Öffentlichkeit müsse daher, im Einklang mit dem Ziel, ihr einen weiten Zugang zu Gerichten zu gewähren, zur Stützung eines Rechtsbehelfs, mit dem die Rechtmäßigkeit von Entscheidungen im Sinne der Richtlinie angefochten wird, grundsätzlich jeden Verfahrensfehler geltend machen können. Die Verfahrensvorschriften der UVP-Richtlinie seien damit bei unionsrechtskonformer Auslegung Schutznormen im Sinne des § 42 Abs. 2 VwGO. Derartige individualschützende Verfahrensrechte seien zwar im deutschen Verwaltungsrecht die Ausnahme, diesem aber nicht gänzlich fremd. Ihre Anerkennung im vorliegenden Zusammenhang bewirke daher nur eine Erweiterung, die sich ohne größeren Bruch in das System des subjektiven Rechtsschutzes einfügen lasse.[977] Das OVG Münster erkennt also durch die Aarhus-Konvention und UVP-Richtlinie begründete absolute Verfahrensrechte an, die unabhängig von einer materiell-rechtlichen Betroffenheit bestehen. Diese Klagerechte beziehen sich auf jede auch nur objektiv bestehende Verfahrenspflicht im Rahmen der Umweltverträglichkeitsprüfung, auch ohne Bezug zu personalen Rechtsgütern.[978]

Mit dem Gesetz zur Änderung des Umwelt-Rechtsbehelfsgesetzes zur Umsetzung des Urteils des Europäischen Gerichtshofs vom 7. November 2013 in der Rechtssache C-72/12 vom 20. November 2015[979] hat der Gesetzgeber § 4

---

976 OVG Münster, Urteil vom 25.02.2015 – 8 A 959/10 –, ZUR 2015, S. 492 (493).

977 OVG Münster, Urteil vom 25.02.2015 – 8 A 959/10 –, ZUR 2015, S. 492 (494).

978 *Held*, DVBl. 2016, S. 12 (20).

979 BGBl. I, S. 2069.

UmwRG novelliert und um die beiden Verfahrensfehlerkategorien absoluter und relativer Verfahrensfehler erweitert. Mit dieser Unterscheidung will er verdeutlichen, dass das Vorliegen von absoluten Verfahrensfehlern zu einem Aufhebungsanspruch des Klägers führt. Auf relative Verfahrensfehler ist § 46 VwVfG, der für einen Aufhebungsanspruch eine Kausalität zwischen dem Verfahrensfehler und der Entscheidung in der Sache verlangt, hingegen anwendbar.[980] Absolute Verfahrensfehler führen demnach ohne Rücksicht auf § 113 Abs. 1 S. 1 VwGO und § 46 VwVfG zur Aufhebung der Sachentscheidung.[981] Unabhängig davon vermittelt § 4 Abs. 1 i.V.m. Abs. 3 UmwRG kein subjektives Klagerecht im Sinne von § 42 Abs. 2 VwGO. Das Bundesverwaltungsgericht stellt für die Klagebefugnis weiterhin auf die Geltendmachung der Verletzung eigener materieller Rechte ab.[982] Diese ist der Türöffner und ermöglicht im Rahmen der Begründetheit eine objektive Prüfung der von § 4 Abs. 1 UmwRG erfassten Verfahrenserfordernisse.[983] § 4 UmwRG 2017 behält die bereits durch die Novelle im Jahr 2015 eingeführte Differenzierung zwischen absoluten und relativen Verfahrensfehlern bei, erweitert jedoch den Anwendungsbereich absoluter Verfahrensfehler. Die Ausdehnung der Klagbarkeit von Verfahrensfehlern auf Individualkläger bezieht sich gemäß § 4 Abs. 3 i.V.m. 1 UmwRG nur auf Entscheidungen über die Zulässigkeit eines Vorhabens nach § 1 Abs. 1 S. 1 Nr. 1 bis 2b UmwRG. Die Bundesfachplanung gehört jedoch zu den Entscheidungen über die Annahme von SUP-pflichtigen Plänen und Programmen im Sinne von § 1 Abs. 1 S. 1 Nr. 4 UmwRG. Die Einklagbarkeit von Mängeln der Strategischen Umweltprüfung ist gemäß § 4 Abs. 4 UmwRG auf Rechtsbehelfe von Vereinigungen beschränkt. Für Rechtsbehelfe, die Individualkläger gegen SUP-pflichtige Pläne und Programme einlegen, gilt § 4 Abs. 1 und Abs. 2 UmwRG hingegen nicht entsprechend.[984]

Wenn auch das Urteil des OVG Münster sich im Ergebnis auf die im Rahmen der Bundesfachplanung für Individualkläger nicht anwendbaren Vorschriften des UmwRG bezieht, so ist doch seine Argumentation zur Begründung klagbarer Rechte aus UVP-Richtlinie und Art. 9 Abs. 2 Aarhus-Konvention losgelöst

980 BT-Drs. 18/5927, S. 9. Vgl. auch BVerwG, Urteil vom 28.04.2016 – 9 A 9.15 –, BVerwGE 155, 91 (99 Rn. 36); Urteil vom 09.02.2017 – 7 A 2.15 –, BVerwGE 158, 1 (11 Rn. 33).

981 *Schlacke*, UPR Sonderheft 2016, S. 478 (481).

982 BVerwG, Urteil vom 21.01.2016 – 4 A 5.14 –, BVerwGE 154, 73 (78 Rn. 19).

983 *Fellenberg*, NVwZ 2015, S. 1721 (1723).

984 Zustimmend mit Blick auf Art. 9 Abs. 3 Aarhus-Konvention *Schlacke*, NVwZ 2017, S. 905 (910); kritisch hingegen noch *dies.*, UPR Sonderheft 2016, S. 478 (486) sowie *Heß/Brigola*, NuR 2017, S. 729 (733) und *Franzius*, NVwZ 2018, S. 219 (221 f.).

von der Vorschrift des § 4 UmwRG formuliert und weist deutlich in Richtung auf eine grundsätzliche Anerkennung der Verfahrensvorschriften der UVP-Richtlinie als absolute Verfahrensrechte im Sinne des § 42 Abs. 2 VwGO. Die Vorschriften über die Öffentlichkeitsbeteiligung der UVP-Richtlinie betreffen nicht die vorgelagerte Planungsebene der Bundesfachplanung. Dennoch weisen die durch die UVP-Richtlinie eingeräumten Beteiligungsrechte deutliche Parallelen zu denen der SUP-Richtlinie auf. Daher soll im Folgenden zunächst Stellung zu der in Rechtsprechung und Literatur geführten Diskussion um die Ausgestaltung des Rechtsschutzes in Bezug auf die Beteiligungsrechte auf der konkreten Zulassungsebene genommen werden. Die gefundenen Ergebnisse werden dann für die Ausgestaltung der die Bundesfachplanung betreffenden Beteiligungsrechte herangezogen.

ee) Stellungnahme

Eine Analyse der deutschen Rechtspraxis zeigt, dass ihr überwiegend die Vorstellung von der dienenden Funktion des Verwaltungsverfahrens zugrunde liegt. Die verwaltungsgerichtliche Rechtsprechung verlangt einen Zusammenhang zwischen Verfahrensfehler und materieller Rechtsposition und ist somit vorrangig an materiellen Maßstäben ausgerichtet.[985] Dies steht im Widerspruch zum europäischen Verständnis vom Eigenwert des Verfahrens.

Es besteht Anpassungsbedarf des materiell-rechtlich ausgerichteten deutschen Rechtsschutzkonzepts, der durch Aarhus-Konvention und die sie umsetzenden Sekundärrechtsakte ausgelöst wird.[986] In Umsetzung der Vorgaben der Aarhus-Konvention gewährt Art. 11 Abs. 1 UVP-Richtlinie der betroffenen Öffentlichkeit Zugang zu einem Überprüfungsverfahren vor einem Gericht um neben der materiell-rechtlichen gerade auch die verfahrensrechtliche Rechtmäßigkeit von Entscheidungen angreifen zu können.[987] Wenn also die Prüfung der verfahrensrechtlichen Rechtmäßigkeit der der materiell-rechtlichen gleichgestellt wird, spricht dies für die Möglichkeit, eine Entscheidung isoliert auf ihre verfahrensmäßige Rechtmäßigkeit überprüfen zu lassen. Dies setzt wiederum voraus, dass die Rüge eines Verfahrensfehlers an sich ausreicht, um Zugang zu einem Überprüfungsverfahren zu erhalten.[988]

---

985 *Töllner*, Anwendungsbereich und Umsetzung der Plan-UVP-Richtlinie, 2004, S. 73.
986 *Quabeck*, Dienende Funktion, 2010, S. 269 f.
987 *Gärditz*, NVwZ 2014, S. 1 (3).
988 *Schwerdtfeger*, Der deutsche Verwaltungsrechtsschutz, 2010, S. 122 f.

Zwar überlässt Art. 11 UVP-Richtlinie, indem er das Erfordernis einer „Rechtsverletzung“ unangetastet lässt, den Mitgliedstaaten die genaue Ausgestaltung des Verfahrensrechtsschutzes, die folglich auch an einem subjektiven Rechtsschutzsystem festhalten können. Daraus allein können aber noch keine Rückschlüsse darauf gezogen werden, in welchem Umfang subjektive Rechte gewährt werden müssen. Dies richtet sich nach dem Grundsatz effektiven Rechtsschutzes, der in Art. 11 UVP-Richtlinie durch das Gebot, einen weiten Zugang zu Gerichten auch in verfahrensrechtlicher Hinsicht zu gewährleisten, konkretisiert wird. Was als Rechtsverletzung gilt, haben die Mitgliedstaaten gemäß Art. 11 Abs. 3 UVP-Richtlinie im Einklang mit dem Ziel, einen weiten Zugang zu Gerichten zu gewähren, zu bestimmen.[989]

Überträgt man die von der Rechtsprechung entwickelten Kriterien auf die UVP-Richtlinie, so ist festzustellen, dass auch die verfahrensrechtlichen Regelungen der UVP-Richtlinie zumindest auch dem Schutz der menschlichen Gesundheit und des Eigentums dienen. Bereits die UVP-Richtlinie 2011/92/EU verfolgt ausweislich ihres 5. und 14. Erwägungsgrundes das Ziel, die menschliche Gesundheit zu schützen. Die UVP-Richtlinie 2014/52/EU nimmt hierauf in ihrem 1. Erwägungsgrund Bezug. „Um für ein hohes Schutzniveau für Umwelt und Gesundheit von Menschen zu sorgen, sollten bei Screening-Verfahren und Umweltverträglichkeitsprüfungen die Auswirkungen des gesamten betreffenden Projekts [...] berücksichtigt werden.“[990] Gemäß Art. 3 Abs. 1 UVP-Richtlinie identifiziert, beschreibt und bewertet die Umweltverträglichkeitsprüfung die unmittelbaren und mittelbaren Auswirkungen eines Projekts unter anderem auf die menschliche Gesundheit (lit. a)) und Sachgüter (lit. c)). Konsequenterweise gehört zu den gemäß Art. 5 Abs. 1 i.V.m. Anhang IV Nr. 4 UVP-Richtlinie zu machenden Angaben im UVP-Bericht eine Beschreibung der von dem Projekt möglicherweise erheblich beeinträchtigten Faktoren gemäß Art. 3 Abs. 1 UVP-Richtlinie, also auch menschliche Gesundheit und Sachgüter.

Die UVP-Richtlinie begründet somit ein subjektives Recht auf ordnungsgemäße Durchführung der Umweltverträglichkeitsprüfung, da sie Auswirkungen auf personenbezogene Rechtsgüter explizit erfasst. Eine Analyse der Rechtsprechung des Europäischen Gerichtshofs zu umweltrechtlichen Richtlinien hat ergeben, dass der Bürger als Instrument dezentraler Vollzugskontrolle eingesetzt und die Durchsetzbarkeit umweltrechtlicher Vorschriften, insbesondere von Verfahrensrechten, gestärkt werden soll. Nichts anderes gilt für die

989 *Quabeck*, Dienende Funktion, 2010, S. 275.

990 Präambel, 22. Erwägungsgrund UVP-Richtlinie 2014/52/EU.

Durchführung der Umweltverträglichkeitsprüfung der UVP-Richtlinie, die dem Umweltschutz im Allgemeinen und dem Schutz unter anderem der menschlichen Gesundheit und des Eigentums im Besonderen dient.[991] Wird diese nicht durchgeführt, haben Betroffene nicht die Möglichkeit, eine Beeinträchtigung dieser personenbezogenen Rechtsgüter geltend zu machen. Das Unterlassen einer Umweltverträglichkeitsprüfung stellt eine Verletzung individueller Rechte dar, die gerichtlich selbständig einklagbar sind.[992] Nach der Rechtsprechung des Europäischen Gerichtshofs spricht nicht dagegen, dass es sich bei den Vorschriften der Umweltverträglichkeitsprüfung um vorsorgeorientierte Bestimmungen handelt.[993]

Über den Fall der vollständig unterlassenen Umweltverträglichkeitsprüfung hinaus stellt sich die Frage, inwieweit einzelne Verfahrensschritte im Rahmen der Umweltverträglichkeitsprüfung subjektive Rechte begründen. Wie gesehen, dienen die verfahrensrechtlichen Anforderungen der UVP-Richtlinie auch dem Schutz personenbezogener Rechtsgüter. Hierzu verpflichtet sie die Mitgliedstaaten gemäß Art. 6 Abs. 4, der betroffenen Öffentlichkeit frühzeitig und in effektiver Weise die Möglichkeit einzuräumen, sich an den umweltbezogenen Entscheidungsverfahren zu beteiligen. Die Vorschrift räumt der betroffenen Öffentlichkeit zu diesem Zweck ausdrücklich das „Recht“ ein, „der zuständigen Behörde bzw. den zuständigen Behörden gegenüber Stellung zu nehmen und Meinungen zu äußern, wenn alle Optionen noch offen stehen und bevor die Entscheidung über den Genehmigungsantrag getroffen wird.“ Der Gedanke der dezentralen Vollzugskontrolle durch Mobilisierung der Unionsbürger kommt hier noch stärker zum Tragen, da die Betroffenen in die Lage versetzt werden sollen, auf das Zulassungsverfahren aktiv Einfluss zu nehmen.[994] Die Öffentlichkeitsbeteiligung im Sinne des Art. 6 Abs. 4 UVP-Richtlinie als wesentlicher

---

991 *Ruffert*, Subjektive Rechte, 1996, S. 269 f.; *Pernice-Warnke*, Effektiver Zugang zu Gericht, 2009, S. 81 f.; *Schwerdtfeger*, Der deutsche Verwaltungsrechtsschutz, 2010, S. 191.

992 *Scheidler*, NVwZ 2005, S. 863 (867 f.); *Schlacke*, ZUR 2006, S. 360 (362); *Pernice-Warnke*, Effektiver Zugang zu Gericht, 2009, S. 89 ff.; *Geber*, Die Netzanbindung von Offshore-Anlagen im europäischen Supergrid, 2014, S. 235.

993 Vgl. Dritter Teil.B.II.2.b)aa)(1); *Schwerdtfeger*, Der deutsche Verwaltungsrechtsschutz, 2010, S. 191.

994 *Schwerdtfeger*, Der deutsche Verwaltungsrechtsschutz, 2010, S. 196.

Teilschritt der Umweltverträglichkeitsprüfung begründet somit ein subjektives, selbständig einklagbares Recht.[995]

d) *Verfahrensrechte als einklagbare Rechte im Rahmen der Strategischen Umweltprüfung*

Auf der Grundlage der aus der Rechtsprechung des Europäischen Gerichtshofs gewonnenen Erkenntnisse gilt es nun, Rückschlüsse auf die SUP-Richtlinie und die sie umsetzenden Gesetze als Quelle klagbarer Rechte zu ziehen. Zunächst stellt sich die Frage, ob dem Einzelnen ein einklagbares Recht auf Durchführung der Strategischen Umweltprüfung einzuräumen ist. Zudem sind die Verfahrensvorschriften der SUP-Richtlinie auf ihre zur Klage berechtigende Wirkung hin zu untersuchen.

aa) *Durchführung einer Strategischen Umweltprüfung*

In Parallele zur UVP-Richtlinie will auch die SUP-Richtlinie bereits im Verfahren der Planung, also im Vorfeld der konkreten Projektzulassung, mit der Durchführung einer Umweltprüfung den Schutz individueller Interessen sicherstellen. Sie stellt in ihrem 1. Erwägungsgrund der Präambel durch Verweis auf Art. 174 EGV (Art. 191 AEUV) einen Bezug zur menschlichen Gesundheit als Schutzgut her. Der Individualbezug der Umweltprüfung kommt auch im Zusammenhang mit dem nach Art. 5 SUP-Richtlinie zu erstellenden Umweltbericht zum Ausdruck. Zu den vorzulegenden Informationen gehören nach Art. 5 Abs. 1 i.V.m. Anhang I lit. f) SUP-Richtlinie die voraussichtlichen erheblichen Umweltauswirkungen, einschließlich der Auswirkungen auf Aspekte wie die Gesundheit des Menschen und Sachwerte. Zudem stellen gemäß Art. 3 Abs. 5 i.V.m. Anhang II Nr. 2, 4. Spiegelstrich SUP-Richtlinie Risiken für die menschliche Gesundheit eines der Kriterien für die Bestimmung voraussichtlich erheblicher Umweltauswirkungen dar. Die Pflicht zur Durchführung einer Strategischen Umweltprüfung dient somit zumindest auch dem Schutz personenbezogener Rechtsgüter wie der Gesundheit und des Eigentums, die durch eine Belastung der Umwelt beeinträchtigt sein können.[996] Nach alledem ist dem Einzelnen ein einklagbares Recht auf Durchführung der Strategischen Umweltprüfung einzuräumen.

---

995 *Grünewald*, Die Betonung des Verfahrensgedankens, 2009, S. 188; *ders.*, NVwZ 2009, S. 1520 (1523 f.); *Geber*, Die Netzanbindung von Offshore-Anlagen im europäischen Supergrid, 2014, S. 235 f.

996 *Gärditz*, in: Landmann/Rohmer, Umweltrecht, Vorbemerkung zu §§ 14 a bis 14 n UVPG (2011) Rn. 27.

Dieser Befund wird durch das Urteil des Europäischen Gerichtshofs in der Rechtssache Janecek bestätigt, in dem eine Subjektivierung des Rechtsschutzes in Bezug auf eine Planungsentscheidung zum Ausdruck kommt.[997] Angesichts der fehlenden Einbeziehung von Art. 7 Aarhus-Konvention in Art. 9 Abs. 2 Aarhus-Konvention kommt der Entscheidung hinsichtlich der Begründung von Klagerechten auf Planungsebene Bedeutung zu, indem der Gerichtshof aus der Luftqualitäts-Richtlinie ein einklagbares Recht Einzelner auf die Aufstellung von Aktionsplänen ableitet und somit den Umfang einklagbarer Rechte auf ein Planungsinstrument erstreckt.[998] Der Europäische Gerichtshof erkennt der betroffenen Person ein subjektives Recht auf Durchführung eines Planungsverfahrens zu, stärkt durch seine Entscheidung den Verfahrensschutz und macht deutlich, dass die Durchführung eines Verfahrens auf einzelaktbezogener Ebene nicht ausreicht. Das Planungsverfahren als Instrument für einen sachgerechten Interessenausgleich soll erzwingbar sein.[999]

In diese Richtung weist auch die Rechtsprechung des Europäischen Gerichtshofs, in der er sich mit den sich aus der Verletzung der verfahrensrechtlichen Vorgaben der SUP-Richtlinie ergebenden Rechtsfolgen auseinandersetzt.[1000] Der Gerichtshof betont zunächst das in Art. 1 SUP-Richtlinie geregelte Hauptziel, dass Pläne und Programme, die voraussichtlich erhebliche Umweltauswirkungen haben, bei ihrer Ausarbeitung und vor ihrer Annahme einer Umweltprüfung unterzogen werden.[1001] Da die SUP-Richtlinie selbst keine Vorschriften über die Rechtsfolgen eines Verfahrensverstoßes enthält, sei es Sache der Mitgliedstaaten, im Rahmen ihrer Zuständigkeiten alle erforderlichen allgemeinen oder besonderen Maßnahmen zu treffen, damit sämtliche „Pläne“ und „Programme“, die „erhebliche Umweltauswirkungen“ im Sinne der SUP-Richtlinie haben können, vor ihrer Annahme Gegenstand einer Umweltprüfung gemäß den von dieser Richtlinie vorgesehenen Verfahrensmodalitäten und Kriterien sind.[1002] Der

997 *Quabeck*, Dienende Funktion, 2010, S. 281; *Franzius*, Aktuelle Probleme des Umweltrechtsschutzes, in: Franzius u.a., Festschrift für Kloepfer, 2013, S. 377 (379).

998 *Schwerdtfeger*, Der deutsche Verwaltungsrechtsschutz, 2010, S. 180 und 198 f.

999 *Quabeck*, Dienende Funktion, 2010, S. 280 f.

1000 Vgl. auch *Bunge*, NuR 2014, S. 1 (2 f.).

1001 EuGH, Urteil vom 28.02.2012, Inter-Environnement Wallonie, Terre wallonne/Région wallonne, C-41/11, EU:C:2012:103, Rn. 40; Urteil vom 18.04.2013, L gegen M, C-463/11, EU:C:2013:247, Rn. 31.

1002 EuGH, Urteil vom 28.02.2012, Inter-Environnement Wallonie, Terre wallonne/Région wallonne, C-41/11, EU:C:2012:103, Rn. 42; Urteil vom 28.07.2016, Association France Nature Environnement, C-379/15, EU:C:2016:603, Rn. 30.

Gerichtshof weist zum einen auf den Grundsatz der Verfahrensautonomie der Mitgliedstaaten hin, betont zum anderen aber, dass sie auf Grund des allgemeinen, aus Art. 4 Abs. 3 EUV abgeleiteten Grundsatzes loyaler Zusammenarbeit verpflichtet seien, die rechtswidrigen Folgen eines Verstoßes gegen das Unionsrecht zu beheben.[1003] Sowohl Behörden als auch Gerichte sind bei Unterbleiben einer solchen Prüfung verpflichtet, alle allgemeinen oder besonderen Abhilfemaßnahmen zu ergreifen, um den Unionsrechtsverstoß zu beseitigen.[1004] Wegen des Grundsatzes der Verfahrensautonomie der Mitgliedstaaten richtet sich dies nach den Verfahrensmodalitäten der jeweiligen innerstaatlichen Rechtsordnung, die jedoch ihre Grenzen im Äquivalenz- und Effektivitätsgrundsatz finden.[1005] Es würde dem genannten Hauptziel der SUP-Richtlinie widersprechen, wenn nationale Gerichte nicht innerhalb der Grenzen der Verfahrensautonomie die Maßnahmen ergreifen, die ihr nationales Recht vorsieht und die geeignet sind, zu verhindern, dass ein Plan oder Programm ohne Umweltprüfung durchgeführt werden kann.[1006]

Dem Urteil des Europäischen Gerichtshofs vom 18.04.2013[1007] ging ein Vorabersuchen des Verwaltungsgerichtshofs Mannheim voraus. Gegenstand des Ausgangsverfahrens war ein Streit der Beteiligten über die Wirksamkeit eines Bebauungsplans, den die Gemeinde als Bebauungsplan der Innenentwicklung im beschleunigten Verfahren nach § 13a BauGB ohne Umweltprüfung aufgestellt hatte. Nach Auffassung des vorlegenden Gerichts war der Plan zwar unzutreffend als Bebauungsplan der Innenentwicklung qualifiziert worden, so dass seine Aufstellung in einem beschleunigten Verfahren ohne Umweltprüfung unzulässig gewesen sei. Dies sei jedoch gemäß § 214 Abs. 2a Nr. 1 BauGB[1008] für die Rechtswirksamkeit des Plans unbeachtlich.

1003 EuGH, Urteil vom 28.02.2012, Inter-Environnement Wallonie, Terre wallonne/Région wallonne, C-41/11, EU:C:2012:103, Rn. 43.

1004 EuGH, Urteil vom 28.07.2016, Association France Nature Environnement, C-379/15, EU:C:2016:603, Rn. 31 f. Vgl. auch *Guckelberger/Gard*, EurUP 2016, S. 168 (171).

1005 EuGH, Urteil vom 28.02.2012, Inter-Environnement Wallonie, Terre wallonne/Région wallonne, C-41/11, EU:C:2012:103, Rn. 44 f.

1006 EuGH, Urteil vom 28.02.2012, Inter-Environnement Wallonie, Terre wallonne/Région wallonne, C-41/11, EU:C:2012:103, Rn. 47.

1007 EuGH, Urteil vom 18.04.2013, L gegen M, C-463/11, EU:C:2013:247.

1008 Nach § 214 Abs. 2a Nr. 1 BauGB a.F. war unter anderem eine Verletzung von Verfahrens- und Formvorschriften für die Rechtswirksamkeit des Bebauungsplans unbeachtlich, wenn sie darauf beruhte, dass die Voraussetzung nach § 13a Abs. 1 S. 1 BauGB unzutreffend beurteilt worden war. Die Vorschrift wurde inzwischen durch das Gesetz zur Stärkung der Innenentwicklung in den Städten und Gemeinden und

Der Europäische Gerichtshof hielt diese Vorschrift für unvereinbar mit der SUP-Richtlinie. Sie führe dazu, dass Bebauungspläne, bei deren Aufstellung nach der nationalen Regelung zur Umsetzung von Art. 3 Abs. 5 SUP-Richtlinie eine Umweltprüfung hätte durchgeführt werden müssen, auch dann rechtswirksam blieben, wenn sie ohne die in der Richtlinie vorgesehene Umweltprüfung aufgestellt worden seien. Dies laufe darauf hinaus, dass Art. 3 Abs. 1 SUP-Richtlinie, der für Pläne im Sinne von Art. 3 Abs. 3 und 4, die voraussichtlich erhebliche Umweltauswirkungen haben, eine Umweltprüfung vorschreibt, jede praktische Wirksamkeit genommen werde.[1009] Nach deutschem Recht sei nicht hinreichend gewährleistet, dass sich die Gemeinde in jedem Fall an die einschlägigen Kriterien des Anhangs II SUP-Richtlinie halte. § 214 Abs. 2a Nr. 1 BauGB habe zur Folge, dass Bebauungspläne in unzulässiger Weise von einer Umweltprüfung ausgenommen würden, was dem mit der Richtlinie und insbesondere deren Art. 3 Abs. 1, 4 und 5 verfolgten Zweck zuwiderlaufe.[1010]

Zwar äußert sich der Gerichtshof in diesen Urteilen nicht explizit zu Klagemöglichkeiten Einzelner für den Fall einer zu Unrecht unterlassenen Umweltprüfung. Er macht jedoch auf Grundlage des aus Art. 4 Abs. 3 EUV abgeleiteten Grundsatzes der Effektivität deutlich, dass die Mitgliedstaaten die Verfahrensvorgaben der SUP-Richtlinie strikt zu beachten haben.[1011] Vor diesem Hintergrund wird er zum Beispiel eine fehlende Öffentlichkeitsbeteiligung im Rahmen einer Strategischen Umweltprüfung nicht hinnehmen.[1012] Der Grundsatz der Verfahrensautonomie der Mitgliedstaaten wird durch den Effektivitätsgrundsatz begrenzt. Damit überträgt der Gerichtshof seine anhand der UVP-Richtlinie aufgestellten Kriterien auf die SUP-Richtlinie.[1013] Vor diesem Hintergrund haben die Mitgliedstaaten den umweltrechtlichen Vorschriften des Unionsrechts zu größtmöglicher Effektivität zu verhelfen.[1014] Es wurde bereits herausgearbeitet, dass nach der Rechtsprechung des Europäischen Gerichtshofs Klagerechte Einzelner als Teil der dezentralen Vollzugskontrolle dazu dienen, Richtlinienbestimmungen zu praktischer Wirksamkeit zu verhelfen.[1015] Wendet man diesen

---

weiteren Fortentwicklung des Städtebaurechts vom 11. Juni 2013 aufgehoben, BGBl. I, S. 1548 (1550).

1009 EuGH, Urteil vom 18.04.2013, L gegen M, C-463/11, EU:C:2013:247, Rn. 37 f.

1010 EuGH, Urteil vom 18.04.2013, L gegen M, C-463/11, EU:C:2013:247, Rn. 41 f.

1011 *Guckelberger/Gard*, EurUP 2016, S. 168 (179).

1012 *Schlacke*, UPR Sonderheft 2016, S. 478 (482).

1013 *Bunge*, NuR 2014, S. 1 (2 f.).

1014 *Guckelberger/Gard*, EurUP 2016, S. 168 (178 f.).

1015 Vgl. Dritter Teil.B.II.2.a).

Gedanken konsequent auf die vom Europäischen Gerichtshof getroffenen Feststellungen an, lässt sich hieraus die Berechtigung des Einzelnen ableiten, sich auf die Einhaltung des Unionsrechts, hier insbesondere in Bezug auf die Durchführung einer nach der SUP-Richtlinie vorgeschriebenen Umweltprüfung, zu berufen.[1016]

bb) Einzelne verfahrensrechtliche Vorgaben

Die Pflicht der Behörde gemäß Art. 5 Abs. 1 SUP-Richtlinie, die voraussichtlichen Umweltauswirkungen sowie vernünftige Alternativen im Umweltbericht zu ermitteln, zu beschreiben und zu bewerten, erscheint zunächst als eine Regelung mit bloß objektivrechtlichem Charakter.[1017] Wie soeben aufgezeigt, erhält die Vorschrift über den Verweis auf Anhang I durchaus einen Bezug zu personenbezogenen Schutzgütern und weist somit eine subjektive Komponente auf.[1018] Demnach ist die Vorschrift in der Lage, die Interessensphäre des Einzelnen zu berühren. Vor diesem Hintergrund hat der Einzelne ein einklagbares Recht darauf, dass ein Umweltbericht entsprechend den Vorgaben der SUP-Richtlinie erstellt wird.[1019]

Wie bei der UVP-Richtlinie kommt auch bei der SUP-Richtlinie den Vorschriften über die Öffentlichkeitsbeteiligung besondere Bedeutung zu. Dies kommt in den Erwägungsgründen[1020] und noch deutlicher in Art. 6 SUP-Richtlinie zum Ausdruck.[1021] Die Gründe, die für eine Anerkennung subjektiver Rechte auf Durchführung einer Umweltprüfung sprechen, kommen auch für die Beteiligungsrechte zum Tragen. Sie dienen in besonderem Maße der effektiven Realisierung des jeweiligen Unionsziels, hier konkret der Durchsetzung von Umweltschutzbelangen auf Planungsebene. Die Betroffenen können selbst Einfluss auf die Planungsentscheidung nehmen, die aufgrund der in die Abwägungsentscheidung einzustellenden Umwelteinwirkungen ihrerseits Folgen für ihre Gesundheit oder Sachgüter haben kann. Hierin wird der personale, individuelle Bezug der Öffentlichkeitsbeteiligung deutlich.[1022] Dass die Urteile des

1016 *Bunge*, NuR 2014, S. 1 (3) m.w.N.

1017 *Bunge*, NuR 2014, S. 1 (4).

1018 *Bunge*, NuR 2014, S. 1 (4).

1019 *Heitsch*, NuR 2004, S. 20 (27); *Bunge*, NuR 2014, S. 1 (4).

1020 Präambel, 15.-18. Erwägungsgrund SUP-Richtlinie.

1021 *Geber*, Die Netzanbindung von Offshore-Anlagen im europäischen Supergrid, 2014, S. 237 f. Zu den Beteiligungsrechten vgl. Dritter Teil.A.IV.2.b)bb).

1022 *Töllner*, Anwendungsbereich und Umsetzung der Plan-UVP-Richtlinie, 2004, S. 74; *Schwerdtfeger*, Der deutsche Verwaltungsrechtsschutz, 2010, S. 196.

Europäischen Gerichtshofs zum Schutz des Grundwassers und zur Luftreinhaltung auf die Erreichung bestimmter materieller Standards oder Grenzwerte abzielen, die SUP-Richtlinie dagegen einen verfahrensrechtlichen Charakter aufweist, steht dem nicht entgegen.[1023] Maßgeblich ist, dass die SUP-Richtlinie den Schutz eines personalen Rechtsguts bezweckt.[1024] Anders als Art. 6 Abs. 4 UVP-Richtlinie in der Fassung der Öffentlichkeitsbeteiligungsrichtlinie spricht die SUP-Richtlinie selbst nicht ausdrücklich von einem „Recht" auf Beteiligung. Eine systematische Betrachtung mit der Öffentlichkeitsbeteiligungsrichtlinie zeigt jedoch, dass dies nicht gegen die Annahme eines subjektiven Rechts spricht.[1025] Nach Art. 2 Abs. 5 Öffentlichkeitsbeteiligungsrichtlinie sind die Vorschriften über die Öffentlichkeitsbeteiligung im Rahmen der Strategischen Umweltprüfung ausdrücklich vom Anwendungsbereich der Öffentlichkeitsbeteiligungsrichtlinie ausgenommen, da die Vorgaben von Art. 7 Aarhus-Konvention im Regelungsbereich der SUP-Richtlinie bereits umgesetzt worden sind.[1026] Die Öffentlichkeitsbeteiligungsrichtlinie soll nur Lücken schließen, so dass einheitliche Standards gewährleistet sind. Ziel der SUP-Richtlinie ist es, dass Umweltbelange auch in den Bereichen berücksichtigt werden, in denen die UVP-Richtlinie keine Anwendung findet. Der Öffentlichkeitsbeteiligung nach der SUP-Richtlinie ist daher ein subjektiv-rechtlicher Gehalt zu entnehmen, um das unionsrechtlich indizierte einheitliche Schutzkonzept zu garantieren.[1027] Der von einem Plan im Sinne des Art. 3 Abs. 2 i.V.m. Anhang I und II SUP-Richtlinie betroffene Einzelne hat ein einklagbares Recht darauf, dass die Öffentlichkeitsbeteiligung nach Art. 6 Abs. 4 SUP-Richtlinie ordnungsgemäß durchgeführt wird und dass der Umweltbericht und die im Rahmen der Öffentlichkeitsbeteiligung abgegebenen Stellungnahmen bei der Entscheidung über die Annahme des Plans gemäß Art. 8 SUP-Richtlinie berücksichtigt werden.[1028] Die Berücksichtigungspflicht zielt auf eine verbesserte Einbeziehung umweltpolitischer Belange im Rahmen der Abwägung ab und berührt somit auch Interessen Einzelner.[1029]

1023 So aber *Hien*, NVwZ 1997, S. 422 (425).

1024 *Töllner*, Anwendungsbereich und Umsetzung der Plan-UVP-Richtlinie, 2004, S. 74.

1025 *Grünewald*, Die Betonung des Verfahrensgedankens, 2009, S. 217 f.; *ders.*, NVwZ 2009, S. 1520 (1524).

1026 Vgl. Dritter Teil.A.IV.3.

1027 *Grünewald*, Die Betonung des Verfahrensgedankens, 2009, S. 218.; *ders.*, NVwZ 2009, S. 1520 (1524).

1028 *Heitsch*, NuR 2004, S. 20 (27).

1029 So *Epiney*, VVDStRL 61 (2002), S. 362 (404) zur Berücksichtigungspflicht nach der UVP-Richtlinie.

Im Ergebnis ist festzuhalten, dass die Verfahrensvorschriften der SUP-Richtlinie einklagbare Rechte begründen. Diese sind zum einen auf eine ordnungsgemäße Durchführung der Umweltprüfung als solche und darüber hinaus auf die ordnungsgemäße Beteiligung an diesem Verfahren gerichtet.[1030] Das mit der Öffentlichkeitsbeteiligung verfolgte Ziel der Herstellung von Verfahrensakzeptanz setzt voraus, dass Verfahrensfehler in einem späteren gerichtlichen Verfahren angegriffen werden können.[1031] Die die SUP-Richtlinie umsetzenden Vorschriften des NABEG bzw. UVPG sind daher richtlinienkonform dahingehend auszulegen, dass ihnen klagefähige Rechte entnommen werden können.[1032] Der von einer Bundesfachplanung betroffene Einzelne hat ein einklagbares Recht auf Durchführung der Strategischen Umweltprüfung gemäß § 5 Abs. 7 NABEG als solche, auf Erstellung eines Umweltberichts gemäß § 40 UVPG, auf ordnungsgemäße Durchführung der Öffentlichkeitsbeteiligung nach § 9 NABEG[1033] sowie darauf, dass der Umweltbericht und die im Rahmen der Öffentlichkeitsbeteiligung abgegebenen Stellungnahmen bei der Entscheidung über die Annahme der Bundesfachplanung gemäß § 43 UVPG berücksichtigt werden. Sowohl die Nichtdurchführung einer an sich erforderlichen Umweltprüfung als auch die Verletzung der genannten Verfahrensvorschriften stellen eine Verletzung der durch die SUP-Richtlinie begründeten individuellen Rechte dar.[1034]

3. *Integration in das nationale Rechtsschutzkonzept*

Unionsrechtlich besteht somit das Erfordernis eines erweiterten Zugangs zur verwaltungsgerichtlichen Kontrolle. Damit steht lediglich das „Ob“ des Zugangs zu Rechtsschutzverfahren fest. Die Ausgestaltung, also das „Wie“ der Durchsetzung bleibt den Mitgliedstaaten überlassen. Es ist sicherzustellen, dass die dem Einzelnen durch das Unionsrecht eingeräumten Rechtspositionen mit

---

1030 So *Schwerdtfeger*, Der deutsche Verwaltungsrechtsschutz, 2010, S. 202 zu den aus der UVP-Richtlinie fließenden subjektiven Rechten im Rahmen der Umweltverträglichkeitsprüfung.

1031 *Peters*, DVBl. 2015, S. 808 (815); *Haug/Zeccola*, ZUR 2018, S. 75 (83).

1032 *Gärditz*, in: Landmann/Rohmer, Umweltrecht, Vorbemerkung zu §§ 14a bis 14n UVPG (2011) Rn. 27.

1033 § 9 Abs. 6 S. 3, 1. Halbsatz NABEG, wonach durch die Einbeziehung der Öffentlichkeit Rechtsansprüche nicht begründet werden, ist demnach aufzuheben.

1034 *Geber*, Die Netzanbindung von Offshore-Anlagen im europäischen Supergrid, 2014, S. 238.

gerichtlichen Mitteln durchgesetzt werden können. Damit ist jedoch nicht zwingend die Annahme subjektiver Rechte im Sinne des § 42 Abs. 2 VwGO verbunden.[1035] Es stellt sich die Frage, wie die nach unionsrechtlichem Verständnis einklagbaren Rechte im deutschen, auf Individualrechtsschutz ausgerichteten Prozessrecht berücksichtigt werden können. Auf der einen Seite wird deutlich, dass die Anwendung der Schutznormtheorie nach klassischem deutschem Verständnis nicht aufrechterhalten werden kann und die traditionelle Lehre vom subjektiv-öffentlichen Recht relativiert wird. Auf der anderen Seite soll das bestehende System nicht völlig überworfen werden, zumal die bestehende, ausdifferenzierte Dogmatik durchaus Integrationspotenzial besitzt. Normativer Anknüpfungspunkt für die Umsetzung ist § 42 Abs. 2 VwGO.[1036] § 42 Abs. 2 VwGO verlangt die Geltendmachung einer Verletzung in eigenen Rechten nur, soweit „gesetzlich nichts anderes bestimmt ist." Konzeptionell können unionsrechtlich begründete Rechtspositionen des Einzelnen im nationalen Recht also als subjektiv-öffentliche Rechte ausgestaltet oder durch eine bloße Erweiterung der Klageberechtigung ohne Zuerkennung eines materiellen subjektiv-öffentlichen Rechts verarbeitet werden.[1037]

Dementsprechend soll nach zum Teil vertretener Auffassung die Initiativberechtigung zur Einklagbarkeit unionsrechtlich begründeter Individualrechte mithilfe des in § 42 Abs. 2, 1. Halbsatz VwGO normierten Ausnahmetatbestandes gewährleistet werden (sog. prozessuale Lösung). Damit wird die unionsrechtlich bedingt einklagbare Rechtsposition nicht als subjektiv-öffentliches Recht anerkannt, sondern die das Initiativrecht auslösende unionsrechtliche Regelung als eine andere gesetzliche Bestimmung im Sinne des § 42 Abs. 2, 1. Halbsatz VwGO verstanden.[1038] Die Klagebefugnis wird somit vom Vorliegen eines subjektiven Rechts entkoppelt.[1039] Der erweiterte Zugang zu Gerichten soll danach durch Schaffung neuer Ausnahmetatbestände erreicht werden, so dass die Schutznormtheorie unangewandt bliebe.[1040] Auf diesem Wege würde eine Aufladung und Verwässerung der Schutznormlehre durch unionsrechtliche Vorgaben

---

1035 *Classen*, Die Europäisierung der Verwaltungsgerichtsbarkeit, 1996, S. 78 f.

1036 *Schwerdtfeger*, Der deutsche Verwaltungsrechtsschutz, 2010, S. 208 f.

1037 *Stüber*, Jura 2001, S. 798 (802); *Töllner*, Anwendungsbereich und Umsetzung der Plan-UVP-Richtlinie, 2004, S. 76; *Kahl/Ohlendorf*, JA 2011, S. 41 (43).

1038 *Maurer/Waldhoff*, Allgemeines Verwaltungsrecht, 2017, § 8 Rn. 16; *Wahl*, in: Schoch/Schneider/Bier, VwGO, Vorbemerkung § 42 Abs. 2 (Grundwerk) Rn. 128.

1039 *Stüber*, Jura 2001, S. 798 (802).

1040 *Schwerdtfeger*, Der deutsche Verwaltungsrechtsschutz, 2010, S. 210.

vermieden.[1041] Konsequenz dieses prozessualen Ansatzes wäre, dass unionsrechtlich begründete klagbare Rechtspositionen nicht von der verfassungsrechtlichen Garantie des Art. 19 Abs. 4 GG erfasst wären.[1042] Zudem ergäben sich Auswirkungen auf den gerichtlichen Prüfungsumfang.[1043] Gemäß § 113 Abs. 1 und 5 VwGO ist Voraussetzung für die Begründetheit einer Anfechtungs- und Verpflichtungsklage, dass der Verwaltungsakt bzw. seine Ablehnung oder Unterlassung rechtswidrig und der Kläger dadurch in seinen Rechten verletzt ist. Lässt man hingegen eine Klage nach § 42 Abs. 2, 1. Halbsatz VwGO unabhängig von der Geltendmachung einer Rechtsverletzung zu, wären auch § 113 Abs. 1 und 5 VwGO systemkonform einschränkend dahin auszulegen, dass in der Begründetheit von dem Kläger keine Verletzung in eigenen Rechten verlangt wird. Somit würde in der Begründetheit eine objektive Rechtmäßigkeitsprüfung stattfinden. Anderenfalls wäre der Verzicht auf die Geltendmachung der Verletzung in eigenen Rechten als Voraussetzung der Klagebefugnis gemäß § 42 Abs. 2, 1. Halbsatz VwGO praktisch sinnlos.[1044]

Nachteil dieses Lösungsansatzes ist die fehlende Flexibilität insbesondere um auf die Einwirkungen auf den Rechtsschutz, die von Seiten des Völker- und Europarechts auch künftig zu erwarten sind, zu reagieren.[1045] Völker- und unionsrechtliche Vorgaben zur Erweiterung des Rechtsschutzes müssten regelmäßig mittels Ausnahmetatbestände verarbeitet werden, womit die Gefahr einer zunehmenden Umgehung und Entwertung der Schutznormlehre verbunden wäre.[1046] Für eine restriktive Handhabung des § 42 Abs. 2, 1. Halbsatz VwGO spricht auch dessen Ausnahmecharakter in einem grundsätzlich auf subjektiven Rechtsschutz ausgerichteten Rechtsschutzsystem.[1047] Die bloße Einräumung einer Klageberechtigung und die damit konsequenterweise verbundene Ausweitung des gerichtlichen Prüfungsumfangs stellt einen schwereren Eingriff in das deutsche System des Verwaltungsrechts dar als die Anerkennung unionsrechtlich begründeter Rechtspositionen als subjektiv-öffentliche Rechte.[1048]

1041 *Streinz*, VVDStRL 61 (2002), S. 300 (345).

1042 *Kokott*, Die Verwaltung 31 (1998), S. 335 (350); *Dünchheim*, Verwaltungsprozeßrecht unter europäischem Einfluß, 2003, S. 164.

1043 *Dünchheim*, Verwaltungsprozeßrecht unter europäischem Einfluß, 2003, S. 164 f.

1044 *Kokott*, Die Verwaltung 31 (1998), S. 335 (350); *Stüber*, Jura 2001, S. 798 (803).

1045 *Schlacke*, Überindividueller Rechtsschutz, 2008, S. 95.

1046 *Schwerdtfeger*, Der deutsche Verwaltungsrechtsschutz, 2010, S. 210 f.

1047 *Schwerdtfeger*, Der deutsche Verwaltungsrechtsschutz, 2010, S. 211.

1048 *Stüber*, Jura 2001, S. 798 (803); *Schwerdtfeger*, Der deutsche Verwaltungsrechtsschutz, 2010, S. 212 f.

Gegen eine prozessuale Lösung spricht auch der Grundsatz der Gleichwertigkeit.[1049] Danach dürfen unionsrechtlich begründete Rechtspositionen nicht ungünstigeren Bedingungen unterworfen werden als national begründete Rechtspositionen. Wird für individualschützende Rechtspositionen des Unionsrechts nur ein bloßes Klagerecht eingeräumt, erfolgt hinsichtlich Art. 19 Abs. 4 GG eine Schlechterstellung.[1050] Aus diesem Grund sind auch sie als subjektiv-öffentliche Rechte auszugestalten, um von der Rechtsschutzgewährleistung des Art. 19 Abs. 4 GG umfasst zu sein.[1051] Sinn der Rechtsform Richtlinie ist es, dass die Mitgliedstaaten die Vorgaben des Richtlinienrechts im Rahmen der vorhandenen Kategorien des mitgliedstaatlichen Rechts effektiv umsetzen. Mit der Figur des subjektiv-öffentlichen Rechts steht dem deutschen Verwaltungsrecht hierfür eine solche Kategorie zur Verfügung.[1052]

Die besseren Argumente sprechen daher für die Schaffung zusätzlicher subjektiv-öffentlicher Rechte, die demnach eine Klagebefugnis gemäß § 42 Abs. 2, 2. Halbsatz VwGO begründen. Die unionsrechtlich induzierten erweiterten Individualrechtspositionen können durch eine inhaltliche Ausweitung der Schutznormtheorie in Bezug auf den Schutzgegenstand und den geschützten Personenkreis verarbeitet werden (sog. materiell-rechtliche Lösung).[1053] Hierfür spricht die inhaltliche Nähe zwischen den vom Europäischen Gerichtshof aufgestellten Kriterien zur Begründung klagbarer Rechte und der der deutschen Schutznormtheorie zugrunde liegenden Dogmatik.[1054] Die Schutznormlehre ist ausreichend flexibel, um die unionsrechtlichen Voraussetzungen für die Entstehung klagbarer Rechte zu verarbeiten.[1055] Normative Basis als Voraussetzung für die Entstehung individueller Rechte ist der von einer Richtlinie verfolgte Schutzzweck in Bezug auf personale Rechtsgüter. Durch die nach der unionsrechtlichen Konzeption erforderliche Zuordnung des Schutzgehalts einer Vorschrift gegenüber dem Einzelnen erfolgt eine Abgrenzung zum bloßen Schutz

---

1049 *Kokott*, Die Verwaltung 31 (1998), S. 335 (351).

1050 *Töllner*, Anwendungsbereich und Umsetzung der Plan-UVP-Richtlinie, 2004, S. 76.

1051 *Dünchheim*, Verwaltungsprozeßrecht unter europäischem Einfluß, 2003, S. 165; *Schwerdtfeger*, Der deutsche Verwaltungsrechtsschutz, 2010, S. 213.

1052 *Ruffert*, Subjektive Rechte, 1996, S. 297; *Stüber*, Jura 2001, S. 798 (803).

1053 *Ruffert*, DVBl. 1998, S. 69 (74); *Couzinet*, DVBl. 2008, S. 754 (761); *Schlacke*, Überindividueller Rechtsschutz, 2008, S. 95; *Murswiek*, JuS 2009, S. 74 (75); *Geber*, Die Netzanbindung von Offshore-Anlagen im europäischen Supergrid, 2014, S. 241.

1054 *Schoch*, NVwZ 1999, S. 457 (465); *Dörr*, Der europäisierte Rechtsschutzauftrag, 2003, S. 189 f.

1055 *Callies*, NVwZ 2006, S. 1 (4).

der Allgemeinheit. Das für die Ermittlung des geschützten Personenkreises geforderte Kriterium der „Betroffenheit" stellt sicher, dass die dem Einzelnen zuerkannte Rechtsposition nur zur Durchsetzung eigener Interessen eingesetzt wird.[1056] Die Verfahrensvorgaben der SUP-Richtlinie und die sie umsetzenden nationalen Vorschriften dienen zumindest auch dem Schutz personenbezogener Rechtsgüter wie der Gesundheit und des Eigentums, die durch eine Belastung der Umwelt beeinträchtigt sein können. Die von einem Vorhaben potenziell Betroffenen haben ein subjektives Recht auf Einhaltung der Verfahrensvorgaben, deren Verletzung zu einer defizitären Ermittlung und Bewertung der Umweltauswirkungen führen kann.[1057]

a) Verfahrensrechte als absolute oder relative Verfahrensrechte?

Der festgestellte Änderungsbedarf im Hinblick auf einen erweiterten Zugang zu verwaltungsgerichtlicher Kontrolle ist nunmehr anhand des materiell-rechtlichen Lösungsansatzes speziell mit Blick auf die Begründung subjektiv-öffentlicher Rechte aus Verfahrensvorschriften auszugestalten. Als Anknüpfungspunkt für die Verarbeitung der unionsrechtlichen Vorgaben bieten sich die in der Rechtsprechung anerkannten Kategorien zur Begründung der Klagebefugnis bei der Verletzung von Verfahrensvorschriften an.[1058] Es stellt sich also die Frage, ob Verfahrensrechte im Sinne des Verständnisses von der dienenden Funktion des Verwaltungsverfahrens nur zusammen mit der Beeinträchtigung eines materiellen Rechts subjektive Rechte begründen und somit relative Verfahrensrechte darstellen oder ob sie als absolute Verfahrensrechte auszugestalten sind. Als solche wären sie unabhängig von der Verletzung einer materiellen Position selbständig durchsetzbar.[1059]

Für die Anerkennung absoluter Verfahrensrechte spricht das im siebten Erwägungsgrund und in Art. 1 Aarhus-Konvention formulierte Ziel, das Recht eines jeden Menschen auf ein Leben in einer seiner Gesundheit und seinem Wohlbefinden zuträglichen Umwelt zu schützen. Das Recht auf eine gesunde Umwelt stellt selbst keine einklagbare Rechtsposition dar.[1060] Der personelle

---

1056 *Schoch*, NVwZ 1999, S. 457 (465).

1057 *Gärditz*, in: Landmann/Rohmer, Umweltrecht, Vorbemerkung zu §§ 14 a bis 14 n UVPG (2011) Rn. 27 f.

1058 *Schwerdtfeger*, Der deutsche Verwaltungsrechtsschutz, 2010, S. 231.

1059 Vgl. Dritter Teil.B.II.1.

1060 *Ekardt*, NVwZ 2014, S. 393 (395); *Bruckert*, NuR 2015, S. 541 (543). In diese Richtung aber wohl *Kokott/Sobotta*, DVBl. 2014, S. 132 (136).

wie sachliche Gewährleistungsumfang eines solchen Rechts ließe sich nicht hinreichend genau bestimmen.[1061] Als durchsetzbare Rechtspositionen einklagbar sind jedoch die zur Erreichung dieses Ziels vorgesehenen Instrumente und somit das Recht auf Öffentlichkeitsbeteiligung selbst. Die drei Säulen der Aarhus-Konvention dienen zwar dem prozeduralen Schutz des Rechts auf eine gesunde Umwelt, haben aber keine „dienende Funktion" im Sinne des traditionellen deutschen Verfahrensverständnisses. Den sich aus der Öffentlichkeitsbeteiligung ergebenden Verfahrensrechten kommt angesichts der Vollzugsschwäche des Umweltrechts ein Eigenwert zu. Die Unionsbürger sollen als Teil der dezentralen Vollzugskontrolle mobilisiert werden. Eine effektive Kontrolle der verfahrensmäßigen Rechtmäßigkeit wird vor diesem Hintergrund nur durch eine eigenständige Angreifbarkeit von Verletzungen des Verfahrensrechts sichergestellt. Dies entspricht dem unionsrechtlichen Verfahrensverständnis vom Eigenwert von Verfahrensvorschriften.[1062]

Im Ergebnis sind die Verfahrensrechte der SUP-Richtlinie und die sie umsetzenden Vorschriften in dem dargelegten Umfang als absolute Verfahrensrechte auszugestalten.[1063] Sie stellen zwar im deutschen Verwaltungsrecht die Ausnahme dar, sind diesem aber nicht völlig fremd. Ihre Anerkennung bewirkt daher nur eine Erweiterung, die sich ohne größeren Bruch in das bestehende System des subjektiven Rechtsschutzes integrieren lässt.[1064]

b) Bestimmung des Kreises der Klageberechtigten

Schließlich lassen sich auch die vom Europäischen Gerichtshof angestellten Überlegungen in Bezug auf die Ermittlung des geschützten Personenkreises ohne erhebliche systematische Brüche im Rahmen der materiell-rechtlichen Lösung aufnehmen.[1065] Die Einklagbarkeit individueller Rechte fordert er nur zugunsten der „Betroffenen", ohne diesen Begriff näher zu konkretisieren.[1066]

1061 Vgl. zum Bestimmbarkeitserfordernis als Voraussetzung für eine klagefähige Rechtsposition Dritter Teil.B.II.2.b)aa)(3).

1062 *Schwerdtfeger*, Der deutsche Verwaltungsrechtsschutz, 2010, S. 233.

1063 So auch *Töllner*, Anwendungsbereich und Umsetzung der Plan-UVP-Richtlinie, 2004, S. 75; *Geber*, Die Netzanbindung von Offshore-Anlagen im europäischen Supergrid, 2014, S. 240 f.

1064 So OVG Münster, Urteil vom 25.02.2015 – 8 A 959/10 –, ZUR 2015, S. 492 (494) zu Verfahrensvorschriften der UVP-Richtlinie.

1065 *Schwerdtfeger*, Der deutsche Verwaltungsrechtsschutz, 2010, S. 234.

1066 EuGH, Urteil vom 30.05.1991, Kommission/Deutschland, C-361/88, EU:C:1991:224, Rn. 16; Urteil vom 30.05.1991, Kommission/Deutschland, C-59/89, EU:C:1991:225,

Eine Popular- bzw. Jedermannklage lässt sich dem nicht entnehmen. Klagebefugt ist nur, wer durch die Missachtung der einschlägigen Bestimmungen in seinen Individualinteressen tatsächliche betroffen ist. Durch die Bezugnahme auf eine tatsächliche Betroffenheit erfolgt einer Eingrenzung des Klägerkreises.[1067] Maßgeblich ist also eine durch die Planung einer Höchstspannungsleitung verursachte mögliche faktische Betroffenheit durch negative Umweltauswirkungen in personenbezogene Rechtsgüter Einzelner wie zum Beispiel die Gesundheit und das Eigentum.[1068]

Anknüpfungspunkt für eine dogmatische Verarbeitung ist die von § 42 Abs. 2 VwGO geforderte Möglichkeit einer Verletzung in eigenen Rechten. Das Abstellen auf ein tatsächliches Betroffensein ist auch dem deutschen Umweltrecht zur Abgrenzung des geschützten Personenkreises von der Allgemeinheit bereits bekannt.[1069] Als Kriterium zur Begrenzung der Klagebefugnis bietet sich eine sachliche, insbesondere durch die räumliche Nähe zum Wirkungsbereich der Anlage begründete Betroffenheit des Einzelnen an.[1070] Durch das Erfordernis eines hinreichenden tatsächlichen Bezugs des Klägers zur jeweiligen Anlage wird die Einführung einer Popularklage verhindert. Insoweit ist auch eine dogmatische Nähe erkennbar: Soweit die niederschwellige Voraussetzung einer möglichen Verletzung in subjektiv-öffentlichen Rechten nicht vorliegt, dürfte regelmäßig auch eine tatsächliche Betroffenheit ausscheiden.[1071]

c) Rechtsschutz

Betroffene können die Verletzung der genannten absoluten Verfahrensrechte mit der gegen die Bundesfachplanungsentscheidung gerichteten allgemeinen Feststellungsklage geltend machen. Darüber hinaus sollte ihre Geltendmachung

---

Rn. 19; Urteil vom 12.12.1996, Kommission/Deutschland, C-298/95, EU:C:1996:501, Rn. 16.

1067 *Schoch*, NVwZ 1999, S. 457 (464); *Heitsch*, NuR 2004, S. 20 (27).

1068 *Schwerdtfeger*, Der deutsche Verwaltungsrechtsschutz, 2010, S. 234.

1069 *Classen*, Die Europäisierung der Verwaltungsgerichtsbarkeit, 1996, S. 84 f.; *Dünchheim*, Verwaltungsprozeßrecht unter europäischem Einfluß, 2003, S. 160; *Couzinet*, DVBl. 2008, S. 754 (760).

1070 BVerwG, Urteil vom 10.04.2008 – 7 C 39.07 –, BVerwGE 131, 129 (138 Rn. 22); Urteil vom 05.09.2013 – 7 C 21.12 –, BVerwGE 148, 312 (324 f. Rn. 45); OVG Münster, Urteil vom 25.02.2015 – 8 A 959/10 –, ZUR 2015, S. 492 (495); *Kadelbach*, Allgemeines Verwaltungsrecht unter europäischem Einfluß, 1999, S. 375; *Stüber*, Jura 2001, S. 798 (801 f.); *Schwerdtfeger*, Der deutsche Verwaltungsrechtsschutz, 2010, S. 235.

1071 *Fellenberg*, NVwZ 2015, S. 1721 (1723); *Franzius*, UPR 2016, S. 281 (291).

auch bereits während des laufenden Verfahrens im Wege einer allgemeinen Leistungsklage möglich sein.[1072] Dem könnte § 44a S. 1 VwGO entgegenstehen, wonach Rechtsbehelfe gegen behördliche Verfahrenshandlungen nur gleichzeitig mit den gegen die Sachentscheidung zulässigen Rechtsbehelfen geltend gemacht werden können. Im Hinblick auf den gerichtlichen Rechtsschutz koppelt die Vorschrift also Verfahrenshandlungen an die jeweilige Sachentscheidung und erklärt selbständige Rechtsbehelfe gegen behördliche Verfahrenshandlungen für unzulässig.[1073] Ihr liegt die Vorstellung zugrunde, dass nicht die Richtigkeit des Entscheidungsprozesses, sondern das materiell richtige Ergebnis im Mittelpunkt steht. Dies darf nicht dazu führen, dass unionsrechtlich begründete Verfahrensrechte praktisch leerlaufen.[1074]

Gemäß Art. 7 S. 2 Aarhus-Konvention und Art. 8 SUP-Richtlinie sind der erstellte Umweltbericht, in dem unter anderem die voraussichtlichen erheblichen Umweltauswirkungen ermittelt, beschrieben und bewertet werden, und die Ergebnisse der Öffentlichkeitsbeteiligung von der Behörde bei der Entscheidungsfindung, also bei der Ausarbeitung und vor der Annahme des Plans, zu berücksichtigen.[1075] Durch das von § 44a VwGO vorgesehene Aufschieben der gerichtlichen Kontrolle bis zur Sachentscheidung droht dieser Zweck vereitelt zu werden. Findet die Umweltprüfung und die gebotene Öffentlichkeitsbeteiligung nicht statt, erlangt die Behörde von entscheidungserheblichen Abwägungsfaktoren erst gar keine Kenntnis. Zudem besteht die Gefahr, dass potenziell Betroffene nicht informiert werden.[1076] Soll die Entscheidung erst nach Durchführung und

---

1072 So ist bereits in einem anderen Zusammenhang anerkannt, dass der Träger eines absoluten Verfahrensrechtes seine Beteiligung gegenüber der Verwaltung zum einen durch Leistungsklage durchsetzen kann, zum anderen allein wegen des Verfahrensverstoßes die Aufhebung auch einer materiell rechtmäßigen Sachentscheidung im Wege der Anfechtungsklage verlangen kann, vgl. BVerwG, Urteil vom 07.07.1978 – 4 C 97.76 –, BVerwGE 56, 110 (137) in Bezug auf die Beteiligungsrechte von Gemeinden und Gemeindeverbänden im luftverkehrsrechtlichen Genehmigungsverfahren nach § 6 LuftVG; *Wahl/Schütz*, in: Schoch/Schneider/Bier, VwGO, § 42 (Grundwerk) Rn. 73.

1073 *Gellermann*, in: Rengeling/Middeke/Gellermann, Handbuch des Rechtsschutzes in der EU, 2014, § 37 Rn. 38.

1074 *Dünchheim*, Verwaltungsprozeßrecht unter europäischem Einfluß, 2003, S. 169 f. Vgl. auch bereits Zweiter Teil.B.IV.

1075 Vgl. auch Präambel, 17. Erwägungsgrund SUP-Richtlinie.

1076 So in Bezug auf die Umweltverträglichkeitsprüfung *Kadelbach*, Allgemeines Verwaltungsrecht unter europäischem Einfluß, 1999, S. 421; *Dünchheim*, Verwaltungsprozeßrecht unter europäischem Einfluß, 2003, S. 174 f.

unter Berücksichtigung der Umweltprüfung und der Öffentlichkeitsbeteiligung erteilt werden, erscheint auch eine vorherige Überprüfung dieses Verfahrens geboten. Auf diese Weise kann dem Effektivitätsgrundsatz und der Bedeutung der selbständig einklagbaren, unionsrechtlich begründeten Verfahrensrechte Genüge getan werden.[1077] Dies kann zudem zu einer besseren Verfahrensökonomie im Sinne der Vorhabenträger beitragen. Eine erst später erfolgende Kontrolle führt aufgrund überflüssiger und kostspieliger weiterer Planung sowie teurer und zeitintensiver Wiederholungen des Planfeststellungsverfahrens zu Verzögerungen und finanziellen Einbußen. Diese Nachteile können durch eine früh einsetzende gerichtliche Kontrolle vermieden werden.[1078] Im Ergebnis ist § 44a S. 1 VwGO auf die dem Einzelnen durch das Unionsrecht eingeräumten Verfahrensrechte nicht anzuwenden.

C. Zeitpunkt des Rechtsschutzes

Die bisherigen Ausführungen haben gezeigt, dass bereits auf Ebene der Bundesfachplanung subjektive Rechte privater Dritter bestehen, in die durch die Entscheidung nach § 12 NABEG eingegriffen werden kann. Dies bedeutet zunächst jedoch nur, dass gegen diese Entscheidung Rechtsschutz gegeben sein muss, sagt jedoch noch nichts über den Zeitpunkt des Rechtsschutzes bzw. das Erfordernis prinzipalen Rechtsschutzes aus.[1079] Für die von Art. 19 Abs. 4 GG garantierte Effektivität des Rechtsschutzes ist insbesondere der Zeitpunkt des Rechtsschutzes maßgeblich.[1080] Insoweit könnte auch inzidenter Rechtsschutz gegen die Bundesfachplanungsentscheidung im Rahmen der Anfechtung der Planfeststellung ausreichend sein, soweit die Vorgaben effektiven Rechtsschutzes gemäß Art. 19 Abs. 4 S. 1 GG gewahrt sind.[1081] Diese werden zum Teil – auch vor dem Hintergrund der Garzweiler-II-Entscheidung des Bundesverfassungsgerichts[1082] – unter

1077 *Schwerdtfeger*, Der deutsche Verwaltungsrechtsschutz, 2010, S. 260 f.

1078 *Schwerdtfeger*, Der deutsche Verwaltungsrechtsschutz, 2010, S. 261. Vgl. auch *Ibler*, DVBl. 1989, S. 639 (644).

1079 *Beier*, DÖV 2015, S. 309 (317).

1080 *Ossenbühl*, Gutachten B für den 50. DJT, in: Ständige Deputation des DJT, Verhandlungen des fünfzigsten Deutschen Juristentages, Bd. I, 1974, S. B 191; *Erbguth*, VVDStRL 61 (2002), S. 221 (245); *Geber*, Die Netzanbindung von Offshore-Anlagen im europäischen Supergrid, 2014, S. 242.

1081 *Bäumler*, DÖV 1981, S. 43 (48).

1082 *Schlacke*, Rechtsschutz von Umweltverbänden gegen die Bundesfachplanung, in: Kment, Festschrift für Jarass, 2015, S. 379 (382) bezogen auf den Individualrechtsschutz; *Knappe*, DVBl. 2016, S. 276 (284).

Verweis auf die von § 15 Abs. 3 S. 2 NABEG angeordnete vollumfängliche inzidente Überprüfung der Bundesfachplanung als eingehalten angesehen.[1083]

Eine ausschließlich normative Betrachtungsweise ist unter dem Aspekt effektiven Rechtsschutzes jedoch nicht angemessen. Die Frage der Betroffenheit des Bürgers und damit verbunden seiner Rechtsschutzmöglichkeiten muss im Bereich der Planung mehr unter tatsächlichen Gesichtspunkten untersucht werden. Die Diskussion um den Zeitpunkt des Rechtsschutzes ist daher auch unter dem Aspekt der im Planungsablauf geschaffenen vollendeten Tatsachen zu führen.[1084] Eine solche rechtstatsächliche Betrachtungsweise legt auch das Bundesverfassungsgericht in seiner Garzweiler-II-Entscheidung zugrunde. Effektiver Rechtsschutz bedeutet auch, dass Rechtsschutz rechtzeitig gewährt wird. Der Bürger habe einen Anspruch darauf, dass ihm vor der Schaffung vollendeter Tatsachen Rechtsschutz gegen belastende Hoheitsakte eröffnet ist.[1085] Die Effektivität des Rechtsschutzes muss sich danach auch auf die tatsächlichen Wirkungen vorausgehender Planungsentscheidungen beziehen. Damit unvereinbar ist es, wenn die gerichtliche Kontrolle mit vollendeten Tatsachen konfrontiert wird, deren Rückabwicklung tatsächlich nicht möglich ist.[1086]

Bereits früher hat das Bundesverfassungsgericht auf die bei einer Konzentration des Rechtsschutzes auf die abschließende Planfeststellung bestehende Gefahr hingewiesen, dass dieser aufgrund vollendeter Tatsachen nicht mehr rechtzeitig zur Geltung kommt und scheitert.[1087] Es misst also faktischen Vorwirkungen in einem abgestuften System der Planung eine rechtliche Bedeutung bei. Der Rechtsweg muss für den von Art. 19 Abs. 4 S. 1 GG gewährleisteten rechtzeitigen Rechtsschutz auch des privaten Dritten in dem Zeitpunkt eröffnet sein, in dem die fortschreitende Konkretisierung der Planung für ihn rechtsbeeinträchtigende Wirkung entfaltet.[1088] Der bereits in seinen Rechten Betroffene darf aufgrund der Rechtsschutzkonzentration nicht auf die Angreifbarkeit des abschließenden Planfeststellungsbeschlusses verwiesen werden, da dies seinen Rechtsschutz unzulässig verkürzt.[1089]

1083 *Sellner/Fellenberg*, NVwZ 2011, S. 1025 (1031); *Appel*, ER 2012, S. 3 (7).

1084 *Ossenbühl*, Gutachten B für den 50. DJT, in: Ständige Deputation des DJT, Verhandlungen des fünfzigsten Deutschen Juristentages, Bd. I, 1974, S. B 177.

1085 BVerfG, Urteil vom 17.12.2013 – 1 BvR 3139, 3386/08 –, BVerfGE 134, 242 (310 f. Rn. 220) m.w.N.

1086 *Masing*, EurUP 2016, S. 343 (349).

1087 BVerfG, Beschluss vom 01.08.1980 – 2 BvR 1366/79 –, DVBl. 1981, S. 374.

1088 *Schmidt-Aßmann*, DVBl. 1981, S. 334 (335).

1089 BVerfG, Beschluss vom 01.08.1980 – 2 BvR 1366/79 –, DVBl. 1981, S. 374 (375).

Die rechtliche Bedeutung vollendeter Tatsachen auch im Zusammenhang mit der Frage effektiven Rechtsschutzes wird deutlich, wenn man sich zunächst die Wirkung planerischer Entscheidungen vor Augen führt. Mit der Realisierung planerisch bedeutsamer Vorhaben wird eine Entwicklung in Gang gesetzt, die einer Rückabwicklung nicht ohne Weiteres zugänglich ist. Der Plan ist seiner Natur nach auf Verwirklichung angelegt, Planung also ein in die Zukunft gerichteter Prozess, bei dem individuelle Rechtspositionen und Interessen aufgenommen und gegeneinander abgewogen werden.[1090] Derart in einen Zusammenhang gesetzt, lassen sie sich nicht wieder herausnehmen, ohne die gesamte Plankonzeption in Frage zu stellen.[1091] Der Planablauf hat präjudizierende Wirkung, so dass dem Bürger früher Abwehrmöglichkeiten zur Verfügung gestellt werden müssen, um eine Beeinträchtigung seiner Rechtsposition zu vermeiden.[1092]

In tatsächlicher Hinsicht treten innere und äußere Faktoren hinzu, die die Flexibilität eines Planungsprozesses einschränken. Eine auf vorgelagerter Ebene intensiv durchgeführte Planung wird von demselben Planungsträger, der sich mit der von ihm getroffenen Entscheidung identifiziert, im nachfolgenden Verfahren regelmäßig nicht noch einmal grundlegend in Frage gestellt werden.[1093] Die Rückabwicklungsproblematik deutlich verschärfend tritt daneben der Aspekt des Eigengewichts bereits getätigter Investitionen.[1094] Diese sind zum einen in den mit der Erstellung von Planungsunterlagen verbundenen nicht unerheblichen Kosten, zum anderen in staatlichen Investitionen zu sehen, die zum Beispiel für den Erwerb von Grundstücken und Erschließungsmaßnahmen getätigt werden.[1095] Hinzu kommen tatsächlichen Auswirkungen von Planungsentscheidungen auf die unmittelbar durch das Vorhaben betroffenen Grundstücke sowie auf die räumliche Entwicklung in der Umgebung des Vorhabens, insbesondere auf die Grundstückswerte und das Mietpreisniveau.[1096]

1090 Vgl. bereits Dritter Teil.A.II.1. und 4.

1091 *Ossenbühl*, Gutachten B für den 50. DJT, in: Ständige Deputation des DJT, Verhandlungen des fünfzigsten Deutschen Juristentages, Bd. I, 1974, S. B 163; *Degenhart*, AöR 103 (1978), S. 163 (168 f.); *Salis*, Gestufte Verwaltungsverfahren, 1991, S. 242.

1092 *Ossenbühl*, Gutachten B für den 50. DJT, in: Ständige Deputation des DJT, Verhandlungen des fünfzigsten Deutschen Juristentages, Bd. I, 1974, S. B 176 f.

1093 *Schmidt-Aßmann*, DVBl. 1981, S. 334 (338); *Salis*, Gestufte Verwaltungsverfahren, 1991, S. 241.

1094 *Blümel*, DVBl. 1975, S. 695 (701); *Degenhart*, AöR 103 (1978), S. 163 (165).

1095 *Salis*, Gestufte Verwaltungsverfahren, 1991, S. 243.

1096 *Degenhart*, AöR 103 (1978), S. 163 (173); *Bäumler*, DÖV 1981, S. 43 (45 f.); *Salis*, Gestufte Verwaltungsverfahren, 1991, S. 244.

Darüber hinaus ergeben sich aufgrund der bei linienförmigen Vorhaben üblichen abschnittsweisen Genehmigung bzw. Planfeststellung Zwangspunkte für die folgenden Streckenabschnitte, so dass vollendete Tatsachen geschaffen werden.[1097] Die Festlegung eines Trassenkorridors auf einem Teilstück wirkt sich zwangsläufig auf den vor- und nachgelagerten Trassenverlauf aus und kann nicht ohne Weiteres nachträglich im Rahmen einer Inzidentkontrolle korrigiert werden.[1098] Ist eine Wiederherstellung des früheren Zustandes nicht möglich, muss der Betroffene auf Kosten des Rechtsschutzes auf Schadensersatz- oder Entschädigungsansprüche verwiesen werden, so dass Art. 19 Abs. 4 GG in diesem wichtigen Bereich des Verwaltungsrechts praktisch keine Wirksamkeit zukommt.[1099]

Den bereits auf vorgelagerter Ebene in seinen Rechten Betroffenen auf mögliche kleinräumige oder technische Hindernisse zu verweisen, die der Genehmigung entgegenstehen könnten, aber erst im Planfeststellungsverfahren zu prüfen sind[1100], ist im Sinne effektiven Rechtsschutzes nicht befriedigend. Soweit Entscheidungen – auch auf vorgelagerter Stufe – zu einer Rechtsbeeinträchtigung führen können, fordert das Gebot effektiven Rechtsschutzes die zeitnahe Gewährung desselben auf der betreffenden Stufe; Rechtsschutz ist in diesem Fall folglich phasenspezifisch auszugestalten.[1101] Dies wird besonders deutlich, wenn man sich noch einmal die mit einer gestuften Planung verfolgte Abschichtung verdeutlicht, mit der die Komplexität räumlicher Planungen schrittweise bewältigt und die Entscheidungen stufenweise verfeinert werden sollen. Dieser Konkretisierungsprozess führt dazu, dass Alternativen abgeschnitten werden, da die vorausgegangenen Erwägungen und Entscheidungen nicht mehr wiederholt werden.[1102] Im Laufe des Planungsprozesses werden durch die

---

1097 *Blümel*, Raumplanung, in: Doehring, Festgabe für Forsthoff, 1967, S. 133 (148 f.); *Degenhart*, AöR 103 (1978), S. 163 (171).

1098 *Moench/Ruttloff*, NVwZ 2014, S. 897 (899 f.).

1099 *Blümel*, Raumplanung, in: Doehring, Festgabe für Forsthoff, 1967, S. 133 (144 f.); *Ossenbühl*, Gutachten B für den 50. DJT, in: Ständige Deputation des DJT, Verhandlungen des fünfzigsten Deutschen Juristentages, Bd. I, 1974, S. B 192. Aus dem Gebot effektiven Rechtsschutzes lässt sich ein grundsätzlicher Vorrang des auf die Abwehr von Rechtsverletzungen ausgerichteten Primärrechtsschutzes gegenüber dem durch Schadensersatzansprüche vermittelten Sekundärrechtsschutz ableiten, *Siegel*, Entscheidungsfindung im Verwaltungsverbund, 2009, S. 76.

1100 So *Erbguth*, DVBl. 2012, S. 325 (328); *Knappe*, DVBl. 2016, S. 276 (284); *Sangenstedt*, in: Steinbach/Franke, Kommentar zum Netzausbau, 2017, § 15 NABEG Rn. 26.

1101 *Siegel*, Entscheidungsfindung im Verwaltungsverbund, 2009, S. 78.

1102 *Wahl*, DÖV 1975, S. 373 (375).

Zwischenentscheidungen also Weichen gestellt, die die abschließende Zulassungsentscheidung erheblich vorprägen und die wegen der Komplexität des Planes durch einen erst an dieser Stelle ansetzenden Rechtsschutz nicht mehr geändert werden können.[1103] Diese Erwägungen haben auch das Bundesverwaltungsgericht dazu bewegt, Planbetroffenen prinzipalen Rechtsschutz bereits gegen den vorbereitenden Abfallbeseitigungsplan zu eröffnen, soweit dessen für verbindlich erklärte Festlegungen so konkret sind, dass schon auf dieser vorgelagerten Ebene ein negatives Betroffensein in rechtlich geschützten Interessen für den Fall der Verwirklichung des Vorhabens erkennbar ist.[1104] Auch wenn formal ein Wiederaufgreifen des Bundesfachplanungsverfahrens möglich ist, stehen diesem jedoch die soeben beschriebenen tatsächlichen Vorwirkungen vorausgehender Planungsentscheidungen entgegen.[1105]

Es wurde bereits festgestellt, dass die Abschichtungswirkung der Bundesfachplanungsentscheidung auch die gemäß § 18 Abs. 4 S. 1 NABEG vorzunehmende Abwägung bei der Planfeststellung erfasst. Nur solche Belange, die nicht schon Teil der nach § 5 Abs. 1 S. 2 NABEG vorzunehmenden Abwägung auf Ebene der Bundesfachplanung waren, werden im Rahmen der Abwägungsentscheidung im Planfeststellungsverfahren berücksichtigt.[1106] In Bezug auf den durch die Planung betroffenen Grundstückseigentümer, dessen Grundstück in Anspruch genommen werden soll, ist ein ergebnisoffener Rechtsschutz bereits gegen die Bundesfachplanungsentscheidung zur Verfügung zu stellen.[1107] Seine Belange sind schon auf dieser vorgelagerten Planungsebene in die Abwägung einzustellen. Die Entscheidung entfaltet ihm gegenüber zwar keine enteignungsrechtliche, jedoch eine rechtliche Vorwirkung.[1108] Der am Ende des Planungsprozesses stehende Planfeststellungsbeschluss, mit dem die Enteignung zur Verwirklichung des Vorhabens dem Grunde nach für zulässig erklärt wird, ist nicht in gleicher Weise wie die Bundesfachplanungsentscheidung in der Lage, Auswirkungen auf das Grundstück aufgrund schon vollständig geplanter oder möglicherweise bereits teilverwirklichter Vorhaben ergebnisoffen zu berücksichtigen.[1109]

1103 *Brohm*, VVDStRL 30 (1972), S. 245 (289 f.); *Schmidt-Aßmann*, DÖV 1974, S. 541 (547).

1104 BVerwG, Beschluss vom 20.12.1988 – 7 BN 2.88 –, BVerwGE 81, 128 (130). Vgl. auch bereits Dritter Teil.B.I.1.c)bb) und B.I.2.c)bb).

1105 *Salis*, Gestufte Verwaltungsverfahren, 1991, S. 241.

1106 Vgl. bereits Dritter Teil.B.I.2.c)bb).

1107 *Lege*, WF 2014, S. 1 (7).

1108 Vgl. bereits Dritter Teil.B.I.2.c)aa).

1109 *Beier*, DÖV 2015, S. 309 (314 f.).

Werden demnach wesentliche Entscheidungen mit abschichtender Wirkung auch in Bezug auf private Belange bereits auf höherstufiger Planungsebene getroffen, der Individualrechtsschutz aber auf die eigentliche Zulassungsentscheidung konzentriert, gefährdet dies die Effektivität des Rechtsschutzes. Das erst am Ende des Planfeststellungsverfahrens ansetzende Rechtsschutzverfahren ist bereits durch die Bindungswirkung der Bundesfachplanung determiniert.[1110] Setzt der Rechtsschutz im Rahmen gestufter Planung hingegen bereits in einer frühen Phase ein, begegnen ihm weit weniger verfestigte Vorgaben als auf nachgelagerter Ebene.[1111]

Gegen einen phasenspezifischen Rechtsschutz wird die damit verbundene erhebliche Verzögerung der Planung vorgebracht, die der Konzeption des auf Verfahrensbeschleunigung ausgerichteten NABEG zuwiderlaufe.[1112] Angesprochen werden damit letztlich auch Aspekte der Verfahrensökonomie und der Rechtssicherheit. In diesem Zusammenhang sei an die sich aus der Kombination von strikter Verbindlichkeit der Bundesfachplanungsentscheidung und Rechtsschutzkonzentration potentiell ergebenden Verzögerungen erinnert. Stellt sich im Planfeststellungsverfahren heraus, dass der Realisierung der Leitung unüberwindbare tatsächliche und/oder rechtliche Hindernisse entgegenstehen, müssen sowohl die Bundesfachplanung (abgesehen von den Ausnahmefällen des Wiederaufgreifens im vereinfachten Verfahren im Regelverfahren) als auch das Planfeststellungsverfahren wiederholt werden. Dies dürfte zu einer nicht minder erheblichen Planungsverzögerung führen.[1113] Darüber hinaus können bei einem phasenspezifischen Rechtsschutz Zwischenentscheidungen gerichtlich verbindlich geklärt werden. Diese bilden – auch im Interesse von Verfahrensökonomie und Rechtssicherheit – eine sichere Grundlage für die darauf aufbauende Planung.[1114] Die Behörde kann sich bei ihrer weiteren Planung darauf einstellen.

1110 Beitrag von *Erbguth* im Rahmen des 29. Trierer Kolloquiums zum Umwelt- und Technikrecht in *Schröter*, NuR 2014, S. 28 (29).

1111 *Erbguth*, VVDStRL 61 (2002), S. 221 (245).

1112 *Sellner/Fellenberg*, NVwZ 2011, S. 1025 (1032); *Franke/Wabnitz*, ZUR 2017, S. 462 (467).

1113 *Durner*, DVBl. 2011, S. 853 (861); *Franzius*, Aktuelle Probleme des Umweltrechtsschutzes, in: Franzius u.a., Festschrift für Kloepfer, 2013, S. 377 (394); *Dippel*, in: Schink/Versteyl/Dippel, NABEG, 2016, § 15 Rn. 46. Diese Gefahr räumen auch *Sellner/Fellenberg*, NVwZ 2011, S. 1025 (1032); *Appel*, ER 2012, S. 3 (12); *Weghake*, Planungs- und Zulassungsverfahren, 2015, S. 182 ein.

1114 *Durner*, DVBl. 2011, S. 853 (861); *Beier*, DÖV 2015, S. 309 (318); *Dippel*, in: Schink/Versteyl/Dippel, NABEG, 2016, § 15 Rn. 46.

Verfahrens- und materiell-rechtliche Fehler können frühzeitig beseitigt und die mit einer später erfolgenden gerichtlichen Kontrolle verbundenen Nachteile wie etwa überflüssige und kostspielige Planungen sowie teure und zeitintensive Wiederholungen der Planungsverfahren vermieden werden.[1115] Auf diese Weise kann dem vom Gesetzgeber verfolgten Ziel, bereits in der Bundesfachplanung für die Vorhabenträger, die Länder und Gemeinden sowie die betroffenen Bürger ein hohes Maß an Planungs- und Rechtssicherheit zu gewährleisten, Rechnung getragen werden.[1116] Das vom Gesetzgeber im StandAG verfolgte phasenspezifische Rechtsschutzmodell kann nicht nur zur Rechtssicherheit beitragen, sondern auch das Vertrauen und die Akzeptanz fördern.[1117] So begründet er die darin geregelten erweiterten Rechtsschutzmöglichkeiten damit, dass das Vertrauen in das Verfahren und damit dessen Akzeptanz gestärkt werden sollen. Auf der anderen Seite soll das Bedürfnis nach einer Verfahrensökonomie zur Vermeidung erheblicher zeitlicher Verzögerungen berücksichtigt werden.[1118] Diese Ziele werden auch im Rahmen des Netzausbaus durch das NABEG verfolgt.

In Bezug auf die europarechtlich begründeten Verfahrensrechte als subjektiv-öffentliche Rechte streitet der unionsrechtliche Grundsatz der Effektivität für einen Rechtsschutz auf vorgelagerter Ebene. Mit der umfassenden Entscheidung nach § 12 NABEG schließt die Bundesnetzagentur die Bundesfachplanung ab. Sie soll sich auf eine ordnungsgemäße Durchführung des Verwaltungsverfahrens stützen, die diese Sachentscheidung legitimiert.[1119] Zwingende Beteiligungsregelungen, wie sie Art. 6 SUP-Richtlinie vorsieht, wirken rechtsschutzeröffnend.[1120] Vor dem Hintergrund des europarechtlichen Verständnisses vom Eigenwert des Verfahrens erscheint die Überprüfung der Einhaltung der Verfahrensvorschriften durch Einräumung eines Klagerechts bereits gegen die höherstufige Sachentscheidung geboten.

Gegen eine Vorverlagerung des Rechtsschutzes wird vorgebracht, dass die sich aus Art. 11 Abs. 2 UVP-Richtlinie ergebende unionsrechtliche Verpflichtung, einen weiten Zugang zu den Gerichten zu eröffnen, nicht für alle Planungsebenen bestehe. Die Vorschrift überlasse es vielmehr ausdrücklich den

---

1115 *Ibler*, DVBl. 1989, S. 639 (644).

1116 BT-Drs. 17/6073, S. 19.

1117 *Schlacke*, ZUR 2017, S. 456 (461); *Rehbinder*, EurUP 2018, S. 61 (65).

1118 BT-Drs. 18/11398, S. 63.

1119 So *Schwerdtfeger*, Der deutsche Verwaltungsrechtsschutz, 2010, S. 261 in Bezug auf die UVP-Richtlinie.

1120 *Erbguth*, VVDStRL 61 (2002), S. 221 (248); *ders.*, NVwZ 2005, S. 241 (242 ff.); *Steinberg/Wickel/Müller*, Fachplanung, 2012, § 7 Rn. 27.

Mitgliedstaaten, auf welcher Ebene sie eine gerichtliche Kontrolle der Zulassung bestimmter Vorhaben ermöglichen.[1121]

Diese Lesart von Art. 11 Abs. 2 UVP-Richtlinie erscheint ungenau. Die Vorschrift spricht davon, dass die Mitgliedstaaten festlegen, in welchem *Verfahrensstadium* die Entscheidungen, Handlungen oder Unterlassungen angefochten werden können, nicht jedoch auf welcher Planungsebene. Dem Wortlaut von Art. 11 Abs. 2 UVP-Richtlinie nach sind die Mitgliedstaaten also innerhalb der Planungsebene „Planfeststellungsverfahren" frei, in welchem Verfahrensstadium sie den Rechtsschutz eröffnen wollen.[1122] Demgegenüber stellt die Bundesfachplanung auf vorgelagerter Ebene ein eigenständiges Verwaltungsverfahren dar, das durch eine selbständige Sachentscheidung abgeschlossen wird. Hierzu enthält die UVP-Richtlinie keine spezifische Aussage.

Eine nähere Betrachtung der in der Aarhus-Konvention geregelten Rechtsschutzvorgaben hat gezeigt, dass danach der Zugang zu Gerichten auf Planungsebene nicht zwingend vorgeschrieben ist. Auch die SUP-Richtlinie normiert ausdrücklich keine mit Art. 11 UVP-Richtlinie vergleichbaren Rechtsschutzvorschriften. Das Fehlen ausdrücklicher Rechtsschutzbestimmungen führt dennoch zu keiner anderen Bewertung. Nach Art. 3 Abs. 5 Aarhus-Konvention können die Vertragsparteien einen weitergehenden Zugang zu Gerichten in Umweltangelegenheiten eröffnen, als dies aufgrund der Konvention erforderlich ist. Die spezielle Regelung über den Zugang zu Gerichten in Art. 11 UVP-Richtlinie bedeutet nur, dass die UVP-Richtlinie dem von ihr erfassten Personenkreis ausdrücklich Rechtsbehelfsmöglichkeiten gewährt.[1123] Ausdrückliche Rechtsschutzbestimmungen wirken also (lediglich) rechtsschutzverstärkend, ändern jedoch nichts an dem Gebot effektiver Umsetzung der Vorgaben des Richtlinienrechts.[1124] Die der betroffenen Öffentlichkeit mit dem Beteiligungsrecht nach § 6 Abs. 2 SUP-Richtlinie eingeräumte frühzeitige und effektive Einflussnahmemöglichkeit auf die Planungsentscheidung wird mit fortschreitendem

1121 So *Schmidt*, ZUR 2012, S. 210 (214) zu Art. 10a Abs. 2 UVP-Richtlinie a.F.; *Franzius*, Aktuelle Probleme des Umweltrechtsschutzes, in: Franzius u.a., Festschrift für Kloepfer, 2013, S. 377 (395).

1122 Insoweit hält *Ziekow*, NuR 2014, S. 229 (234 f.) die Regelung des § 44a VwGO, die Rechtsschutz gegen Verfahrensfehler schon während des noch laufenden Verwaltungsverfahrens verhindert, für zulässig. A.A. *Kadelbach*, Allgemeines Verwaltungsrecht unter europäischem Einfluß, 1999, S. 421 f.; *Schwerdtfeger*, Der deutsche Verwaltungsrechtsschutz, 2010, S. 259 ff.

1123 *Bunge*, NuR 2014, S. 1 (3).

1124 *Ruffert*, DVBl. 1998, S. 69 (74).

Planungsprozess geschwächt. Dies widerspricht dem Grundsatz der Effektivität des Rechtsschutzes, zu dem sich der Europäische Gerichtshof auch auf höherstufiger Planungsebene bekennt.[1125]

Grundsätzlich denkbar wäre, den Mangel an Effektivität des konzentrierten Individualrechtsschutzes durch phasenspezifischen überindividuellen Rechtsschutz zu kompensieren. Hiergegen spricht aber, dass individueller und überindividueller Rechtsschutz unterschiedliche Zwecke verfolgen. Die Tätigkeit von Umweltverbänden als Sachwalter für den Umweltschutz zielt in erster Linie darauf ab, objektive Rechtsverletzungen geltend zu machen und nicht individuelle Rechtspositionen gerichtlich durchzusetzen. Die Rechtsverletzungen, die mit einer umweltrechtlichen Verbandsklage geltend gemacht werden, entsprechen nicht den Rechtsverletzungen, die mit einem individuellen Rechtsbehelf verfolgt werden. Somit ist überindividueller Rechtsschutz kein Mittel für einen effektiveren Individualrechtsschutz.[1126]

Im Ergebnis ist denjenigen privaten Dritten, die durch die Bundesfachplanungsentscheidung in ihren subjektiven Rechten verletzt sind, die Möglichkeit einzuräumen, unmittelbar gegen diese gerichtlich vorzugehen.

1125 So *Breuer*, Klagbare Ansprüche auf Planung – Königsweg oder Holzweg des Rechtsschutzes?, in: Dolde u.a., Festschrift für Sellner, 2010, S. 493 (497) bezogen auf das Urteil des Europäischen Gerichtshofs in der Rechtssache Janecek.

1126 *Schlacke*, ZUR 2017, S. 456 (459 f.).

Vierter Teil. Die Zulässigkeit der materiellen Präklusion im Planfeststellungsverfahren nach dem NABEG

Viele Bestimmungen des NABEG erfassen Sachverhalte, die europarechtlich geprägt sind und Auswirkungen auf die Umwelt Rechnung tragen. Die Umweltpolitik der Europäischen Union ist in Art. 191 AEUV Gegenstand der Grundlagenverträge. Sie zielt gemäß Art. 191 Abs. 2 AEUV unter Berücksichtigung der unterschiedlichen Gegebenheiten in den einzelnen Regionen der Union auf ein hohes Schutzniveau ab. Um dieses zu verwirklichen, wurden verschiedene Richtlinien wie zum Beispiel die UVP-Richtlinie 2011/92/EU[1127] erlassen. Diese wiederum müssen vom nationalen Gesetzgeber umgesetzt werden, vgl. Art. 288 Abs. 3 AEUV.

Materielle Präklusionsregelungen beziehen sich auch auf unionsrechtlich begründete Rechtspositionen und gelten für Einwendungen mit unionsrechtlichem Bezug. Werden Einwendungen, die auf Unionsrecht beruhen, nicht oder nicht rechtzeitig vorgebracht, ist der Betroffene mit seinem Vorbringen präkludiert und in einem gerichtlichen Verfahren ausgeschlossen. Das Gericht überprüft insoweit nicht die Vereinbarkeit einer behördlichen Fachplanungsentscheidung mit dem Unionsrecht.[1128] Soweit durch das Unionsrecht subjektive Rechte verliehen werden, werden diese also durch die eintretende Präklusionswirkung verkürzt und somit auch die Ziele und Gewährleistungen der Richtlinien in ihrer Wirksamkeit teilweise beeinträchtigt.[1129] Die Zulässigkeit der materiellen Präklusion mit ihrer den Rechtsschutz einschränkenden Wirkung ist somit auch am Maßstab europarechtlicher Vorgaben zu messen.[1130]

Um die unionsrechtliche Zulässigkeit materieller Präklusionsvorschriften untersuchen zu können, sind zunächst verschiedene Arten der Präklusion zu unterscheiden und von anderen Rechtsinstituten des Verwaltungsverfahrens- und Verwaltungsprozessrechts abzugrenzen (A.I. und A.II.). Zudem werden

1127 Präambel, 2. Erwägungsgrund UVP-Richtlinie 2011/92/EU.

1128 *Stüer/Rieder*, EurUP 2004, S. 139 (141 f.).

1129 *Niedzwicki*, Präklusionsvorschriften des öffentlichen Rechts, 2007, S. 220.

1130 *Stüer/Rieder*, EurUP 2004, S. 139 (142); *Niedzwicki*, Präklusionsvorschriften des öffentlichen Rechts, 2007, S. 220.

die inhaltlichen Anforderungen an das Vorbringen von Einwendungen Drittbetroffener (A.III.) und die Grenzen der Präklusion (A.IV.) sowie ihre Funktionen (A.V.) herausgearbeitet. Darauf aufbauend sollen die völker- und unionsrechtlichen Vorgaben für die Ebene des Planfeststellungsverfahrens dargestellt werden (B.), bevor die durch den Europäischen Gerichtshof aufgestellten Anforderungen an die den Rechtsschutz einschränkenden Bestimmungen untersucht werden (C. und D.). Anhand dieses Maßstabs erfolgt eine Analyse und Bewertung des Urteils des Europäischen Gerichtshofs vom 15.10.2015 in der Rechtssache C-137/14, seiner Reichweite und seiner Auswirkungen (E.). Nach einer Darstellung der Reaktion des deutschen Gesetzgebers auf das Urteil des Europäischen Gerichtshofs und ihre Auswirkung auf die Präklusionsregelung des Planfeststellungsverfahrens nach dem NABEG (F.) sollen alternative Instrumente als mögliches funktionales Äquivalent zur materiellen Präklusion untersucht werden (G.). Vor dem Hintergrund der erarbeiteten völker- und unionsrechtlichen Vorgaben erfolgt schließlich eine Untersuchung der Vorschriften über die Öffentlichkeitsbeteiligung im Planfeststellungsverfahren für Höchstspannungsleitungen nach dem NABEG, um die Zulässigkeit der materiellen Präklusion zu prüfen (H.).

A. Grundlagen

I. Begriffsbestimmung

Zulassungsverfahren für umweltrelevante Großvorhaben sind durch eine Verfahrensbeteiligung der Öffentlichkeit gekennzeichnet. Ihr wird die Möglichkeit eingeräumt, bereits vor Erlass der Verwaltungsentscheidung Einwendungen gegen das Vorhaben zu erheben. Für die Einwendungsbefugnis sind bestimmte Fristen zu beachten, deren Versäumnis zu einem Einwendungsausschluss führt, der sogenannten Präklusion. Sie führt zum Ausschluss eines Verfahrensbeteiligten mit seinem Vorbringen und ist als verfahrensrechtliches Instrument ein regelmäßiger Bestandteil von Planfeststellungs- und förmlichen Genehmigungsverfahren mit Bürgerbeteiligung.[1131] Der Einwendungsausschluss kann sich auf das Verwaltungsverfahren beschränken oder auch das sich anschließende verwaltungsgerichtliche Verfahren erfassen. Je nach Reichweite der Präklusion sowie nach Art der präkludierten Rechtsposition sind verschiedene Präklusionsformen zu unterscheiden, die im Folgenden dargestellt werden sollen.

1131 *Brandt*, NVwZ 1997, S. 233.

1. *Formelle Präklusion*

Betrifft der Ausschluss nur das weitere Verwaltungsverfahren, nicht aber auch das spätere verwaltungsgerichtliche Verfahren, spricht man von einer formellen Präklusion.[1132] In einem sich möglicherweise anschließenden gerichtlichen Verfahren kann der Betroffene seine Einwendungen in diesem Fall uneingeschränkt vortragen. Die formelle Präklusion hat zur Folge, dass die mit der Planungsentscheidung betraute Behörde die präkludierten Einwendungen im weiteren Verfahren, insbesondere im Erörterungstermin, nicht mehr berücksichtigen muss.[1133] Aus dem Untersuchungsgrundsatz ergibt sich jedoch, dass sie präkludiertes Vorbringen berücksichtigen kann.[1134] Gemäß § 24 Abs. 1 S. 1 VwVfG ermittelt die Behörde den Sachverhalt von Amts wegen. Sie ist zur Aufklärung des für die Entscheidung maßgeblichen Sachverhalts verpflichtet. Demnach darf sie nicht auf Grundlage eines unvollständig aufgeklärten Sachverhalts entscheiden und muss in den Grenzen des § 24 VwVfG auch verspätet vorgebrachte Tatsachen berücksichtigen, wenn diese für die Rechtmäßigkeit der Entscheidung von Bedeutung sind.[1135] Formelle Präklusion bedeutet also nicht, dass die Behörde verspätet erhobene Einwendungen nicht mehr berücksichtigen darf. Der Betroffene hat insoweit einen Anspruch auf fehlerfreie Ermessensausübung, ob seine Einwendungen noch berücksichtigt werden oder nicht.[1136] Jedoch kann er diese Berücksichtigung nicht mehr im Klageweg gerichtlich erzwingen.[1137]

2. *Materielle Präklusion*

Die materielle Präklusion geht in ihrer Wirkung über die formelle Präklusion hinaus. Um eine materielle oder echte[1138] Präklusion handelt es sich, wenn der Betroffene nach Fristablauf mit seinem Vorbringen nicht nur im Verwaltungsverfahren, sondern auch in einem nachfolgenden Rechtsbehelfsverfahren

---

1132 *Ipsen*, DVBl. 1980, S. 146 (150) verwendet für diesen Fall den Begriff der unechten Präklusion.

1133 *Thiel*, DÖV 2001, S. 814 (815).

1134 *Degenhart*, Präklusion im Verwaltungsprozess, in: Erichsen/Hoppe/von Mutius, Festschrift für Menger, 1985, S. 621 (621 f.).

1135 *Papier*, NJW 1980, S. 313 (316); *Oexle*, Das Rechtsinstitut der materiellen Präklusion, 2001, S. 18; *Niedzwicki*, Präklusionsvorschriften des öffentlichen Rechts, 2007, S. 38.

1136 *Brandt*, NVwZ 1997, S. 233 (233 f.).

1137 OVG Magdeburg, Beschluss vom 13.06.2014 – 2 L 159/12 –, LKV 2014, S. 476 (Ls.); *Johlen*, NuR 2015, S. 513.

1138 *Ipsen*, DVBl. 1980, S. 146 (150).

ausgeschlossen ist. Innerhalb des Verwaltungsverfahrens entspricht die Ausschlusswirkung der formellen Präklusion.[1139] Materielle Präklusionsvorschriften können sich zum einen auf Einwendungen und zum anderen auf Ansprüche beziehen.

a) Einwendungspräklusion

Einwendungen sind sachliches, auf die Verhinderung oder Modifizierung des beantragten Vorhabens gerichtetes Gegenvorbringen, das der Wahrung eigener Rechte und Belange dient.[1140] Werden sie nicht innerhalb eines bestimmten Stadiums des Verwaltungsverfahrens vorgetragen, sind sie im Fall der materiellen Einwendungspräklusion auch für das verwaltungsgerichtliche Verfahren ausgeschlossen. Darüber hinaus wird zwischen horizontaler und vertikaler Einwendungspräklusion differenziert.

Als horizontale Einwendungspräklusion werden Ausschlussfristen bezeichnet, die in ihrer Wirkung auf die Dauer eines einheitlichen Verfahrens beschränkt sind.[1141] Nach Abschluss des Verfahrens bzw. eines Verfahrensabschnitts entfaltet sie keine Wirkung mehr. Liegt ein nicht gestuftes Verfahren vor, erfasst sie somit das gesamte Verwaltungsverfahren. In einem gestuften Verwaltungsverfahren endet die Präklusionswirkung hingegen mit Abschluss des Teilabschnitts.[1142] Die horizontale Präklusion beruht nach überwiegender Auffassung in Rechtsprechung[1143] und Literatur[1144] auf dem Verwirkungsgedanken.

1139 *Streinz*, VerwArch 79 (1988), S. 272 (282); *Brandt*, NVwZ 1997, S. 233 (235).

1140 BVerwG, Urteil vom 17.07.1980 – 7 C 101.78 –, BVerwGE 60, 297 (300); Urteil vom 24.07.2008 – 4 A 3001.07 –, BVerwGE 131, 316 (325 Rn. 36); Urteil vom 19.02.2015 – 7 C 11.12 –, BVerwGE 151, 213 (215 f. Rn. 17); *Wysk*, in: Kopp/Ramsauer, VwVfG, 2018, § 73 Rn. 64; *Neumann/Külpmann*, in: Stelkens/Bonk/Sachs, VwVfG, 2018, § 73 Rn. 82.

1141 *Ipsen*, DVBl. 1980, S. 146 (148); *Streinz*, VerwArch 79 (1988), S. 272 (282).

1142 *Brandt*, NVwZ 1997, S. 233 (235); *Niedzwicki*, Präklusionsvorschriften des öffentlichen Rechts, 2007, S. 40 f.

1143 BVerwG, Urteil vom 17.07.1980 – 7 C 101.78 –, BVerwGE 60, 297 (306); Beschluss vom 12.02.1996 – 4 A 38/95 –, NVwZ 1997, S. 171 (172); Urteil vom 24.05.1996 – 4 A 38.95 –, NVwZ 1997, S. 489.

1144 *Redeker*, NJW 1980, S. 1593 (1597 f.); *Streinz*, VerwArch 79 (1988), S. 272 (286); *Brandt*, NVwZ 1997, S. 233 (234); *Niedzwicki*, Präklusionsvorschriften des öffentlichen Rechts, 2007, S. 41; *Schmidt-Aßmann*, in: Maunz/Dürig, GG Kommentar, Art. 19 Abs. 4 (2014) Rn. 234 und 258; *Wiesendahl*, in: de Witt/Scheuten, NABEG, 2013, § 22 Rn. 73.

Die Kehrseite des dem Betroffenen eingeräumten Mitwirkungsrechts ist eine Mitwirkungslast. Derjenige, der seine besondere verfahrensrechtliche Rechtsposition nicht wahrnimmt, soll ein Ergebnis, auf das er hätte Einfluss nehmen können, nicht nachträglich wieder in Frage stellen können.[1145]

In einem gestuften Verfahren kann die materielle Einwendungspräklusion auch derart ausgestaltet sein, dass sie über den konkreten Verfahrensabschnitt hinaus auf alle weiteren, zusammengehörigen Verfahren hinauswirkt. In diesem Fall spricht man von einer vertikalen Einwendungspräklusion. Sie knüpft dann an eine bestandskräftige Teilgenehmigung oder an einen bestandskräftigen Vorbescheid an, so dass auch häufig von einer Bestandskraftpräklusion die Rede ist.[1146] Derartige Präklusionsregelungen finden sich in § 11 BImSchG und § 7b AtG. Die aufgrund einer unanfechtbaren Teilgenehmigung oder eines unanfechtbaren Vorbescheids ausgeschlossenen Einwendungen können auch in einem nachfolgenden Verfahrensabschnitt nicht mehr vorgetragen werden. Für eine umfassende Präklusionswirkung, die sich auf ein gestuftes Verfahren als Ganzes erstreckt, sind der horizontale und der vertikale Einwendungsausschluss kumulativ anzuwenden.[1147] Die genannten Vorschriften des immissionsschutz- und atomrechtlichen Genehmigungsverfahrens sprechen zwar nur von einem weiteren Verfahren, worunter auch nur das weitere Verwaltungsverfahren verstanden werden könnte. Dennoch erstreckt sich die Präklusionswirkung nach herrschender Auffassung darüber hinaus auch auf das anschließende

---

1145 BVerwG, Urteil vom 17.07.1980 - 7 C 101.78 –, BVerwGE 60, 297 (306); *Redeker*, NJW 1980, S. 1593 (1597 f.). Die Einordnung der Präklusion als Verwirkung wird zum Teil kritisiert, da es an den für eine Verwirkung nach allgemeinen Voraussetzungen erforderlichen besonderen Umständen, die über den bloßen Zeitablauf hinausgehen, fehle. Die Nichtwahrnehmung der dem Betroffenen eingeräumten Mitwirkungsbefugnisse stelle keinen zusätzlichen Umstand dar, der das verspätete Handeln als rechtsmissbräuchlich und als Verstoß gegen Treu und Glauben erscheinen lasse. Die Präklusion sei als eigene Sanktion eines Fristablaufs von der Verwirkung abzugrenzen, *Quaas*, Die Behördenpräklusion, 2006, S. 12 f. Ähnlich *Oexle*, Das Rechtsinstitut der materiellen Präklusion, 2001, S. 28, nach dem die fehlende, verspätete oder nicht hinreichend substantiierte Beteiligung im Verwaltungsverfahren kein schutzwürdiges Vertrauen darauf auslöse, dass der Rechtsinhaber auch in einem sich anschließenden gerichtlichen Verfahren auf die Geltendmachung seines Abwehrrechts verzichten werde.

1146 *Quaas*, Die Behördenpräklusion, 2006, S. 12.

1147 *Streinz*, VerwArch 79 (1988), S. 272 (290 f.); *Brandt*, NVwZ 1997, S. 233 (235).

verwaltungsgerichtliche Verfahren.[1148] Die aufgezeigten Unterschiede zwischen horizontaler und vertikaler Präklusion im Rahmen der formellen Präklusion sind nicht auf das verwaltungsgerichtliche Verfahren übertragbar. Die Ausschlusswirkung beider Präklusionsformen erstreckt sich auch auf ein sich anschließendes gerichtliches Verfahren.[1149]

aa) Wirkung der materiellen Präklusion

Die rechtskonstruktive Einordnung der materiellen Präklusion mit ihrer verwaltungsprozessualen Ausschlusswirkung wird uneinheitlich begründet.[1150] In der Literatur werden insoweit zwei Ansätze vertreten. Zum Teil wird angenommen, dass das subjektiv-öffentliche Recht, also der Abwehranspruch, mit Ablauf der Einwendungsfrist vernichtet wird („Rechtsuntergang").[1151] Nach anderer Auffassung wird dem präkludierten Kläger die Möglichkeit genommen, den Abwehranspruch gerichtlich durchzusetzen („Rechtslähmung").[1152]

Für eine anspruchsvernichtende Wirkung des Einwendungsausschlusses wird der Wortlaut von Vorschriften wie § 10 Abs. 3 S. 5 BImSchG und des § 7 Abs. 1 S. 2 AtVfV angeführt. Nach diesen Vorschriften werden mit Ablauf der Auslegungsfrist alle Einwendungen ausgeschlossen, die nicht auf besonderen

---

1148 BVerwG, Urteil vom 22.12.1980 – 7 C 84.78 –, BVerwGE 61, 256 (271 f.); OVG Lüneburg, Beschluss vom 19./20.06.1974 – VII B 27/73 und VII B 71/73 –, DVBl. 1975, S. 190 (193); *Degenhart*, Präklusion im Verwaltungsprozess, in: Erichsen/Hoppe/von Mutius, Festschrift für Menger, 1985, S. 621 (636); *Streinz*, VerwArch 79 (1988), S. 272 (290).

1149 *Brandt*, NVwZ 1997, S. 233 (235).

1150 Die Rechtsprechung hat die dogmatische Konstruktion des materiellen Einwendungsausschlusses offengelassen. Das Bundesverfassungsgericht beschreibt die Auswirkung des materiellen Einwendungsausschlusses dahingehend, dass „jeglicher Störungsabwehranspruch, den die Rechtsordnung zum Schutze eines Grundrechts einräumt, materiellrechtlich beseitigt oder […] verfahrensrechtlich verwehrt wird, ihn wirkungsvoll geltend zu machen, mag er oder das Grundrecht, zu dessen Schutz er gewährt ist, auch […] materiellrechtlich bestehen bleiben.", BVerfG, Beschluss vom 08.07.1982 – 2 BvR 1187/80 –, BVerfGE 61, 82 (113). Für das Bundesverwaltungsgericht bedeutet die materielle Präklusionswirkung „den Verlust der Möglichkeit, einen […] Abwehranspruch durchzusetzen. Dabei macht es keinen Unterschied, ob man diese Rechtsfolge dahin kennzeichnet, der Abwehranspruch selbst werde ausgeschlossen oder der für seine Geltendmachung erforderliche Tatsachenvortrag", BVerwG, Urteil vom 17.07.1980 – 7 C 101.78 –, BVerwGE 60, 297 (301).

1151 *Papier*, NJW 1980, S. 313 (317); *Thiel*, DÖV 2001, S. 814 (815 f.).

1152 *Brandt*, NVwZ 1997, S. 233 (235).

privatrechtlichen Titeln beruhen. Der Gesetzgeber habe bewusst zwischen den allgemeinen (nachbarrechtlichen) Abwehransprüchen des Privatrechts und den besonderen Abwehrrechten Dritter differenziert und setze folglich mit der Präklusionswirkung bei dem Anspruch im materiell-rechtlichen Sinne an.[1153]

Die Formulierung der Vorschriften, die eine materielle Präklusion enthalten, kann jedoch auch gerade dieser Auffassung entgegengehalten werden. In diesen ist von dem Ausschluss von Einwendungen und nicht von dem Ausschluss von Rechten die Rede. Definiert man Einwendungen als sachliches, auf die Verhinderung oder Modifizierung des beantragten Vorhabens gerichtetes Gegenvorbringen, bezieht sich der Einwendungsausschluss auf das zur Geltendmachung eines Abwehranspruchs erforderliche tatsächliche Vorbringen.[1154] Dafür spricht auch, dass der Gesetzgeber bei der in § 75 Abs. 2 S. 1 VwVfG[1155] und in § 14 BImSchG[1156] geregelten Anspruchspräklusionen von einer anderen Terminologie Gebrauch gemacht hat.[1157]

Auch ein Blick auf den nach dem Anlagengenehmigungs- und Planfeststellungsrecht vorgesehenen Kreis der Einwendungsberechtigten spricht gegen die Annahme eines Rechtsuntergangs aufgrund materieller Präklusion.[1158] Nach den in § 10 Abs. 3 S. 4 BImSchG und § 7 Abs. 1 S. 1 AtVfV geregelten Jedermann-Einwendungen, können Einwendungen erhoben werden, auch wenn gerade keine Rechte vorliegen, die untergehen könnten. Des Weiteren kann nach der in § 73 Abs. 4 S. 1 VwVfG normierten Betroffeneneinwendung jeder, dessen Belange durch das Vorhaben berührt werden, Einwendungen gegen den Plan erheben. Der Begriff des Belangs ist weit zu verstehen. Erfasst werden nicht nur subjektive Rechte, sondern jedes in die Abwägung einzustellende, eigene und schutzwürdige Interesse etwa wirtschaftlicher, ökologischer, ideeller, sozialer oder kultureller Art.[1159] Im Unterschied zur Klagebefugnis gemäß § 42 Abs. 2

1153 *Papier*, NJW 1980, S. 313 (317).

1154 *Streinz*, VerwArch 79 (1988), S. 272 (284); *Brandt*, NVwZ 1997, S. 233 (235).

1155 Gemäß § 75 Abs. 2 S. 1 VwVfG sind Ansprüche auf Unterlassung des Vorhabens, auf Beseitigung oder Änderung der Anlagen oder auf Unterlassung ihrer Benutzung ausgeschlossen, wenn der Planfeststellungsbeschluss unanfechtbar geworden ist.

1156 Die amtliche Überschrift von § 14 BImSchG lautet: „Ausschluss von privatrechtlichen Abwehransprüchen".

1157 *Oexle*, Das Rechtsinstitut der materiellen Präklusion, 2001, S. 21.

1158 *Oexle*, Das Rechtsinstitut der materiellen Präklusion, 2001, S. 21 f.

1159 *Ziekow*, VwVfG, 2013, § 73 Rn. 44; *Wysk*, in: Kopp/Ramsauer, VwVfG, 2018, § 73 Rn. 72 ff.; *Versteyl*, in: Schink/Versteyl/Dippel, NABEG, 2016, § 22 Rn. 84.

VwGO setzt die Einwendungsbefugnis demnach nicht notwendig eine Beeinträchtigung subjektiv-öffentlicher Rechte voraus.[1160]

Vor diesem Hintergrund ist festzuhalten, dass die materielle Präklusion nicht zu einem Rechtsuntergang führt, sondern anspruchslähmend wirkt, indem sie dem präkludierten Kläger die Möglichkeit nimmt, sein Abwehrrecht gerichtlich durchzusetzen.

bb) Auswirkung auf die verwaltungsgerichtliche Entscheidung

Des Weiteren ist umstritten, ob die materielle Einwendungspräklusion bereits zur Unzulässigkeit[1161] oder zur Unbegründetheit[1162] der Klage führt.

Bei der Frage des Vorliegens der Zulässigkeits- bzw. Sachentscheidungsvoraussetzungen könnte die materielle Präklusion bereits die Klagebefugnis gemäß § 42 Abs. 2 VwGO entfallen lassen. Soweit gesetzlich nichts anderes bestimmt ist, ist die Klage danach nur zulässig, wenn der Kläger geltend macht, durch den Verwaltungsakt oder seine Ablehnung oder Unterlassung in seinen Rechten verletzt zu sein. Der Kläger hat die Tatsachen darzulegen, die eine Rechtsverletzung möglich erscheinen lassen.[1163] Die materielle Präklusion kann insoweit die Klagebefugnis entfallen lassen und somit zur Unzulässigkeit der Klage führen, als der durch sie begründete Ausschluss des Sachvortrags dem Kläger die Grundlage für den erforderlichen Tatsachenvortrag entzieht. Er kann die für die Geltendmachung einer Rechtsverletzung erforderlichen Tatsachen nicht darlegen.[1164]

Anders zu beurteilen sind jedoch Fälle, in denen die Rechtmäßigkeit der Präklusion in Zweifel gezogen wird und der Kläger die Verletzung subjektiver

---

1160 *Oexle*, Das Rechtsinstitut der materiellen Präklusion, 2001, S. 21; *Quaas*, Die Behördenpräklusion, 2006, S. 8.

1161 So BVerwG, Urteil vom 22.12.1980 – 7 C 84.78 –, BVerwGE 61, 256 (261 f., 271); VGH München, Urteil vom 09.04.1979 – 167 VI/77 –, DVBl. 1979, S. 673 (681); OVG Lüneburg, Urteil vom 30.04.1997 – 7 K 3887/96 –, NVwZ-RR 1998, S. 718; *Ipsen*, DVBl. 1980, S. 146 (151).

1162 So VGH Mannheim, Urteil vom 19.01.1977 – X 1408/76 –, DVBl. 1977, S. 345 (346 f.); *Papier*, NJW 1980, S. 313 (317). Grundsätzlich auch *Degenhart*, Präklusion im Verwaltungsprozess, in: Erichsen/Hoppe/von Mutius, Festschrift für Menger, 1985, S. 621 (637 f.) mit Ausnahme von Fällen, in denen die Präklusion eindeutig ist, so dass bereits von einer Unzulässigkeit auszugehen sei.

1163 *R. P. Schenke*, in: Kopp/Schenke, VwGO, 2018, § 42 Rn. 66; *Happ*, in: Eyermann, VwGO, 2019, § 42 Rn. 113.

1164 *Ipsen*, DVBl. 1980, S. 146 (151); *Brandt*, NVwZ 1997, S. 233 (235); *Quaas*, Die Behördenpräklusion, 2006, S. 10.

Rechte (auch) darauf stützt. Dies reicht bereits zur Begründung der Klagebefugnis aus.[1165] Präkludierte Einwendungen können dann im Rahmen der Begründetheit nicht mehr unter die Tatbestandsmerkmale einer Norm subsumiert werden.[1166]

Im Ergebnis erscheint bei der Einordnung der materiellen Präklusion als Problem der Zulässigkeit oder der Begründetheit eine differenzierte Lösung vorzugswürdig. Liegen die Voraussetzungen der Präklusion eindeutig vor, ist die Klage mangels Klagebefugnis bereits unzulässig. Ist das Vorliegen der Präklusion zweifelhaft, zum Beispiel weil ihre Tatbestandsvoraussetzungen nicht eindeutig vorliegen oder sie sich nur auf einen Teil des Sachvortrags bezieht, ist dies angesichts der damit verbundenen komplexen Prüfung im Rahmen der Begründetheit zu diskutieren.[1167]

b) Anspruchspräklusion

Die Anspruchspräklusion schließt die Geltendmachung von Ansprüchen, insbesondere in Form von Abwehrrechten gegen die Planverwirklichung aus. Erfasst wird also das eigentliche Abwehrrecht.[1168] Die Anspruchspräklusion tritt unabhängig vom Verhalten der Betroffenen ein. Sie setzt lediglich voraus, dass der Planfeststellungsbeschluss bzw. die Genehmigung zum Betrieb der beeinträchtigenden Anlage für den Anspruchsinhaber unanfechtbar geworden ist.[1169] Es können entweder nur privatrechtliche oder privat- und öffentlichrechtliche Ansprüche ausgeschlossen werden. Zudem kann die Präklusion auf zwei unterschiedlichen Wegen erfolgen. So werden zum Teil die primärrechtliche (Unterlassungs- und Beseitigungs-) Ansprüche durch Entschädigungs- oder Ausgleichsansprüche ersetzt. Der präkludierte Anspruch geht in diesen Fällen nicht unter, sondern wird lediglich modifiziert. Zum anderen kann die Anspruchspräklusion so ausgestaltet sein, dass der präkludierte Anspruch ausgeschlossen wird, ohne ihn durch einen Entschädigungsanspruch zu ersetzen.[1170]

1165 BVerwG, Urteil vom 06.08.1982 – 4 C 66.79 –, BVerwGE 66, 99 (106 f.); *Brandt*, NVwZ 1997, S. 233 (236).

1166 *Quaas*, Die Behördenpräklusion, 2006, S. 10.

1167 *Quaas*, Die Behördenpräklusion, 2006, S. 10. Ähnlich *Guckelberger*, Die Verjährung im Öffentlichen Recht, 2004, S. 459 f. in Bezug auf die Konsequenzen der Verjährung für den Verwaltungsprozess. Differenzierend auch *Oexle*, Das Rechtsinstitut der materiellen Präklusion, 2001, S. 29 f., der die materielle Präklusion jedoch als Prozesshindernis versteht, welches der Zulässigkeit einer Klage entgegensteht.

1168 *Brandt*, NVwZ 1997, S. 233 (236); *Thiel*, DÖV 2001, S. 814 (816).

1169 *Streinz*, VerwArch 79 (1988), S. 272 (291).

1170 *Brandt*, NVwZ 1997, S. 233 (236); *Thiel*, DÖV 2001, S. 814 (817).

Die Präklusion privat- und öffentlich-rechtlicher Ansprüche ist beispielsweise in § 75 Abs. 2 S. 1 VwVfG geregelt. Danach sind Ansprüche auf Unterlassung des Vorhabens, auf Beseitigung oder Änderung der Anlagen oder auf Unterlassung ihrer Benutzung ausgeschlossen, wenn der Planfeststellungsbeschluss unanfechtbar geworden ist. Diese Ansprüche werden also ausgeschlossen, ohne dass andere Ansprüche an ihre Stelle treten. Daneben sieht § 75 Abs. 2 S. 2 VwVfG Ansprüche auf Maßnahmen zur Beseitigung nachträglicher, nicht vorhersehbarer Wirkungen vor. Sind solche Vorkehrungen untunlich oder mit dem Vorhaben unvereinbar, so wandeln sich diese Ansprüche gemäß § 75 Abs. 2 S. 4 VwVfG in einen Entschädigungsanspruch um.

Einen Ausschluss nur privatrechtlicher Ansprüche regelt § 14 S. 1 BImSchG. Danach kann auf Grund privatrechtlicher, nicht auf besonderen Titeln beruhender Ansprüche zur Abwehr benachteiligender Einwirkungen von einem Grundstück auf ein benachbartes Grundstück nicht die Einstellung des Betriebs einer Anlage verlangt werden, deren Genehmigung unanfechtbar ist. Nach § 14 S. 1, 2. Halbsatz BImSchG sind Ansprüche von der Präklusion ausgenommen, die auf Vorkehrungen gerichtet sind, die die benachteiligenden Wirkungen ausschließen. Sind diese nicht durchführbar oder wirtschaftlich nicht vertretbar, kann Schadensersatz verlangt werden. Insoweit wird das Abwehrrecht also modifiziert und in einen Schadensersatzanspruch umgewandelt.[1171]

c) § 73 Abs. 4 S. 3 VwVfG als materiell-rechtliche Präklusionsregelung

Gemäß § 73 Abs. 4 S. 3 VwVfG sind mit Ablauf der Einwendungsfrist alle Einwendungen ausgeschlossen, die nicht auf besonderen privatrechtlichen Titeln beruhen. Diese gemäß § 18 Abs. 5 NABEG i.V.m. § 43a EnWG auch für das Planfeststellungsverfahren für Höchstspannungsleitungen nach dem NABEG geltende Regelung enthält eine materielle Präklusion. Nachdem seit dem In-Kraft-Treten für das VwVfG zunächst nur eine formelle Präklusion bestand, wurde diese weitergehende Ausschlusswirkung durch das Genehmigungsverfahrensbeschleunigungsgesetz[1172] aus dem Planungsvereinfachungsgesetz[1173]

1171 *Brandt*, NVwZ 1997, S. 233 (237).

1172 Gesetz zur Beschleunigung von Genehmigungsverfahren (Genehmigungsverfahrensbeschleunigungsgesetz – GenBeschlG) vom 12. September 1996, BGBl. I, S. 1354.

1173 Gesetz zur Vereinfachung der Planungsverfahren für Verkehrswege (Planungsvereinfachungsgesetz – PlVereinfG) vom 17. Dezember 1993, BGBl. I, S. 2123.

in das VwVfG übernommen.[1174] Durch sie wird die Geltendmachung von im Verwaltungsverfahren verspätet vorgebrachten Einwendungen auch im gerichtlichen Verfahren – und damit materiell – ausgeschlossen.[1175]

3. *Innerprozessuale Präklusion*

Präklusion kann auch zu Einschränkungen prozessualer Befugnisse innerhalb eines Prozesses durch Verfahrenseinschnitte führen, so dass man von einer innerprozessualen Präklusion sprechen kann.[1176] In § 87b Abs. 3 VwGO hat der Gesetzgeber dem Gericht die Möglichkeit eingeräumt, verspätetes Vorbringen zurückzuweisen. Danach kann das Gericht Erklärungen und Beweismittel, die erst nach Ablauf einer durch den Vorsitzenden oder den Berichterstatter gesetzten Frist vorgebracht werden, zurückweisen und ohne weitere Ermittlungen entscheiden, wenn ihre Zulassung nach der freien Überzeugung des Gerichts die Erledigung des Rechtsstreits verzögern würde, der Beteiligte die Verspätung nicht genügend entschuldigt und er über die Folgen einer Fristversäumung belehrt worden ist.[1177] Die Vorschrift bezieht sich somit auf eine richterliche Anordnung mit Fristsetzung nach § 87b Abs. 1 VwGO. Im Interesses der Entlastung der Gerichte und der Verfahrensbeschleunigung räumt die Vorschrift also dem Gericht die Befugnis ein, dem Kläger eine Frist zur Angabe der Tatsachen zu setzen, durch deren Berücksichtigung oder Nichtberücksichtigung im Verwaltungsverfahren er sich beschwert fühlt.[1178]

Die in § 87b Abs. 3 VwGO angeordnete prozessuale Präklusion findet über Verweisungsvorschriften auch im Fachplanungsrecht Anwendung. Der Gesetzgeber hatte zunächst in § 5 Abs. 3 S. 1 des Gesetzes zur Beschleunigung der Planung für Verkehrswege in den neuen Ländern sowie im Land Berlin (Verkehrswegeplanungsbeschleunigungsgesetz – VerkPBG)[1179] für Klagen gegen Planfeststellungsbeschlüsse und Plangenehmigungen nach diesem Gesetz eine

1174 *Schink*, in: Knack/Henneke, VwVfG, 2014, § 73 Rn. 110; *Wysk*, in: Kopp/Ramsauer, VwVfG, 2018, § 73 Rn. 88.

1175 BT-Drs. 13/3995, S. 10.

1176 *Streinz*, VerwArch 79 (1988), S. 272 (281).

1177 Über § 128a Abs. 2 VwGO und § 141 VwGO findet die Vorschrift auch im Berufungs- und Revisionsverfahren Anwendung.

1178 BT-Drs. 11/7030, S. 28; BVerwG, Urteil vom 30.08.1993 – 7 A 14/93 –, NVwZ 1994, S. 371 (372); Beschluss vom 06.04.2000 – 9 B 50/00 –, NVwZ 2000, S. 1042 (1043); *W.-R. Schenke*, in: Kopp/Schenke, VwGO, 2018, § 87b Rn. 3.

1179 Gesetz vom 16.12.1991, BGBl. I, S. 2174.

Frist von sechs Wochen eingeführt, innerhalb derer der Kläger die Tatsachen, durch deren Berücksichtigung oder Nichtberücksichtigung im Verwaltungsverfahren er sich beschwert fühlt, anzugeben hat. Über § 5 Abs. 3 S. 2 VerkPBG galt § 87b Abs. 3 VwGO entsprechend. Mit dem Gesetz zur Vereinfachung der Planungsverfahren für Verkehrswege (Planungsvereinfachungsgesetz – PlVereinfG)[1180] hat er diese Präklusionsregelung auf weitere Bereiche des Fachplanungsrechts ausgedehnt, die mit Einführung des § 43e EnWG auch im Recht des Energieleitungsausbaus Eingang gefunden hat. So hat der Kläger nach § 18 Abs. 5 NABEG i.V.m. § 43e Abs. 3 S. 1 EnWG innerhalb einer Frist von sechs Wochen die zur Begründung seiner Klage dienenden Tatsachen und Beweismittel anzugeben. Gemäß § 43e Abs. 3 S. 2 EnWG gilt § 87b Abs. 3 VwGO entsprechend. Es wird also unmittelbar kraft Gesetzes eine prozessuale Obliegenheit auferlegt, so dass es einer richterlichen Anordnung mit Fristsetzung im Sinne des § 87b Abs. 1 VwGO nicht bedarf.[1181] Im Interesse der Verfahrensbeschleunigung wird auf diese Weise die Mitwirkungslast des Klägers verschärft.[1182]

Die innerprozessualen Präklusionsvorschriften dienen dazu, dass der mit der Klage geltend gemachte prozessuale Anspruch alsbald hinreichend umrissen wird. Der Lebenssachverhalt als Grundlage dieses Anspruchs soll mit Ablauf der gesetzlichen oder richterlichen Frist unverwechselbar feststehen. Das Gericht soll seine weitere prozessleitende Tätigkeit daran ausrichten können, um den Rechtsstreit zeitnah einer Entscheidung zuführen zu können, und nicht gezwungen sein, sich nach Ablauf der Frist mit neuen Lebenssachverhalten auseinanderzusetzen, wenn dies zu einer Verzögerung des Rechtsstreits führen würde.[1183]

Bei der Frage, auf welchen Zeitpunkt für die Berechnung der Sechswochenfrist des verspäteten Vorbringens abzustellen ist, kommen drei mögliche Zeitpunkte in Betracht: Die Bekanntgabe des angegriffenen Verwaltungsaktes, die Klageerhebung und der Ablauf der Klagefrist.[1184] Entscheidend für den Fristbeginn

---

1180 Gesetz vom 17.12.1993, BGBl. I, S. 2123.

1181 *W.-R. Schenke*, in: Kopp/Schenke, VwGO, 2018, § 87b Rn. 3.

1182 *Hermes*, in: Britz/Hellermann/Hermes, EnWG, 2015, § 43e Rn. 4; *Riese/Fest*, in: Steinbach/Franke, Kommentar zum Netzausbau, 2017, § 43e EnWG Rn. 19.

1183 BVerwG, Urteil vom 30.08.1993 – 7 A 14/93 –, NVwZ 1994, S. 371 (372); *Kley*, Der prozeßrechtliche Ausschluß von Tatsachenvorbringen bei der Anfechtung eines Planfeststellungsbeschlusses, in: Berkemann/Gaentzsch/Halama u.a., Festschrift für Schlichter, 1995, S. 637 (641).

1184 *Kley*, Der prozeßrechtliche Ausschluß von Tatsachenvorbringen bei der Anfechtung eines Planfeststellungsbeschlusses, in: Berkemann/Gaentzsch/Halama u.a., Festschrift für Schlichter, 1995, S. 637 (639).

ist der Zeitpunkt der Klageerhebung.[1185] Hierfür spricht der Wortlaut der einschlägigen Vorschriften, wonach „der Kläger“ fristgerecht die zur Begründung seiner Klage dienenden Tatsachen und Beweismittel anzugeben hat. Das Gesetz geht also davon aus, dass bereits Klage erhoben wurde. Hierdurch wird das Prozessrechtsverhältnis, mit den sich daran anknüpfenden Pflichten begründet.[1186]

Umstritten ist die Frage, wann die Zulassung verspäteten Vorbringens den Rechtsstreit verzögert. Der relative Verzögerungsbegriff stellt darauf ab, ob der Prozess bei rechtzeitigem Vorbringen schneller beendet gewesen wäre. Dies macht eine Feststellung über den mutmaßlichen Geschehensablauf bei dem an sich gebotenen Alternativverhalten durch das Gericht erforderlich, was dem Beschleunigungsinteresse des Gesetzgebers widerspricht und mit größeren Unsicherheiten verbunden ist. Richtigerweise ist daher im Sinne der Theorie des absoluten Verzögerungsbegriffs ein Vorbingen verspätet, wenn der Prozess bei Zulassung dieses Vorbringens länger dauern würde als bei dessen Zurückweisung.[1187]

Unklarheit besteht schließlich darüber, ob § 87b Abs. 3 VwGO als Ermessensvorschrift zu verstehen ist oder das Gericht verspätetes Vorbringen zurückweisen muss. Der Wortlaut der Vorschrift, wonach das Gericht verspätetes Vorbringen zurückweisen „kann“, weist auf eine Ermessensentscheidung des Gerichts hin.[1188] So geht die überwiegende Auffassung in der Literatur von der Befugnis des Gerichts aus, seine Entscheidung nach pflichtgemäßem Ermessen unter Abwägung seiner Pflicht zur Amtsermittlung und der Erfordernisse einer Beschleunigung zu treffen.[1189] Auch das Bundesverwaltungsgericht erkennt in § 87 Abs. 3 VwGO eine Ermessensvorschrift.[1190] Dennoch werden Bedenken

---

1185 BVerwG, Urteil vom 30.08.1993 – 7 A 14/93 –, NVwZ 1994, S. 371 (372).

1186 *Kley*, Der prozeßrechtliche Ausschluß von Tatsachenvorbringen bei der Anfechtung eines Planfeststellungsbeschlusses, in: Berkemann/Gaentzsch/Halama u.a., Festschrift für Schlichter, 1995, S. 637 (640); *Niedzwicki*, Präklusionsvorschriften des öffentlichen Rechts, 2007, S. 46, dort Fn. 120.

1187 *Ortloff/Riese*, in: Schoch/Schneider/Bier, VwGO, § 87b (2007) Rn. 38; *W.-R. Schenke*, in: Kopp/Schenke, VwGO, 2018, § 87b Rn. 11.

1188 Im Berufungsverfahren ergibt sich dieses Problem nicht, da bei Vorliegen der in § 128a Abs. 1 VwGO geregelten Voraussetzungen neue Erklärungen und Beweismittel zuzulassen sind. Eine Ermessensentscheidung ist demnach ausgeschlossen.

1189 *Stelkens*, NVwZ 1991, S. 209 (214); *W.-R. Schenke*, in: Kopp/Schenke, VwGO, 2018, § 87b Rn. 9.

1190 BVerwG, Beschluss vom 06.04.2000 – 9 B 50/00 –, NVwZ 2000, S. 1042 (1043). In diese Richtung bereits BVerwG, Urteil vom 30.08.1993 – 7 A 14/93 –, NVwZ

gegen die Einräumung eines Ermessens bei Vorliegen der Präklusionsvoraussetzungen erhoben, da es an brauchbaren Kriterien für die Ermessensausübung fehle. Ein vergleichbares Problem besteht bei der zivilprozessualen Präklusionsregelung des § 296 Abs. 2 ZPO. In diesem Zusammenhang wird vertreten, dass das „Können" im Sinne eines „Müssens" zu verstehen sei.[1191] Diese Bedenken werden zum Teil auch auf die Präklusionsvorschrift des § 87b Abs. 3 VwGO übertragen. Kriterien wie das Maß der Verspätung, die Erfahrung der Prozessparteien, der Grad der Nachlässigkeit, die Bedeutung des Streitgegenstandes, die Prozessdauer und die Plausibilität des verspäteten Vortrags werden demnach dem Beschleunigungszweck der Vorschrift sowie dem Gebot der Vorhersehbarkeit staatlichen Handelns nicht gerecht.[1192] Vor diesem Hintergrund sollte dem Gericht nur ein intendiertes Ermessen im Sinne einer Sollvorschrift eingeräumt werden, so dass grundsätzlich von der Präklusion Gebrauch zu machen ist.[1193]

Der mit der Klagebegründungsfrist verbundenen prozessualen Präklusion kommt in der verwaltungsgerichtlichen Praxis bislang nur geringe Bedeutung zu.[1194] Angesichts der mit der Unionsrechtswidrigkeit der materiellen Präklusion verbundenen Folgen für den Verwaltungsprozess ist zu untersuchen, ob ihr künftig ein größeres Gewicht zu verleihen ist.[1195]

1994, S. 371 (373), das von einer „ermessensgerechten Anwendung des § 87b Abs. 3 VwGO" spricht.

1191 *Weth*, in: Wieczorek/Schütze, ZPO, 2013, § 296 Rn. 195; *Prütting*, in: Krüger/Rauscher, ZPO, 2016, § 296 Rn. 181.

1192 *Kley*, Der prozeßrechtliche Ausschluß von Tatsachenvorbringen bei der Anfechtung eines Planfeststellungsbeschlusses, in: Berkemann/Gaentzsch/Halama u.a., Festschrift für Schlichter, 1995, S. 637 (651 f.).

1193 *Kley*, Der prozeßrechtliche Ausschluß von Tatsachenvorbringen bei der Anfechtung eines Planfeststellungsbeschlusses, in: Berkemann/Gaentzsch/Halama u.a., Festschrift für Schlichter, 1995, S. 637 (653); *Ortloff/Riese*, in: Schoch/Schneider/Bier, VwGO, § 87b (2007) Rn. 44. *Niedzwicki*, Präklusionsvorschriften des öffentlichen Rechts, 2007, S. 47 scheint die Vorschrift als gebundene Entscheidung verstehen zu wollen, so dass verspätetes Vorbringen stets zurückgewiesen werden muss.

1194 *Müggenborg*, NuR 2016, S. 473 (474); *Rennert*, Referat zum 71. DJT, in: Ständige Deputation des DJT, Verhandlungen des 71. DJT, Bd. II/1, 2017, S. N 127 (N 142).

1195 Vgl. Vierter Teil.G.III.

II. Abgrenzung

Wie Einwendungsfristen gehören auch Fristen zur Einlegung förmlicher Rechtsbehelfe nach der VwGO, also die Widerspruchs-, die Klagefrist und die Rechtsmittelfristen, zu den Ausschlussfristen.[1196] Sie beschränken durch Zeitablauf den Rechtsschutz und tragen auf diese Weise zur Rechtssicherheit und zum Rechtsfrieden bei.[1197] Rechtsbehelfsfristen knüpfen jedoch an eine bereits erlassene Entscheidung an. Im Unterschied dazu tritt bei der materiellen Präklusion die Ausschlusswirkung bereits vor Erlass eines Hoheitsaktes ein. Dritte müssen im Rahmen der Öffentlichkeitsbeteiligung im Vorfeld der Behördenentscheidung ihre Einwendungen erheben.[1198]

Vergleicht man Präklusionsregelungen mit Unbeachtlichkeits- und Heilungsvorschriften so ergibt sich ein Unterscheidungsmerkmal in zeitlicher Hinsicht. Letztere knüpfen auf Rechtsfolgenseite an und blenden Verfahrensfehler aus, indem sie diese für unbeachtlich erklären oder dem Entscheidungsträger die Möglichkeit einräumen, fehlerhafte Verfahrenshandlungen zu wiederholen und somit den begangenen Fehler zu beheben.[1199] Präklusionsvorschriften sanktionieren hingegen ein Mitwirkungsdefizit während des Entscheidungsprozesses. Sie werden also bereits im Vorfeld der behördlichen Entscheidung wirksam.[1200] Zudem unterscheiden sich die Präklusionsvorschriften von Unbeachtlichkeits- und Heilungsvorschriften in Bezug auf den Adressatenkreis. Die Geltendmachung des Fehlers steht jedermann unabhängig von einer rechtlichen oder tatsächlichen Betroffenheit zu. Heilungs- und Unbeachtlichkeitsregelungen wirken absolut gegenüber jedermann („inter omnes") und sind nicht auf einen bestimmten Personenkreis festgelegt.[1201] Dagegen ist der Einwendungsausschluss der Präklusionsvorschriften teilbar. Ihr Anknüpfungspunkt ist ein unterbliebenes oder verspätetes Vorbringen von Einwendungen und damit eine

---

1196 *Linhart*, Fristen, 2007, S. 19 Rn. 23; *Kluth*, in: Wolff/Bachof/Stober/Kluth, Verwaltungsrecht I, 2017, § 37 Rn. 19.

1197 *Niedzwicki*, Präklusionsvorschriften des öffentlichen Rechts, 2007, S. 36.

1198 *Niedzwicki*, Präklusionsvorschriften des öffentlichen Rechts, 2007, S. 36 f.; *Guckelberger/Geber*, EurUP 2014, S. 167 (173).

1199 *Kment*, Nationale Unbeachtlichkeits-, Heilungs- und Präklusionsvorschriften, 2005, S. 25; *Quaas*, Die Behördenpräklusion, 2006, S. 4.

1200 *Kment*, Nationale Unbeachtlichkeits-, Heilungs- und Präklusionsvorschriften, 2005, S. 26.

1201 BVerwG, Beschluss vom 18.06.1982 – 4 N 6/79 –, NVwZ 1983, S. 347; Beschluss vom 02.01.2001 – 4 BN 13.00 –, ZfBR 2001, S. 418.

konkrete Obliegenheitsverletzung. Sie entfalten ihre Wirkung nur bei einem individuellen Adressatenkreis, also denjenigen, die sich nicht rechtzeitig beteiligt haben. Diejenigen, die ihre Einwendungen im Rahmen der Öffentlichkeitsbeteiligung in der vorgegebenen Frist erhoben haben, können ihre Bedenken weiterhin vorbringen.[1202]

Stellt man Präklusionsvorschriften und die Verjährung im Öffentlichen Recht gegenüber, so lassen sich durchaus Gemeinsamkeiten entdecken. In beiden Fällen wird ein Recht entkräftet, wenn nicht innerhalb einer gesetzlich geregelten Frist eine bestimmte Handlung vorgenommen wird. Die Beteiligten können den Eintritt der Rechtsentkräftung also beeinflussen.[1203] Sucht man nach Kriterien zur Differenzierung zwischen Verjährungsvorschriften und Ausschlussfristen, so helfen sowohl ein Vergleich ihrer Bezugsgegenstände als auch die mit ihnen verfolgten Zwecke bei der Abgrenzung beider Rechtsinstitute nur bedingt weiter. Vermögensrechtliche Ansprüche im Öffentlichen Recht unterliegen nicht nur der Verjährung, sondern können auch – wie § 48 Abs. 3 S. 5 VwVfG verdeutlicht – durch Ablauf einer Ausschlussfrist präkludiert werden. Ihnen ist zudem gemeinsam, dass sie zur Schaffung von Rechtssicherheit beitragen, ihnen Beschleunigungsfunktion zukommt und sie einen Beitrag zur Entlastung der Verwaltung und der Gerichte leisten können.[1204] Als Abgrenzungskriterium wird zum Teil ihre verschiedene Wirkung herausgestellt. Demnach führe der Ablauf von Ausschlussfristen zum Erlöschen des jeweiligen Rechts und sei von Amts wegen zu berücksichtigen, während die Verjährung als Einrede geltend gemacht werden müsse. Sie stelle ein Leistungsverweigerungsrecht dar, durch das nicht von vornherein eine Änderung der Rechtslage erfolgt.[1205] Diese im Zivilrecht wurzelnde Überlegung kann jedoch nicht ohne weiteres auf das Öffentliche Recht übertragen werden. Im Öffentlichen Recht hat der Gesetzgeber als Rechtsfolge der Verjährung nicht nur ein Einrederecht, sondern das Erlöschen des Rechts vorgesehen. In diesem Fall wird die enge Nähe zwischen gesetzlichen Verjährungs- und Ausschlussfristen erkennbar, so dass sie sich nicht anhand ihrer Wirkung abgrenzen lassen.[1206] Ein grundsätzliches

---

1202 *Kment*, UPR Sonderheft 2016, S. 487 (488).

1203 *Guckelberger*, Die Verjährung im Öffentlichen Recht, 2004, S. 526.

1204 *Guckelberger*, Die Verjährung im Öffentlichen Recht, 2004, S. 78 ff. und 528 ff.; *Niedzwicki*, Präklusionsvorschriften des öffentlichen Rechts, 2007, S. 29 und 35.

1205 *Quaas*, Die Behördenpräklusion, 2006, S. 4.

1206 *Guckelberger*, Die Verjährung im Öffentlichen Recht, 2004, S. 527 und 549 f.; *Niedzwicki*, Präklusionsvorschriften des öffentlichen Rechts, 2007, S. 35; *Linhart*, Fristen, 2007, S. 15 ff. Rn. 20.

Unterscheidungsmerkmal zwischen beiden Rechtsinstituten ist darin zu sehen, dass der Lauf der Verjährungsfrist unter bestimmten Umständen gehemmt wird. Demgegenüber wird die Ausschlussfrist durch die Vornahme der die Frist wahrenden Handlung endgültig gewahrt und somit Klarheit über das Bestehen oder Nichtbestehen einer Rechtsposition geschaffen.[1207] Bei Präklusivfristen ist die Befugnis Einwendungen abzugeben, von vornherein nur für die Dauer der Frist eingeräumt.[1208]

III. Anforderungen an das Vorbringen von Einwendungen

Ob die materielle Präklusionsregelung mit dem Effektivitätsgrundsatz vereinbar ist, hängt auch davon ab, wie konkret der Betroffene seine Einwendungen formulieren muss. Die einschlägigen Vorschriften enthalten keine Vorgaben für den erforderlichen Mindestinhalt.[1209] § 22 Abs. 6 S. 1 NABEG und § 73 Abs. 4 S. 1 VwVfG sprechen lediglich davon, dass „Einwendungen gegen den Plan" erhoben werden können.

1. Einwendungen von „bloß" Betroffenen

Unter dem Begriff der Einwendung ist sachliches Gegenvorbringen zu verstehen, das auf die Verhinderung oder Modifizierung des beantragten Vorhabens gerichtet ist und der Wahrung eigener Rechte und Belange dient.[1210] Um eine Präklusion auszuschließen, fordern Rechtsprechung und herrschende Lehre, dass die Einwendungen hinreichend substantiiert vorgetragen werden. Ausgehend von Sinn und Zweck der Präklusionsvorschriften, zur sachlichen Bewältigung des Vorhabens durch die Behörde beizutragen und ihre Informationsbasis zu verbreitern, stellen das bloße Nein, der nicht näher spezifizierte Protest oder die schlichte Mitteilung, es würden Einwendungen erhoben, kein Vorbringen von Einwendungen dar. Erforderlich ist ein Mindestmaß an Konkretisierung.[1211] Um

1207 *Niedzwicki*, Präklusionsvorschriften des öffentlichen Rechts, 2007, S. 35 f.

1208 *Linhart*, Fristen, 2007, S. 17 Rn. 21.

1209 *Oexle*, Das Rechtsinstitut der materiellen Präklusion, 2001, S. 119.

1210 BVerwG, Urteil vom 17.07.1980 – 7 C 101.78 –, BVerwGE 60, 297 (300); Urteil vom 24.07.2008 – 4 A 3001.07 –, BVerwGE 131, 316 (325 Rn. 36); Urteil vom 19.02.2015 – 7 C 11.12 –, BVerwGE 151, 213 (215 f. Rn. 17); *Wysk*, in: Kopp/Ramsauer, VwVfG, 2018, § 73 Rn. 64; *Neumann/Külpmann*, in: Stelkens/Bonk/Sachs, VwVfG, 2018, § 73 Rn. 82.

1211 BVerwG, Urteil vom 17.07.1980 – 7 C 101.78 –, BVerwGE 60, 297 (300); *Niedzwicki*, Präklusionsvorschriften des öffentlichen Rechts, 2007, S. 52 und 54; *Storost*, DVBl.

der Darlegungslast zu genügen, muss der Einwendende in groben Zügen angeben, welches seiner Rechtsgüter er als gefährdet ansieht. Er muss dieses Rechtsgut bezeichnen und darlegen, welche Beeinträchtigungen er befürchtet.[1212] Das Vorbringen muss so konkret sein, dass die Planfeststellungsbehörde erkennen kann, in welcher Hinsicht sie bestimmte Belange einer näheren Betrachtung unterziehen soll.[1213] Eine nur pauschale Benennung des Rechtsguts führt auch nur zu einer ebenso pauschalen Prüfung der Behörde und – im Streitfall – des Gerichts. Wer beispielsweise Eigentumsbeeinträchtigungen vortragen will, muss die Eigentumsposition, deren Gefährdung er befürchtet, konkret bezeichnen.[1214] Es „darf nicht mehr gefordert werden als das durchschnittliche Wissen eines nicht sachverständigen Bürgers in bezug auf mögliche Beeinträchtigungen von

2012, S. 457 (458); *Neumann/Külpmann*, in: Stelkens/Bonk/Sachs, VwVfG, 2018, § 73 Rn. 82.

1212 So ständige Rspr. seit BVerwG, Urteil vom 17.07.1980 – 7 C 101.78 –, BVerwGE 60, 297 (311), bestätigt durch BVerfG, Beschluss vom 08.07.1982 – 2 BvR 1187/80 –, BVerfGE 61, 82 (117 f.). Vgl. auch BVerwG, Urteil vom 30.01.2008 – 9 A 27/06 –, NVwZ 2008, S. 678 (679 Rn. 30); Urteil vom 14.07.2011 – 9 A 14/10 –, NVwZ 2012, S. 180 (182 Rn. 17).

1213 BVerwG, Beschluss vom 12.02.1996 – 4 A 38/95 –, NVwZ 1997, S. 171 (172); Beschluss vom 02.09.2010 – 9 B 11.10 –, NuR 2010, S. 799 (800). In dieser vom Bundesverwaltungsgericht erstmals in der Entscheidung vom 12. Februar 1996 verwendeten und im Vergleich zu früheren Entscheidungen abweichenden Formulierung wird zum Teil eine Verschärfung der Anforderungen an die Darlegungslast gesehen, *Solveen*, DVBl. 1997, S. 803 (806). Dagegen spricht, dass dem Urteil konkrete Anforderungen an die inhaltliche Konkretisierung nicht zu entnehmen ist, so dass die Ausführungen des Gerichts unter Rückgriff auf die frühere Rechtsprechung zu ergänzen sind, *Oexle*, Das Rechtsinstitut der materiellen Präklusion, 2001, S. 121. Das Gericht verwendet diese Formulierung in späteren Entscheidungen in einem Zuge mit der früheren Formulierung, BVerwG, Urteil vom 30.01.2008 – 9 A 27/06 –, NVwZ 2008, S. 678 (679); Urteil vom 09.07.2008 – 9 A 14/07 –, BVerwGE 131, 274 (288 Rn. 49). Auch der 4. Senat selbst greift in einem späteren Urteil wieder auf die ursprüngliche Formulierung zurück, BVerwG, Urteil vom 01.09.1997 – 4 A 36.96 –, BVerwGE 105, 178 (183 f.).

1214 BVerwG, Urteil vom 17.07.1980 – 7 C 101.78 –, BVerwGE 60, 297 (311); Beschluss vom 13.03.1995 – 11 VR 2/95 –, NVwZ 1995, S. 905 (906); Beschluss vom 25.01.2005 – 9 B 38.04 –, NVwZ 2005, S. 447 (448); *Neumann/Külpmann*, in: Stelkens/Bonk/Sachs, VwVfG, 2018, § 73 Rn. 82.

Leben, Gesundheit und sonstiger geschützter Rechtspositionen durch das in Rede stehende Vorhaben."[1215]

Die erforderliche Detaillierung der Einwendungen hat sich an der Konkretheit der ausgelegten Planunterlagen zu orientieren. Je ausführlicher sich diese mit einem Belang, dessen Beeinträchtigung mit einer Einwendung geltend gemacht werden soll, befassen, desto genauer müssen die darauf abzielenden Einwendungen konkretisiert werden.[1216] Nicht zur Substantiierung gehört, weshalb eine Gefährdung befürchtet wird. Eine solche Begründung oder eine rechtliche Einordnung des Vorbringens wird von Privateinwendern nicht verlangt. Nicht erforderlich sind auch weitergehende Ausführungen, die wissenschaftlich-technischen Sachverstand erfordern. Die Darlegungsanforderungen orientieren sich an den Möglichkeiten planungsbetroffener Laien.[1217]

Der Inhalt der Einwendungen muss sich aus dem Einwendungsschreiben selbst und ggf. mit ihm eingereichten Stellungnahmen ergeben.[1218] In Bezug genommene Stellungnahmen, die in einem anderen Verfahren oder in einem Vorstadium des eigentlichen Planfeststellungsverfahrens abgegeben worden und dem Einwendungsschreiben nicht beigefügt sind, verursachen für die Anhörungs- und Planfeststellungsbehörde regelmäßig einen Mehraufwand und bergen die Gefahr, dass Unsicherheit und nachträglicher Streit über den genauen Inhalt der Einwendung entstehen. Dies steht der mit der Einwendungspräklusion

---

1215 BVerfG, Beschluss vom 08.07.1982 – 2 BvR 1187/80 –, BVerfGE 61, 82 (117 f.); *Versteyl*, in: Schink/Versteyl/Dippel, NABEG, 2016, § 22 Rn. 88.

1216 BVerwG, Urteil vom 30.01.2008 – 9 A 27/06 –, NVwZ 2008, S. 678 (679 f. Rn. 30); Urteil vom 09.07.2008 – 9 A 14/07 –, BVerwGE 131, 274 (288 f. Rn. 49); Beschluss vom 02.09.2010 – 9 B 11.10 –, NuR 2010, S. 799 (800 f.); *Ziekow*, VwVfG, 2013, § 73 Rn. 48.

1217 BVerwG, Urteil vom 17.07.1980 – 7 C 101.78 –, BVerwGE 60, 297 (311); Urteil vom 03.03.2004 – 9 A 15/03 –, NVwZ 2004, S. 986 (987); Urteil vom 09.06.2006 – 9 A 28.05 –, BVerwGE 126, 166 (172 Rn. 27). Demgegenüber verschärft die Rechtsprechung die Anforderungen an die Substantiierung von Einwendungen durch Umweltverbände und verlangt von ihnen aufgrund ihrer höheren Sach- und Fachkunde einen höheren Detaillierungsgrad der Einwendungen. So ist auch die räumliche Zuordnung eines Vorkommens oder einer Beeinträchtigung zu spezifizieren, wenn es sich nicht ohne weiteres von selbst versteht. Zudem wird eine kritische Auseinandersetzung mit dem vorhandenen Material unter natur- und umweltschutzfachlichen Gesichtspunkten gefordert, BVerwG, Urteil vom 29.09.2011 – 7 C 21.09 –, NuR 2012, S. 119 (121 Rn. 34 f.).

1218 BVerwG, Beschluss vom 28.12.2011 – 9 B 59/11 –, NVwZ-RR 2012, S. 261 (262 Rn. 7); *Ziekow*, VwVfG, 2013, § 73 Rn. 49.

verfolgten Beschleunigung des Verfahrens und dem Interesse der Allgemeinheit und des Vorhabenträgers an der Beständigkeit der einmal getroffenen Zulassungsentscheidung entgegen.[1219] Das in entsprechenden Stellungnahmen enthaltene Vorbringen wird daher noch nicht zum Gegenstand der Einwendung, solange diese Stellungnahmen nicht mit dem Einwendungsschreiben eingereicht oder innerhalb der Einwendungsfrist nachgereicht werden.[1220]

2. *Einwendungen von Enteignungsbetroffenen*

Die dargestellten Anforderungen an die Darlegungslast gelten ebenso für Einwender, die sich als Enteignungsbetroffene auch auf öffentliche Belange berufen können.[1221] Von der enteignungsrechtlichen Vorwirkung eines Planfeststellungsbeschlusses Betroffene haben grundsätzlich einen Anspruch auf eine umfassende gerichtliche Kontrolle dieses Beschlusses. Sie können eine Verletzung des Abwägungsgebots also auch mit der Begründung geltend machen, dass öffentliche Belange nicht hinreichend beachtet worden seien. Hintergrund dieser erweiterten Rechtsschutzmöglichkeit ist, dass der Planfeststellungsbeschluss die Entscheidung über die Zulässigkeit des Eigentumsentzugs mit umfasst, dieser aber nach Art. 14 Abs. 3 GG zum Wohle der Allgemeinheit erforderlich sein muss. Daher können sie sich auch auf öffentliche Belange wie zum Beispiel solche des Natur- und Landschaftsschutzes oder des Vogelschutzes berufen.[1222]

Nachdem einer früheren Entscheidung des Bundesverwaltungsgerichts[1223] entnommen wurde, dass in diesen Fällen bereits die Einwendung der „Rechtswidrigkeit des geplanten Vorhabens" der Einwendungslast genüge[1224], legt das

---

1219 BVerwG, Beschluss vom 28.12.2011 – 9 B 59/11 –, NVwZ-RR 2012, S. 261 (262 Rn. 7).

1220 BVerwG, Urteil vom 27.08.1997 – 11 A 18/96 –, NVwZ-RR 1998, S. 290 (291); Beschluss vom 28.12.2011 – 9 B 59/11 –, NVwZ-RR 2012, S. 261 (262 Rn. 7); *Ziekow*, VwVfG, 2013, § 73 Rn. 49; *Neumann/Külpmann*, in: Stelkens/Bonk/Sachs, VwVfG, 2018, § 73 Rn. 82.

1221 BVerwG, Urteil vom 30.01.2008 – 9 A 27/06 –, NVwZ 2008, S. 678 (679 f. Rn. 28 ff.); Urteil vom 03.03.2011 – 9 A 8.10 –, BVerwGE 139, 150 (158 ff. Rn. 32 ff.); Urteil vom 14.07.2011 – 9 A 14/10 –, NVwZ 2012, S. 180 (182 Rn. 18).

1222 BVerwG, Urteil vom 16.03.2006 – 4 A 1075.04 –, BVerwGE 125, 116 (279 Rn. 448); Urteil vom 30.01.2008 – 9 A 27/06 –, NVwZ 2008, S. 678 (679 Rn. 29). Vgl. auch bereits Dritter Teil.A.II.5 m.w.N.

1223 BVerwG, Urteil vom 24.05.1996 – 4 A 38.95 –, NVwZ 1997, S. 489 (491).

1224 So *Niedzwicki*, Präklusionsvorschriften des öffentlichen Rechts, 2007, S. 55 ff. Ablehnend *Solveen*, DVBl. 1997, S. 803 (807 ff.). Kritisch auch *Oexle*, Das Rechtsinstitut der materiellen Präklusion, 2001, S. 122 ff.

Bundesverwaltungsgericht in nachfolgenden Entscheidungen für die Geltendmachung öffentlicher Belange die gleichen Anforderungen zugrunde, wie für die Geltendmachung eigener Belange und Rechte. Eine Einwendung, aus der nur hervorgeht, dass sich der Planbetroffene gegen das Planvorhaben als solches wenden will, reicht demnach nicht aus.[1225] Ausgehend von Sinn und Zweck der Öffentlichkeitsbeteiligung und der hieran anknüpfenden Präklusionsregelung soll auch in diesem Zusammenhang die Informationsbasis der Behörde verbreitert und den Betroffenen im Sinne eines vorgelagerten Rechtsschutzes eine frühzeitige Einflussnahmemöglichkeit eröffnet werden. Diese Zielsetzung steht in Konflikt mit dem Interesse an einer behördlichen Verfahrensbeschleunigung und an der Beständigkeit der einmal getroffenen Zulassungsentscheidung. Der Ausgleich dieser Interessen soll dadurch geschaffen werden, dass die Reichweite der Einwendungsbefugnis mit der Reichweite der Einwendungslast und der an sie anknüpfenden Präklusion korrespondiert.[1226] Diese Konzeption fügt sich auch in systematischer Hinsicht in die bisherige Einwendungslehre des Bundesverwaltungsgerichts ein.[1227]

Danach soll der Einwender gegen die Planung sprechende Gesichtspunkte geltend machen, die sich anknüpfend an die ausgelegten Unterlagen „einem Laien in seiner Lage von dessen eigenem Kenntnis- und Erfahrungshorizont her erschließen."[1228] Auch in diesem Zusammenhang besteht eine Obliegenheit zur fristgerechten Erhebung von Einwendungen also nur dann und nur insoweit, als ein Laie ohne Zuziehung eines naturschutzfachlichen Sachverstandes aus den ausgelegten Planunterlagen die Möglichkeit einer Beeinträchtigung von Belangen des Natur- oder Artenschutzes erkennen kann. Um einen Einwendungsausschluss zu vermeiden, muss der Betroffene zumindest in groben Zügen angeben, welche Rechtsgüter als gefährdet angesehen und welche Beeinträchtigungen befürchtet werden.[1229] Geht es zum Beispiel um die Geltendmachung von Belangen des Naturschutzes und sind diese in den ausgelegten Planunterlagen ausführlich behandelt worden, so sind von einem betroffenen Grundstückseigentümer gegenüber der Behörde zumindest in laienhafter Form

1225 BVerwG, Urteil vom 30.01.2008 – 9 A 27/06 –, NVwZ 2008, S. 678 (679 Rn. 30).

1226 BVerwG, Urteil vom 30.01.2008 – 9 A 27/06 –, NVwZ 2008, S. 678 (679 Rn. 29); Urteil vom 14.07.2011 – 9 A 14/10 –, NVwZ 2012, S. 180 (182 Rn. 18).

1227 *Solveen*, DVBl. 1997, S. 803 (809).

1228 BVerwG, Urteil vom 30.01.2008 – 9 A 27/06 –, NVwZ 2008, S. 678 (679 f. Rn. 30); Beschluss vom 02.09.2010 – 9 B 11.10 –, NuR 2010, S. 799 (800 f. Rn. 14).

1229 BVerwG, Urteil vom 09.07.2008 – 9 A 14/07 –, BVerwGE 131, 274 (288 f. Rn. 49); Urteil vom 03.03.2011 – 9 A 8.10 –, BVerwGE 139, 150 (160 Rn. 38).

die Bereiche der Tier- und Pflanzenwelt zu benennen, die er in Bezug auf die Inanspruchnahme seines Grundstückes als unzureichend behandelt ansieht.[1230] Nicht ausreichend ist in diesem Fall das Einlegen eines „Einspruchs" gegen das Vorhaben mit dem allgemeinen Hinweis auf die Zerstörung der Landschaft mit ihrer Flora und Fauna.[1231]

In Widerspruch dazu steht eine Entscheidung des Bundesverwaltungsgerichts, nach der ein Planbetroffener, der Beeinträchtigungen von Naturgütern nicht ansatzweise thematisiere, selbst dann präkludiert sei, wenn die behaupteten Defizite für einen Laien aus den Planunterlagen nicht erkennbar waren.[1232] Dies lässt sich mit den vom Gericht in anderen Entscheidungen selbst aufgestellten Voraussetzungen für den Eintritt der Ausschlusswirkung, wonach der Dritte anhand der ausgelegten Planungsunterlagen in die Lage versetzt werden muss zu prüfen, inwieweit er durch das geplante Vorhaben betroffen ist, nicht vereinbaren.[1233] Indem das Gericht die Ausschlusswirkung auch auf solche Einwendungen erstreckt, die Mängel der naturschutzfachlichen Prüfung zum Gegenstand haben, die sich für einen Laien aus den ausgelegten Planungsunterlagen nicht erschließen, erschwert es das aus Art. 11 Abs. 1 UVP-Richtlinie verbürgte Recht der betroffenen Öffentlichkeit auf Zugang zu einem gerichtlichen Überprüfungsverfahren übermäßig. Eine derartige Anwendung der Präklusionsvorschriften ist mit dem Effektivitätsgebot nicht vereinbar.[1234]

IV. Grenzen der Präklusion

Gemäß § 73 Abs. 4 S. 3 VwVfG sind Einwendungen, die auf besonderen privatrechtlichen Titeln beruhen, insbesondere auf privatrechtlichen Verträgen mit dem Vorhabenträger, ausdrücklich von einer Präklusion ausgenommen.[1235] Die

---

1230 BVerwG, Urteil vom 30.01.2008 – 9 A 27/06 –, NVwZ 2008, S. 678 (680 Rn. 31); Beschluss vom 02.09.2010 – 9 B 11.10 –, NuR 2010, S. 799 (800 f. Rn. 14).

1231 BVerwG, Urteil vom 30.01.2008 – 9 A 27/06 –, NVwZ 2008, S. 678 (679 Rn. 28 und 680 Rn. 32); Urteil vom 09.07.2008 – 9 A 14/07 –, BVerwGE 131, 274 (289 Rn. 49).

1232 BVerwG, Urteil vom 14.07.2011 – 9 A 14/10 –, NVwZ 2012, S. 180 (Leitsatz 3 und S. 182 Rn. 20).

1233 BVerwG, Urteil vom 05.12.1986 – 4 C 13.85 –, BVerwGE 75, 214 (224 ff.); Urteil vom 12.12.1996 – 4 C 29.94 –, BVerwGE 102, 331 (337 ff.); *Oexle*, Das Rechtsinstitut der materiellen Präklusion, 2001, S. 118. Speziell zu § 10 Abs. 2 S. 2 BImSchG, der dies nach seinem ausdrücklichen Wortlaut fordert: BVerwG, Urteil vom 22.10.1982 – 7 C 50/78 –, NJW 1983, S. 1507 (1508).

1234 *Kupfer*, Die Verwaltung 47 (2014), S. 77 (93 f.).

1235 *Neumann/Külpmann*, in: Stelkens/Bonk/Sachs, VwVfG, 2018, § 73 Rn. 99-102.

Ausschlusswirkung der materiellen Präklusion stößt darüber hinaus sowohl in gegenständlicher als auch in subjektiver und objektiver Hinsicht auf erhebliche Grenzen.

1. *Verfahrensfehler*

So schließen in gegenständlicher Hinsicht Verfahrensfehler den Eintritt der Präklusion aus. Zum Teil wird vertreten, dass die Präklusion auch solches Vorbringen erfasst, das sich auf die Beachtung von Verfahrensvorschriften bezieht.[1236] Das Bundesverwaltungsgericht verlangte in einer Entscheidung aus dem Jahr 1994, dass ein Einwendungsführer, der sich wegen unzureichender Öffentlichkeitsbeteiligung nicht in der Lage sieht, die Auswirkungen der beantragten Genehmigung auf seine Rechtsgüter zu beurteilen, dies bereits innerhalb der Einwendungsfrist geltend machen muss, um mit seinem Vorbringen nicht ausgeschlossen zu sein.[1237]

Das zitierte Urteil stellt eine Einzelfallentscheidung dar, dem keine grundsätzliche Aussage entnommen werden kann. Das Bundesverwaltungsgericht selbst nimmt hierauf in der Folgezeit keinen Bezug mehr und verlangt von Privateinwendern keine rechtliche Einordnung des Vorbringens.[1238] Ihm ist auch in der Sache zu widersprechen. Einwendungen sind sachliches, auf die Verhinderung oder Modifizierung des Planvorhabens gerichtetes Gegenvorbringen. Bei verfahrensbezogenem Vorbringen handelt es sich demnach nicht um Einwendungen, da es keinen Bezug zu Rechten und Interessen aufweist.[1239] Die Verwirkungspräklusion setzt ein ordnungsgemäßes Bekanntmachungs- und Auslegungsverfahren voraus.[1240] Die Möglichkeit Dritter, sich mit sachlichem Gegenvorbringen am Verwaltungsverfahren zu beteiligen, hängt maßgeblich von der Information über das Vorhaben und somit von der Möglichkeit ab, in die offengelegten Antragsunterlagen Einsicht zu nehmen. Fehler im Verfahren der Öffentlichkeitsbeteiligung stellen ein Präklusionshindernis dar.[1241] Der

---

1236 So wohl noch *Neumann*, in: Stelkens/Bonk/Sachs, VwVfG, 2014, § 73 Rn. 98. Anders nunmehr *Neumann/Külpmann*, in: Stelkens/Bonk/Sachs, VwVfG, 2018, § 73 Rn. 98.

1237 BVerwG, Urteil vom 09.08.1994 – 7 C 44.93 –, BVerwGE 96, 258 (263).

1238 BVerwG, Urteil vom 09.06.2006 – 9 A 28.05 –, BVerwGE 126, 166 (172 Rn. 27); Urteil vom 30.01.2008 – 9 A 27/06 –, NVwZ 2008, S. 678 (680 Rn. 30); *Greim*, Rechtsschutz bei Verfahrensfehlern, 2013, S. 186. Vgl. auch bereits Vierter Teil.A.III.1.

1239 *Ziekow*, VwVfG, 2013, § 73 Rn. 48 und 55.

1240 *Happ*, in: Eyermann, VwGO, 2019, § 42 Rn. 128.

1241 OVG Lüneburg, Beschluss vom 06.03.1985 – 7 B 64/84 –, NVwZ 1985, S. 506; *Greim*, Rechtsschutz bei Verfahrensfehlern, 2013, S. 185; *Lee*, EurUP 2017, S. 62 (63).

Betroffene muss in die Lage versetzt werden, sich anhand der ausgelegten Planungsunterlagen über das Vorhaben und dessen Auswirkungen auf seine Rechte und Interessen zu unterrichten, um auf dieser Grundlage hinreichend substantiierte Einwendungen erheben zu können.[1242] Daher entfällt die Präklusionswirkung, soweit Planungsunterlagen nicht vollständig ausgelegt wurden. Dem Dritten ist in diesem Fall unter Verstoß gegen die Verfahrensvorschriften die Möglichkeit genommen worden, anhand der Unterlagen zu prüfen, inwieweit er durch das geplante Vorhaben betroffen ist. Fehler bei der Bekanntmachung oder Auslegung von Planungsunterlagen sowie die Unvollständigkeit der ausgelegten Unterlagen können also auch nach Ablauf der Einwendungsfrist vorgetragen werden. Auf diese Weise wird die Ermöglichung präklusionshindernden Vorbringens abgesichert.[1243] Wird gegen Vorschriften verstoßen, die den formellrechtlichen Rahmen der Planfeststellung abstecken, kann der Kläger dies im gerichtlichen Verfahren unabhängig davon rügen, ob er sich hierauf bereits im Anhörungsverfahren berufen hat oder nicht. So unterliegt beispielsweise die Rüge mangelnder sachlicher Zuständigkeit nicht dem Begriff der Einwendungen, die präkludiert werden können.[1244]

Während mit der Erweiterung von Heilungs- und Unbeachtlichkeitsvorschriften die Bedeutung des Verfahrens als Mittel zur Richtigkeitsgewähr relativiert wird, schränken materielle Präklusionsvorschriften die Bedeutung des materiellen Rechts ein. Die Verbindlichkeit des Verwaltungsverfahrensrechts bleibt von ihnen jedoch unberührt.[1245]

2. *Subjektive Grenzen*

Betrachtet man die personelle Reichweite des Einwendungsausschlusses, so ist im Ausgangspunkt davon auszugehen, dass die Präklusionswirkung die Person

---

1242 BVerwG, Urteil vom 05.12.1986 – 4 C 13.85 –, BVerwGE 75, 214 (224 ff.); Urteil vom 12.12.1996 – 4 C 29.94 –, BVerwGE 102, 331 (337 ff.); *Oexle*, Das Rechtsinstitut der materiellen Präklusion, 2001, S. 118; *Kupfer*, Die Verwaltung 47 (2014), S. 77 (94). Speziell zu § 10 Abs. 2 S. 2 BImSchG, der dies nach seinem ausdrücklichen Wortlaut fordert, BVerwG, Urteil vom 22.10.1982 – 7 C 50/78 –, NJW 1983, S. 1507 (1508).

1243 *Streinz*, VerwArch 79 (1988), S. 272 (309); *von Danwitz*, UPR 1996, S. 323 (325); *Kment*, Nationale Unbeachtlichkeits-, Heilungs- und Präklusionsvorschriften, 2005, S. 33; *Niedzwicki*, Präklusionsvorschriften des öffentlichen Rechts, 2007, S. 57.

1244 BVerwG, Urteil vom 14.07.2011 – 9 A 12.10 –, NuR 2011, S. 866 (868 Rn. 29); OVG Lüneburg, Beschluss vom 11.01.2006 – 7 ME 288/04 –, NVwZ-RR 2006, S. 378 (380); OVG Münster, Urteil vom 02.09.2009 – 11 D 33/08.AK –, DVBl. 2009, S. 1587 (1588).

1245 *Stelkens*, DVBl. 2010, S. 1078 (1079 f.); *Gurlit*, VVDStRL 70 (2011), S. 227 (232).

trifft, die ihre Einwendung nicht oder verspätet erklärt hat. Insoweit besteht grundsätzlich eine subjektive Grenze in dem Sinn, dass der Einwendungsausschluss nur im Verhältnis des Einwendungsberechtigten und der Behörde wirkt.[1246]

Es stellt sich die Frage, ob eine gegenüber einem Betroffenen bereits eingetretene Präklusion auch gegenüber dessen Rechtsnachfolger, nachträglich in den Einwirkungsbereich Zugezogenen und Nachgeborenen gilt, die aus tatsächlichen oder rechtlichen Gründen erst nach Fristablauf die Möglichkeit zur Einwendung erhalten. Hier wird nach überwiegender Auffassung zwischen eigentumsbezogenen Einwendungen und Einwendungen aufgrund höchstpersönlicher Rechtsgüter differenziert[1247]: Soweit ein Grundstückseigentümer form- und fristgerecht Einwendungen erhoben hat, kann auch der Erwerber des Grundstücks als Rechtsnachfolger dem Vorhaben in demselben Umfang klageweise Einwendungen entgegenhalten, wie sie sein Rechtsvorgänger im Verwaltungsverfahren geltend gemacht hat. Insoweit hat er kein „präklusionsbelastetes" Eigentum erworben.[1248] Soweit der Rechtsvorgänger jedoch präkludiert war, werden auch Einwendungen des Rechtsnachfolgers eines Grundstückseigentümers erfasst. Der der materiellen Präklusion zugrunde liegende Verwirkungsgedanke greift in diesem Fall nicht. Da der Rechtsnachfolger das Grundstück erst Monate nach Ablauf der Einwendungsfrist erwirbt, war er nicht in der Lage, während des Planfeststellungsverfahrens fristgerecht Einwendungen zu erheben. Eine unterlassene Mitwirkung am Verwaltungsverfahren, die eine Zurückweisung seines Vorbringens rechtfertigen könnte, kann ihm daher nicht vorgeworfen werden.[1249] Der Kläger muss sich aber auch ein entsprechendes Versäumnis seines Rechtsvorgängers entgegenhalten lassen, wenn seine mit der Klage erhobenen Rügen sich auf das Eigentum am Hausgrundstück beziehen. Die Einwendungsbefugnis knüpft an das zu schützende Rechtsgut an und auch

---

1246 *Kment*, Nationale Unbeachtlichkeits-, Heilungs- und Präklusionsvorschriften, 2005, S. 33; *Quaas*, Die Behördenpräklusion, 2006, S. 140.

1247 *Degenhart*, Präklusion im Verwaltungsprozess, in: Erichsen/Hoppe/von Mutius, Festschrift für Menger, 1985, S. 621 (635 f.); *Quaas*, Die Behördenpräklusion, 2006, S. 140.

1248 BVerwG, Beschluss vom 12.11.1992 – 7 ER 300/92 –, NVwZ 1993, S. 266 (267).

1249 BVerwG, Beschluss vom 12.11.1992 – 7 ER 300/92 –, NVwZ 1993, S. 266 (267); Beschluss vom 12.02.1996 – 4 A 38/95 –, NVwZ 1997, S. 171 (173); *Stüer/Rieder*, DÖV 2003, S. 473 (480).

die Präklusion haftet diesem Rechtsgut an.[1250] Demgegenüber erstreckt sich die Präklusionswirkung nicht auf Rechtsnachfolger sowie nach Fristablauf Zugezogene und Neugeborene, die sich auf höchstpersönliche Rechtsgüter wie Belange des Gesundheits- oder Lärmschutzes berufen.[1251]

3. *Objektive Grenzen*

Besondere Bedeutung erlangen die objektiven Grenzen der Präklusionswirkung.[1252] Ihre Tragweite wird zunächst durch den Gegenstand des Verfahrens beschränkt. Für nachträglich, also nach Auslegung der Planunterlagen vorgenommene Änderungen des Vorhabens tritt keine Präklusion ein.[1253] Sie waren nicht Gegenstand des Beteiligungsverfahrens, das als Bezugspunkt möglicher Einwendungen die Reichweite der Präklusion begrenzt. Die Betroffenen hatten keine Möglichkeit, diesbezüglich Einwendungen zu erheben.[1254] In diesen Fällen ist eine erneute Bekanntmachung erforderlich.[1255] Vom Einwendungsausschluss ferner nicht erfasst werden neue Tatsachen, die erst nach Ablauf der

---

1250 BVerwG, Beschluss vom 12.11.1992 – 7 ER 300/92 –, NVwZ 1993, S. 266 (267); Beschluss vom 12.02.1996 – 4 A 38/95 –, NVwZ 1997, S. 171 (173); *Quaas*, Die Behördenpräklusion, 2006, S. 140 f.

1251 *von Danwitz*, UPR 1996, S. 323 (325); *Quaas*, Die Behördenpräklusion, 2006, S. 141. Zum Teil wird dieses Ergebnis in Bezug auf Zugezogene und Neugeborene auch mit der Erwägung begründet, dass Personen, die bei Anhörung der Öffentlichkeit noch nicht Nachbarn der Anlage waren, keine Obliegenheitsverletzung vorgeworfen werden könne und es folglich an einer Verwirkung fehle. Der Rechtfertigungsgrund der Präklusionswirkung, der darin zu sehen sei, dass Dritte der mit der Einflussnahmemöglichkeit korrespondierenden Mitwirkungslast nicht nachgekommen seien, liege in diesem Fall nicht vor, OVG Lüneburg, Beschluss vom 16.08.1985 – 7 B 15/85 –, NVwZ 1986, S. 671; *Stüer/Rieder*, DÖV 2003, S. 473 (480). Dies ist jedoch auch bei Rechtsnachfolgern von Grundstückseigentümern der Fall. Daher ist zur Ablehnung einer Präklusionserstreckung maßgeblich auf die Höchstpersönlichkeit des geltend gemachten Rechtsguts abzustellen, *Quaas*, Die Behördenpräklusion, 2006, S. 141.

1252 *von Danwitz*, UPR 1996, S. 323 (325); *Kment*, Nationale Unbeachtlichkeits-, Heilungs- und Präklusionsvorschriften, 2005, S. 34.

1253 BVerwG, Urteil vom 17.07.1980 – 7 C 101.78 –, BVerwGE 60, 297 (307).

1254 *Degenhart*, Präklusion im Verwaltungsprozess, in: Erichsen/Hoppe/von Mutius, Festschrift für Menger, 1985, S. 621 (634); *Quaas*, Die Behördenpräklusion, 2006, S. 122 f.

1255 BVerwG, Urteil vom 17.07.1980 – 7 C 101.78 –, BVerwGE 60, 297 (307); *von Danwitz*, UPR 1996, S. 323 (325); *Kment*, Nationale Unbeachtlichkeits-, Heilungs- und Präklusionsvorschriften, 2005, S. 34.

Einwendungsfrist und vor Abschluss des Verfahrens eintreten. Hierunter fallen insbesondere neue Erkenntnisse wissenschaftlicher und technischer Art.[1256] Insoweit verändert sich der Beurteilungsmaßstab für das identische Vorhaben.[1257] Der Dritte hat aufgrund der ihm bekannten Umstände keinen Anlass, Einwendungen gegen das Vorhaben zu erheben. Ihm kann also nicht vorgeworfen werden, eine Mitwirkungsmöglichkeit im Beteiligungsverfahren nicht genutzt zu haben.[1258]

Zu berücksichtigen ist schließlich, dass präkludierte Einwendungen den Umfang der Amtsermittlungspflicht nicht begrenzen.[1259] Die zuständige (Planfeststellungs-)Behörde bleibt unabhängig von der Präklusionswirkung verpflichtet, von Amts wegen auch verspätet vorgetragene und somit präkludierte Einwendungen zu prüfen.[1260] Sie hat sich daher auch mit präkludierten Belangen abwägend zu befassen, die ihr ohne weitere Ermittlungen bekannt sind oder sich ihr aufdrängen mussten.[1261] Der Dritte hat jedoch nicht mehr die Möglichkeit, die Berücksichtigung dieser Einwendungen zu erzwingen.[1262] Die materielle Ausschlusswirkung steht nicht zur Disposition der Anhörungsbehörde. Eine Fristverlängerung oder ein Verzicht durch sie ist nicht möglich. Für die Präklusionswirkung ist es also irrelevant, wenn sich die Behörde in der Sache mit einer rechtswirksam präkludierten Einwendung befasst, indem sie sie beispielsweise als unbegründet anstatt als präkludiert zurückweist.[1263]

Schließlich kann der Betroffene bei schuldloser Versäumung der Einwendungsfrist im Planungsverfahren gemäß § 32 Abs. 1 S. 1 VwVfG Wiedereinsetzung in den vorigen Stand beantragen und auf diese Weise die Ausschlusswirkung

---

1256 BVerwG, Urteil vom 17.07.1980 – 7 C 101.78 –, BVerwGE 60, 297 (308).

1257 *Degenhart*, Präklusion im Verwaltungsprozess, in: Erichsen/Hoppe/von Mutius, Festschrift für Menger, 1985, S. 621 (634); *Quaas*, Die Behördenpräklusion, 2006, S. 124.

1258 BVerwG, Urteil vom 17.07.1980 – 7 C 101.78 –, BVerwGE 60, 297 (308 f.); *Kment*, Nationale Unbeachtlichkeits-, Heilungs- und Präklusionsvorschriften, 2005, S. 34.

1259 BVerwG, Urteil vom 17.07.1980 – 7 C 101.78 –, BVerwGE 60, 297 (309 f.).

1260 *von Danwitz*, UPR 1996, S. 323 (325); *Kment*, Nationale Unbeachtlichkeits-, Heilungs- und Präklusionsvorschriften, 2005, S. 34.

1261 *Neumann/Külpmann*, in: Stelkens/Bonk/Sachs, VwVfG, 2018, § 74 Rn. 63.

1262 BVerwG, Urteil vom 17.07.1980 – 7 C 101.78 –, BVerwGE 60, 297 (310).

1263 *Pielow*, in: Säcker, Energierecht, Band 1, 2014, § 43a EnWG Rn. 37; *Neumann/Külpmann*, in: Stelkens/Bonk/Sachs, VwVfG, 2018, § 73 Rn. 89 f.

der materiellen Präklusion abwenden.[1264] Da die Präklusion die Bestandskraft einer künftigen Zulassungsentscheidung bzw. Genehmigung stärken soll, findet sie zudem in den gesetzlichen Regelungen zur Bestandskraft eine weitere Grenze; schwere und offenkundige Fehler, die gemäß § 44 VwVfG zur Nichtigkeit eines Verwaltungsaktes führen und somit der verfahrensabschließenden Entscheidung die Bestandskraft nehmen, werden von dem Einwendungsausschluss nicht erfasst.[1265]

V. Funktionen der materiellen Präklusion

Sinn und Zweck von Präklusionsvorschriften ist unter anderem, das Verwaltungsverfahren und somit auch Entscheidungsprozesse von Planungs- und Genehmigungsbehörden zu beschleunigen und zu konzentrieren.[1266] Gleichzeitig dienen sie dem ordnungsgemäßen Ablauf des Verwaltungsverfahrens und tragen zur Effektivität der behördlichen Sachverhaltsermittlung bei.[1267] Die materielle Präklusion setzt für die Verfahrensbeteiligten einen Anreiz, ihre Einwände, Bedenken und Anregungen möglichst frühzeitig im Verwaltungsverfahren einzubringen und somit den Entscheidungsträger über die für die Genehmigungsentscheidung relevanten Tatsachen in Kenntnis zu setzen.[1268] Die Verwaltungsentscheidung soll auf einer möglichst umfassenden Informationsgrundlage getroffen werden. Formal trägt der Gesetzgeber diesem Ziel zwar bereits in Form des Amtsermittlungsgrundsatzes Rechnung. Die Verwaltung kommt aber bei der Erfüllung dieser Pflicht in einem Massenverfahren, das durch komplexe Sachverhalte mit einer Vielzahl unterschiedlicher, teils gleichgerichteter, teils divergierender Interessen geprägt ist, an die Grenzen ihrer

---

1264 BVerwG, Urteil vom 17.07.1980 – 7 C 101.78 –, BVerwGE 60, 297 (309); *Thiel*, DÖV 2001, S. 814 (819); *Schmidt-Aßmann*, in: Maunz/Dürig, GG Kommentar, Art. 19 Abs. 4 (2014) Rn. 261.

1265 BVerwG, Urteil vom 17.07.1980 – 7 C 101.78 –, BVerwGE 60, 297 (308); *Degenhart*, Präklusion im Verwaltungsprozess, in: Erichsen/Hoppe/von Mutius, Festschrift für Menger, 1985, S. 621 (635); *Schmidt-Aßmann*, in: Maunz/Dürig, GG Kommentar, Art. 19 Abs. 4 (2014) Rn. 261.

1266 BVerfG, Beschluss vom 08.07.1982 – 2 BvR 1187/80 –, BVerfGE 61, 82 (116); BVerwG, Urteil vom 17.07.1980 – 7 C 101.78 –, BVerwGE 60, 297 (311); *Degenhart*, Präklusion im Verwaltungsprozess, in: Erichsen/Hoppe/von Mutius, Festschrift für Menger, 1985, S. 621 (628).

1267 *Oexle*, Das Rechtsinstitut der materiellen Präklusion, 2001, S. 61; *Happ*, in: Eyermann, VwGO, 2019, § 42 Rn. 125.

1268 *Kment*, UPR Sonderheft 2016, S. 487 (488).

Kapazität.[1269] Das Einwendungsrecht stellt eine zusätzliche Informationsquelle dar, die die Entscheidungsgrundlage verbreitert. Auf diese Weise soll auch die Qualität der Behördenentscheidung verbessert und eine rechtmäßige Entscheidung der Verwaltung gewährleistet werden.[1270]

Eine weitere Funktion der Präklusion besteht darin, im Sinne der Rechts- und Verkehrssicherheit die Bestandskraft einer künftigen Zulassungsentscheidung bzw. Genehmigung zu stärken.[1271] Diese Funktion erhält aufgrund der in umweltrechtlichen Planungs- und Genehmigungsverfahren anzutreffenden mehrpoligen Rechtsverhältnisse besondere Bedeutung. Berührt werden nicht nur die Rechtsgüter Dritter, sondern auch Rechtsschutzinteressen der Vorhabenträger.[1272] Während auf der einen Seite potenziell betroffenen Dritten durch Beteiligungsrechte möglichst frühzeitig Einflussmöglichkeiten auf das Zulassungs- bzw. Genehmigungsverfahren eingeräumt werden, haben auf der anderen Seite Vorhabenträger ein besonderes Interesse daran, in einem möglichst frühen Stadium von den gegen das Vorhaben bestehenden Bedenken zu erfahren. Die materiell-rechtliche Präklusion dient somit dem Ausgleich gegenläufiger Interessen und bringt sie in ein angemessenes Verhältnis zueinander.[1273] Der Antragsteller erfährt bereits im Verwaltungsverfahren die Bedenken, die gegen sein Vorhaben bestehen und mit denen es angegriffen werden kann. Insoweit leistet die Präklusion auch einen Beitrag zur Planungs- und Investitionssicherheit.[1274]

1269 BVerfG, Beschluss vom 08.07.1982 – 2 BvR 1187/80 –, BVerfGE 61, 82 (115); *Oexle*, Das Rechtsinstitut der materiellen Präklusion, 2001, S. 61 f.

1270 *Oexle*, Das Rechtsinstitut der materiellen Präklusion, 2001, S. 62; *Niedzwicki*, Präklusionsvorschriften des öffentlichen Rechts, 2007, S. 118; *Rennert*, Referat zum 71. DJT, in: Ständige Deputation des DJT, Verhandlungen des 71. DJT, Bd. II/1, 2017, S. N 127 (N 139).

1271 BVerfG, Beschluss vom 08.07.1982 – 2 BvR 1187/80 –, BVerfGE 61, 82 (114); BVerwG, Urteil vom 17.07.1980 – 7 C 101.78 –, BVerwGE 60, 297 (304).

1272 *Degenhart*, Präklusion im Verwaltungsprozess, in: Erichsen/Hoppe/von Mutius, Festschrift für Menger, 1985, S. 621 (623); *Oexle*, Das Rechtsinstitut der materiellen Präklusion, 2001, S. 63.

1273 BVerwG, Urteil vom 17.07.1980 – 7 C 101.78 –, BVerwGE 60, 297 (307); *Degenhart*, Präklusion im Verwaltungsprozess, in: Erichsen/Hoppe/von Mutius, Festschrift für Menger, 1985, S. 621 (629).

1274 *Ipsen*, DVBl. 1980, S. 146 (153); *Oexle*, Das Rechtsinstitut der materiellen Präklusion, 2001, S. 63.

Schließlich dient die Ausschlusswirkung auch der Wahrung der Funktionsfähigkeit der Verwaltung und der Gerichte.[1275] Die mit begrenzten personellen und finanziellen Mitteln ausgestattete Behörde sieht sich einem komplexen Planungs- und Genehmigungsverfahren konfrontiert. Durch die Ausschlusswirkung der materiell-rechtlichen Präklusion werden potenziell Drittbetroffene gezwungen, ihre Einwendungen bereits im Verwaltungsverfahren vorzubringen. Dies ermöglicht der Behörde, diese frühzeitig zu bearbeiten und bei der Entscheidung zu berücksichtigen.[1276] Auch im Rahmen des verwaltungsgerichtlichen Verfahrens soll der Prozessstoff fixiert und ein Anwachsen während des Prozesses verhindert werden. Das Gericht muss den Sachverhalt von Amts wegen aufklären und rechtlich beurteilen. Durch die materielle Präklusion kann der Streitstoff beherrschbar gehalten werden. Dies dient der Funktionsfähigkeit des verwaltungsgerichtlichen Verfahrens.[1277]

Vergleicht man die bereits dargestellten Funktionen der Öffentlichkeitsbeteiligung[1278] mit denen der Präklusion, so werden einige Parallelen deutlich. Präklusionsvorschriften als Teil des dem gerichtlichen Verfahren vorgelagerten Einwendungsverfahrens knüpfen an das Einwendungsrecht an und zwingen Dritte zur Vermeidung des Präklusionseintritts, sich bereits im Verwaltungsverfahren frist- und formgemäß einzubringen.[1279] Mit Blick auf die mit der Öffentlichkeitsbeteiligung bezweckte Informationsgewinnung trägt die Präklusion somit dazu bei, die Entscheidungsgrundlage der Behörde zu verbreitern, die Qualität und somit die Rechtmäßigkeit der Behördenentscheidung zu verbessern. Die Rechtsprechung sieht einen untrennbaren Zusammenhang zwischen Öffentlichkeitsbeteiligung und Einwendungsausschluss. Die mit dem Einwendungsrecht verbundene Mitwirkungslast stellt sich demnach als Wahrnehmung eines vorgezogenen Rechtsschutzes dar, wodurch der gerichtliche Rechtsschutz nicht ersetzt, sondern nur ergänzt wird.[1280] Die im Hinblick auf das gerichtliche

---

1275 BVerfG, Beschluss vom 08.07.1982 – 2 BvR 1187/80 –, BVerfGE 61, 82 (116).

1276 *Oexle*, Das Rechtsinstitut der materiellen Präklusion, 2001, S. 61.

1277 *Rennert*, Referat zum 71. DJT, in: Ständige Deputation des DJT, Verhandlungen des 71. DJT, Bd. II/1, 2017, S. N 127 (N 139 f.).

1278 Vgl. Zweiter Teil.C.

1279 BVerfG, Beschluss vom 08.07.1982 – 2 BvR 1187/80 –, BVerfGE 61, 82 (115); *Hofmann*, EurUP 2015, S. 266 (273); *Lee*, EurUP 2017, S. 62 (65).

1280 BVerwG, Urteil vom 14.04.2010 – 9 A 5.08 –, BVerwGE 136, 291 (315 f. Rn. 107); Urteil vom 14.07.2011 – 9 A 14.10 –, NVwZ 2012, S. 180 (183 Rn. 23); Urteil vom 14.07.2011 – 9 A 12.10 –, NuR 2011, S. 866 (868 Rn. 25); Urteil vom 29.09.2011 – 7 C 21.09 –, NuR 2012, S. 119 (121 Rn. 32).

Verfahren rechtsschutzverkürzende Wirkung der Präklusion wird durch die höhere Einflussmöglichkeit in früheren Planungsstadien kompensiert.[1281] Somit fungiert der Einwendungsausschluss als notwendiges Korrelat zur Öffentlichkeitsbeteiligung.[1282] Zugleich veranlasst der Betroffene die Behörde zu einer umfassenden Erörterung aller entscheidungserheblichen Gesichtspunkte und ermöglicht auf diese Weise einen frühzeitigen Interessenausgleich. Auch insoweit wird einem der Zwecke der Öffentlichkeitsbeteiligung entsprochen.[1283]

Präklusionsvorschriften begründen zwar eine Mitwirkungslast, Einwendungen im Verwaltungsverfahren innerhalb einer bestimmten Frist zu erheben. Sie lassen sich dennoch nicht lediglich als Verkürzung von Partizipationsmöglichkeiten begreifen.[1284] Fehler bei der Bekanntmachung und Auslegung von Planungsunterlagen schließen im Rahmen der Öffentlichkeitsbeteiligung die Präklusionswirkung aus.[1285] Im Unterschied zu Heilungs- und Unbeachtlichkeitsvorschriften werden Verfahrensfehler durch Präklusionsvorschriften also nicht ausgeblendet. Auf diese Weise wird auch dem mit der Öffentlichkeitsbeteiligung verbundenen Ziel der Akzeptanzsteigerung Rechnung getragen. Aus sozialwissenschaftlicher Sicht hängt Akzeptanz nicht allein vom Ergebnis, sondern insbesondere davon ab, ob das Verfahren als solches fair ausgestaltet ist. Werden den Beteiligten gleiche Chancen eingeräumt und sie gleich behandelt, wird das Verfahren als integrierender Prozess wahrgenommen, was wiederum Akzeptanz für das Verfahrensergebnis schaffen kann.[1286] Zur Herstellung von Verfahrensakzeptanz als Ziel der Öffentlichkeitsbeteiligung ist es erforderlich, dass Verfahrensfehler gerichtlich geltend gemacht werden können.[1287] Hieran ändern Präklusionsvorschriften nichts, wenn Verfahrensfehler die Präklusionswirkung ausschließen.

Im Ergebnis stehen materielle Präklusionsvorschriften in einem gewissen Widerspruch zur Geringschätzung des Verfahrens nach traditionellem deutschen Verständnis. Aufgrund des durch sie vermittelten Zwangs, sich

---

1281 *Schüren/Kramer*, ZUR 2016, S. 400 (404).

1282 BVerwG, Beschluss vom 17.06.2011 – 7 B 79/10 –, BeckRS 2011, 52575 Rn. 20 unter Bezugnahme auf *von Danwitz*, UPR 1996, S. 323 (324).

1283 BVerfG, Beschluss vom 08.07.1982 – 2 BvR 1187/80 –, BVerfGE 61, 82 (115); BVerwG, Beschluss vom 17.06.2011 – 7 B 79/10 –, BeckRS 2011, 52575 Rn. 20.

1284 Zu pauschal daher *Schenderlein*, Rechtsschutz und Partizipation im Umweltrecht, 2013, S. 237 und *Peters*, DVBl. 2015, S. 808 (814 f.).

1285 Vgl. Vierter Teil.A.IV.1.

1286 *Fisahn*, Demokratie und Öffentlichkeitsbeteiligung, 2002, S. 214.

1287 *Peters*, DVBl. 2015, S. 808 (815).

bereits im Verwaltungsverfahren frist- und formgemäß einzubringen, besteht einer ihrer wesentlichen Zwecke darin, das Verwaltungsverfahren funktionell abzusichern.[1288]

B. Völker- und unionsrechtliche Vorgaben

I. Aarhus-Konvention

Die Entstehungsgeschichte der Aarhus-Konvention, ihr Rang und ihre Rechtswirkung, die maßgeblichen Auslegungsgrundsätze für völkerrechtliche Verträge sowie das Leitbild der Aarhus-Konvention wurden bereits dargestellt, so dass hierauf Bezug genommen werden kann.[1289] Für die hier zu untersuchende materielle Präklusion im Planfeststellungsverfahren nach dem NABEG sollen die insoweit verfahrens- und rechtsschutzrelevanten Vorgaben der Aarhus-Konvention untersucht werden. Die gesetzliche Ausgestaltung des Verwaltungsverfahrens sowie die praktische Handhabung der Beteiligungsrechte und -möglichkeiten haben für die Beurteilung der Zulässigkeit von Präklusionsvorschriften besondere Bedeutung.[1290] Vorbereitend sind somit die Vorgaben des Art. 6 Aarhus-Konvention für das Verwaltungsverfahren darzustellen, um daran die nationale Ausgestaltung zu messen. Anschließend soll auf Art. 9 Aarhus-Konvention als die für den Zugang zu Gerichten in Umweltangelegenheiten maßgebliche Vorschrift eingegangen werden.

1. Art. 6 Aarhus-Konvention

Art. 6 Abs. 1 Aarhus-Konvention normiert eine der drei von der Konvention in Art. 6-8 geforderten Formen der Öffentlichkeitsbeteiligung, nämlich die Einbeziehung in das Verwaltungsverfahren zur Genehmigung bestimmter Projekte. In Bezug auf die Beteiligungsgegenstände kann zwischen solchen, bei denen eine Beteiligung der betroffenen Öffentlichkeit zwingend durchzuführen ist, und solchen, bei denen eine Beteiligung der Öffentlichkeit dem Gestaltungsspielraum der Vertragsstaaten überlassen ist, differenziert werden.[1291] Die betroffene Öffentlichkeit ist zwingend bei Tätigkeiten im Sinne des Art. 6 Abs. 1 Buchst. a) i.V.m. Anhang I Aarhus-Konvention zu beteiligen. Unter diese Vorschrift fällt

---

1288 *Lee*, EurUP 2017, S. 62 (63 ff.).

1289 Vgl. Dritter Teil.A.IV.1.a)-d).

1290 Vgl. noch Vierter Teil.C.

1291 *Schlacke*, Überindividueller Rechtsschutz, 2008, S. 238; *Wiesinger*, Innovation im Verwaltungsrecht, 2013, S. 53.

gemäß Anhang I Abs. 17 auch der Bau von Hochspannungsfreileitungen für eine Stromstärke von 220 kV oder mehr und mit einer Länge von mehr als 15 km.

Die Öffentlichkeitsbeteiligung beginnt gemäß Art. 6 Abs. 2 Aarhus-Konvention mit der Information der betroffenen Öffentlichkeit im Sinne des Art. 2 Abs. 5 Aarhus-Konvention. Hinsichtlich des Inhalts der bekannt zu machenden Informationen enthält Art. 6 Abs. 2 Buchst. a) bis e) Aarhus-Konvention einen nicht abschließenden Katalog von Mindestangaben, über die die betroffene Öffentlichkeit im Einzelnen zu informieren ist. Die Art und Weise der Unterrichtung der Öffentlichkeit ist dem Gestaltungsspielraum der Vertragsstaaten überlassen.[1292] Die betroffene Öffentlichkeit ist je nach Zweckmäßigkeit im Wege einer öffentlichen Bekanntmachung oder in Form einer Mitteilung Einzelnen gegenüber zu informieren. Gemäß Art. 6 Abs. 2 Aarhus-Konvention muss die betroffene Öffentlichkeit jedoch in sachgerechter, rechtzeitiger und effektiver Weise frühzeitig informiert werden. Diese Kriterien bilden den Rahmen, innerhalb dessen die Modalitäten zur Information der Öffentlichkeit auszugestalten sind.

Art. 6 Abs. 3 Aarhus-Konvention enthält eine grundlegende Verfahrensvorgabe für die Öffentlichkeitsbeteiligung. Danach ist für die verschiedenen Phasen der Öffentlichkeitsbeteiligung jeweils ein angemessener zeitlicher Rahmen vorzusehen, damit ausreichend Zeit zur Verfügung steht, um die Öffentlichkeit nach Abs. 2 zu informieren und ihr eine effektive Vorbereitung und Beteiligung während des umweltbezogenen Entscheidungsverfahrens zu ermöglichen. Art. 6 Abs. 4 Aarhus-Konvention legt fest, dass die Öffentlichkeitsbeteiligung zu einem Zeitpunkt stattfinden muss, zu dem noch alle Optionen offen sind und eine effektive Öffentlichkeitsbeteiligung stattfinden kann. Die Regelung normiert ein Frühzeitigkeitsgebot, das für eine wirksame Öffentlichkeitsbeteiligung erforderlich ist, da es für die Öffentlichkeit umso unwahrscheinlicher wird, die Behördenentscheidung beeinflussen zu können, je später sie beteiligt wird.[1293] Im Zusammenhang mit der Vorverlagerung der Öffentlichkeitsbeteiligung bereits vor Beginn des förmlichen Verfahrens steht auch Art. 6 Abs. 5 Aarhus-Konvention.[1294] Die Regelung regt die Vertragsparteien an, soweit angemessen, künftige Antragsteller dazu zu ermutigen, die betroffene Öffentlichkeit

---

1292 *Schlacke*, Überindividueller Rechtsschutz, 2008, S. 237; *Schink*, EurUP 2014, S. 112 (117).

1293 *Scheyli*, AVR 38 (2000), S. 217 (238); *Wiesinger*, Innovation im Verwaltungsrecht, 2013, S. 54.

1294 *Hendler*, Frühzeitige Öffentlichkeitsbeteiligung, in: Ewer u.a., Festschrift für Koch, 2014, S. 269 (272).

zu ermitteln, Gespräche aufzunehmen und über den Zweck ihres Antrags zu informieren, bevor der Antrag auf Genehmigung gestellt wird. Art. 6 Abs. 5 Aarhus-Konvention verfolgt eine „Philosophie des Ausgleichs"[1295] und damit einen anderen Ansatz als das deutsche Recht, wonach die Öffentlichkeit der Behörde gegenübersteht und der Antragsteller nur vermittelt über die Behörde im Kommunikationsprozess auftaucht. Die Regelung verdeutlicht, dass eine unmittelbare Kommunikation zwischen Antragsteller und Öffentlichkeit besonders sinnvoll ist, bevor der Antrag gestellt worden ist und alle Optionen noch offen sind.[1296] Auf diese Weise könnten die Interessen der Öffentlichkeit noch vor Antragstellung möglicherweise besser berücksichtigt werden. Diese von der Konvention angeregte direkte Kommunikation wurde jedoch bislang weder im Richtlinienrecht der Europäischen Union noch im deutschen Zulassungsverfahren aufgenommen. Im Rahmen der Netzentwicklungsplanung ist § 12b Abs. 3 EnWG zumindest dem Grundgedanken von Art. 6 Abs. 5 Aarhus-Konvention angelehnt. Dem Wortlaut von Art. 6 Abs. 5 Aarhus-Konvention lässt sich eine verpflichtende Vorgabe nicht entnehmen.[1297]

Die Phase der Anhörung beginnt gemäß Art. 6 Abs. 6 Aarhus-Konvention mit der Auslegung aller für das Entscheidungsverfahren relevanten Unterlagen. Art. 6 Abs. 6 S. 2 Aarhus-Konvention legt fest, welche Informationen zu den zumindest zur Verfügung zu stellenden Informationen gehören. Hierzu gehören unter anderem eine Beschreibung des Standorts, der erheblichen Auswirkungen der geplanten Tätigkeit auf die Umwelt, der vorgesehenen Maßnahmen zur Vermeidung und/oder Verringerung der Auswirkungen der geplanten Tätigkeit sowie eine nichttechnische Zusammenfassung der genannten Informationen und einen Überblick über die wichtigsten vom Antragsteller geprüften Alternativen. Vorgaben für die Phase der Stellungnahmemöglichkeit enthält Art. 6 Abs. 7 Aarhus-Konvention. Die Öffentlichkeit hat danach „die Möglichkeit, alle von ihr für die geplante Tätigkeit als relevant erachteten Stellungnahmen, Informationen, Analysen oder Meinungen in Schriftform vorzulegen oder gegebenenfalls während einer öffentlichen Anhörung oder Untersuchung mit dem Antragsteller vorzutragen". Die Vorschrift nennt keinen konkreten Zeitrahmen, innerhalb dessen die Stellungnahmen abzugeben sind. Die Angemessenheit der Frist zur Erhebung von Einwendungen ist an Art. 6 Abs. 3 Aarhus-Konvention zu beurteilen. Danach muss der Zeitrahmen so bemessen sein, dass ausreichend

1295 *Fisahn*, ZUR 2004, S. 136 (139).
1296 *Fisahn*, ZUR 2004, S. 136 (139).
1297 *Schenderlein*, Rechtsschutz und Partizipation im Umweltrecht, 2013, S. 138.

Zeit zur Information der Öffentlichkeit zur Verfügung steht und dieser zugleich ausreichend Zeit zur effektiven Vorbereitung und Beteiligung während des umweltbezogenen Entscheidungsverfahrens gewährt wird. Die Vertragsparteien sind also bei der Wahl des zeitlichen Rahmens nicht völlig frei, sondern müssen den Zeitrahmen so wählen, dass insbesondere bei komplexen Großvorhaben ausreichend Zeit für die Abgabe von Stellungnahmen eingeräumt wird.[1298] Während sich die Vorgaben für die Ausgestaltung der Informationsphase nach Art. 6 Abs. 2 Aarhus-Konvention an die betroffene Öffentlichkeit richten, ergibt sich aus Art. 6 Abs. 7 Aarhus-Konvention, dass die Vorgaben zum Umfang des eigentlichen Beteiligungsverfahrens gegenüber der allgemeinen Öffentlichkeit im Sinne von Art. 2 Nr. 4 Aarhus-Konvention zu erfüllen sind.[1299]

Schließlich wird auch das Verfahren der Öffentlichkeitsbeteiligung nach der Entscheidungsfindung geregelt. Nach Art. 6 Abs. 8 Aarhus-Konvention muss jeder Vertragsstaat gewährleisten, dass „das Ergebnis der Öffentlichkeitsbeteiligung bei der Entscheidung angemessen berücksichtigt wird". Art. 6 Abs. 9 Aarhus-Konvention statuiert verfahrensabschließend die Pflicht der Vertragsparteien sicherzustellen, dass die Öffentlichkeit unverzüglich über die von der Behörde getroffenen Entscheidung informiert wird. Ihr sind der Wortlaut der Entscheidung und die Gründe, auf die sich die Entscheidung stützt, zugänglich zu machen. Gemäß Art. 6 Abs. 10 Aarhus-Konvention müssen die Vertragsparteien sicherstellen, dass die in den Abs. 2-9 genannten Kriterien nicht nur bei einer Neuerrichtung von einer in Anlage 1 genannten Anlage, sondern auch bei einer von der Behörde vorgenommenen Überprüfung oder Aktualisierung der Betriebsbedingungen einer solchen Einrichtung sinngemäß angewendet werden.

2. Art. 9 Abs. 2 Aarhus-Konvention

Gemäß Art. 9 Abs. 2 UAbs. 1 Aarhus-Konvention stellt jede Vertragspartei im Rahmen ihrer innerstaatlichen Rechtsvorschriften sicher, dass Mitglieder der betroffenen Öffentlichkeit Zugang zu einem Überprüfungsverfahren haben, um die materiell-rechtliche und verfahrensrechtliche Rechtmäßigkeit von Maßnahmen anzufechten. Die Vorschrift bezieht sich auf die „Mitglieder der betroffenen

1298 *Schink*, EurUP 2014, S. 112 (118).

1299 *Wiesinger*, Innovation im Verwaltungsrecht, 2013, S. 55; *Schenderlein*, Rechtsschutz und Partizipation im Umweltrecht, 2013, S. 137; *Schink*, EurUP 2014, S. 112 (118); *Peters*, EurUP 2014, S. 185 (192); a.A. *Schlacke*, Überindividueller Rechtsschutz, 2008, S. 240.

Öffentlichkeit", zu denen sowohl Nichtregierungsorganisationen als auch Individualkläger zählen.

Art. 9 Abs. 2 UAbs. 1 Aarhus-Konvention bezieht sich zunächst ausdrücklich auf Art. 6 Aarhus-Konvention, insbesondere die Einklagbarkeit der darin eingeräumten Rechte zur Öffentlichkeitsbeteiligung. Darüber hinaus schließt die Vorschrift die materiell-rechtliche und verfahrensrechtliche Rechtmäßigkeit von Entscheidungen, Handlungen oder Unterlassungen, für die sonstige einschlägige Bestimmungen des Übereinkommens gelten, ein. Insoweit enthält sie Rechtsschutzvorgaben in Bezug auf Art. 7 und 8 Aarhus-Konvention, stellt diese jedoch unter den Vorbehalt einer im innerstaatlichen Recht vorgesehenen Einklagbarkeit.[1300] Um die Vereinbarkeit von Präklusionsvorschriften mit Art. 9 Abs. 2 Aarhus-Konvention und den ggf. durch diese Vorschrift begründeten Änderungsbedarf zu ermitteln, bedarf es der Auslegung dieser Bestimmung nach den bereits dargestellten Auslegungsgrundsätzen für völkerrechtliche Verträge nach den Art. 31 ff. WVK.[1301]

Der von Art. 9 Abs. 2 UAbs. 1 Aarhus-Konvention geforderte Zugang zu Gericht für Einzelkläger kann von den Vertragsstaaten davon abhängig gemacht werden, dass sie als Mitglieder der betroffenen Öffentlichkeit entweder ein ausreichendes Interesse haben (lit. a)) oder eine Rechtsverletzung geltend machen (lit. b)). Was als ausreichendes Interesse und als Rechtsverletzung gilt, bestimmt sich gemäß Art. 9 Abs. 2 UAbs. 2 S. 1 Aarhus-Konvention nach den Erfordernissen innerstaatlichen Rechts und im Einklang mit dem Ziel, der betroffenen Öffentlichkeit im Rahmen dieses Übereinkommens einen weiten Zugang zu Gerichten zu gewähren.[1302] Vertragsstaaten, die in ihrer jeweiligen Rechtsordnung Individualrechtsschutz in Form einer Interessentenklage oder einer Verletztenklage vorsehen, können dieses Modell also grundsätzlich beibehalten.[1303] Die konkrete Ausgestaltung, die insbesondere die Klagebefugnis betrifft, muss jedoch das Ziel des Abkommens, der betroffenen Öffentlichkeit einen „weiten Zugang zu Gerichten zu gewähren", berücksichtigen.[1304]

1300 Vgl. bereits Dritter Teil.A.IV.1.e)cc)(2).

1301 *Schwerdtfeger*, Der deutsche Verwaltungsrechtsschutz, 2010, S. 112 ff.

1302 Nichtregierungsorganisationen, die die innerstaatlichen Voraussetzungen für eine Anerkennung erfüllen, werden in diesem Zusammenhang privilegiert, indem sie mit ihrer Anerkennung zur automatisch klageberechtigten Teilöffentlichkeit werden, *Schlacke*, Überindividueller Rechtsschutz, 2008, S. 242 f.; ein ausreichendes Interesse bzw. eine Rechtsbetroffenheit wird fingiert, vgl. Art. 9 Abs. 2 UAbs. 2 S. 2 und 3 Aarhus-Konvention.

1303 *Pernice-Warnke*, Effektiver Zugang zu Gericht, 2009, S. 137.

1304 *Schlacke*, Überindividueller Rechtsschutz, 2008, S. 242.

Gemäß Art. 9 Abs. 2 UAbs. 1 Aarhus-Konvention hat jede Vertragspartei den Zugang zu einem Überprüfungsverfahren „im Rahmen ihrer innerstaatlichen Rechtsvorschriften" für die betroffene Öffentlichkeit sicherzustellen. Der Wortlaut deutet zunächst auf einen weiten Gestaltungsspielraum der Vertragsstaaten bei der Ausgestaltung und Umsetzung hin. Nach allgemeinen völkerrechtlichen Auslegungsgrundsätzen setzt das Konventionsziel dem den Vertragsstaaten verliehenen Gestaltungsspielraum jedoch eine verbindliche Grenze. Ziel der Aarhus-Konvention ist nach Art. 1 das Recht jeder Person auf ein Leben in einer ihrer Gesundheit und ihrem Wohlbefinden zuträglichen Umwelt. Zur Erreichung dieses Ziels gewährleistet jede Vertragspartei die Rechte auf Informationszugang, Öffentlichkeitsbeteiligung und Zugang zu Rechtsschutzverfahren in Umweltangelegenheiten. Die drei Säulen der Aarhus-Konvention dienen also nicht nur dem Schutz des im Interesse der Allgemeinheit stehenden Umweltschutzes, sondern dem prozeduralen Schutz des Individualrechts auf eine gesunde Umwelt.[1305] Daneben enthalten einige Erwägungsgründe der Präambel Hinweise auf die Ausgestaltung des Rechtsschutzes in den Vertragsstaaten. Nach dem 7. Erwägungsgrund hat jeder Mensch das Recht, in einer seiner Gesundheit und seinem Wohlbefinden zuträglichen Umwelt zu leben.[1306] Zur Wahrnehmung dieses Rechts müssen die Bürger nach dem 8. Erwägungsgrund „ein Recht auf Beteiligung an Entscheidungsverfahren und Zugang zu Gerichten in Umweltangelegenheiten haben". Um ihr Ziel eines effektiven Umweltschutzes und das Recht auf eine gesunde Umwelt zu erreichen, bezweckt die Aarhus-Konvention die Öffentlichkeit einzubeziehen. Die wirksame Realisierung dieses Ziels erfordert auch effektiven Rechtsschutz.[1307] Vor diesem Hintergrund ist auch der in Art. 9 Abs. 2 UAbs. 1 Aarhus-Konvention enthaltene Verweis auf innerstaatliche Rechtsvorschriften zu verstehen. Dieser stellt klar, dass die Vorschriften über den Zugang zu Gerichten im Rahmen der einzelnen innerstaatlichen prozessualen Regelungen anzuwenden sind.[1308] Verwaltungsverfahrensrechtliche und -prozessuale Vorgaben zum Beispiel über die Zuständigkeit der Gerichte, die Klagefristen oder die Prozessfähigkeit, aber auch die Schaffung

---

1305 *Schwerdtfeger*, Der deutsche Verwaltungsrechtsschutz, 2010, S. 31 f.

1306 *Kokott/Sobotta*, DVBl. 2014, S. 132 (136) scheinen hieraus Rechte Einzelner ableiten zu wollen, die nicht auf die Gesundheit beschränkt sind, sondern sich auch auf das bloße Wohlbefinden erstrecken.

1307 *Schwerdtfeger*, Der deutsche Verwaltungsrechtsschutz, 2010, S. 118 f.

1308 Schlussanträge der Generalanwältin Eleanor Sharpston vom 16. Dezember 2010, Trianel, C-115/09, EU:C:2010:773, Rn. 55.

von Präklusionsvorschriften können hierunter fallen.[1309] Ein nach freiem Belieben der Mitgliedstaaten auszugestaltender Vorbehalt stünde jedoch im Widerspruch zum Ziel der Aarhus-Konvention, einen weiten Zugang zu Gerichten zu eröffnen.[1310] Hierin kommt der Grundsatz effektiven Rechtsschutzes zum Ausdruck.[1311]

Nach Art. 9 Abs. 2 UAbs. 3 Aarhus-Konvention ist den Vertragsstaaten die Möglichkeit eingeräumt, die Ausschöpfung verwaltungsbehördlicher Überprüfungsverfahren als Voraussetzung für die Einleitung gerichtlicher Überprüfungsverfahren zu konstituieren. Aus diesem Verweis kann kein Rückschluss auf die Zulässigkeit materieller Präklusionsvorschriften gezogen werden. Er bezieht sich auf vorangegangene verwaltungsbehördliche Überprüfungsverfahren und setzt eine abschließende behördliche Entscheidung voraus. Die Vorschrift knüpft also an ein bereits abgeschlossenes Verwaltungsverfahren an und nimmt das gemäß § 68 Abs. 1 S. 1 VwGO vor Erhebung einer Anfechtungs- oder Verpflichtungsklage grundsätzlich durchzuführende Widerspruchsverfahren in Bezug.[1312] Sie bezieht sich aber nicht auf die Teilnahme an einem laufenden Verwaltungsverfahren, die für die materielle Präklusionswirkung relevant ist.[1313]

3. *Art. 9 Abs. 3 Aarhus-Konvention*

Zusätzlich zu berücksichtigen sind nach Art. 9 Abs. 2 UAbs. 1 a.E. Aarhus-Konvention die Rechtsschutzvorgaben von Art. 9 Abs. 3 Aarhus-Konvention. Hinsichtlich des Aussagegehalts dieser Vorschrift kann auf die Ausführungen im Dritten Teil.A.IV.1.e)cc)(3) Bezug genommen werden.

Mit der Novelle des UmwRG 2017 wurde in § 7 Abs. 3 UmwRG eine neue materielle Präklusionsregelung aufgenommen. Danach ist eine Vereinigung mit allen Einwendungen ausgeschlossen, die sie im Verfahren der Planaufstellung nicht oder nach den geltenden Rechtsvorschriften nicht rechtzeitig geltend gemacht hat, aber hätte geltend machen können. Die Präklusionsvorschrift gilt

---

1309 *Schlacke*, Überindividueller Rechtsschutz, 2008, S. 268 f.; Schlussanträge der Generalanwältin Eleanor Sharpston vom 16. Dezember 2010, Trianel, C-115/09, EU:C:2010:773, Rn. 55 Fn. 22.

1310 *Schenderlein*, Rechtsschutz und Partizipation im Umweltrecht, 2013, S. 211 f.; *Guckelberger/Geber*, EurUP 2014, S. 167 (172).

1311 *Schwerdtfeger*, Der deutsche Verwaltungsrechtsschutz, 2010, S. 122.

1312 *Schwerdtfeger*, Der deutsche Verwaltungsrechtsschutz, 2010, S. 30; *Kerkmann/Schröter*, EurUP 2017, S. 126 (132).

1313 *Guckelberger/Geber*, EurUP 2014, S. 167 (173).

also nur für Rechtsbehelfe von Umweltvereinigungen gegen Entscheidungen nach § 1 Abs. 1 S. 1 Nr. 4 UmwRG, also insbesondere gegen SUP-pflichtige Pläne und Programme. Nach Auffassung des Gesetzgebers basiert das Urteil des Europäischen Gerichtshofs vom 15.10.2015 lediglich auf der UVP- und der IE-Richtlinie, so dass Verfahren nach § 1 Abs. 1 S. 1 Nr. 4 UmwRG hiervon nicht erfasst seien.[1314]

Auch wenn die Präklusion von Umweltvereinigungen nicht Gegenstand dieser Arbeit ist und daher an dieser Stelle nicht vertieft werden soll, sei angemerkt, dass der Europäische Gerichtshof in einem Urteil vom 20.12.2017 in Bezug auf die Zulässigkeit einer materiellen Präklusionsregelung am Maßstab von Art. 9 Abs. 3 Aarhus-Konvention eine differenzierte Sichtweise erkennen lässt. Dem Verfahren lag eine Ausschlussregelung des österreichischen Rechts zugrunde, nach der eine Person ihre Stellung als Partei im Verwaltungsverfahren verliert und deshalb keine Beschwerde gegen eine in diesem Verfahren ergangene Entscheidung erheben kann, wenn sie Einwendungen nicht rechtzeitig bereits im Verwaltungsverfahren, spätestens in dessen mündlichem Abschnitt, erhoben hat.

Nach Auffassung des Gerichtshofs stehe Art. 9 Abs. 3 Aarhus-Konvention an sich einer Ausschlussregelung, nach der von dem durch die Stellung als Partei begründeten Recht, Einwendungen zur Beachtung der einschlägigen umweltrechtlichen Vorschriften geltend zu machen, bereits im Stadium des Verwaltungsverfahrens Gebrauch gemacht werden muss, nicht entgegen. Mit einer solchen Regelung könnten unter Umständen die streitigen Punkte schneller identifiziert und gegebenenfalls bereits im Verwaltungsverfahren gelöst werden, so dass sich eine Klage erübrigt.[1315] Auf diese Weise könne eine solche Ausschlussregelung zur Verwirklichung des Ziels von Art. 9 Abs. 3 Aarhus-Konvention, wirkungsvolle gerichtliche Mechanismen zu schaffen[1316], beitragen.[1317] Die Frage, ob in einem Fall wie dem, um den es im Ausgangsverfahren geht, durch die Geltung der betreffenden Ausschlussregelung für eine Umweltorganisation das Recht, bei einem Gericht einen Rechtsbehelf einzulegen, übermäßig beschränkt werde, habe letztlich das vorlegende Gericht unter Berücksichtigung der relevanten tatsächlichen Umstände und des einschlägigen nationalen Rechts zu beantworten.[1318] Der Gerichtshof tendiert im konkret zu beurteilenden Fall dahin, diese

---

1314 BT-Drs. 18/9526, S. 43. Kritisch *Schlacke*, NVwZ 2017, S. 905 (909); *Heß/Brigola*, NuR 2017, S. 729 (733).

1315 EuGH, Urteil vom 20.12.2017, Protect, C-664/15, EU:C:2017:987, Rn. 88.

1316 Vgl. Präambel, 18. Erwägungsgrund Aarhus-Konvention.

1317 EuGH, Urteil vom 20.12.2017, Protect, C-664/15, EU:C:2017:987, Rn. 89.

1318 EuGH, Urteil vom 20.12.2017, Protect, C-664/15, EU:C:2017:987, Rn. 92 f.

Frage zu bejahen. Im Ausgangsverfahren war der von der Umweltorganisation gestellte Antrag auf Zulassung als Partei abgelehnt worden, so dass sie mangels Parteistellung keine Einwendungen geltend machen konnte. Als „Beteiligte" hatte sie nach den einschlägigen nationalen Verfahrensvorschriften kein Recht, Einwendungen zu erheben. Nach Auffassung des Gerichtshofs könne ihr daher schwerlich vorgeworfen werden, die Anwendung der Ausschlussregelung nicht dadurch verhindert zu haben, dass sie bereits im Stadium des Verwaltungsverfahrens das durch die Parteistellung begründete Recht ausgeübt hat, Einwendungen zu erheben.[1319] Der Vorwurf würde darauf hinauslaufen, zu verlangen, dass die Organisationen eine Verpflichtung erfüllen, die sie von vornherein nicht erfüllen können.[1320] Der Europäische Gerichtshof hält Präklusionsregeln des nationalen Rechts somit grundsätzlich für zulässig. Dies entspricht dem bereits festgestellten Befund, dass dem Gesetzgeber durch den umfassenden Gestaltungsspielraum größere Freiheiten eingeräumt werden.[1321] Die Unvereinbarkeit der österreichischen Ausschlussregelung mit dem Unionsrecht im konkreten Fall ergibt sich für ihn – vorbehaltlich einer Überprüfung durch das vorlegende Gericht – allein daraus, dass der Umweltorganisation zunächst eine Beteiligung am Verwaltungsverfahren versagt wurde, um dann die gerichtliche Geltendmachung von dieser abhängig zu machen.[1322] Aus den Ausführungen des Europäischen Gerichtshofs wird deutlich, dass er die Zulässigkeit der materiellen Präklusion am Maßstab von Art. 9 Abs. 3 Aarhus-Konvention von ihrer konkreten Ausgestaltung abhängig macht und nicht pauschal verwirft.

II. Die Umsetzung der Aarhus-Konvention in der UVP-Richtlinie

1. Ausgangslage

Mit Unterzeichnung der Aarhus-Konvention verpflichtete sich die Europäische Gemeinschaft, das Gemeinschaftsrecht den völkerrechtlichen Anforderungen anzupassen. Bereits vor der Schaffung der Aarhus-Konvention gab es sekundärrechtliche Vorgaben für die Öffentlichkeitsbeteiligung. Neben der IVU- und der

---

1319 EuGH, Urteil vom 20.12.2017, Protect, C-664/15, EU:C:2017:987, Rn. 94 f.

1320 EuGH, Urteil vom 20.12.2017, Protect, C-664/15, EU:C:2017:987, Rn. 96.

1321 *Fellenberg*, NVwZ 2015, S. 1721 (1724, dort Fn. 25); a.A. *Guckelberger/Geber*, EurUP 2014, S. 167 (174), die Präklusionsvorschriften für mit Art. 9 Abs. 3 Aarhus-Konvention unvereinbar halten.

1322 *Wegener*, ZUR 2018, S. 217 (220 f.).

SUP-Richtlinie stellte die Richtlinie 85/337/EWG des Rates über die Umweltverträglichkeitsprüfung (UVP-Richtlinie) Anforderungen auf, Beteiligungsrechte der Öffentlichkeit zu schaffen.[1323]

Die bisherigen Regelungen unter anderem der UVP-Richtlinie wurden den Vorgaben der Aarhus-Konvention jedoch nicht gerecht und sollten geändert werden, um sie den Bestimmungen der Aarhus-Konvention anzupassen.[1324] Insbesondere in Bezug auf die Vorgaben von Art. 6 und Art. 9 Abs. 2 und Abs. 4 Aarhus-Konvention wurde daher die Öffentlichkeitsbeteiligungsrichtlinie[1325] erlassen. Aus diesem Grund sind die Bestimmungen der UVP-Richtlinie im Lichte des Ziels des Übereinkommens auszulegen.[1326] Die Öffentlichkeitsbeteiligungsrichtlinie enthält in ihrem Art. 3 sowohl verfahrens- als auch rechtsschutzbezogene Änderungen der UVP-Richtlinie.

Die am 15.05.2014 in Kraft getretene UVP-Änderungsrichtlinie 2014/52/EU vom 16.04.2014[1327] führt zu weiteren Änderungen, auch hinsichtlich beteiligungsbezogener Regelungen. Die dreijährige Umsetzungsfrist, innerhalb derer die Mitgliedstaaten ihre nationalen Vorschriften zur Umweltverträglichkeitsprüfung anpassen müssen, endete am 16.05.2017. Der deutsche Gesetzgeber hat mit dem Gesetz zur Modernisierung des Rechts der Umweltverträglichkeitsprüfung[1328] insbesondere Vorschriften des UVPG novelliert.

Wie bereits erörtert, gehen die Vorgaben der Aarhus-Konvention den Sekundärrechtsakten der Europäischen Union vor und verpflichten die Mitgliedstaaten zur Beachtung. Die sich aus ihr ergebenden Verpflichtungen können durch das Sekundärrecht nicht abgeschwächt oder aufgehoben werden.

1323 *Wiesinger*, Innovation im Verwaltungsrecht, 2013, S. 117 ff.

1324 Präambel, 5. und 11. Erwägungsgrund Öffentlichkeitsbeteiligungsrichtlinie.

1325 Richtlinie 2003/35/EG des Europäischen Parlaments und des Rates vom 26.05.2003 über die Beteiligung der Öffentlichkeit bei der Ausarbeitung bestimmter umweltbezogener Pläne und Programme und zur Änderung der Richtlinie 85/337/EWG und 96/61/EG des Rates in Bezug auf die Öffentlichkeitsbeteiligung und den Zugang zu Gerichten, ABlEU Nr. L 156 vom 25.06.2003, S. 17.

1326 EuGH, Urteil vom 16.04.2015, Gruber, C-570/13, EU:C:2015:231, Rn. 34; BVerwG, Urteil vom 30.03.2017 – 7 C 17.15 –, ZUR 2017, S. 539 (540 Rn. 27).

1327 Richtlinie 2014/52/EU des Europäischen Parlaments und des Rates vom 16. April 2014 zur Änderung der Richtlinie 2011/92/EU über die Umweltverträglichkeitsprüfung bei bestimmten öffentlichen und privaten Projekten, ABlEU Nr. L 124 vom 25.04.2014, S. 1 ff.

1328 Gesetz zur Modernisierung des Rechts der Umweltverträglichkeitsprüfung vom 20. Juli 2017, BGBl. I, S. 2808.

Sekundärrechtliche Bestimmungen sind nach Möglichkeit so auszulegen, dass sie mit völkerrechtlichen EU-Abkommen vereinbar sind. Dagegen ist es aber möglich, dass sekundärrechtliche Verpflichtungen über die völkerrechtlich statuierten Verpflichtungen hinausgehen oder diese spezifizieren.[1329]

2. Einzelne Aussagen der UVP-Richtlinie

a) Adressaten der UVP-Richtlinie und sachlicher Anwendungsbereich

Wie schon die Aarhus-Konvention differenziert auch die UVP-Richtlinie zwischen der allgemeinen „Öffentlichkeit" und der „betroffenen Öffentlichkeit". Die entsprechende Begriffsbestimmung der Aarhus-Konvention aus Art. 2 Nr. 4 und 5 wurde durch die Öffentlichkeitsbeteiligungsrichtlinie wortlautgleich in Art. 1 Abs. 2 lit. d) und e) UVP-Richtlinie übernommen. Insoweit wird auf die dortigen Ausführungen Bezug genommen.

Gemäß Art. 4 Abs. 1 i.V.m. Anhang I Nr. 20 UVP-Richtlinie gehört auch der Bau von Hochspannungsfreileitungen für eine Stromstärke von 220 kV oder mehr und mit einer Länge von mehr als 15 km zu den Projekten, die einer Umweltverträglichkeitsprüfung zu unterziehen sind.

b) Verfahren der Öffentlichkeitsbeteiligung

Die Öffentlichkeitsbeteiligung beginnt mit der Information der Öffentlichkeit. Die UVP-Richtlinie enthält insoweit unterschiedliche Regelungen hinsichtlich der Information der Öffentlichkeit nach Art. 6 Abs. 2 UVP-Richtlinie und der betroffenen Öffentlichkeit nach Art. 6 Abs. 3 UVP-Richtlinie. Art. 6 Abs. 4 UVP-Richtlinie enthält Vorgaben in Bezug auf die Anhörung der betroffenen Öffentlichkeit. Die genauen Vorkehrungen für die Unterrichtung der Öffentlichkeit und Anhörung der betroffenen Öffentlichkeit werden dabei gemäß Art. 6 Abs. 5 UVP-Richtlinie von den Mitgliedstaaten festgelegt. Für die verschiedenen Phasen der Öffentlichkeitsbeteiligung ist der Zeitrahmen nach Art. 6 Abs. 6 UVP-Richtlinie jedoch so zu wählen, dass ausreichend Zeit zur Verfügung steht, um die Öffentlichkeit zu informieren, und dass der betroffenen Öffentlichkeit ausreichend Zeit zur effektiven Vorbereitung und Beteiligung gegeben wird.

1329 *Schwerdtfeger*, Der deutsche Verwaltungsrechtsschutz, 2010, S. 135 f.; *Peters*, EurUP 2014, S. 185 f.

aa) Information der Öffentlichkeit

Zu Beginn der Öffentlichkeitsbeteiligung erfolgt die Information über die bevorstehende Behördenentscheidung zu einem Vorhaben. Zu den der Öffentlichkeit mitzuteilenden Informationen gehört gemäß Art. 6 Abs. 2 UVP-Richtlinie im Einzelnen der Genehmigungsantrag (lit. a)), die Tatsache, dass das Projekt Gegenstand einer Umweltverträglichkeitsprüfung ist (lit. b)), Angaben zu den zuständigen Behörden, bei denen relevante Informationen erhältlich sind bzw. bei denen Stellungnahmen oder Fragen eingereicht werden können, sowie die dafür vorgesehenen Fristen (lit. c)), die Art möglicher Entscheidungen, oder, soweit vorhanden, der Entscheidungsentwurf (lit. d)), Angaben über die Verfügbarkeit von nach Art. 5 eingeholten Informationen (lit. e)) und darüber, wann, wo und in welcher Weise die Informationen zugänglich gemacht werden (lit. f)) sowie Einzelheiten zur Öffentlichkeitsbeteiligung (lit. g)). Diese Regelung geht über die Vorgaben des die entsprechende Informationspflicht regelnden Art. 6 Abs. 2 Aarhus-Konvention hinaus, der diese nur für die betroffene Öffentlichkeit vorsieht. Diese Kollision dürfte jedoch unschädlich sein, da die Konvention – wie sich aus Art. 3 Abs. 5 Aarhus-Konvention ergibt – lediglich Mindestanforderungen statuiert.[1330] Den Vertragsstaaten bleibt es danach unbenommen, Maßnahmen zu ergreifen, die eine umfangreichere Öffentlichkeitsbeteiligung an Entscheidungsverfahren ermöglichen, als es die Konvention vorschreibt.

Zunächst sah die UVP-Richtlinie in Art. 6 Abs. 2 vor, dass die Öffentlichkeit durch öffentliche Bekanntmachung oder auf anderem geeigneten Wege, wie durch elektronische Medien, soweit diese zur Verfügung stehen, zu informieren ist. Nunmehr schreibt die UVP-Änderungsrichtlinie 2014/52/EU in Art. 6 Abs. 2 generell eine Bekanntmachung auf elektronischem Wege vor. Die genauen Vorkehrungen für die Unterrichtung der Öffentlichkeit werden dabei gemäß Art. 6 Abs. 5 UVP-Richtlinie von den Mitgliedstaaten festgelegt. Die Informationen sollen danach der Öffentlichkeit auf der angemessenen Verwaltungsebene elektronisch zugänglich sein, „wenigstens über ein zentrales Portal oder einfach zugängliche Zugangspunkte“. Die UVP-Richtlinie weicht von den Vorgaben des Art. 6 Abs. 2 Aarhus-Konvention dahingehend ab, dass neben die öffentliche Bekanntmachung je nach Zweckmäßigkeit nicht mehr ausdrücklich die Möglichkeit einer individuellen Bekanntmachung tritt. Diese bleibt aber als anderer geeigneter Weg eine mögliche Option.[1331]

1330 *Hendler/Wu*, DVBl. 2014, S. 78 (81).

1331 *Schenderlein*, Rechtsschutz und Partizipation im Umweltrecht, 2013, S. 249 f.

bb) Zugänglichmachung von Unterlagen

Der betroffenen Öffentlichkeit sind darüber hinaus gemäß Art. 6 Abs. 3 UVP-Richtlinie innerhalb eines angemessenen Zeitraums alle Informationen, die in Bezug auf die Umweltauswirkungen des Projekts eingeholt wurden (lit. a)), die wichtigsten Berichte und Empfehlungen, die der zuständigen Behörde zu dem Zeitpunkt der nach Art. 6 Abs. 2 UVP-Richtlinie gebotenen Information der Öffentlichkeit vorliegen (lit. b)) und alle Informationen, die für die Zulassung des Projekts von Bedeutung sind und die der Behörde erst nach dem Zeitpunkt der Information der Öffentlichkeit zugänglich werden (lit. c)) zur Verfügung zu stellen. Die Informationspflicht gegenüber der betroffenen Öffentlichkeit geht somit weiter. Ihr ist nicht nur mitzuteilen, wo welche Informationen vorliegen, sondern ihr sind die Informationen selbst zur Verfügung zu stellen.[1332] Inhaltlich setzt Art. 6 Abs. 3 UVP-Richtlinie die nach Art. 6 Abs. 6 Aarhus-Konvention zugänglich zu machenden Mindestangaben um. Auch die Beschränkung auf die betroffene Öffentlichkeit entspricht Art. 6 Abs. 6 Aarhus-Konvention.[1333]

cc) Frühzeitige Öffentlichkeitsbeteiligung

Gemäß Art. 6 Abs. 4 UVP-Richtlinie erhält die betroffene Öffentlichkeit frühzeitig und in effektiver Weise die Möglichkeit, sich an den umweltbezogenen Entscheidungsverfahren zu beteiligen, und hat zu diesem Zweck das Recht, gegenüber der zuständigen Behörde Stellung zu nehmen. Nahezu wortgleich zu Art. 6 Abs. 4 Aarhus-Konvention muss dieses Recht zu einem Zeitpunkt gewährt werden, zu dem „alle Optionen noch offen stehen und bevor die Entscheidung über den Genehmigungsantrag getroffen wird." Auch in Bezug auf die Anhörung überlässt es Art. 6 Abs. 5 UVP-Richtlinie den Mitgliedstaaten, die einzelnen Modalitäten festzulegen.

dd) Möglichkeit der Stellungnahme

Art. 6 Abs. 4 UVP-Richtlinie wandelt Art. 6 Abs. 7 Aarhus-Konvention dahin ab, dass nur der betroffenen Öffentlichkeit die Möglichkeit gegeben werden muss, Stellungnahmen abzugeben. Art. 6 Abs. 7 Aarhus-Konvention räumt dieses Recht jedoch der allgemeinen Öffentlichkeit ein.[1334] Die UVP-Richtlinie bleibt somit hinter der Aarhus-Konvention zurück. Zwar mag man die Vorgaben der

---

1332 *Schink*, EurUP 2014, S. 112 (118).

1333 *Hendler/Wu*, DVBl. 2014, S. 78 (81).

1334 *Hendler/Wu*, DVBl. 2014, S. 78 (81); *Schink*, EurUP 2014, S. 112 (118).

UVP-Richtlinie gegenüber denen der Aarhus-Konvention konzeptionell überzeugender finden, da erstere die behördliche Information gegenüber der allgemeinen Öffentlichkeit vorschreibt, die Befugnis zur Stellungnahme und somit die aktive Beteiligung am Genehmigungsverfahren aber auf die betroffene Öffentlichkeit begrenzt. Umgekehrt beschränkt die Aarhus-Konvention die Informationspflicht auf die betroffene Öffentlichkeit, eröffnet die Möglichkeit der Stellungnahme dann der allgemeinen Öffentlichkeit. Stellungnahmen können nach der Aarhus-Konvention also von Personen abgegeben werden, die gar nicht zum von der Behörde zu informierenden Kreis gehören, so dass die Stellungnahme auf einer weniger gesicherten Informationsgrundlage erfolgt.[1335] Dennoch bleibt es im Ergebnis bei der aufgezeigten Kollision zwischen Richtlinienrecht und Aarhus-Konvention.[1336]

Die Regelung der UVP-Richtlinie 2011/92/EU nennt keinen ausdrücklichen Zeitrahmen, innerhalb dessen die Stellungnahmen abzugeben sind. Der betroffenen Öffentlichkeit ist jedoch gemäß Art. 6 Abs. 6 UVP-Richtlinie ausreichend Zeit zur effektiven Vorbereitung und Beteiligung während des umweltbezogenen Entscheidungsverfahrens einzuräumen. Bereits auf dieser Grundlage können die Mitgliedstaaten zwar den Zeitrahmen für die Phase der Stellungnahmemöglichkeit grundsätzlich bestimmen, sind dabei aber nicht völlig frei.[1337] Durch die UVP-Änderungsrichtlinie 2014/52/EU wird Art. 6 UVP-Richtlinie darüber hinaus um einen Abs. 7 ergänzt, der nunmehr eine Frist von mindestens 30 Tagen vorsieht, innerhalb der die betroffene Öffentlichkeit zum Umweltbericht zu „konsultieren" ist. Damit wird erstmalig europaweit ein einheitlicher Mindestzeitraum eingeführt. Der Kommissionsentwurf, der einen Zeitrahmen von mindestens 30 und höchstens 60 Tagen mit einer Verlängerungsmöglichkeit um weitere 30 Tage enthielt, konnte sich somit nicht durchsetzen.[1338] Der Bundesrat hatte sich hinsichtlich der Fristvorgaben für das Verwaltungsverfahren unter dem Aspekt des Subsidiaritätsprinzips kritisch geäußert, da die Ausgestaltung des Verwaltungsverfahrens Sache der Mitgliedstaaten ist.[1339]

1335 *Hendler/Wu*, DVBl. 2014, S. 78 (81).

1336 *Hendler/Wu*, DVBl. 2014, S. 78 (81); *Schink*, EurUP 2014, S. 112 (118).

1337 *Schink*, EurUP 2014, S. 112 (118).

1338 Kritisch hinsichtlich des Kommissionsentwurfs *Sangenstedt*, ZUR 2014, S. 526 (533).

1339 Beschluss des Bundesrates vom 14.12.2012, Drucksache 655/12 (Beschluss), S. 10; *Schink*, DVBl. 2013, S. 1347 (1354).

ee) Verfahrensabschließende Bestimmungen

In Übereinstimmung mit Art. 6 Abs. 8 Aarhus-Konvention sind gemäß Art. 8 UVP-Richtlinie die Ergebnisse der Öffentlichkeitsbeteiligung, also die eingegangenen Stellungnahmen bei dem Genehmigungsverfahren zu berücksichtigen. Durch die UVP-Änderungsrichtlinie wird der Wortlaut von Art. 8 UVP-Richtlinie dem der Aarhus-Konvention angenähert. Nunmehr sind die Ergebnisse der Konsultationen „gebührend" zu berücksichtigen.

Schließlich werden die Behörden durch Art. 9 Abs. 1 UVP-Richtlinie verpflichtet, die allgemeine Öffentlichkeit über die getroffene Genehmigungsentscheidung zu informieren und bestimmte Angaben, insbesondere den Entscheidungsinhalt, die der Entscheidung zugrunde liegenden Hauptgründe und -erwägungen sowie die Zusammenfassung der Ergebnisse der Anhörung, zugänglich zu machen.

c) Rechtsschutz

Durch Art. 3 Nr. 7 Öffentlichkeitsbeteiligungsrichtlinie wurden die Rechtsschutzvorgaben des Art. 9 Abs. 2, 4 und 5 Aarhus-Konvention nahezu wortlautgleich in Art. 11 UVP-Richtlinie 2011/92/EU (Art. 10a UVP-Richtlinie 85/337/EWG) implementiert. Diese Vorschrift hat durch die UVP-Änderungsrichtlinie keine Änderung erfahren. Art. 9 Abs. 3 Aarhus-Konvention wurde hingegen nicht unionsrechtlich umgesetzt.

III. Zusammenfassung

Art. 6 Aarhus-Konvention statuiert eine Rechtspflicht für die Vertragsstaaten, die dessen Vorgaben zwingend gesetzlich umsetzen müssen.[1340] Gleiches gilt für Art. 9 Abs. 2 Aarhus-Konvention, der in Art. 11 UVP-Richtlinie nahezu wortlautgleich umgesetzt wurde. Deutschland ist als Vertragspartei und EU-Mitgliedstaat somit gleich doppelt zur Umsetzung verpflichtet.[1341]

Den Vertrags- und Mitgliedstaaten wird durch den in Art. 9 Abs. 2 Aarhus-Konvention und Art. 11 Abs. 1 UVP-Richtlinie enthaltenen Verweis auf die „innerstaatlichen Rechtsvorschriften" ein Gestaltungsspielraum bei der Ausgestaltung des Gerichtszugangs eingeräumt, der durch die von beiden Rechtsakten verfolgte Zielsetzung begrenzt wird.[1342] Sinn und Zweck der Aarhus-Konvention

1340 *Wiesinger*, Innovation im Verwaltungsrecht, 2013, S. 55; *Schenderlein*, Rechtsschutz und Partizipation im Umweltrecht, 2013, S. 139.

1341 *Schenderlein*, Rechtsschutz und Partizipation im Umweltrecht, 2013, S. 154.

1342 *Schlacke*, Überindividueller Rechtsschutz, 2008, S. 269.

und der UVP-Richtlinie ist es, gegenüber umweltbezogenen Behördenentscheidungen einen möglichst effektiven Rechtsschutz zu gewährleisten.

Die konzeptionelle Neuerung der Aarhus-Konvention und der sie umsetzenden Gesetzgebung liegt in der Verknüpfung der Verfahrensvorgaben mit der gerichtlichen Einklagbarkeit.[1343] Art. 9 Abs. 2 Aarhus-Konvention und Art. 11 Abs. 1 UVP-Richtlinie gewähren einen Gerichtszugang gerade auch, um die verfahrensmäßige Rechtmäßigkeit von Entscheidungen anzugreifen.[1344] Verfahrensrechte und Klagerechte werden miteinander verbunden; die verfahrensrechtliche Position, die durch die Öffentlichkeitsbeteiligung eingeräumt wird, wird durch einen weiten Zugang zu Gerichten abgesichert.[1345] Die Vorschriften gewährleisten der betroffenen Öffentlichkeit und auch nach innerstaatlichem Recht anerkannten Nichtregierungsorganisationen den Zugang zu gerichtlicher oder außergerichtlicher Kontrolle umweltbezogener Zulassungsentscheidungen.[1346] Letztere werden privilegiert, indem sie mit ihrer Anerkennung zur automatisch klageberechtigten Teilöffentlichkeit werden; ein ausreichendes Interesse bzw. eine Rechtsbetroffenheit wird fingiert, vgl. Art. 9 Abs. 2 UAbs. 2 S. 2 und 3 Aarhus-Konvention sowie Art. 11 Abs. 3 S. 2 und 3 UVP-Richtlinie.

Kein Rückschluss auf die Zulässigkeit materieller Präklusionsvorschriften ergibt sich aus Art. 9 Abs. 2 UAbs. 3 Aarhus-Konvention und Art. 11 Abs. 4 UVP-Richtlinie. Der darin enthaltene Verweis knüpft an ein bereits abgeschlossenes Verwaltungsverfahren an, bezieht sich aber nicht auf die Teilnahme an einem laufenden Verwaltungsverfahren, die für die materielle Präklusionswirkung relevant ist.

C. Die Beurteilung der Beschränkung des Rechtsschutzes durch Fristen in der Rechtsprechung des Europäischen Gerichtshofs

Es wurde bereits herausgearbeitet, dass die mit der materiellen Präklusion verbundene Ausschlusswirkung den Rechtsschutz einschränkt. Soweit europarechtlich begründete Rechte des Einzelnen beeinträchtigt werden, bedarf es hierfür einer Rechtfertigung. Bis zu dem Urteil vom 15.10.2015 hat sich der

1343 *Saurer*, Der Einzelne im europäischen Verwaltungsrecht, 2014, S. 341.

1344 *Gärditz*, NVwZ 2014, S. 1 (3).

1345 *Kment*, Nationale Unbeachtlichkeits-, Heilungs- und Präklusionsvorschriften, 2005, S. 109; *Saurer*, Der Einzelne im europäischen Verwaltungsrecht, 2014, S. 339.

1346 *Schlacke*, NVwZ 2014, S. 11.

Europäische Gerichtshof nicht speziell zur Zulässigkeit von materiellen Präklusionsvorschriften geäußert. Gegenstand verschiedener Entscheidungen war jedoch die Zulässigkeit nationaler Ausschlussfristen im Bereich des Rechtsschutzes. Darunter sind diejenigen nationalen Fristen zu verstehen, die den Einzelnen zur gerichtlichen Geltendmachung seiner Rechte innerhalb eines bestimmten Zeitraums zwingen, um keinen Rechtsverlust hinzunehmen.[1347] Rechtsschutzmöglichkeiten können dabei nicht nur durch Klagefristen beschränkt werden, nach denen der Betroffene einen bereits erlassenen Hoheitsakt innerhalb einer bestimmten Frist angreifen muss. Auch Präklusionsvorschriften zielen darauf ab, dass ein Gegenvorbringen nach Ablauf der Einwendungsfrist ausgeschlossen ist.[1348] Zwar entfalten Präklusionsvorschriften ihre Wirkung bereits im Vorfeld des Erlasses eines gerichtlich angreifbaren Rechtsaktes. Da das Einwendungsrecht als Anknüpfungspunkt für die Präklusion als vorgezogener Rechtsschutz verstanden wird[1349], kann man sich für die die rechtliche Bewertung materieller Präklusionsregelungen an der Rechtsprechung des Europäischen Gerichtshofs zu nationalen Ausschlussfristen orientieren.[1350] Diese Maßstäbe hat auch das Bundesverwaltungsgericht bis zur Entscheidung des Europäischen Gerichtshofs vom 15.10.2015 bei seiner Beurteilung der Unionsrechtskonformität materieller Präklusionsvorschriften zugrunde gelegt.[1351]

In ständiger Rechtsprechung stellt der Europäische Gerichtshof fest, dass die Festsetzung angemessener Ausschlussfristen die Rechtsverfolgung grundsätzlich nicht praktisch unmöglich macht. Er erkennt in der Festlegung solcher Fristen einen „Anwendungsfall des grundlegenden Prinzips der Rechtssicherheit".[1352]

1347 *Niedobitek*, VerwArch 92 (2001), S. 58 (75); *Kment*, Nationale Unbeachtlichkeits-, Heilungs- und Präklusionsvorschriften, 2005, S. 38.

1348 *Stüer/Rieder*, EurUP 2004, S. 139 (146); *Kment*, Nationale Unbeachtlichkeits-, Heilungs- und Präklusionsvorschriften, 2005, S. 81.

1349 Vgl. Vierter Teil.A.V.

1350 *Stüer/Rieder*, EurUP 2004, S. 139 (146); *Kment*, Nationale Unbeachtlichkeits-, Heilungs- und Präklusionsvorschriften, 2005, S. 82.

1351 BVerwG, Beschluss vom 11.11.2009 – 4 B 57.09 –, ZUR 2010, S. 382 (382 f. Rn. 6 f.); Urteil vom 14.04.2010 – 9 A 5.08 –, BVerwGE 136, 291 (315 f. Rn. 107); Beschluss vom 14.09.2010 – 7 B 15/10 –, NVwZ 2011, S. 364 (365 Rn. 9); Urteil vom 14.07.2011 – 9 A 12.10 –, NuR 2011, S. 866 (867 Rn. 23 ff.).

1352 So bereits EuGH, Urteil vom 16.12.1976, Rewe, C-33/76, EU:C:1976:188, Rn. 5; Urteil vom 16.12.1976, Comet, C-45/76, EU:C:1976:191, Rn. 11/18. Vergleichbare Formulierungen, wonach die Festsetzung angemessener Ausschlussfristen für die Einlegung von Rechtsbehelfen grundsätzlich dem Effektivitätsgebot genüge, da sie ein Anwendungsfall des grundlegenden Prinzips der Rechtssicherheit sei, enthalten

Weiter ordnet er den Grundsatz der Rechtssicherheit wie auch den des Vertrauensschutzes als „Bestandteil der Rechtsordnung der Gemeinschaft“[1353] ein. Aus diesem Grund könne es nicht als der europäischen Rechtsordnung widersprechend angesehen werden, wenn nationales Recht berechtigtes Vertrauen und Rechtssicherheit schützt.[1354] Dieser Grundsatz kann die Verkürzung von Rechtsschutzmöglichkeiten durch Ausschlussfristen jedoch nicht in jedem Fall rechtfertigen, sondern findet seine Grenzen wiederum im Äquivalenz- und Effektivitätsprinzip, die eine Art Schranken-Schranke darstellen.[1355]

Der Äquivalenzgrundsatz wird durch die materiellen Präklusionsvorschriften des deutschen Verwaltungsrechts, so auch durch § 18 Abs. 5 NABEG i.V.m. § 43a EnWG, § 73 Abs. 4 S. 3 VwVfG, nicht verletzt. Sie finden ohne Unterscheidung sowohl auf verspätetem Vorbringen, das auf nationalem Recht beruht, als auch auf solchem, das auf europäischen Recht beruht, Anwendung.[1356] Eine Ungleichbehandlung findet also nicht statt. Zwar werden je nach Beteiligten Unterschiede hinsichtlich der Anforderungen an die Substantiierung gemacht, dies aber unabhängig davon, ob das Verfahren Bezüge zum Europarecht hat oder nicht.

Mit Blick auf den Effektivitätsgrundsatz hält der Europäische Gerichtshof Ausschlussfristen von 60 Tagen[1357], sechs Monaten[1358], einem Jahr[1359] oder drei Jahren[1360] grundsätzlich für europarechtlich zulässig. Dabei können den Entscheidungen zum Teil keine näheren Kriterien entnommen werden, nach denen das Gericht eine Frist für „angemessen“ hält. Insbesondere bei kürzeren Fristen

---

zahlreiche weitere Entscheidungen: EuGH, Urteil vom 10.07.1997, Palmisani, C-261/95, EU:C:1997:351, Rn. 28; Urteil vom 16.05.2000, Preston, C-78/98, EU:C:2000:247, Rn. 33; Urteil vom 12.03.2015, eVigilo, C-538/13, EU:C:2015:166, Rn. 51.

1353 EuGH, Urteil vom 21.09.1983, Deutsche Milchkontor, C-205 bis 215/82, EU:C:1983:233, Rn. 30.

1354 EuGH, Urteil vom 21.09.1983, Deutsche Milchkontor, C-205 bis 215/82, EU:C:1983:233, Rn. 30; *Kment*, Nationale Unbeachtlichkeits-, Heilungs- und Präklusionsvorschriften, 2005, S. 65 f.

1355 *Kment*, Nationale Unbeachtlichkeits-, Heilungs- und Präklusionsvorschriften, 2005, S. 78; *Brauhardt*, UPR 2010, S. 296 (299). Ausführlich zum Äquivalenz- und Effektivitätsgrundsatz vgl. Zweiter Teil.B.II.2. und III.

1356 *Oexle*, Das Rechtsinstitut der materiellen Präklusion, 2001, S. 55; *Stüer/Rieder*, EurUP 2004, S. 139 (146); *Brauhardt*, UPR 2010, S. 296 (299).

1357 EuGH, Urteil vom 14.12.1995, Peterbroeck, C-312/93, EU:C:1995:437, Rn. 16.

1358 EuGH, Urteil vom 16.05.2000, Preston, C-78/98, EU:C:2000:247, Rn. 34.

1359 EuGH, Urteil vom 10.07.1997, Palmisani, C-261/95, EU:C:1997:351, Rn. 29.

1360 EuGH, Urteil vom 15.09.1998, Edis, C-231/96, EU:C:1998:401, Rn. 35; Urteil vom 09.02.1999, Dilexport, C-343/96, EU:C:1999:59, Rn. 26.

hat es jedoch größeren Begründungsbedarf gesehen. So hielt das Gericht in einem Fall eine Ausschlussfrist von einem Jahr für angemessen, da der Betroffene in die Lage versetzt sei, seine Rechte in vollem Umfang zu erkennen, und die Vorschrift die Voraussetzungen für den Erfolg einer möglichen Klage genau angebe.[1361] Auch eine Frist von 60 Tagen kann angemessen sein, wenn durch die Frist und die tatsächlichen Umstände die Rechtsverfolgung nicht unmöglich oder übermäßig erschwert wird.[1362]

Der Europäische Gerichtshof betont jedoch in seiner Rechtsprechung zur Vereinbarkeit verfahrensrechtlicher Bestimmungen mit dem Effektivitätsgebot, dass in jedem Fall, in dem sich die Frage stellt, ob eine nationale Verfahrensvorschrift die Anwendung des Gemeinschaftsrechts unmöglich macht oder übermäßig erschwert, die Stellung der zu prüfenden Vorschrift im gesamten Verfahren, der Verfahrensablauf und die Besonderheiten des Verfahrens vor den verschiedenen nationalen Stellen zu berücksichtigen sind.[1363] Dabei seien gegebenenfalls die Grundsätze zu berücksichtigen, die dem nationalen Rechtsschutzsystem zugrunde liegen, wie zum Beispiel der Schutz der Verteidigungsrechte, der Grundsatz der Rechtssicherheit und der ordnungsgemäße Ablauf des Verfahrens.[1364] Der Gerichtshof sieht in den von ihm getroffenen Entscheidungen Einzelfallbeurteilungen, die unter Berücksichtigung des gesamten tatsächlichen und rechtlichen Zusammenhangs der jeweiligen Rechtssache vorgenommen worden seien und nicht automatisch auf andere Bereiche als die übertragen werden könnten, in deren Rahmen sie getroffen wurden.[1365]

I. Rs. C-312/93 – Peterbroeck

Eine 60-Tages-Frist, die als solche grundsätzlich nicht zu beanstanden ist, kann daher wegen der Besonderheiten des konkreten Verfahrens unionsrechtswidrig sein.[1366] So hatte der Fristablauf in dem der Entscheidung zugrunde liegenden

1361 EuGH, Urteil vom 10.07.1997, Palmisani, C-261/95, EU:C:1997:351, Rn. 29.
1362 EuGH, Urteil vom 14.12.1995, Peterbroeck, C-312/93, EU:C:1995:437, Rn. 16; Urteil vom 27.02.2003, Santex SpA, C-327/00, EU:C:2003:109, Rn. 54 f. und 57.
1363 EuGH, Urteil vom 21.11.2002, Cofidis, C-473/00, EU:C:2002:705, Rn. 37; Urteil vom 27.02.2003, Santex SpA, C-327/00, EU:C:2003:109, Rn. 56.
1364 EuGH, Urteil vom 14.12.1995, Peterbroeck, C-312/93, EU:C:1995:437, Rn. 14; Urteil vom 12.12.2002, Universale-Bau, C-470/99, EU:C:2002:746, Rn. 76; Urteil vom 27.02.2003, Santex SpA, C-327/00, EU:C:2003:109, Rn. 52 f.
1365 EuGH, Urteil vom 21.11.2002, Cofidis, C-473/00, EU:C:2002:705, Rn. 37.
1366 EuGH, Urteil vom 14.12.1995, Peterbroeck, C-312/93, EU:C:1995:437, Rn. 16.

Verfahren zur Folge, dass kein gemäß Art. 234 EGV[1367] vorlageberechtigtes nationales Gericht die Möglichkeit hatte, die Vereinbarkeit des nationalen Rechts mit dem Unionsrechts zu prüfen. Dies ließe sich durch Grundsätze wie den der Rechtssicherheit oder den des ordnungsgemäßen Verfahrensablaufs nicht in vertretbarer Weise rechtfertigen.[1368]

Zum Teil wurde in dem Urteil des Europäischen Gerichtshofs in der Rechtssache Peterbroeck eine verallgemeinerungsfähige Entscheidung gesehen, nach der deutsche materielle Präklusionsvorschriften insoweit unanwendbar seien, als sich Rügen auf die Verletzung von unionsrechtlich begründeten Rechtspositionen beziehen.[1369] Dagegen spricht jedoch, dass es sich – wie bereits dargelegt und vom Gerichtshof auch in dieser Entscheidung betont[1370] – um Beurteilungen des Einzelfalls handelt. Im Gegensatz zum deutschen Recht, nach dem Tatsachenvortrag ausgeschlossen wird, ging es in der Entscheidung um eine belgische Verfahrensvorschrift, die sich auf Rechtsrügen bezog. Ein weiterer Unterschied ist im verfahrensrechtlichen Kontext zu sehen: Der Gerichtshof hatte sich im Fall Peterbroeck mit einer Norm des Abgabenrechts als klassischem Eingriffsrecht im bilateralen Verhältnis zwischen Bürger und Staat zu befassen. Dagegen sind materielle Präklusionsvorschriften des deutschen Rechts regelmäßig Gegenstand des Anlagengenehmigungs- und Fachplanungsrechts, das auf den Ausgleich einer Vielzahl von widerstreitenden Interessen ausgerichtet ist.[1371]

II. Rs. C-473/00 – Cofidis

Aus dem Bereich des Verbraucherschutzrechts hat der Europäische Gerichtshof eine zweijährige Ausschlussfrist, nach deren Ablauf die nationalen Gerichte gehindert waren, die Missbräuchlichkeit einer Klausel in einem Kreditvertrag zu prüfen, als mit dem Effektivitätsgrundsatz unvereinbar angesehen. Die Gerichte müssten dennoch befugt sein, die Missbräuchlichkeit einer Klausel zu prüfen, um einen wirksamen Schutz des Verbrauchers zu gewährleisten, da die Gefahr bestehe, dass dieser seine Rechte nicht kennt oder Schwierigkeit hat, sie auszuüben.[1372] In von Gewerbetreibenden gegen Verbraucher angestrengten

1367 Nunmehr Art. 267 AEUV.

1368 EuGH, Urteil vom 14.12.1995, Peterbroeck, C-312/93, EU:C:1995:437, Rn. 17 ff.

1369 *von Danwitz*, UPR 1996, S. 323 (327); *Oexle*, Das Rechtsinstitut der materiellen Präklusion, 2001, S. 54 ff.

1370 EuGH, Urteil vom 14.12.1995, Peterbroeck, C-312/93, EU:C:1995:437, Rn. 14 ff.

1371 *Greim*, Rechtsschutz bei Verfahrensfehlern, 2013, S. 188.

1372 EuGH, Urteil vom 21.11.2002, Cofidis, C-473/00, EU:C:2002:705, Rn. 32 f.

Verfahren zur Durchsetzung missbräuchlicher Klauseln, sei die Festlegung einer zeitlichen Begrenzung geeignet, die Effektivität des von der Richtlinie gewollten Schutzes zu beeinträchtigen. Der Gewerbetreibende brauche nur den Fristablauf abzuwarten, um dann Klage zur Durchsetzung der missbräuchlichen Klausel zu erheben.[1373] Daher sei eine Ausschlussfrist, die es dem nationalen Gericht nach deren Ablauf verwehrt, von Amts wegen oder auf eine vom Verbraucher erhobene Einrede hin die Missbräuchlichkeit einer Klausel festzustellen, geeignet, in Rechtsstreitigkeiten die Gewährung des Schutzes, den die Richtlinie dem Verbraucher zukommen lassen will, übermäßig zu erschweren.[1374] Ergibt also eine Auslegung des Unionsrechts, wie hier im konkreten Fall der AGB-Richtlinie, dass dieses einen unbefristeten Schutz fordert, verletzt eine Ausschlussfrist Unionsrecht.[1375]

III. Rs. C-470/99 – Universale-Bau, Rs. C-327/00 – Santex-SpA, Rs. C-538/13 – eVigilo

Des Weiteren hat der Europäische Gerichtshof in einer Reihe von Entscheidungen vor dem Hintergrund der Richtlinie 89/665/EWG[1376] zur Zulässigkeit nationaler Ausschlussfristen für das vergaberechtliche Nachprüfungsverfahren Stellung genommen. Nach Art. 1 Abs. 1 Richtlinie 89/665/EWG sind die Mitgliedstaaten verpflichtet, sicherzustellen, dass rechtswidrige Entscheidungen der Vergabebehörden wirksam und möglichst rasch überprüft werden können. Damit verfolgt die Rechtsmittelrichtlinie zwei Ziele: Auf der einen Seite soll das Nachprüfungsverfahren den Bietern effektiven Rechtsschutz gewährleisten, auf der anderen Seite soll es so schnell wie möglich durchgeführt werden, um die Investitionssicherheit nicht zu gefährden.[1377] Bei der Vergabe besteht eine multipolare Konfliktsituation, die es durch eine Abwägungsentscheidung aufzulösen gilt.[1378]

1373 EuGH, Urteil vom 21.11.2002, Cofidis, C-473/00, EU:C:2002:705, Rn. 35.

1374 EuGH, Urteil vom 21.11.2002, Cofidis, C-473/00, EU:C:2002:705, Rn. 36.

1375 *Jarass/Beljin*, NVwZ 2004, S. 1 (11); *Brauhardt*, UPR 2010, S. 296 (299).

1376 Richtlinie 89/665/EWG des Rates vom 21.12.1989 zur Koordinierung der Rechts- und Verwaltungsvorschriften für die Anwendung der Nachprüfungsverfahren im Rahmen der Vergabe öffentlicher Liefer- und Bauaufträge, ABlEG Nr. L 395 vom 30.12.1989, S. 33 ff.

1377 *Antweiler*, EuZW 2003, S. 330 (331) m.w.N.

1378 *Vorwalter*, EuZW 2015, S. 394 (395).

Der Europäische Gerichtshof stellt zunächst fest, dass die Richtlinie 89/665 keine speziellen Fristbestimmungen in Bezug auf die Nachprüfungsverfahren enthält. Daher sei die Regelung dieser Fristen Sache der internen Rechtsordnung der einzelnen Mitgliedstaaten.[1379] Dadurch darf die praktische Wirksamkeit der Richtlinie 89/665 jedoch nicht beeinträchtigt werden. Die nationale Regelung ist daher mit Blick auf die Zielsetzung der Richtlinie darauf zu untersuchen, ob sie nicht die dem Einzelnen durch das Unionsrecht eingeräumten Rechte beeinträchtigt.[1380]

Die in ständiger Rechtsprechung entwickelten Grundsätze zu nationalen Ausschlussfristen wendet das Gericht auch auf das Nachprüfungsverfahren bei der Vergabe öffentlicher Aufträge an. Demnach genüge die Festsetzung angemessener Ausschlussfristen für die Einlegung von Rechtsbehelfen grundsätzlich dem sich aus der Richtlinie 89/665 ergebenden Effektivitätsgebot, da sie ein Anwendungsfall des grundlegenden Prinzips der Rechtssicherheit sei.[1381] Nach Auffassung des Europäischen Gerichtshofs wäre die vollständige Verwirklichung der mit der Richtlinie verfolgten Ziele gefährdet, wenn Bewerber und Bieter in jedem Stadium des Vergabeverfahrens Verstöße gegen die Regeln über die Auftragsvergabe rügen und dadurch den öffentlichen Auftraggeber zwingen könnten, das gesamte Verfahren erneut durchzuführen, um den Verstoß zu beheben.[1382] Durch Sanktionen wie die Präklusion könne gewährleistet werden, dass rechtswidrige Entscheidungen der öffentlichen Auftraggeber nach ihrer Bekanntgabe an die Betroffenen so rasch wie möglich angefochten und berichtigt werden, was ebenfalls mit den Zielen der Richtlinie 89/665 und mit dem Grundsatz der Rechtssicherheit in Einklang stehe.[1383] So hat der Europäische Gerichtshof auch in einer jüngeren Entscheidung das Spannungsverhältnis zwischen wirksamem Bieterrechtsschutz und rasch eintretender Rechtssicherheit zugunsten Letzterer aufgelöst.[1384]

1379 EuGH, Urteil vom 12.12.2002, Universale-Bau, C-470/99, EU:C:2002:746, Rn. 71.

1380 EuGH, Urteil vom 12.12.2002, Universale-Bau, C-470/99, EU:C:2002:746, Rn. 72 f.; Urteil vom 27.02.2003, Santex SpA, C-327/00, EU:C:2003:109, Rn. 51 f.

1381 EuGH, Urteil vom 12.12.2002, Universale-Bau, C-470/99, EU:C:2002:746, Rn. 76; Urteil vom 27.02.2003, Santex SpA, C-327/00, EU:C:2003:109, Rn. 52; Urteil vom 12.03.2015, eVigilo, C-538/13, EU:C:2015:166, Rn. 51.

1382 EuGH, Urteil vom 12.12.2002, Universale-Bau, C-470/99, EU:C:2002:746, Rn. 75; Urteil vom 11.10.2007, Lämmerzahl, C-241/06, EU:C:2007:597, Rn. 51; Urteil vom 28.01.2010, Kommission/Irland, C-456/08, EU:C:2010:46, Rn. 52; Urteil vom 12.03.2015, eVigilo, C-538/13, EU:C:2015:166, Rn. 51.

1383 EuGH, Urteil vom 12.12.2002, Universale-Bau, C-470/99, EU:C:2002:746, Rn. 78.

1384 *Vorwalter*, EuZW 2015, S. 394 (395).

Einschränkend räumt der Europäische Gerichtshof ein, dass, auch wenn eine Ausschlussfrist als solche nicht gegen das Effektivitätsgebot verstößt, die Anwendung dieser Frist aufgrund der konkreten Umstände des Einzelfalls zu einem Verstoß gegen dieses Gebot führen kann.[1385] In dem konkreten Fall erkannte das Gericht solche besonderen Umstände in dem wechselhaften Verhalten des öffentlichen Auftraggebers[1386]: Die zugrunde liegende Ausschreibung enthielt eine Klausel, nach der nur Unternehmen zugelassen wurden, die bestimmte wirtschaftliche Bedingungen erfüllten. Der Europäische Gerichtshof nahm einen Verstoß gegen das Effektivitätsgebot an, da der öffentliche Auftraggeber durch sein Verhalten eine Ungewissheit hinsichtlich der Auslegung dieser Klausel geschaffen habe.[1387] Erst mit der Ausschlussentscheidung erlangte der Bieter Gewissheit, dass der öffentliche Auftraggeber die Klausel bei der Zulassungsentscheidung berücksichtigt hatte, obwohl er zuvor etwas anderes zu verstehen gegeben hatte.[1388] Zu diesem Zeitpunkt war die Frist für eine Klageerhebung gegen die Ausschreibung bereits abgelaufen. Dem Betroffenen wurde demnach durch die Ausschlussregelung „jede Möglichkeit genommen, die Unvereinbarkeit dieser Auslegung mit dem Gemeinschaftsrecht gegenüber späteren ihm nachteiligen Entscheidungen gerichtlich geltend zu machen."[1389]

Im Sinne effektiven Rechtsschutzes darf dem Einzelnen durch eine Ausschlussfrist also weder abstrakt noch in ihrer situationsbedingten Anwendung die Möglichkeit genommen werden, die ihm unionsrechtlich verliehenen Rechte gerichtlich durchzusetzen.[1390] Die Anwendung von Ausschlussfristen ist unionsrechtlich unzulässig, wenn der Betroffene aufgrund von Fehl- oder fehlenden Informationen darauf vertrauen durfte, dass ein gerichtliches Vorgehen nicht geboten ist.[1391]

1385 EuGH, Urteil vom 27.02.2003, Santex SpA, C-327/00, EU:C:2003:109, Rn. 57.

1386 EuGH, Urteil vom 27.02.2003, Santex SpA, C-327/00, EU:C:2003:109, Rn. 61.

1387 EuGH, Urteil vom 27.02.2003, Santex SpA, C-327/00, EU:C:2003:109, Rn. 58.

1388 *Antweiler*, EuZW 2003, S. 330 (332).

1389 EuGH, Urteil vom 27.02.2003, Santex SpA, C-327/00, EU:C:2003:109, Rn. 60.

1390 *Kment*, Nationale Unbeachtlichkeits-, Heilungs- und Präklusionsvorschriften, 2005, S. 75.

1391 *Brauhardt*, UPR 2010, S. 296 (299).

IV. Zusammenfassung und Schlussfolgerungen für die rechtliche Beurteilung materieller Präklusionsregelungen

Werden unionsrechtlich eingeräumte Rechte oder ein unionsrechtlich verfolgter Zweck beeinträchtigt, bedarf dies einer Rechtfertigung. Erfolgt diese Beeinträchtigung durch nationale Ausschlussfristen erkennt der Europäische Gerichtshof prinzipiell den Grundsatz der Rechtssicherheit, dem die Ausschlussfristen dienen, als Rechtfertigungsgrund an. Dieser findet seine Grenzen im Effektivitäts- und Äquivalenzgrundsatz, wobei dem Effektivitätsgrundsatz bei der Beurteilung von Ausschlussfristen eine deutlich höhere Relevanz zukommt.[1392] Innerhalb des Spannungsverhältnisses dieser grundlegenden Prinzipien sind für den Europäischen Gerichtshof bei der Beurteilung der Zulässigkeit von Ausschlussfristen die Besonderheiten des Einzelfalls maßgeblich. Auf diese Weise kommt er bei der Anwendung des Effektivitätsgrundsatzes im Einzelfall zu abgewogenen Ergebnissen, allgemeingültige Regeln können jedoch kaum entstehen.[1393] Dennoch können aus den Entscheidungen zumindest einige grundlegende Erkenntnisse zur Zulässigkeit der Beschränkung des Rechtsschutzes gewonnen werden, die auf die Beurteilung nationaler Präklusionsregelungen übertragbar sind:

Der Europäische Gerichtshof orientiert sich an der Möglichkeit des Einzelnen, die ihm unionsrechtlich verliehenen Rechte zu verwirklichen. Demnach ist zu prüfen, ob die nationale Regelung unter Berücksichtigung der Zielsetzung der Richtlinie „nicht die dem Einzelnen durch das Gemeinschaftsrecht verliehenen Rechte beeinträchtigt."[1394] Dies wird auch deutlich, wenn er ausführt, dass dem Betroffenen „durch die Ausschlussvorschriften jede Möglichkeit genommen [wurde], die Unvereinbarkeit dieser Auslegung mit dem Gemeinschaftsrecht gegenüber späteren ihm nachteiligen Entscheidungen gerichtlich geltend zu machen."[1395] Bezugspunkt für die Beurteilung von Ausschlussfristen ist demnach ihre Auswirkung auf die prozessuale Durchsetzbarkeit der dem Einzelnen unionsrechtlich eingeräumten Rechtsposition.[1396] Diese muss nicht unter allen

1392 *Kment*, Nationale Unbeachtlichkeits-, Heilungs- und Präklusionsvorschriften, 2005, S. 78.

1393 *Rott*, EuZW 2003, S. 5 (9); *Brinker*, Der Effektivitätsgrundsatz und seine Grenzen – dargestellt am Beispiel des europäischen Wettbewerbsrechtes, in: Becker u.a., Festschrift für Schwarze, 2014, S. 536 (537 und 555).

1394 EuGH, Urteil vom 12.12.2002, Universale-Bau, C-470/99, EU:C:2002:746, Rn. 73.

1395 EuGH, Urteil vom 27.02.2003, Santex SpA, C-327/00, EU:C:2003:109, Rn. 60.

1396 *Kment*, Nationale Unbeachtlichkeits-, Heilungs- und Präklusionsvorschriften, 2005, S. 38 f.

Umständen durchsetzbar sein. Erforderlich ist, dass eine realistische Chance zur Rechtsverwirklichung eingeräumt wurde. Kann eine Rechtsposition im Einzelfall nicht durchgesetzt werden, steht dies grundsätzlich nicht im Widerspruch zum Unionsrecht, wenn eine realistische Chance zur Rechtsverwirklichung bestand.[1397]

Europäische Vorschriften jedoch, die einen dauerhaften und uneingeschränkten gerichtlichen Rechtsschutz bezwecken, stehen nationalen Ausschlussfristen generell entgegen.[1398] Unter welchen konkreten Voraussetzungen eine solche Schutzrichtung angenommen werden kann, ist nicht abschließend geklärt. Ein solches besonderes Schutzbedürfnis kann aber wohl insbesondere bei solchen Vorschriften angenommen werden, die dem Schutz Privater und hier vor allem von Verbrauchern dienen. Verfolgen europäische Vorschriften nur in zweiter Linie den Schutz des Betroffenen und dienen primär dem Schutz der Umwelt, so sind diese Rechte einschränkbar. Dies gilt auch für die den Betroffenen durch die UVP-Richtlinie eingeräumten Anhörungs- und Beteiligungsrechte, die die Öffentlichkeit zur Verbesserung von Umweltstandards mobilisieren will. Somit fallen auch materielle Präklusionsvorschriften nicht unter das vom Europäischen Gerichtshof aufgestellte Verbot. Das Interesse der Rechtssicherheit kann in diesen Fällen der Möglichkeit der gerichtlichen Durchsetzung unionsrechtlich verliehener Rechte vorgehen.[1399]

Bei der Prüfung von Ausschlussfristen stellt der Europäische Gerichtshof auf die Stellung der Vorschrift im gesamten Verfahren und den Verfahrensablauf ab. Für die Frage der Angemessenheit einer Ausschlussfrist ist zu untersuchen, ob der Betroffene in die Lage versetzt wird, seine Rechte in vollem Umfang zu erkennen, und ob die Vorschrift die Voraussetzungen für den Erfolg einer möglichen Klage genau angibt.[1400] Die Vorschrift muss verständlich und gut handhabbar sein.[1401] Damit erlangt die Ausgestaltung des Verwaltungsverfahrens für die Beurteilung der Zulässigkeit von Präklusionsvorschriften am Maßstab des Effektivitätsgrundsatzes Bedeutung. Ob die nationalen Präklusionsvorschriften mit dem unionsrechtlichen Effektivitätsgebot vereinbar sind, ist also

---

1397 *Niedobitek*, VerwArch 92 (2001), S. 58 (76).

1398 EuGH, Urteil vom 21.11.2002, Cofidis, C-473/00, EU:C:2002:705, Rn. 34 ff.

1399 *Kment*, Nationale Unbeachtlichkeits-, Heilungs- und Präklusionsvorschriften, 2005, S. 80; *Brauhardt*, UPR 2010, S. 296 (299 f.); *Greim*, Rechtsschutz bei Verfahrensfehlern, 2013, S. 190 f.

1400 EuGH, Urteil vom 10.07.1997, Palmisani, C-261/95, EU:C:1997:351, Rn. 29.

1401 *Kment*, Nationale Unbeachtlichkeits-, Heilungs- und Präklusionsvorschriften, 2005, S. 77; *Brauhardt*, UPR 2010, S. 296 (299).

nach der hier analysierten Rechtsprechung des Europäischen Gerichtshofs im Einzelfall maßgeblich von der konkreten Ausgestaltung des Verwaltungsverfahrens, der praktischen Handhabung der Beteiligungsrechte und -möglichkeiten durch die Verwaltung und der Angemessenheit der Einwendungsfrist unter Berücksichtigung von Fristlänge und Fristbeginn abhängig.[1402] Angesichts der weitreichenden Wirkung einer materiellen Präklusionsregelung vermag ein Einwendungsausschluss nur zu überzeugen, wenn eine möglichst frühzeitige und umfassende Information und Partizipation der Öffentlichkeit vorausgeht.[1403]

D. Rs. C-263/08 – Djurgarden

Schlüsse auf die europarechtliche Zulässigkeit von Präklusionsvorschriften wurden auch aus dem Urteil des Europäischen Gerichtshofs in der Rechtssache Djurgarden[1404] gezogen. In dem dieser Entscheidung zugrunde liegenden Ausgangsverfahren hatte eine schwedische Umweltschutzvereinigung gegen die Genehmigung eines Projekts durch eine der nationalen Gerichtsbarkeit zugehörige Stelle geklagt, nachdem sie sich an dem von dieser Stelle durchgeführten Genehmigungsverfahren beteiligt hatte. Das Berufungsgericht erklärte das Rechtsmittel wegen fehlender Klagebefugnis für unzulässig, da die Umweltvereinigung nicht die nach schwedischen Vorschriften geforderte Mindestanzahl von 2000 Mitgliedern hatte. Der der Vorlagefrage zugrunde liegende Sachverhalt hatte also nicht den Fall einer Präklusion zum Gegenstand.

Dem Europäischen Gerichtshof wurde unter anderem die Frage vorgelegt, ob die Mitglieder der betroffenen Öffentlichkeit die von einer der nationalen Gerichtsbarkeit eines Mitgliedstaats zugehörigen Stelle erlassene Entscheidung über den Antrag auf Genehmigung eines Projekts auch dann anfechten können, wenn sie bereits die Möglichkeit hatten, sich an dem Verfahren über den Genehmigungsantrag vor dieser Stelle zu beteiligen und sich in diesem Verfahren zu äußern. Der Europäische Gerichtshof hat dies bejaht. Den Mitgliedern der betroffenen Öffentlichkeit im Sinne von Art. 1 Abs. 2 und Art. 10a (jetzt Art. 11) UVP-Richtlinie müsse es möglich sein, die von einer der nationalen Gerichtsbarkeit eines Mitgliedstaats zugehörigen Stelle erlassene Entscheidung über den

---

1402 *Oexle*, Das Rechtsinstitut der materiellen Präklusion, 2001, S. 56; *Geismann/Schulz*, NuR 2014, S. 624 (629).

1403 *Heselhaus*, Frühe Öffentlichkeitsbeteiligung und Energiewende, in: Ewer u.a., Festschrift für Koch, 2014, S. 297 (311).

1404 EuGH, Urteil vom 15.10.2009, Djurgarden, C-263/08, EU:C:2009:631.

Antrag auf Genehmigung eines Projekts anzufechten, gleichviel, welche Rolle sie in dem Verfahren über den Genehmigungsantrag vor dieser Stelle durch ihre Beteiligung an und ihre Äußerung in diesem Verfahren spielen konnten.[1405]

Den Entscheidungsgründen des Urteils wurden zum Teil verallgemeinerungsfähige Aussagen entnommen, da der Europäische Gerichtshof ein Anfechtungsrecht unabhängig davon bejahe, ob die Behörde, die die angefochtene Entscheidung oder Maßnahme erlassen hat, verwaltungsbehördlichen oder gerichtlichen Charakter habe.[1406] Diese Aussage kann man dahin deuten, dass der Europäische Gerichtshof auch Präklusionsregelungen für mit Art. 11 UVP-Richtlinie und Art. 25 IE-Richtlinie unvereinbar hält.[1407]

Gegen eine Übertragbarkeit spricht jedoch, dass das Verfahren Besonderheiten des schwedischen Rechts zum Gegenstand hatte.[1408] Im Unterschied zum deutschen Recht fiel die Entscheidung über den Antrag auf Genehmigung des Projekts nicht in die Zuständigkeit einer Verwaltungsbehörde im klassischen Sinne, sondern eines Gerichts, das insoweit administrative Aufgaben wahrnahm.[1409] Aus den Feststellungen des Europäischen Gerichtshofs kann nicht der Schluss gezogen werden, dass der betroffenen Öffentlichkeit selbst dann ein Gerichtszugang gewährt werden muss, wenn sie sich im Verwaltungsverfahren überhaupt nicht beteiligt hat.[1410] Unter Berücksichtigung des dem Urteil zugrunde liegenden Sachverhalts und der vom Europäischen Gerichtshof formulierten Fragestellung in Rn. 32 ergibt sich vielmehr lediglich, dass das Klagerecht nicht deshalb entfällt, weil das Genehmigungsverfahren gerichtlichen Charakter hat. Die Möglichkeit einer gerichtlichen Anfechtung von Genehmigungsentscheidungen

---

1405 EuGH, Urteil vom 15.10.2009, Djurgarden, C-263/08, EU:C:2009:631, Rn. 39. Auch die Beschränkung der Klagemöglichkeit einer Vereinigung mit weniger als 2000 Mitgliedern verstößt nach Auffassung des Gerichts gegen Art. 10a (jetzt Art. 11) UVP-Richtlinie, Urteil vom 15.10.2009, Djurgarden, C-263/08, EU:C:2009:631, Rn. 52.

1406 *Schenderlein*, Rechtsschutz und Partizipation im Umweltrecht, 2013, S. 246 bezugnehmend auf EuGH, Urteil vom 15.10.2009, Djurgarden, C-263/08, EU:C:2009:631, Rn. 38. In diese Richtung auch *Bunge*, ZUR 2010, S. 20 (23).

1407 So vorsichtig *Ziekow*, NuR 2014, S. 229 (234).

1408 BVerwG, Beschluss vom 14.09.2010 – 7 B 15/10 –, NVwZ 2011, S. 364 (365 f. Rn. 11); *Appel*, UPR 2011, S. 406 (415); *Greim*, Rechtsschutz bei Verfahrensfehlern, 2013, S. 192 f.; *Schüren/Kramer*, ZUR 2016, S. 400 (404 f.). Dies räumt auch *Bunge*, ZUR 2010, S. 20 (23) ein.

1409 BVerwG, Beschluss vom 14.09.2010 – 7 B 15/10 –, NVwZ 2011, S. 364 (365 f. Rn. 11).

1410 BVerwG, Beschluss vom 17.06.2011 – 7 B 79/10 –, BeckRS 2011, 52575 Rn. 14; *Brauhardt*, UPR 2010, S. 296 (298).

durch die betroffene Öffentlichkeit darf also nicht allein deshalb ausgeschlossen sein, weil sie sich schon im Genehmigungsverfahren, das von einer Stelle mit Gerichtscharakter im Rahmen verwaltungsbehördlicher Zuständigkeit durchgeführt worden ist, beteiligen konnte bzw. beteiligt hat. Das Urteil sagt jedoch umgekehrt nichts zur Zulässigkeit des Einwendungsausschlusses für den Fall, dass von der Möglichkeit der Äußerung im Rahmen der Öffentlichkeitsbeteiligung nicht oder ungenügend Gebrauch gemacht wurde.[1411] In dem Urteil vom 15.10.2015 zur Zulässigkeit materieller Präklusionsregelungen nimmt das Gericht denn auch keinen Bezug auf seine Entscheidung vom 15.10.2009.

Ein weiteres Problem, das aus dem Urteil in Bezug auf die Zulässigkeit von Präklusionsvorschriften hervorgeht, ist die Trennung zwischen Verwaltungs- und Gerichtsverfahren. Der Europäische Gerichtshof betont, dass die Öffentlichkeitsbeteiligung an umweltbezogenen Entscheidungsverfahren eine andere Zielsetzung verfolgt als die gerichtliche Anfechtung, die sich gegen die am Ende des verwaltungsbehördlichen Verfahrens ergehende Entscheidung richtet.[1412] Die Öffentlichkeitsbeteiligung im Rahmen einer Umweltverträglichkeitsprüfung erscheint in diesem Lichte betrachtet in Abweichung vom nationalem Verständnis nicht – oder zumindest nicht ausschließlich – als vorgezogene Rechtsschutzmöglichkeit.[1413] Präklusionsregelungen hingegen stellen eine Verknüpfung zwischen Verfahrensbeteiligung und Klagemöglichkeit gegen die abschließende Sachentscheidung her. Hieraus kann jedoch nicht der Schluss auf eine generelle Unzulässigkeit nationaler Ausschlussfristen gezogen werden[1414], da diese wie gezeigt als Anwendungsfall der Rechtssicherheit vom Europäischen Gerichtshof anerkannt sind, soweit sie im Einzelfall dem Effektivitätsgebot genügen.[1415] Auch in seinem Urteil vom 15.10.2015 geht der Europäische Gerichtshof nicht explizit auf diesen Aspekt ein, sondern lässt im Gegenteil spezifische Verfahrensvorschriften zu, nach denen zum Beispiel ein missbräuchliches oder unredliches Vorbringen unzulässig ist, die geeignete Maßnahmen darstellen, um die

---

1411 BVerwG, Urteil vom 14.04.2010 – 9 A 5.08 –, BVerwGE 136, 291 (316 Rn. 108); BVerwG, Beschluss vom 14.09.2010 – 7 B 15/10 –, NVwZ 2011, S. 364 (365 Rn. 13); Beschluss vom 17.06.2011 – 7 B 79/10 –, BeckRS 2011, 52575 Rn. 14; *Brauhardt*, UPR 2010, S. 296 (298).

1412 EuGH, Urteil vom 15.10.2009, Djurgarden, C-263/08, EU:C:2009:631, Rn. 38.

1413 *Bunge*, ZUR 2010, S. 20.

1414 So wohl *Schenderlein*, Rechtsschutz und Partizipation im Umweltrecht, 2013, S. 246.

1415 *Ziekow*, NVwZ 2010, S. 793 (795).

Wirksamkeit des gerichtlichen Verfahrens zu gewährleisten. Damit stellt er selbst eine Verknüpfung von Verwaltungsverfahren und Gerichtsverfahren her.[1416]

E. Beurteilung der deutschen Präklusionsvorschriften durch den Europäischen Gerichtshof

I. Verfahrensgang

1. Rechtliche Bewertung der Europäischen Kommission

In ihrer mit Gründen versehenen Stellungnahme vom 25.04.2013 kommt die Europäische Kommission zu dem Ergebnis, dass unter anderem die Präklusionsregeln, die sich aus § 2 Abs. 3 UmwRG, § 73 Abs. 6 VwVfG[1417] und der deutschen Rechtsprechung ergeben, mit Art. 11 UVP-Richtlinie und Art. 25 IE-Richtlinie unvereinbar und somit unionsrechtswidrig sind.[1418]

Nach EU-Recht könne die Zulässigkeit von Klagegründen in Gerichtsverfahren nicht davon abhängig gemacht werden, ob diese bereits im Rahmen des Verwaltungsverfahrens vorgetragen worden seien.

Soweit die Auffassung vertreten werde, dass Art. 11 UVP-Richtlinie es den Mitgliedstaaten erlaube, Instrumente ihres nationalen Rechtssystems beizubehalten, sei dies im Einklang mit dem Ziel der Richtlinie, einen weiten Zugang zu Gerichten zu gewährleisten, auszulegen.

Im Widerspruch zu dem Effektivitätsgebot erschwerten die Präklusionsvorschriften übermäßig das Recht der betroffenen Öffentlichkeit, die Rechtmäßigkeit von Entscheidungen anzufechten, und stellten keinen weiten Zugang zu Gerichten sicher. Zum Zeitpunkt des Verwaltungsverfahrens könne es sein, dass die betroffene Öffentlichkeit wichtige Aspekte nicht kenne, im nachfolgenden Verfahren aber gute Gründe habe, diese vorzubringen.

1416 EuGH, Urteil vom 15.10.2015, Kommission/Deutschland, C-137/14, EU:C:2015:683, Rn. 81. Vgl. hierzu noch ausführlich Vierter Teil.E.

1417 Die Kommission zitiert § 73 Abs. 6 VwVfG, der den Erörterungstermin betrifft. Gemeint sein dürfte die Präklusionsregelung des § 73 Abs. 4 VwVfG.

1418 Mit Gründen versehene Stellungnahme gemäß Art. 258 des Vertrags über die Arbeitsweise der Europäischen Union gerichtet an die Bundesrepublik Deutschland wegen der Umsetzung des Artikels 11 der Richtlinie 2011/92/EU über die Umweltverträglichkeitsprüfung bei bestimmten öffentlichen und privaten Projekten und des Artikels 25 der Richtlinie 2010/75/EU über Industrieemissionen in deutsches Recht vom 25.04.2013, C(2013) 2173 final, S. 13 ff.

Auch das Argument, die Beteiligung der Öffentlichkeit am Verwaltungsverfahren als vorgezogenen Rechtsschutz zu qualifizieren, lässt die Europäische Kommission nicht zu. Das Verwaltungsverfahren und das gerichtliche Überprüfungsverfahren seien zwei eigenständige, voneinander getrennte Verfahren, die nicht miteinander verbunden werden könnten. In dem gerichtlichen Verfahren müsse eine vollständige Überprüfung der verfahrensrechtlichen und materiellrechtlichen Rechtmäßigkeit einer Entscheidung möglich sein und zulässige Klagegründe dürften nicht auf solche innerhalb der Einwendungsfrist vorgebrachten beschränkt werden.

Schließlich seien die deutschen Präklusionsregeln nicht aus Gründen der Rechtssicherheit und der Verfahrenseffizienz notwendig, da diese Prinzipien durch die für die gerichtliche Anfechtung von Behördenentscheidungen geltenden Ausschlussfristen ausreichend gewährleistet seien.

Vor diesem Hintergrund leitete die Europäische Kommission am 17.10.2013 unter anderem im Hinblick auf die Präklusionsregeln des deutschen Umweltverfahrensrechts ein Vertragsverletzungsverfahren gemäß Art. 258 AEUV gegen Deutschland ein.[1419]

2. *Reaktionen der nationalen Rechtsprechung*

Diese Entwicklung blieb nicht ohne Reaktion in der Rechtsprechung des Bundesverwaltungsgerichts. So ließ es vor dem Hintergrund des von der EU-Kommission angestrengten Vertragsverletzungsverfahrens in einem Verfahren des vorläufigen Rechtsschutzes vollständig unberücksichtigt, ob das Vorbringen des Antragstellers nach § 2 Abs. 3 UmwRG präkludiert war.[1420] Auch in einem weiteren Beschluss glaubte es aus diesem Grund eine Entscheidung im Verfahren des vorläufigen Rechtsschutzes nicht mehr tragend auf das Rechtsinstitut der Präklusion stützen zu können.[1421]

Darüber hinaus hob das Bundesverwaltungsgericht die Entscheidung des OVG Magdeburg über die Nichtzulassung der Revision auf. Der Rechtssache komme grundsätzliche Bedeutung zu, da sie die klärungsbedürftige Frage aufwerfe, ob die Bestimmungen über den Ausschluss von Einwendungen in § 10 Abs. 3 S. 5 BImSchG und § 2 Abs. 3 UmwRG mit dem Recht der Europäischen Union vereinbar sind.[1422]

1419 Europäische Kommission, Pressemitteilung IP 13/967 vom 17.10.2013.

1420 BVerwG, Beschluss vom 29.10.2014 – 7 VR 4.13 –, ZUR 2015, S. 163 f.

1421 BVerwG, Beschluss vom 23.01.2015 – 7 VR 6.14 –, ZUR 2015, S. 348 (349).

1422 BVerwG, Beschluss vom 05.01.2015 – 7 B 4.14 (7 C 1.15) –, BeckRS 2015, 40926.

Des Weiteren sah sich das Bundesverwaltungsgericht veranlasst, ein die Ostsee-Pipeline-Anbindungsleitung betreffendes Revisionsverfahren, in dem es maßgeblich um die Präklusionsvorschrift des § 43a Nr. 7 EnWG a.F. geht, bis zur Entscheidung des Europäischen Gerichtshofs auszusetzen. Die das laufende Vertragsverletzungsverfahren betreffenden Präklusionsvorschriften des UmwRG und des VwVfG seien mit § 43a Nr. 7 EnWG a.F. vergleichbar.[1423]

3. *Schlussanträge des Generalanwalts Wathelet*

In den Schlussanträgen des Generalanwalts Wathelet im Vertragsverletzungsverfahren gegen die Bundesrepublik Deutschland schließt sich dieser der Rechtsauffassung der Europäischen Kommission an.

Zwar verfügten die Mitgliedstaaten vorbehaltlich der Grundsätze der Äquivalenz und der Effektivität über einen Gestaltungsspielraum bei der Umsetzung von Art. 11 UVP-Richtlinie und Art. 25 IE-Richtlinie. Jedoch müsse es nach diesen Bestimmungen möglich sein, Überprüfungsverfahren durchzuführen, um die materiell-rechtliche und verfahrensrechtliche Rechtmäßigkeit von Maßnahmen im Sinne der Richtlinien anzufechten, ohne dass in irgendeiner Weise die Gründe beschränkt wären, die zur Stützung eines entsprechenden Rechtsbehelfs vorgebracht werden könnten. § 2 Abs. 3 UmwRG und § 73 Abs. 4 VwVfG beschränkten eindeutig die Gründe, die ein Rechtsbehelfsführer zur Stützung eines gerichtlichen Rechtsbehelfs vorbringen könne.[1424] Art. 11 Abs. 4 UVP-Richtlinie und Art. 25 Abs. 4 IE-Richtlinie schlössen die Möglichkeit eines vorausgehenden Überprüfungsverfahren nicht aus. Sie erlaubten aber nicht, die Gründe, die zur Stützung eines Rechtsbehelfs vorgebracht werden könnten, zu beschränken.[1425]

Weiter kommt er mit der Kommission überein, dass gerichtliche Rechtsbehelfe eigenständig und vom Verwaltungsverfahren und verwaltungsverfahrensrechtlichen Rechtsbehelfen unabhängig seien. Die in Rede stehenden Präklusionsvorschriften stellten eine in Art. 11 UVP-Richtlinie und Art. 25 IE-Richtlinie nicht vorgesehene Hürde für den Zugang zu Gerichten dar. Diese lasse sich auch

---

1423 BVerwG, Beschluss vom 07.01.2015 – 4 C 13.14 –, DVBl. 2015, S. 434 (435).

1424 Schlussanträge des Generalanwalts Melchior Wathelet vom 21. Mai 2015 (1), Kommission/Deutschland, C-137/14, EU:C:2015:344, Rn. 112 ff.

1425 Schlussanträge des Generalanwalts Melchior Wathelet vom 21. Mai 2015 (1), Kommission/Deutschland, C-137/14, EU:C:2015:344, Rn. 115.

aus Gründen der Rechtssicherheit nicht rechtfertigen, da die Klagefristen zur Anfechtung der behördlichen Entscheidung insoweit ausreichend seien.[1426]

Unter dem Aspekt der Effizienz des Verwaltungsverfahrens geht Wathelet auf das Vorbringen der Bundesrepublik Deutschland und Österreichs ein, dass die Möglichkeit, Einwendungen erstmals im gerichtlichen Verfahren zu erheben, der Rechtssicherheit und der Gewährleistung eines zügigen und effizienten Verfahrens zuwiderlaufen würde. Er gibt zu, dass sich dieser Umstand als problematisch erweisen könne, nimmt dann aber unter Verweis auf das Altrip-Urteil des Europäischen Gerichtshofs eine Wertung vor. Der Unionsgesetzgeber habe dem von Art. 11 UVP-Richtlinie und Art. 25 IE-Richtlinie verfolgten Ziel, einen weiten Zugang zu Gerichten zu gewähren, gegenüber der Effizienz der Verwaltungsverfahren eindeutig den Vorrang gegeben, um zur Erhaltung, zum Schutz und zur Verbesserung der Umweltqualität sowie zum Schutz der menschlichen Gesundheit beizutragen.[1427]

Im Ergebnis sieht er in der Beschränkung der Klagebefugnis und des gerichtlichen Prüfumfangs durch § 2 Abs. 3 UmwRG und § 73 Abs. 4 VwVfG einen Verstoß der Bundesrepublik Deutschland gegen ihre Verpflichtung aus Art. 11 UVP-Richtlinie und Art. 25 IE-Richtlinie.[1428]

II. Das Urteil des Europäischen Gerichtshofs zu materiellen Präklusionsvorschriften vom 15.10.2015

In seinem Urteil vom 15.10.2015 schließt sich der Europäische Gerichtshof dem Generalanwalt dahingehend an, dass die materiellen Präklusionsvorschriften des § 2 Abs. 3 UmwRG und § 73 Abs. 4 VwVfG gegen Art. 11 UVP-RL 2011/92/EU und Art. 25 IE-RL 2010/75/EU verstoßen.[1429]

1. Urteilsbegründung

Zunächst stellt der Gerichtshof klar, dass Art. 11 Abs. 4 UVP-RL 2011/92/EU es nicht zulässt, dass die Gründe, auf die ein Rechtsbehelfsführer einen

1426 Schlussanträge des Generalanwalts Melchior Wathelet vom 21. Mai 2015 (1), Kommission/Deutschland, C-137/14, EU:C:2015:344, Rn. 116 ff.

1427 Schlussanträge des Generalanwalts Melchior Wathelet vom 21. Mai 2015 (1), Kommission/Deutschland, C-137/14, EU:C:2015:344, Rn. 119.

1428 Schlussanträge des Generalanwalts Melchior Wathelet vom 21. Mai 2015 (1), Kommission/Deutschland, C-137/14, EU:C:2015:344, Rn. 120.

1429 EuGH, Urteil vom 15.10.2015, Kommission/Deutschland, C-137/14, EU:C:2015:683, Rn. 75 ff.

gerichtlichen Rechtsbehelf stützen kann, zu beschränken.[1430] Nach dieser Vorschrift schließt Art. 11 UVP-RL 2011/92/EU die Möglichkeit eines vorausgehenden Überprüfungsverfahrens bei einer Verwaltungsbehörde nicht aus und lässt das Erfordernis einer Ausschöpfung der verwaltungsbehördlichen Überprüfungsverfahren vor der Einleitung gerichtlicher Überprüfungsverfahren unberührt. Mit diesen Vorgaben ist also ein Widerspruchsverfahren im Sinne von § 68 Abs. 1 S. 1 VwGO vereinbar.[1431] Die Vorschrift rechtfertigt aus Sicht des Gerichtshofs jedoch keine materielle Präklusion.

Der für seine Argumentation tragende Gesichtspunkt ist das von den Richtlinien angestrebte Ziel, im Bereich des Umweltschutzes einen weitreichenden Zugang zu Gerichten zu gewähren. Dies leitet er mit einem Hinweis auf sein Urteil vom 12.05.2011 in der Rechtssache Trianel ein.[1432] Darin hatte er bereits entschieden, dass es nach Art. 11 Abs. 1 UVP-RL 2011/92/EU möglich sein muss, Entscheidungen, Handlungen oder Unterlassungen im Sinne dieses Artikels zum Gegenstand eines gerichtlichen Überprüfungsverfahrens zu machen, um „die materiell-rechtliche und verfahrensrechtliche Rechtmäßigkeit anzufechten", ohne dass er in irgendeiner Weise die Gründe beschränkt, die zur Stützung eines entsprechenden Rechtsbehelfs vorgebracht werden können.[1433] § 2 Abs. 3 UmwRG und § 73 Abs. 4 VwVfG stellten jedoch besondere Bedingungen auf, die die gerichtliche Kontrolle einschränken und die weder nach Art. 11 der Richtlinie 2011/92 noch nach Art. 25 der Richtlinie 2010/75 vorgesehen seien.[1434] Insoweit sieht der Gerichtshof in materiellen Präklusionsvorschriften eine Einschränkung der gerichtlichen Prüfungskompetenz und ordnet sie als Frage der Begründetheit ein. Die Begründung dieses Ergebnisses erscheint etwas verunglückt, da das hierzu herangezogene Trianel-Urteil die Frage der Zulässigkeit der Klage betraf.[1435]

1430 EuGH, Urteil vom 15.10.2015, Kommission/Deutschland, C-137/14, EU:C:2015:683, Rn. 76.

1431 *Zeissler/Schmitz*, UPR 2016, S. 1 (3); *Lee*, EurUP 2017, S. 62 (68). Vgl. auch bereits Vierter Teil.B.I.2.

1432 EuGH, Urteil vom 15.10.2015, Kommission/Deutschland, C-137/14, EU:C:2015:683, Rn. 77.

1433 EuGH, Urteil vom 12.05.2011, Trianel, C-115/09, EU:C:2011:289, Rn. 37.

1434 EuGH, Urteil vom 15.10.2015, Kommission/Deutschland, C-137/14, EU:C:2015:683, Rn. 78.

1435 *Bunge*, NuR 2016, S. 11 (16); *Berkemann*, DVBl. 2016, S. 205 (212); *Lee*, EurUP 2017, S. 62 (68).

In seiner weiteren Begründung geht der Gerichtshof auf den Grundsatz der Rechtssicherheit und die Effizienz des Verwaltungsverfahrens ein, die eine materielle Präklusion jedoch nicht rechtfertigen könnten. So sei nicht erwiesen, dass eine umfassende gerichtliche Kontrolle der sachlichen Richtigkeit der Verwaltungsentscheidung dem Grundsatz der Rechtssicherheit abträglich sein könnte.[1436] Der Gerichtshof schließt sich somit der Argumentation der Schlussanträge an, wonach die Ausschlussfristen für die gerichtliche Anfechtung von Entscheidungen der Verwaltungsbehörden hierfür ausreichend seien.[1437] Da aufgrund materieller Präklusionsregelungen Gerichtsverfahren zumindest in kürzerer Zeit beendet werden und Vorhabenträger daher deutlich früher auf eine Verwaltungsentscheidung vertrauen können, kann die Antwort des Europäischen Gerichtshofs jedoch nicht vollends überzeugen.[1438] Insoweit hätte der Europäische Gerichtshof etwas genauer zwischen formeller Rechtssicherheit und materieller Richtigkeit differenzieren können.[1439]

Im Hinblick auf das Argument der Effizienz des Verwaltungsverfahrens erkennt der Europäische Gerichtshof für den Fall, dass ein Grund erstmals vor Gericht vorgetragen wird, zwar eine Beeinträchtigung des ordnungsgemäßen Verfahrensablaufs an. Jedoch vermag aus seiner Sicht auch dieser Aspekt die materielle Präklusion aufgrund des Ziels der jeweiligen Richtlinienbestimmung, einen möglichst weiten Zugang zu gerichtlicher Prüfung zu gewährleisten und eine umfassende materiell-rechtliche und verfahrensrechtliche Kontrolle der Rechtmäßigkeit der angefochtenen Verwaltungsentscheidung zu ermöglichen, nicht zu legitimieren.[1440]

Um beispielsweise missbräuchliches oder unredliches Vorbringen als unzulässig auszuschließen, eröffnet der Europäische Gerichtshof den Mitgliedstaaten jedoch als Kompromiss die Möglichkeit, spezifische Verfahrensvorschriften zu schaffen, die geeignet sind, die Wirksamkeit der gerichtlichen Verfahren zu gewährleisten.[1441]

1436 EuGH, Urteil vom 15.10.2015, Kommission/Deutschland, C-137/14, EU:C:2015:683, Rn. 79.

1437 Schlussanträge des Generalanwalts Melchior Wathelet vom 21. Mai 2015 (1), Kommission/Deutschland, C-137/14, EU:C:2015:344, Rn. 118.

1438 *Kment/Lorenz*, EurUP 2016, S. 47 (56); *Lee*, EurUP 2017, S. 62 (68).

1439 *Berkemann*, DVBl. 2016, S. 205 (213).

1440 EuGH, Urteil vom 15.10.2015, Kommission/Deutschland, C-137/14, EU:C:2015:683, Rn. 80.

1441 EuGH, Urteil vom 15.10.2015, Kommission/Deutschland, C-137/14, EU:C:2015:683, Rn. 81.

2. Bewertung

Insgesamt fällt die Urteilsbegründung der Unionsrechtswidrigkeit von Präklusionsvorschriften angesichts der erheblichen Tragweite sehr knapp aus und vermag auch inhaltlich nicht völlig zu überzeugen.[1442] Der Gerichtshof orientiert seine Begründung am Regelungszweck der Richtlinien und legt methodisch für seine Auslegung das Effektivitätsprinzip zugrunde.[1443] Die Bedeutung der Ausgestaltung des Verwaltungsverfahrens für die Beurteilung der Zulässigkeit von Präklusionsvorschriften am Maßstab des Effektivitätsgrundsatzes findet jedoch keine Erwähnung. Der Europäische Gerichtshof beachtet insoweit nicht den von ihm selbst aufgestellten Grundsatz, nach dem auf die konkreten Umstände des Einzelfalls und insbesondere auf die Stellung der Vorschrift im gesamten Verfahren und den Verfahrensablauf abzustellen ist.[1444] Der Effektivitätsgrundsatz führt im Einzelfall zu ausgewogenen Ergebnissen, ist jedoch nicht geeignet, abstrakt geltende Prinzipien aufzustellen, die über den Einzelfall hinaus Geltung beanspruchen. Die richterliche Rechtsfortbildung stößt hier an ihre Grenzen.[1445]

Im Hinblick auf das Argument der Effizienz des Verwaltungsverfahrens belässt es der Europäische Gerichtshof bei einem Hinweis auf das von Art. 11 UVP-Richtlinie verfolgte Ziel, dem Bürger nicht nur einen möglichst weitreichenden Zugang zu gerichtlicher Überprüfung zu geben, sondern auch umfassende materiell-rechtliche und verfahrensrechtliche Kontrolle der Rechtmäßigkeit der angefochtenen Entscheidung zu ermöglichen.[1446] Zur Ermittlung des Telos der UVP-Richtlinie wäre eine Auslegung anhand der Aarhus-Konvention erforderlich gewesen.[1447] Hierzu schweigt der Gerichtshof jedoch. Es wurde bereits herausgearbeitet, dass die Konvention die Informations- und Beteiligungsrechte sowie Rechtsschutzmöglichkeiten der Öffentlichkeit als

---

1442 Kritisch auch *Ruffert*, JuS 2015, S. 1138 (1139 f.); *Zeissler/Schmitz*, UPR 2016, S. 1 (3); *Kment/Lorenz*, EurUP 2016, S. 47 (56).

1443 *Ludwigs*, NJW 2015, S. 3484 (3485).

1444 Vgl. Vierter Teil.C.

1445 *Rott*, EuZW 2003, S. 5 (8 f.); *Brinker*, Der Effektivitätsgrundsatz und seine Grenzen – dargestellt am Beispiel des europäischen Wettbewerbsrechtes, in: Becker u.a., Festschrift für Schwarze, 2014, S. 536 (537).

1446 EuGH, Urteil vom 15.10.2015, Kommission/Deutschland, C-137/14, EU:C:2015:683, Rn. 80.

1447 *Zeissler/Schmitz*, UPR 2016, S. 1 (6); *Lee*, EurUP 2017, S. 62 (68). Vgl. auch Dritter Teil.A.IV.1.b).

drei gleichrangige Zielrichtungen ansieht.[1448] Hierbei stehen sich das Ziel einer umfassenden Öffentlichkeitsbeteiligung auf der einen Seite sowie eines uneingeschränkt gewährleisteten Zugangs zu gerichtlichen Überprüfungsverfahren mit umfassender Gerichtskontrolle auf der anderen Seite teils konträr gegenüber.[1449] Indem der Europäische Gerichtshof den Zweck einer umfassenden Rechtmäßigkeitskontrolle einseitig betont, nimmt er eine Gewichtung vor, die der Aarhus-Konvention so nicht zu entnehmen ist. Als Folge des Urteils ist zu befürchten, dass das Verfahren der Öffentlichkeitsbeteiligung, das auch dem Erkenntnisgewinn und der frühzeitigen Berücksichtigung von Belangen dient, entwertet wird.[1450] Der Einwendungsausschluss setzt Anreize, sich rechtzeitig und sorgfältig im Verfahren zu beteiligen.[1451] Aufgrund des Wegfalls der mit der materiellen Präklusion verbundenen Mitwirkungslast und der nach Vorstellung des Gerichtshofs ohnehin stattfindenden umfassenden gerichtlichen Rechtmäßigkeitskontrolle, haben die Betroffenen geringeren Anlass, intensiv am Beteiligungsverfahren mitzuwirken und ihre Einwendungen inhaltlich detailliert darzulegen.[1452] Zudem werden mögliche aufgrund von begründeten Einwänden im Verwaltungsverfahren vorgenommene Korrekturen zunehmend auf das gerichtliche Verfahren verlagert.[1453] Diese Entwicklung steht dem europäischen Verständnis von der Richtigkeitsgewähr durch Verfahren und der Bedeutung, die Aarhus-Konvention und UVP-Richtlinie dem Verfahren beimessen, entgegen. Dies scheint auch der Europäische Gerichtshof in einer neueren Entscheidung zu einer österreichischen Ausschlussregelung am Maßstab von Art. 9 Abs. 3 Aarhus-Konvention zu erkennen.[1454] Mit einer solchen Regelung könnten die

---

1448 Vgl. Dritter Teil.A.IV.1.d). A.A. in Bezug auf die UVP-Richtlinie *Berkemann*, DVBl. 2016, S. 205 (213).

1449 *Lee*, EurUP 2017, S. 62 (68).

1450 *Fellenberg*, NVwZ 2015, S. 1721 (1724); *Masing*, Europäisches Umweltrecht als Investitionsrisiko, in: Hebeler u.a., Planungsrecht im Umbruch: Europäische Herausforderungen, 2017, S. 159 (165 f.). Kritisch auch bereits *Sauer*, ZUR 2014, S. 195 (198).

1451 *Hofmann*, EurUP 2015, S. 266 (273).

1452 *Zeissler/Schmitz*, UPR 2016, S. 1 (3 f.); *Siegel*, NVwZ 2016, S. 337 (341); *Durner*, Präklusion in Deutschland nach dem Urteil des EuGH in der Rs. C-137/14, in: Hebeler u.a., Planungsrecht im Umbruch: Europäische Herausforderungen, 2017, S. 125 (136). Auch *Kim*, EurUP 2017, S. 233 (240) warnt davor, die Beteiligungsbereitschaft der Bürger zu überschätzen.

1453 *Fellenberg*, NVwZ 2015, S. 1721 (1724); *Hufen/Siegel*, Fehler im Verwaltungsverfahren, 2018, Rn. 646c.

1454 Vgl. bereits Vierter Teil.B.I.3.

streitigen Punkte schneller identifiziert und gegebenenfalls bereits im Verwaltungsverfahren gelöst werden, so dass sich eine Klage erübrige.[1455] Der Gerichtshof liefert an dieser Stelle Gründe zugunsten der materiellen Präklusion nach, die in seiner Entscheidung vom 15.10.2015 fehlen[1456], in der er die materielle Präklusionsregelung des deutschen Rechts noch als eine nicht zu rechtfertigende Einschränkung des gerichtlichen Rechtsschutzes einordnet. Beide Entscheidungen stehen aufgrund der unterschiedlichen Argumentation in einem gewissen Spannungsverhältnis zueinander.[1457]

Aus dem Urteil geht das bereits dargelegte europarechtliche Verständnis einer Trennung von Verwaltungsverfahren und gerichtlichem Verfahren hervor.[1458] Der Europäische Gerichtshof unterscheidet zwischen auf das Verwaltungsverfahren bezogene Beschränkungen und solchen, die sich auf das gerichtliche Verfahren beziehen. Letztere verstoßen gegen Art. 11 Abs. 1 UVP-Richtlinie, die eine umfassende gerichtliche Kontrolle der materiell-rechtlichen und verfahrensrechtlichen Rechtmäßigkeit behördlicher Entscheidungen gewährleistet. Solch eine vollständige Überprüfung der Rechtmäßigkeit einer Verwaltungsentscheidung ist nicht möglich, wenn bereits vor dem gerichtlichen Verfahren die Gründe, auf die ein Rechtsbehelf gestützt werden kann, beschränkt werden.[1459] Auf der anderen Seite lässt die den Mitgliedstaaten eingeräumte Missbrauchsklausel Raum, ein Tun oder Unterlassen des späteren Klägers bereits in der Phase der Öffentlichkeitsbeteiligung zum Anknüpfungspunkt eines zukünftigen Missbrauchsvorwurfs zu machen.[1460] Insoweit lässt der Europäische Gerichtshof selbst eine Verknüpfung von Verwaltungsverfahren und Gerichtsverfahren zu.

Der den Mitgliedstaaten vom Gerichtshof eingeräumte Gestaltungsspielraum trägt indes wenig zur Rechtssicherheit bei. Angesichts der unscharfen Formulierung dürfte die Bestimmung der insoweit nach dem Europäischen Gerichtshof zulässigen einschränkenden Kriterien schwierig sein.[1461]

1455 EuGH, Urteil vom 20.12.2017, Protect, C-664/15, EU:C:2017:987, Rn. 88.
1456 *Franzius*, NVwZ 2018, S. 219 (220).
1457 *Wegener*, ZUR 2018, S. 217 (221).
1458 Vgl. Zweiter Teil.B.IV.2. und 3.
1459 *Keller/Rövekamp*, NVwZ 2015, S. 1672.
1460 *Fellenberg*, NVwZ 2015, S. 1721 (1724); *Schüren/Kramer*, ZUR 2016, S. 400 (406).
1461 Insoweit kritisch auch *Hofmann*, EurUP 2015, S. 266 (274).

III. Reichweite der Unionsrechtswidrigkeit von Präklusionsvorschriften

1. *Individualpräklusion*

Die Ausführungen des Europäischen Gerichtshofs zur Unionsrechtswidrigkeit beziehen sich im Ausgangspunkt nur auf die materiell-rechtliche Verbandspräklusion.[1462] Dennoch sind sie auch auf die Individualpräklusion übertragbar. Dies ergibt sich zum einen daraus, dass der Europäische Gerichtshof in seiner Entscheidung ausdrücklich Bezug auf § 2 Abs. 3 UmwRG und den auch für private Dritte geltenden § 73 Abs. 4 VwVfG nimmt. Zum anderen erfasst das Urteil in persönlicher Hinsicht sämtliche Mitglieder der in Art. 10 a Abs. 1 UVP-RL a. F., Art. 11 Abs. 1 UVP-RL genannten „betroffenen Öffentlichkeit".[1463] Hierzu zählen nach der Begriffsbestimmung in Art. 1 Abs. 2 lit. d) und e) UVP-RL nicht nur unter bestimmten Voraussetzungen Nichtregierungsorganisationen, sondern auch natürliche Personen, die zumindest in ihren eigenen Belangen betroffen sind. Die Aussagen des Europäischen Gerichtshofs gelten daher sowohl für die Verbands- als auch für die Individualpräklusion.[1464]

2. *Formelle Präklusion*

Während § 2 Abs. 3 UmwRG a.F. Einwendungen von Umweltverbänden allein für das gerichtliche Verfahren ausschloss, präkludiert § 73 Abs. 4 S. 3 VwVfG entsprechende Einwendungen sowohl im verwaltungs- als auch im gerichtlichen Verfahren. Nach dem Urteil des Europäischen Gerichtshofs stehen Präklusionsvorschriften Unionsrecht nur in ihrer materiellen Wirkung entgegen. Fristbestimmungen, die sich allein auf das Verwaltungsverfahren beziehen, stehen ihm nicht entgegen. Ein auf das Verwaltungsverfahren beschränkter Einwendungsausschluss im Sinne einer formellen Präklusion bleibt also zulässig, da er die Gründe, auf die ein Rechtsbehelfsführer seinen Rechtsbehelf stützen kann, nicht beschränkt.[1465] Dies entspricht auch dem durch die UVP-Änderungsrichtlinie

1462 *Siegel*, NVwZ 2016, S. 337 (340); *Kerkmann/Schröter*, EurUP 2017, S. 126 (131).

1463 BVerwG, Urteil vom 30.03.2017 – 7 C 17.15 –, ZUR 2017, S. 539 (540 Rn. 23).

1464 *Fellenberg*, NVwZ 2015, S. 1721 (1723); *Siegel*, NVwZ 2016, S. 337 (340); *Guckelberger*, Referat zum 71. DJT, in: Ständige Deputation des DJT, Verhandlungen des 71. DJT, Bd. II/1, 2017, S. N 9 (N 59); *Kerkmann/Schröter*, EurUP 2017, S. 126 (131).

1465 *Ludwigs*, NJW 2015, S. 3484 (3486); *Fellenberg*, NVwZ 2015, S. 1721 (1723 f.); *Berkemann*, DVBl. 2016, S. 205 (213); *Guckelberger*, Referat zum 71. DJT, in: Ständige Deputation des DJT, Verhandlungen des 71. DJT, Bd. II/1, 2017, S. N 9 (N 61); *Kerkmann/Schröter*, EurUP 2017, S. 126 (132).

2014/52/EU eingeführten Art. 6 Abs. 7 UVP-Richtlinie. Demnach ist der betroffenen Öffentlichkeit für die Konsultation eine Mindestfrist von 30 Tagen einzuräumen. Regelmäßige Folge eines Fristablaufs ist es, dass die Behörde verspätet erhobene Einwendungen grundsätzlich nicht mehr berücksichtigen muss.[1466] Dies lässt sich auch mit den Vorgaben der TEN-E VO vereinbaren, die in Art. 9 Abs. 2 i.V.m. Anhang VI Nr. 3 lit. c) TEN-E VO lediglich eine Fristvorgabe zur Erhebung von Einwendungen vorsieht. Demnach sind Kommentare und Einwände nur vom Beginn der Anhörung der Öffentlichkeit bis zum Ablauf der Frist zulässig. Damit überlässt sie die nähere Ausgestaltung den Mitgliedstaaten.[1467]

Folge der verwaltungsverfahrensrechtlichen Präklusion ist, dass die Pflicht zur Erörterung der Einwendungen gemäß § 73 Abs. 6 S. 1 VwVfG sowie zu ihrer Bescheidung im Planfeststellungsbeschluss gemäß § 74 Abs. 2 S. 1 VwVfG entfällt. Die Pflicht zur Zustellung des Planfeststellungsbeschlusses an den Einwender gemäß § 74 Abs. 4 S. 1 VwVfG bleibt hingegen bestehen.[1468]

Auch eine formelle Präklusion hält die Betroffenen dazu an, ihre Einwendungen im Verwaltungsverfahren vorzutragen, so dass die Behörde möglichst viele Einwendungen in ihre Abwägungsentscheidung einstellen kann.[1469] Sie kann somit einen Beitrag zu einem strukturierten Ablauf des Verwaltungsverfahrens leisten und auf die Weise die Effizienz des Verwaltungsverfahrens fördern. Ohne formelle Präklusion wäre die Masse an Einwendungen in einem Planfeststellungsverfahren aus Sicht der Verwaltung kaum zu bewältigen.[1470] Sie begründet jedoch ohne materielle Präklusion keinen Zwang zur Teilnahme am Verwaltungsverfahren und kann daher seine eigenständige Funktion nicht absichern.[1471] Auch ist sie nicht geeignet, in gleich wirksamer Weise wie die materielle Präklusion zur Verfahrensbeschleunigung beizutragen.[1472]

1466 *Bunge*, NuR 2016, S. 11 (17).

1467 Vgl. bereits Zweiter Teil.D.II.3.c).

1468 *Drygalla-Hein*, in: de Witt/Scheuten, NABEG, 2013, § 24 Rn. 357 f.; *Neumann/Külpmann*, in: Stelkens/Bonk/Sachs, VwVfG, 2018, § 73 Rn. 89.

1469 *Guckelberger*, Referat zum 71. DJT, in: Ständige Deputation des DJT, Verhandlungen des 71. DJT, Bd. II/1, 2017, S. N 9 (N 61).

1470 *Fellenberg*, NVwZ 2015, S. 1721 (1724); *Beier*, UPR 2016, S. 48 (51).

1471 *Lee*, EurUP 2017, S. 62 (70). Kritisch auch *Beckmann*, Referat zum 71. DJT, in: Ständige Deputation des DJT, Verhandlungen des 71. DJT, Bd. II/1, 2017, S. N 79 (N 108).

1472 *Siegel*, NVwZ 2016, S. 337 (339); *Guckelberger*, Referat zum 71. DJT, in: Ständige Deputation des DJT, Verhandlungen des 71. DJT, Bd. II/1, 2017, S. N 9 (N 62).

3. *Präklusionsvorschriften im Anwendungsbereich der UVP- und IE-Richtlinie*

Aufgrund des Anwendungsvorrangs von Art. 11 UVP-Richtlinie und Art. 25 IE-Richtlinie findet die Präklusionsvorschrift des § 73 Abs. 4 VwVfG im Regelungsbereich der UVP- und der IE-Richtlinie keine Anwendung mehr, soweit sie sich auf das gerichtliche Verfahren bezieht.[1473] Aufgrund ihres eindeutigen Wortlauts scheidet eine unionsrechtskonforme Auslegung der Präklusionsvorschriften insoweit aus.[1474] Des Weiteren erfasst das Urteil auch sonstige Präklusionsvorschriften, die sich auf Vorhaben beziehen, die in den Anwendungsbereich der UVP- und der IE-Richtlinie fallen.[1475] Darunter fallen auch solche Vorschriften, die auf § 73 Abs. 4 VwVfG verweisen. Dies gilt insbesondere für Verweisungen in den Fachplanungsgesetzen wie § 43a EnWG[1476], der über § 18 Abs. 5 NABEG auch in dem Planfeststellungsrecht für die Errichtung oder Änderung von länderübergreifenden oder grenzüberschreitenden Höchstspannungsleitungen Anwendung findet.

Für Vorhaben, die nicht in den Anwendungsbereich der UVP- und der IE-Richtlinie fallen, ändert sich dagegen nichts. Unionsrechtlich besteht insoweit kein Anlass, auf eine materielle Präklusion zu verzichten. In Verfahren, für die die genannten Richtlinien nicht gelten, können demnach rein national determinierte Einwendungen weiterhin präkludieren.[1477] So könnte beispielsweise eine Einwendung, die sich auf die fehlende Planrechtfertigung oder die Unbestimmtheit eines Planfeststellungsbeschlusses bezieht, nach wie vor der materiellen Präklusion unterliegen.[1478] Allerdings könnten sich in tatsächlicher Hinsicht Abgrenzungsschwierigkeiten ergeben, die nicht zur Rechtssicherheit beitragen.[1479] Dies gilt insbesondere für komplexe Projekte, bei denen ein

---

1473 BVerwG, Urteil vom 22.10.2015 – 7 C 15/13 –, NVwZ 2016, S. 308 (310 Rn. 26); Urteil vom 28.09.2016 – 7 C 1/15 –, NVwZ-RR 2017, S. 229 (230 Rn. 10); Urteil vom 22.11.2016 – 9 A 23.15 –, BeckRS 2016, 114175 Rn. 11.

1474 *Fellenberg*, NVwZ 2015, S. 1721 (1724).

1475 *Zeissler/Schmitz*, UPR 2016, S. 1 (4); *Siegel*, NVwZ 2016, S. 337 (340); *Kerkmann/Schröter*, EurUP 2017, S. 126 (130).

1476 *Sinner*, UPR 2016, S. 7 (9 f.); *Siegel*, NVwZ 2016, S. 337 (340).

1477 *Fellenberg*, NVwZ 2015, S. 1721 (1724); *Zeissler/Schmitz*, UPR 2016, S. 1 (6); *Neumann/Külpmann*, in: Stelkens/Bonk/Sachs, VwVfG, 2018, § 73 Rn. 88c.

1478 *Johlen*, NuR 2015, S. 513 (515) unter Bezugnahme auf OVG Koblenz, Urteil vom 14.03.2012 – 8 C 11096/11 –, BeckRS 2013, 45985 und VGH München, Gerichtsbescheid vom 27.10.2010 – 22 A 09.40058 –, DVBl. 2011, S. 54 L.

1479 *Frenz*, NuR 2015, S. 832 (834); *Schüren/Kramer*, ZUR 2016, S. 400 (406).

UVP-pflichtiges Vorhaben mit einer Anlage, die nicht unter die UVP- oder die IE-Richtlinie fällt, verbunden wird.[1480] Dennoch sollte an der materiellen Präklusion festgehalten werden, soweit dies insbesondere unionsrechtlich zulässig ist. Sie hat sich angesichts der mit ihr verfolgten Ziele im deutschen Verwaltungsrecht bewährt und es bleibt abzuwarten, wie sich die vor dem Hintergrund der Entscheidung des Europäischen Gerichtshofs geschaffenen Neuregelungen[1481] auf die verwaltungsgerichtliche Praxis auswirken werden.[1482]

4. *Erstreckung auf unionsrechtlich begründete, nicht-umweltbezogene Einwendungen*

Es wurde herausgearbeitet, dass sich das Urteil des Europäischen Gerichtshofs unmittelbar auf behördliche Entscheidungen im Anwendungsbereich der UVP- und der IE-Richtlinie bezieht. Es stellt sich somit die Frage nach Reichweite und Grenzen der Unanwendbarkeit des Einwendungsausschlusses. Zu klären ist insbesondere, ob Präklusionsvorschriften bei UVP-pflichtigen Vorhaben insgesamt oder nur hinsichtlich umweltbezogener Einwendungen außer Anwendung bleiben müssen.

Das OVG Münster sprach sich gegen eine generelle Unanwendbarkeit der Präklusionsvorschriften aus. Der Einwendungsausschluss könne einem Rechtsschutzsuchenden nur dann nicht mehr entgegengehalten werden, wenn für das betreffende Planfeststellungsvorhaben die IE-Richtlinie gelte bzw. wenn die Einwendung Sachverhalte betreffe, die Gegenstand der Umweltverträglichkeitsprüfung im Sinne der UVP-Richtlinie waren oder hätten sein müssen, und soweit es sich um natur-, umwelt- und artenschutzrechtliche Rügen handele.[1483]

Dieser einschränkenden Auslegung tritt das Bundesverwaltungsgericht jedoch entgegen. Seine Sichtweise deutete es in einer Entscheidung vom 22.11.2016 unter Hinweis auf die Entscheidung des Europäischen Gerichtshofs an. Die mit der Präklusionsvorschrift des § 73 Abs. 4 S. 3 VwVfG verbundene Beschränkung der gerichtlichen Kontrolle auf Einwendungen, die im Verwaltungsverfahren innerhalb der dafür bestimmten Frist geltend gemacht worden

1480 *Bunge*, NuR 2016, S. 11 (18).

1481 Hierzu sogleich Vierter Teil.G.II. und III.

1482 *Guckelberger*, Referat zum 71. DJT, in: Ständige Deputation des DJT, Verhandlungen des 71. DJT, Bd. II/1, 2017, S. N 9 (N 60).

1483 OVG Münster, Beschluss vom 30.01.2017 – 11 B 1058/16.AK –, BeckRS 2017, 101208 Rn. 23 f.; in diesem Sinne auch *Keienburg*, in: Danner/Theobald, Energierecht, § 22 NABEG (2017) Rn. 14.

sind, sei mit Art. 11 Abs. 1 UVP-Richtlinie nicht vereinbar und dürfe deshalb auf die dort genannten Rechtsstreitigkeiten über die materiell-rechtliche und verfahrensrechtliche Rechtmäßigkeit von Entscheidungen über UVP-pflichtige Vorhaben nicht angewendet werden.[1484] Angesichts dieser weiten Formulierung scheint das Gericht die Anwendbarkeit von materiellen Präklusionsvorschriften uneingeschränkt ausschließen zu wollen.[1485]

In seiner Entscheidung vom 30.03.2017 lehnt das Bundesverwaltungsgericht in unmissverständlicher Art und Weise eine Anwendung der in § 73 Abs. 4 S. 3 VwVfG geregelten materiellen Präklusion auch insoweit ab, als sie Einwendungen betrifft, die keinen unmittelbaren Umweltbezug haben.[1486] Eine solche Auslegung des Präklusionsverbots dürfte dem in seinem Urteil vom 15.10.2015 zum Ausdruck kommenden Verständnis des Europäischen Gerichtshofs entsprechen.[1487] Hierfür spricht, dass Art. 11 Abs. 1 UVP-Richtlinie und Art. 25 Abs. 1 IE-Richtlinie eine umfassende materiell-rechtliche und verfahrensrechtliche Kontrolle der Rechtmäßigkeit der angefochtenen Verwaltungsentscheidung ermöglichen wollen, ohne zwischen Einwendungen mit und solchen ohne Umweltbezug zu differenzieren. Die durch Art. 11 Abs. 1 UVP-RL gewährleisteten Rechte bestehen, wenn die Zulassungsentscheidung aufgrund der Öffentlichkeitsbeteiligung in den Anwendungsbereich der Norm fällt.[1488]

Da durch Art. 11 Abs. 1 UVP-Richtlinie die völkerrechtlichen Vorgaben von Art. 9 Abs. 2 Aarhus-Konvention umgesetzt werden soll, ist eine Auslegung am Maßstab der Konvention geboten. Diese bestätigt die soeben dargelegte Sichtweise: Während Art. 9 Abs. 3 Aarhus-Konvention Zugang zu gerichtlichen Verfahren sicherstellen soll, um Handlungen oder Unterlassungen anzufechten, die gegen umweltbezogene Bestimmungen innerstaatlichen Rechts verstoßen, nimmt Art. 9 Abs. 2 Aarhus-Konvention keine derartige Beschränkung vor.[1489] Die von Art. 9 Abs. 2 Aarhus-Konvention vorgeschriebene Rechtmäßigkeitskontrolle knüpft an die Pflicht zur Öffentlichkeitsbeteiligung nach Art. 6 Aarhus-Konvention an, ohne Rücksicht darauf, ob es sich um umweltrechtliche Vorschriften handelt oder nicht.[1490] Vor diesem Hintergrund erscheint es

---

1484 BVerwG, Urteil vom 22.11.2016 – 9 A 25.15 –, NVwZ 2017, 627 (628 Rn. 11).
1485 *Hildebrandt/Koch*, NVwZ 2017, S. 1099 (1100).
1486 BVerwG, Urteil vom 30.03.2017 – 7 C 17.15 –, ZUR 2017, S. 539 (540 Rn. 20 ff.).
1487 *Fellenberg*, NVwZ 2015, S. 1721 (1724).
1488 BVerwG, Urteil vom 30.03.2017 – 7 C 17.15 –, ZUR 2017, S. 539 (540 Rn. 25 f.).
1489 BVerwG, Urteil vom 30.03.2017 – 7 C 17.15 –, ZUR 2017, S. 539 (540 Rn. 27).
1490 *Kerkmann/Schröter*, EurUP 2017, S. 126 (134).

folgerichtig, die Unionsrechtswidrigkeit der materiellen Präklusion weit auszulegen und auch auf nichtumweltbezogene Einwendungen zu erstrecken, soweit es sich um Vorhaben im Anwendungsbereich der UVP-Richtlinie handelt.[1491]

5. Präklusion im Rahmen phasenspezifischen Rechtsschutzes

Der im zweiten Teil dieser Arbeit besprochene phasenspezifische Rechtsschutz dient der Abschichtung des Verfahrens- und Prozessstoffs, so dass die Komplexität von Planungsentscheidungen schrittweise reduziert und ihre Kontrolle rationalisiert werden kann.[1492] Soweit phasenspezifischer Rechtsschutz eröffnet wird, könnte dies mit einer Präklusionsanordnung verbunden werden, um diese Abschichtungswirkung zu verstärken. Diejenigen, die bereits auf vorgelagerter Stufe als betroffen identifiziert werden können, wären demnach mit ihren nicht vorgebrachten Einwendungen auf der nächsten Stufe ausgeschlossen.[1493] Insoweit dürfte die Entscheidung des Europäischen Gerichtshofs nicht entgegenstehen. Mit der hier vorgeschlagenen Präklusion würde nicht die unterlassene Mitwirkung am Beteiligungsverfahren, sondern die Nichterhebung eines Rechtsbehelfs gegen eine vorgelagerte Planungsentscheidung sanktioniert. Dies ist nicht Gegenstand der Entscheidung des Europäischen Gerichthofs, die sich auf konzentrierten und nicht auf phasenspezifischen Rechtsschutz bezieht.[1494] Eine solche Präklusionsregelung setzt jedoch die Benachrichtigung der von einer vorgelagerten Planungsentscheidung Betroffenen über das Einstellen ihrer Belange in die Planungsentscheidung verbunden mit einer Rechtsbehelfsbelehrung voraus.[1495]

F. Reaktion des Gesetzgebers

Mit dem Gesetz zur Anpassung des Umwelt-Rechtsbehelfsgesetzes und anderer Vorschriften an europa- und völkerrechtliche Vorgaben[1496] hat der Gesetzgeber auf die Entscheidung des Europäischen Gerichtshofs reagiert[1497] und für

---

1491 *Siegel*, NVwZ 2016, S. 337 (340); *Kerkmann/Schröter*, EurUP 2017, S. 126 (134); *Neumann/Külpmann*, in: Stelkens/Bonk/Sachs, VwVfG, 2018, § 73 Rn. 88b; *Hufen/Siegel*, Fehler im Verwaltungsverfahren, 2018, Rn. 641.

1492 Vgl. Dritter Teil.A.III.2.

1493 *Schlacke*, ZUR 2017, S. 456 (459).

1494 *Schlacke*, ZUR 2017, S. 456 (459).

1495 *Beier*, DÖV 2015, S. 309 (318).

1496 Gesetz zur Anpassung des Umwelt-Rechtsbehelfsgesetzes und anderer Vorschriften an europa- und völkerrechtliche Vorgaben vom 29. Mai 2017, BGBl. I, S. 1298.

1497 BT-Drs. 18/9526, S. 1.

Planfeststellungen mit UVP-Pflicht Vorschriften der materiellen Präklusion gestrichen. Er hat sich dabei für eine komplizierte Regelungstechnik entschieden, nach der die Anwendbarkeit der materiellen Präklusion erst aufgrund einer Gesamtschau verschiedener Regelungen ausgeschlossen ist.

Die Präklusionsanordnung in § 73 Abs. 4 S. 3 VwVfG hat der Gesetzgeber unverändert gelassen. Die völker- und unionsrechtlich erforderliche Anpassung wird zum Teil den jeweiligen Fachgesetzen des Fachplanungsrechts entnommen. Im Hinblick auf das Planfeststellungsverfahren für Höchstspannungsleitungen verweist § 18 Abs. 5 NABEG i.V.m. § 43a Nr. 4 EnWG und § 43d S. 1 EnWG auf das UVPG. Der Ausschluss der materiellen Präklusion für UVP-pflichtige Vorhaben ergibt sich aus § 18 Abs. 1 S. 4 UVPG, der für das Beteiligungsverfahren nur noch auf § 73 Abs. 5-7 VwVfG, nicht aber auf § 73 Abs. 4 VwVfG verweist.[1498] Zu beachten ist jedoch, dass sich die genannten Vorschriften nur auf Planentwurfsänderungen und auf Planänderungen beziehen. Für das eigentliche Planfeststellungsverfahren verweist § 18 Abs. 5 NABEG i.V.m. § 43a EnWG im Übrigen auf § 73 VwVfG und damit auch auf die in § 73 Abs. 4 S. 3 VwVfG angeordnete Präklusion.[1499] Der Ausschluss ist insoweit § 7 Abs. 4 UmwRG zu entnehmen. Danach findet § 73 Abs. 4 S. 3 bis 6 VwVfG im Rechtsbehelfsverfahren gegen eine Entscheidung nach § 1 Abs. 1 S. 1 Nr. 1 bis 2b UmwRG keine Anwendung. Dies gilt nicht nur für Verbandsklagen, sondern gemäß § 7 Abs. 6 i.V.m. § 4 Abs. 3 S. 1 Nr. 1 UmwRG auch für Rechtsbehelfe von natürlichen und juristischen Personen und Vereinigungen nach § 61 Nr. 1 VwGO. Für nicht UVP-pflichtige Planfeststellungsverfahren bleibt die materielle Präklusion gemäß § 73 Abs. 4 S. 3 VwVfG jedoch anwendbar.[1500]

In den Anwendungsbereich des UmwRG fallen nach § 1 Abs. 1 Nr. 1 UmwRG unter anderem Rechtsbehelfe gegen Zulassungsentscheidungen im Sinne von § 2 Abs. 6 UVPG über die Zulässigkeit von Vorhaben, für die nach dem UVPG eine Pflicht zur Durchführung einer Umweltverträglichkeitsprüfung (UVP) bestehen kann. Gemäß § 2 Abs. 6 Nr. 1 UVPG gehört zu den Zulassungsentscheidungen auch der Planfeststellungsbeschluss. Zudem besteht für die Errichtung und den Betrieb einer Hochspannungsfreileitung im Sinne des Energiewirtschaftsgesetzes mit einer Länge von mehr als 15 km und mit einer Nennspannung von 220 kV oder mehr nach § 1 Abs. 1 Nr. 1 i.V.m. Anlage 1 Nr. 19.1.1 UVPG die Pflicht

1498 *Schlacke*, NVwZ 2017, S. 905 (909).

1499 *Hufen/Siegel*, Fehler im Verwaltungsverfahren, 2018, Rn. 641a.

1500 *Keller*, NVwZ 2017, S. 1080 (1082); *Hufen/Siegel*, Fehler im Verwaltungsverfahren, 2018, Rn. 641a.

zur Durchführung einer Umweltverträglichkeitsprüfung. Hierzu gehören auch die Höchstspannungsleitungen im Sinne des NABEG, für die ganz überwiegend eine zwingende UVP-Pflicht besteht.[1501] Die materielle Präklusion gemäß § 73 Abs. 4 S. 3 VwVfG gilt demnach gemäß § 7 Abs. 4 i.V.m. 6 UmwRG für die entsprechenden Planfeststellungsverfahren nicht, so dass Einwendungen auch noch nach Ablauf der Einwendungsfrist im gerichtlichen Verfahren erhoben werden können.

G. Alternativen zur materiellen Präklusion

Die Funktionen der materiellen Präklusion wurden bereits näher dargestellt. Es stellt sich die Frage, inwieweit ihr Wegfall durch andere Instrumente aufgefangen werden kann.

I. Maßgeblicher Zeitpunkt für die Beurteilung der Rechtmäßigkeit

In Bezug auf die durch die materielle Präklusion bewirkte Rechtssicherheit könnte das materielle Recht eine Kompensation bieten.[1502] Danach ist bei der Anfechtung einer Planungsentscheidung für die Beurteilung der Sach- und Rechtslage grundsätzlich der Zeitpunkt der letzten Behördenentscheidung maßgeblich.[1503] Spätere Änderungen der Sach- und Rechtslage, also auch nachträglich entstandene Tatsachen, sind somit grundsätzlich nicht in der gerichtlichen Überprüfungsentscheidung zu berücksichtigen.[1504]

Die Beschränkung der Geltendmachung von Klagegründen auf die zum Zeitpunkt der Behördenentscheidung vorliegende Sachlage dürfte indes nur eingeschränkt zur Rechtssicherheit beitragen, da sie nur für echte Änderungen der Sachlage gilt. Tatsachen, die zum Zeitpunkt der Behördenentscheidung bereits objektiv vorlagen, sind demnach in der gerichtlichen Entscheidung grundsätzlich zu berücksichtigen. Der durch den maßgeblichen Beurteilungszeitpunkt

1501 *Keienburg*, in: Danner/Theobald, Energierecht, § 18 NABEG (2017) Rn. 9 f. Vgl. bereits Zweiter Teil.A.III.1.

1502 So *Beier*, UPR 2016, S. 48 (52).

1503 BVerwG, Urteil vom 03.11.1986 – 9 C 254.86 –, BVerwGE 78, 243 (244); Beschluss vom 21.12.1989 – 7 B 21/89 –, NVwZ 1990, S. 653 (654); Urteil vom 13.12.2007 – 4 C 9/06 –, BVerwGE 130, 83 (109 Rn. 68).

1504 BVerwG, Beschluss vom 22.03.1999 – 4 BN 27/98 –, NVwZ 1999, S. 989 (990); Urteil vom 01.04.2004 – 4 C 2/03 –, BVerwGE 120, 276 (283).

bewirkte Ausschluss bezieht sich somit nicht auf nachträglich erkannte Ermittlungsdefizite.[1505]

II. Die Missbrauchsklausel nach § 5 UmwRG

Der Europäische Gerichtshof hat in seiner Entscheidung eine Präklusion nicht vollständig ausgeschlossen. Der nationale Gesetzgeber kann spezifische Verfahrensvorschriften vorsehen, nach denen zum Beispiel ein missbräuchliches oder unredliches Vorbringen unzulässig ist, die geeignete Maßnahmen darstellen, um die Wirksamkeit des gerichtlichen Verfahrens zu gewährleisten.[1506] Die Ausschlussgründe des missbräuchlichen oder unredlichen Verhaltens werden von ihm also nicht abschließend, sondern nur beispielhaft genannt und dem nationalen Gesetzgeber somit ein Gestaltungsspielraum eingeräumt.[1507] Die Entscheidungsgründe enthalten keine weitere Konkretisierung, unter welchen Voraussetzungen ein erstmaliges Vorbringen von Einwendungen im gerichtlichen Verfahren missbräuchlich oder unredlich sein kann.[1508] Da die Zurückweisung missbräuchlichen oder unredlichen Vorbringens jedoch eine Einschränkung des Gerichtszugangs bedeutet[1509], sind die Voraussetzungen restriktiv zu fassen.[1510] Der Gerichtshof lässt den Mitgliedstaaten also angesichts des Ausnahmecharakters dieser Missbrauchsklausel von dem grundsätzlichen Präklusionsverbot einen engen Ausgestaltungsspielraum.[1511]

Mit dem Gesetz zur Anpassung des Umwelt-Rechtsbehelfsgesetzes und anderer Vorschriften an europa- und völkerrechtliche Vorgaben[1512] hat der Gesetzgeber eine umfassende Novellierung des UmwRG vorgenommen und von dem

---

1505 *Durner*, Präklusion in Deutschland nach dem Urteil des EuGH in der Rs. C-137/14, in: Hebeler u.a., Planungsrecht im Umbruch: Europäische Herausforderungen, 2017, S. 125 (142).

1506 EuGH, Urteil vom 15.10.2015, Kommission/Deutschland, C-137/14, EU:C:2015:683, Rn. 81.

1507 *Siegel*, ZUR 2017, S. 451 (454).

1508 *Kment/Lorenz*, EurUP 2016, S. 47 (57); *Kment*, UPR Sonderheft 2016, S. 487 (491).

1509 *Michl*, NuR 2016, S. 543 (550).

1510 *Siegel*, NVwZ 2016, S. 337 (340); *Schüren/Kramer*, ZUR 2016, S. 400 (406); *Schlacke*, NVwZ 2017, S. 905 (910).

1511 *Schulte*, Besprechung von EuGH, Urt. v. 15.10.2015 – C-137/14 – Was ist neu und wie geht es weiter?, abrufbar unter: http://www.jurop.org/oeffbaurecht/besprechung-von-eugh-urt-v-15-10-2015-c-13714-was-ist-neu-und-wie-geht-es-weiter/ (02.02.2019).

1512 Gesetz zur Anpassung des Umwelt-Rechtsbehelfsgesetzes und anderer Vorschriften an europa- und völkerrechtliche Vorgaben vom 29. Mai 2017, BGBl. I, S. 1298.

ihm eingeräumten Missbrauchsvorbehalt Gebrauch gemacht, indem er die Formulierung des Gerichtshofs nahezu wörtlich aufgegriffen hat. Nach § 5 UmwRG bleiben Einwendungen, die eine Person oder eine Vereinigung im Sinne des § 4 Abs. 3 S. 1 UmwRG erstmals im Rechtsbehelfsverfahren erhebt, unberücksichtigt, wenn die erstmalige Geltendmachung im Rechtsbehelfsverfahren missbräuchlich oder unredlich ist. Der Gesetzgeber hat somit keinen Versuch unternommen, die allgemein formulierten Vorgaben des Gerichtshofs gesetzlich näher zu konkretisieren. Ausweislich der Gesetzesbegründung muss der Kläger bereits im Verwaltungsverfahren die Gelegenheit zur Äußerung gehabt haben. Äußert er sich im Verwaltungsverfahren nicht, ist er mit solchen Einwendungen ausgeschlossen, deren erstmalige Geltendmachung im Rechtsbehelfsverfahren missbräuchlich oder unredlich ist.[1513] Ein missbräuchliches oder unredliches Verhalten im Sinne des § 5 UmwRG soll nach der Gesetzesbegründung vorliegen, wenn der Rechtsbehelfsführer im Verwaltungsverfahren erklärt oder auf andere Weise deutlich gemacht hat, dass entsprechende Einwendungen nicht bestehen.[1514] Der Gesetzgeber verzichtet bewusst auf die Aufnahme von Regelbeispielen und überlässt es den Verwaltungsgerichten anhand der konkreten Umstände des Einzelfalls ein missbräuchliches Verhalten festzustellen.[1515]

Es stellt sich die Frage, anhand welcher Kriterien ein missbräuchliches oder unredliches Verhalten zu ermitteln ist.[1516] Der Wortlaut lässt zumindest den Schluss zu, dass allein das Abwarten bis zur behördlichen Zulassungsentscheidung noch kein rechtsmissbräuchliches Verhalten darstellt.[1517] Einem späteren Kläger kann nicht vorgeworfen werden, dass er im Laufe des

---

1513 BT-Drs. 18/9526, S. 41.

1514 BT-Drs. 18/9526, S. 41 und BR-Drs. 422/16, S. 35. Bei Rechtsbehelfen anerkannter Umweltvereinigungen könne ein missbräuchliches oder unredliches Verfahrensverhalten etwa dann vorliegen, wenn die im Rechtsbehelfsverfahren erstmalige Erhebung bestimmter Einwendungen, die der Vereinigung bereits im Zulassungsverfahren bekannt waren, den Schutzanliegen und Umweltbelangen, als deren Sachwalter sich die Vereinigung verstehe, zuwiderlaufe, die Vereinigung sich also, gemessen an den Zielen ihrer Satzung oder ihrer Rolle als „Quasi-Verwaltungshelfer", „unvernünftig" verhalte, BT-Drs. 18/9526, S. 41 und BR-Drs. 422/16, S. 35 f.

1515 BT-Drs. 18/9526, S. 41; *Michl*, NuR 2016, S. 543 (550); *Schlacke*, NVwZ 2017, S. 905 (910).

1516 Regelmäßig dürfte ein unredliches Verhalten auch missbräuchlich sein, so dass auf das Tatbestandsmerkmal „unredlich" verzichtet werden könnte, *Müggenborg*, NuR 2016, S. 473 (475); *Lee*, EurUP 2017, S. 62 (71).

1517 *Kment/Lorenz*, EurUP 2016, S. 47 (57); *Kment*, UPR Sonderheft 2016, S. 487 (491).

Verwaltungsverfahrens erfahrener wird, aufgrund der von ihm gewonnenen neuen Erkenntnisse sein Verhalten ändert und nunmehr zu einem anderen Ergebnis kommt.[1518] In Anlehnung an die Rechtsprechung des Europäischen Gerichtshofs ist ein missbräuchliches Verhalten durch ein objektives und ein subjektives Element gekennzeichnet.[1519] Das objektive Merkmal muss sich aus einer Gesamtwürdigung der objektiven Umstände ergeben.[1520] Für die Feststellung des subjektiven Merkmals muss aus einer Reihe objektiver Anhaltspunkte ersichtlich sein, dass die betreffende Person einen ungerechtfertigten Vorteil erlangen will. Dies kann sich zum Beispiel daraus ergeben, dass ihr Verhalten einen künstlichen Charakter hat.[1521]

Übertragen auf die hier in Rede stehende Missbrauchsklausel bedeutet dies, dass es neben dem objektiven Umstand des erstmaligen Vorbringens seiner Einwendungen im gerichtlichen Verfahren auch eines besonderen subjektiven Momentes in der Person des Einwenders bzw. Klägers bedarf. Ein solcher Umstand kann etwa darin gesehen werden, dass der Einwender im Verlauf des behördlichen Verfahrens ein berechtigtes Vertrauen auf einen Klageverzicht erzeugt hat, nach der Zulassungsentscheidung aber dennoch Klage erhebt.[1522] Anknüpfungspunkt für den Vorwurf des Rechtsmissbrauchs ist demnach ein gegen Treu und Glauben verstoßender Widerspruch zu eigenem früheren Verhalten.[1523] Damit lehnt sich diese Fallgruppe dem Rechtsinstitut der Verwirkung an.[1524] Dieses ist in der Rechtsprechung des Europäischen Gerichtshofs

1518 VG Osnabrück, Urteil vom 04.11.2015 – 3 A 88/14 –, BeckRS 2015, 55585; *Schlacke*, NVwZ 2017, S. 905 (910).

1519 EuGH, Urteil vom 13.03.2014, SICES u.a., C-155/13, EU:C:2014:145, Rn. 31; Urteil vom 28.07.2016, Nils-Johannes Kratzer, C-423/15, EU:C:2016:604, Rn. 38.

1520 EuGH, Urteil vom 13.03.2014, SICES u.a., C-155/13, EU:C:2014:145, Rn. 32; Urteil vom 28.07.2016, Nils-Johannes Kratzer, C-423/15, EU:C:2016:604, Rn. 39.

1521 EuGH, Urteil vom 13.03.2014, SICES u.a., C-155/13, EU:C:2014:145, Rn. 33; Urteil vom 28.07.2016, Nils-Johannes Kratzer, C-423/15, EU:C:2016:604, Rn. 40 f.; *Guckelberger*, Referat zum 71. DJT, in: Ständige Deputation des DJT, Verhandlungen des 71. DJT, Bd. II/1, 2017, S. N 9 (N 63).

1522 *Schulte*, Besprechung von EuGH, Urt. v. 15.10.2015 – C-137/14 – Was ist neu und wie geht es weiter?, abrufbar unter: http://www.jurop.org/oeffbaurecht/besprechung-von-eugh-urt-v-15-10-2015-c-13714-was-ist-neu-und-wie-geht-es-weiter/ (02.02.2019); *Kment/Lorenz*, EurUP 2016, S. 47 (57); *Kment*, UPR Sonderheft 2016, S. 487 (491 f.).

1523 *Steinbeiß-Winkelmann*, NVwZ 2016, S. 713 (719); *Lee*, EurUP 2017, S. 62 (72).

1524 *Schulte*, Besprechung von EuGH, Urt. v. 15.10.2015 – C-137/14 – Was ist neu und wie geht es weiter?, abrufbar unter: http://www.jurop.org/oeffbaurecht/besprechung-von-eugh-urt-v-15-10-2015-c-13714-was-ist-neu-und-wie-geht-es-weiter/ (02.02.2019).

bekannt[1525] und liegt auch der materiellen Präklusion zugrunde. Ein berechtigtes Vertrauen kann beispielsweise dadurch begründet werden, dass der Betroffene im Verwaltungsverfahren gegenüber der Behörde sein Einverständnis mit dem Vorhaben erklärt. Gleiches gilt, wenn der Betroffene nach Durchführung des Erörterungstermins erklärt, seine Einwendungen seien als erledigt anzusehen.[1526] Ein entsprechender Vertrauenstatbestand könnte auch dadurch geschaffen werden, dass der Vorhabenträger gezielt auf den potenziellen Kläger zugeht, diesen bittet, Stellungnahmen zu kritischen Punkten abzugeben und dies dokumentiert.[1527] Damit liegt eine Situation vor, die eine dennoch erhobene Klage als missbräuchlich erscheinen lässt. Die praktische Bedeutung dieser Fallgruppe dürfte indes gering sein, da Betroffene in den seltensten Fällen bereit sein werden, eine ausdrückliche Erklärung über das Nichtbestehen von Einwendungen abzugeben.[1528] Als rechtsmissbräuchlich kann sich außerdem ein Verhalten darstellen, das erkennbar auf eine Verfahrens- und Prozessverzögerung gerichtet ist. Der Rechtsbehelfsführer muss also aus rein taktisch motivierten Gründen Einwendungen, die bereits im Verwaltungsverfahren bekannt waren, bewusst zurückhalten.[1529]

Wie bereits dargelegt, ist das missbräuchliche oder unredliche Verhalten anhand objektiver Kriterien zu ermitteln.[1530] In diesem Zusammenhang stellt sich die Frage, wie die Beweislast auszugestalten ist. Angesichts des bereits dargelegten engen Anwendungsbereichs der Missbrauchsklausel erscheint es sachgerecht, diese dem betroffenen Einwender aufzuerlegen, damit die Regelung nicht leerläuft. Demnach würde es ihm obliegen zu beweisen, dass er die Abgabe von Einwendungen innerhalb der Einwendungsfrist schuldlos versäumt hat.[1531] Demgegenüber hat der Europäische Gerichtshof bereits in der

---

Vgl. auch *Siegel*, NVwZ 2016, S. 337 (341); *Kment/Lorenz*, EurUP 2016, S. 47 (57); *Kment*, UPR Sonderheft 2016, S. 487 (491 f.).

1525 EuGH, Urteil vom 27.03.2014, LCL Le Crédit Lyonnais SA, C-565/12, EU:C:2014:190.

1526 *Schulte*, Besprechung von EuGH, Urt. v. 15.10.2015 – C-137/14 – Was ist neu und wie geht es weiter?, abrufbar unter: http://www.jurop.org/oeffbaurecht/besprechung-von-eugh-urt-v-15-10-2015-c-13714-was-ist-neu-und-wie-geht-es-weiter/ (02.02.2019).

1527 *Hildebrandt/Koch*, NVwZ 2017, S. 1099 (1101).

1528 *Lee*, EurUP 2017, S. 62 (72). Skeptisch in Bezug auf die praktische Relevanz auch *Siegel*, NVwZ 2016, S. 337 (341).

1529 *Kment/Lorenz*, EurUP 2016, S. 47 (57); *Kment*, UPR Sonderheft 2016, S. 487 (492); *Müggenborg*, NuR 2016, S. 473 (475).

1530 So auch *Schlacke*, NVwZ 2017, S. 905 (910).

1531 *Kment/Lorenz*, EurUP 2016, S. 47 (57); *Kment*, UPR Sonderheft 2016, S. 487 (492).

Altrip-Entscheidung zu den von der Rechtsprechung des Bundesverwaltungsgerichts entwickelten hohen Anforderungen an die Darlegungs- und Beweislast in Bezug auf die Kausalität von Verfahrensfehlern nach § 46 VwVfG Stellung genommen. Er stellte fest, dass keine Rechtsverletzung im Sinne von Art. 11 UVP-Richtlinie vorliege, wenn nach den Umständen des konkreten Einzelfalls nachweislich die Möglichkeit ausscheide, dass die angegriffene Entscheidung ohne dem vom Rechtsbehelfsführer geltend gemachten Verfahrensfehler anders ausgefallen wäre.[1532] Dem Rechtsbehelfsführer dürfe jedoch in keiner Form die Beweislast für den Kausalzusammenhang zwischen Verfahrensfehler und Sachentscheidung aufgebürdet werden.[1533] Orientiert man sich an der Rechtsprechung des Europäischen Gerichtshofs zu § 46 VwVfG, so müsste die Beweislast auch im Rahmen der hier untersuchten Missbrauchsklausel zulasten der Verwaltungsbehörde bzw. des Vorhabenträgers ausschlagen. Da eine Zurückweisung unredlichen oder missbräuchlichen Vorbringens auch auf Grundlage des Missbrauchstatbestands eine Einschränkung des Gerichtszugangs darstellt[1534], dürfte eine Beweislastumkehr zulasten des Rechtsbehelfsführers unter Beachtung des Konventions- und Unionsrechts vor dem Europäischen Gerichtshof keinen Bestand haben. Vor diesem Hintergrund wäre eine entsprechende Beanstandung durch den Gerichtshof absehbar, so dass nach derzeitiger Rechtslage nur eine Beweislastverteilung zulasten der Behörde bzw. des Vorhabenträgers Bestand haben dürfte.[1535]

In der Rechtspraxis wird der Regelung daher wohl eine nur geringe Bedeutung zukommen, so dass es kein funktionales Äquivalent für die bisherige Präklusionsregelung darstellt.[1536] Damit bleibt die Gefahr einer dysfunktionalen

---

1532 EuGH, Urteil vom 07.11.2013, Gemeinde Altrip u.a., C-72/12, EU:C:2013:712, Rn. 51.

1533 EuGH, Urteil vom 07.11.2013, Gemeinde Altrip u.a., C-72/12, EU:C:2013:712, Rn. 52 f. Diesen Gesichtspunkt greift der Europäische Gerichtshof auch in der Entscheidung vom 15.10.2015 – wenn auch in einem anderen Zusammenhang – auf, EuGH, Urteil vom 15.10.2015, Kommission/Deutschland, C-137/14, EU:C:2015:683, Rn. 54 ff.

1534 *Michl*, NuR 2016, S. 543 (550).

1535 *Ludwigs*, NJW 2015, S. 3484 (3486); *Schlacke*, UPR Sonderheft 2016, S. 478 (485); *dies.*, NVwZ 2017, S. 905 (910); *Guckelberger*, Referat zum 71. DJT, in: Ständige Deputation des DJT, Verhandlungen des 71. DJT, Bd. II/1, 2017, S. N 9 (N 63).

1536 *Kment/Lorenz*, EurUP 2016, S. 47 (57); *Steinbeiß-Winkelmann*, NVwZ 2016, S. 713 (719); *Müggenborg*, NuR 2016, S. 473 (475); *Michl*, NuR 2016, S. 543 (550); *Schlacke*, NVwZ 2017, S. 905 (910).

Instrumentalisierung des Verfahrens bestehen. Beteiligungsrechte können dazu missbraucht werden, um Großprojekte zu verzögern und zu blockieren. Dieses Missbrauchspotenzial muss bei der Ausgestaltung des Verfahrens mit berücksichtigt werden. Um Verzögerungsstrategien entgegenzuwirken, ohne den Eigenwert des Verfahrens in Frage zu stellen, erscheinen vor diesem Hintergrund angemessen ausgestaltete materielle Präklusionsvorschriften als ein effektiveres Mittel.[1537] Die mit ihnen verbundene Mitwirkungslast stellt ein Korrelat zu den den Betroffenen eingeräumten Mitwirkungsrechten dar.[1538]

III. Intensivierung der innerprozessualen Präklusion

Wie bereits dargelegt verfolgt die materielle Präklusion unter anderem den Zweck, den Streitstoff zu fixieren und somit für das Gericht handhabbar zu machen. Sie dient somit einem wichtigen Gemeinwohlbelang.[1539] Um dieses Ziel auch nach der von dem Europäischen Gerichtshof festgestellten Unionsrechtswidrigkeit der materiellen Präklusion zu erreichen, kommt ein verstärkter Einsatz der innerprozessualen Präklusion in Betracht. Diese ist nicht Gegenstand des Urteils des Europäischen Gerichtshofs vom 15.10.2015.[1540] Ihre Wirkung setzt erst im Verwaltungsprozess, nach Abschluss des Verwaltungsverfahrens ein. Sie knüpft also nicht an ein Fehlverhalten im Verwaltungsverfahren, sondern an eines im Rechtsbehelfsverfahren an, so dass sie auch vor dem Hintergrund der vom Europäischen Gerichtshof formulierten Vorgaben standhält.[1541] Der Zugang zu Gericht wird nicht beschränkt, sondern dem Kläger eine Frist zur Begründung seiner Klage auferlegt, so dass verspätetes Vorbringen zurückgewiesen werden kann.[1542] Die Festsetzung angemessener Ausschlussfristen ist auch durch den Europäischen Gerichtshof am Maßstab des Effektivitätsgrundsatzes anerkannt.[1543] Zudem kennt auch das europäische Verfahrensrecht vergleichbare

---

1537 *Fehling*, VVDStRL 70 (2011), S. 278 (287 f.). Vgl. auch *Kim*, EurUP 2017, S. 233 (240).

1538 BVerwG, Beschluss vom 17.06.2011 – 7 B 79/10 –, BeckRS 2011, 52575 Rn. 20 unter Bezugnahme auf *von Danwitz*, UPR 1996, S. 323 (324).

1539 *Rennert*, Referat zum 71. DJT, in: Ständige Deputation des DJT, Verhandlungen des 71. DJT, Bd. II/1, 2017, S. N 127 (N 140 f.).

1540 *Berkemann*, DVBl. 2016, S. 205 (214); *Gärditz*, EurUP 2018, S. 158 (159).

1541 *Beier*, UPR 2016, S. 48 (52); *Siegel*, NVwZ 2016, S. 337 (341); *Kerkmann/Schröter*, EurUP 2017, S. 126 (132).

1542 *Müggenborg*, NuR 2016, S. 473 (474); *Rennert*, Referat zum 71. DJT, in: Ständige Deputation des DJT, Verhandlungen des 71. DJT, Bd. II/1, 2017, S. N 127 (N 145).

1543 Vgl. Vierter Teil.C.

Regelungen.[1544]

Eine Klagebegründungsfrist ist in § 6 S. 1 UmwRG vorgesehen. Danach hat eine Person oder eine Vereinigung im Sinne des § 4 Abs. 3 S. 1 UmwRG innerhalb einer Frist von zehn Wochen ab Klageerhebung die zur Begründung ihrer Klage gegen eine Entscheidung im Sinne von § 1 Abs. 1 S. 1 UmwRG oder gegen deren Unterlassen dienende Tatsachen und Beweismittel anzugeben. Die Vorschrift ersetzt und verlängert die bislang in § 4 Abs. 1 UmwRG a.F. vorgesehene Klagebegründungsfrist von sechs Wochen. Der Gesetzgeber sieht weiterhin Bedarf für eine entsprechende Regelung, um Gerichtsverfahren zu beschleunigen.[1545] Entsprechend einer zum Teil geäußerten Forderung[1546] wird der Ausschluss verspäteten Vorbringens also nicht mehr in das Ermessen des Gerichts gestellt, sondern als zwingende Rechtsfolge kraft Gesetzes angeordnet. Auf diese Weise wird der bereits dargestellte Streit über die Bedeutung der Rechtsfolgenanordnung in § 87b Abs. 3 VwGO hier nicht relevant.[1547]

Erklärungen und Beweismittel, die erst nach Ablauf der 10-Wochen-Frist vorgebracht werden, sind gemäß § 6 S. 2 UmwRG nur zuzulassen, wenn die Voraussetzung nach § 87b Abs. 3 S. 1 Nr. 2 VwGO erfüllt ist. Im Vergleich zu § 4a Abs. 1 S. 2 UmwRG a.F. i.V.m. § 87b Abs. 3 VwGO liegt hierin eine weitere Verschärfung der innerprozessualen Präklusionswirkung, da es für die Zurückweisung von Erklärungen und Beweismitteln ausreicht, dass die Verspätung nicht genügend entschuldigt wurde. Auf diese Weise wird dem Umstand Rechnung getragen, dass der Präklusionsvorschrift des § 87b Abs. 3 VwGO im Zusammenhang

---

1544 *Zeissler/Schmitz*, UPR 2016, S. 1 (7); *Durner*, Präklusion in Deutschland nach dem Urteil des EuGH in der Rs. C-137/14, in: Hebeler u.a., Planungsrecht im Umbruch: Europäische Herausforderungen, 2017, S. 125 (149). So hat der Beklagte nach der Verfahrensordnung des Gerichtshofs gemäß Art. 124 Abs. 1 innerhalb von zwei Monaten nach Zustellung der Klageschrift eine Klagebeantwortung einzureichen. Diese Frist ist gemäß Art. 124 Abs. 3 nur ausnahmsweise verlängerbar. Weiter ist nach Art. 127 Abs. 1 das Vorbringen neuer Klage- und Verteidigungsgründe im Laufe des Verfahrens unzulässig, soweit sie nicht auf rechtliche oder tatsächliche Gesichtspunkte gestützt werden, die erst während des Verfahrens zutage getreten sind. Darüber hinaus kann gemäß Art. 127 Abs. 2 eine Frist zur Erwiderung auf diesen Klage- oder Verteidigungsgrund gesetzt werden.

1545 BT-Drs. 18/9526, S. 41.

1546 *Müggenborg*, NuR 2016, S. 473 (474); *Fellenberg*, AnwBl. 2016, S. 648 (652); *Rennert*, Referat zum 71. DJT, in: Ständige Deputation des DJT, Verhandlungen des 71. DJT, Bd. II/1, 2017, S. N 127 (N 142).

1547 Vgl. Vierter Teil.A.I.3.

mit komplexen Vorhaben wie denen des EnWG und des NABEG die praktische Relevanz abgesprochen wird. Die Vorschrift setzt für die Zurückweisung verspäteten Vorbringens unter anderem voraus, dass die Zulassung nach der freien Überzeugung des Gerichts die Erledigung des Rechtsstreits verzögern würde. Sie geht für die Feststellung einer Verzögerung von einer mündlichen Verhandlung in einem einzigen Termin aus.[1548] Für komplexe Hauptsacheverfahren, in denen sich ein Kläger gegen einen Planfeststellungsbeschluss oder eine -genehmigung wendet, werden jedoch regelmäßig mehrere Verhandlungstermine anzuberaumen sein, so dass kaum eine Verzögerung der Erledigung vorliegen wird.[1549] Diese Besonderheit komplizierter Hauptsacheverfahren wird nunmehr berücksichtigt, indem § 6 UmwRG für die Präklusionswirkung auf die Voraussetzung der Verzögerung des Prozesses verzichtet. Die Beherrschbarkeit des Streitstoffs geschieht nur wirksam, wenn diese Fixierung möglichst zu Beginn des Prozesses erfolgt.[1550]

Die Frist nach § 6 S. 4 UmwRG kann durch den Vorsitzenden oder den Berichterstatter auf Antrag verlängert werden, wenn der Kläger in dem Verwaltungsverfahren, in dem die angefochtene Entscheidung ergangen ist, keine Möglichkeit der Beteiligung hatte.

Der Grundsatz der Amtsermittlung soll durch die Zurückweisung verspäteten Vortrags nicht in Frage gestellt werden. Zwar beseitigt sie die Amtsermittlungspflicht des Gerichts, so dass es verspätetes Vorbringen unberücksichtigt lassen kann. Es bleibt aber befugt, den Sachverhalt weiter von Amts wegen aufzuklären.[1551] Im Vergleich zur allgemeinen Vorschrift der Klagebegründungsfrist der VwGO und zu § 4a Abs. 1 UmwRG a.F. enthält § 6 S. 1 UmwRG für Rechtsbehelfe im Sinne des UmwRG eine längere Klagebegründungsfrist. Dies erscheint angesichts der Komplexität vieler Umweltrechtsstreitigkeiten sinnvoll und notwendig.[1552] Dennoch sollte der Fristlauf aus Gründen der Fristenklarheit

1548 *Ortloff/Riese*, in: Schoch/Schneider/Bier, VwGO, § 87b (2007) Rn. 38.

1549 *Hermes*, in: Britz/Hellermann/Hermes, EnWG, 2015, § 43e Rn. 4; *Riese/Fest*, in: Steinbach/Franke, Kommentar zum Netzausbau, 2017, § 43e EnWG Rn. 23.

1550 *Rennert*, Referat zum 71. DJT, in: Ständige Deputation des DJT, Verhandlungen des 71. DJT, Bd. II/1, 2017, S. N 127 (N 143).

1551 *Rennert*, Referat zum 71. DJT, in: Ständige Deputation des DJT, Verhandlungen des 71. DJT, Bd. II/1, 2017, S. N 127 (N 143). Ausführlich zum Verhältnis der innerprozessualen Präklusion zum Untersuchungsgrundsatz *Gärditz*, EurUP 2018, S. 158 (160 ff.).

1552 *Guckelberger*, Referat zum 71. DJT, in: Ständige Deputation des DJT, Verhandlungen des 71. DJT, Bd. II/1, 2017, S. N 9 (N 64.).

in demselben Zeitpunkt wie die einmonatige Klageerhebungsfrist zu laufen beginnen und eine Frist von vier Monaten eingeführt werden.[1553] Außerdem enthält die Vorschrift gegenüber § 4a UmwRG a.F. auch Verschärfungen, da eine Zurückweisung verspäteten Vorbringens unter erleichterten Voraussetzungen möglich ist und eine Verlängerung der Klagebegründungsfrist erschwert wird.[1554] Dies setzt voraus, dass an den Vortrag keine überhöhten Anforderungen gestellt werden. Ist ein Sachthema von dem Kläger fristgerecht vorgetragen worden, schließt der Ablauf der Frist späteren vertiefenden Tatsachenvortrag nicht aus.[1555] Zudem sollte eine Belehrung über die Folgen einer Fristversäumung in der Rechtsbehelfsbelehrung ausdrücklich vorgeschrieben werden.

Die der innerprozessualen Präklusion zugesprochene Aufgabe als funktionale Kompensation der weggefallenen materiellen Präklusion kann sie nur teilweise erfüllen. Soweit die materielle Präklusion der Fixierung des Streitstoffs und damit der Handhabbarkeit des Prozessstoffs dient, kann diese Funktion auch wirksam durch die innerprozessuale Präklusion erfüllt werden.[1556] Sie kann einen Beitrag zur Sicherung der Funktionsfähigkeit der gerichtlichen Verwaltungskontrolle und somit zur Wirksamkeit des gerichtlichen Verfahrens leisten. Indem ihre Wirkung erst im Verwaltungsprozess, nach Abschluss des Verwaltungsverfahrens einsetzt, trägt sie jedoch nicht zum Verwaltungsverfahren als Ort der Entscheidungsfindung bei.[1557]

1553 *Rennert*, Referat zum 71. DJT, in: Ständige Deputation des DJT, Verhandlungen des 71. DJT, Bd. II/1, 2017, S. N 127 (N 143). Ähnlich *Müggenborg*, NuR 2016, S. 473 (474), der für eine dreimonatige Klagebegründungsfrist plädiert, dabei aber vom Zeitpunkt der Klageerhebung als Fristbeginn auszugehen scheint.

1554 Kritisch *Schlacke*, NVwZ 2017, S. 905 (911).

1555 BVerwG, Urteil vom 30.08.1993 – 7 A 14/93 –, NVwZ 1994, S. 371 (372); *Müggenborg*, NuR 2016, S. 473 (474).

1556 *Steinbeiß-Winkelmann*, NVwZ 2016, S. 713 (719); *Rennert*, Referat zum 71. DJT, in: Ständige Deputation des DJT, Verhandlungen des 71. DJT, Bd. II/1, 2017, S. N 127 (N 141).

1557 So kritisch *Kment*, UPR Sonderheft 2016, S. 487 (492, dort Fn. 88) und *Lee*, EurUP 2017, S. 62 (70). Darüber hinaus erscheint es zweifelhaft, ob die mit § 6 UmwRG bezweckte Verfahrensbeschleunigung erreicht werden kann. Die Vorschrift knüpft die prozessualen Lasten einseitig an den Vortrag des Klägers an, während auf Beklagtenseite neuer Vortrag auch nach längerer Zeit nicht ausgeschlossen ist. Zudem hindert sie nicht die Berücksichtigung neuer Tatsachen und Erkenntnisse im Verwaltungsprozess, *Schlacke*, in: Gärditz, VwGO, 2018, § 6 UmwRG Rn. 9 f. Vgl. auch *Gärditz*, EurUP 2018, S. 158 (159 und 162).

H. Zulässigkeit von Präklusionsvorschriften am Maßstab der Aarhus-Konvention und der UVP-Richtlinie

Materielle Präklusionsvorschriften begründen eine Mitwirkungslast, bestimmte Belange im Rahmen der Öffentlichkeitsbeteiligung innerhalb einer Frist darzulegen. Werden Einwendungen nicht oder nicht rechtzeitig vorgebracht, ist der Betroffene mit seinem Vorbringen präkludiert und in einem gerichtlichen Verfahren ausgeschlossen. Aufgrund dieser Ausschlusswirkung schwächen materielle Präklusionsvorschriften den Rechtsschutz. Sie sind daher am Maßstab der Aarhus-Konvention bzw. der sie umsetzenden Sekundärrechtsakte zu messen.[1558]

Aarhus-Konvention als integraler Bestandteil und UVP-Richtlinie als Sekundärrechtsakt stellen Unionsrecht dar. Das diese Rechtsakte vollziehende Recht ist nach dem Effektivitätsgrundsatz unanwendbar, wenn es die Tragweite und die Wirksamkeit des Unionsrechts derart beeinträchtigt, dass die Verwirklichung der unionsrechtlichen Regelungsziele praktisch unmöglich oder übermäßig erschwert wird.[1559] Nach ständiger Rechtsprechung des Europäischen Gerichthofs sind dabei die Stellung der zu prüfenden Vorschrift im gesamten Verfahren, der Verfahrensablauf und die Besonderheiten des Verfahrens vor den verschiedenen nationalen Stellen zu berücksichtigen.[1560]

Vor diesem Hintergrund ist die im NABEG geregelte Öffentlichkeitsbeteiligung und Präklusionsvorschrift sowie die diese Vorschriften ergänzenden Regelungen des EnWG, VwVfG sowie UVPG in ihrer rechtlichen Ausgestaltung und praktischen Handhabe zu prüfen. Auf das Verhältnis von NABEG, EnWG und VwVfG wurde bereits eingegangen. Die hinsichtlich der Öffentlichkeitsbeteiligung relevanten §§ 18 ff. UVPG finden Anwendung, soweit die Fachgesetze keine gemäß § 1 Abs. 4 UVPG vorrangigen Regelungen zur Öffentlichkeitsbeteiligung treffen.[1561] Diese Vorschriften setzen Vorgaben aus Art. 6 Aarhus-Konvention und Art. 6 UVP-Richtlinie um.[1562] Da Aarhus-Konvention und UVP-Richtlinie strukturell vergleichbar sind, soll die Prüfung zusammengefasst werden; auf Unterschiede im Detail wurde bereits hingewiesen.

1558 *Schenderlein*, Rechtsschutz und Partizipation im Umweltrecht, 2013, S. 237 f.

1559 *Kment*, Nationale Unbeachtlichkeits-, Heilungs- und Präklusionsvorschriften, 2005, S. 45.

1560 Vgl. auch bereits die Ausführungen und Nachweise in Vierter Teil.C.

1561 *Hagmann*, in: Hoppe/Beckmann/Kment, UVPG, 2018, § 18 Rn. 15.

1562 *Hagmann*, in: Hoppe/Beckmann/Kment, UVPG, 2018, § 18 Rn. 1 f.

I. Frühzeitige Öffentlichkeitsbeteiligung

Bereits auf der ersten Planungsstufe, der Bundesbedarfsplanung, findet eine Beteiligung der Öffentlichkeit statt. Die Bundesnetzagentur veröffentlicht gemäß § 12a Abs. 2 S. 2 EnWG den von den Übertragungsnetzbetreibern mit Regelzonenverantwortung vorgelegten Entwurf des Szenariorahmens auf ihrer Internetseite und gibt der allgemeinen Öffentlichkeit Gelegenheit zur Äußerung. Sie genehmigt den Szenariorahmen unter Berücksichtigung der Ergebnisse dieser Öffentlichkeitsbeteiligung, § 12a Abs. 3 EnWG. Darüber hinaus findet eine erneute Beteiligung der allgemeinen Öffentlichkeit durch die Übertragungsnetzbetreiber mit Regelzonenverantwortung statt. Sie sind nach § 12b Abs. 1 EnWG verpflichtet, der Regulierungsbehörde einen Netzentwicklungsplan vorzulegen. Zuvor müssen sie jedoch gemäß § 12b Abs. 3 S. 1 EnWG den Entwurf des Netzentwicklungsplans auf ihren Internetseiten veröffentlichen und der Öffentlichkeit Gelegenheit zur Äußerung geben. Dafür sind nach § 12b Abs. 3 S. 2 EnWG neben dem Entwurf des Netzentwicklungsplans auch alle weiteren erforderlichen Informationen im Internet zur Verfügung zu stellen. § 12b Abs. 3 EnWG enthält in Bezug auf die Netzentwicklungsplanung somit eine Regelung zur frühen Öffentlichkeitsbeteiligung im Sinne von Art. 6 Abs. 5 Aarhus-Konvention.[1563] Für die frühe Öffentlichkeitsbeteiligung bei der Netzentwicklungsplanung ist Art. 6 Abs. 5 Aarhus-Konvention zwar nicht unmittelbar einschlägig, da diese Vorschrift sich nur auf konkrete Zulassungsentscheidungen und nicht auf Planungen bezieht. Die in Bezug auf Planungen bestehende Vorschrift des Art. 7 Aarhus-Konvention betrifft jedoch nur behördliche Planungen. Im Ergebnis liegt Art. 6 Abs. 5 Aarhus-Konvention und § 12b Abs. 3 EnWG aber derselbe partizipatorische Gedanke zugrunde.[1564] Eine dritte Beteiligungsmöglichkeit eröffnet § 12c Abs. 3 EnWG. Die Vorschrift sieht eine Beteiligung der betroffenen Öffentlichkeit nach den Vorschriften des UVPG vor, die die aktuelle Version des Entwurfs des Netzentwicklungsplans sowie den Umweltbericht zum Gegenstand hat.[1565]

§ 7 NABEG und § 20 NABEG sehen auf Ebene der Bundesfachplanung und des Planfeststellungsverfahrens im Rahmen der Antragskonferenz eine Einbeziehung der Öffentlichkeit bereits in einem frühen Stadium der jeweiligen Planungsstufe vor. Diese ist in eine zweistufige Antragstellung eingebettet: Für die

---

1563 *Hendler/Wu*, DVBl. 2014, S. 78 (84).

1564 *Hendler*, Frühzeitige Öffentlichkeitsbeteiligung, in: Ewer u.a., Festschrift für Koch, 2014, S. 269 (273); *Hendler/Wu*, DVBl. 2014, S. 78 (84).

1565 *Posser*, in: Kment, EnWG, 2015, § 12c Rn. 42.

Antragskonferenz sind zunächst Antragsunterlagen vorzulegen, die eine Erörterung ermöglichen. Es wird also zunächst ein Antrag eingereicht, der zwar das Vorhaben beschreibt, ausgeschiedene Alternativen benennt und die Gründe für die Wahl des Trassenkorridors darlegt, jedoch wesentliche Fragen noch offen lässt. Auf Grundlage der Antragskonferenz wird der Untersuchungsrahmen für die Bundesfachplanung und die Planfeststellung festgelegt und der Inhalt der vom Vorhabenträger einzureichenden, vervollständigten Unterlagen bestimmt.[1566] Bereits im Zusammenhang mit der nach Art. 9 Abs. 4 i.V.m. Anhang VI TEN-E VO vorgesehenen frühen Öffentlichkeitsbeteiligung ist auf das Erfordernis einer aktiven Teilnahmemöglichkeit im Rahmen der in §§ 7 und 20 NABEG geregelten Antragskonferenz eingegangen worden.[1567] Ein bloßes Anwesenheitsrecht erscheint darüber hinaus im Hinblick auf die von der Aarhus-Konvention sowie der SUP- und der UVP-Richtlinie geforderten frühzeitigen effektiven Öffentlichkeitsbeteiligung problematisch. Art. 6 Abs. 4 Aarhus-Konvention verpflichtet die Vertragsparteien zu einer frühzeitigen Öffentlichkeitsbeteiligung zu einem Zeitpunkt, zu dem alle Optionen noch offen sind und eine effektive Öffentlichkeitsbeteiligung stattfinden kann. Art. 7 S. 2 Aarhus-Konvention, der auf die die konkrete Zulassungsentscheidung vorbereitende Bundesfachplanung Anwendung findet, verweist auf Art. 6 Abs. 4 Aarhus-Konvention. Die Vorgabe einer effektiven Öffentlichkeitsbeteiligung wird durch ein bloßes Anwesenheitsrecht der Öffentlichkeit nicht erfüllt. Ihr muss die Möglichkeit gegeben werden, schon im Vorfeld der (endgültigen) Antragstellung auf diese aktiv Einfluss nehmen zu können. Deutlicher wird in diesem Zusammenhang Art. 6 Abs. 4 UVP-Richtlinie. Danach erhält die betroffene Öffentlichkeit zum Zweck einer frühzeitigen und effektiven Beteiligung ausdrücklich das Recht, gegenüber der zuständigen Behörde Stellung zu nehmen, wenn alle Optionen noch offen stehen und bevor die Entscheidung über den Genehmigungsantrag getroffen wird. Gleiches gilt wiederum in Bezug auf die Bundesfachplanung nach Art. 6 Abs. 2 SUP-Richtlinie, wonach der Öffentlichkeit innerhalb ausreichend bemessener Fristen frühzeitig und effektiv Gelegenheit gegeben wird, vor der Annahme des Plans oder Programms zum Entwurf des Plans oder Programms sowie zum begleitenden Umweltbericht Stellung zu nehmen. Zum Teil wird in Erwägung gezogen, dass die Bundesnetzagentur der Öffentlichkeit im Einzelfall ein Rederecht einräumen solle. Wenn das Gesetz auch keinen Anspruch einräume, so könne ihm aber nicht entnommen werden, dass eine entsprechende Gewährung

---

1566 *Schink*, EurUP 2015, S. 148 (157).
1567 Vgl. Zweiter Teil.D.IV.3.a).

unzulässig wäre.[1568] Auch ein solches in das Ermessen der Behörde gestelltes Recht wird der verpflichtenden Vorgabe von Art. 6 Abs. 4 (i.V.m. Art. 7 S. 2) Aarhus-Konvention und Art. 6 Abs. 4 UVP-Richtlinie sowie Art. 6 Abs. 2 SUP-Richtlinie nicht gerecht.

Soweit sich die Anwendungsbereiche der TEN-E VO und des NABEG überschneiden, kommt bereits jetzt eine Anwendung der unmittelbar geltenden Bestimmung des Art. 9 Abs. 4 TEN-E VO in Betracht, der eine Beteiligung auch der Öffentlichkeit im Rahmen der frühen Konsultation im Sinne der §§ 7, 20 NABEG vorsieht. Im Übrigen sollten diese Vorschriften in Anlehnung an die in § 3 Abs. 1 BauGB bereits geregelte frühzeitige Öffentlichkeitsbeteiligung der Bauleitplanung dahingehend geändert werden, dass die Durchführung der Antragskonferenz ausdrücklich auf die Öffentlichkeit ausgedehnt und ihr das Recht, Stellungnahmen abgeben zu können, eingeräumt wird. Soweit einer Ausdehnung der Beteiligungsrechte auf die Öffentlichkeit bereits in der Antragskonferenz entgegengehalten wird, dass dies ihrer Funktion als Sachtermin zur fachlichen Beratung der zuständigen Behörde zuwiderlaufe[1569], wird das völker- und europarechtliche Verständnis der Öffentlichkeitsbeteiligung nicht ausreichend berücksichtigt.

II. Information der Öffentlichkeit

Gemäß § 22 Abs. 1 NABEG übermittelt die Planfeststellungsbehörde die nach § 21 NABEG vollständigen Unterlagen schriftlich oder elektronisch an die Träger öffentlicher Belange, die von dem beantragten Vorhaben berührt sind, und die Vereinigungen.[1570] In Bezug auf den Umfang der zu übermittelnden Unterlagen enthält § 22 Abs. 1 NABEG keine ausdrückliche Regelung. Aufgrund des Wortlauts der Vorschrift, die uneingeschränkt von der Übermittlung der Unterlagen

1568 *Durinke*, in: de Witt/Scheuten, NABEG, 2013, § 7 Rn. 16; *Schmitz/Uibeleisen*, Netzausbau, 2016, Rn. 447.

1569 *Durinke*, in: de Witt/Scheuten, NABEG, 2013, § 7 Rn. 13 und 16.

1570 Insbesondere die individuelle Übermittlung der Unterlagen an die Vereinigungen gemäß § 22 Abs. 1 Nr. 2 NABEG ist im Vergleich zum übrigen Fachplanungsrecht, das eine solche regelmäßig nicht vorschreibt, eine Besonderheit, *Wiesendahl*, in: de Witt/Scheuten, NABEG, 2013, § 22 Rn. 10. Gemäß § 18 Abs. 5 NABEG i.V.m. § 43a Nr. 7 S. 3 EnWG a.F. gehörte zum Inhalt der individuellen Benachrichtigung der Vereinigungen der Hinweis auf die Ausschlusswirkung verspätet erhobener Einwendungen. Nach Wegfall des § 43a Nr. 7 S. 3 EnWG ergibt sich diese Pflicht aus § 18 Abs. 5 i.V.m. § 43a EnWG, § 73 Abs. 4 S. 4 und 6 VwVfG.

spricht, sowie der Gesetzesbegründung sind die Unterlagen nach § 21 NABEG von der Planfeststellungsbehörde vollständig schriftlich oder elektronisch zu übermitteln.[1571]

Für die Öffentlichkeitsbeteiligung soll die Bekanntmachung der Auslegung gemäß § 22 Abs. 3 S. 4 NABEG spätestens eine Woche vor Beginn der Auslegung erfolgen. Die Planauslegung ist gemäß § 22 Abs. 3 S. 3 NABEG auf der Internetseite der Planfeststellungsbehörde und in örtlichen Tageszeitungen, die in dem Gebiet verbreitet sind, auf das sich das Vorhaben voraussichtlich auswirken wird, bekannt zu machen. Die Bekanntmachung in örtlichen Tageszeitungen soll gewährleisten, dass auch die Öffentlichkeit, die keinen Internetzugang hat, informiert wird.[1572] Im Vergleich dazu bleibt die in § 73 Abs. 5 S. 1 VwVfG vorgesehene, im Einzelnen nach Landes- und Kommunalrecht zu bestimmende ortsübliche Bekanntmachung dahinter zurück. Auf die mit ihr bewirkte tatsächliche Publizität kommt es nicht an.[1573] Mit Inkrafttreten des PlVereinhG gilt jedoch auch für das allgemeine Planfeststellungsrecht gemäß § 27a VwVfG eine ergänzende Veröffentlichung auf der Internetseite der Behörde.

Darüber hinaus sieht § 73 Abs. 5 S. 3 VwVfG eine individuelle Benachrichtigung nicht ortsansässiger Betroffener vor. Danach sollen nicht ortsansässige Betroffene, deren Person und Aufenthalt bekannt sind oder sich innerhalb angemessener Frist ermitteln lassen, auf Veranlassung der Anhörungsbehörde von der Auslegung benachrichtigt werden. Im Unterschied dazu schrieb § 18 Abs. 5 NABEG i.V.m. § 43a Nr. 4 EnWG a.F. nur die Benachrichtigung nicht ortsansässiger Betroffener, deren Person und Aufenthalt bekannt sind, vor. Abweichend von § 73 Abs. 5 S. 3 VwVfG bestand somit im Anwendungsbereich des NABEG keine Pflicht der Behörde, nicht ortsansässige Betroffene innerhalb einer angemessenen Frist zu ermitteln und erst recht nicht, diese individuell zu benachrichtigen.[1574] Nachdem § 43a Nr. 4 EnWG aufgehoben wurde, besteht nunmehr auch im Anwendungsbereich des NABEG gemäß § 18 Abs. 5 NABEG i.V.m. § 43a EnWG, § 73 Abs. 5 S. 3 VwVfG die Pflicht zur Ermittlung nicht ortsansässiger Betroffener.[1575] Die individuelle Benachrichtigung muss die Hinweise enthalten, auf die auch in der Bekanntmachung der Planauslegung nach § 73 Abs. 5

1571 *Wiesendahl*, in: de Witt/Scheuten, NABEG, 2013, § 22 Rn. 13; *Nebel/Riese*, in: Steinbach/Franke, Kommentar zum Netzausbau, 2017, § 22 NABEG Rn. 24.

1572 *Versteyl*, in: Schink/Versteyl/Dippel, NABEG, 2016, § 22 Rn. 69.

1573 *Wysk*, in: Kopp/Ramsauer, VwVfG, 2018, § 73 Rn. 107.

1574 *Wiesendahl*, in: de Witt/Scheuten, NABEG, 2013, § 22 Rn. 50.

1575 *Kupfer*, in: Britz/Hellermann/Hermes, EnWG, 2015, § 43a Rn. 21.

S. 2 VwVfG hinzuweisen ist. § 73 Abs. 5 S. 3 VwVfG ist als Sollvorschrift ausgestaltet, so dass eine Ermittlungspflicht im Regelfall besteht. Erfolgt eine gebotene individuelle Benachrichtigung nicht, ohne dass dies aufgrund besonderer Gründe gerechtfertigt wäre, kann keine Präklusion gegenüber diesen Betroffenen eintreten.[1576]

Hinsichtlich des Inhalts der Bekanntmachung sind neben § 22 Abs. 3 S. 4 NABEG ergänzend die Vorgaben des § 73 Abs. 5 S. 2 VwVfG und des § 19 Abs. 1 UVPG zu berücksichtigen. Gemäß § 22 Abs. 3 S. 4 NABEG muss die Bekanntmachung dem Planungsstand entsprechende Angaben über den Verlauf der Trassen und den Vorhabenträger enthalten. Zudem müssen Angaben darüber erfolgen, wo und wann die Unterlagen zur Einsicht ausgelegt werden. Des Weiteren ist in der Bekanntmachung auf die Einwendungsfrist unter Angabe des jeweils ersten und letzten Tages hinzuweisen. Zusätzlich ist der Hinweis auf die Gefahr der Einwendungspräklusion notwendig. Zwar enthält § 22 Abs. 3 S. 4 NABEG hierzu keine ausdrückliche Regelung. Nach Wegfall des § 43a Nr. 7 S. 3 EnWG ergibt sich dieses Erfordernis jedoch aus § 18 Abs. 5 NABEG i.V.m. § 43a EnWG, § 73 Abs. 4 S. 4 und 6 VwVfG. Die Anhörungsberechtigten sind danach in der Bekanntmachung der Planauslegung oder bei der Bekanntgabe der Einwendungs- und Stellungnahmefrist bzw. in der Benachrichtigung der Vereinigungen auf die Präklusionswirkung hinzuweisen. Die Präklusion tritt nicht ein, wenn dieser Hinweis fehlt. Ist eine Rechtsfolgenbelehrung unterblieben bzw. fehlerhaft erfolgt, können Einwendungen also auch nach Ablauf der Einwendungsfrist erhoben werden.[1577]

Die genannten Anforderungen gelten auch für Einwendungen, die wie etwa in einem Planergänzungsverfahren erst nachträglich entstanden sind. Der in einem solchen Verfahren erstmalig Betroffene ist nur dann präkludiert, wenn ihm Gelegenheit zur Einsichtnahme sowohl in die der Planergänzung zugrunde liegenden Unterlagen als auch in die ursprünglichen Planunterlagen gewährt wurde und er auch insoweit auf die Möglichkeit, Einwendungen zu erheben, hingewiesen worden ist.[1578]

1576 *Wysk*, in: Kopp/Ramsauer, VwVfG, 2018, § 73 Rn. 113; *Neumann/Külpmann*, in: Stelkens/Bonk/Sachs, VwVfG, 2018, § 73 Rn. 57.

1577 *Pielow*, in: Säcker, Energierecht, Band 1, 2014, § 43a EnWG Rn. 37; *Wysk*, in: Kopp/Ramsauer, VwVfG, 2018, § 73 Rn. 92.

1578 *Posser/Schulze*, in: Posser/Faßbender, Praxishandbuch Netzplanung, 2013, Kap. 13 Rn. 206.

Für UVP-pflichtige Vorhaben hat die Behörde die Öffentlichkeit bei der Bekanntgabe außerdem über die in § 19 Abs. 1 UVPG geregelten Informationen zu unterrichten. Die Vorschrift dient der Umsetzung von Art. 6 Abs. 2 UVP-Richtlinie und soll das Beteiligungsverfahren für die Öffentlichkeit so transparent wie möglich gestalten.[1579] Im Einzelnen ist die zuständige Behörde verpflichtet, die Öffentlichkeit über den Antrag auf Zulassungsentscheidung oder über eine sonstige Handlung des Vorhabenträgers zur Einleitung eines Verfahrens, in dem die Umweltverträglichkeit geprüft wird (Nr. 1), die Feststellung der UVP-Pflicht des Vorhabens (Nr. 2), die für das Verfahren und die Zulassungsentscheidung zuständige Behörde, einzuhaltende Fristen und mögliche behördliche Ansprechpartner (Nr. 3), die Art einer möglichen Zulassungsentscheidung (Nr. 4), darüber, dass ein UVP-Bericht vorgelegt wurde (Nr. 5), die Bezeichnung der das Vorhaben betreffenden entscheidungserheblichen Berichte und Empfehlungen, die der zuständigen Behörde zum Zeitpunkt des Beginns des Beteiligungsverfahrens vorliegen (Nr. 6), die Angabe, wo und in welchem Zeitraum die Unterlagen nach den Nummern 5 und 6 zur Einsicht ausgelegt werden (Nr. 7) sowie weitere Einzelheiten des Verfahrens der Öffentlichkeitsbeteiligung zu informieren.

III. Auslegung der Unterlagen

Als nächster Schritt im Rahmen der Öffentlichkeitsbeteiligung erfolgt die Auslegung der Unterlagen gemäß § 22 Abs. 3 S. 1 NABEG. Danach veranlasst die Planfeststellungsbehörde innerhalb von zwei Wochen nach Versand der Bestätigung der Vollständigkeit der Unterlagen nach § 21 NABEG für die Dauer von einem Monat die Auslegung der Unterlagen. Im Vergleich zur Monatsfrist des allgemeinen Planfeststellungsrechts nach § 73 Abs. 2 VwVfG verkürzt § 22 Abs. 3 S. 1 NABEG die Frist auf zwei Wochen. Daraufhin haben die Gemeinden gemäß § 18 Abs. 5 NABEG i.V.m. § 43a Nr. 1 EnWG die Unterlagen innerhalb von zwei Wochen nach Zugang auszulegen. Insoweit findet also gegenüber der in § 73 Abs. 3 S. 1 VwVfG vorgesehenen Drei-Wochen-Frist eine weitere Fristverkürzung statt, wodurch der Beschleunigungszweck des Gesetzes zum Ausdruck kommt.[1580] Diese Fristverkürzung begegnet keinen Bedenken, da den Gemeinden hinsichtlich der Auslegung kein Prüfungsrecht zusteht. Sie sind zur

1579 *Hagmann*, in: Hoppe/Beckmann/Kment, UVPG, 2018, § 18 Rn. 12.

1580 *Wiesendahl*, in: de Witt/Scheuten, NABEG, 2013, § 22 Rn. 31 f.; *Versteyl*, in: Schink/Versteyl/Dippel, NABEG, 2016, § 22 Rn. 63; *Keienburg*, in: Danner/Theobald, Energierecht, § 22 NABEG (2017) Rn. 7.

Auslegung verpflichtet und dürfen diese auch dann nicht verweigern, wenn sie das Vorhaben für rechtswidrig oder die Planunterlagen für falsch oder unvollständig halten.[1581]

Hinsichtlich des Orts der Auslegung verweist § 22 Abs. 3 S. 1 NABEG auf § 73 Abs. 2 VwVfG.[1582] Die Auslegung hat danach in den Gemeinden zu erfolgen, in denen sich das Vorhaben voraussichtlich auswirken wird. Die Planfeststellungsbehörde hat aufgrund einer Prognoseentscheidung die Gemeinden zu bestimmen, in denen die Unterlagen auszulegen sind. Maßgeblich sind sowohl unmittelbare als auch mittelbare Auswirkungen eines Vorhabens.[1583] Bezogen auf den Netzausbau sind nur solche unmittelbaren und mittelbaren Auswirkungen einer Trassenführung zu berücksichtigen, die sich im Rahmen des durch die Bundesfachplanung verbindlich festgelegten Trassenkorridors bewegt. Ein außerhalb der Trassenführung liegender Trassenverlauf ist wegen § 15 Abs. 1 S. 1 NABEG unzulässig.[1584] Stellt sich später heraus, dass sich das Vorhaben auch auf weitere Gemeinden auswirkt, muss die Auslegung in diesen Gemeinden nachgeholt werden. Zwar sind nach dem Wortlaut die Auswirkungen maßgeblich, wie sie von der Anhörungsbehörde im Zeitpunkt der Auslegung prognostiziert werden konnten. Ergibt sich aufgrund neuer Erkenntnisse im weiteren Verfahren ein räumlich größerer Einwirkungsbereich, erscheint eine nachträgliche Auslegung jedoch erforderlich, um eine Beschneidung der Öffentlichkeitsbeteiligung zu vermeiden.[1585]

Gegenstand der Auslegung sind die vollständigen Unterlagen nach § 21 NABEG, also der Plan im Sinne des § 21 Abs. 2 NABEG.[1586] Dieser besteht aus den Zeichnungen und Erläuterungen, die das Vorhaben, seinen Anlass und die von dem Vorhaben betroffenen Grundstücke und Anlagen erkennen lassen. Die Auslegung soll die potentiell Betroffenen und die anerkannten Vereinigungen veranlassen zu prüfen, ob ihre Belange oder ihre satzungsmäßigen Interessen

---

1581 VGH Kassel, Beschluss vom 27.07.1989 – 6 TH 1651/89 –, NVwZ-RR 1990, S. 96 (97); *Wysk*, in: Kopp/Ramsauer, VwVfG, 2018, § 73 Rn. 44; *Kupfer*, in: Britz/Hellermann/Hermes, EnWG, 2015, § 43a Rn. 11.

1582 *Kupfer*, in: Britz/Hellermann/Hermes, EnWG, 2015, § 43a Rn. 9.

1583 *Wysk*, in: Kopp/Ramsauer, VwVfG, 2018, § 73 Rn. 43 f.; *Kupfer*, in: Britz/Hellermann/Hermes, EnWG, 2015, § 43a Rn. 10.

1584 *Wiesendahl*, in: de Witt/Scheuten, NABEG, 2013, § 22 Rn. 34.

1585 *Kupfer*, in: Britz/Hellermann/Hermes, EnWG, 2015, § 43a Rn. 10; *Versteyl*, in: Schink/Versteyl/Dippel, NABEG, 2016, § 22 Rn. 60 ff.; *Neumann/Külpmann*, in: Stelkens/Bonk/Sachs, VwVfG, 2018, § 73 Rn. 30.

1586 *Wiesendahl*, in: de Witt/Scheuten, NABEG, 2013, § 22 Rn. 36.

von der Planung berührt werden und ob sie deshalb im anschließenden Anhörungsverfahren zur Wahrung ihrer Rechte Einwendungen erheben wollen (sog. Anstoßfunktion).[1587] Die Präklusionswirkung tritt nur ein, soweit die Betroffenheit von Schutzgütern aus den ausgelegten Unterlagen klar hervorgeht.[1588]

In Bezug auf die Auslegungsunterlagen ist ergänzend § 19 Abs. 2 UVPG zu beachten, der Art. 6 Abs. 3 UVP-Richtlinie umsetzt und die oben genannten Vorgaben zur Beurteilung der Umweltauswirkungen des Vorhabens konkretisiert. Der Öffentlichkeit zugänglich zu machen sind der UVP-Bericht[1589] und die das Vorhaben betreffenden entscheidungserheblichen Berichte und Empfehlungen, die der zuständigen Behörde zum Zeitpunkt des Beginns des Beteiligungsverfahrens vorgelegen haben. Dies können zum Beispiel von der Behörde eingeholte Gutachten oder das Vorhaben betreffende Behördenstellungnahmen sein.[1590] Weitere für die Zulässigkeitsentscheidung relevante Informationen, die der zuständigen Behörde aber erst nach Beginn des Beteiligungsverfahrens vorliegen, sind der Öffentlichkeit gemäß § 19 Abs. 3 UVPG nach den Bestimmungen über den Zugang zu Umweltinformationen zugänglich zu machen.

Die Art und Weise der Durchführung der Auslegung ist gesetzlich nicht geregelt und steht daher im pflichtgemäßen Ermessen der Gemeinden.[1591] Die Auslegung hat so zu erfolgen, dass hinreichend Gelegenheit gegeben wird, die Planungsunterlagen einzusehen. Maßgeblich sind die auf Landesrecht beruhenden und zur Organisationsgewalt gehörenden Regelungen des Behördenbetriebs. Die Auslegungsmodalitäten haben so zu erfolgen, dass die Möglichkeit der Einsichtnahme hinsichtlich Ort und Zeit nicht unzumutbar erschwert wird. Der Auslegungsort muss allgemein zugänglich und mit öffentlichen Verkehrsmitteln erreichbar sein.[1592] Eine Auslegung während der allgemeinen Dienststunden ist grundsätzlich ausreichend. Sie muss nicht während der gesamten

---

1587 BVerwG, Urteil vom 05.12.1986 – 4 C 13.85 –, BVerwGE 75, 214 (224); Urteil vom 08.06.1995 – 4 C 4.94 –, BVerwGE 98, 339 (344); Urteil vom 18.03.2009 – 9 A 39.07 –, BVerwGE 133, 239 (248 Rn. 30); *Wysk*, in: Kopp/Ramsauer, VwVfG, 2018, § 73 Rn. 46; *Neumann/Külpmann*, in: Stelkens/Bonk/Sachs, VwVfG, 2018, § 73 Rn. 47.

1588 *Neumann/Külpmann*, in: Stelkens/Bonk/Sachs, VwVfG, 2018, § 73 Rn. 47.

1589 Diese Unterlagen sind gemäß § 21 Abs. 4 NABEG Teil des eingereichten Plans. Diese Vorgabe wird also bereits durch Auslegung des Plans im Sinne des § 21 Abs. 2 NABEG berücksichtigt, *Wiesendahl*, in: de Witt/Scheuten, NABEG, 2013, § 22 Rn. 37.

1590 *Keienburg*, in: Danner/Theobald, Energierecht, § 22 NABEG (2017) Rn. 10.

1591 *Wysk*, in: Kopp/Ramsauer, VwVfG, 2018, § 73 Rn. 51; *Wiesendahl*, in: de Witt/Scheuten, NABEG, 2013, § 22 Rn. 39.

1592 *Steinberg/Wickel/Müller*, Fachplanung, 2012, § 2 Rn. 122.

Dienststunden erfolgen, sondern kann auf eine bestimmte Anzahl von Stunden für den Publikumsverkehr beschränkt werden, sofern diese so bemessen sind, dass die Einsichtsmöglichkeit nicht unzumutbar beschränkt wird.[1593] Hat ein Betroffener während der Dienstzeiten keine Möglichkeit, Einsicht in die ausgelegten Unterlagen zu nehmen, ist ihm auf Antrag eine weitere Gelegenheit zur Einsichtnahme, falls erforderlich auch außerhalb der allgemeinen Auslegungszeiten, zu gewähren.[1594]

Spätestens mit der Auslegung der Unterlagen ist gemäß § 22 Abs. 4 S. 1 NABEG der Plan im Sinne des § 21 Abs. 1, 2 NABEG für die Dauer von einem Monat im Internet zu veröffentlichen.[1595] § 22 Abs. 4 NABEG verpflichtet nicht zur Veröffentlichung der vollständigen Unterlagen gemäß § 21 NABEG. Im Sinne einer effektiven Öffentlichkeitsbeteiligung ist es jedoch, die gemäß § 22 Abs. 3 NABEG ausgelegten vollständigen Unterlagen auch im Internet zu veröffentlichen.[1596] Auch dürfte nur diese Vorgehensweise mit der nunmehr in Art. 6 Abs. 5 UVP-Richtlinie vorgesehenen elektronischen Zugänglichmachung der „einschlägigen Informationen" vereinbar sein. Dies kann zu einer deutlichen Verbesserung der Öffentlichkeitsbeteiligung führen, da die Öffentlichkeit einfacher an die relevanten Informationen gelangen kann.[1597]

§ 22 Abs. 4 S. 1 NABEG konkretisiert nicht näher, auf welcher Internetseite die Informationen zur Verfügung gestellt werden sollen. Denkbar wäre eine zentrale Veröffentlichung auf der Internetseite der Planfeststellungsbehörde oder eine dezentrale Veröffentlichung auf den Internetseiten der Auslegungsgemeinden.[1598]

1593 BVerwG, Urteil vom 04.07.1980 – 4 C 25.78 –, DVBl. 1981, S. 99; Urteil vom 22.12.1980 – 7 C 84.78 –, BVerwGE 61, 256 (272); Urteil vom 13.09.1985 – 4 C 64/80 –, NVwZ 1986, S. 740 (741).

1594 *Wysk*, in: Kopp/Ramsauer, VwVfG, 2018, § 73 Rn. 51.

1595 § 22 Abs. 4 S. 1 NABEG wurde mit dem Gesetz zur Beschleunigung des Energieleitungsausbaus vom 13. Mai 2019, BGBl. I, S. 706, geändert. Nach § 22 Abs. 4 S. 1 NABEG a.F. war der Plan „zeitgleich" mit der Auslegung für die Dauer von einem Monat im Internet zu veröffentlichen. Der Gesetzgeber will mit der Änderung die Veröffentlichung im Internet zu einem früheren Zeitpunkt ermöglichen, der vor der Auslegung der Unterlagen liegen kann. Spätestens mit Auslegung muss auch die Veröffentlichung im Internet geschehen. Eine frühzeitige Veröffentlichung der Unterlagen im Internet soll bessere Beteiligungsmöglichkeiten gewährleisten und der Transparenz dienen, BT-Drs. 19/7375, S. 80.

1596 *Wiesendahl*, in: de Witt/Scheuten, NABEG, 2013, § 22 Rn. 53.

1597 *Sangenstedt*, ZUR 2014, S. 526 (533).

1598 *Wiesendahl*, in: de Witt/Scheuten, NABEG, 2013, § 22 Rn. 54.

Vorzugswürdig erscheint in Parallele zur dezentralen Auslegung der Unterlagen durch die Auslegungsgemeinden gemäß § 22 Abs. 3 NABEG eine dezentrale Veröffentlichung auf den Internetseiten der Auslegungsgemeinden. Hintergrund ist, dass der Beginn der Auslegung in den Gemeinden unterschiedlich sein kann, so dass es auch zu unterschiedlichen Zeiträumen für die Auslegung kommen kann.[1599] Durch eine dezentrale Veröffentlichung auf der Internetseite der jeweils auslegenden Gemeinde könnte die Veröffentlichungsdauer eindeutig bestimmt werden, da der Plan gemäß § 22 Abs. 4 S. 1 NABEG spätestens mit der Auslegung für die Dauer von einem Monat im Internet zu veröffentlichen ist. Diese Vorgehensweise könnte zudem Probleme hinsichtlich der Festlegung der zweiwöchigen Einwendungsfrist verhindern. Diese knüpft gemäß § 22 Abs. 6 S. 1 NABEG an die Auslegungsfrist nach § 22 Abs. 3 S. 1 NABEG und nicht an die Veröffentlichung im Internet an. Eine zentrale Veröffentlichung auf der Internetseite der Planfeststellungsbehörde könnte zeitlich mit der Auslegung in den jeweiligen Gemeinden auseinanderfallen und die Ermittlung der Einwendungsfrist erschweren.[1600]

Auch Art. 6 Abs. 5 UVP-Richtlinie enthält diesbezüglich keine Einschränkung und gibt in S. 2 nur vor, dass die Informationen zumindest über ein zentrales Portal oder über einfach zugängliche Zugangspunkte zugänglich zu machen sind. Dennoch schlägt der Gesetzgeber mit § 20 UVPG einen anderen Weg ein. Nach § 20 Abs. 1 S. 1 UVPG richten Bund und Länder im Internet zentrale Internetportale ein, auf denen der Inhalt der Bekanntmachung nach § 19 Abs. 1 UVPG und die nach § 19 Abs. 2 UVPG auszulegenden Unterlagen zugänglich zu machen sind. Die Vorschrift soll der Umsetzung von Art. 6 Abs. 5 S. 2 der geänderten UVP-Richtlinie dienen.[1601] Die Zugänglichmachung erfolgt gemäß § 20 Abs. 1 S. 2 UVPG im zentralen Internetportal des Bundes, wenn die Zulassungsbehörde – wie im Rahmen des Planfeststellungsverfahrens nach dem NABEG die Bundesnetzagentur – eine Bundesbehörde ist. Für den Aufbau und Betrieb des zentralen Internetportals des Bundes ist gemäß § 20 Abs. 1 S. 3 UVPG das Umweltbundesamt zuständig. Nach dem zuvor Gesagten dürfte diese Regelung in der Praxis zu Unsicherheiten bei der Ermittlung der Veröffentlichungsdauer und der Einwendungsfrist führen.

1599 *Wiesendahl*, in: de Witt/Scheuten, NABEG, 2013, § 22 Rn. 32.

1600 *Wiesendahl*, in: de Witt/Scheuten, NABEG, 2013, § 22 Rn. 54; *Versteyl*, in: Schink/Versteyl/Dippel, NABEG, 2016, § 22 Rn. 75.

1601 BT-Drs. 18/11499, S. 91.

IV. Abgabe von Stellungnahmen

Gemäß § 22 Abs. 6 NABEG können Personen, deren schutzwürdige Interessen durch das Vorhaben berührt werden, und Vereinigungen innerhalb von einem Monat nach Ablauf der Auslegungsfrist Einwendungen erheben. Diese Regelung weicht von der des § 73 Abs. 4 S. 1 VwVfG ab, wonach Einwendungen bis zwei Wochen nach Ablauf der Auslegungsfrist erhoben werden können. Von § 73 Abs. 4 S. 1 VwVfG wird des Weiteren insoweit bewusst abgewichen, als dass die Einwendungen schriftlich nur gegenüber der Bundesnetzagentur und zur Niederschrift nur bei der jeweiligen Auslegungsstelle, also den Gemeinden, erfolgen können.[1602] Zulässig sind im Unterschied zu § 9 Abs. 6 S. 1 NABEG nicht Jedermann-, sondern nur Betroffenen-Einwendungen.

Die Zulässigkeit der Präklusion hängt vor dem Hintergrund des Effektivitätsgrundsatzes maßgeblich davon ab, ob die Fristlänge zur Erhebung von Einwendungen angemessen ist. Vorgaben für die Phase der Stellungnahmemöglichkeit enthalten Art. 6 Abs. 7 Aarhus-Konvention und Art. 6 Abs. 6 UVP-Richtlinie 2011/92/EU. Die Vorschriften nennen keinen konkreten Zeitrahmen, innerhalb dessen die Stellungnahmen abzugeben sind. Die Vertrags- bzw. Mitgliedstaaten sind bei der Wahl des zeitlichen Rahmens jedoch nicht völlig frei. Aus Art. 6 Abs. 7 i.V.m. Abs. 3 Aarhus-Konvention und Art. 6 Abs. 6 UVP-Richtlinie 2011/92/EU ergibt sich, dass der Öffentlichkeit auch in diesem Zusammenhang eine angemessene Frist für eine effektive Beteiligung am Anhörungsverfahren und damit für die Abgabe von Stellungnahmen einzuräumen ist.[1603] Die Rechtsprechung hält eine zweiwöchige Einwendungsfrist zwar für sich genommen für knapp bemessen, geht unter Einbeziehung der einmonatigen Auslegungsfrist jedoch von einer noch angemessenen Frist aus.[1604] Denn auch innerhalb der Auslegungsfrist können schon Einwendungen erhoben werden. Eine solche Zusammenschau von Auslegungs- und Einwendungsfrist ist nach Aarhus-Konvention und UVP-Richtlinie nicht vorgesehen. Nach Art. 6 Abs. 3 Aarhus-Konvention sehen die Verfahren zur Öffentlichkeitsbeteiligung „jeweils"

1602 BT-Drs. 17/6073, S. 29; *Versteyl*, in: Schink/Versteyl/Dippel, NABEG, 2016, § 22 Rn. 81; *Keienburg*, in: Danner/Theobald, Energierecht, § 22 NABEG (2017) Rn. 11.

1603 *Wiesinger*, Innovation im Verwaltungsrecht, 2013, S. 54; *Schink*, EurUP 2014, S. 112 (118).

1604 BVerwG, Urteil vom 14.07.2011 – 9 A 12.10 –, BVerwGE 140, 149 (154); Urteil vom 29.09.2011 – 7 C 21/09 –, NVwZ 2012, S. 176 (178); *Wysk*, in: Kopp/Ramsauer, VwVfG, 2018, § 73 Rn. 84b; *Neumann/Külpmann*, in: Stelkens/Bonk/Sachs, VwVfG, 2018, § 73 Rn. 77.

einen angemessenen zeitlichen Rahmen für die „verschiedenen Phasen“ vor, um die Öffentlichkeit zu informieren und ihr ausreichend Zeit zur effektiven Vorbereitung und Beteiligung zu geben. Auch Art. 6 Abs. 6 UVP-Richtlinie spricht davon, dass der Zeitrahmen für die verschiedenen Phasen so gewählt werden muss, dass ausreichend Zeit zur Verfügung steht, um die Öffentlichkeit zu informieren und der betroffenen Öffentlichkeit die Möglichkeit zu geben, sich vorzubereiten und effektiv an dem umweltbezogenen Entscheidungsverfahren teilzunehmen. Diese Formulierungen sprechen für eine getrennte Betrachtungsweise der einzelnen Verfahrensschritte in der Öffentlichkeitsbeteiligung. Schon auf Grundlage von Art. 6 Abs. 7 i.V.m. Abs. 3 Aarhus-Konvention und Art. 6 Abs. 6 UVP-Richtlinie erscheint eine zweiwöchige Einwendungsfrist unangemessen kurz. Mit der UVP-Änderungsrichtlinie 2014/52/EU wurde zudem eine auf die Einwendungsfrist bezogene Vorgabe einer Mindestfrist von 30 Tagen in Art. 6 Abs. 7 UVP-Richtlinie eingefügt, so dass für UVP-pflichtige Vorhaben im Hinblick auf die in § 22 Abs. 6 NABEG a.F. geregelte Zweiwochenfrist Anpassungsbedarf bestand.[1605]

Mit dem Gesetz zur Modernisierung der Umweltverträglichkeitsprüfung[1606] hat der Gesetzgeber auf die Änderung der UVP-Richtlinie reagiert und unter anderem die Äußerungsfrist um zwei Wochen verlängert. So endet die Äußerungsfrist für UVP-pflichtige Vorhaben gemäß § 21 Abs. 2 UVPG nunmehr einen Monat nach Ablauf der Frist für die Auslegung der Unterlagen. Somit wurde eine Spezialregelung zu § 73 Abs. 4 VwVfG im Hinblick auf Einwendungen im Verwaltungsverfahren etabliert.[1607] § 21 Abs. 5 UVPG stellt klar, dass die Einwendungsfrist auch für solche Einwendungen gilt, die sich nicht auf die Umweltauswirkungen des Vorhabens beziehen. Auf diese Weise soll sichergestellt werden, dass die Einwendungsfrist sowohl für umweltbezogene als auch für sonstige Einwendungen gleich lang ist.[1608] Es stellte sich die Frage, inwieweit

---

1605 So auch *Schink*, DVBl. 2014, S. 877 (884) hinsichtlich §§ 9 Abs. 1 S. 3 UVPG a.F., 73 Abs. 4 S. 1 VwVfG. A.A. *Sangenstedt*, ZUR 2014, S. 526 (533), nach dem eine 30-Tages-Frist dem Regelungsstandard in Deutschland entspreche. In diesem Sinne auch *Balla/Peters*, NuR 2015, S. 297 (304), die die Mindestfrist des Art. 6 Abs. 7 UVP-Änderungsrichtlinie auf die Auslegungs- und Stellungnahmephase beziehen und durch die nach §§ 9 Abs. 1 S. 3 UVPG a.F., 73 VwVfG vorgesehene Auslegungsfrist von einem Monat und Einwendungsfrist von zwei Wochen gewahrt sehen.

1606 Gesetz zur Modernisierung des Rechts der Umweltverträglichkeitsprüfung vom 20. Juli 2017, BGBl. I, S. 2808.

1607 BT-Drs. 18/9526, S. 47.

1608 BT-Drs. 18/9526, S. 48.

sich diese Neuregelung auf die in § 22 Abs. 6 NABEG a.F. geregelte Zweiwochenfrist auswirkte. Auch insoweit wurde mit der Novellierung das Verhältnis zwischen UVPG und fachrechtlichen Vorschriften zur Umweltverträglichkeitsprüfung modifiziert. Gemäß § 1 Abs. 4 UVPG findet das UVPG Anwendung, soweit Rechtsvorschriften des Bundes oder der Länder die Umweltverträglichkeitsprüfung nicht näher bestimmen oder die wesentlichen Anforderungen des UVPG nicht beachten. Rechtsvorschriften mit weitergehenden Anforderungen bleiben unberührt. „Wesentlich" sind dabei nach der Gesetzesbegründung die Vorgaben aus der UVP-Richtlinie.[1609] Demnach sind fachrechtliche Abweichungen, die die wesentlichen Anforderungen des UVPG beachten, möglich.[1610] Die zweiwöchige Einwendungsfrist des § 22 Abs. 6 NABEG a.F. blieb jedoch deutlich hinter der Monatsfrist zurück, so dass die Vorschrift insoweit nicht die wesentlichen Anforderungen des § 21 Abs. 2 UVPG beachtete. Den Vorgaben der UVP-Richtlinie konnte man im Rahmen der Öffentlichkeitsbeteiligung nach dem NABEG bei UVP-pflichtigen Vorhaben hinsichtlich der Länge der Einwendungsfrist nur unter Anwendung der Monatsfrist des § 21 Abs. 2 UVPG gerecht werden. Mit dem Gesetz zur Beschleunigung des Energieleitungsausbaus vom 13. Mai 2019 hat der Gesetzgeber § 22 Abs. 6 S. 1 NABEG an § 21 Abs. 2 UVPG angepasst und die zweiwöchige Einwendungsfrist durch die Monatsfrist ersetzt.

§ 22 Abs. 6 NABEG regelt selbst nicht ausdrücklich die Folgen fehlenden oder verspäteten Vorbingens. Gemäß § 18 Abs. 5 NABEG i.V.m. § 43a EnWG findet jedoch auch für das Planfeststellungsverfahren des NABEG die in § 73 Abs. 4 S. 3 VwVfG geregelte formelle und materielle Präklusion Anwendung. Auch nach dem Urteil des Europäischen Gerichtshofs bleibt sie in ihrer Wirkung als formelle Präklusion anwendbar.[1611] Dies kommt für UVP-pflichtige Vorhaben in § 21 Abs. 4 S. 1 UVPG zum Ausdruck, der die Präklusionswirkung auf das Verwaltungsverfahren beschränkt.[1612] Danach sind mit Ablauf der Äußerungsfrist für das Verfahren über die Zulässigkeit des Vorhabens alle Äußerungen, die nicht auf besonderen privatrechtlichen Titeln beruhen, ausgeschlossen. Dies hat zur Folge das verspätete Einwendungen im Erörterungstermin nicht behandelt werden und kein Teilnahmerecht am Erörterungstermin begründen.[1613]

1609 BT-Drs. 18/12994, S. 15.

1610 BT-Drs. 18/12994, S. 16.

1611 Vgl. bereits Vierter Teil.E.III.2.

1612 BR-Drs. 164/17, S. 105 und BT-Drs. 18/9526, S. 47.

1613 *Keienburg*, in: Danner/Theobald, Energierecht, § 22 NABEG (2017) Rn. 14.

In Bezug auf die materielle Präklusionswirkung trägt § 7 Abs. 4 UmwRG dem Urteil des Europäischen Gerichtshofs Rechnung. Danach findet § 73 Abs. 4 S. 3 bis 6 VwVfG im Rechtsbehelfsverfahren gegen eine Entscheidung nach § 1 Abs. 1 S. 1 Nr. 1 bis 2b UmwRG keine Anwendung. Dies gilt nicht nur für Verbandsklagen, sondern gemäß § 7 Abs. 6 i.V.m. § 4 Abs. 3 S. 1 Nr. 1 UmwRG auch für Rechtsbehelfe von natürlichen und juristischen Personen und Vereinigungen nach § 61 Nr. 1 VwGO. Hierunter fallen insbesondere Entscheidungen über die Zulässigkeit von Vorhaben, für die eine Pflicht zur Durchführung einer Umweltverträglichkeitsprüfung besteht. Damit ist § 73 Abs. 4 S. 3 VwVfG auf das Planfeststellungsverfahren des NABEG, für das regelmäßig eine UVP-Pflicht besteht[1614], nicht anwendbar.

V. Erörterungstermin

§ 22 Abs. 7 NABEG regelt die grundsätzlich bestehende Pflicht zur Durchführung eines Erörterungstermins. Der Erörterungstermin wird als das Kernstück des Anhörungsverfahrens bezeichnet. Als planungsspezifische Ausprägung der Anhörung gemäß § 28 VwVfG dient er der Transparenz des Verfahrens und der Partizipation der Betroffenen. Außerdem soll er auf einen Ausgleich der im Planungsverfahren aufeinander treffenden unterschiedlichen Interessen hinwirken.[1615] Die Pflicht zur Durchführung eines Erörterungstermins besteht jedoch nicht ausnahmslos. Der Erörterungstermin kann unter den engen Voraussetzungen der § 18 Abs. 5 NABEG i.V.m. § 43a Nr. 3 S. 1 EnWG entfallen.[1616] Diese Ausnahmemöglichkeit verstößt nicht gegen die Vorgaben von Art. 6 Abs. 7 Aarhus-Konvention, wonach die Öffentlichkeit die Möglichkeit haben muss, alle Stellungnahmen in Schriftform vorzulegen oder gegebenenfalls während einer öffentlichen Anhörung vorzutragen. Vor dem Hintergrund des Ziels einer effektiven Beteiligung stellt die unmittelbare Kommunikation zwischen den Beteiligten im Rahmen eines Erörterungstermins eine besonders starke Form der Partizipation dar, so dass Sinn und Zweck zwar für eine Verpflichtung sprechen. Der ausdrückliche Wortlaut spricht jedoch gegen einen zwingend

---

1614 Vgl. bereits Zweiter Teil.A.III.1.

1615 *Hagmann*, in: Hoppe/Beckmann/Kment, UVPG, 2018, § 18 Rn. 25; *Wysk*, in: Kopp/Ramsauer, VwVfG, 2018, § 73 Rn. 114 ff.

1616 *Wiesendahl*, in: de Witt/Scheuten, NABEG, 2013, § 22 Rn. 78; *Keienburg*, in: Danner/Theobald, Energierecht, § 22 NABEG (2017) Rn. 18.

durchzuführenden Erörterungstermin, da ein solcher nur „gegebenenfalls" vorgesehen ist. Er ist völker- wie europarechtlich nicht geboten.[1617]

Hinsichtlich der Durchführung des Erörterungstermins verweist § 22 Abs. 7 S. 2 NABEG auf § 10 NABEG. Gegenstand der Erörterung sind gemäß § 10 NABEG die rechtzeitig gegen den Plan erhobenen Einwendungen und die rechtzeitig abgegebenen Stellungnahmen zu dem Plan. Hieraus ergibt sich eine Beschränkung der zu erörternden Einwendungen auf solche, die fristgerecht erhoben wurden.[1618] Diese ist als Ausdruck der formellen Präklusion auch nach der Entscheidung des Europäischen Gerichtshofs vom 15.10.2015 unionsrechtlich zulässig.[1619]

VI. Berücksichtigung der Ergebnisse der Öffentlichkeitsbeteiligung

Sowohl nach Art. 6 Abs. 8 Aarhus-Konvention als auch gemäß Art. 8 UVP-Richtlinie sind die Ergebnisse der Öffentlichkeitsbeteiligung, also die eingegangen Stellungnahmen bei dem Genehmigungsverfahren zu berücksichtigen. Der Inhalt der Verpflichtung wird uneinheitlich gedeutet, da nicht näher konkretisiert wird, wie die Behörde erhobene Einwendungen zu behandeln hat.[1620] Unklar ist, wie und auf welche Weise sich die Beteiligung auf die Zulassungsentscheidung der Behörde auswirken muss. Schon nach dem Wortlaut ist es ausgeschlossen, dass die Behörde das Ergebnis der Öffentlichkeitsbeteiligung gänzlich nicht berücksichtigt.[1621] Er spricht ferner dagegen, dass eine bloße Kenntnisnahme der Einwendungen ausreicht. Berücksichtigen setzt als materieller Vorgang inhaltliche (Entscheidungs-)Gegenstände voraus. Ein Verfahrensschritt wie die Öffentlichkeitsbeteiligung lässt sich nicht berücksichtigen.[1622] Es dürfte daher erforderlich sein, dass sich die Behörde mit dem Ergebnis inhaltlich auseinandersetzt, es bei Abwägungsentscheidungen in die Abwägung einfließen lässt

---

1617 BVerwG, Urteil vom 25.03.2015 – 9 A 1/14 –, NVwZ 2015, S. 1218 (1219 Rn. 18); Urteil vom 16.06.2016 – 9 A 4/15 –, NVwZ 2016, S. 1641 (1642 Rn. 17); *Hagmann*, in: Hoppe/Beckmann/Kment, UVPG, 2018, § 18 Rn. 24; *Schenderlein*, Rechtsschutz und Partizipation im Umweltrecht, 2013, S. 259 f.

1618 *Versteyl*, in: Schink/Versteyl/Dippel, NABEG, 2016, § 22 Rn. 103.

1619 *Keienburg*, in: Danner/Theobald, Energierecht, § 22 NABEG (2017) Rn. 19. Vgl. auch bereits die Ausführungen unter Vierter Teil.E.III.2.

1620 *Walter*, EuR 2005, S. 302 (329).

1621 *Peters*, EurUP 2014, S. 185 (192).

1622 *Erbguth*, ZUR 2014, S. 515 (520).

und bei einer gebundenen Entscheidung prüft, ob es einem Rechtsanspruch auf Erlass einer Genehmigung entgegensteht oder sonst beispielsweise in Form des Erlasses einer Auflage berücksichtigt werden muss.[1623]

Mit der durch die UVP-Änderungsrichtlinie 2014/52/EU eingeführten Neuformulierung des Art. 8 UVP-Richtlinie, nach der die Ergebnisse der Konsultationen „gebührend" zu berücksichtigen sind, geht keine inhaltliche Änderung einher.[1624] Eine grundsätzlich denkbare Stärkung des Gewichts von Umweltbelangen in Abwägungsentscheidungen sollte nicht erreicht werden. Umweltbelange sind vielmehr unter Beachtung des Verhältnismäßigkeitsgrundsatzes entsprechend ihres tatsächlichen und rechtlichen Stellenwerts in die Abwägungsentscheidung einzustellen.[1625]

Darüber hinaus dürfte Art. 6 Abs. 8 Aarhus-Konvention und Art. 8 UVP-Richtlinie jedoch keine weitere Verpflichtung zu entnehmen sein. Zum Teil wird die Vereinbarkeit nationaler Präklusionsvorschriften mit den Vorgaben dieser Vorschriften in Zweifel gezogen, da nach dem Wortlaut eine Berücksichtigungspflicht für alle eingeholten Stellungnahmen bestehe. Die UVP-Richtlinie enthalte keine Regelungen, nach denen Stellungnahmen, die nicht innerhalb des nach Art. 6 Abs. 6 UVP-Richtlinie bemessenen Rahmens erhoben wurden, präkludiert seien.[1626] Der rechtliche Aussagegehalt der sehr allgemein gehaltenen Vorschriften geht jedoch nicht so weit. Was konkret unter einer angemessenen bzw. gebührenden Berücksichtigung zu verstehen ist, sagt die Konvention bzw. Richtlinie nicht. Folglich kann hieraus keine spezifische Handlungspflicht, insbesondere zur förmlichen Bescheidung sämtlicher, auch präkludierter Einwendungen, entnommen werden, die dann auch Gegenstand eines anschließenden gerichtlichen Verfahrens werden könnten.[1627]

1623 *Hendler/Wu*, DVBl. 2014, S. 78 (82); *Schink*, EurUP 2014, S. 112 (119); *Sangenstedt*, ZUR 2014, S. 526 (533).

1624 *Schink*, DVBl. 2014, S. 877 (884); *Bunge*, NVwZ 2014, S. 1257 (1262). Vgl. auch die Vorgabe der TEN-E VO in Bezug auf die frühe Öffentlichkeitsbeteiligung in Art. 9 Abs. 4 UAbs. 2 S. 3 TEN-E VO: „Die betreffenden Ergebnisse werden bei der umfassenden Entscheidung gebührend berücksichtigt."

1625 *Schink*, DVBl. 2014, S. 877 (884).

1626 *Schink*, EurUP 2014, S. 112 (119).

1627 *Scheyli*, AVR 38 (2000), S. 217 (239); *Walter*, EuR 2005, S. 302 (329); im Ergebnis auch offen gelassen von *Schink*, EurUP 2014, S. 112 (119), der jedenfalls eine nach nationalem Recht unangemessen kurze Frist zur Stellungnahme im Hinblick auf die Komplexität eines Vorhabens und des Umfangs der zu bewältigenden Planunterlagen mit den von Art. 6 Abs. 8 Aarhus-Konvention bzw. Art. 8 UVP-Richtlinie aufgestellten Vorgaben für nicht vereinbar hält.

Die Vorgaben von Art. 6 Abs. 8 Aarhus-Konvention und Art. 8 UVP-Richtlinie sind nicht wörtlich in das deutsche Planfeststellungsrecht aufgenommen worden, werden jedoch in § 18 Abs. 5 NABEG i.V.m. § 43b EnWG, § 74 Abs. 2 VwVfG berücksichtigt. Zunächst setzt § 24 Abs. 2 NABEG stillschweigend voraus, dass über Einwendungen entschieden worden ist. Die Vorschrift regelt die Zustellungspflicht des Planfeststellungsbeschlusses unter anderem an diejenigen, über deren Einwendungen entschieden worden ist. Im Übrigen ergibt sich aus § 74 Abs. 2 VwVfG, dass die Ergebnisse des Anhörungsverfahrens im Planfeststellungsbeschluss zu berücksichtigen sind.[1628] Danach entscheidet die Planfeststellungsbehörde im Planfeststellungsbeschluss über die Einwendungen, über die bei der Erörterung vor der Anhörungsbehörde keine Einigung erzielt worden ist. Zu bescheiden sind nur die von einem einwendungsbefugten Einwender rechtzeitig erhobenen Einwendungen, die auch Gegenstand der Erörterung waren.[1629] Eine Pflicht zur Entscheidung über unzulässig erhobene, zum Beispiel präkludierte Einwendungen, besteht nicht. Werden solche Einwendungen dennoch sachlich beschieden, führt dies nicht zu einer Verbesserung der Rechtsstellung des Einwenders, insbesondere nicht zur Aufhebung der Präklusionswirkung des § 73 Abs. 4 S. 3 VwVfG. Eine solche Entscheidung kann allenfalls akzeptanzfördernd wirken.[1630] Auch aus § 24 Abs. 2 NABEG ergibt sich nicht, dass unzulässig erhobene Einwendungen im Planfeststellungsbeschluss zu berücksichtigen sind. Diese lediglich formelle Regelung zielt nicht auf eine Erweiterung des Adressatenkreises der abschließenden Behördenentscheidung ab.[1631] Wurde eine Einwendung verspätet erhoben, muss die Behörde die Gründe für die Präklusion darlegen.[1632]

VII. Zusammenfassung und Bewertung

Es wurde bereits herausgearbeitet, dass den Vertrags- und Mitgliedstaaten durch den in Art. 9 Abs. 2 UAbs. 1 Aarhus-Konvention und Art. 11 Abs. 1 UVP-Richtlinie enthaltenen Verweis auf die innerstaatlichen Rechtsvorschriften ein Gestaltungsspielraum eingeräumt wird, den Zugang zu Gerichten einschränkende

1628 *Drygalla-Hein*, in: de Witt/Scheuten, NABEG, 2013, § 24 Rn. 356; *Schink*, EurUP 2014, S. 112 (119).

1629 *Schink*, in: Knack/Henneke, VwVfG, 2014, § 74 Rn. 20 f.; *Wysk*, in: Kopp/Ramsauer, VwVfG, 2018, § 74 Rn. 137.

1630 *Drygalla-Hein*, in: de Witt/Scheuten, NABEG, 2013, § 24 Rn. 358.

1631 *Drygalla-Hein*, in: de Witt/Scheuten, NABEG, 2013, § 24 Rn. 357.

1632 *Neumann/Külpmann*, in: Stelkens/Bonk/Sachs, VwVfG, 2018, § 74 Rn. 163.

Vorschriften wie materielle Präklusionsregelungen zu schaffen. Dieser Gestaltungsspielraum findet in dem Ziel verstärkter Beteiligungsrechte und Rechtsschutzmöglichkeiten im Umweltbereich seine Grenze.[1633] Neben den Vorgaben der beiden Rechtsakte sind bei der Ausgestaltung auch unionsrechtliche Grundsätze wie insbesondere der Effektivitätsgrundsatz zu beachten.[1634]

Ob die nationalen Präklusionsvorschriften im Sinne des Effektivitätsgrundsatzes mit völker- und europarechtlichen Vorgaben vereinbar sind, hängt maßgeblich von ihrer Stellung im gesamten Verfahren, der konkreten Ausgestaltung des Verwaltungsverfahrens durch den Gesetzgeber und der praktischen Handhabung der Beteiligungsrechte und -möglichkeiten durch die Verwaltung und der Gerichte ab. Im Zusammenhang mit dem Planungs- und Genehmigungsverfahren für die Errichtung und Änderung von länderübergreifenden und grenzüberschreitenden Höchstspannungsleitungen ist festzustellen, dass die Präklusionsregelung des § 18 Abs. 5 NABEG i.V.m. § 43a EnWG, § 73 Abs. 4 S. 3 VwVfG in ein Verwaltungsverfahren eingebettet ist, das eine umfassende Öffentlichkeitsbeteiligung vorsieht. Sie geht in ihrer Reichweite und Regelungstiefe über die bisherigen Vorschriften der Öffentlichkeitsbeteiligung bei Planfeststellungsverfahren hinaus.[1635]

Die Regelungen über die Öffentlichkeitsbeteiligung werden den Vorgaben der Aarhus-Konvention und der UVP-Richtlinie weitgehend gerecht. Im Hinblick auf das Gebot einer frühzeitigen Öffentlichkeitsbeteiligung sieht das abgestufte Planungs- und Genehmigungsverfahren für die Errichtung und Änderung von länderübergreifenden und grenzüberschreitenden Höchstspannungsleitungen auf jeder Planungsebene die Durchführung einer Öffentlichkeitsbeteiligung vor. Die Öffentlichkeit erhält jeweils bereits in einem frühen Stadium des Verfahrens die Möglichkeit, sich umfassend über das Vorhaben zu informieren. Dies ist eine wichtige Voraussetzung für eine effektive Öffentlichkeitsbeteiligung, da sich nur die informierte Öffentlichkeit an Entscheidungen beteiligen kann.[1636] Die §§ 7, 20 NABEG werden den Vorgaben von Aarhus-Konvention und UVP-Richtlinie bzw. SUP-Richtlinie insoweit nicht gerecht, als der Öffentlichkeit nur ein Anwesenheitsrecht und kein Beteiligungsrecht eingeräumt wird. Sie hat somit keine Möglichkeit, bereits vor Antragstellung Einfluss zu nehmen.

1633 Vgl. Vierter Teil.B.I.2. und III.

1634 *Schlacke*, Überindividueller Rechtsschutz, 2008, S. 303 f.; *Kupfer*, Die Verwaltung 47 (2014), S. 77 (93).

1635 *Peters*, DVBl. 2015, S. 809 und 815.

1636 *Fisahn*, ZUR 2004, S. 136.

Gemessen an den Vorgaben von Art. 6 Aarhus-Konvention und Art. 6 UVP-Richtlinie ist unter Berücksichtigung des Zwecks einer frühzeitigen und effektiven Öffentlichkeitsbeteiligung die nach dem NABEG vorgesehene Art der Bekanntmachung, sowohl auf der Internetseite der Planfeststellungsbehörde sowie den örtlichen Tageszeitungen als auch individuell, zu begrüßen. Die Verwendung verschiedener Bekanntmachungsmedien bewirkt eine erheblich gesteigerte Aufmerksamkeit und ermöglicht eine intensivere Bürger- und Verbändeinformation.[1637] Auch die von der Aarhus-Konvention und der UVP-Richtlinie geforderten inhaltlichen Angaben der Bekanntmachung werden durch das nationale Recht erfüllt. Die bekanntzugebenden Unterlagen ermöglichen es der Öffentlichkeit, sich auf das weitere Beteiligungsverfahren einzustellen und die Einsichtnahme der Unterlagen individuell zu planen.[1638]

Über diese umfassende Öffentlichkeitsbeteiligung hinaus ist die verlängerte, an Art. 6 Abs. 7 UVP-Richtlinie angepasste Einwendungsfrist nach § 22 Abs. 6 S. 1 NABEG von einem Monat nach Ablauf der Frist für die Auslegung der Unterlagen bei der unionsrechtlichen Beurteilung einer materiellen Präklusion zu berücksichtigen. Diese erscheint angesichts der dargestellten moderaten inhaltlichen Anforderungen an das Vorbringen von Einwendungen Drittbetroffener[1639], befürchtete Beeinträchtigungen in groben Zügen darzustellen[1640],

1637 *Wiesendahl*, in: de Witt/Scheuten, NABEG, 2013, § 22 Rn. 40; *Schenderlein*, Rechtsschutz und Partizipation im Umweltrecht, 2013, S. 252.

1638 *Hagmann*, in: Hoppe/Beckmann/Kment, UVPG, 2018, § 19 Rn. 12 ff.

1639 *Beckmann*, Referat zum 71. DJT, in: Ständige Deputation des DJT, Verhandlungen des 71. DJT, Bd. II/1, 2017, S. N 79 (N 107). Eine empirische Untersuchung insbesondere der tatsächlichen Wirkungen der Klagemöglichkeiten für Umweltvereinigungen hat hinsichtlich der Wirkung der Präklusionsregelung in § 2 Abs. 3 UmwRG gezeigt, dass die im Vergleich dazu strengeren Anforderungen an die Substantiierung von Einwendungen von Umweltverbänden ein Hemmnis für den Klageerfolg darstellen. In 21 von 58 untersuchten Verfahren waren die Einwendungen von Umweltvereinigungen in unterschiedlichem Ausmaß präkludiert. Der durch Präklusionsvorschriften verstärkte Anreiz, Umweltbelange in qualifizierter Form bereits im Verwaltungsverfahren einzubringen, führt zu einer erheblichen personellen Ressourcenbindung der oftmals ehrenamtlich organisierten Umweltverbände, *Führ/Schenten/Schulze/Schütte*, NVwZ 2014, S. 1041 (1043); *Guckelberger/Geber*, EurUP 2014, S. 167 (169). Diese in Bezug auf die Mitwirkungslast zwischen privaten Einwendern und Umweltverbänden differenzierende Rechtsprechung findet in der Aarhus-Konvention keine Grundlage, *Sauer*, ZUR 2014, S. 195 (198); *Guckelberger/Geber*, EurUP 2014, S. 167 (174).

1640 Vgl. zu den Darlegungsanforderungen ausführlich Vierter Teil.A.III.

ausreichend bemessen. Vor diesem Hintergrund verstoßen materielle Präklusionsvorschriften nicht gegen den unionsrechtlichen Effektivitätsgrundsatz. Ihr Zweck besteht nicht in erster Linie darin, der dem Einzelnen verliehenen Rechtsposition ihre Wirksamkeit zu nehmen. Sie können im Gegenteil zur Wirksamkeit des Unionsrechts beitragen; dadurch, dass sie für den Betroffenen einen Anreiz zur Beteiligung setzen, sorgen sie dafür, dass dieser die Erhebung von Einwendungen nicht hinauszögert. Eine zügige Herstellung rechtmäßiger Verhältnisse liegt auch im Interesse der Unionsrechtsordnung.[1641]

Sowohl Aarhus-Konvention als auch UVP-Richtlinie zielen auf einen hohen Umwelt- und Gesundheitsschutz ab. Um dieses Ziel zu erreichen, sollen Informations- und Beteiligungsrechte sowie Rechtsschutzmöglichkeiten der Öffentlichkeit gestärkt werden. Dies steht in einem Spannungsverhältnis zu dem auch primärrechtlich anerkannten Grundsatz der Rechtssicherheit. Die materielle Präklusion dient insoweit einem Interessenausgleich.[1642] Nimmt der Unionsbürger, der zur dezentralen Vollzugskontrolle mobilisiert werden soll, die ihm eingeräumten Verfahrensrechte mangels Interesse oder aufgrund einer dem Vorhaben gegenüber nicht kritisch-konstruktiven, sondern grundsätzlich ablehnenden Haltung[1643] nicht rechtzeitig oder nicht mit der gebotenen Sorgfalt wahr, soll er das Ergebnis nicht wieder in Frage stellen können. Ein „Junktim von Freiheit und Folgenverantwortlichkeit“ rechtfertigt es grundsätzlich, „Eigeninitiative von Menschen zu verlangen.“[1644] Mit dem Wegfall der materiellen Präklusion erhöht sich das Risiko für Behörden und Vorhabenträger, dass die Zulassungsentscheidung in gerichtlichen Verfahren aufgehoben wird. Verwaltungsgerichte werden sich mit einem umfangreicheren Prozessstoff konfrontiert sehen und Konflikte in das gerichtliche Verfahren verschoben, so dass sich Projektentwickler aufgrund längerer und komplexerer Gerichtsverfahren auf größere Rechtsunsicherheit einstellen müssen.[1645] Damit einher geht ein höheres Investitionsrisiko bei Infrastrukturprojekten wie dem Ausbau von Höchstspannungsleitungen, das sich hemmend auswirkt und die Verwirklichung genehmigter Vorhaben verzögert.[1646]

1641 *Guckelberger*, Die Verjährung im Öffentlichen Recht, 2004, S. 695.

1642 *Oexle*, Das Rechtsinstitut der materiellen Präklusion, 2001, S. 80.

1643 *Zeissler/Schmitz*, UPR 2016, S. 1 (4).

1644 *Schenderlein*, Rechtsschutz und Partizipation im Umweltrecht, 2013, S. 242.

1645 *Rieger/Groß*, NZBau 2017, S. 195.

1646 *Zeissler/Schmitz*, UPR 2016, S. 1 (4); *Masing*, Europäisches Umweltrecht als Investitionsrisiko, in: Hebeler u.a., Planungsrecht im Umbruch: Europäische

Damit bleibt festzuhalten, dass Aarhus-Konvention und UVP-Richtlinie den Vertrags- und Mitgliedstaaten einen Gestaltungsspielraum einräumen, der die Einführung von Präklusionsvorschriften nicht per se ausschließt. Die Ausgestaltung des Planfeststellungsverfahrens zum Ausbau von Höchstspannungsleitungen wird dem Effektivitätsgrundsatz grundsätzlich gerecht. Daher sollte auf völker- und unionsrechtlicher Ebene auf eine Änderung hingewirkt werden, die einen materiellen Einwendungsausschluss ermöglicht.[1647]

Herausforderungen, 2017, S. 159 (161 f.). *Beckmann*, Referat zum 71. DJT, in: Ständige Deputation des DJT, Verhandlungen des 71. DJT, Bd. II/1, 2017, S. N 79 (N 107).

1647 So auch *Fellenberg*, AnwBl. 2016, S. 648 (652); *Beckmann*, Referat zum 71. DJT, in: Ständige Deputation des DJT, Verhandlungen des 71. DJT, Bd. II/1, 2017, S. N 79 (N 108); *Rennert*, Referat zum 71. DJT, in: Ständige Deputation des DJT, Verhandlungen des 71. DJT, Bd. II/1, 2017, S. N 127 (N 140).

Fünfter Teil. Ergebnisse der Arbeit

A. Grundlagen

Das Planungs- und Genehmigungsverfahren für die Errichtung und Änderung von länderübergreifenden und grenzüberschreitenden Höchstspannungsleitungen nach dem EnWG und dem NABEG besteht aus einer bundesweiten Bedarfsplanung, einer an die Stelle des Raumordnungsverfahrens tretende Bundesfachplanung und der Planfeststellung als eigentliche Zulassungsentscheidung. Nach der gesetzlichen Konzeption soll die Entscheidung der Bundesfachplanung gemäß § 15 Abs. 3 S. 2 NABEG nicht selbständig angefochten, sondern nur im Rahmen der Anfechtungsklage gegen die abschließende Zulassungsentscheidung im Wege einer Inzidentkontrolle überprüft werden können. Diese Regelung schließt für den Netzausbau den phasenspezifischen Rechtsschutz zugunsten des konzentrierten Rechtsschutzes aus.

Alle Planungsstufen sind von einer umfassenden und frühzeitigen Öffentlichkeitsbeteiligung geprägt. Bereits auf Ebene der Bundesbedarfsplanung, ausgehend von der Erarbeitung des Szenariorahmens, über den Netzentwicklungsplan bis hin zum Bundesbedarfsplan, sind die jeweils maßgeblichen Unterlagen der Öffentlichkeit zugänglich zu machen und ist der Öffentlichkeit Gelegenheit zur Äußerung zu geben. Zudem sieht das NABEG für die Bundesfachplanung und für das Planfeststellungsverfahren vor Einreichung der Antragsunterlagen und nach Antragstellung jeweils ein zweistufiges Beteiligungsverfahren vor. Mit der Ausweitung der Öffentlichkeitsbeteiligung will der Gesetzgeber die Akzeptanz für den Leitungsausbau verbessern und das Verfahren beschleunigen.

Der Vollzug des Unionsrechts erfolgt mit Ausnahme weniger Sachbereiche nicht durch die Unionsorgane selbst, sondern durch die Mitgliedstaaten der Europäischen Union. Nach dem Grundsatz der mitgliedstaatlichen Verfahrensautonomie liegt die Ausgestaltung von Verfahren und Rechtsschutz bei ihnen. Der Gestaltungsspielraum der Mitgliedstaaten bei der Durchführung des Unionsrechts mithilfe nationalen Rechts wird durch die unionsrechtlich begründeten, primärrechtlichen Schranken des Effektivitäts- und Äquivalenzgebots begrenzt. Verstößt eine nationale Bestimmung gegen einen der beiden Grundsätze, liegt eine (indirekte) Kollision vor, so dass die mitgliedstaatliche Vorschrift aufgrund des Grundsatzes vom Anwendungsvorrang des Unionsrechts unanwendbar ist.

Nach dem Grundsatz der Effektivität des Rechtsschutzes sind unionsrechtlich begründete Rechte des Einzelnen in den nationalen Rechtsordnungen zur effektiven Durchsetzung zu verhelfen. Nationale Verfahrensregelungen und Fristen dürfen die Ausübung der aus dem Unionsrecht abgeleiteten Rechtspositionen nicht praktisch unmöglich machen oder übermäßig erschweren.

Dem deutschen Verwaltungsrecht liegt traditionell die Vorstellung einer bloß dienenden Funktion des Verwaltungsverfahrens gegenüber der materiellen Sachentscheidung zugrunde. Die Geringschätzung des Verfahrensgedankens kommt normtextlich in den Heilungs- und Unbeachtlichkeitsvorschriften der §§ 45 und 46 VwVfG sowie dem grundsätzlichen Ausschluss der isolierten Anfechtung von Verfahrensfehlern gemäß § 44a VwGO zum Ausdruck. Demgegenüber steht das unionsrechtliche Verständnis vom Eigenwert des Verfahrens, wonach die Herbeiführung sachrichtiger Entscheidungen von der Einhaltung der verfahrensrechtlichen Vorgaben abhängig ist und dem Verwaltungsverfahren somit ein höherer Stellenwert eingeräumt wird. Aufgrund von unionsrechtlichen Einwirkungen ist im Bereich des Umweltrechts eine Aufwertung des Verfahrensgedankens zu verzeichnen. Das Verwaltungsverfahren und das gerichtliche Verfahren erfüllen im Ausgangspunkt unterschiedliche Funktionen und sind grundsätzlich voneinander zu trennen. Planungsentscheidungen bei komplexen Infrastrukturvorhaben wie Hochspannungsleitungen sind durch normative Entscheidungsspielräume gekennzeichnet, die die materiell-rechtliche Steuerungskraft schwächen und die gerichtliche Kontrolldichte einschränken. Hier tritt das Verwaltungsverfahren ergänzend hinzu, ermöglicht einen Konfliktausgleich und stellt den Betroffenen einen vorgezogenen Rechtsschutz zur Verfügung.

Zu den Funktionen der Öffentlichkeitsbeteiligung gehört, die behördliche Informationsgewinnung und Sachaufklärung zu fördern, die Entscheidungsgrundlage zu verbessern und somit zur Sachrichtigkeit der Behördenentscheidung beizutragen. Daneben dient die Öffentlichkeitsbeteiligung der Information der Öffentlichkeit und erhöht auf diese Weise die Transparenz des Verwaltungshandelns. Zudem erfüllen Beteiligungsrechte die Funktion eines vorgelagerten Rechtsschutzes, indem Betroffene bereits im behördlichen Verfahren Einwendungen gegen das Vorhaben erheben und frühzeitig Einfluss auf das Verfahren und den Inhalt der Planungsentscheidung nehmen können. Die demokratische Funktion der Öffentlichkeitsbeteiligung beschränkt sich auf eine Stärkung der sachlich-inhaltlichen Legitimation von materiell-rechtlich schwach determinierten Verwaltungsentscheidungen wie im Bereich der planenden Verwaltung. Ein weiterer mit der Öffentlichkeitsbeteiligung verfolgter Zweck, der durch eine Ausweitung der Beteiligungsmöglichkeiten auch mit dem NABEG verfolgt wird, ist es, die Akzeptanz der Bevölkerung für die Verwaltungsentscheidung zu erhöhen.

Die TEN-E VO enthält für Vorhaben von gemeinsamem Interesse konkrete Vorgaben für die Ausgestaltung der mitgliedstaatlichen Genehmigungsverfahren, die unmittelbare Wirkung entfalten. Sie ist auf Beschleunigung ausgerichtet und setzt als Instrument für die beschleunigte Umsetzung der Vorhaben neben dem Gebot des „One-Stop-Shop" umfassende Fristenregelungen ein. Zudem soll eine umfangreiche und frühzeitige Öffentlichkeitsbeteiligung die öffentliche Akzeptanz verbessern und damit zur Beschleunigung beitragen. Entsprechend dem in Art. 8 TEN-E VO zum Ausdruck kommenden „One-Stop-Shop-Prinzip" ist die Bundesnetzagentur bezüglich der im Bundesbedarfsplan als länderübergreifend und grenzüberschreitend gekennzeichneten Höchstspannungsleitungen für die Bundesfachplanung und gemäß § 1 PlfZV auch für die entsprechenden Planfeststellungsverfahren zuständig. Das Bedarfsermittlungsverfahren zur Festlegung von Vorhaben von gemeinsamem Interesse entspricht der Bundesbedarfsplanung nach den §§ 12a ff. EnWG. Soweit VGI-Vorhaben über den Anwendungsbereich des NABEG hinausgehen, sind sie gemäß Art. 7 TEN-E VO als planungsrechtlich gerechtfertigt anzusehen. Art. 10 Abs. 3 TEN-E VO sieht ein Verfahren zur Festlegung einer Trasse innerhalb einer Frist von sechs Monaten ab Einreichung der endgültigen und vollständigen Antragsunterlagen vor, das mit der Bundesfachplanung nach den §§ 4 ff. NABEG korrespondiert. Das aus einem Vorantragsabschnitt und einem formalen Genehmigungsabschnitt bestehende Genehmigungsverfahren gemäß Art. 10 Abs. 1 TEN-E VO entspricht dem Planfeststellungsverfahren gemäß §§ 18-28 NABEG. Beide Abschnitte sollen maximal dreieinhalb Jahre dauern, so dass sich eine Verfahrensgesamtdauer für das Verfahren der Trassenfestlegung und das Genehmigungsverfahren von vier Jahren ergibt. Im Vergleich zum NABEG enthalten die Vorgaben der TEN-E VO zum Teil erhöhte Anforderungen an die Öffentlichkeitsbeteiligung. Die in Art. 9 Abs. 4 i.V.m. Anhang VI Nr. 3 lit. a) TEN-E VO vorgesehene frühe Öffentlichkeitsbeteiligung zielt auf eine aktive Beteiligung der Öffentlichkeit ab. Diese unmittelbar geltende Bestimmung der TEN-E VO ist ergänzend zu beachten und der Öffentlichkeit im Rahmen der Antragskonferenz nach §§ 7, 20 NABEG über ein bloßes Anwesenheitsrecht hinaus eine aktive Teilhabemöglichkeit einzuräumen. Art. 9 Abs. 2 i.V.m. Anhang VI Nr. 3 lit. c) TEN-E VO regelt eine Ausschlussfrist für Einwendungen, deren konkrete Ausgestaltung den Mitgliedstaaten überlassen wird. Sie schließt eine materielle Präklusion nicht aus, muss jedoch den Vorgaben der Aarhus-Konvention und der UVP-Richlinie entsprechen.

B. Rechtsschutzkonzentration

Der Gesetzgeber hat sich bei der Ausgestaltung für eine Stufung der Entscheidungsprozesse und eine Konzentration des Rechtsschutzes auf die letzte Stufe der Projektzulassung, der Planfeststellung, entschieden. Wird in einem mehrstufigen System der Planung der Rechtsschutz auf die letzte Stufe konzentriert, besteht die Gefahr, dass dieser aufgrund vollendeter Tatsachen nicht mehr rechtzeitig zur Geltung kommt und scheitert. Auch das Bundesverfassungsgericht erkennt die rechtliche Bedeutung faktischer Vorwirkungen in einem abgestuften System der Planung an. Mit Art. 19 Abs. 4 S. 1 GG ist es nicht vereinbar, wenn eine Kontrolle des angegriffenen Hoheitsakts zwar rechtlich vorgesehen ist, insbesondere unter Berücksichtigung der Dauer und Komplexität der Verwaltungsverfahren aber realistischerweise nicht zu erwarten ist.

Bei der Bundesfachplanungsentscheidung handelt es sich um eine umfassende planerische Abwägung, bei der alle für die Entscheidungsfindung relevanten Belange eingestellt und gegeneinander abgewogen werden. Trotz der nach der gesetzlichen Konzeption vorgesehenen Grobtrassierung durch die Bundesfachplanung kann bereits auf dieser Ebene eine rechtliche Betroffenheit privater Dritter feststehen. Der in seinen Belangen Betroffene hat ein subjektives Recht auf gerechte Abwägung.

Die Rechtsnatur der Bundesfachplanungsentscheidung ist anhand materieller Kriterien zu bestimmen. Danach entfaltet sie gegenüber dem durch die Planung betroffenen Eigentümer Regelungswirkung. Aufgrund der vorzunehmenden umfassenden Abwägung wird seine Rechtssphäre berührt, so dass ihr Außenwirkung zukommt. Sie bezieht sich auf ein konkretes Höchstspannungsleitungsvorhaben, ist auf einen zumindest bestimmbaren Personenkreis gerichtet und stellt somit einen Einzelakt dar. Eine klare Zuordnung der Bundesfachplanungsentscheidung zu einer der tradierten Handlungsformen ist nicht möglich. Sie stellt einen einzelfallbezogenen Rechtsakt sui generis mit Außenwirkung dar, der mittels allgemeiner Feststellungsklage gemäß § 43 VwGO angreifbar ist.

Sowohl Art. 7 Aarhus-Konvention als auch Art. 6 SUP-Richtlinie sehen bereits auf vorgelagerter Planungsebene umfangreiche Beteiligungsrechte vor, enthalten sich insoweit aber zwingender Rechtsschutzvorgaben. Art. 9 Abs. 2 Aarhus-Konvention schränkt die Einklagbarkeit dahingehend ein, dass diese nach dem jeweiligen innerstaatlichen Recht vorgesehen sein muss. In Bezug auf die Angreifbarkeit der Bundesfachplanungsentscheidung sieht das NABEG eine solche Rügemöglichkeit nicht vor. Der den Mitgliedern der Öffentlichkeit zu gewährende Zugang zum Rechtsschutz gemäß Art. 9 Abs. 3 Aarhus-Konvention unterliegt angesichts des ausdrücklichen Verweises auf die im innerstaatlichen

Recht festgelegten Zugangskriterien einem weiten Gestaltungsspielraum der Vertragsparteien. Aufgrund des Ausgestaltungsvorbehalts können aus dieser Vorschrift keine konkreten Umsetzungspflichten abgeleitet werden. Eine unmittelbare Anwendbarkeit von Art. 9 Abs. 3 Aarhus-Konvention auf Individualklagen scheidet aus. Gemäß Art. 3 Abs. 5 Aarhus-Konvention steht dies jedoch weitergehenden Rechtsschutzanforderungen nicht entgegen. Der Europäische Gerichtshof entwickelt auf Grundlage des Effektivitätsgrundsatzes auch dann einklagbare Rechtspositionen, wenn Unionsrechtsakte keine ausdrücklichen Rechtsschutzbestimmungen enthalten. Der Unionsbürger soll als Teil der dezentralen Vollzugskontrolle zur effektiven Durchsetzung des Unionsrechts in den Mitgliedstaaten mobilisiert werden.

Voraussetzung für das Entstehen von Rechten Einzelner ist der von einer Richtlinie bezweckte Schutz personenbezogener Rechtsgüter. Damit ist keine Begründung klagbarer Rechte zugunsten jedermann im Sinne einer Popularklage verbunden. Zum klageberechtigten Personenkreis gehört nur, wer aufgrund eines Verstoßes gegen die einschlägige Bestimmung in seinen geschützten Individualinteressen tatsächlich betroffen ist. Diese Grundsätze zur Herleitung klagbarer Rechte erstreckt der Europäische Gerichtshof auch auf höherstufige Planungsebenen. Soweit der Europäische Gerichtshof am Maßstab von Art. 9 Abs. 3 Aarhus-Konvention die Einklagbarkeit bloß dem Umweltschutz dienender Vorschriften des Unionsrechts fordert, ist eine Beschränkung entsprechender Klagerechte auf solche von Umweltschutzorganisationen zulässig.

Entsprechend der durch den Europäischen Gerichtshof aufgestellten Anforderung zur Begründung klagbarer Rechte dienen auch Verfahrensbestimmungen der SUP-Richtlinie und der sie umsetzenden Vorschriften zumindest auch dem Schutz personenbezogener Rechtsgüter wie der Gesundheit und dem Eigentum. Der von einer Bundesfachplanung betroffene Einzelne hat ein einklagbares Recht auf Durchführung der Strategischen Umweltprüfung gemäß § 5 Abs. 7 NABEG als solche, auf Erstellung eines Umweltberichts gemäß § 40 UVPG, auf ordnungsgemäße Durchführung der Öffentlichkeitsbeteiligung nach § 9 NABEG sowie darauf, dass der Umweltbericht und die im Rahmen der Öffentlichkeitsbeteiligung abgegebenen Stellungnahmen bei der Entscheidung über die Annahme der Bundesfachplanung gemäß § 43 UVPG berücksichtigt werden.

Diese Verfahrensvorschriften stellen subjektiv-öffentliche Rechte dar. Die deutsche Schutznormlehre erweist sich als ausreichend flexibel, um die unionsrechtlichen Voraussetzungen für die Entstehung klagbarer Rechte zu verarbeiten. Vor dem Hintergrund des unionsrechtlichen Verständnisses vom Eigenwert des Verfahrens sind sie als absolute Verfahrensrechte auszugestalten.

Zur Bestimmung des klageberechtigten Personenkreises ist auf eine durch die Planung einer Höchstspannungsleitung verursachte faktische Betroffenheit durch negative Umweltauswirkungen in personenbezogene Rechtsgüter abzustellen. Insoweit bietet sich eine sachliche, insbesondere durch die räumliche Nähe zum Wirkungsbereich der Anlage begründete Betroffenheit des Einzelnen an. Eine Verletzung der genannten absoluten Verfahrensrechte können Betroffene bereits während des laufenden Verfahrens im Wege einer allgemeinen Leistungsklage, nach Erlass einer Bundesfachplanungsentscheidung mit einer gegen diese gerichteten allgemeinen Feststellungsklage geltend machen.

Für das Erfordernis prinzipalen Rechtsschutzes gegen die Bundesfachplanungsentscheidung sprechen die im Laufe eines Planungsprozesses bereits auf vorgelagerter Ebene geschaffenen Tatsachen. Vorausgehende Planungsentscheidungen entfalten tatsächliche Vorwirkungen, die sich im Rahmen einer Anfechtung des Planfeststellungsbeschlusses realistischer Weise nicht korrigieren lassen und denen somit rechtliche Bedeutung zukommt. In diesem Fall muss einem privaten Dritten vor dem Hintergrund der von Art. 19 Abs. 4 GG gewährleisteten Effektivität des Rechtsschutzes der Rechtsweg bereits in dem Zeitpunkt eröffnet sein, in dem die Planung für ihn rechtsbeeinträchtigende Wirkung entfaltet. Die der betroffenen Öffentlichkeit eingeräumten Beteiligungsrechte sollen eine frühzeitige und effektive Einflussnahmemöglichkeit auf die Bundesfachplanungsentscheidung ermöglichen. Diese wird mit fortschreitendem Planungsprozess geschwächt. Daher ist im Sinne des Effektivitätsgrundsatzes für die unionsrechtlich begründeten Verfahrensrechte als subjektiv-öffentliche Rechte Rechtsschutz gegen die Bundesfachplanungsentscheidung zu eröffnen. Mit einem phasenspezifischen Rechtsschutz kann im Interesse der Verfahrensökonomie sowie der Planungs- und Rechtssicherheit eine vorgelagerte Planungsentscheidung gerichtlich verbindlich geklärt und somit eine sichere Grundlage für die darauf aufbauende Planung geschaffen werden. Dies trägt auch den vom Gesetzgeber mit der Bundesfachplanung verfolgten Zielen Rechnung.

C. Materielle Präklusion

§ 73 Abs. 4 S. 3 VwVfG enthält eine materielle Präklusion, die sich auf das Verwaltungsverfahren und das gerichtliche Verfahren bezieht. Im Unterschied zu Rechtsbehelfs- und Rechtsmittelfristen tritt die Ausschlusswirkung bereits vor Erlass eines Hoheitsaktes ein. Anders als Unbeachtlichkeits- und Heilungsvorschriften blenden Präklusionsvorschriften Verfahrensfehler nicht aus, sondern sanktionieren ein Mitwirkungsdefizit während des Entscheidungsprozesses. Präklusionsregelungen und Verjährungsvorschriften unterscheiden sich dadurch, dass der Lauf der Verjährungsfrist unter bestimmten Umständen gehemmt wird, während die Ausschlussfrist durch die Vornahme der die Frist wahrenden Handlung endgültig gewahrt und somit Klarheit über das Bestehen oder Nichtbestehen einer Rechtsposition geschaffen wird.

Um eine Präklusion auszuschließen, muss der Betroffene die Einwendungen hinreichend substantiiert vortragen. Er muss zumindest in groben Zügen angeben, welches seiner Rechtsgüter er als gefährdet ansieht und welche Beeinträchtigungen er befürchtet. Eine rechtliche Einordnung des Vorbringens oder Ausführungen, die wissenschaftlich-technischen Sachverstand erfordern, werden von Privateinwendern nicht verlangt. Die Darlegungsanforderungen orientieren sich an den Möglichkeiten planungsbetroffener Laien. Der Inhalt der Einwendungen muss sich aus dem Einwendungsschreiben selbst und ggf. mit ihm eingereichten Stellungnahmen ergeben. Die dargestellten Anforderungen an die Darlegungslast gelten ebenso für Einwender, die sich als Enteignungsbetroffene auch auf öffentliche Belange berufen können.

Die Ausschlusswirkung der materiellen Präklusion stößt sowohl in gegenständlicher als auch in subjektiver und objektiver Hinsicht auf erhebliche Grenzen. Sie setzt ein ordnungsgemäßes Bekanntmachungs- und Auslegungsverfahren voraus. Fehler im Verfahren der Öffentlichkeitsbeteiligung stellen ein Präklusionshindernis dar. Die Verbindlichkeit des Verfahrensrechts bleibt von materiellen Präklusionsvorschriften unberührt. Die Präklusionswirkung trifft grundsätzlich nur die Person, die ihre Einwendung nicht oder verspätet erklärt hat. Eine gegenüber einem Betroffenen bereits eingetretene Präklusion erstreckt sich nur dann auf dessen Rechtsnachfolger, wenn es sich um eigentumsbezogene Einwendungen handelt, nicht aber auf solche, die höchstpersönliche Rechtsgüter zum Gegenstand haben. Nachträglich, also nach Auslegung der Planunterlagen vorgenommene Änderungen des Vorhabens und neue Tatsachen, die erst nach Ablauf der Einwendungsfrist und vor Abschluss des Verfahrens eintreten, werden vom Einwendungsausschluss nicht erfasst. Präkludierte Einwendungen begrenzen nicht den Umfang der Amtsermittlungspflicht. Die zuständige (Planfeststellungs-)Behörde bleibt verpflichtet, von Amts wegen auch verspätet vorgetragene und somit präkludierte Einwendungen zu prüfen. Schwere und offenkundige Fehler, die gemäß § 44 VwVfG zur Nichtigkeit eines Verwaltungsaktes führen und somit der verfahrensabschließenden Entscheidung die Bestandskraft nehmen, unterliegen nicht dem Einwendungsausschluss.

Zu den Funktionen materieller Präklusionsvorschriften gehört, das Verwaltungsverfahren und somit auch Entscheidungsprozesse von Planungs- und Genehmigungsbehörden zu beschleunigen und zu konzentrieren. Sie setzen für Verfahrensbeteiligte einen Anreiz, ihre Einwendungen möglichst frühzeitig im

Verwaltungsverfahren einzubringen. Auf diese Weise kann die Entscheidungsgrundlage verbreitert und die Qualität der Behördenentscheidung verbessert werden. Eine weitere Funktion der materiellen Präklusion besteht darin, im Sinne der Rechts- und Verkehrssicherheit die Bestandskraft einer künftigen Zulassungsentscheidung bzw. Genehmigung zu stärken. Sie dient dem Ausgleich gegenläufiger Interessen und bringt sie in ein angemessenes Verhältnis zueinander. Des Weiteren leistet sie einen Beitrag zur Wahrung der Funktionsfähigkeit der Verwaltung und der Gerichte. Die materielle Präklusion trägt somit zu den von der Öffentlichkeitsbeteiligung verfolgten Zielen bei. Der Ausschluss der Präklusionswirkung durch Verfahrensfehler stärkt den Eigenwert des Verwaltungsverfahrens und sichert es funktionell ab.

Werden unionsrechtlich begründete Rechte des Einzelnen beeinträchtigt, bedarf dies einer Rechtfertigung. Erfolgt diese Beeinträchtigung durch nationale Ausschlussfristen können die dem nationalen Rechtsschutzsystem zugrunde liegenden Grundsätze wie der Grundsatz der Rechtssicherheit und der ordnungsgemäße Ablauf des Verfahrens einen Rechtfertigungsgrund darstellen. Diese wiederum finden ihre Grenzen insbesondere im Effektivitätsgrundsatz.

Bei der Beurteilung der Beschränkung des Rechtsschutzes durch Fristen am Maßstab des Effektivitätsgrundsatzes ist nach der Rechtsprechung des Europäischen Gerichtshofs in jedem Fall, in dem sich die Frage stellt, ob eine nationale Verfahrensvorschrift die Anwendung des Unionsrechts unmöglich macht oder übermäßig erschwert, die Stellung der zu prüfenden Vorschrift im gesamten Verfahren, der Verfahrensablauf und die Besonderheiten des Verfahrens vor den verschiedenen nationalen Stellen zu berücksichtigen. Bezugspunkt für die Beurteilung von Ausschlussfristen ist ihre Auswirkung auf die prozessuale Durchsetzbarkeit der dem Einzelnen unionsrechtlich eingeräumten Rechtsposition. Erforderlich ist, dass eine realistische Chance zur Rechtsverwirklichung eingeräumt wurde. Die Vereinbarkeit nationaler Präklusionsvorschriften mit dem unionsrechtlichen Effektivitätsgebot hängt im Einzelfall maßgeblich von der konkreten Ausgestaltung des Verwaltungsverfahrens, der praktischen Handhabung der Beteiligungsrechte und -möglichkeiten durch die Verwaltung und der Angemessenheit der Einwendungsfrist ab.

Nach Auffassung des Europäischen Gerichtshofs ist die materielle Präklusion unionsrechtswidrig. Dies gilt sowohl für die Verbands- als auch für die Individualpräklusion. Ein auf das Verwaltungsverfahren beschränkter Einwendungsausschluss im Sinne einer formellen Präklusion bleibt auch nach dem Urteil des Europäischen Gerichtshofs zulässig und ist mit dem Unionsrecht vereinbar. Aufgrund des Anwendungsvorrangs von Art. 11 UVP-Richtlinie und Art. 25 IE-Richtlinie finden materielle Präklusionsvorschriften im Regelungsbereich der

UVP- und der IE-Richtlinie keine Anwendung mehr. Dies gilt auch für die in dem Planfeststellungsrecht für die Errichtung oder Änderung von länderübergreifenden oder grenzüberschreitenden Höchstspannungsleitungen geltende Präklusionsregelung gemäß § 73 Abs. 4 S. 3 VwVfG, § 43a EnWG i.V.m. § 18 Abs. 5 NABEG. Für Vorhaben hingegen, die nicht in den Anwendungsbereich der genannten Richtlinien fallen, können rein national determinierte Einwendungen weiterhin der materiellen Präklusion unterliegen. Die Unionsrechtswidrigkeit der materiellen Präklusion erstreckt sich auch auf nichtumweltbezogene Einwendungen, soweit es sich um Vorhaben im Anwendungsbereich der UVP-Richtlinie handelt. Soweit phasenspezifischer Rechtsschutz eröffnet wird, kann derjenige, der bereits auf vorgelagerter Stufe betroffen ist, mit seinen nicht vorgebrachten Einwendungen auf nächster Stufe ausgeschlossen sein, wenn gegen die vorgelagerte Planungsentscheidung kein Rechtsbehelf erhoben wird.

Mit dem Gesetz zur Anpassung des Umwelt-Rechtsbehelfsgesetzes und anderer Vorschriften an europa- und völkerrechtliche Vorgaben hat der Gesetzgeber auf die Entscheidung des Europäischen Gerichtshofs reagiert und für Planfeststellungen mit UVP-Pflicht Vorschriften der materiellen Präklusion gestrichen. Gemäß § 7 Abs. 4 i.V.m. 6 UmwRG gilt die materielle Präklusion gemäß § 73 Abs. 4 S. 3 VwVfG auf Planfeststellungsverfahren des NABEG, für die eine UVP-Pflicht besteht, nicht, so dass Einwendungen auch noch nach Ablauf der Einwendungsfrist im gerichtlichen Verfahren erhoben werden können. Für nicht UVP-pflichtige Planfeststellungsverfahren bleibt die materielle Präklusion gemäß § 73 Abs. 4 S. 3 VwVfG jedoch anwendbar.

Vor dem Hintergrund der von der materiellen Präklusion verfolgten Zwecke stellen andere Instrumente kein funktionales Äquivalent für die bisherige Präklusionsregelung dar. Die vom Europäischen Gerichtshof zugelassene und vom Gesetzgeber in § 5 UmwRG aufgegriffene Missbrauchsklausel ist aufgrund ihres Ausnahmecharakters eng auszulegen und wird wohl eine nur geringe praktische Bedeutung erlangen. Wie die materielle Präklusion dient auch die innerprozessuale Präklusion der Reduzierung des Streitstoffs. Sie setzt jedoch erst im Verwaltungsprozess, nach Abschluss des Verwaltungsverfahrens ein und trägt somit nicht zum Verwaltungsverfahren als Ort der Entscheidungsfindung bei.

Die Begründung des Europäischen Gerichtshofs zur Unvereinbarkeit der materiellen Präklusion mit dem Effektivitätsgebot kann nicht überzeugen. Die Bedeutung, die die Aarhus-Konvention der Öffentlichkeitsbeteiligung beimisst, wird nicht ausreichend berücksichtigt. Durch den Wegfall der materiellen Präklusion und dem mit ihr verbundenen Anreiz, Einwendungen bereits im Verwaltungsverfahren einzubringen, wird die Funktion der Öffentlichkeitsbeteiligung geschwächt. Dies widerspricht dem europäischen Verständnis von der

Richtigkeitsgewähr durch Verfahren. Streitige Punkte, die bereits im Verwaltungsverfahren identifiziert und gelöst werden könnten, werden zunehmend in das gerichtliche Verfahren verlagert. Art. 9 Abs. 2 UAbs. 1 Aarhus-Konvention und Art. 11 Abs. 1 UVP-Richtlinie räumen Vertrags- und Mitgliedstaaten bei der Ausgestaltung des Zugangs zu einem Überprüfungsverfahren ein Gestaltungsspielraum ein, der durch das von beiden Rechtsakten verfolgte Ziel, der betroffenen Öffentlichkeit gegenüber umweltbezogenen Behördenentscheidungen einen weiten Zugang zu Gericht zu eröffnen, begrenzt wird. Dieses Ziel stellt eine Ausprägung des Grundsatzes effektiven Rechtsschutzes dar. Das Planungs- und Zulassungsverfahren für Höchstspannungsleitungen statuiert umfassende Beteiligungsrechte, die es Betroffenen ermöglichen, ihre Einwendungen einzubringen, und eine realistische Chance zur Rechtsverwirklichung der ihnen verliehenen Rechtsposition einräumen. Bei der Durchführung der Antragskonferenz ist der Öffentlichkeit im Sinne einer völker- und unionsrechtlich vorgeschriebenen effektiven frühzeitigen Beteiligung das Recht einzuräumen, Stellungnahmen abgeben zu können. Für UVP-pflichtige Vorhaben des NABEG gilt gemäß § 22 Abs. 6 S. 1 NABEG eine Einwendungsfrist von einem Monat nach Ablauf der Frist für die Auslegung der Unterlagen. Die Anforderungen an die Substantiierung der Einwendungen durch Privateinwender sind nicht so hoch, als dass die Wahrnehmung ihrer Rechte übermäßig erschwert wird. Vor diesem Hintergrund ist die Einwendungsfrist von einem Monat angemessen. Auf völker- und unionsrechtlicher Ebene sollte auf eine Änderung hingewirkt werden, die einen materiellen Einwendungsausschluss ermöglicht.

Literaturverzeichnis

Antweiler, Clemens, Nachprüfungsverfahren bei öffentlichen Aufträgen und nationale Ausschlussregeln, EuZW 2003, S. 330-333.

Appel, Ivo, Staat und Bürger in Umweltverwaltungsverfahren, NVwZ 2012, S. 1361-1369.

Appel, Markus, Neues Recht für neue Netze – das Regelungsregime zur Beschleunigung des Stromnetzausbaus nach EnWG und NABEG, UPR 2011, S. 406-415.

Appel, Markus, Die Bundesfachplanung nach §§ 4 ff. NABEG – Rechtsnatur, Bindungswirkungen und Rechtsschutz, ER 2012, S. 3-12.

Appel, Markus, Bundesfachplanung versus landesplanerische Ziele der Raumordnung, Was hat Vorrang?, NVwZ 2013, S. 457-462.

Balla, Stefan / *Peters*, Heinz-Joachim, Die novellierte UVP-Richtlinie und ihre Umsetzung, NuR 2015, S. 297-305.

Baumann, Wolfgang / *Brigola*, Alexander, Von Garzweiler nach Århus – der Netzausbau und das europarechtliche Gebot unmittelbaren Rechtsschutzes, DVBl. 2017, S. 1385-1390.

Bäumler, Helmut, Rechtsschutz gegen Flughafenplanungen – Zur Anfechtbarkeit der luftrechtlichen Genehmigung, DÖV 1981, S. 43-50.

Beckmann, Martin, Funktionswandel der Verwaltungsgerichtsbarkeit unter dem Einfluss des Unionsrechts – Umfang des Verwaltungsrechtsschutzes auf dem Prüfstand, in: Ständige Deputation des Deutschen Juristentages (Hrsg.), Verhandlungen des 71. Deutschen Juristentages, Essen 2016, Band II/1 (Sitzungsberichte – Referate und Beschlüsse), München 2017, S. N 79-125. (zitiert: Referat zum 71. DJT)

Beier, Arno, Paukenschlag aus Luxemburg? Die gerichtliche Überprüfung von Zulassungsentscheidungen für UVP-pflichtige Projekte, Anmerkungen zum Urteil des EuGH vom 15. Oktober 2015 (Rs. C-137/14), UPR 2016, S. 48-53.

Beier, Sabrina, Rechtsschutz gegen Enteignungen in mehrstufigen Planungsverfahren, DÖV 2015, S. 309-319.

Berkemann, Jörg, Die unionsrechtliche Umweltverbandsklage des EuGH – Der deutsche Gesetzgeber ist belehrt „so nicht" und in Bedrängnis, DVBl. 2011, S. 1253-1262.

Berkemann, Jörg, Querelle d'Allemand. Deutschland verliert die dritte Runde im Umweltverbandsrecht vor dem EuGH, DVBl. 2016, S. 205-216.

Berkemann, Jörg, Zur Abwägungsdogmatik: Stand und Bewertung, ZUR 2016, S. 323-331.

Blümel, Willi, Raumplanung, vollendete Tatsachen und Rechtsschutz, in: Doehring, Karl (Hrsg.), Festgabe für Ernst Forsthoff zum 65. Geburtstag, München 1967, S. 133-161.

Blümel, Willi, Masseneinwendungen im Verwaltungsverfahren, in: Schneider, Hans / Götz, Volkmar (Hrsg.), Im Dienst an Recht und Staat, Festschrift für Werner Weber zum 70. Geburtstag, dargebracht von Freunden, Schülern und Kollegen, Berlin 1974, S. 539-565.

Blümel, Willi, Planung und Verwaltungsgerichtsbarkeit, DVBl. 1975, S. 695-709.

Brandt, Kerstin, Präklusion im Verwaltungsverfahren, NVwZ 1997, S. 233-237.

Brauhardt, Beate, Zur Einschränkung des Zugangs zu den Gerichten durch Präklusionsregelungen, UPR 2010, S. 296-300.

Breuer, Rüdiger, Die hoheitliche raumgestaltende Planung, Wirkungsbereich und Zusammentreffen, von Planfeststellungen, fachlichen Nutzungsregelungen, Bauleitplänen und Plänen der Raumordnung, Bonn 1968. (zitiert: Die hoheitliche raumgestaltende Planung)

Breuer, Rüdiger, Klagbare Ansprüche auf Planung – Königsweg oder Holzweg des Rechtsschutzes?, in: Dolde, Klaus-Peter / Hansmann, Klaus / Paetow, Stefan / Schmidt-Aßmann, Eberhard (Hrsg.), Verfassung – Umwelt – Wirtschaft, Festschrift für Dieter Sellner zum 75. Geburtstag, München 2010, S. 493-508.

Brinker, Ingo, Der Effektivitätsgrundsatz und seine Grenzen – dargestellt am Beispiel des europäischen Wettbewerbsrechtes, in: Becker, Ulrich / Hatje, Armin / Potacs, Michael / Wunderlich, Nina (Hrsg.), Verfassung und Verwaltung in Europa, Festschrift für Jürgen Schwarze zum 70. Geburtstag, Baden-Baden 2014, S. 536-555.

Britz, Gabriele / *Hellermann*, Johannes / *Hermes*, Georg (Hrsg.), Energiewirtschaftsgesetz Kommentar, 3. Auflage, München 2015. (zitiert: *Bearbeiter*, in: Britz/Hellermann/Hermes, EnWG)

Brohm, Winfried, Die Dogmatik des Verwaltungsrechts vor den Gegenwartsaufgaben der Verwaltung, VVDStRL 30 (1972), S. 245-306.

Bruckert, Felix, Die Ausweitung der Klagebefugnis im Umweltrecht, Anpassungsbedarf der Schutznormlehre in Folge europäischer Integration, NuR 2015, S. 541-546.

Bunge, Thomas, „Weiter Zugang zu den Gerichten“ nach Art. 10a der UVP-Richtlinie – zum Urteil des Europäischen Gerichtshofs vom 15. Oktober 2009 (Rs. C-263/08), ZUR 2010, S. 20-24.

Bunge, Thomas, Neue Anforderungen an die Umweltverträglichkeitsprüfung: die UVP-Änderungsrichtlinie 2014, NVwZ 2014, S. 1257-1263.

Bunge, Thomas, Zur gerichtlichen Kontrolle der Umweltprüfung von Bauleitplänen, NuR 2014, S. 1-12.

Bunge, Thomas, Weiter Zugang zu Gerichten nach der UVP- und der Industrieemissions-Richtlinie: Vorgaben für das deutsche Verwaltungsprozessrecht, NuR 2016, S. 11-21.

Callies, Christian, Feinstaub im Rechtsschutz deutscher Verwaltungsgerichte, Europarechtliche Vorgaben für die Klagebefugnis vor deutschen Gerichten und ihre dogmatische Verarbeitung, NVwZ 2006, S. 1-7.

Callies, Christian / *Dross*, Miriam, Neue Netze braucht das Land: Zur Neukonzeption von Energiewirtschaftsgesetz und Netzausbaubeschleunigungsgesetz (NABEG), JZ 2012, S. 1002-1011.

Callies, Christian / *Dross*, Miriam, Alternativenprüfungen im Kontext des Netzausbaus – Überlegungen mit Blick auf die Strategische Umweltprüfung des Bundesbedarfsplans Übertragungsnetze, ZUR 2013, S. 76-82.

Callies, Christian / *Ruffert*, Matthias (Hrsg.), EUV/AEUV, Das Verfassungsrecht der Europäischen Union mit Europäischer Grundrechtecharta, Kommentar, 5. Auflage, München 2016. (zitiert: *Bearbeiter*, in: Callies/Ruffert, EUV/ AEUV)

Classen, Claus Dieter, Die Europäisierung der Verwaltungsgerichtsbarkeit, Eine vergleichende Untersuchung zum deutschen, französischen und europäischen Verwaltungsprozessrecht, Tübingen 1996. (zitiert: Die Europäisierung der Verwaltungsgerichtsbarkeit)

Couzinet, Daniel, Die Schutznormtheorie in Zeiten des Feinstaubs – Zur Dogmatik der Schutznormtheorie im Kontext der Subjektivierung von Aktionsplänen und planunabhängigen Maßnahmen – , DVBl. 2008, S. 754-762.

Danner, Wolfgang / *Theobald*, Christian (Hrsg.), Energierecht, Band I, Kommentar, Stand: 15. Juli 2017 (94. Ergänzungslieferung), München. (zitiert: *Bearbeiter*, in: Danner/Theobald, Energierecht)

von Danwitz, Thomas, Umweltrechtliche Präklusionsnormen zwischen Verwaltungseffizienz und Rechtsschutzgarantie – Europäische Variationen über ein klassisches Thema –, UPR 1996, S. 323-328.

von Danwitz, Thomas, Aarhus-Konvention: Umweltinformation, Öffentlichkeitsbeteiligung, Zugang zu den Gerichten, NVwZ 2004, S. 272-282.

Dauses, Manfred A. / *Ludwigs*, Markus, Handbuch des EU-Wirtschaftsrechts, Band 2, Stand: Februar 2018 (44. Ergänzungslieferung), München. (zitiert: *Bearbeiter*, in: Dauses/Ludwigs, EU-Wirtschaftsrecht)

Degenhart, Christoph, Vollendete Tatsachen und faktische Rechtslagen im Verwaltungsrecht, AöR 103 (1978), S. 163-204.

Degenhart, Christoph, Präklusion im Verwaltungsprozess, in: Erichsen, Hans-Uwe / Hoppe, Werner / von Mutius, Albert (Hrsg.), System des verwaltungsgerichtlichen Rechtsschutzes, Festschrift für Christian Friedrich Menger zum 70. Geburtstag, Köln, Berlin, Bonn, München 1985, S. 621-638.

Dietrich, Sascha / *Steinbach*, Armin, (Kein) Änderungsbedarf im Energie- und Netzausbaurecht aufgrund der neuen TEN-E Verordnung?, DVBl. 2014, S. 488-495.

Dippel, Martin / *Hamborg*, Karla, Gestufte Netzausbauplanung nach dem NABEG – mit Tempolimit zur „Stromautobahn", I+E 2014, S. 248-256.

Dolde, Klaus-Peter, Verwaltungsverfahren und Deregulierung, NVwZ 2006, S. 857-865.

Dolde, Klaus-Peter, Neue Formen der Bürgerbeteiligung? Planung und Zulassung von Projekten in der parlamentarischen Demokratie, NVwZ 2013, S. 769-775.

Dörr, Oliver, Der europäisierte Rechtsschutzauftrag deutscher Gerichte, Artikel 19 Absatz 4 GG unter dem Einfluß des europäischen Unionsrechts, Tübingen 2003. (zitiert: Der europäisierte Rechtsschutzauftrag)

Dünchheim, Thomas, Verwaltungsprozeßrecht unter europäischem Einfluß, Berlin 2003.

Durinke, Corinna / *Durinke*, Peter, Rechtlicher Rahmen und Grenzen von informellen Beteiligungsprozessen, KommJur 2016, S. 241-248.

Durner, Wolfgang, Konflikte räumlicher Planungen, Verfassungs-, verwaltungs- und gemeinschaftsrechtliche Regeln für das Zusammentreffen konkurrierender planerischer Raumansprüche, Tübingen 2005. (zitiert: Konflikte räumlicher Planungen)

Durner, Wolfgang, Die aktuellen Vorschläge für ein Netzausbaubeschleunigungsgesetz (NABEG) – Bewertung der Verfassungsmäßigkeit und des Beschleunigungspotentials, DVBl. 2011, S. 853-862.

Durner, Wolfgang, Vollzugs- und Verfassungsfragen des NABEG, NuR 2012, S. 369-377.

Durner, Wolfgang, Die „Bundesfachplanung" im NABEG – Dogmatischer Standort, Bindungswirkung, Prüfprogramm und infrastrukturpolitische Modellfunktion, DVBl. 2013, S. 1564-1572.

Durner, Wolfgang, Öffentlichkeitbeteiligung und demokratische Legitimation im Energie-Infrastrukturrecht, in: Schlacke, Sabine / Schubert, Mathias (Hrsg.), Energie-Infrastrukturrecht – Kolloquium anlässlich der Verabschiedung von Prof. Dr. Wilfried Erbguth am 11. September 2014, Berlin 2015, S. 87-117.

Durner, Wolfgang, Planfeststellung und Energienetzplanung im System des NABEG, in: Quaas, Michael / Deutsches Anwaltsinstitut e.V. (Hrsg.), Rechtsprobleme der Energiewende, Baden-Baden 2015, S. 57-82.

Durner, Wolfgang, Präklusion in Deutschland nach dem Urteil des EuGH in der Rs. C-137/14, in: Hebeler, Timo / Hofmann, Ekkehard / Proelß, Alexander / Reiff, Peter (Hrsg.), Planungsrecht im Umbruch: Europäische Herausforderungen, 31. Trierer Kolloquium zum Umwelt- und Technikrecht vom 29. bis 30. September 2016, Berlin 2017, S. 125-157.

Eding, Annegret, Bundesfachplanung und Landesplanung, Das Spannungsverhältnis zwischen Bund und Ländern beim Übertragungsnetzausbau nach §§ 4 ff. NABEG, Tübingen 2016. (zitiert: Bundesfachplanung)

Ehlers, Dirk / *Pünder*, Hermann (Hrsg.), Allgemeines Verwaltungsrecht, 15. Auflage, Berlin 2016. (zitiert: *Bearbeiter*, in: Ehlers/Pünder, Allgemeines Verwaltungsrecht)

Ekardt, Felix / *Schenderlein*, Kristin, Gerichtlicher Kontrollumfang zwischen EU-Bürgerfreundlichkeit und nationaler Beschleunigungsgesetzgebung, NVwZ 2008, S. 1059-1065.

Ekardt, Felix, Nach dem Altrip-Urteil: Von der Klagebefugnis zu Verfahrensfehlern, Abwägungsfehlern und Individualklage, NVwZ 2014, S. 393-396.

Ekardt, Felix, Verbandsklage vor dem EuGH: Mitgliedstaaten verklagen, EU-Institutionen verschonen? Zugleich zu Art. 9 III Aarhus-Konvention, NVwZ 2015, S. 772-775.

Epiney, Astrid, Primär- und Sekundärrechtsschutz im Öffentlichen Recht, VVDStRL 61 (2002), S. 362-424.

Epiney, Astrid, Rechte Einzelner im EU-Umweltrecht, Eine Bestandsaufnahme aus Anlass von EuGH, Rs. C-243/15 (Lesoochranarske), EurUP 2017, S. 223-233.

Erbguth, Wilfried, Primär- und Sekundärrechtsschutz im Öffentlichen Recht, VVDStRL 61 (2002), S. 221-257.

Erbguth, Wilfried, Trassensicherung für Höchstspannungsleitungen: Systemgerechtigkeit und Rechtsschutz, DVBl. 2012, S. 325-329.

Erbguth, Wilfried, Energiewende: großräumige Steuerung der Elektrizitätsversorgung zwischen Bund und Ländern, NVwZ 2012, S. 326-332.

Erbguth, Wilfried, Ziel, Konzeption und Entwicklungslinien der Umweltverträglichkeitsprüfung, ZUR 2014, S. 515-526.

Erbguth, Wilfried / *Schubert*, Mathias, Leitlinien für die transeuropäische Energieinfrastruktur, Kompetenzfragen und Auswirkungen auf das nationale Recht des Netzausbaus, EurUP 2014, S. 70-84.

Erbguth, Wilfried, Konzentrierter oder phasenspezifischer Rechtsschutz im Infrastrukturrecht – Workshop am 29. März 2017 in Berlin, ZUR 2017, S. 449-451.

Ewer, Wolfgang, Rechtsschutz bei mehrstufigen Planungs- und Zulassungsverfahren am Beispiel der Energiewende, in: Michael Kloepfer (Hrsg.), Rechtsschutz im Umweltrecht, Berlin 2014, S. 61-72.

Eyermann, Erich, Verwaltungsgerichtsordnung Kommentar, 15. Auflage, München 2019. (zitiert: *Bearbeiter*, in: Eyermann, VwGO)

Fellenberger, Frank, Weiter frischer Wind aus Luxemburg – Zu den Klagemöglichkeiten im Umweltrecht, NVwZ 2015, S. 1721-1726.

Fellenberg, Frank, Auf dem Prüfstand der Praxis: Der Umfang des Verwaltungsrechtsschutzes, Funktionswandel der Verwaltungsgerichtsbarkeit unter dem Einfluss des Unionsrechts, AnwBl 2016, S. 648-653.

Fest, Phillip / *Nebel*, Julian Asmus, Das Gesetz zur Änderung von Bestimmungen des Rechts des Energieleitungsbaus, NVwZ 2016, S. 177-184.

Fest, Phillip / *Operhalsky*, Benedikt, Der deutsche Netzausbau zwischen Energiewende und europäischem Energieinfrastrukturrecht, NVwZ 2014, S. 1190-1196.

Fisahn, Andreas, Demokratie und Öffentlichkeitsbeteiligung, Tübingen 2002.

Fisahn, Andreas, Effektive Beteiligung solange noch alle Optionen offen sind – Öffentlichkeitsbeteiligung nach der Aarhus-Konvention, ZUR 2004, S. 136-141.

Fluck, Jürgen / *Frenz*, Walter / *Fischer*, Kristian / *Franßen*, Gregor, Kreislaufwirtschaftsrecht, Abfallrecht und Bodenschutzrecht mit EU-Abfallrecht, Kommentar, Bd. 1 (Stand: 130. Aktualisierung Juli 2016), Heidelberg. (zitiert: *Bearbeiter*, in: Fluck u.a., Kreislaufwirtschafts-, Abfall- und Bodenschutzrecht)

Fraenkel-Haeberle, Christina, Zur Multifunktionalität der Partizipation bei großen Infrastrukturvorhaben, DÖV 2016, S. 548-555.

Franke, Peter, Beschleunigung der Planungs- und Zulassungsverfahren beim Ausbau der Übertragungsnetze, in: Klees, Andreas / Gent, Kai (Hrsg.), Energie – Wirtschaft – Recht, Festschrift für Peter Salje, Zum 65. Geburtstag am 9. Februar 2013, Köln 2013, S. 121-139.

Franke, Peter / *Wabnitz*, Miriam Aniela, Konzentrierter Rechtschutz: Das Spannungsfeld zwischen Beschleunigung, Transparenz und Rechtssicherheit am Beispiel des NABEG, ZUR 2017, S. 462-469.

Franzius, Claudio, Aktuelle Probleme des Umweltrechtsschutzes, in: Franzius, Claudio / Lejeune, Stefanie / von Lewinski, Kai / Meßerschmidt, Klaus / Michael, Gerhard / Rossi, Matthias / Schilling, Theodor / Wysk, Peter (Hrsg.),

Beharren. Bewegen. Festschrift für Michael Kloepfer zum 70. Geburtstag, Berlin 2013, S. 377-397.

Franzius, Claudio, Erdkabel in der Stromnetzplanung, ZNER 2016, S. 447-451.

Franzius, Claudio, Modernisierung des subjektiven öffentlichen Rechts. Zum Funktionswandel der Verwaltungsgerichtsbarkeit, UPR 2016, S. 281-295.

Franzius, Claudio, Genügt die Novelle des Umwelt-Rechtsbehelfsgesetzes den unionsrechtlichen Vorgaben?, NVwZ 2018, S. 219-222.

Frenz, Walter, Umweltklagen weiter effektuieren: Subjektive Rechte, Präklusion und Entscheidungserheblichkeit von Verfahrensfehlern, Anmerkung zu EuGH, Urt. v. 15.10.2015 – C-137/14, NuR 2015, S. 832-835.

Führ, Martin / *Schenten*, Julian / *Schulze*, Falk / *Schütte*, Silvia, Verbandsklage nach UmwRG – empirische Befunde und rechtliche Bewertung, NVwZ 2014, S. 1041-1046.

Gärditz, Klaus Ferdinand, Angemessene Öffentlichkeitsbeteiligung bei Infrastrukturplanungen als Herausforderung an das Verwaltungsrecht im demokratischen Rechtsstaat, GewArch 2011, S. 273-279.

Gärditz, Klaus Ferdinand, Verwaltungsgerichtlicher Rechtsschutz im Umweltrecht, NVwZ 2014, S. 1-10.

Gärditz, Klaus Ferdinand, Europäisierter Umweltrechtsschutz als Laboratorium des Verwaltungsprozessrechts: Entwicklungspfade zwischen Prozeduralisierung, Objektivierung und Subjektivierung, EurUP 2015, S. 196-213.

Gärditz, Klaus Ferdinand, Die verwaltungsprozessualen „Begleitregelungen" des UmwRG, Innerprozessuale Präklusion, Aussetzung des gerichtlichen Verfahrens zur Fehlerheilung und Auffangrechtsschutz zum Oberverwaltungsgericht, EurUP 2018, S. 158-173.

Gärditz, Klaus Ferdinand (Hrsg.), Verwaltungsgerichtsordnung (VwGO) mit Nebengesetzen, Kommentar, 2. Auflage, Köln 2018. (zitiert: *Bearbeiter*, in: Gärditz, VwGO)

Gassner, Erich, Zur Reichweite des Anspruchs Privater auf gerechte Abwägung in der Planfeststellung, DVBl. 2011, S. 214-217.

Geber, Frederic, Die Netzanbindung von Offshore-Anlagen im europäischen Supergrid, Eine Untersuchung der §§ 17a ff. EnWG und ihrer völkerrechtlichen, europarechtlichen und verfassungsrechtlichen Einbettung, Tübingen 2014. (zitiert: Die Netzanbindung von Offshore-Anlagen im europäischen Supergrid)

Geiger, Rudolf / *Khan*, Daniel-Erasmus / *Kotzur*, Markus, EUV/AEUV, Vertrag über die Europäische Union und Vertrag über die Arbeitsweise der Europäischen Union, Kommentar, 6. Auflage, München 2017. (zitiert: *Bearbeiter*, in: Geiger/Khan/Kotzur, EUV/AEUV)

Geismann, Maria / *Schulz*, Mathias, Ist die materielle Präklusion nach § 2 Abs. 3 UmwRG europarechtskonform?, Anmerkung zum Vertragsverletzungsverfahren der Europäischen Kommission gegen die Bundesrepublik Deutschland, NuR 2014, S. 624-630.

Giesberts, Ludger / *Tiedge*, Andreas, Die Verordnung zu Leitlinien für die transeuropäische Energieinfrastruktur, NVwZ 2013, S. 836-841.

Götz, Volkmar, Europarechtliche Vorgaben für das Verwaltungsprozessrecht, DVBl. 2002, S. 1-7.

Graf Vitzthum, Wolfgang / *Proelß*, Alexander (Hrsg.), Völkerrecht, 7. Auflage, Berlin/Boston 2016. (zitiert: *Bearbeiter*, in: Graf Vitzthum/Proelß, Völkerrecht)

Greim, Jeanine, Rechtsschutz bei Verfahrensfehlern im Umweltrecht, Eine Abhandlung am Beispiel des Umwelt-Rechtsbehelfsgesetzes, Berlin 2013. (zitiert: Rechtsschutz bei Verfahrensfehlern)

Grigoleit, Klaus Joachim / *Weisensee*, Claudius, Das neue Planungsrecht für Elektrizitätsnetze, UPR 2011, S. 401-406.

von der Groeben, Hans / *Schwarze*, Jürgen / *Hatje*, Armin (Hrsg.), Europäisches Unionsrecht, Vertrag über die Europäische Union, Vertrag über die Arbeitsweise der Europäischen Union, Charta der Grundrechte der Europäischen Union, 7. Auflage, Baden-Baden 2015.

Grünewald, Benedikt, Die Betonung des Verfahrensgedankens im deutschen Verwaltungsrecht durch das Gemeinschaftsrecht, Frankfurt am Main, Berlin, Bern u.a. 2009. (zitiert: Die Betonung des Verfahrensgedankens)

Grünewald, Benedikt, Subjektive Verfahrensrechte als Folge der Europäisierung des Bauplanungsrechts, NVwZ 2009, S. 1520-1525.

Guckelberger, Annette, Die Verjährung im Öffentlichen Recht, Tübingen 2004.

Guckelberger, Annette, Bürokratieabbau durch Abschaffung des Erörterungstermins?, DÖV 2006, S. 97-105.

Guckelberger, Annette, Formen von Öffentlichkeitsbeteiligung im Umweltverwaltungsrecht, VerwArch 103 (2012), S. 31-62.

Guckelberger, Annette, Schnellerer Energienetzausbau durch Unionsrecht?, DVBl. 2014, S. 805-813.

Guckelberger, Annette, Einwirkungen des Unionsrechts auf das nationale Energie-Infrastrukturrecht, in: Schlacke, Sabine / Schubert, Mathias (Hrsg.), Energie-Infrastrukturrecht, Kolloquium anlässlich der Verabschiedung von Prof. Dr. Wilfried Erbguth am 11. September 2014, Berlin 2015, S. 31-64.

Guckelberger, Annette, Funktionswandel der Verwaltungsgerichtsbarkeit unter dem Einfluss des Unionsrechts – Umfang des Verwaltungsrechtsschutzes auf dem Prüfstand, in: Ständige Deputation des Deutschen Juristentages (Hrsg.), Verhandlungen des 71. Deutschen Juristentages, Essen 2016, Band II/1 (Sitzungsberichte – Referate und Beschlüsse), München 2017, S. N 9-N 77. (zitiert: Referat zum 71. DJT)

Guckelberger, Annette / *Gard*, Andre, 15 Jahre SUP-Richtlinie: Bilanz und Perspektiven, EurUP 2016, S. 168-181.

Guckelberger, Annette / *Geber*, Frederic, Präklusion unter dem Einfluss der Aarhus-Konvention, EurUP 2014, S. 167-177.

Gurlit, Elke, Der Eigenwert des Verfahrens im Verwaltungsrecht, VVDStRL 70 (2011), S. 227-277.

Gurlit, Elke, Neue Formen der Bürgerbeteiligung? Planung und Zulassung von Projekten in der parlamentarischen Demokratie, JZ 2012, S. 833-841.

Halama, Günter, Durchsetzung und Abwehr von Zielen der Raumordnung und Landesplanung auf der Gemeindeebene, in: Berkemann, Jörg / Gaentzsch, Günter / Halama, Günter / Heeren, Helga / Hien, Eckart / Lemmel, Hans-Peter (Hrsg.), Planung und Plankontrolle, Entwicklungen im Bau- und Fachplanungsrecht, Otto Schlichter zum 65. Geburtstag, Köln, Berlin, Bonn, München 1995, S. 201-226.

Haug, Volker / *Schadtle*, Kai, Der Eigenwert der Öffentlichkeitsbeteiligung im Planungsrecht, Zugleich ein Beitrag zur Dogmatik des § 46 VwVfG, NVwZ 2014, S. 271-275.

Haug, Volker / *Zeccola*, Marc, Neue Wege des Partizipationsrechts – eignet sich das Standortauswahlgesetz als Vorbild?, ZUR 2018, S. 75-84.

Heitsch, Christian, Raumordnungsziele und Außenbereichsvorhaben: Steuerungswirkungen und Rechtsschutz, NuR 2004, S. 20-27.

Held, Jürgen, Individualrechtsschutz bei fehlerhaftem Verwaltungsverfahren, NVwZ 2012, S. 461-468.

Held, Jürgen, Umweltrechtliche Verfahrensfehler im Lichte der neuesten Rechtsprechung, DVBl. 2016, S. 12-22.

Hendler, Reinhard, Der Geltungsbereich der EG-Richtlinie zur strategischen Umweltprüfung, NuR 2003, S. 2-11.

Hendler, Reinhard, Das Gesetz zur Einführung einer Strategischen Umweltprüfung, NVwZ 2005, S. 977-984.

Hendler, Reinhard, Frühzeitige Öffentlichkeitsbeteiligung an der Standortplanung und Zulassung von Großprojekten, in: Ewer, Wolfgang / Ramsauer, Ulrich / Reese, Moritz / Rubel, Rüdiger (Hrsg.), Methodik – Ordnung – Umwelt, Festschrift für Hans-Joachim Koch aus Anlass seines siebzigsten Geburtstags, Berlin 2014, S. 269-282.

Hendler, Reinhard / *Wu*, Mei, Öffentlichkeitsbeteiligung im Umweltrecht der Europäischen Union, DVBl. 2014, S. 78-85.

Henke, Wilhelm, Zur Lehre vom subjektiven öffentlichen Recht, in: Schneider, Hans / Götz, Volkmar (Hrsg.), Im Dienst an Recht und Staat, Festschrift für Werner Weber zum 70. Geburtstag, Berlin 1974, S. 495-514.

Herdegen, Matthias, Völkerrecht, 16. Auflage, München 2017.

Hermes, Georg, Das neue System der Energienetzplanung – verfassungsrechtliche und planungsrechtliche Grundfragen und weiterer Handlungsbedarf, EnWZ 2013, S. 395-402.

Hertel, Wolfram / *Munding*, Christoph-David, Die frühe Öffentlichkeitsbeteiligung und andere Neuerungen durch das Planfeststellungsvereinheitlichungsgesetz, NJW 2013, S. 2150-2155.

Heselhaus, Sebastian, Europäisches Energie- und Umweltrecht als Rahmen der Energiewende in Deutschland, EurUP 2013, S. 137-150.

Heselhaus, Sebastian, Frühe Öffentlichkeitsbeteiligung und Energiewende, in: Ewer, Wolfgang / Ramsauer, Ulrich / Reese, Moritz / Rubel, Rüdiger (Hrsg.), Methodik – Ordnung – Umwelt, Festschrift für Hans-Joachim Koch aus Anlass seines siebzigsten Geburtstags, Berlin 2014, S. 297-313.

Hien, Eckart, Die Umweltverträglichkeitsprüfung in der gerichtlichen Praxis, NVwZ 1997, S. 422-428.

Hildebrandt, Burghard / *Koch*, Eva, Unionsrechtswidrigkeit der Präklusion – Neues aus Leipzig?, NVwZ 2017, S. 1099-1101.

Hobe, Stephan, Einführung in das Völkerrecht, 10. Auflage, Tübingen 2014. (zitiert: Völkerrecht)

Hofmann, Ekkehard, Der Funktionswandel der Verwaltungsgerichtsbarkeit – nur eine Frage des Umweltrechts?, EurUP 2015, S. 266-279.

Hoppe, Werner, Planung und Pläne in der verwaltungsgerichtlichen Kontrolle, in: Erichsen, Hans-Uwe / Hoppe, Werner / von Mutius, Albert (Hrsg.), System des verwaltungsgerichtlichen Rechtsschutzes, Festschrift für Christian-Friedrich Menger zum 70. Geburtstag, Köln u.a. 1985, S. 747-777.

Hoppe, Werner / *Beckmann*, Martin / *Kment*, Martin (Hrsg.), Gesetz über die Umweltverträglichkeitsprüfung (UVPG), Umweltrechtsbehelfsgesetz (UmwRG), Kommentar, 5. Auflage, Köln 2018. (zitiert: *Bearbeiter*, in: Hoppe/Beckmann/Kment, UVPG)

Hoppe, Werner / *Beckmann*, Martin / *Kauch*, Petra, Umweltrecht, 2. Auflage, München 2000.

Hoppe, Werner / *Schlarmann*, Hans / *Buchner*, Reimar / *Deutsch*, Markus, Rechtsschutz bei der Planung von Verkehrsanlagen und anderen

Infrastrukturvorhaben, Grundlagen der Planfeststellung, 4. Auflage, Berlin 2011. (zitiert: Rechtsschutz bei der Planung von Verkehrsanlagen und anderen Infrastrukturvorhaben)

Hufen, Friedhelm, Heilung und Unbeachtlichkeit von Verfahrensfehlern, JuS 1999, S. 313-320.

Hufen, Friedhelm / *Siegel*, Thorsten, Fehler im Verwaltungsverfahren, 6. Auflage, Baden-Baden 2018.

Ibler, Martin, Zur Bindungswirkung der Planungs- und Linienführungsbestimmung des Bundesministers für Verkehr bei der Fernstraßenplanung, DVBl. 1989, S. 76-86.

Ibler, Martin, Die Gerichtskontrolle mehrstufiger Fachplanungen, insbesondere der Abfallentsorgungsplanung, DVBl. 1989, S. 639-647.

Imboden, Max, Der Plan als verwaltungsrechtliches Institut, VVDStRL 18 (1960), S. 113-139.

Ipsen, Jörn, Einwendungsbefugnis und Einwendungsausschluss im atomrechtlichen Genehmigungsverfahren, DVBl. 1980, S. 146-153.

Ipsen, Knut (Hrsg.), Völkerrecht, 6. Auflage, München 2014. (zitiert: *Bearbeiter*, in: Ipsen, Völkerrecht)

Jarass, Hans Dieter, Haftung für die Verletzung von EU-Recht durch nationale Organe und Amtsträger, NJW 1994, S. 881-886.

Jarass, Hans Dieter, Konflikte zwischen EG-Recht und nationalem Recht vor den Gerichten der Mitgliedstaaten, DVBl. 1995, S. 954-962.

Jarass, Hans Dieter / *Beljin*, Sasa, Die Bedeutung von Vorrang und Durchführung des EG-Rechts für die nationale Rechtsetzung und Rechtsanwendung, NVwZ 2004, S. 1-11.

Johlen, Heribert, Die Präklusion auf dem Prüfstand, NuR 2015, S. 513-515.

Jornitz, Philipp / *Förster*, Gesa C., Paradigmenwechsel beim Netzausbau: Vorrang der Erdverkabelung bei neuen Gleichstromleitungen, NVwZ 2016, S. 801-806.

Kadelbach, Stefan, Allgemeines Verwaltungsrecht unter europäischem Einfluß, Tübingen 1999.

Kahl, Wolfgang / *Ohlendorf*, Lutz, Die Europäisierung des subjektiven öffentlichen Rechts, JA 2011, S. 41-48.

Kahl, Wolfgang, Grundrechtsschutz durch Verfahren in Deutschland und in der EU, VerwArch 95 (2004), S. 1-37.

Keller, Karsten, Drittanfechtungen im Umweltrecht durch Umweltvereinigungen und Individualkläger, Ein Zwischenstand nach Änderung des Umwelt-Rechtsbehelfsgesetzes, NVwZ 2017, S. 1080-1084.

Keller, Karsten / *Rövekamp*, Christiane, Anmerkung zum Urteil des EuGH vom 15.10.2015 – C-137/14, NVwZ 2015, S. 1672-1673.

Kerkmann, Jochen / *Schröter*, Jessica, Präklusion = Präklusion? Zum Entwurf eines Gesetzes zur Anpassung des Umwelt-Rechtsbehelfsgesetzes und anderer Vorschriften an europa- und völkerrechtliche Vorgaben im Hinblick auf nationale Präklusionsvorschriften, EurUP 2017, S. 126-140.

Kim, Soo Min, Verdrängung der materiellen Regelungsdichte zugunsten einer Prozeduralisierung des Verwaltungsverfahrens – ein sinnvoller Vorschlag?, EurUP 2017, S. 233-242.

Kley, Dieter, Der prozeßrechtliche Ausschluß von Tatsachenvorbringen bei der Anfechtung eines Planfeststellungsbeschlusses, in: Berkemann, Jörg / Gaentzsch, Günter / Halama, Günter / Heeren, Helga / Hien, Eckart / Lemmel, Hans-Peter (Hrsg.), Planung und Plankontrolle, Entwicklungen im Bau- und Fachplanungsrecht, Otto Schlichter zum 65. Geburtstag, Köln u.a. 1995, S. 637-654.

Klinger, Remo, Anmerkung zu EuGH, Urteil vom 08.11.2016, C-243/15, ZUR 2017, S. 90-91.

Klinger, Remo, Anmerkung zu EuGH, Urteil vom 20.12.2017, C-664/15, NVwZ 2018, S. 231-232.

Kluth, Winfried, Rechtsschutz im Kontext der Energieinfrastrukturentwicklung, Am Beispiel des Netzausbaubeschleunigungsgesetzes, in: Schlacke, Sabine / Schubert, Mathias (Hrsg.), Energie-Infrastrukturrecht, Kolloquium anlässlich der Verabschiedung von Prof. Dr. Wilfried Erbguth am 11. September 2014, Berlin 2015, S. 119-131.

Kment, Martin, Rechtsschutz im Hinblick auf Raumordnungspläne, Münster 2002. (zitiert: Rechtsschutz)

Kment, Martin, Nationale Unbeachtlichkeits-, Heilungs- und Präklusionsvorschriften und Europäisches Recht, Berlin 2005. (zitiert: Nationale Unbeachtlichkeits-, Heilungs- und Präklusionsvorschriften)

Kment, Martin, Die Stellung nationaler Unbeachtlichkeits-, Heilungs- und Präklusionsvorschriften im europäischen Recht, EuR 2006, S. 201-235.

Kment, Martin (Hrsg.), Energiewirtschaftsgesetz Kommentar, Baden-Baden 2015. (zitiert: *Bearbeiter*, in: Kment, EnWG)

Kment, Martin, Bundesfachplanung von Trassenkorridoren für Höchstspannungsleitungen, Grundlegende Regelungselemente des NABEG, NVwZ 2015, S. 616-626.

Kment, Martin, Die Überformung des deutschen Planungsrechts durch EU-Recht – Hat die Präklusion eine Zukunft?, UPR Sonderheft 2016, S. 487-492.

Kment, Martin / *Lorenz*, Christina, Eckpfeiler des deutschen Verwaltungsrechts auf europäischem Prüfstand, EurUP 2016, S. 47-57.

Knack, Hans Joachim / *Henneke*, Hans-Günter (Hrsg.), Verwaltungsverfahrensgesetz Kommentar, 10. Auflage, Köln 2014. (zitiert: *Bearbeiter*, in: Knack/ Henneke, VwVfG)

Knappe, Lukas, Gestufter Netzausbau und Bundesfachplanung im Spannungsfeld des effektiven Rechtsschutzes, DVBl. 2016, S. 276-284.

Knauff, Matthias, Öffentlichkeitsbeteiligung im Verwaltungsverfahren, DÖV 2012, S. 1-8.

Koch, Hans-Joachim, Energie-Infrastrukturrecht zwischen Raumordnung und Fachplanung – das Beispiel der Bundesfachplanung ‚Trassenkrorridore', in: Sabine Schlacke / Mathias Schubert (Hrsg.), Energie-Infrastrukturrecht – Kolloquium anlässlich der Verabschiedung von Prof. Dr. Wilfried Erbguth am 11. September 2014, Berlin 2015, S. 65-86.

Köck, Wolfgang, Pläne, in: Hoffmann-Riem, Wolfgang / Schmidt-Aßmann, Eberhard / Voßkuhle, Andreas (Hrsg.), Grundlagen des Verwaltungsrechts Band II, Informationsordnung, Verwaltungsverfahren, Handlungsformen, 2. Auflage, München 2012, § 37 (S. 1389-1455).

Kokott, Juliane, Europäisierung des Verwaltungsprozessrechts, Die Verwaltung 31 (1998), S. 335-370.

Kokott, Juliane / *Sobotta*, Christoph, Rechtsschutz im Umweltrecht – Weichenstellung in der Rechtsprechung des Gerichtshofs der Europäischen Union, DVBl. 2014, S. 132-137.

Kopp, Ferdinand / *Ramsauer*, Ulrich, Verwaltungsverfahrensgesetz Kommentar, 19. Auflage, München 2018. (zitiert: *Bearbeiter*, in: Kopp/Ramsauer, VwVfG)

Kopp, Ferdinand / *Schenke*, Wolf-Rüdiger, Verwaltungsgerichtsordnung Kommentar, 24. Auflage, München 2018. (zitiert: *Bearbeiter*, in: Kopp/ Schenke, VwGO)

Krüger, Wolfgang / *Rauscher*, Thomas, Münchener Kommentar zur Zivilprozessordnung mit Gerichtsverfassungsgesetz und Nebengesetzen, Band 1, 5. Auflage, München 2016. (zitiert: *Bearbeiter*, in: Krüger/Rauscher, ZPO)

Kühne, Gunther, Verfassungsrechtliche Fragen der bergrechtlichen Enteignung – Zum Garzweiler-Urteil des BVerfG vom 17.12.2013, NVwZ 2014, S. 321-326.

Kukk, Alexander, Rechtschutz gegen raumgreifende Großvorhaben insbesondere der „Energiewende" nach „Garzweiler II", in: Quaas, Michael / Deutsches Anwaltsinstitut e.V. (Hrsg.), Rechtsprobleme der Energiewende, Baden-Baden 2015, S. 83-95.

Kümper, Boas, Das Verhältnis der Bundesfachplanung nach §§ 4 ff. NABEG zur Raumordnung der Länder, NVwZ 2014, S. 1409-1415.

Kümper, Boas, Planfeststellung für Vorhaben nach dem Netzausbaubeschleunigungsgesetz (NABEG) und räumliche Gesamtplanung, UPR 2016, S. 500-510.

Kupfer, Dominik, Rechtsprechungsanalyse, Das Fachplanungsrecht in der neueren Rechtsprechung des Bundesverwaltungsgerichts, Fortschreibung 2014, Die Verwaltung 47 (2014), S. 77-124.

Ladeur, Karl-Heinz, Die Schutznormtheorie – Hindernis auf dem Weg zu einer modernen Dogmatik der planerischen Abwägung?, UPR 1984, S. 1-7.

von Landmann, Robert / *Rohmer*, Gustav (Hrsg.), Umweltrecht, Band I, Kommentar (Stand: 85. Ergänzungslieferung Dezember 2017), München.

Lecheler, Helmut, Isolierte Anfechtung von Verfahrensfehlern ohne materielle Beschwer kraft Europarechts?, NVwZ 2005, S. 1156-1157.

Lee, Philipp, Die Geburtsstunde der heimlichen Präklusion, Zum Schicksal der materiellen Präklusion nach dem Urteil des EuGH vom 15.10.2015 in Rs. C-137/14 und dem Gesetzentwurf zur Anpassung des Umwelt-Rechtsbehelfsgesetzes, EurUP 2017, S. 62-74.

Lege, Joachim, Das Garzweiler-Urteil des Bundesverfassungsgerichts – und seine Konsequenzen für den Rechtsschutz in mehrstufigen Verwaltungsverfahren, WF 2014, S. 1-7.

Leidinger, Tobias, Abwägung und Alternativenprüfung beim Stromnetzausbau – Zum aktuellen Streitstand, DVBl. 2014, S. 683-691.

Leidinger, Tobias, Genehmigungsrechtliche Fragestellungen beim Netzausbau im Zusammenhang mit der TEN-E Verordnung und Anpassungsbedarf in Deutschland, DVBl. 2015, S. 400-409.

Linhart, Helmut, Fristen und Termine im Verwaltungsrecht, 4. Auflage, Heidelberg, München, Landsberg, Berlin 2007. (zitiert: Fristen)

Linßen, Ronja Maria / *Aubel*, Claudia, (Noch) schnellerer Netzausbau durch neue TEN-E VO?, DVBl. 2013, S. 965-971.

Lorenzmeier, Stefan, Völkerrechtliche Übereinkommen der Europäischen Union und das ACTA-Übereinkommen, ZJS Online 2012, S. 322-328.

Ludwig, Grit, Die Kontrolle von Bedarfsplanungen im Infrastrukturrecht – Überlegungen zur Ausweitung von gerichtlichen und außergerichtlichen Überprüfungsmöglichkeiten –, ZUR 2017, S. 67-74.

Ludwigs, Markus, Bausteine des Verwaltungsrechts auf dem Prüfstand des EuGH, Die Revolution ist ausgeblieben, NJW 2015, S. 3484-3487.

Mann, Thomas, Großvorhaben als Herausforderung für den demokratischen Rechtsstaat, VVDStRL 72 (2013), S. 544-593.

Marschall, Ernst A. (Hrsg.), Bundesfernstraßengesetz, Kommentar, 6. Auflage, Köln 2012. (zitiert: *Bearbeiter*, in: Marschall, FStrG)

Masing, Johannes, Die Mobilisierung des Bürgers für die Durchsetzung des Rechts, Europäische Impulse für eine Revision der Lehre vom subjektiv-öffentlichen Recht, Berlin 1997. (zitiert: Die Mobilisierung des Bürgers)

Masing, Johannes, Enteignungen für Großvorhaben, EurUP 2016, S. 343-352.

Masing, Tobias, Europäisches Umweltrecht als Investitionsrisiko, in: Hebeler, Timo / Hofmann, Ekkehard / Proelß, Alexander / Reiff, Peter (Hrsg.), Planungsrecht im Umbruch: Europäische Herausforderungen, 31. Trierer Kolloquium zum Umwelt- und Technikrecht vom 29. bis 30. September 2016, Berlin 2017, S. 159-175.

Maunz, Theodor / *Dürig*, Günter / *Herzog*, Roman / *Scholz*, Rupert / *Herdegen*, Matthias / *Klein*, Hans H. (Hrsg.): Grundgesetz, Kommentar, 7 Bände (Stand: 82. Ergänzungslieferung Januar 2018), München. (zitiert: *Bearbeiter*, in: Maunz/Dürig, GG)

Maurer, Hartmut / *Waldhoff*, Christian, Allgemeines Verwaltungsrecht, 19. Auflage, München 2017.

Michl, Fabian, Die Umweltverbandsklage nach dem Regierungsentwurf zur Anpassung des UmwRG an europa- und völkerrechtliche Vorgaben, NuR 2016, S. 543-551.

Mitschang, Stephan, Netzausbau und räumliche Gesamtplanung, UPR 2015, S. 1-11.

Moench, Christoph / *Ruttloff*, Marc, Netzausbau in Beschleunigung, NVwZ 2011, S. 1040-1045.

Moench, Christoph / *Ruttloff*, Marc, Rechtsschutzgarantie und Bundesfachplanung, NVwZ 2014, S. 897-901.

Müggenborg, Hans-Jürgen, Stellungnahme des Deutschen Anwaltvereins zur geplanten Novelle des Umwelt-Rechtsbehelfsgesetzes, NuR 2016, S. 473-475.

Murswiek, Dietrich, Anmerkung zum Urteil des EuGH vom 25.08.2008 – C-237/07, JuS 2009, S. 74-76.

von Mutius, Albert, Rechtsnorm und Verwaltungsakt – Zu Möglichkeiten und Grenzen rechtsdogmatischer Differenzierungen im Bereich des Verwaltungshandelns, in: Menger, Christian-Friedrich (Hrsg.), Fortschritte des Verwaltungsrechts, Festschrift für Hans J. Wolff zum 75. Geburtstag, München 1973, S. 167-218.

Nettesheim, Martin, Transeuropäische Energieinfrastruktur und EU-Binnenmarkt – Die Neuregelung der TEN-E, in: Giegerich, Thomas (Hrsg.), Herausforderungen und Perspektiven der EU, Berlin 2012, S. 77-104.

Niedobitek, Matthias, Kollisionen zwischen EG-Recht und nationalem Recht, Verwaltungsarchiv 92 (2001), S. 58-80.

Niedzwicki, Matthias, Präklusionsvorschriften des öffentlichen Rechts im Spannungsfeld zwischen Verfahrensbeschleunigung, Einzelfallgerechtigkeit und Rechtsstaatlichkeit, Zur Vereinbarkeit der Präklusion mit dem Grundgesetz und mit dem Europarecht, Berlin 2007. (zitiert: Präklusionsvorschriften des öffentlichen Rechts)

Oexle, Anno, Das Rechtsinstitut der materiellen Präklusion in den Zulassungsverfahren des Umwelt- und Baurechts, Unter besonderer Berücksichtigung des Europäischen Gemeinschaftsrechts und des Verfassungsrechts, Berlin 2001. (zitiert: Das Rechtsinstitut der materiellen Präklusion)

Ossenbühl, Fritz, Welche normativen Anforderungen stellt der Verfassungsgrundsatz des demokratischen Rechtsstaates an die planende staatliche Tätigkeit?, dargestellt am Beispiel der Entwicklungsplanung, Gutachten für den 50. Deutschen Juristentag, in: Ständige Deputation des Deutschen Juristentages (Hrsg.), Verhandlungen des fünfzigsten Deutschen Juristentages, Hamburg 1974, Band I (Gutachten) Teil B, München 1974, S. B 1-S. B 205. (zitiert: Gutachten B für den 50. DJT)

Ossenbühl, Fritz, Die Handlungsform der Verwaltung, JuS 1979, S. 681-687.

Papier, Hans-Jürgen, Einwendungen Dritter in Verwaltungsverfahren, NJW 1980, S. 313-321.

Pauly, Walter, Grundlagen einer Handlungsformenlehre im Verwaltungsrecht, in: Becker-Schwarze, Kathrin / Köck, Wolfgang / Kupka, Thomas / von Schwanenflügel, Matthias (Hrsg.), Wandel der Handlungsformen im Öffentlichen Recht, u.a., Stuttgart u.a. 1991, S. 25-45.

Pernice-Warnke, Silvia, Der Zugang zu Gericht in Umweltangelegenheiten für Individualkläger und Verbände gemäß Art. 9 Abs. 3 Aarhus-Konvention und seine Umsetzung durch die europäische Gemeinschaft – Beseitigung eines Doppelstandards?, EuR 2008, S. 410-424.

Pernice-Warnke, Silvia, Effektiver Zugang zu Gericht, Die Klagebefugnis für Individualkläger und Verbände in Umweltangelegenheiten unter Reformdruck, Baden-Baden 2009. (zitiert: Effektiver Zugang zu Gericht)

Pernice-Warnke, Silvia, Verwaltungsprozessrecht unter Reformdruck – Regelungsspielräume des deutschen Gesetzgebers angesichts europäischer und internationaler Einflüsse auf den Rechtsschutz im Umweltrecht –, DÖV 2017, S. 846-856.

Peters, Birgit, Die Auslegung von Art. 6-8 der Aarhus-Konvention durch das Aarhus Compliance Committee und die Auswirkungen im europäischen Umweltrecht, EurUP 2014, S. 185-195.

Peters, Birgit, Die Bürgerbeteiligung nach dem Energiewirtschafts- und Netzausbaubeschleunigungsgesetz – Paradigmenwechsel für die Öffentlichkeitsbeteiligung im Verwaltungsverfahren?, DVBl. 2015, S. 808-815.

Posser, Herbert / *Faßbender*, Kurt (Hrsg.), Praxishandbuch Netzplanung und Netzausbau, Die Infrastrukturplanung der Energiewende in Recht und Praxis, Berlin/Boston 2013. (zitiert: *Bearbeiter*, in: Posser/Faßbender, Praxishandbuch Netzplanung)

Quaas, Sabine, Die Behördenpräklusion, Behördenbeteiligung und Verfahrensbeschleunigung, München 2006. (zitiert: Die Behördenpräklusion)

Quabeck, Christian, Dienende Funktion des Verwaltungsverfahrens und Prozeduralisierung, Tübingen 2010. (zitiert: Dienende Funktion)

Ramsauer, Ulrich, Abwägungskontrolle und subjektiver Rechtsschutz im Planfeststellungsverfahren, DÖV 1981, S. 37-43.

Redeker, Konrad, Zur Ausgleichsfunktion von Teilhaberechten zwischen Freiheit und Bindung, in: Bachof/Heigl/Redeker (Hrsg.), Verwaltungsrecht zwischen Freiheit, Teilhabe und Bindung, Festgabe aus Anlass des 25-jährigen Bestehens des Bundesverwaltungsgerichts, München 1978, S. 511-525.

Redeker, Konrad, Grundgesetzliche Rechte auf Verfahrensteilhabe, Bemerkungen zu einem status activus processualis, NJW 1980, S. 1593-1598.

Redeker, Konrad / *von Oertzen*, Hans-Joachim, Verwaltungsgerichtsordnung Kommentar, 16. Auflage, Stuttgart 2014. (zitiert: *Bearbeiter*, in: Redeker/von Oertzen, VwGO)

Rehbinder, Eckard, Endlagerung hochradioaktiver Abfälle und Rechtsschutz – ein Königsweg zur Lösung eines „verzwickten" Umweltproblems?, EurUP 2018, S. 61-71.

Rengeling, Hans-Werner / *Middeke*, Andreas / *Gellermann*, Martin (Hrsg.), Handbuch des Rechtsschutzes in der Europäischen Union, 3. Auflage, München 2014. (zitiert: *Bearbeiter*, in: Rengeling/Middeke/Gellermann, Handbuch des Rechtsschutzes in der EU)

Rennert, Klaus, Funktionswandel der Verwaltungsgerichtsbarkeit unter dem Einfluss des Unionsrechts? – Umfang des Verwaltungsrechtsschutzes auf dem Prüfstand, in: Ständige Deputation des Deutschen Juristentages (Hrsg.), Verhandlungen des 71. Deutschen Juristentages, Essen 2016, Band II/1 (Sitzungsberichte – Referate und Beschlüsse), München 2017, S. N 127-157. (zitiert: Referat zum 71. DJT)

Rieger, Alexander Stefan / *Groß*, Johannes, Wegfall der Präklusion in UVP-Verfahren, Gesteigertes Investitionsrisiko durch EuGH-Urteil, NZBau 2017, S. 195-200.

Rott, Peter, Effektiver Rechtsschutz vor missbräuchlichen AGB – Zum Cofidis-Urteil des EuGH, EuZW 2003, S. 5-9.

Ruffert, Matthias, Subjektive Rechte im Umweltrecht der Europäischen Gemeinschaft, Unter besonderer Berücksichtigung ihrer prozessualen Durchsetzung, Heidelberg 1996. (zitiert: Subjektive Rechte)

Ruffert, Matthias, Dogmatik und Praxis des subjektiv-öffentlichen Rechts unter dem Einfluß des Gemeinschaftsrechts, DVBl. 1998, S. 69-75.

Ruffert, Matthias, Europa-, Verwaltungs- und Verwaltungsprozessrecht: Verbandsklage und Individualrechtsschutz im EU-Umweltrecht, JuS 2015, S. 1138-1140.

Sachs, Michael (Hrsg.), Grundgesetz Kommentar, 8. Auflage, München 2018. (zitiert: *Bearbeiter*, in: Sachs, GG)

Säcker, Franz Jürgen (Hrsg.), Berliner Kommentar zum Energierecht, Band 1 (Teil 2), 3. Auflage, Frankfurt am Main 2014. (zitiert: *Bearbeiter*, in: Säcker, Energierecht)

Salis, Stefan, Gestufte Verwaltungsverfahren im Umweltrecht – Eine neue Dogmatik gestufter Verwaltungsverfahren über raumbedeutsame Großvorhaben, Baden-Baden 1991. (zitiert: Gestufte Verwaltungsverfahren)

Sangenstedt, Christof, Die Reform der UVP-Richtlinie 2014: Herausforderungen für das deutsche Recht, ZUR 2014, S. 526-535.

Sauer, Matthias, Rechtsschutz in Umweltangelegenheiten im Umbruch?, Versuch eines Überblicks zum Stand der Diskussion, ZUR 2014, S. 195-202.

Saurer, Johannes, Der Einzelne im europäischen Verwaltungsrecht, Die institutionelle Ausdifferenzierung der Verwaltungsorganisation der Europäischen Union in individueller Perspektive, Tübingen 2014. (zitiert: Der Einzelne im europäischen Verwaltungsrecht)

Saurer, Johannes, Neue Entwicklungen bei der Vollzugskontrolle im europäischen Umweltrecht, EurUP 2016, S. 78-89.

Schadtle, Kai, Neue Leitungen braucht das Land – und Europa! – Die Neuregelung der TEN-E-Leitlinien und deren Konsequenzen für das deutsche Planungs- und Genehmigungsrecht für Höchstspannungsleitungen unter besonderer Berücksichtigung der Vorschriften über die Öffentlichkeitsbeteiligung, ZNER 2013, S. 126-132.

Schaller, Werner / *Henrich*, Marius, Aktuelle Rechtsfragen der Bundesfachplanung, UPR 2014, S. 361-370.

Schechinger, Peter, Rechtsverletzung und Schutznorm im Anfechtungsprozeß Privater gegen Straßenplanungen, DVBl. 1991, S. 1182-1190.

Scheidler, Alfred, Rechtsschutz Dritter bei fehlerhafter oder unterbliebener Umweltverträglichkeitsprüfung, NVwZ 2005, S. 863-868.

Schenderlein, Kristin, Rechtsschutz und Partizipation im Umweltrecht, Europa- und völkerrechtliche Bürgerfreundlichkeit versus nationale Verfahrensbeschleunigung – insbesondere zur Aarhus-Konvention, Marburg 2013. (zitiert: Rechtsschutz und Partizipation im Umweltrecht)

Scheyli, Martin, Aarhus-Konvention über Informationszugang, Öffentlichkeitsbeteiligung und Rechtsschutz in Umweltbelangen, AVR 38 (2000), S. 217-252.

Schink, Alexander, Umweltprüfung für Pläne und Programme, Anwendungsbereich der SUP-Richtlinie und Umsetzung in deutsches Recht, NVwZ 2005, S. 615-624.

Schink, Alexander, Der slowakische Braunbär und der deutsche Verwaltungsprozess, – Anmerkungen zur jüngsten Rechtsprechung des EuGH – , DÖV 2012, S. 622-630.

Schink, Alexander, Verstärkung der Öffentlichkeitsbeteiligung und neue UVP-Anforderungen für Unternehmen, DVBl. 2013, S. 1347-1355.

Schink, Alexander, EU-rechtliche Spielräume für eine Begrenzung der Öffentlichkeitsbeteiligung in UVP-pflichtigen Verfahren, EurUP 2014, S. 112-121.

Schink, Alexander, Änderung der UVP-Richtlinie und Auswirkungen auf das nationale Recht, DVBl. 2014, S. 877-886.

Schink, Alexander, Das Verfahren der Netzplanung als Vorbild für andere Infrastrukturplanungen?, EurUP 2015, S. 148-160.

Schink, Alexander / *Versteyl*, Andrea (Hrsg.), KrWG, Kommentar zum Kreislaufwirtschaftsgesetz, 2. Auflage, Berlin 2016. (zitiert: *Bearbeiter*, in: Schink/Versteyl, KrWG)

Schink, Alexander / *Reidt*, Olaf / *Mitschang*, Stephan (Hrsg.), Umweltverträglichkeitsprüfungsgesetz, Umwelt-Rechtsbehelfsgesetz, Kommentar, München 2018. (zitiert: *Bearbeiter*, in: Schink/Reidt/Mitschang, UVPG/UmwRG)

Schirmer, Benjamin, Neustart des Netzausbaus? Nachjustierung durch das Gesetz zur Änderung von Bestimmungen des Rechts des Energieleitungsbaus, DVBl. 2016, S. 285-293.

Schlacke, Sabine, Überindividueller Rechtsschutz, Phänomenologie und Systematik überindividueller Klagebefugnisse im Verwaltungs- und Gemeinschaftsrecht, insbesondere am Beispiel des Umweltrechts, Tübingen 2008. (zitiert: Überindividueller Rechtsschutz)

Schlacke, Sabine, Zur fortschreitenden Europäisierung des (Umwelt-)Rechtsschutzes, Schutznormdoktrin und Verfahrensfehlerlehre erneut unter Anpassungsdruck, NVwZ 2014, S. 11-18.

Schlacke, Sabine, Bundesfachplanung für Höchstspannungsleitungen, Der Schutz von Natur und Landschaft in der SUP und der fachplanerischen Abwägung, NVwZ 2015, S. 626-633.

Schlacke, Sabine, Rechtsschutz von Umweltverbänden gegen die Bundesfachplanung, in: Kment, Martin (Hrsg.), Das Zusammenwirken von deutschem und europäischem Öffentlichen Recht, Festschrift für Hans D. Jarass zum 70. Geburtstag, München 2015, S. 379-393.

Schlacke, Sabine, Bedeutung von Verfahrensfehlern im Umwelt- und Planungsrecht – unter besonderer Berücksichtigung des Gesetzentwurfs zum UmwRG vom 5.9.2016, UPR Sonderheft 2016, S. 478-487.

Schlacke, Sabine, Die Novelle des UmwRG 2017, NVwZ 2017, S. 905-912.

Schlacke, Sabine, Konzentrierter oder phasenspezifischer Rechtsschutz: Individual- und Verbandsklage – Einsatzbereiche, Ergänzung, Kompensation?, ZUR 2017, S. 456-462.

Schmidt, Alexander, Zur Diskussion über erweiterte Klagebefugnisse im Umweltschutzrecht – auch auf vorgelagerten Planungsebenen, ZUR 2012, S. 210-219.

Schmidt-Aßmann, Eberhard, Planung unter dem Grundgesetz, DÖV 1974, S. 541-547.

Schmidt-Aßmann, Eberhard, Konzentrierter oder phasenspezifischer Rechtsschutz? Zu zwei Flughafenentscheidungen des Bundesverfassungsgerichts, DVBl. 1981, S. 334-339.

Schmidt-Aßmann, Eberhard, Die Lehre von den Rechtsformen des Verwaltungshandelns – Ihre Bedeutung im System des Verwaltungsrechts und für das verwaltungsrechtliche Denken der Gegenwart –, DVBl. 1989, S. 533-541.

Schmidt-Aßmann, Eberhard, Das allgemeine Verwaltungsrecht als Ordnungsidee, Grundlagen und Aufgaben der verwaltungsrechtlichen Systembildung, 2. Auflage, Berlin u.a. 2004. (zitiert: Das allgemeine Verwaltungsrecht als Ordnungsidee)

Schmidt-Aßmann, Eberhard, Verwaltungsverfahren und Verwaltungskultur, NVwZ 2007, S. 40-44.

Schmidt-Aßmann, Eberhard, Der Verfahrensgedanke im deutschen und europäischen Verwaltungsrecht, in: Hoffmann-Riem, Wolfgang / Schmidt-Aßmann, Eberhard / Voßkuhle, Andreas (Hrsg.), Grundlagen des Verwaltungsrechts Band II, Informationsordnung, Verwaltungsverfahren, Handlungsformen, 2. Auflage, München 2012, § 27 (S. 461-522).

Schmitt Glaeser, Walter, Partizipation an Verwaltungsentscheidungen, VVDStRL 31 (1973), S. 179-265.

Schmitz, Holger / *Jornitz*, Philipp, Regulierung des deutschen und des europäischen Energienetzes: Der Bundesgesetzgeber setzt Maßstäbe für den kontinentalen Netzausbau, NVwZ 2012, S. 332-337.

Schmitz, Holger / *Uibeleisen*, Maximilian, Netzausbau, Planung und Genehmigung, München 2016. (zitiert: Netzausbau)

Schneider, Jens-Peter / *Theobald*, Christian (Hrsg.), Recht der Energiewirtschaft, Praxishandbuch, 4. Auflage, München 2013. (zitiert: *Bearbeiter*, in: Schneider/Theobald, Recht der Energiewirtschaft)

Schoch, Friedrich, Individualrechtsschutz im deutschen Umweltrecht unter dem Einfluß des Gemeinschaftsrechts, NVwZ 1999, S. 457-467.

Schoch, Friedrich, Gerichtliche Verwaltungskontrolle, in: Hoffmann-Riem, Wolfgang / Schmidt-Aßmann, Eberhard / Voßkuhle, Andreas (Hrsg.), Grundlagen des Verwaltungsrechts Band III, Personal, Finanzen, Kontrolle, Sanktionen, Staatliche Einstandspflichten, 2. Auflage, München 2013, § 50 (S. 743-1047).

Schoch, Friedrich / *Schneider*, Jens-Peter / *Bier*, Wolfgang (Hrsg.), Verwaltungsgerichtsordnung, Kommentar (Stand: 33. Ergänzungslieferung Juni 2017, Grundwerk Stand: 1. April 1996), München. (zitiert: *Bearbeiter*, in: Schoch/Schneider/Bier, VwGO)

Schröter, Jessica, Tagungsbericht: Das 29. Trierer Kolloquium zum Umwelt- und Technikrecht, NuR 2014, S. 28-30.

Schulte, Johannes, Besprechung von EuGH, Urt. v. 15.10.2015 – C-137/14 – Was ist neu und wie geht es weiter?, http://www.jurop.org/oeffbaurecht/besprechung-von-eugh-urt-v-15-10-2015-c-13714-was-ist-neu-und-wie-geht-es-weiter/ (besucht am 02.02.2019).

Schuppert, Gunnar Folke, Verwaltungswissenschaft, Verwaltung, Verwaltungsrecht, Verwaltungslehre, Baden-Baden 2000. (zitiert: Verwaltungswissenschaft)

Schüren, Jonas / *Kramer*, Malte, EuGH-Entscheidung zum UmwRG: Das Aus für materielle Präklusion und traditionelle Verfahrensfehlerfolgenlehre?, ZUR 2016, S. 400-407.

Schütz, Peter, Das „Recht auf gerechte Abwägung" im Bauplanungsrecht – Das Urteil des BVerwG vom 24.9.1998 und seine Folgeprobleme, NVwZ 1999, S. 929-932.

Schwab, Joachim, Frühe Öffentlichkeitsbeteiligung und behördliche Genehmigungsverfahren, UPR 2014, S. 281-290.

Schwabe, Jürgen, Anmerkung zu BVerwG vom 14.02.1975 – IV C 21/74, NJW 1976, S. 159.

Schwerdtfeger, Angela, Der deutsche Verwaltungsrechtsschutz unter dem Einfluss der Aarhus-Konvention, Zugleich ein Beitrag zur Fortentwicklung der subjektiven öffentlichen Rechte unter besonderer Berücksichtigung des Gemeinschaftsrechts, Tübingen 2010. (zitiert: Der deutsche Verwaltungsrechtsschutz)

Seibert-Fohr, Anja, Öffentlichkeitsbeteiligung im Planungsverfahren: Chancen und Grenzen am Beispiel des Planvereinheitlichungsgesetzes, VerwArch 104 (2013), S. 311-326.

Sellner, Dieter / *Fellenberg*, Frank, Atomausstieg und Energiewende 2011 – das Gesetzespaket im Überblick, NVwZ 2011, S. 1025-1035.

Siegel, Thorsten, Entscheidungsfindung im Verwaltungsverbund – Horizontale Entscheidungsvernetzung und vertikale Entscheidungsstufung im nationalen und europäischen Verwaltungsverbund, Tübingen 2009. (zitiert: Entscheidungsfindung im Verwaltungsverbund)

Siegel, Thorsten, Zur Einklagbarkeit der Umweltverträglichkeit – Wesen und Reichweite von Umwelt-Rechtsbehelfen –, DÖV 2012, S. 709-716.

Siegel, Thorsten, Die Präklusion im europäisierten Verwaltungsrecht, NVwZ 2016, S. 337-342.

Siegel, Thorsten, Rechtsschutz vor Gericht und im Verwaltungsverfahren – wechselseitige Kompensationsmöglichkeiten?, ZUR 2017, S. 451-455.

Sinner, Wolfgang, Ein Meilenstein für die UVP? Anmerkung zum Urteil des EuGH vom 16.10.2015, Rs. C-137/14, UPR 2016, S. 7-11.

Skouris, Vassilios, Auswirkungen der Rechtsprechung des Europäischen Gerichtshofs auf die Funktion der deutschen Verwaltungsgerichtsbarkeit – Zur Reichweite des Urteils des EuGH vom 15.10.2015 in der Rechtssache C-137/14, DVBl. 2016, S. 937-943.

Solveen, Dirk, Zur materiellen Präklusion im Fernstraßenplanungsrecht, DVBl. 1997, S. 803-809.

Steinbach, Armin / *Franke*, Peter (Hrsg.), Kommentar zum Netzausbau, NABEG/EnLAG/EnWG/BBPlG/PlfZV, 2. Auflage, Berlin/Boston 2017. (zitiert: *Bearbeiter*, in: Steinbach/Franke, Kommentar zum Netzausbau)

Steinbeiß-Winkelmann, Christine, Verwaltungsgerichtsbarkeit zwischen Überlasten, Zuständigkeitsverlusten und Funktionswandel, NVwZ 2016, S. 713-720.

Steinberg, Rudolf, Rechtsschutz gegen die Trassenentscheidung nach § 16 FStrG, NVwZ 1983, S. 209-212.

Steinberg, Rudolf, Verwaltungsgerichtlicher Umweltschutz – Voraussetzungen und Reichweite der egoistischen Umweltschutzklage , UPR 1984, S. 350-359.

Steinberg, Rudolf / *Wickel*, Martin / *Müller*, Henrik, Fachplanung, 4. Auflage, Baden-Baden 2012.

Steinberg, Rudolf, Die Bürgerbeteiligung bei Infrastrukturvorhaben, Entwicklungen – Funktionen – Grenzen, in: Ewer, Wolfgang / Ramsauer, Ulrich / Reese, Moritz / Rubel, Rüdiger (Hrsg.), Methodik – Ordnung – Umwelt, Festschrift für Hans-Joachim Koch aus Anlass seines siebzigsten Geburtstags, Berlin 2014, S. 253-267.

Stelkens, Paul, Das Gesetz zur Neuregelung des verwaltungsgerichtlichen Verfahrens (4. VwGOÄndG) – das Ende einer Reform?, NVwZ 1991, S. 209-219.

Stelkens, Paul / *Bonk*, Heinz Joachim / *Sachs*, Michael (Hrsg.), Verwaltungsverfahrensgesetz Kommentar, 8. Auflage, München 2014. (zitiert: *Bearbeiter*, in: Stelkens/Bonk/Sachs, VwVfG)

Stelkens, Paul / *Bonk*, Heinz Joachim / *Sachs*, Michael (Hrsg.), Verwaltungsverfahrensgesetz Kommentar, 9. Auflage, München 2018. (zitiert: *Bearbeiter*, in: Stelkens/Bonk/Sachs, VwVfG)

Stelkens, Ulrich, Der Eigenwert des Verfahrens im Verwaltungsrecht, DVBl. 2010, S. 1078-1086.

Storost, Ulrich, Rechtsprechung zum Verkehrswegeplanungsrecht, DVBl. 2012, S. 457-466.

Stracke, Marius, Öffentlichkeitsbeteiligung im Übertragungsnetzausbau, Akzeptanzförderung als gesetzgeberisches Leitbild, Umsetzung und Defizite unter Berücksichtigung der TEN-E-Verordnung Nr. 347/2013, Baden-Baden 2017. (zitiert: Öffentlichkeitsbeteiligung im Übertragungsnetzausbau)

Streinz, Rudolf, Materielle Präklusion und Verfahrensbeteiligung im Verwaltungsrecht, Die Anforderungen an das Verwaltungsverfahren bei der Anordnung materieller Präklusionsfolgen unter Berücksichtigung ausländischer Betroffener, VerwArch 79 (1988), S. 272-313.

Streinz, Rudolf, Primär- und Sekundärrechtsschutz im Öffentlichen Recht, VVDStRL 61 (2002), S. 300-355.

Streinz, Rudolf (Hrsg.), EUV/AEUV, Vertrag über die Europäische Union und Vertrag über die Arbeitsweise der Europäischen Union, 2. Auflage, München 2012. (zitiert: *Bearbeiter*, in: Streinz, EUV/AEUV)

Stüber, Stephan, Subjektive Rechte aus Gemeinschaftsrecht, Jura 2001, S. 798-803.

Stüer, Bernhard / *Rieder*, Markus, Präklusion im Fernstraßenrecht, DÖV 2003, S. 473-482.

Stüer, Bernhard / *Rieder*, Markus, Präklusion in der Fachplanung und Europarecht, EurUP 2004, S. 139-149.

Thiel, Markus, Zur verfassungsrechtlichen Zulässigkeit der (materiellen) Präklusion im Fachplanungsrecht, DÖV 2001, S. 814-820.

Töllner, Andrea, Anwendungsbereich und Umsetzung der Plan-UVP-Richtlinie unter Berücksichtigung von öffentlich-rechtlichen Verträgen, Berlin 2004. (zitiert: Anwendungsbereich und Umsetzung der Plan-UVP-Richtlinie)

Uebbing, Christiane, Umweltprüfung bei Raumordnungsplänen, Eine Untersuchung zur Umsetzung der Plan-UP-Richtlinie in das Raumordnungsrecht, Münster 2004. (zitiert: Umweltprüfung bei Raumordnungsplänen)

Vedder, Christoph / *Heintschel von Heinegg*, Wolff (Hrsg.), Europäisches Unionsrecht, EUV/AEUV/Grundrechte-Charta, Handkommentar, 2. Auflage, Baden-Baden 2018.

Vogt, Matthias / *Maaß*, Volker, Leitlinien für die transeuropäische Energieinfrastruktur – Netzausbau die Zweite, RdE 2013, S. 151-159.

Volkmar, Dieter, Allgemeiner Rechtssatz und Einzelakt, Versuch einer begrifflichen Abgrenzung, Berlin 1962. (zitiert: Allgemeiner Rechtssatz)

Vorwalter, Sebastian, Anmerkung zu EuGH, Urteil vom 12.03.2015, C-538/13, EuZW 2015, S. 394-396.

Wagner, Jörg, Bundesfachplanung für Höchstspannungsleitungen – rechtliche und praktische Belange, DVBl. 2011, S. 1453-1460.

Wahl, Rainer, Der Regelungsgehalt von Teilentscheidungen in mehrstufigen Planungsverfahren – Zugleich eine Auseinandersetzung mit dem Urteil des Bundesverwaltungsgerichts vom 22.3.1974, DÖV 1975, S. 373-380.

Wahl, Rainer, Verwaltungsverfahren zwischen Verwaltungseffizienz und Rechtsschutzauftrag, VVDStRL 41 (1983), S. 151-192.

Wahl, Rainer, Entwicklung des Fachplanungsrechts, NVwZ 1990, S. 426-441.

Wahl, Rainer, Das Verhältnis von Verwaltungsverfahren und Verwaltungsprozessrecht in europäischer Sicht, DVBl. 2003, S. 1285-1293.

Wahlhäuser, Jens, Bindungswirkung versus Konzentrationswirkung: Zur fehlenden Entscheidungskonzentration der Bundesfachplanung nach §§ 4 ff. NABEG und ihren Auswirkungen auf die etwa erforderliche FFH-Verträglichkeitsprüfung bzw. die Erteilung von Abweichungen, Ausnahmen, Befreiungen im Naturschutzrecht, UPR 2013, S. 427-432.

Walter, Christian, Internationalisierung des deutschen und Europäischen Verwaltungsverfahrens- und Verwaltungsprozessrechts – am Beispiel der Århus-Konvention, EuR 2005, S. 302-338.

Wegener, Bernhard Werner, Die europäische Verbandsklage, ZUR 2011, S. 363-368.

Wegener, Bernhard Werner, Der Braunbär lernt schwimmen, Die „Protect“-Entscheidung des EuGH stärkt den Rechtsschutz im Umweltrecht, ZUR 2018, S. 217-222.

Weghake, David, Planungs- und Zulassungsverfahren nach dem Netzausbaubeschleunigungsgesetz, Berlin 2015. (zitiert: Planungs- und Zulassungsverfahren)

Weyreuther, Felix, Die Bedeutung des Eigentums als abwägungserheblicher Belang bei der Planfeststellung nach dem Bundesfernstraßengesetz, DÖV 1977, S. 419-426.

Wieczorek, Bernhard / *Schütze*, Rolf A., Zivilprozessordnung und Nebengesetze, Vierter Band, 4. Auflage, Berlin/Boston 2013. (zitiert: *Bearbeiter*, in: Wieczorek/Schütze, ZPO)

Wiesendahl, Stefan, Das Gesetz zur Verbesserung der Öffentlichkeitsbeteiligung und Vereinheitlichung von Planfeststellungsverfahren (PlVereinhG) – Auswirkungen der Gesetzesänderungen im VwVfG und EnWG auf Netzausbauvorhaben auf der Grundlage des NABEG, EnWZ 2013, S. 291-297.

Wiesinger, Nicola, Innovation im Verwaltungsrecht durch Internationalisierung, Eine rechtsvergleichende Studie am Beispiel der Aarhus-Konvention, Tübingen 2013. (zitiert: Innovation im Verwaltungsrecht)

de Witt, Siegfried / *Scheuten*, Frank-Jochen (Hrsg.), NABEG Netzausbaubeschleunigungsgesetz, Übertragungsnetz mit Energieleitungsausbaugesetz (EnLAG), Kommentar, München 2013. (zitiert: *Bearbeiter*, in: de Witt/Scheuten, NABEG)

Wolff, Hans Julius / *Bachof*, Otto / *Stober*, Rolf / *Kluth*, Winfried, Verwaltungsrecht I, 13. Auflage, München 2017.

Würtenberger, Thomas, Verwaltungsprozessrecht, 3. Auflage, München 2011.

Zeissler, Christian / *Schmitz*, Vera, Das Urteil des EuGH vom 15.10.2015 in der Rechtssache C-137/14 als Ende der umweltrechtlichen Präklusion?, UPR 2016, S. 1-7.

Ziekow, Jan, Europa und der deutsche Verwaltungsprozess – Schlaglichter auf eine unendliche Geschichte, NVwZ 2010, S. 793-799.

Ziekow, Jan, Verwaltungsverfahrensgesetz Kommentar, 3. Auflage, Stuttgart 2013. (zitiert: VwVfG)

Ziekow, Jan, Verfahrensfehler im Umweltrecht – notwendige Nachjustierungen im deutschen Verwaltungsrecht, NuR 2014, S. 229-235.

www.ingramcontent.com/pod-product-compliance
Ingram Content Group UK Ltd.
Pitfield, Milton Keynes, MK11 3LW, UK
UKHW021124041026
8980IPUK00026B/371

9 783631 843741